W0188451

Bestimmung wirbelloser Tiere

Bildtafeln für zoologische Bestimmungsübungen und Exkursionen

Begründet von H. J. Müller

Überarbeitet und in 3. Auflage neu herausgegeben von R. Bährmann

in Zusammenarbeit mit 20 Fachautoren

331 Tafelseiten mit zahlreichen Einzelfiguren

SEMPER BONIS ARTIBUS

Gustav Fischer Verlag Jena · Stuttgart

1. Auflage 1985
2. Auflage 1986
Nachdruck 1990

Die Deutsche Bibliothek – CIP-Einheitsaufnahme

Bestimmung wirbelloser Tiere : Bildtafeln für zoolo-
gische Bestimmungsübungen und Exkursionen /
begr. von H. J. Müller. Neu hrsg. von R. Bährmann in
Zusammenarbeit mit 20 Fachautoren. – Überarb., 3.
Aufl. – Jena ; Stuttgart : G. Fischer, 1995
    Bis 2. Aufl. u. d. T.: Bestimmung wirbelloser Tiere
im Gelände
    ISBN 3-334-60970-7
NE: Müller, Hans Joachim [Begr.]; Bährmann, Rudolf [Hrsg.]

© Gustav Fischer Verlag Jena, 1995
Villengang 2, D-07745 Jena

Das Werk einschließlich aller seiner Teile ist urhe-
berrechtlich geschützt. Jede Verwertung außerhalb
der engen Grenzen des Urheberrechtsgesetzes ist
ohne Zustimmung des Verlages unzulässig und
strafbar. Das gilt insbesondere für Vervielfältigun-
gen, Übersetzungen, Mikroverfilmungen und die
Einspeicherung und Verarbeitung in elektronischen
Systemen.

Einbandgestaltung: Lothar Jähnichen, Dornburg
Foto: Kurt Rasbach, Glottertal
Gesamtherstellung Gulde-Druck GmbH, Tübingen
Printed in Germany

ISBN 3-334-60970-7

Verzeichnis der Mitarbeiter

Bährmann, Rudolf, Prof. Dr. rer. nat. habil.
Friedrich-Schiller-Universität Jena
Institut für Ökologie
Neugasse 23, 07743 Jena

Breinl, Karl, Dipl.-Biol.
Kahlaer Straße 3
07549 Gera-Lusan

Christian, Axel, Dr. rer. nat.
Staatliches Museum für Naturkunde
Am Museum 1, 02826 Görlitz

Creutzburg, Frank, Dipl.-Biol.
Otto-Schwarz-Straße 38, 07745 Jena

Dunger, Wolfram, Prof. Dr. rer. nat. habil.
Direktor des Staatlichen Museums
für Naturkunde
Am Museum 1, 02826 Görlitz

Höser, Norbert, Dr. rer. nat.
Naturkundliches Museum
Parkstraße 1, 04582 Altenburg

Klima, Franz, Dr. rer. nat.
Karl-Marx-Straße 72, 15537 Erkner

Knorre, Dietrich v., Dr. rer. nat.
Friedrich-Schiller-Universität
Phyletisches Museum
Vor dem Neutor 1, 07743 Jena

Köhler, Günter, Dr. rer. nat.
Friedrich-Schiller-Universität
Institut für Ökologie
Neugasse 23, 07743 Jena

Malt, Steffen, Dipl.-Biol.
Friedrich-Schiller-Universität
Institut für Ökologie
Neugasse 23, 07743 Jena

Marstaller, Rolf, Dr. rer. nat.
Friedrich-Schiller-Universität
Institut für Ökologie
Neugasse 23, 07743 Jena

Müller, Hans Joachim, Prof. em.
Dr. rer. nat. habil.
Professor-Ibrahim-Straße 16, 07745 Jena

Perner, Jörg, Dr. rer. nat.
Friedrich-Schiller-Universität
Institut für Ökologie
Neugasse 23, 07743 Jena

Peter, Hans-Ulrich, Dr. rer. nat.
Friedrich-Schiller-Universität
Institut für Ökologie
Neugasse 23, 07743 Jena

Sander, Friedrich, Dr. rer. nat.
Tümplingstraße 32, 07749 Jena

Schäller, Gerhard, Prof. em. Dr. rer. nat. habil.
Reichardtstieg 10, 07743 Jena

Seifert, Konstantin
Helmboldtstraße 3, 07749 Jena

Voigt, Winfried, Dr. rer. nat.
Friedrich-Schiller-Universität
Institut für Ökologie
Neugasse 23, 07743 Jena

Voigtländer, Karin, Dr. rer. nat.
Staatliches Museum für Naturkunde
Am Museum 1, 02826 Görlitz

Zimmermann, Wolfgang, Dr. rer. nat.
von-Hoff-Straße 31, 99867 Gotha

Vorwort zur 3. Auflage

Nach mehrjähriger Erprobung der Bildbestimmungstafeln wirbelloser Tiere und unter Berücksichtigung zahlreicher wertvoller Hinweise zur Verbesserung und Ergänzung kann nunmehr die 3.Auflage vorgelegt werden. Die Tafeln der meisten Tiergruppen wurden überall dort, wo es notwendig war und wünschenswert schien, überarbeitet und ergänzt. Eine beträchtliche Anzahl von neu angefertigten Tafeln soll die Bestimmungsmöglichkeiten erweitern. Den 147 Tafeln der zweiten Auflage stehen jetzt 178 auf 331 Seiten gegenüber. Da das ursprünglich vor allem für eine Tierbestimmung im Gelände gedachte Buch vielfach auch daheim bzw. bei Bestimmungskursen im Labor benutzt wird – wie wir aus zahlreichen Zuschriften und auch aus der eigenen Erfahrung in der Studentenausbildung wissen –, schien es angebracht, wenigstens beispielhaft auch Tafeln für solche Tierformen aufzunehmen, die zwar mit einer 10 fach vergrößernden Lupe, besser aber unter einem Binokular bestimmt werden können. Gemeint sind ausgewählte Vertreter der Milben, Insektenlarven, Gruppen kleinerer Arthropoden-Imagines. Auch wurde Wert darauf gelegt, daß die Bestimmungstafeln möglichst überall in Deutschland nutzbar sind. Ausgenommen bleiben, wie schon in den früheren Auflagen, die Strand- und Meeresfaunen und aus den in der „Einführung" zur ersten Auflage erörterten Gründen systematische Einheiten kleiner im Boden, aquatisch oder parasitisch lebender Gruppen.

Wie in den vorangegangenen Auflagen liegt keine Uniformität bei den Bestimmungsgängen vor, sondern die unterschiedliche Praktikabilität der Determinationsmöglichkeiten gab den Ausschlag für die Gestaltung der Bestimmungsgänge.

Um aber den Benutzer auf die Spezifik von Baueigentümlichkeiten, Besonderheiten der Lebensweise, vorteilhafte Beobachtungs- und Sammelmöglichkeiten bei den einzelnen Tiergruppen aufmerksam zu machen und dadurch zugleich den Kenntnisgewinn zu verbessern, ist jeder der großen systematischen Kategorien ein Einführungstext vorangestellt worden, der diesem Anliegen dienen soll. Schematische Habitusskizzen häufiger Baupläne verweisen auf einige für die Bestimmung wichtige Merkmale.

Das Literaturverzeichnis enthält sowohl gruppenübergreifende als auch gruppenspezifische Bestimmungsliteratur. In das Register wurden sämtliche in den Bestimmungstafeln enthaltenen Tiernamen, die wissenschaftlichen wie die gebräuchlichen deutschen, aufgenommen, außerdem in den Tafeln erwähnten Namen höherer Taxa.

Die Zusammensetzung der deutschen Tiernamen wird in den Bestimmungswerken für die einzelnen Tiergruppen unterschiedlich gehandhabt (Einfügung von Bindestrichen wie z.B. bei Garten-Kreuzspinne oder Weglassen des Bindestriches im Falle von Gartenwegschnecke, Ohrschlammschnecke u.a.). Eine Vereinheitlichung der Schreibweise deutscher Namen wurde nicht vorgenommen, um gewohnheitsgemäße Wiedergaben deutscher Namen nicht ungerechtfertigt zu verändern. Adjektive wie beim Namen „Braune Wegschnecke" werden im Register in der Regel nachgestellt. Man findet mithin den Namen „Braune Wegschnecke" im Register unter „Wegschnecke, Braune", den Namen „Garten-Kreuzspinne" hingegen unter dem Buchstaben G. Den in der „Einführung" zur ersten Auflage enthaltenen Anmerkungen über die Benutzung der Bestimmungstabellen, die auch hier in dieser Neuauflage zum Abdruck gekommen sind, sei hinzugefügt, daß sich die großen Hinweispfeile stets auf Seitenzahlen beziehen. Wiederum sind für die spezielle

Auswahl der Tierformen und die Gestaltung der Tafeln die Autoren allein verantwortlich und für weitere Änderungs- und Ergänzungsvorschläge dankbar.

Danksagung

Ein Bestimmungsbuch, das keine Vollständigkeit, sondern durch Kompromisse in der Gestaltung das „Machbare" anstrebt, wird nicht nur seinem Hauptanliegen nachkommen, Determinationsmöglichkeiten zu bieten, sondern will zugleich Anregungen vermitteln, wie Bestimmungstabellen erstellt werden können, und lebt selbst wiederum von solchen Anregungen. Sie wurden den Autoren nach dem Erscheinen der beiden vorangegangenen Auflagen in reichem Maße zuteil. Viele wertvolle Hinweise und Anregungen haben uns geholfen, die dritte Auflage neu zu gestalten. Von den vielen Kollegen und Studenten, die hierzu

beigetragen haben, seien besonders erwähnt Herr G. Baldowski, Görlitz, Herr Dr. P. Bühler, Hohenheim, Herr Prof. Dr. B. Darnhofer-Demar, Regensburg, Frau Dr. R. Eck, Dresden, Herr Dr. R. Grimm, Hamburg, Herr Dr. P. Gutte, Leipzig, Herr H. Illig, Luckau, Herr K. Liebenow, Brandenburg, Herr Prof. Dr. G. Moritz, Halle/S, Herr Prof. Dr. W. Nentwig, Bern, Herr Priv.-Doz. Dr. P. Zwick, Schlitz. Ihnen allen sei sehr herzlich gedankt.
Ein besonderer Dank gilt dem Gustav Fischer Verlag Jena, vor allem der Geschäftsführerin, Frau Dr. J. Schlüter, für ihr großes Entgegenkommen bei der Veränderung und Erweiterung der dritten Auflage, wie auch dem Graphiker des Gustav Fischer Verlages, Herrn L. Jähnichen, der nicht nur die vielen erforderlichen Neuzeichnungen, sondern auch in mühevoller Kleinarbeit zahlreiche Bildkorrekturen vorgenommen hat.

R. Bährmann, Jena

Übersicht (Inhaltsverzeichnis)

Die angegebenen halbfetten Ziffern bezeichnen die Seitenzahlen

Aus der „Einführung" zur 1. Auflage

Kenner erleben mehr von der Welt!

Erziehung zu genauem Hinschauen, Unterscheiden und bewußtem Erfassen der Umwelt ist nicht nur ein allgemeines Ziel jeglichen naturwissenschaftlichen, insbesondere aber des biologischen Unterrichts im Hinblick auf die Leistung im späteren Beruf. Sie fördert zugleich Umfang und Tiefe des persönlichen Erlebens überhaupt. Zwar bildet sich auf der Netzhaut von Spaziergängern, Wanderern und „Waldläufern" die Umgebung ebenso ab wie auf der von Malern und Jägern. Wieviel sie aber von der Mannigfaltigkeit und Schönheit der Natur, wie viele ihrer Einzelheiten sie wirklich wahrnehmen, hängt davon ab, ob sie zu sehen, zu beobachten, zu erkennen gelernt haben. Nur wenige – zumal unter den Großstädtern – haben freilich heute noch das Glück, dazu unmittelbar von ihrer Umgebung durch Erregung von Verwunderung und Neugier erzogen zu werden. Für Studenten der Biologie und zukünftige Lehrer haben dies im Studiengang organisierte Belehrungen bei Exkursionen und Geländepraktika zu leisten. Wie andere interessierte Naturfreunde und Schüler bedürfen aber auch sie einer dauernd verfügbaren Anleitung in Buchform, in der sie immer wieder nachschlagen, vergleichen und sich allein weiterhelfen können.

Seit vielen Jahrzehnten sind dafür sogenannte Exkursionsfloren und -faunen entwickelt worden. In ihnen sind für bestimmte Gebiete (Länder, Meere, Strände) alle einigermaßen regelmäßig zu erwartenden Organismen namentlich verzeichnet, nach Bestimmungsschlüsseln aufzufinden und mehr oder minder ausführlich charakterisiert. Ursprünglich zwar wirklich zum unmittelbaren Gebrauch im Gelände gedacht, ist jetzt allein ihr Umfang oft so groß, daß sie – wie etwa die mehrbändige Exkursionsfauna von Stresemann – kaum

noch dahin mitgeführt, sondern vorwiegend nach der Exkursion, daheim, im Labor, bei Bestimmungsübungen benutzt werden. So müssen zwangsläufig die Objekte aus ihrer natürlichen Umgebung herausgerissen und mitgenommen werden. Oft genug ist dem Sammler dann später weder der Fundort noch die ökologische Situation gegenwärtig und also auch bei der Determination nicht mehr nutzbar, – von einem möglichen Verstoß gegen die Bestrebungen des Naturschutzes ganz abgesehen!

Der große Umfang der üblichen Exkursionsführer beruht einerseits auf der natürlichen Vielzahl der Organismenarten, zum anderen aber auf dem verständlichen Bestreben der Verfasser – meist Spezialisten –, auch möglichst alle zu berücksichtigen. Vielfach werden nur Formen weggelassen, die sehr schwierig und ausschließlich mit Spezialliteratur zu bestimmen sind. Infolgedessen sind die meisten Bestimmungstabellen noch mit allzu vielen seltenen, oft nur an bestimmten Lokalitäten oder Grenzen des Zuständigkeitsbereichs vorkommenden und/oder schwer erreichbaren Arten belastet. Obwohl er ihnen kaum je begegnet, erschweren und verlängern sie zumindest dem unerfahrenen Benutzer die Determinationsarbeit.

Zwar sind die Tabellen in der Regel dichotom und hierarchisch aufgebaut, doch geht die generell darin liegende Übersichtlichkeit infolge der verbalen Fassung der Bestimmungsschritte im fortlaufenden Druck zwangsläufig oft weitgehend verloren. Beim Vergleichen der Alternativen ist im Text häufig Zurückgehen und Umblättern erforderlich. Die Aufmerksamkeit, die dabei auf Hinweisziffern oder -symbole gerichtet werden muß, ist im Gelände, bei Wind und Wetter, nicht immer erreichbar – ein weiterer Grund, die Determination auf die Rückkehr aus dem Gelände zu verschieben, besonders in den unwirtlichen Jahreszeiten.

Bedingt durch das Vorherrschen des Gesichtssinnes beim Menschen, wird das Kennenlernen und Erkennen von Organismen am besten durch unmittelbare, wiederholte Demonstration und gute Abbildungen gelehrt. In beiden Fällen muß dabei deutlich auf die entscheidenden Merkmale hingewiesen werden, wenn beim Lernenden nicht nur ein vages Bild entstehen soll, das rasch zu ungenauem und oberflächlichem Ansprechen verführt. Bei nicht zu umfangreichen Gruppen, wie etwa den Klassen der einheimischen Wirbeltiere, ist diese „Bilderbuch"-Methode zwar das am raschesten arbeitende Verfahren, unbekannte Formen kennenzulernen; bei größeren wird sie aber bald zu unübersichtlich. Andererseits regt sie zum Suchen und Verfolgen an und vermittelt am eindrucksvollsten Entdeckerfreuden im Sinne von „Aha"-Erlebnissen, die gerade der Anfänger gegenüber der oft verwirrenden Fülle von Erscheinungen braucht. In den überfüllten (verbalen) Exkursionsfaunen ist jedoch der Raum für Abbildungen schon wegen der Artenfülle meist begrenzt.

Alle diese Mängel und Schwierigkeiten suchten wir in der Praxis der Jenenser Studentenexkursionen unter Verzicht auf alle weniger häufigen Arten durch einfache Schemaskizzen und/oder knappe verbale Formulierung der entscheidenden Merkmale soweit zu umgehen, daß damit das Objekt möglichst sofort beim Auffinden angesprochen werden kann. Anfangs nur für wenige, relativ leicht überschaubare Tiergruppen wie viele Mollusken, Asseln, Wanzen entwickelt, wurden diese Schemata bald von Studenten kopiert und schließlich nach primitiver Vervielfältigung von uns verteilt.

Auch bei Ausdehnung auf alle anderen Tiergruppen wurden Anschaulichkeit und Vereinfachung bewußt durch folgende Grundsätze angestrebt:

1. Beschränkung auf häufig begegnende, auffällige (nicht zu kleine) Tiere, sofern sie durch einfache und gut erkennbare Merkmale – gegebenenfalls unter Benutzung einer 10fach vergrößernden Lupe – anzusprechen sind. Der Ausschluß der seltenen oder schwierig zu bestimmenden Vertreter er-

möglichte dann oftmals auch die Verwendung relativ einfacher Merkmale.

2. Graphische Darstellung der entscheidenden Merkmale, soweit nicht einfache Farb-, Zahlen- oder Größenangaben genügen. Wo eine vollständigere Abbildung, etwa des gesamten Habitus, zweckmäßig erschien, weisen Pfeile auf die entscheidenden Strukturen hin.

3. Dichotome Anordnung der Bestimmungsschritte von oben nach unten in hierarchisch gegliederten Tafeln, so daß nicht nur die jeweilige Frage und ihre alternativen Antworten gleichzeitig überschaubar sind, sondern auch die weiteren Folgen jeder Entscheidung sowie die Gesamtheit der behandelten Tiergruppe. Dabei konnten in den Gruppierungen die natürlichen Verwandtschaftsbeziehungen freilich nur noch dort berücksichtigt werden, wo die systematischen Kriterien den im Felde verwendbaren Kennzeichen annähernd entsprechen. Heuristische Prinzipien hatten also vor systematischen den Vorrang; zumindest ist aber die Familienzugehörigkeit der behandelten Arten stets angegeben.

Die Anwendung dieser unkonventionellen Prinzipien zeigte, daß der Anfänger einen wesentlichen Teil der einheimischen wirbellosen Tiere zunächst einmal ohne umständliche Bestimmungsschlüssel – unmittelbar bei der ersten Begegnung im Gelände – kennenlernen kann. Jedoch sollten die Bildtafeln die Benutzung der vollständigeren Exkursionsfaunen ebensowenig ersetzen, wie diese das Studium der Spezialliteratur überflüssig machen können. Die erste Vertrautheit mit einer Menge von Vertretern aus verschiedenen Tiergruppen mag dann das Verlangen fördern, sich mit Hilfe exakterer und vollständigerer Literatur mindestens in einzelne genauer einzuarbeiten. Da die Bildtafeln häufig genug die endgültige, bis zur Art führende Determination nicht leisten können oder das gefundene Objekt nicht berücksichtigt haben, regen sie den einigermaßen Interessierten zwangsläufig an, sich dann der Exkursionsfaunen von Stresemann oder Brohmer zu bedienen, in denen er auch weiterführende Bestimmungsliteratur für die einzelnen Tiergruppen findet.

Zur Auswahl der Tiergruppen

Bei der Auswahl der vorzuführenden Tiergruppen wurden die Wirbeltiere von vornherein ausgeklammert, da es für alle ihre Klassen ausgezeichnete Feldführer gibt, die das Erkennen nach der „Bilderbuch"-Methode im Freien optimal ermöglichen. Aus dem gleichen Grunde konnten wir uns bei den Wirbellosen auf die im Binnenlande lebenden Gruppen beschränken, da Strand- und Meeresfaunen in entsprechender Weise leicht zugänglich sind.

Von den Bildtafeln auszuschließen waren außerdem Gruppen mit überwiegend kleinen (Protozoen, Nematoden, Rotatorien) und/oder endoparasitisch lebenden Formen (z. B. Trematoden, Cestoden, Nematoden).

Auswahl und Aufschlüsselung der für die Bildtafeln geeigneten Vertreter beruhen zwar mehr oder weniger auf den Erfahrungen aller hier vereinten Autoren, doch sind für die spezielle Auswahl und Gestaltung der Tafeln im einzelnen jeweils die dort genannten Autoren allein verantwortlich und für Ergänzungs- und Änderungshinweise dankbar.

Bei kleineren Tiergruppen führen die Bildtafeln im Rahmen der genannten Grenzen meist bis zu den Arten, bei größeren (etwa Käfern, Schmetterlingen, Dipteren) war das infolge der Artenfülle oder der unterschiedlichen Bestimmbarkeit nicht immer möglich. So enden die Bildtafeln bei Dipteren meist bei Familien oder Unterfamilien, bei manchen Zikadenfamilien bei den Arten. Auch hier hielten wir das praktisch „Machbare" für wichtiger als eine unbedingte Uniformität der Durchführung.

Zweifellos ließen sich noch weitere Bildtafeln konstruieren, insbesondere bei den Tiergruppen, die – wie viele Insektenordnungen – so viele Vertreter enthalten, daß – etwa bei Schmetterlingen und Käfern – nicht alle für die Bildtafeln geeigneten Vertreter Berücksichtigung finden konnten. Wir hoffen, daß diese Lücken manche Benutzer dazu verführen, selbst ergänzende Tafeln zu entwerfen, etwa nach dem Beispiel der Hummel-Tafel innerhalb der Hymenopteren; wie die Bildtafeln ja auch generell zeigen sollen, wie man sich eine verwirrende Vielfalt besser überschaubar machen kann als in Textfassung.

Zur Benutzung der Bildtafeln

Nach Idee und Anlage sollen die Bildtafeln durch sich selbst sprechen und keiner besonderen Benutzungshinweise bedürfen. Außer den allgemein gebräuchlichen Zeichen wie $\pm$ und $>$, $<$, $=$ usw. werden höchstens einige auch in der Exkursionsfauna von Stresemann benutzte, sofort verständliche Abkürzungen verwendet, die im Einbanddeckel verzeichnet sind, häufig jedoch pt = partim, d.h. zum Teil, wenn die Antwort nur für einen Teil der betreffenden Gruppe zutrifft. Fachausdrücke und morphologische Bezeichnungen werden grundsätzlich unmittelbar auf den Bildtafeln – gegebenenfalls auch wiederholt – und meist durch Hinweispfeile verständlich gemacht, damit das umständliche Nachschlagen in Abkürzungsverzeichnissen vermieden wird. Dabei kündigen schon in den Fragen Pfeile (in Klammern) an, daß in den Antworten die zu beachtenden Stellen durch Hinweispfeile markiert sind.

Das **Stichwort** der zur Entscheidung anstehenden **Frage** ist eingerahmt jeweils über die Mitte eines mehr oder weniger langen Querstriches gesetzt. Unter den zwei (selten mehreren) abwärts gerichteten, $\pm$ kurzen Zinken dieses Balkens finden sich sofort die möglichen (alternativen) **Antworten**, häufig durch eine Skizze – evtl. mit Hinweispfeil(en) – verdeutlicht. Stets sind beide (bzw. alle) Alternativen zu prüfen, bevor die zutreffende gewählt und dann weitergegangen wird. Unter der Antwort folgt entweder – bisweilen in einem größeren Abstand – die nächste Frage oder (schließlich) der Name des Tieres bzw. der Kategorie (Gattung, Familie), zu der es systematisch gehört. Kann diese auf einer anderen Bildtafel weiter differenziert werden, so weist ein großer Pfeil auf die betreffende Tafelziffer hin.

Mehrfach ist zu einem bestimmten Entscheidungsschritt das Stichwort einer **zweiten, ergänzenden Frage** in einem Kästchen **unter** der Mitte des Gabelbalkens hinzugefügt. Die möglichen Lösungen sind dementsprechend unter den Antworten zur (ersten) Hauptfrage zur Wahl gestellt. Das Ergebnis dient zugleich der Kontrolle der ersten Entscheidung, mit deren Richtung es übereinstimmen muß. Endet ein Gabelast mit einer Art, so wird stets ihr gebräuchlicher wissenschaftlicher (latinisierter) Name (Gattung + Art) genannt (wie üblich in Kursivschrift). Ein deutscher Name wird zusätzlich nur dann aufgeführt, wenn er wirklich allgemein eingebürgert ist. Auf die Angabe deutscher Kunstnamen, die lediglich von Spezialisten aus fremden Sprachen germanisiert oder gänzlich erfunden sind, wurde dagegen als unnötiger Ballast bewußt verzichtet. Unter den Namen können Angaben über zusätzliche Merkmale (Größe, Farbe, Form usw.) folgen, die in den Dichotomien nicht abgefragt worden sind, sowie Hinweise auf Verbreitung, Habitat, Wirtspflanzen usw.

Bei Arten mit ausgeprägtem Sexualdimorphismus kann der Zugang zu Männchen und Weibchen unter Umständen auf verschiedenen Wegen der Dichotomiehierarchie erfolgen, doch ist nach Möglichkeit dafür gesorgt, daß zuletzt beide nebeneinander zu stehen kommen.

Enden die speziellen Bildtafeln nicht bei der Art, sondern schon bei der Gattung, Unterfamilie, Familie, Ordnung (unterstrichen), so wird nicht jedesmal ausdrücklich erklärt, daß die weitere Determination mit den vorliegenden Bildtafeln nicht möglich ist. Bei Gattungen wird meist die ungefähre Anzahl der im Gebiet zu erwartenden häufigeren Arten angegeben. Ist (nur) eine von ihnen besonders häufig, so wird sie meist genannt, obwohl ihre exakte Bestimmung anderweitig gesichert werden muß.

Auf diese Weise wird zu möglicher Weiterarbeit in der Bestimmungsliteratur angeregt, gelegentlich aber auch gewarnt, wenn es sich um schwierig zu determinierende Taxa handelt, die überhaupt nur der Spezialist richtig zu bestimmen vermag.

Weiterführende, zur exakten Bestimmung geeignete Literatur findet sich jeweils am Ende der entsprechenden Gruppen in Stresemanns Exkursionsfauna.

Bei umfangreichen Tiergruppen (Stämmen, Klassen), bei denen auch die Bildtafeln viele Arten zu berücksichtigen haben, sind an den Anfang eine oder mehrere Übersichtstafeln gestellt, die zu den nächsten Untereinheiten (Ordnungen, Familien) und entsprechenden Bildtafeln hinführen und zugleich einen gewissen Überblick über die systematische Gliederung vermitteln. Gelegentlich werden dabei schon einzelne besonders auffallende oder abweichend gestaltete Formen ausgeschieden und so die spezielleren Tafeln entlastet.

Der völlig unerfahrene Benutzer wird guttun, die Bestimmung stets mit der Haupttafel am Anfang der Tafeln, wenigstens aber mit den Übersichtstafeln der Klassen zu beginnen; später – mit mehr Erfahrung und Sicherheit – wird er gleich mit den Spezialtafeln der Familien beginnen können und nur notfalls – wenn er zu keinem klaren Ergebnis gelangt – noch einmal zu den Übersichtstafeln zurückgreifen.

H. J. Müller, Jena

Bildtafeln

Gesamtübersicht · Haupttabelle (Gruppen-Zugang)

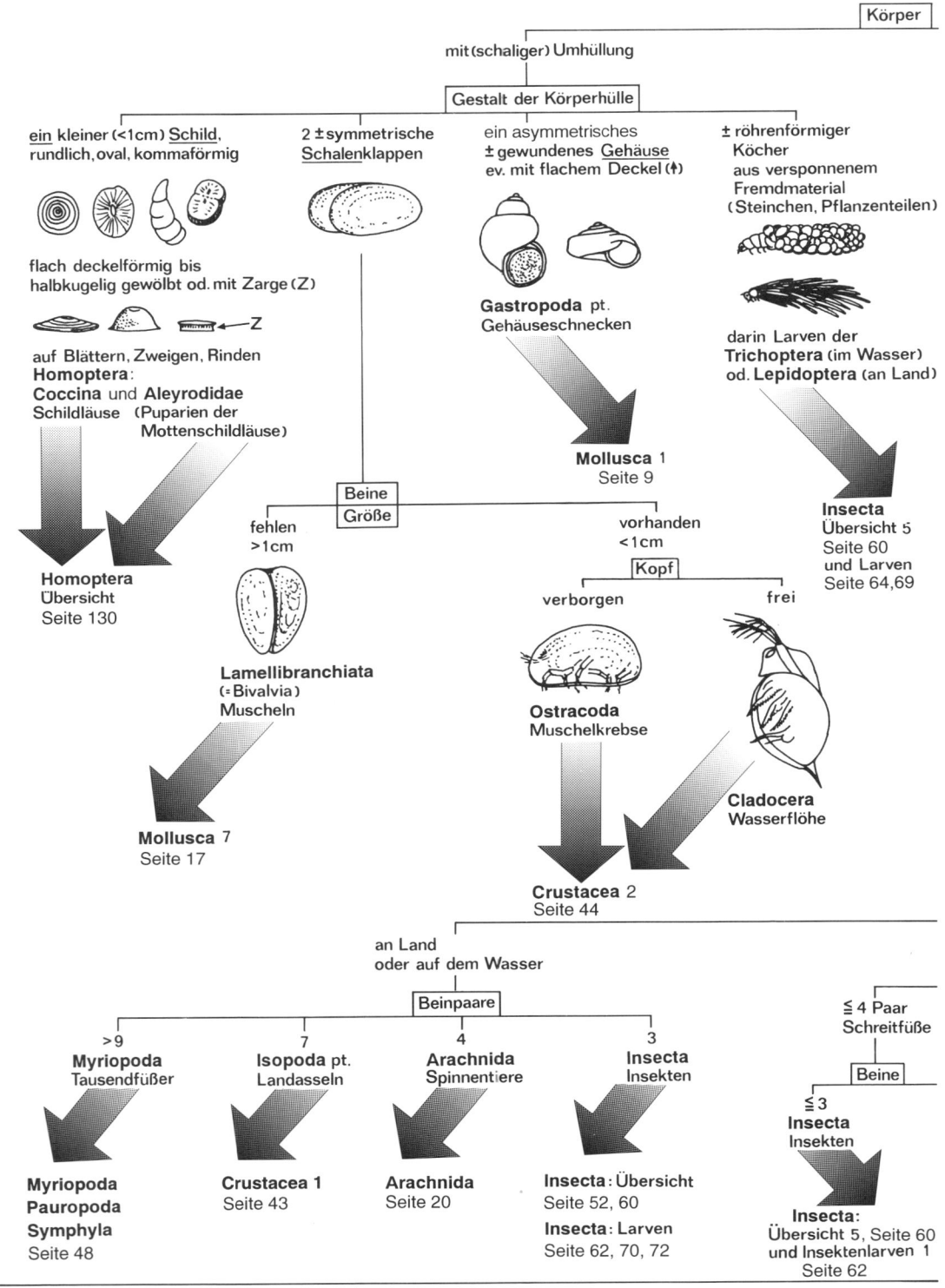

Körper

mit (schaliger) Umhüllung

Gestalt der Körperhülle

ein kleiner (<1cm) <u>Schild</u>,
rundlich, oval, kommaförmig

2 ± symmetrische
<u>Schalenklappen</u>

ein asymmetrisches
± gewundenes <u>Gehäuse</u>
ev. mit flachem Deckel (†)

± röhrenförmiger
Köcher
aus versponnenem
Fremdmaterial
(Steinchen, Pflanzenteilen)

flach deckelförmig bis
halbkugelig gewölbt od. mit Zarge (Z)

—Z

Gastropoda pt.
Gehäuseschnecken

darin Larven der
Trichoptera (im Wasser)
od. **Lepidoptera** (an Land)

auf Blättern, Zweigen, Rinden
Homoptera:
Coccina und **Aleyrodidae**
Schildläuse (Puparien der
Mottenschildläuse)

Mollusca 1
Seite 9

Insecta
Übersicht 5
Seite 60
und Larven
Seite 64, 69

Beine

Größe

fehlen
>1cm

vorhanden
<1cm

Kopf

verborgen

frei

Homoptera
Übersicht
Seite 130

Lamellibranchiata
(= Bivalvia)
Muscheln

Ostracoda
Muschelkrebse

Cladocera
Wasserflöhe

Mollusca 7
Seite 17

Crustacea 2
Seite 44

an Land
oder auf dem Wasser

Beinpaare

≤ 4 Paar
Schreitfüße

>9
Myriopoda
Tausendfüßer

7
Isopoda pt.
Landasseln

4
Arachnida
Spinnentiere

3
Insecta
Insekten

Beine

≤ 3
Insecta
Insekten

Myriopoda
Pauropoda
Symphyla
Seite 48

Crustacea 1
Seite 43

Arachnida
Seite 20

Insecta: Übersicht
Seite 52, 60
Insecta: Larven
Seite 62, 70, 72

Insecta:
Übersicht 5, Seite 60
und Insektenlarven 1
Seite 62

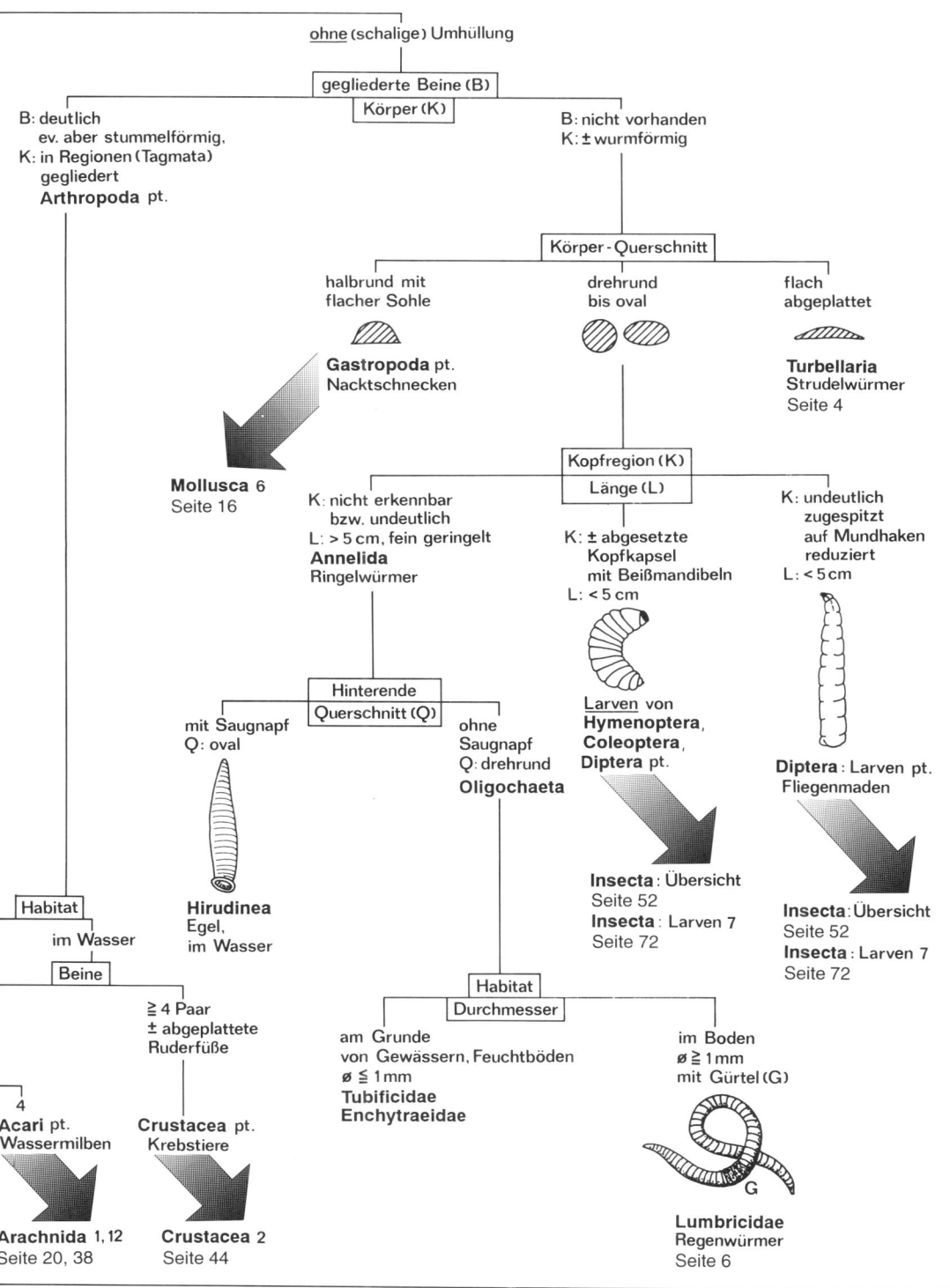

ohne (schalige) Umhüllung

gegliederte Beine (B)
Körper (K)

B: deutlich
ev. aber stummelförmig,
K: in Regionen (Tagmata)
gegliedert
Arthropoda pt.

B: nicht vorhanden
K: ± wurmförmig

Körper - Querschnitt

halbrund mit
flacher Sohle

drehrund
bis oval

flach
abgeplattet

Gastropoda pt.
Nacktschnecken

Turbellaria
Strudelwürmer
Seite 4

Mollusca 6
Seite 16

Kopfregion (K)
Länge (L)

K: nicht erkennbar
bzw. undeutlich
L: > 5 cm, fein geringelt
Annelida
Ringelwürmer

K: ± abgesetzte
Kopfkapsel
mit Beißmandibeln
L: < 5 cm

K: undeutlich
zugespitzt
auf Mundhaken
reduziert
L: < 5 cm

Hinterende
Querschnitt (Q)

mit Saugnapf
Q: oval

ohne
Saugnapf
Q: drehrund
Oligochaeta

Larven von
Hymenoptera,
Coleoptera,
Diptera pt.

Diptera: Larven pt.
Fliegenmaden

Insecta: Übersicht
Seite 52
Insecta: Larven 7
Seite 72

Insecta: Übersicht
Seite 52
Insecta: Larven 7
Seite 72

Habitat

im Wasser

Beine

Hirudinea
Egel,
im Wasser

Habitat
Durchmesser

4
Acari pt.
Wassermilben

≧ 4 Paar
± abgeplattete
Ruderfüße

Crustacea pt.
Krebstiere

am Grunde
von Gewässern, Feuchtböden
ø ≦ 1 mm
**Tubificidae
Enchytraeidae**

im Boden
ø ≧ 1 mm
mit Gürtel (G)

Arachnida 1, 12
Seite 20, 38

Crustacea 2
Seite 44

G

Lumbricidae
Regenwürmer
Seite 6

Turbellaria · Strudelwürmer: nur Tricladida > 6 mm

Augen   Seitenlappen

Strudelwurm (halbschematisch)

Habitat

im Süßwasser

an Land
Rhynchodesmus terrestris
am Boden feuchter Laubwälder
-25 mm

Augenzahl

viele

2

Kopf

ohne Tentakel

Polycelis nigra
Polycelis tenuis
-12 mm
in der Ebene,in Fließ- und Standgewässern

mit Tentakeln

Polycelis felina
-15 mm
in Bachoberläufen im Mittelgebirge

Farbe

nicht weiß

Kopf

mit Tentakeln

Tentakel

2 Paar

Bdellocephala punctata
-40 mm
im Schlamm stehender und schwach fließender Gewässer

1 Paar

Crenobia alpina, -15 mm
in Quellen, Bachoberläufen im Gebirge

ohne Tentakel

Vorderende

breitlappig
Dugesia

Seitenlappen

spitz

Farbe

gefleckt
Dugesia tigrina
-12 mm
in stehenden und langsam fließenden Gewässern

einfarbig
Dugesia gonocephala
-25 mm
in Bächen

abgerundet

Farbe

braun, unterseits heller
Dugesia polychroa
-20 mm
in stehenden und langsam fließenden Gewässern

schwarzbraun
Dugesia lugubris
-25 mm
in Fließgewässern

rund
Planaria torva
-15 mm
in stehenden und langsam fließenden Gewässern

weiß

Kopf

mit Öhrchen

Dendrocoelum lacteum
milchweiß
-26 mm
in langsam fließenden Gewässern

Dendrocoelum hercynicum
ohne Augen
-15 mm
in Mittelgebirgsquellen und im Bachschotter

ohne Öhrchen

Phagocata vitta
-15 mm
im Schlamm, in Brunnen

Lumbricidae · Regenwürmer

Vorderer Teil eines
Regenwurmes

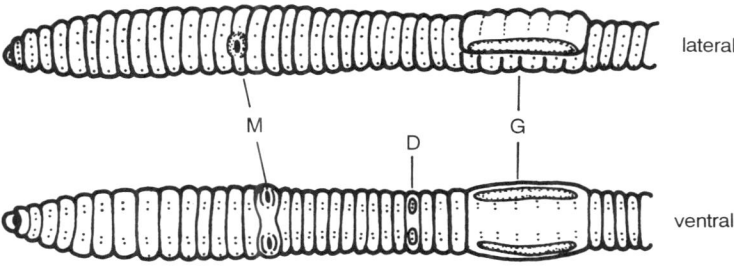

lateral

M   D   G

ventral

M   Männliche Poren
D   Drüsenpapillen
G   Gürtel mit Pubertätswällen

Auffällige, meist große Bodentiere, 15 bis 180 (max. 450) mm lange, drehrunde, selten vierkantige Erdwürmer mit feuchter Haut. Sie treten als drei ökologische Lebensformtypen im Bodenprofil auf: als Streubewohner (epigäische) in der Humusauflage, als Mineralbodenbewohner (endogäische) und als Tiefgräber, die senkrechte Gänge anlegen und Kothäufchen an der Bodenoberfläche absetzen.

Geländemerkmale:
- Körper aus Segmenten bestehend, die durch Intersegmentalfurchen getrennt sind
- Am Kopfende Kopflappen, der das 1. Segment vollständig (tanylob) oder unvollständig (epilob) durchsetzt
- Geschlechtsreife Tiere tragen einen Gürtel (Clitellum), der seitlich drüsige Verdickungen (Pubertätstuberkel) enthält, die als Knoten oder Saugnäpfe erscheinen oder zu Leisten (Pubertätswälle) vereint sind
- Beidseitig am Vorderkörper (vor dem Gürtel) männlicher Porus als kleine Öffnung, die auf ein Segment beschränkt oder von drüsigen, manchmal auf die benachbarten Segmente übergreifenden Hautverdickungen umgeben ist
- In einigen Fällen (z.B. bei *L. polyphemus, D. platyura*) macht die stärkere Variabilität der Lage von Gürtel und Pubertätstuberkeln die Sicherung der Artbestimmung anhand innerer Merkmale erforderlich
- Im Boden abgelegte Kokons meist gelbbraun, zitronenförmig, ca. 2-3 mm lang

Bei stärkerer Vergrößerung:
- Je Segment 8 Borsten, die entweder zwei ventrale und zwei laterale Paare bilden oder nicht gepaart sind
- Fast tanylober Kopflappen bei *D. illyrica* (und *D. octaedra*)

Fang und Beobachtung:
- Am besten durch Ausgraben und Handauslese zu erbeuten (Fluchtreaktion großer Arten!). Auch Austreiben durch Aufgießen von 2-4 Liter wäßriger Formalinlösung (500:1) oder Kaliumpermanganat-Lösung (16 g/10 Liter) auf 0,25 m² Fläche oder mit elektrischem Strom möglich
- Fast alle Arten vermehren sich in Gefangenschaft (Wurmkulturen) bei Beachtung ihrer Ansprüche an Nahrung, Substrat, Temperatur und Feuchte. *E. foetida* optimal bei 25 ˚C
- Paarung im Freiland besonders im April und Mai nach milden Nächten und Frühnebel zu beobachten (z.B. *L. terrestris*)

Lumbricidae · Regenwürmer: nur geschlechtsreife Tiere

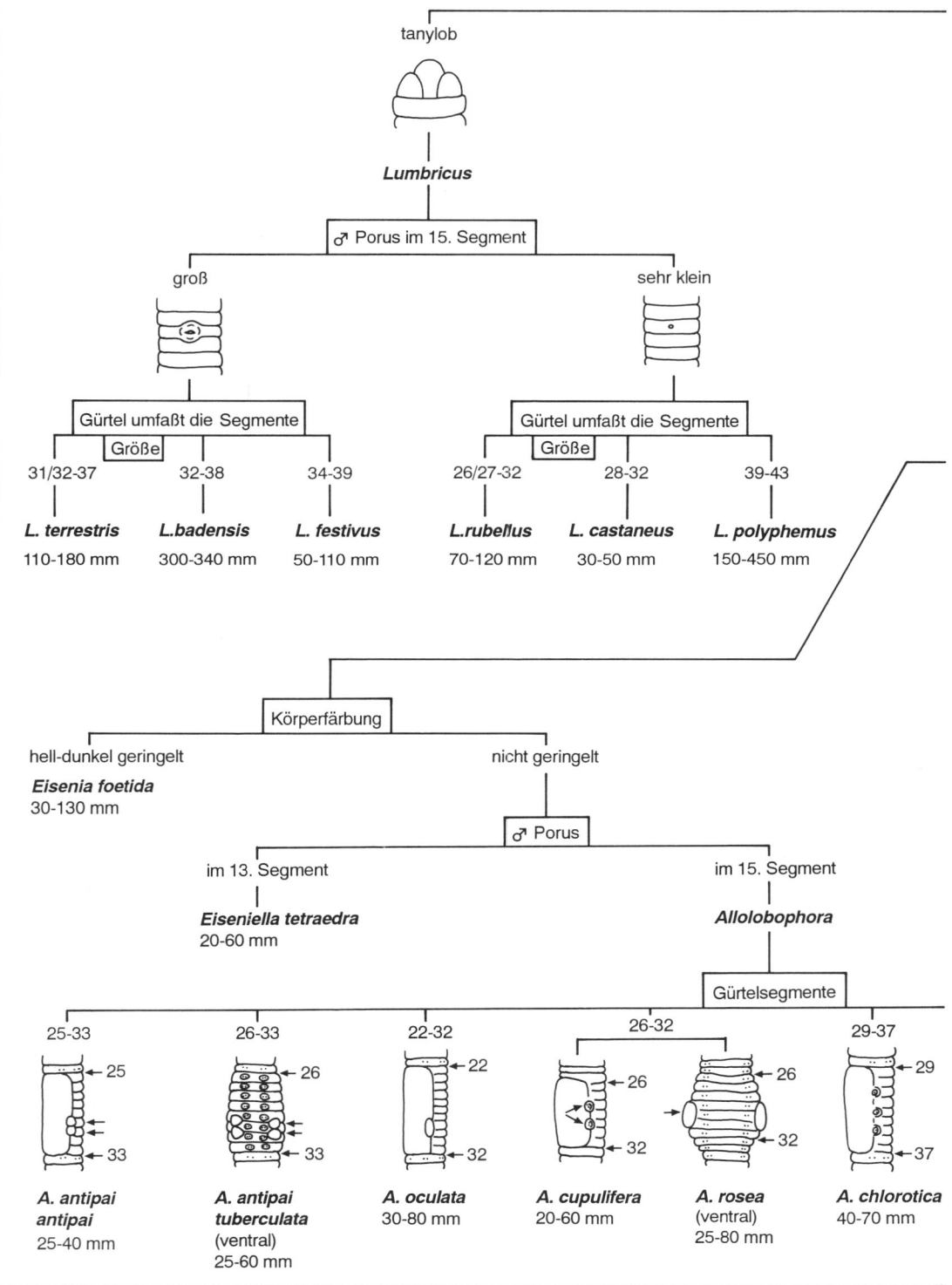

tanylob

Lumbricus

♂ Porus im 15. Segment

groß / sehr klein

Gürtel umfaßt die Segmente — Größe

31/32-37	32-38	34-39
L. terrestris	*L.badensis*	*L. festivus*
110-180 mm	300-340 mm	50-110 mm

Gürtel umfaßt die Segmente — Größe

26/27-32	28-32	39-43
L.rubellus	*L. castaneus*	*L. polyphemus*
70-120 mm	30-50 mm	150-450 mm

Körperfärbung

hell-dunkel geringelt
Eisenia foetida
30-130 mm

nicht geringelt

♂ Porus

im 13. Segment
Eiseniella tetraedra
20-60 mm

im 15. Segment
Allolobophora

Gürtelsegmente

25-33	26-33	22-32	26-32		29-37
A. antipai antipai	*A. antipai tuberculata* (ventral)	*A. oculata*	*A. cupulifera*	*A. rosea* (ventral)	*A. chlorotica*
25-40 mm	25-60 mm	30-80 mm	20-60 mm	25-80 mm	40-70 mm

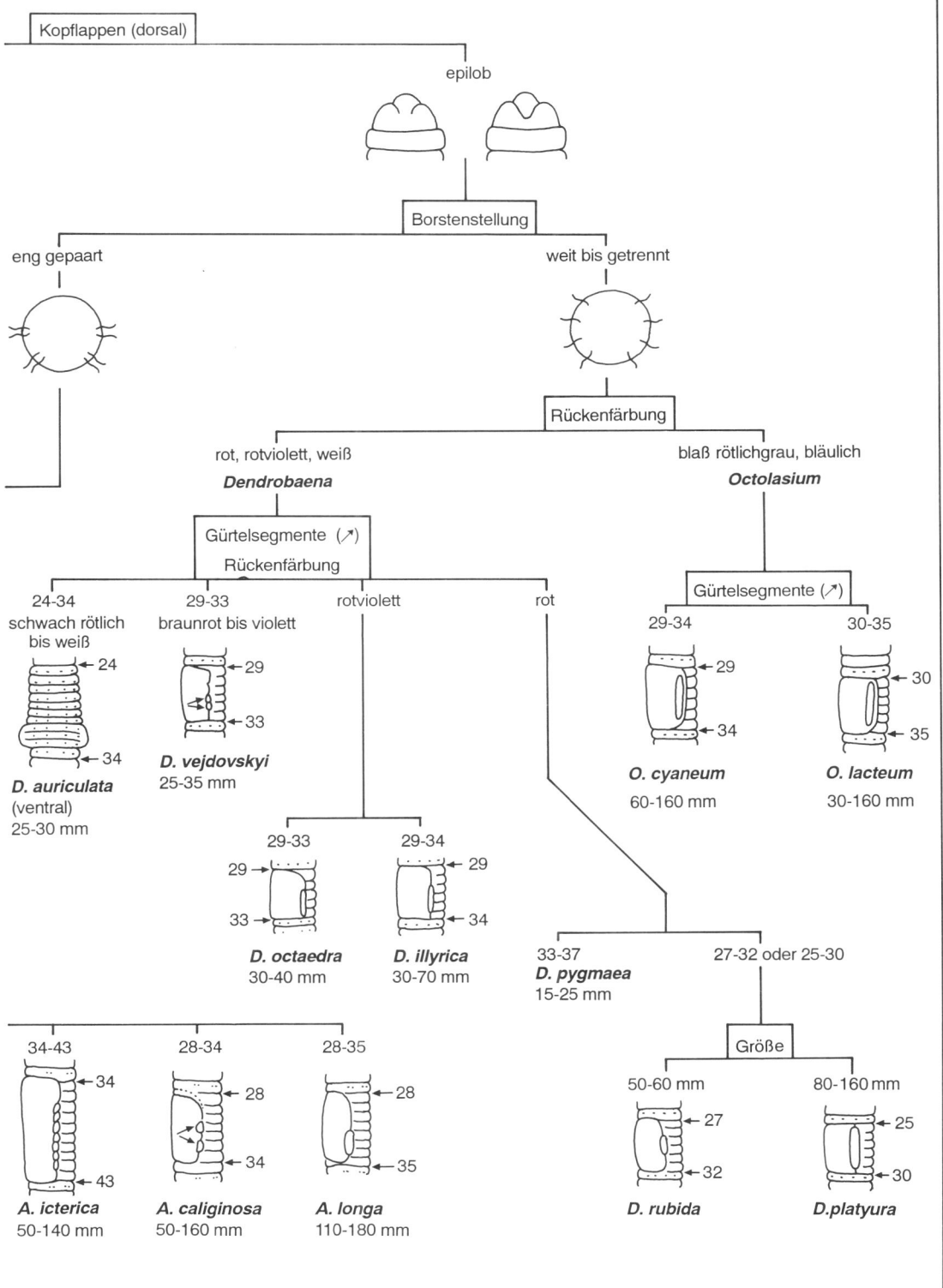

Kopflappen (dorsal)

epilob

Borstenstellung

eng gepaart

weit bis getrennt

Rückenfärbung

rot, rotviolett, weiß
Dendrobaena

blaß rötlichgrau, bläulich
Octolasium

Gürtelsegmente (↗)
Rückenfärbung

24-34
schwach rötlich
bis weiß

←24

←34

D. auriculata
(ventral)
25-30 mm

29-33
braunrot bis violett

←29

←33

D. vejdovskyi
25-35 mm

rotviolett

rot

Gürtelsegmente (↗)

29-34

←29

←34

O. cyaneum
60-160 mm

30-35

←30

←35

O. lacteum
30-160 mm

29-33

29→

33→

D. octaedra
30-40 mm

29-34

29→

←34

D. illyrica
30-70 mm

33-37
D. pygmaea
15-25 mm

27-32 oder 25-30

Größe

34-43

←34

←43

A. icterica
50-140 mm

28-34

←28

←34

A. caliginosa
50-160 mm

28-35

←28

←35

A. longa
110-180 mm

50-60 mm

←27

←32

D. rubida

80-160 mm

←25

←30

D.platyura

Höser

Mollusca · Weichtiere

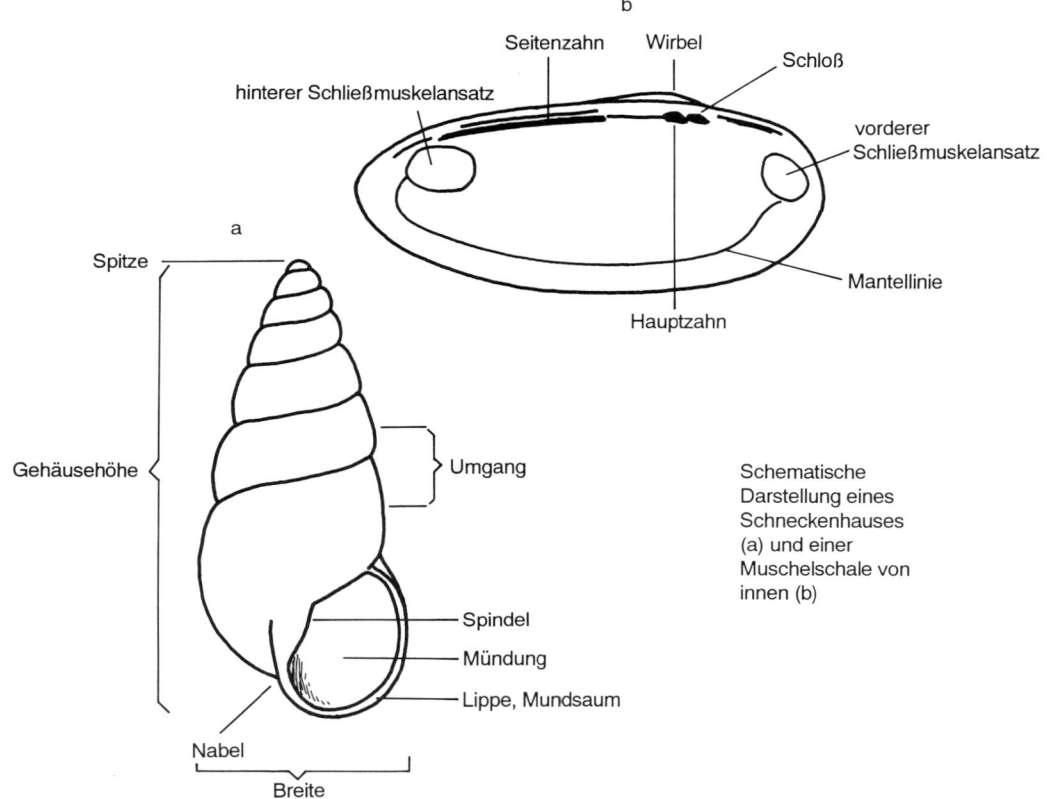

b
Seitenzahn   Wirbel
Schloß
hinterer Schließmuskelansatz
vorderer
Schließmuskelansatz
a
Spitze
Mantellinie
Hauptzahn
Gehäusehöhe
Umgang
Schematische
Darstellung eines
Schneckenhauses
(a) und einer
Muschelschale von
innen (b)
Spindel
Mündung
Lippe, Mundsaum
Nabel
Breite

Land- und süßwasserbewohnende Tiere, deren kalkhaltige Gehäuse (Schnecken) bzw. Schalen (Muscheln) artspezifische Merkmale aufweisen, die in fast allen Fällen eine Bestimmung ermöglichen. Formen mit reduziertem Gehäuse (Nacktschnecken) können ohne genitalmorphologische Untersuchungen nur grob zugeordnet werden. Im Wasser gefundene Gehäuse müssen nicht immer von Wasserschnecken stammen, da Landschneckengehäuse durch Regenwasser leicht verfrachtet werden können.
Geländemerkmale junger Gehäuseschnecken:
- Mundsaum mit dünnem und zartem Rand, bei verwitterten Gehäusen oftmals ausgebrochen, bei lebenden Tieren weich - ihre exakte Bestimmung ist nach den vorliegenden Tabellen nicht oder nur eingeschränkt möglich!
Geländemerkmale ausgewachsener Schnecken:
- Gehäuse mit einem Deckel aus kalk- oder hornartiger Substanz verschließbar, der Windungen oder konzentrische Spirallinien aufweist - **Prosobranchia** (Vorderkiemerschnecken) - überwiegend Wasserbewohner. Dieser Deckel entspricht nicht dem nur zur Winterruhe ausgebildeten Epiphragma, einem homogen wirkenden Kalkdeckel der **Pulmonata** (Lungenschnecken).
Geländemerkmale Lungenschnecken:
- Atemöffnung seitlich in der Mantelhöhle gut sichtbar;
- Augen an der Spitze der Fühler - **Stylommatophora** (Landlungenschnecken);
- Augen an der Basis der Fühler - **Basommatophora** (Wasserlungenschnecken).
Geländemerkmale Muscheln:
- Körper symmetrisch von zweiklappiger Schale umgeben;
- Schalenhälften im Schloß unter Ausbildung charakteristischer Schloßzähne verbunden.
Beobachtung und Fang:
- überwiegend nur bei hoher Luftfeuchtigkeit (Abend- bzw. Nachtstunden und bei Regen) aktiv;
- im wesentlichen durch mechanisches Auflesen oder Aussieben von Bodenproben.

Mollusca · Weichtiere 1: Übersicht

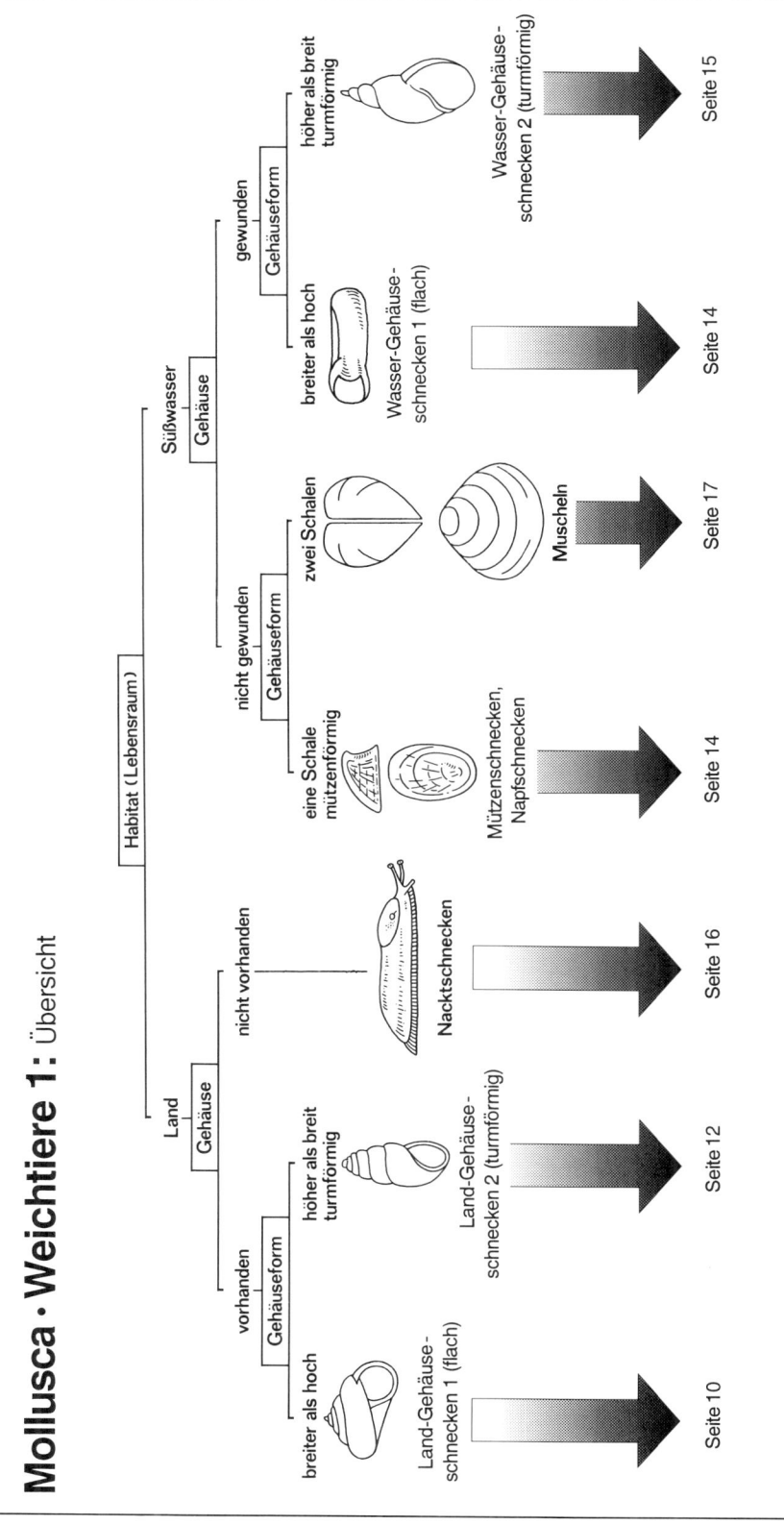

Marstaller

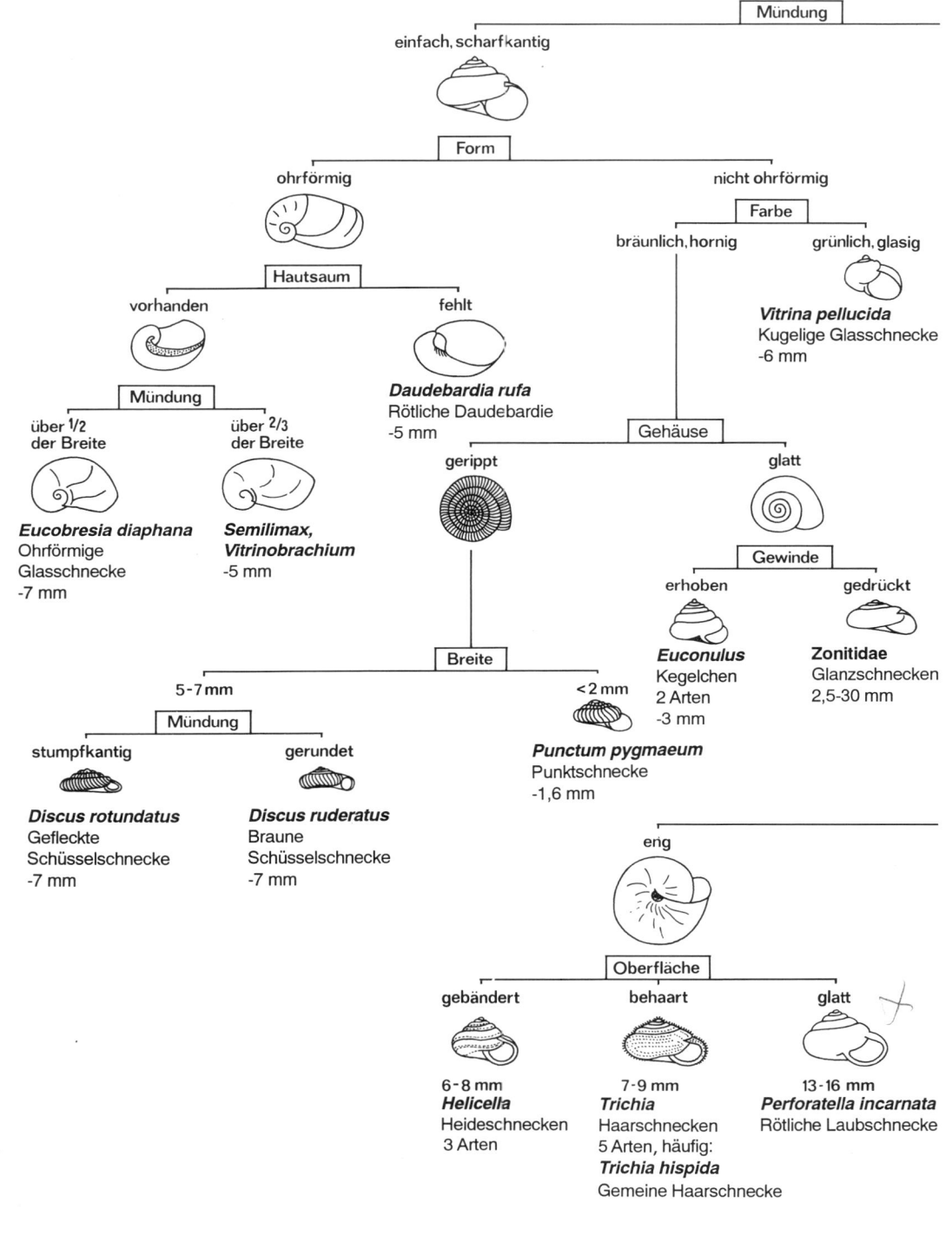

Mündung

einfach, scharfkantig

Form

ohrförmig

nicht ohrförmig

Farbe

bräunlich, hornig

grünlich, glasig

Vitrina pellucida
Kugelige Glasschnecke
-6 mm

Hautsaum

vorhanden

fehlt

Daudebardia rufa
Rötliche Daudebardie
-5 mm

Gehäuse

gerippt

glatt

Mündung

über 1/2
der Breite

über 2/3
der Breite

Eucobresia diaphana
Ohrförmige
Glasschnecke
-7 mm

**Semilimax,
Vitrinobrachium**
-5 mm

Gewinde

erhoben

gedrückt

Euconulus
Kegelchen
2 Arten
-3 mm

Zonitidae
Glanzschnecken
2,5-30 mm

Breite

5-7 mm

<2 mm

Punctum pygmaeum
Punktschnecke
-1,6 mm

Mündung

stumpfkantig

gerundet

Discus rotundatus
Gefleckte
Schüsselschnecke
-7 mm

Discus ruderatus
Braune
Schüsselschnecke
-7 mm

eng

Oberfläche

gebändert

behaart

glatt

6-8 mm
Helicella
Heideschnecken
3 Arten

7-9 mm
Trichia
Haarschnecken
5 Arten, häufig:
Trichia hispida
Gemeine Haarschnecke

13-16 mm
Perforatella incarnata
Rötliche Laubschnecke

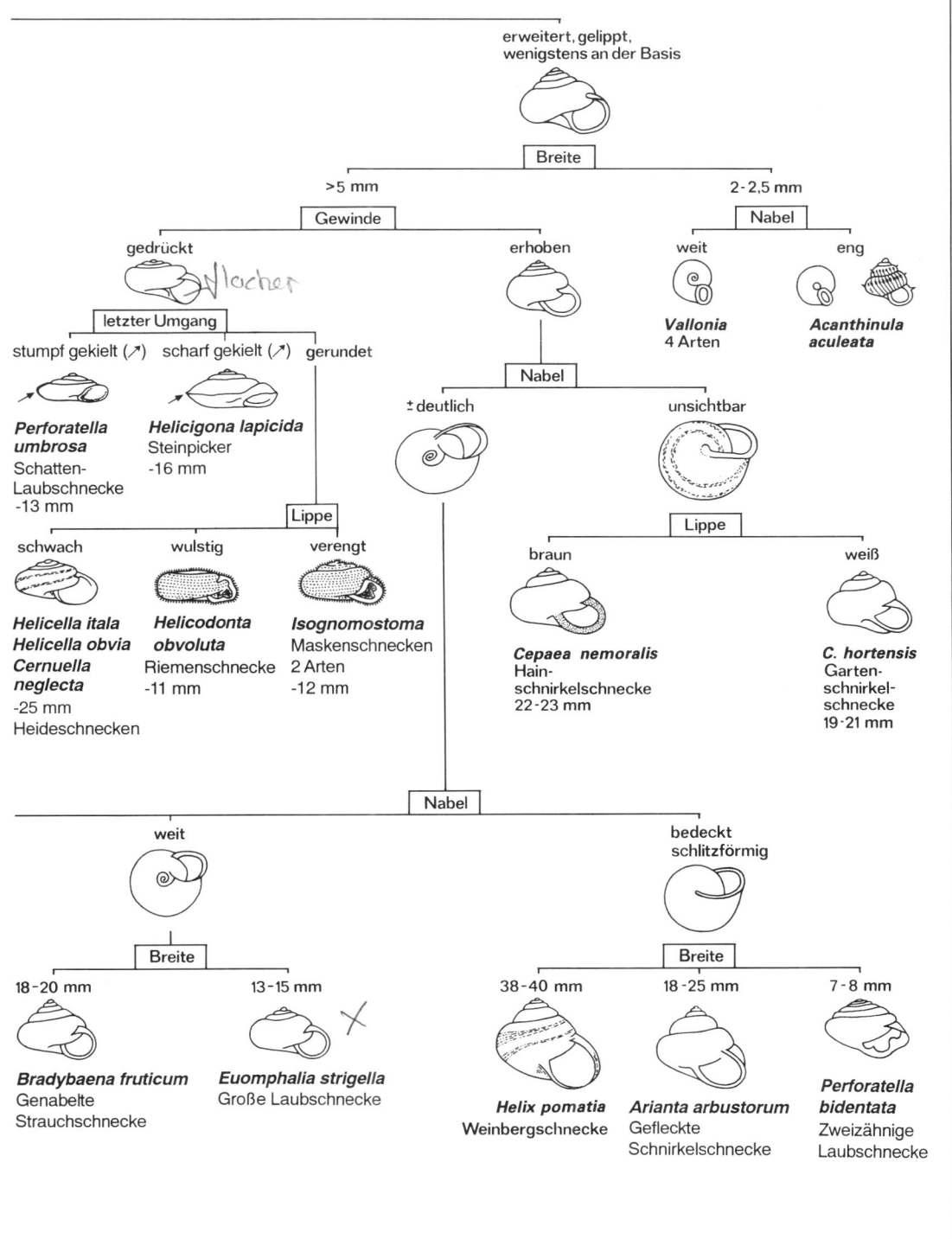

erweitert, gelippt,
wenigstens an der Basis

Breite

>5 mm

Gewinde

gedrückt

Nlocher

letzter Umgang

stumpf gekielt (↗) scharf gekielt (↗) gerundet

**Perforatella
umbrosa**
Schatten-
Laubschnecke
-13 mm

Helicigona lapicida
Steinpicker
-16 mm

Lippe

schwach

**Helicella itala
Helicella obvia
Cernuella
neglecta**
-25 mm
Heideschnecken

wulstig

**Helicodonta
obvoluta**
Riemenschnecke
-11 mm

verengt

Isognomostoma
Maskenschnecken
2 Arten
-12 mm

erhoben

Nabel

± deutlich

unsichtbar

Lippe

braun

Cepaea nemoralis
Hain-
schnirkelschnecke
22-23 mm

weiß

C. hortensis
Garten-
schnirkel-
schnecke
19-21 mm

2-2,5 mm

Nabel

weit

Vallonia
4 Arten

eng

**Acanthinula
aculeata**

Nabel

weit

Breite

18-20 mm

Bradybaena fruticum
Genabelte
Strauchschnecke

13-15 mm

Euomphalia strigella
Große Laubschnecke

bedeckt
schlitzförmig

Breite

38-40 mm

Helix pomatia
Weinbergschnecke

18-25 mm

Arianta arbustorum
Gefleckte
Schnirkelschnecke

7-8 mm

**Perforatella
bidentata**
Zweizähnige
Laubschnecke

v. Knorre/Marstaller

Mollusca · Weichtiere 3: Land-Gehäuseschnecken 2 (turmförmig)

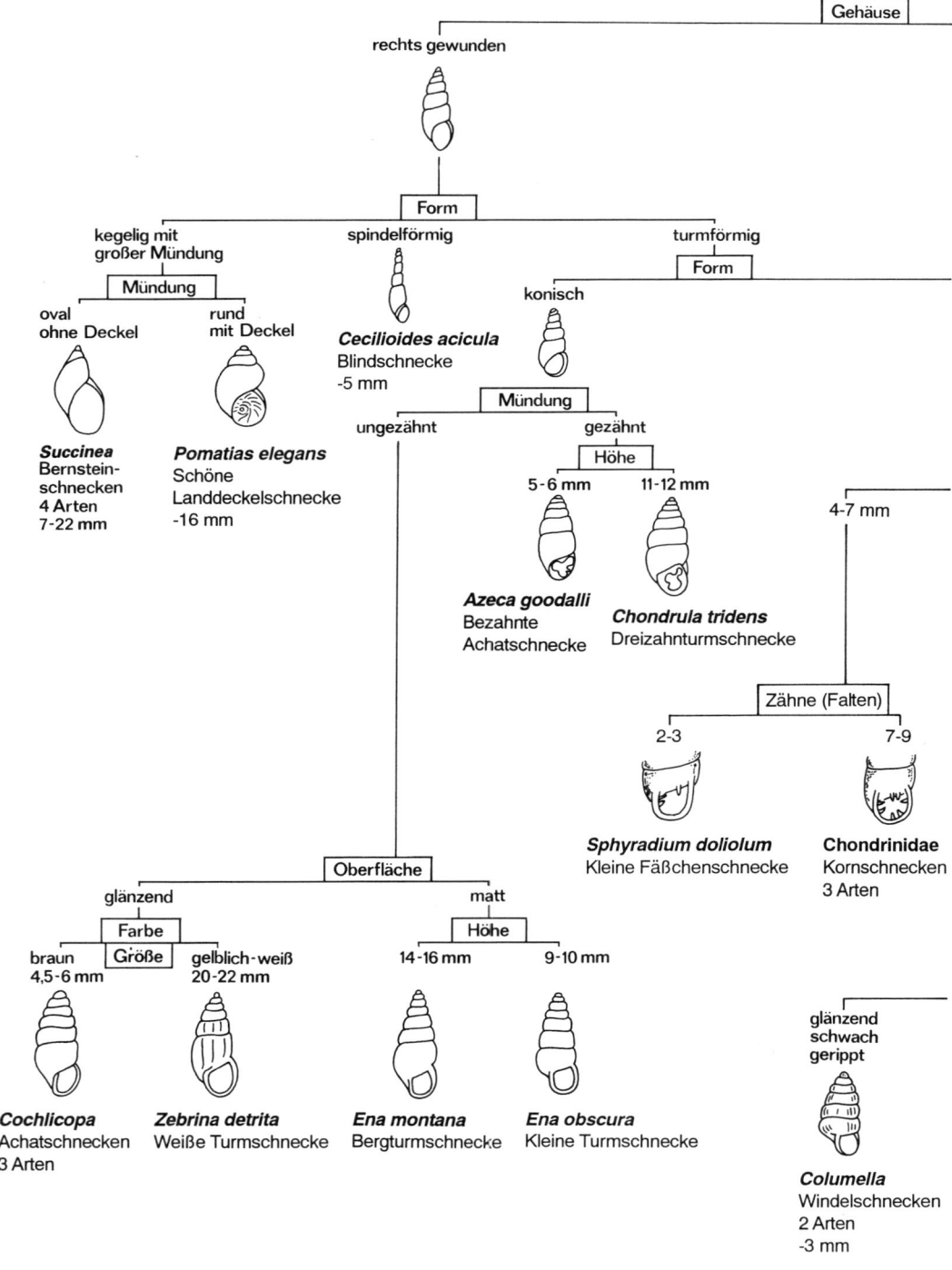

Gehäuse

rechts gewunden

Form

kegelig mit großer Mündung · spindelförmig · turmförmig

Form

konisch

Mündung

oval ohne Deckel · rund mit Deckel

Cecilioides acicula
Blindschnecke
-5 mm

Mündung

ungezähnt · gezähnt

Höhe

5-6 mm · 11-12 mm · 4-7 mm

Succinea
Bernstein-
schnecken
4 Arten
7-22 mm

Pomatias elegans
Schöne
Landdeckelschnecke
-16 mm

Azeca goodalli
Bezahnte
Achatschnecke

Chondrula tridens
Dreizahnturmschnecke

Zähne (Falten)

2-3 · 7-9

Sphyradium doliolum
Kleine Fäßchenschnecke

Chondrinidae
Kornschnecken
3 Arten

Oberfläche

glänzend · matt

Farbe

Höhe

braun
4,5-6 mm · **Größe** · gelblich-weiß
20-22 mm · 14-16 mm · 9-10 mm

glänzend
schwach
gerippt

Cochlicopa
Achatschnecken
3 Arten

Zebrina detrita
Weiße Turmschnecke

Ena montana
Bergturmschnecke

Ena obscura
Kleine Turmschnecke

Columella
Windelschnecken
2 Arten
-3 mm

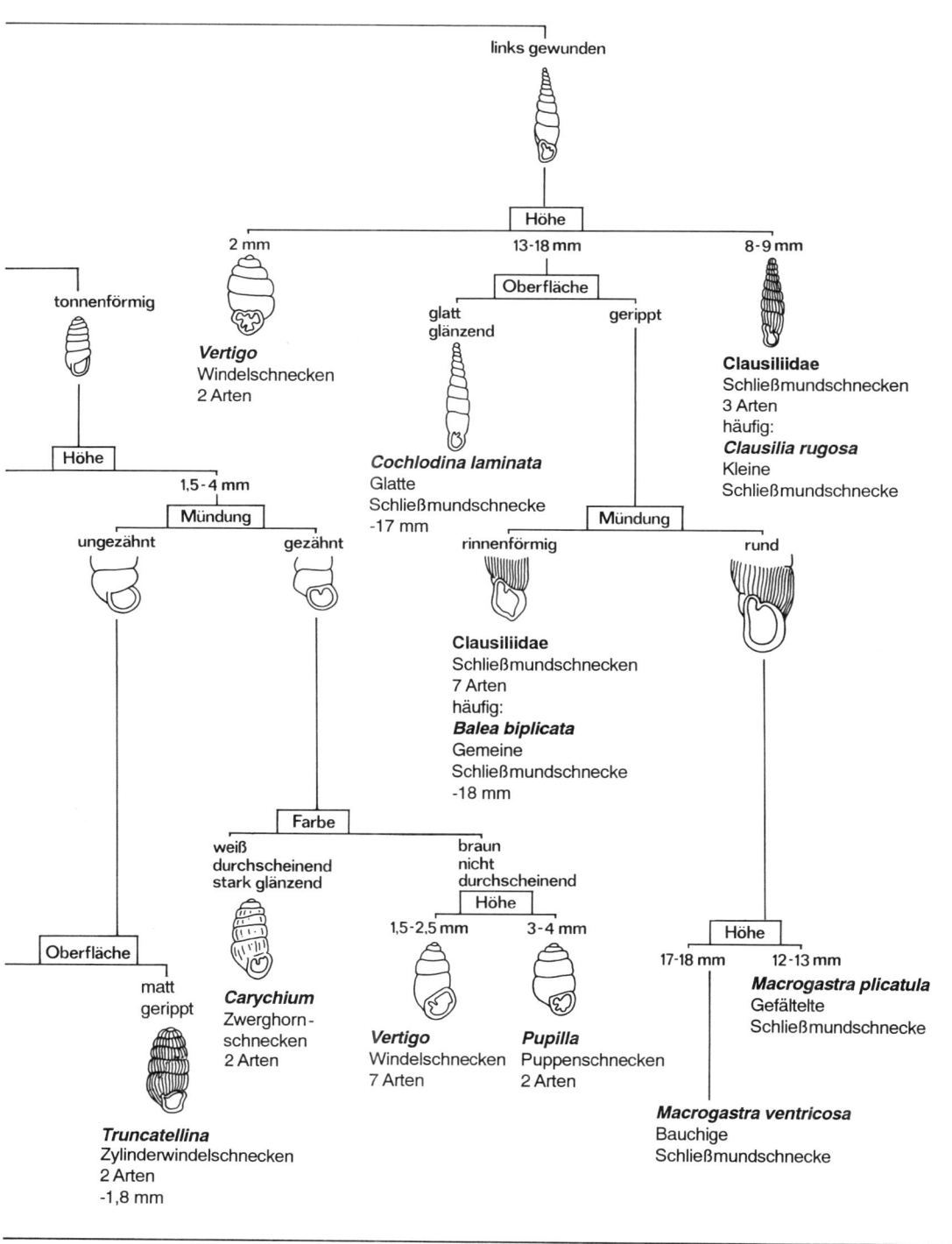

links gewunden

Höhe

2 mm — 13-18 mm — 8-9 mm

tonnenförmig

Vertigo
Windelschnecken
2 Arten

Oberfläche

glatt glänzend — gerippt

Höhe

Clausiliidae
Schließmundschnecken
3 Arten
häufig:
Clausilia rugosa
Kleine
Schließmundschnecke

1,5-4 mm

Mündung

ungezähnt — gezähnt

Cochlodina laminata
Glatte
Schließmundschnecke
-17 mm

Mündung

rinnenförmig — rund

Clausiliidae
Schließmundschnecken
7 Arten
häufig:
Balea biplicata
Gemeine
Schließmundschnecke
-18 mm

Farbe

weiß
durchscheinend
stark glänzend — braun
nicht
durchscheinend

Höhe

1,5-2,5 mm — 3-4 mm

Höhe

17-18 mm — 12-13 mm

Oberfläche

matt
gerippt

Carychium
Zwerghorn-
schnecken
2 Arten

Vertigo
Windelschnecken
7 Arten

Pupilla
Puppenschnecken
2 Arten

Macrogastra plicatula
Gefältelte
Schließmundschnecke

Truncatellina
Zylinderwindelschnecken
2 Arten
-1,8 mm

Macrogastra ventricosa
Bauchige
Schließmundschnecke

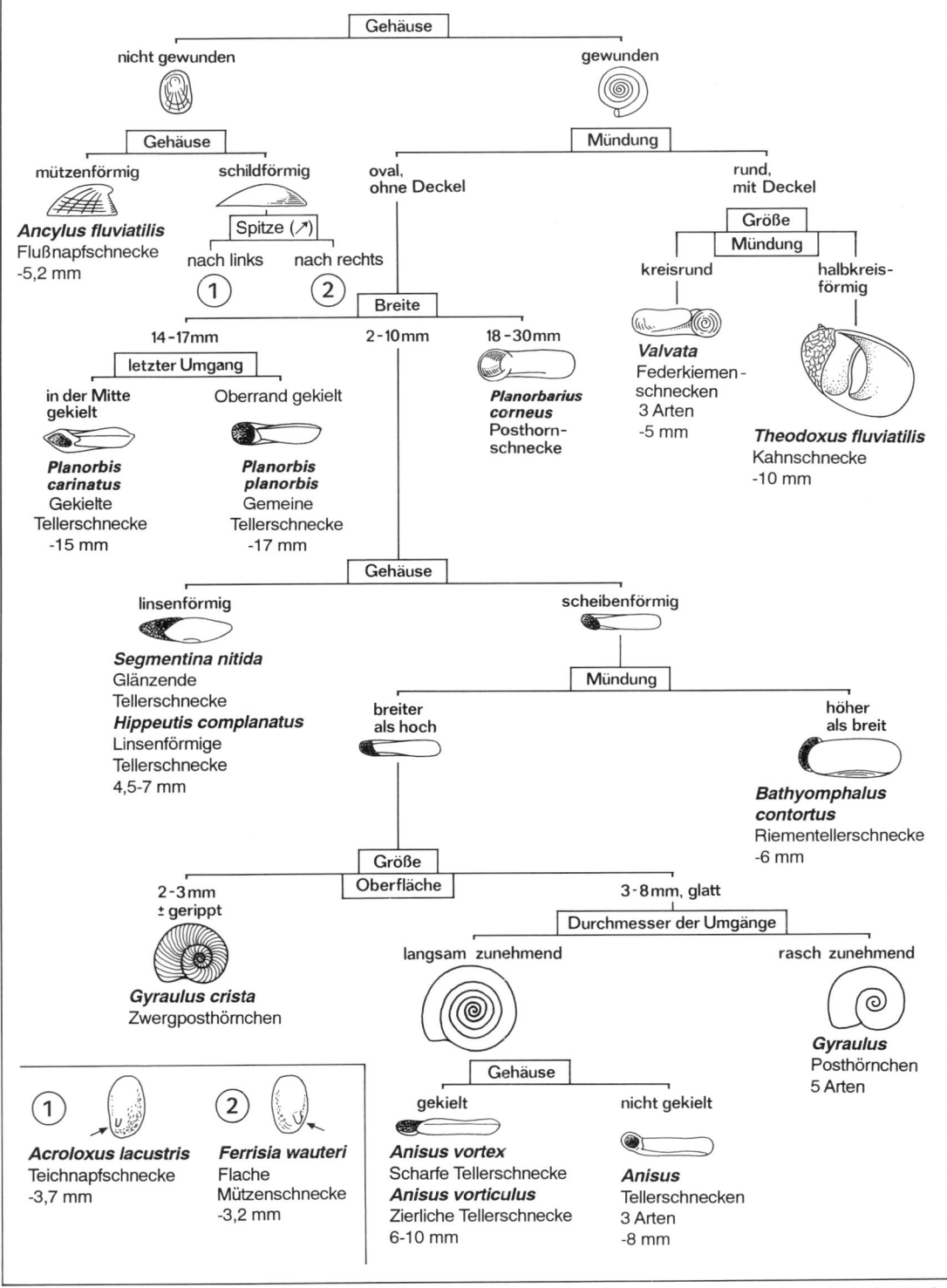

Gehäuse

nicht gewunden

gewunden

Gehäuse

Mündung

mützenförmig

schildförmig

oval,
ohne Deckel

rund,
mit Deckel

Ancylus fluviatilis
Flußnapfschnecke
-5,2 mm

Spitze (↗)

Größe

Mündung

nach links   nach rechts

① ②

kreisrund

halbkreis-
förmig

Breite

14-17mm   2-10mm   18-30mm

letzter Umgang

in der Mitte
gekielt

Oberrand gekielt

**Planorbarius
corneus**
Posthorn-
schnecke

Valvata
Federkiemen-
schnecken
3 Arten
-5 mm

Theodoxus fluviatilis
Kahnschnecke
-10 mm

**Planorbis
carinatus**
Gekielte
Tellerschnecke
-15 mm

**Planorbis
planorbis**
Gemeine
Tellerschnecke
-17 mm

Gehäuse

linsenförmig

scheibenförmig

Segmentina nitida
Glänzende
Tellerschnecke
Hippeutis complanatus
Linsenförmige
Tellerschnecke
4,5-7 mm

Mündung

breiter
als hoch

höher
als breit

**Bathyomphalus
contortus**
Riementellerschnecke
-6 mm

Größe
Oberfläche

2-3mm
± gerippt

3-8mm, glatt

Durchmesser der Umgänge

langsam zunehmend

rasch zunehmend

Gyraulus crista
Zwergposthörnchen

Gyraulus
Posthörnchen
5 Arten

Gehäuse

① **Acroloxus lacustris**
Teichnapfschnecke
-3,7 mm

② **Ferrisia wauteri**
Flache
Mützenschnecke
-3,2 mm

gekielt

nicht gekielt

Anisus vortex
Scharfe Tellerschnecke
Anisus vorticulus
Zierliche Tellerschnecke
6-10 mm

Anisus
Tellerschnecken
3 Arten
-8 mm

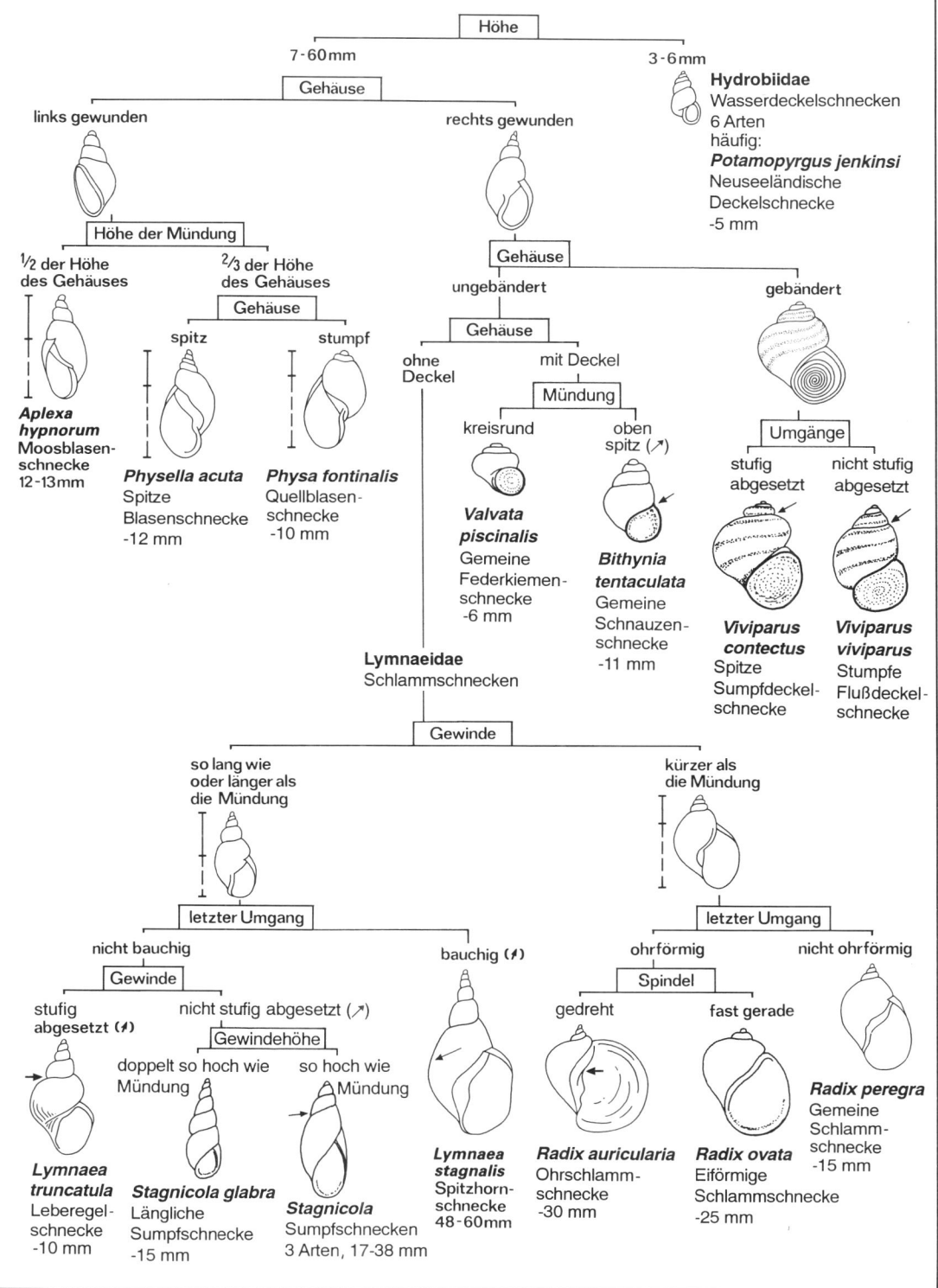

Höhe

7-60mm

3-6mm

Gehäuse

Hydrobiidae
Wasserdeckelschnecken
6 Arten
häufig:
Potamopyrgus jenkinsi
Neuseeländische
Deckelschnecke
-5 mm

links gewunden

rechts gewunden

Höhe der Mündung

Gehäuse

¹/₂ der Höhe
des Gehäuses

²/₃ der Höhe
des Gehäuses

ungebändert

gebändert

**Aplexa
hypnorum**
Moosblasen-
schnecke
12-13mm

Gehäuse

Gehäuse

Umgänge

spitz

stumpf

ohne
Deckel

mit Deckel

stufig
abgesetzt

nicht stufig
abgesetzt

Physella acuta
Spitze
Blasenschnecke
-12 mm

Physa fontinalis
Quellblasen-
schnecke
-10 mm

Mündung

kreisrund

oben
spitz (↗)

**Viviparus
contectus**
Spitze
Sumpfdeckel-
schnecke

**Viviparus
viviparus**
Stumpfe
Flußdeckel-
schnecke

**Valvata
piscinalis**
Gemeine
Federkiemen-
schnecke
-6 mm

**Bithynia
tentaculata**
Gemeine
Schnauzen-
schnecke
-11 mm

Lymnaeidae
Schlammschnecken

Gewinde

so lang wie
oder länger als
die Mündung

kürzer als
die Mündung

letzter Umgang

letzter Umgang

nicht bauchig

bauchig (↗)

ohrförmig

nicht ohrförmig

Gewinde

Spindel

stufig
abgesetzt (↗)

nicht stufig abgesetzt (↗)

gedreht

fast gerade

Gewindehöhe

doppelt so hoch wie
Mündung

so hoch wie
Mündung

Radix peregra
Gemeine
Schlamm-
schnecke
-15 mm

**Lymnaea
truncatula**
Leberegel-
schnecke
-10 mm

Stagnicola glabra
Längliche
Sumpfschnecke
-15 mm

Stagnicola
Sumpfschnecken
3 Arten, 17-38 mm

**Lymnaea
stagnalis**
Spitzhorn-
schnecke
48-60mm

Radix auricularia
Ohrschlamm-
schnecke
-30 mm

Radix ovata
Eiförmige
Schlammschnecke
-25 mm

v. Knorre/Marstaller

Mollusca · Weichtiere 6: Nacktschnecken

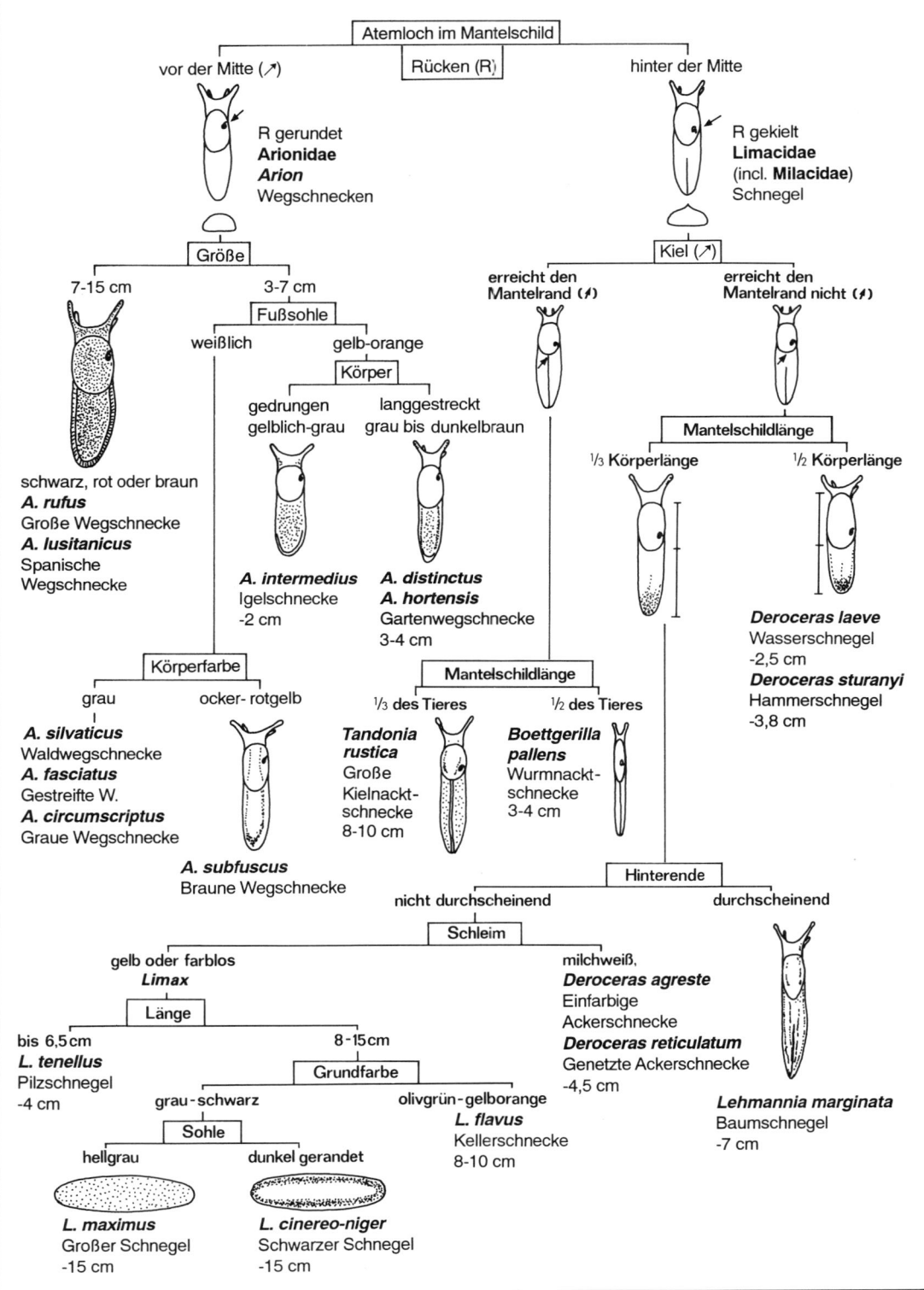

Atemloch im Mantelschild

vor der Mitte (↗) · Rücken (R) · hinter der Mitte

R gerundet
Arionidae
Arion
Wegschnecken

R gekielt
Limacidae
(incl. **Milacidae**)
Schnegel

Größe

7-15 cm

schwarz, rot oder braun
A. rufus
Große Wegschnecke
A. lusitanicus
Spanische
Wegschnecke

3-7 cm

Fußsohle

weißlich · gelb-orange

Körper

gedrungen
gelblich-grau
A. intermedius
Igelschnecke
-2 cm

langgestreckt
grau bis dunkelbraun
A. distinctus
A. hortensis
Gartenwegschnecke
3-4 cm

Körperfarbe

grau
A. silvaticus
Waldwegschnecke
A. fasciatus
Gestreifte W.
A. circumscriptus
Graue Wegschnecke

ocker- rotgelb
A. subfuscus
Braune Wegschnecke

Kiel (↗)

erreicht den
Mantelrand (♪)

erreicht den
Mantelrand nicht (♪)

Mantelschildlänge

⅓ Körperlänge · ½ Körperlänge

Deroceras laeve
Wasserschnegel
-2,5 cm
Deroceras sturanyi
Hammerschnegel
-3,8 cm

Mantelschildlänge

⅓ des Tieres
**Tandonia
rustica**
Große
Kielnackt-
schnecke
8-10 cm

½ des Tieres
**Boettgerilla
pallens**
Wurmnackt-
schnecke
3-4 cm

Hinterende

nicht durchscheinend · durchscheinend

Schleim

gelb oder farblos
Limax

Länge

bis 6,5 cm
L. tenellus
Pilzschnegel
-4 cm

8-15 cm

Grundfarbe

grau-schwarz

Sohle

hellgrau
L. maximus
Großer Schnegel
-15 cm

dunkel gerandet
L. cinereo-niger
Schwarzer Schnegel
-15 cm

olivgrün-gelborange
L. flavus
Kellerschnecke
8-10 cm

milchweiß,
Deroceras agreste
Einfarbige
Ackerschnecke
Deroceras reticulatum
Genetzte Ackerschnecke
-4,5 cm

Lehmannia marginata
Baumschnegel
-7 cm

Mollusca · Weichtiere 7: Süßwasser-Muscheln (Bivalvia)

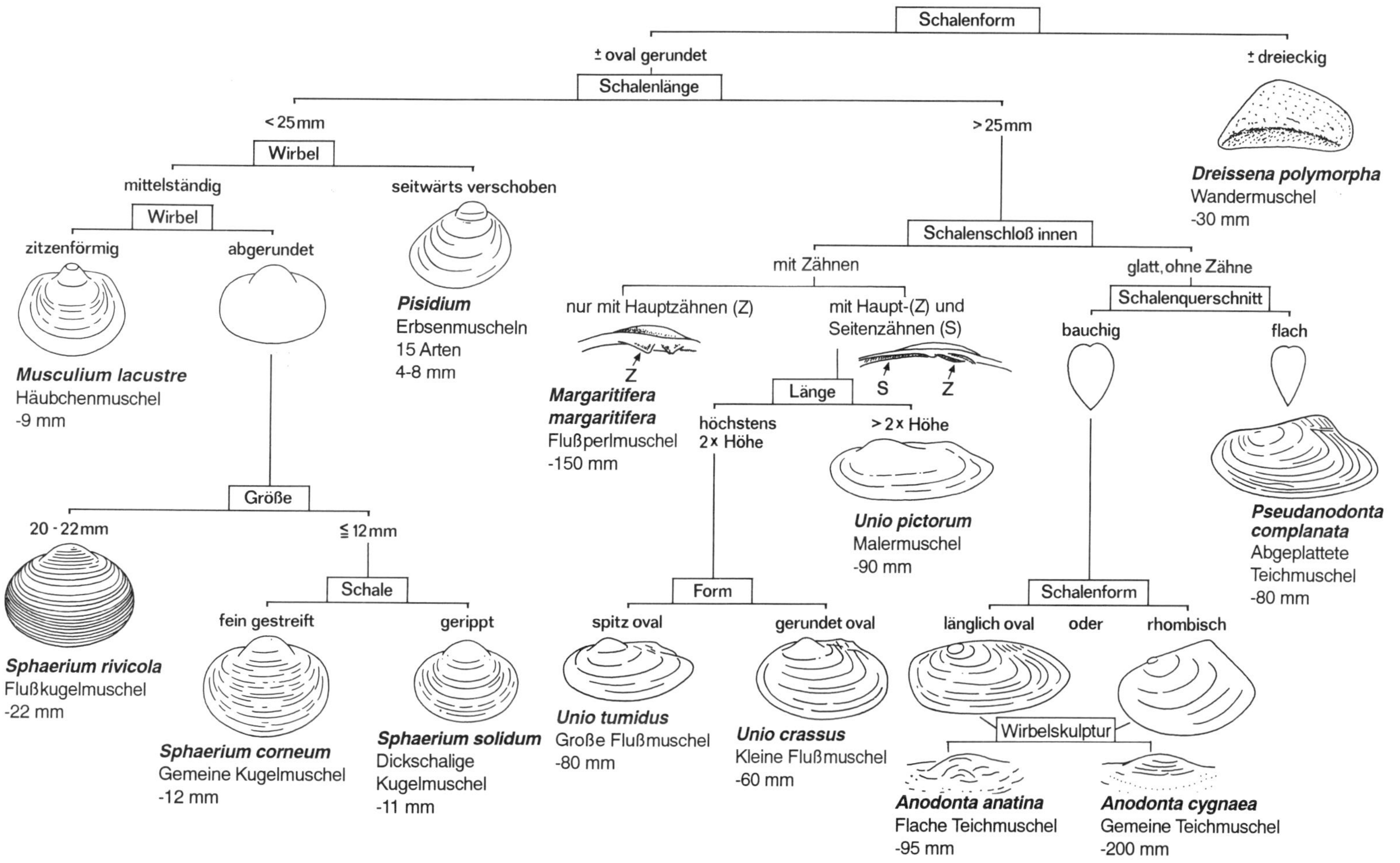

Dreissena polymorpha
Wandermuschel
-30 mm

Pseudanodonta complanata
Abgeplattete Teichmuschel
-80 mm

Anodonta cygnaea
Gemeine Teichmuschel
-200 mm

Anodonta anatina
Flache Teichmuschel
-95 mm

Unio pictorum
Malermuschel
-90 mm

Unio crassus
Kleine Flußmuschel
-60 mm

Unio tumidus
Große Flußmuschel
-80 mm

Margaritifera margaritifera
Flußperlmuschel
-150 mm

Pisidium
Erbsenmuscheln
15 Arten
4-8 mm

Musculium lacustre
Häubchenmuschel
-9 mm

Sphaerium solidum
Dickschalige Kugelmuschel
-11 mm

Sphaerium corneum
Gemeine Kugelmuschel
-12 mm

Sphaerium rivicola
Flußkugelmuschel
-22 mm

Schalenform · ± dreieckig · ± oval gerundet · Schalenlänge · <25mm · >25mm
Schalenschloß innen · glatt, ohne Zähne · mit Zähnen
Schalenquerschnitt · flach · bauchig · Schalenform · rhombisch · oder · länglich oval · Wirbelskulptur
mit Haupt- (Z) und Seitenzähnen (S) · nur mit Hauptzähnen (Z)
Länge · >2 x Höhe · höchstens 2 x Höhe · Form · gerundet oval · spitz oval
Wirbel · seitwärts verschoben · mittelständig · zitzenförmig · abgerundet
Größe · ≦12mm · 20 - 22mm · Schale · gerippt · fein gestreift

v. Knorre/Marstaller

Arachnida · Spinnentiere

Außerordentlich vielgestaltige Gruppe mit zahlreichen Arten, die Vertreter von wenigen Millimetern bis zu ca. 2 Zentimetern umfassen.
Typisch ist das Vorhandensein von (i.d.R.) vier Beinpaaren sowie eines Chelicerenpaares; gleichermaßen aber auch das Fehlen von Fühlern!
Die Tiere sind größtenteils Landbewohner, nur wenige Arten haben sich an das Leben im Süßwasser angepaßt. Viele leben parasitisch an Tieren oder Pflanzen und können so z.B. wirtschaftlich bedeutsam werden.

Im Gelände lassen sich folgende morphologische Typen im allgemeinen mühelos trennen:
1) *Araneus*-Typ, Webspinnen im weiteren Sinn
   Leib in Vorder- und Hinterkörper gegliedert
2) **Opiliones**-Typ, Weberknechte oder Kanker
   Leib nicht in Vorder- und Hinterkörper getrennt, Beine meist auffallend lang und dünn (Wickelbein)
3) **Acari**-Typ, Milben
   Körper wie bei 2) nicht gegliedert; Beine jedoch oft kurz und kräftig, größtenteils Tiere von wenigen Millimetern bis hin zu winzigen Formen (z.B. **Eriophyidae** = Gallmilben: Beinpaare reduziert, kleinste Arthropoden der Welt, anhand der Schadbilder oft gut diagnostizierbar)
4) **Pseudoscorpiones**-Typ, Schein- oder Moos-Skorpione
   Tiere von wenigen Millimetern mit gestrecktem Hinterleib, der in ganzer Breite am Vorderkörper ansetzt, dieser im Gegensatz zu den anderen Typen mit einem Paar kräftiger Scheren!

Im Gelände am auffälligsten sind Vertreter des *Araneus*-Types, die oft durch ihre Größe auf sich aufmerksam machen.
Die Unterscheidung der Geschlechter ist - zumindest bei (fast) reifen Tieren einfach:
Männchen haben ein stark vergrößertes, oft sehr kompliziert geformtes Tasterendglied, das sich durch seine Gestalt auffällig von dem der Weibchen unterscheidet; sie haben stattdessen eine i.d.R. kräftig sklerotisierte Epigyne an der Basis der Hinterleibsunterseite.
Diese Merkmale fehlen den Typen 2) bis 4); die Geschlechtsunterscheidung ist oft sehr kompliziert.
Die untere Abbildung zeigt den Grundbauplan einer Webspinne.

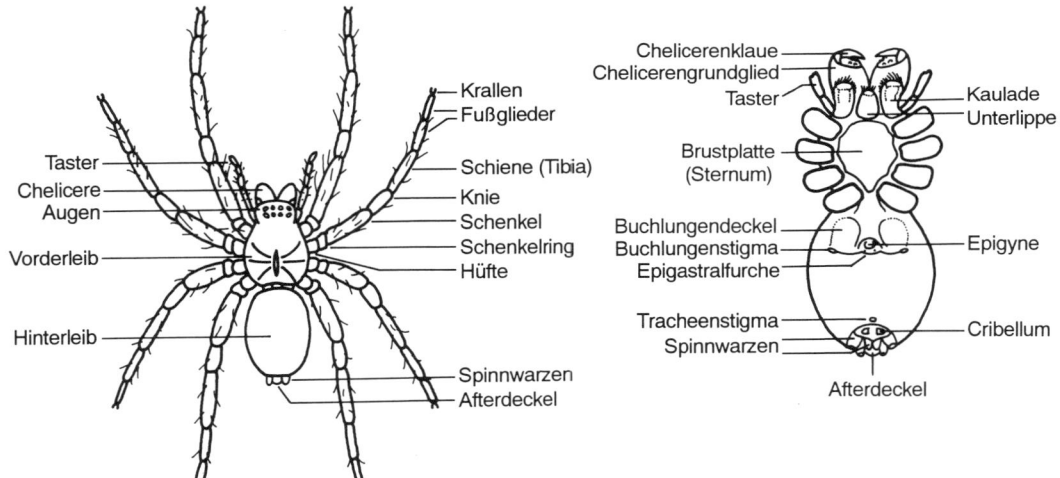

Spinnentiere werden sowohl durch Kescher- als auch Bodenfallenfänge erbeutet (Artenzahl bei letzteren weitaus am größten!), nicht vernachlässigt werden sollte aber auch die direkte Beobachtung im Gelände.

Insbesondere (gewebe-)netzbauende Spinnen bieten durch den Typ bzw. die Konstruktion ihres Gespinstes zahlreiche, für den Beobachter wichtige Zusatzinformationen, die z.B. bei der Bestimmung sehr hilfreich sein können (Hinweis: am besten sichtbar sind Spinnennetze bei Morgentau!)
Die Bestimmungstabellen der Radnetzspinnen beziehen sich vorzugsweise auf adulte Weibchen.
Die "Netzbestimmungstabellen" (Seite 32-37) stellen den Versuch dar, unterschiedlichste Netztypen zu ordnen und für den Laien unterscheidbar abzubilden.

Folgende Grundbegriffe sind zur Beurteilung eines Netzes erforderlich:

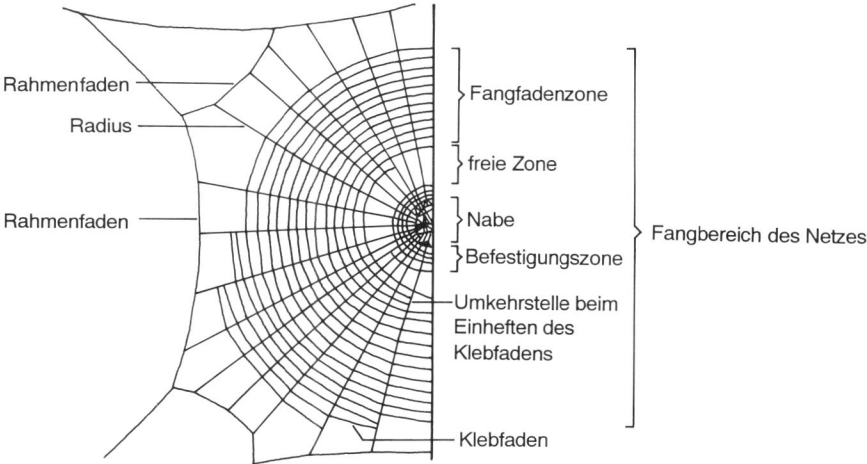

Schematische Darstellung der charakteristischen Elemente des radförmigen Fanggespinstes einer Kreuzspinne

ca. 10fach vergrößerter Ausschnitt aus dem Fangbereich des Netzes

a) einer Klebfadenweberin
(Klebfaden mit Leim-
tröpfchen)

b) einer Kräuselfadenweberin
(Fangfaden mit Fangwatte)

Kokon:
Mehr oder weniger festes, meist mehrschichtiges, sehr verschieden geformtes Gespinst mit Eiern oder Jungspinnen
Schematische Darstellung eines aufgeschnittenen Kokons

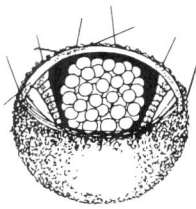

Stabilimente: helle, zickzack- oder streifenförmige Gespinstbänder ober- bzw. unterhalb der Nabe

Das Symbol im Hauptschlüssel Arachnida weist auf Zusatzinformationen im Teil Spinnennetze hin.

Arachnida · Spinnentiere 1: Übersicht; (Spinnennetze) Seite 32

Vorder- und Hinterkörper

durch Stiel (↗) verbunden

Araneae
"Webespinnen" im weiteren Sinn

Lebensraum

im oder auf dem Wasser

1. *Argyroneta aquatica* (**Argyronetidae**)
2. *Pirata* (**Lycosidae**)
3. *Dolomedes fimbriatus* (**Pisauridae**)

Land; auch in unmittelbarer Wassernähe, dann i.d.R. am Boden oder an Uferpflanzen

Hinterleibsfärbung (Oberseite)

schwarz mit mindestens vier weißen Flecken

Titanoeca quadriguttata (**Titanoecidae**)
in Trockenrasen verbreitet

rot mit vier schwarzen Flecken (nur Männchen!)

Eresus niger (**Eresidae**)
ein Augenpaar sehr weit nach hinten gerückt, daran auch ♀♀ und Jungtiere erkennbar (!)

anders

in ganzer Breite verbunden

Taster (T)

mit deutlichen Scheren

Pseudoscorpiones
Afterskorpione
kurzbeinig

Rückenplatten

geteilt

Rückenplatten

10

11

ungeteilt

Vorderkörper

vorn schmaler

vorn breiter

ohne Scheren

Hinterleib

ungegliedert

Acari
Milben; meist winzig, << 2 mm; Beine meist kurz und kräftig

Seite 38

gegliedert (mit Bauch- und Rückenplatten)

Opiliones
Kanker, Weberknechte
oft große Tiere; Beine meist lang und dünn

Seite 40

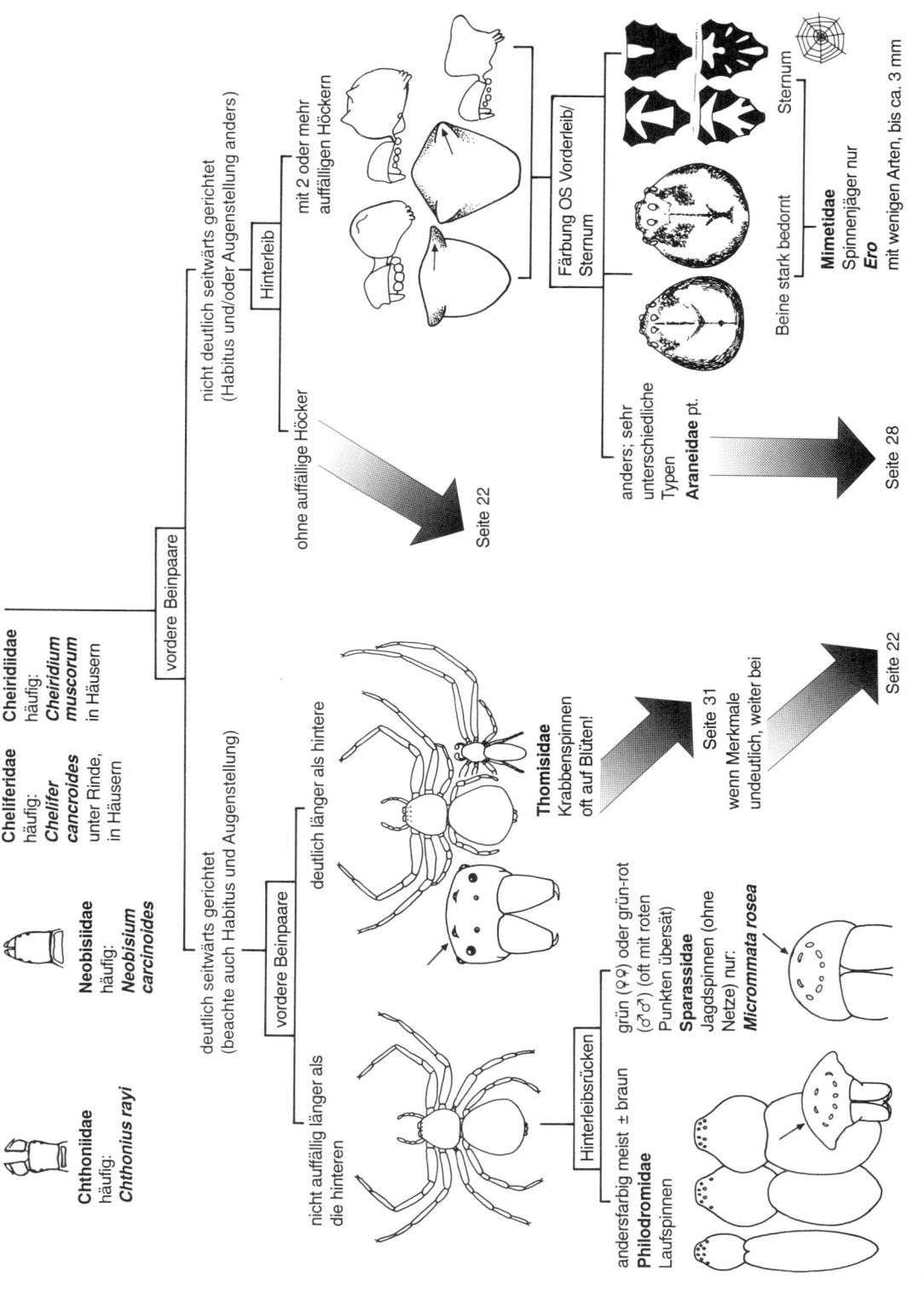

21

Chthoniidae
häufig:
Chthonius rayi

Neobisiidae
häufig:
Neobisium carcinoides

Cheliferidae
häufig:
Chelifer cancroides
unter Rinde,
in Häusern

Cheiridiidae
häufig:
Cheiridium muscorum
in Häusern

deutlich seitwärts gerichtet
(beachte auch Habitus und Augenstellung)

vordere Beinpaare

nicht auffällig länger als
die hinteren

andersfarbig meist ± braun
Philodromidae
Laufspinnen

Hinterleibsrücken

grün (♀♀) oder grün-rot
(♂♂) (oft mit roten
Punkten übersät)
Sparassidae
Jagdspinnen (ohne
Netze) nur:
Micrommata rosea

deutlich länger als hintere

Thomisidae
Krabbenspinnen
oft auf Blüten!

Seite 31

wenn Merkmale
undeutlich, weiter bei

Seite 22

vordere Beinpaare

nicht deutlich seitwärts gerichtet
(Habitus und/oder Augenstellung anders)

Hinterleib

ohne auffällige Höcker

Seite 22

mit 2 oder mehr
auffälligen Höckern

Färbung OS Vorderleib/
Sternum

anders; sehr
unterschiedliche
Typen
Araneidae pt.

Seite 28

Sternum

Beine stark bedornt
Mimetidae
Spinnenjäger nur
Ero
mit wenigen Arten, bis ca. 3 mm

Sander/Malt/Schäller

Arachnida · Spinnentiere 2: Übersicht; 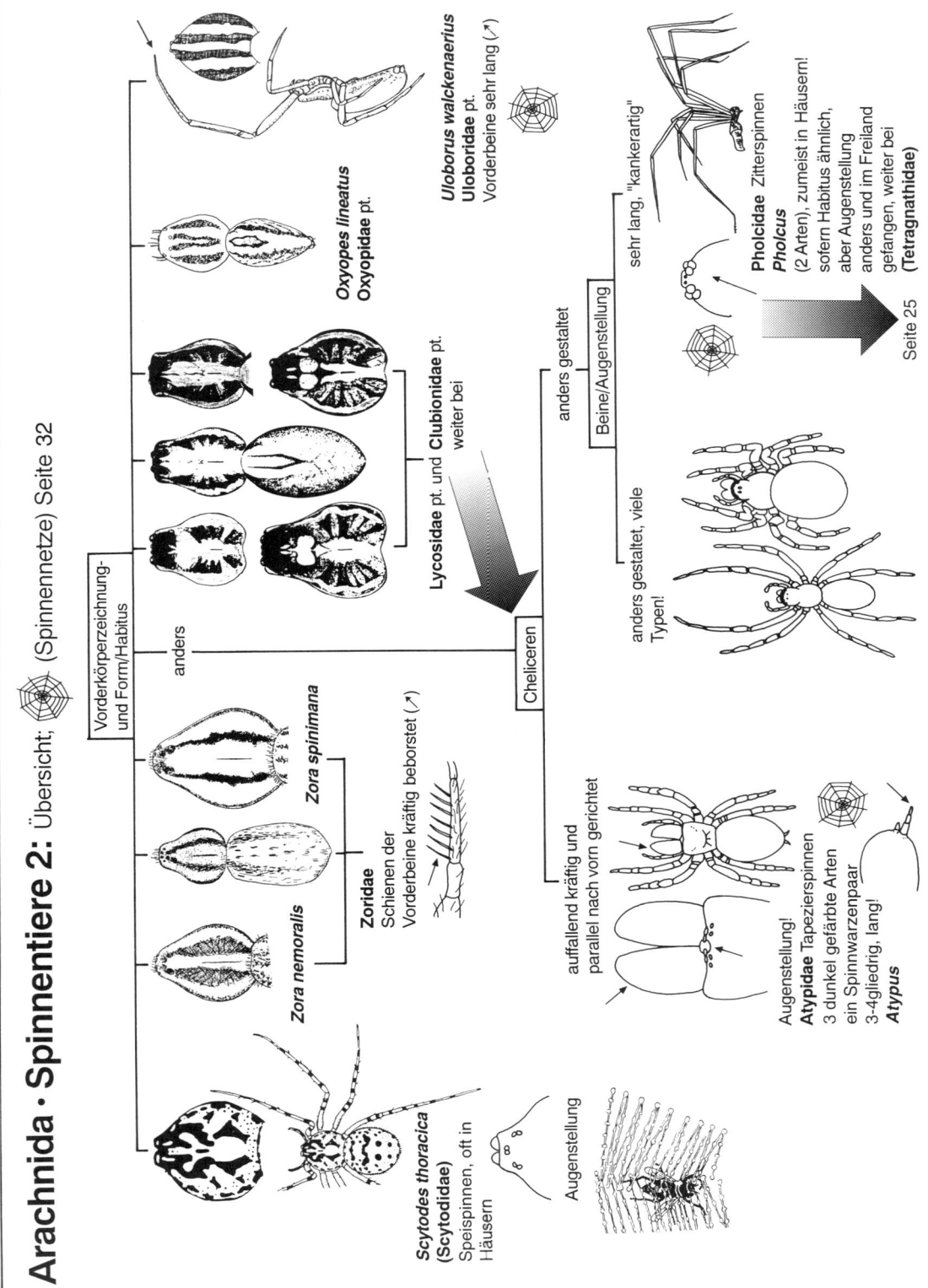 (Spinnennetze) Seite 32

Vorderkörperzeichnung- und Form/Habitus

anders

Scytodes thoracica (Scytodidae)
Speispinnen, oft in Häusern

Augenstellung

Zora nemoralis

Zora spinimana

Zoridae
Schienen der Vorderbeine kräftig beborstet (↗)

Cheliceren

Lycosidae pt. und **Clubionidae** pt.
weiter bei

Oxyopes lineatus
Oxyopidae pt.

Uloborus walckenaerius
Uloboridae pt.
Vorderbeine sehr lang (↗)

anders gestaltet

Beine/Augenstellung

sehr lang, "kankerartig"

Pholcidae Zitterspinnen
Pholcus
(2 Arten), zumeist in Häusern!
sofern Habitus ähnlich,
aber Augenstellung
anders und im Freiland
gefangen, weiter bei
(Tetragnathidae)

anders gestaltet, viele Typen!

Seite 25

auffallend kräftig und parallel nach vorn gerichtet

Augenstellung!
Atypidae Tapezierspinnen
3 dunkel gefärbte Arten
ein Spinnwarzenpaar
3-4gliedrig, lang!
Atypus

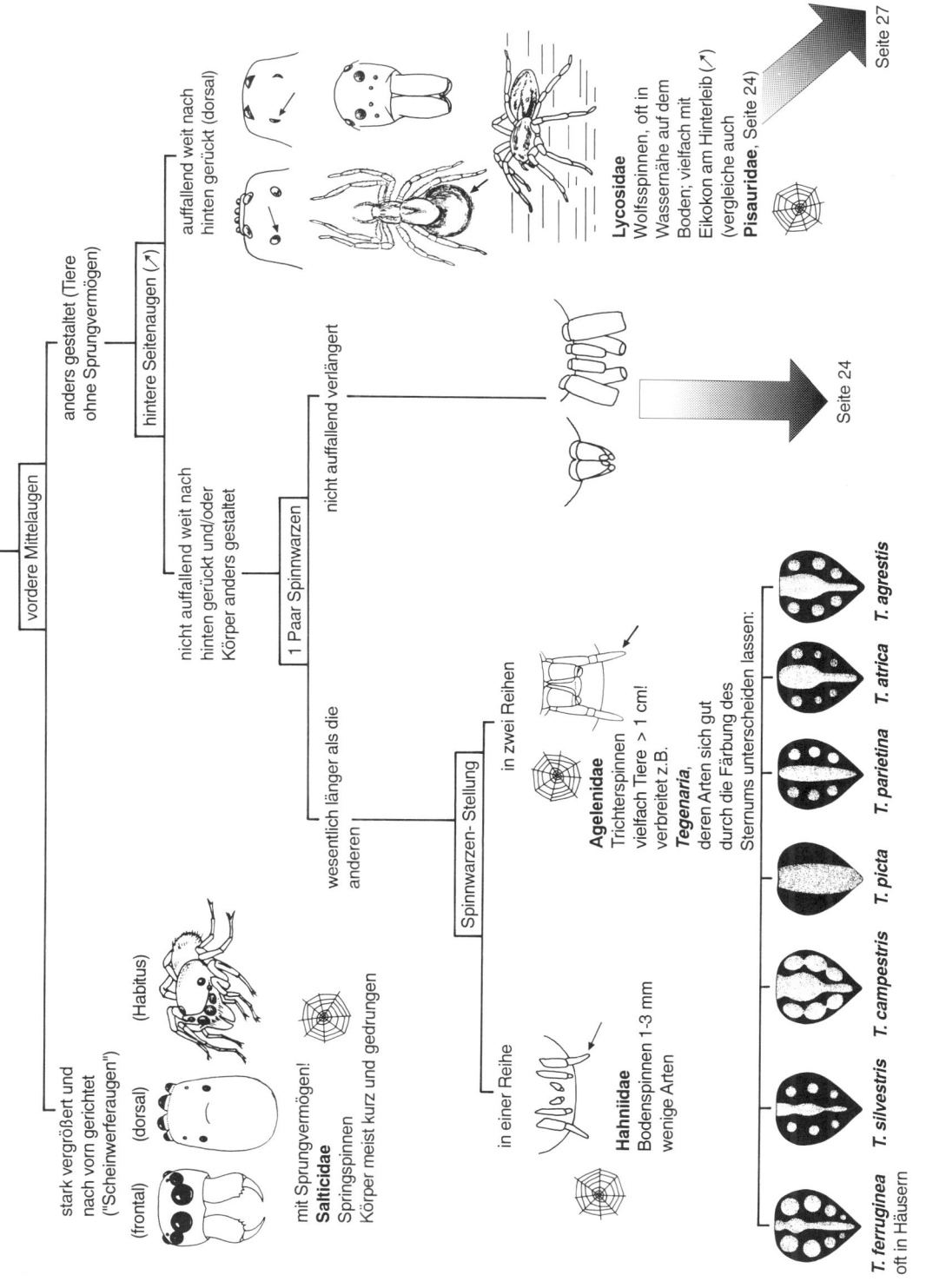

23

vordere Mittelaugen

- stark vergrößert und nach vorn gerichtet ("Scheinwerferaugen")

  (frontal) (dorsal) (Habitus)

  mit Sprungvermögen!

  Salticidae
  Springspinnen
  Körper meist kurz und gedrungen

- anders gestaltet (Tiere ohne Sprungvermögen)

  hintere Seitenaugen (↗)

  - auffallend weit nach hinten gerückt (dorsal)

    Lycosidae
    Wolfsspinnen, oft in Wassernähe auf dem Boden; vielfach mit Eikokon am Hinterleib (↗) (vergleiche auch **Pisauridae**, Seite 24)

    Seite 27

  - nicht auffallend weit nach hinten gerückt und/oder Körper anders gestaltet

    1 Paar Spinnwarzen

    - wesentlich länger als die anderen

      Spinnwarzen-Stellung

      - in einer Reihe

        Hahniidae
        Bodenspinnen 1-3 mm
        wenige Arten

      - in zwei Reihen

        Agelenidae
        Trichterspinnen
        vielfach Tiere > 1 cm!
        verbreitet z.B.
        Tegenaria,
        deren Arten sich gut durch die Färbung des Sternums unterscheiden lassen:

        T. ferruginea oft in Häusern   *T. silvestris*   *T. campestris*   *T. picta*   *T. parietina*   *T. atrica*   *T. agrestis*

    - nicht auffallend verlängert

      Seite 24

Sander/Matt/Schäller

Arachnida · Spinnentiere 3: Übersicht; (Spinnennetze) Seite 32

Spinnwarzen

deutlich zylindrisch

Körper gestreckt und ± walzenförmig; Beine kräftig, Tiere oft über 1 cm lang; dunkel bräunlich bis einfarbig schwarz, seltener mit hellem Körper

mittlere Hinteraugen länglich!

Gnaphosidae
Plattbauchspinnen

nicht zylindrisch, verschiedene Typen

Augenstellung, Körperform und Zeichnung

anders

vordere und hintere Mittelaugen

anders angeordnet und/oder Form des Vorderkörpers anders; zahlreiche Typen!

± quadratisch angeordnet; Form des Vorderkörpers

Vorderrand der Kopfpartie oft deutlich doppelbuchtig (↗) gelegentlich sehr große Tiere, Hinterleib besonders bei Weibchen ± kugelig, verschiedene Zeichnungsmuster!

Pisauridae
Raubspinnen

Dolomedes fimbriatus
Listspinne
-22 mm

Pisaura mirabilis
Jagdspinne
-15 mm

Araneidae pt.
und
Metidae pt.
Seite 28
wenn Vorderkörper mit erkennbarer Gabelzeichnung, vergleiche auch
Linyphiidae
Seite 26

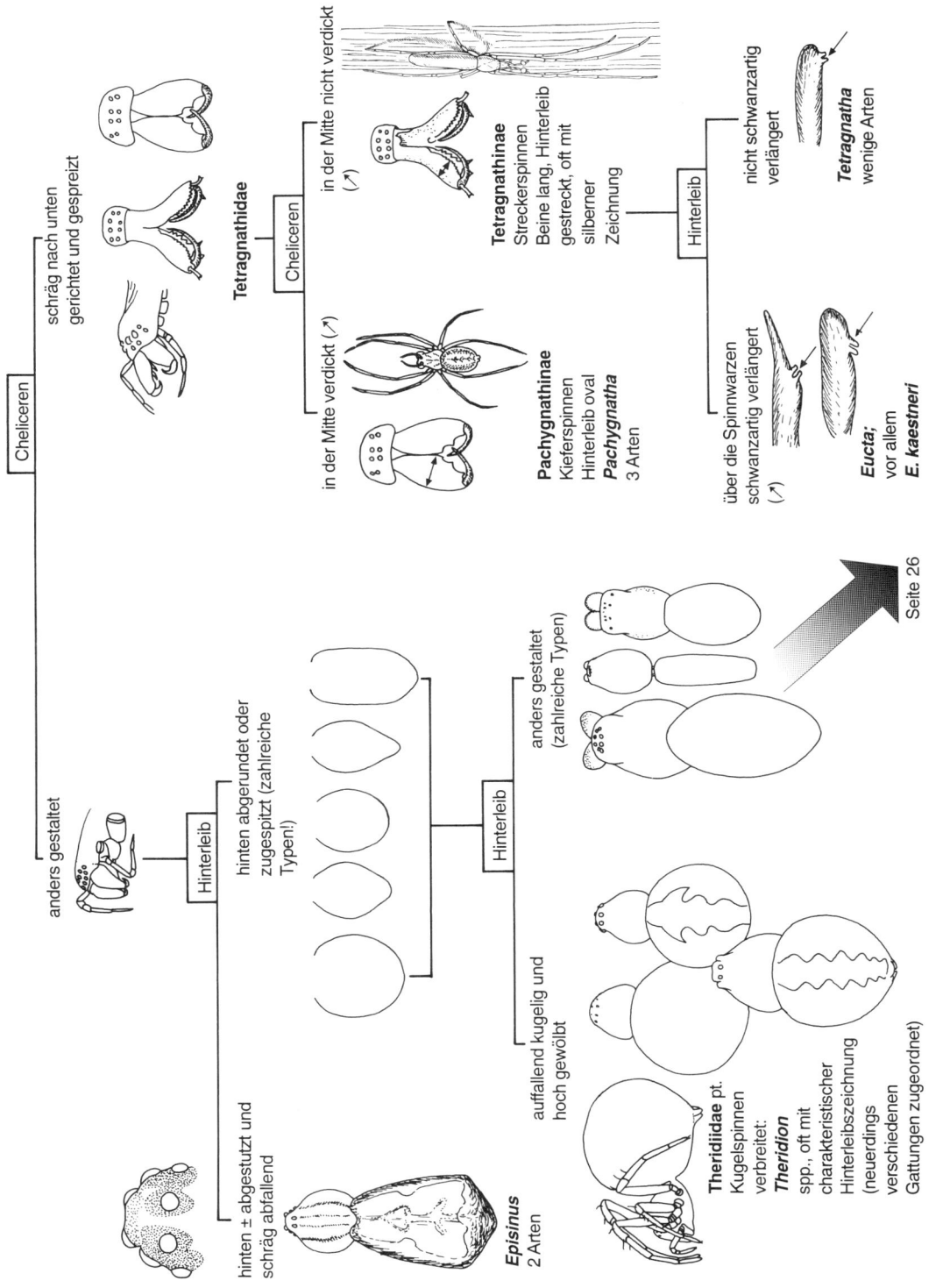

Cheliceren

schräg nach unten gerichtet und gespreizt

Tetragnathidae

Cheliceren

in der Mitte nicht verdickt

in der Mitte verdickt (↗)

Pachygnathinae
Kieferspinnen
Hinterleib oval
Pachygnatha
3 Arten

Tetragnathinae
Streckerspinnen
Beine lang, Hinterleib gestreckt, oft mit silberner Zeichnung

Hinterleib

nicht schwanzartig verlängert

Tetragnatha
wenige Arten

über die Spinnwarzen schwanzartig verlängert (↙)

Eucta;
vor allem
E. kaestneri

anders gestaltet

Hinterleib

hinten abgerundet oder zugespitzt (zahlreiche Typen!)

anders gestaltet (zahlreiche Typen)

Seite 26

hinten ± abgestutzt und schräg abfallend

Episinus
2 Arten

auffallend kugelig und hoch gewölbt

Hinterleib

Theridiidae pt.
Kugelspinnen
verbreitet:
Theridion
spp., oft mit charakteristischer Hinterleibszeichnung (neuerdings verschiedenen Gattungen zugeordnet)

Sander/Malt/Schäller

Körper

anders gestaltet bzw. gefärbt

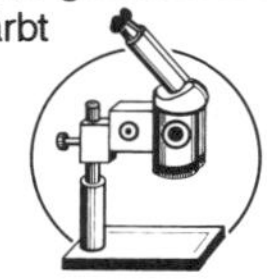

walzenförmig und gestreckt und/oder rötlich bis gelblich

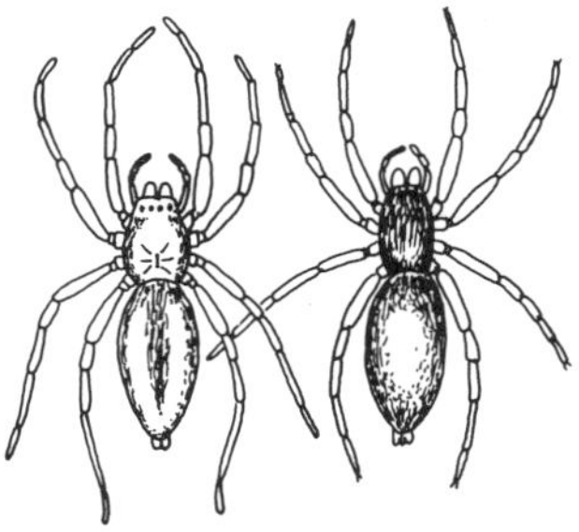

Cr = Cribellum (Spinnsieb vor den Spinnwarzen: Sp)

Ca = Calamistrum (am vorletzten Fußglied des 4. Beinpaares)

Cr + Ca vorhanden

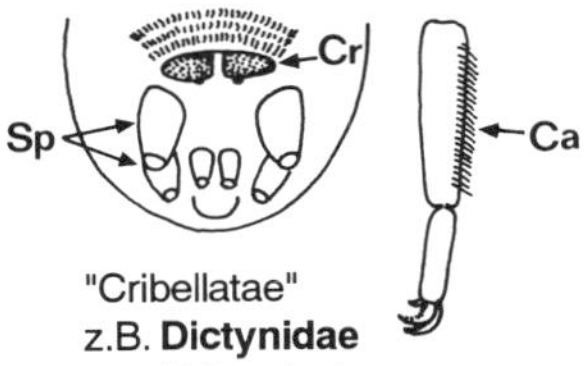

Cr + Ca nicht vorhanden

Cr

Sp

Ca

"Cribellatae"
z.B. **Dictynidae**
Kräuselspinnen
1,5-4 mm
u.a. mit der Gattung
Dictyna
(Hinterleibszeichnung
auffälliger Arten):

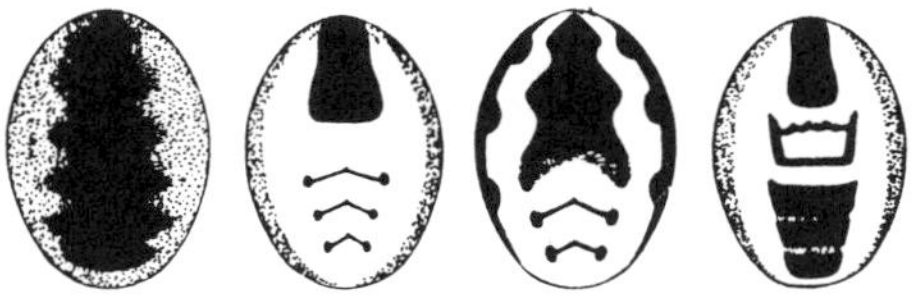

D. latens   *D. pusilla*   *D. civica*   *D. uncinata*

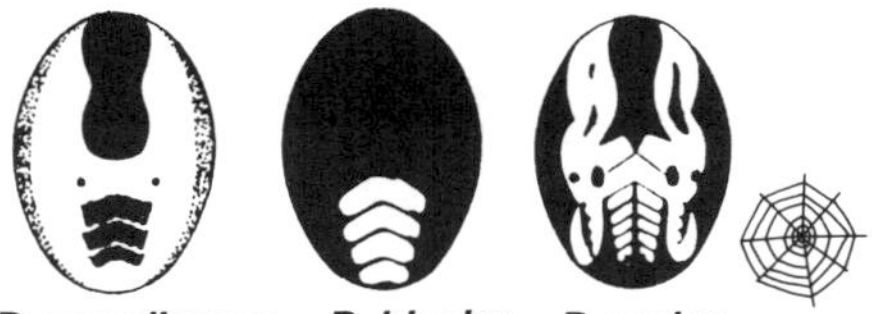

D. arundinacea   *D. bicolor*   *D. major*

Hinterleib oft mit dunklerem Längsband
Tiere gelegentlich > 1 cm

Augenstellung/
Augenanzahl

6

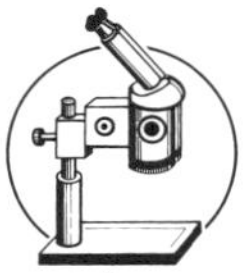

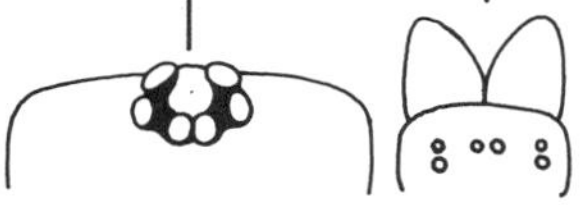

8

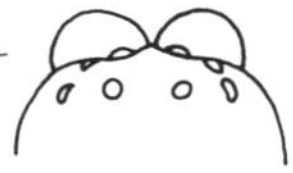

Clubionidae pt.
Sackspinnen

Dysderidae
Sechsaugenspinnen
3 Gattungen

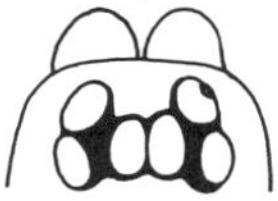

Oonopidae
Zwerg-
Sechsaugenspinnen

Schiene des 4. Beinpaares
Größe, Färbung

mit 2 dorsalen Borsten,
1-6 mm, häufig hell (oben)
-dunkel (unten)

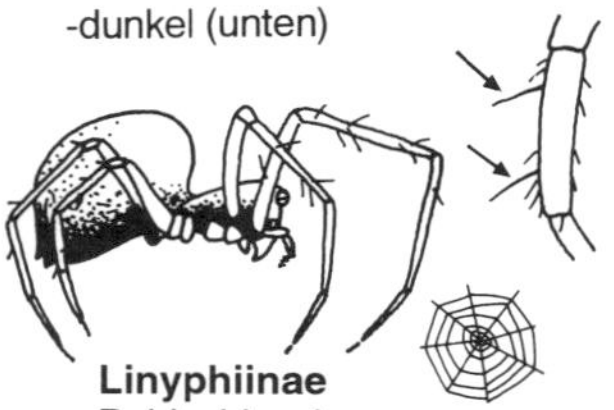

mit einer dorsalen Borste
(↗)

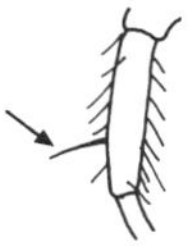

± gleichmäßig
beborstet

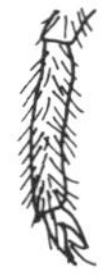

anders gestaltet

verschiedene
Gruppen

1-2 mm ± braunschwarz;
meist ohne helle Zeichnung
Erigoninae
Zwergspinnen
Linyphiidae

Theridiidae pt.
Kugelspinnen

Linyphiinae
Baldachinspinnen
Linyphiidae

Sander/Malt/Schäller

Vorderkörper

lang und schmal

weniger gestreckt und
breiter; meist
± gedrungen

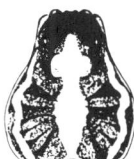 

Aulonia albimana
Körper einfarbig schwarz;
Beine auffällig gelb = ♂♂
oder
Körper und Beine
dunkelbraun = ♀♀
vorwiegend in
Trockenrasen

Zeichnung/Färbung des
Vorderkörpers sehr
unterschiedlich; meist
nicht einfarbig sondern
mit ± deutlichen
Zeichnungselementen

Zeichnung des Vorderkörpers

dunkle Seitenbänder,
dazwischen am
Kopfende
2 ± deutliche, dunkle
Längsstreifen (↗)

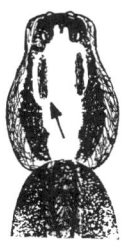

Trochosa
4 Arten
verbreitet:
T. terricola

anders (mehrere Typen)

zahlreiche Vertreter der
Gattungen
**Pardosa (= Lycosa),
Alopecosa (= Tarentula)**
und
Arctosa
(selten)
Basis des Hinterkörpers
oft mit Keilfleck

 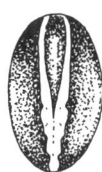 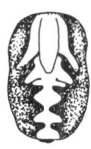

mit dunkler, nach hinten
zusammenfließender
Gabelzeichnung (↗)

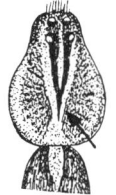

Pirata pt.
oft in Wassernähe

Sander/Malt/Schäller

Arachnida · Spinnentiere 6: Araneidae Radnetzspinnen und Metidae Herbstspinnen, (Spinnennetze) Seite 32

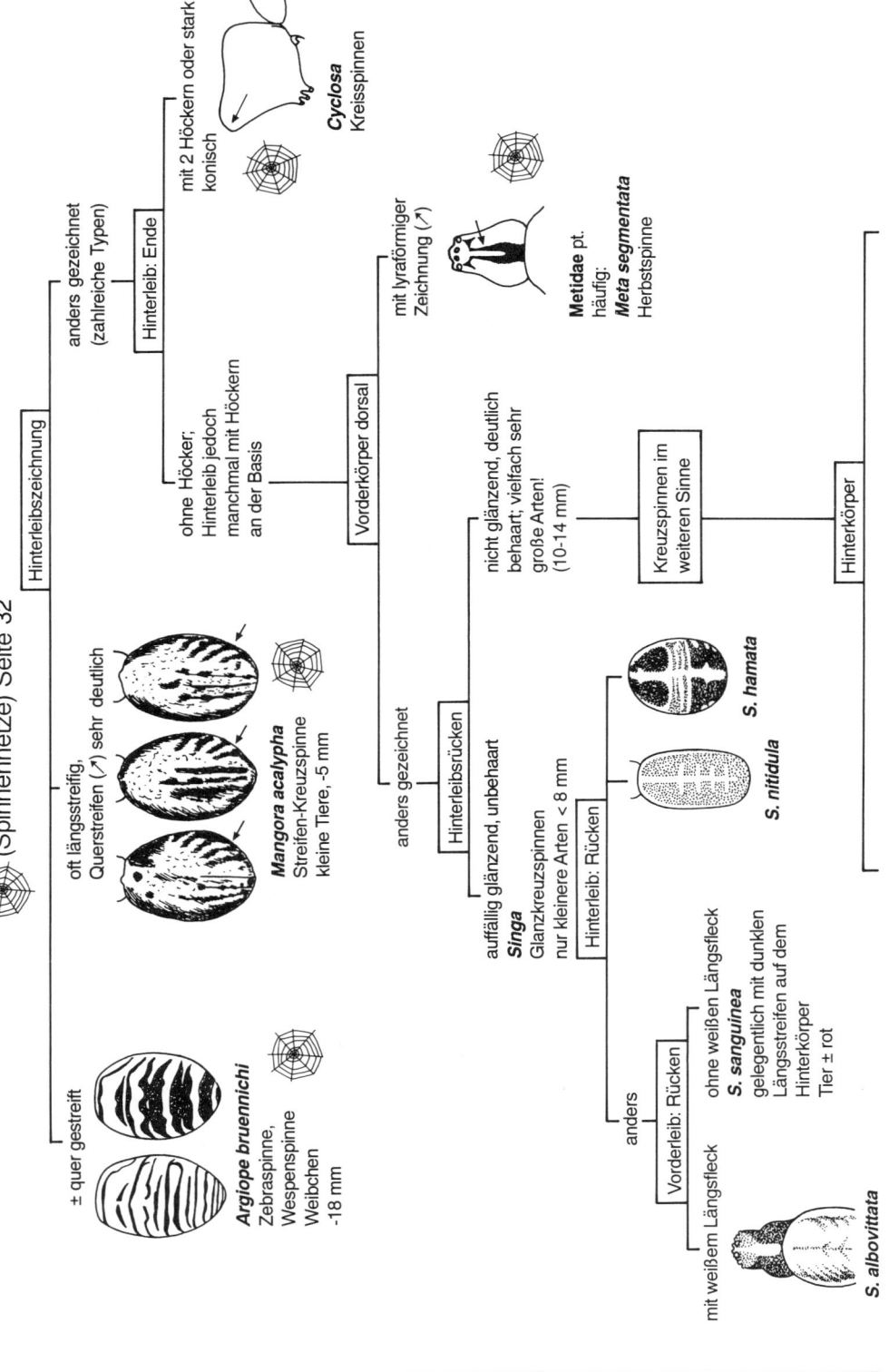

Hinterleibszeichnung

± quer gestreift

Argiope bruennichi
Zebraspinne,
Wespenspinne
Weibchen
-18 mm

oft längsstreifig,
Querstreifen (↗) sehr deutlich

Mangora acalypha
Streifen-Kreuzspinne
kleine Tiere, -5 mm

anders gezeichnet
(zahlreiche Typen)

Hinterleib: Ende

mit 2 Höckern oder stark
konisch

Cyclosa
Kreisspinnen

ohne Höcker;
Hinterleib jedoch
manchmal mit Höckern
an der Basis

Vorderkörper dorsal

mit lyraförmiger
Zeichnung (↗)

Metidae pt.
häufig:
Meta segmentata
Herbstspinne

anders gezeichnet

Hinterleibsrücken

auffällig glänzend, unbehaart

Singa
Glanzkreuzspinnen
nur kleinere Arten < 8 mm

nicht glänzend, deutlich
behaart; vielfach sehr
große Arten!
(10-14 mm)

Kreuzspinnen im
weiteren Sinne

Hinterleib: Rücken

S. nitidula

S. hamata

anders

Vorderleib: Rücken

ohne weißen Längsfleck

S. sanguinea
gelegentlich mit dunklen
Längsstreifen auf dem
Hinterkörper
Tier ± rot

mit weißem Längsfleck

S. albovittata

Hinterkörper

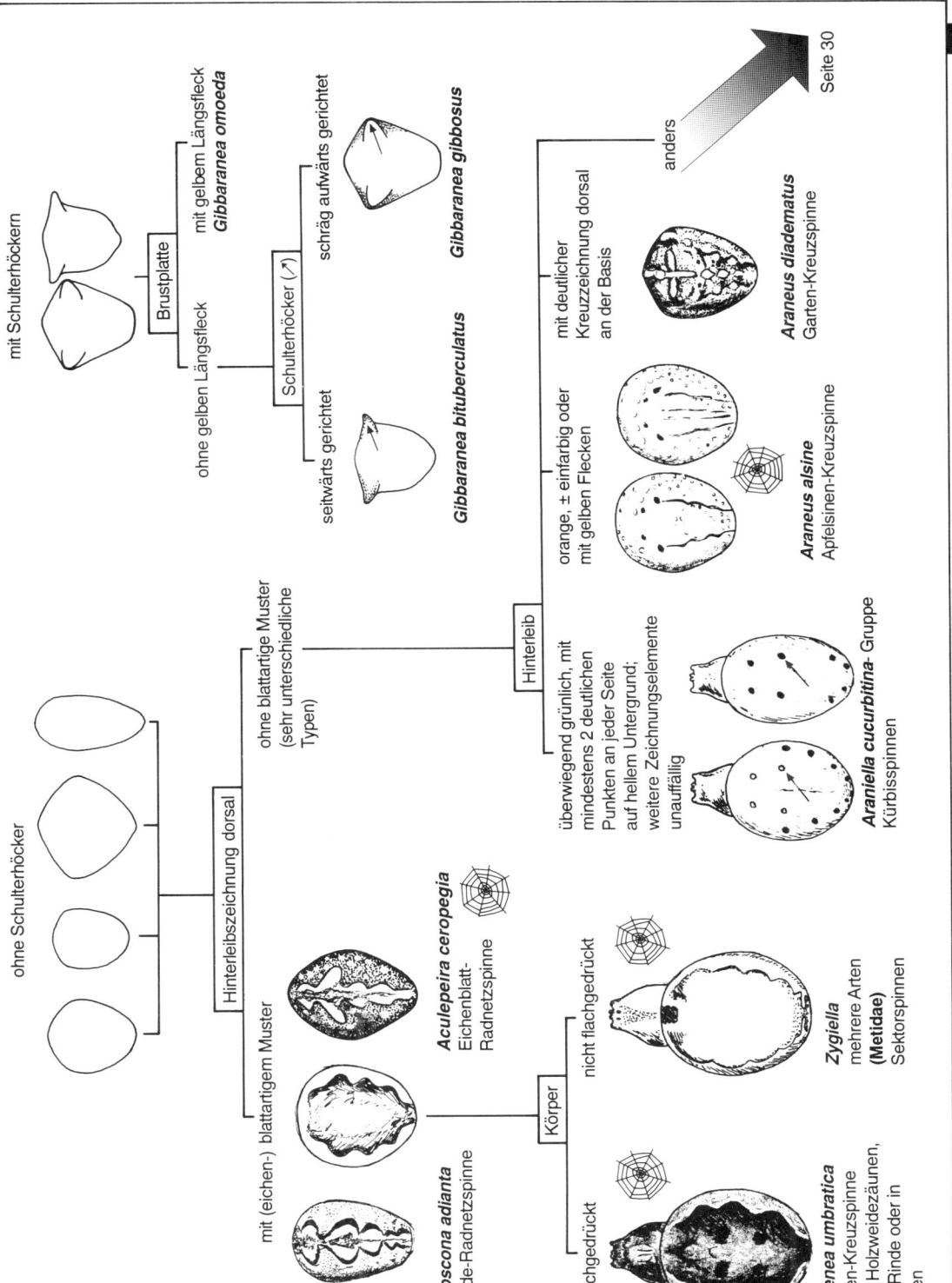

mit Schulterhöckern

Brustplatte

mit gelbem Längsfleck
Gibbaranea omoeda

ohne gelben Längsfleck

Schulterhöcker (↗)

schräg aufwärts gerichtet
Gibbaranea gibbosus

seitwärts gerichtet
Gibbaranea bituberculatus

anders

Seite 30

mit deutlicher Kreuzzeichnung dorsal an der Basis
Araneus diadematus
Garten-Kreuzspinne

orange, ± einfarbig oder mit gelben Flecken
Araneus alsine
Apfelsinen-Kreuzspinne

überwiegend grünlich, mit mindestens 2 deutlichen Punkten an jeder Seite auf hellem Untergrund; weitere Zeichnungselemente unauffällig
Araniella cucurbitina- Gruppe
Kürbisspinnen

Hinterleib

ohne Schulterhöcker

Hinterleibszeichnung dorsal

ohne blattartige Muster (sehr unterschiedliche Typen)

mit (eichen-) blattartigem Muster

Aculepeira ceropegia
Eichenblatt-Radnetzspinne

Neoscona adianta
Heide-Radnetzspinne

Körper

nicht flachgedrückt

Zygiella
mehrere Arten
(Metidae)
Sektorspinnen

flachgedrückt

Nuctenea umbratica
Spalten-Kreuzspinne oft an Holzweidezäunen, unter Rinde oder in Spalten

Sander/Malt/Schäller

Hinterleibsrücken an der Basis

ohne hellen Längsfleck

mit hellem Längsstrich (meist auch mit anderen Zeichnungselementen)

Zeichnung Hinterleibsrücken

anders

Larinioides patagiatus
Lebensraum: freistehende Sträucher bzw. niedriges Strauchwerk (nicht an Gewässern)

Larinioides cornutus
Schilf-Radnetzspinne
Lebensraum: offenes, unbewaldetes Gelände, an Gewässern

Larinioides sclopetarius
Brücken-Kreuzspinne häufig an Holzbrücken

Hinterleib: Form/ Zeichnung

Araneus marmoreus
Marmorierte Kreuzspinne

Sternum/Habitus

gelb mit dunklem Randsaum

anders

Zilla diodia

Zeichnung/Färbung der Hinterleibsoberseite

anders

Araneus quadratus
Vierfleck-Kreuzspinne

Araneus marmoreus
ssp.
pyramidatus

Atea sturmi

Agalenatea redii
Körbchen-Kreuzspinne

zahlreiche weitere Gruppen und Arten

Arachnida · Spinnentiere 8: Thomisidae Krabbenspinnen

Hinterkörper

nach oben keilförmig verschmälert

anders

± kugelig

Synaema globosum
seltene Art

Querschnitt
Hinterkörper

Seitenansicht
Hinterkörper

Tmarus piger
seltene Art

Hinter- und Vorderkörper
(siehe Querschnitt ↗)

auffällig flachgedrückt

nicht auffällig flachgedrückt; zumindest Vorderkörper mit deutlich abfallenden Seiten

Coriarachne depressa
seltene Art im Zweifelsfalle weiter bei

Vorderkörper:

Hinterkörper:

Hinterkörper

ohne auffällige Seitenhöcker

mit auffälligen Seitenhöckern (↗)

Körper und Beine

mit kräftigen, langen, weißen Borsten
Heriaeus oblongus
Körper überwiegend grün!
seltene Art

ohne auffällige weiße Borsten

Kopfpartie

ohne auffällige Vorsprünge

mit auffälligen Vorsprüngen (↗)

Färbung

Vorderkörper und Beine grün, Hinterkörper braun und gelb gezeichnet
Diaea dorsata
häufig

anders

überwiegend weißlich oder gelb
Misumena vatia
verbreitet

Färbung

weißlich oder gelb
Misumena vatia

braun
Pistius truncatus

Borsten der Kopfpartie (↗)

Augenstellung

nicht verdickt

zur Spitze verdickt

Thomisus onustus
besonders in Trockenrasen

Xysticus
ca. 20, z.T. sehr häufige Arten; Adulte häufig
> 5 mm lang

Oxyptila
ca. 10 Arten, Adulte nur ausnahmsweise
> 5 mm lang

Arachnida · Spinnentiere 9: Spinnennetze 1 (Fangnetze, Wohngespinste und Kokons von **Araneae**, Webespinnen)

Radnetz	Dreiecksnetz	Trichternetz	Unterwassernetz	Raumnetz
	mit 3 Sektoren, Kräuselfadengewebe		dichtmaschiges, durch eine Luftblase aufgewölbtes Deckennetz (↗)	mehr oder weniger unregelmäßiges Gespinst, teilweise mit Gewebedecke verschiedene Typen

Hyptiotes paradoxus
Dreiecksspinne
Uloboridae

Argyroneta aquatica
Wasserspinne
Argyronetidae

Seite 34

Gespinststruktur

flach trichterförmiges Deckengewebe, meist röhrenförmig auslaufend

unregelmäßiges Kräuselfadengewebe mit röhrenförmigem Schlupfwinkel unter Steinen, Rinde, an Mauern

Vorkommen

im Freien	in Gebäuden

meist

weitere Arten der Winkelspinnen
Agelenidae

Tegenaria ferruginea
Haus-Winkelspinne

Amaurobiidae
Finsterspinnen

Netzstruktur

Haubennetz

Gewebestruktur

kuppelförmiges, feinmaschiges Gewebe in Wiesen, ohne Klebfäden; Wohnnetz, "Kinderstube"

unregelmäßig grobmaschige Gewebedecke mit Klebfäden nach unten (↗)

Schlupfwinkel

tütenförmig, mit Sandkörnchen bedeckt	fehlt	Klebfaden

Pisaura mirabilis
Jagdspinne
Pisauridae

Achaearanea riparia
Theridiidae

Steatoda
u.a.
Theridiidae

Theridiidae pt.
Kugelspinnen

Gespinstform

Gespinströhre

nur oberirdisch, meist
zwischen Moospflänzchen in
unmittelbarer Wassernähe

unterir-
disch
fortge-
setzt

Pirata
Wasserjäger
Lycosidae
Wolfsspinnen

geschlossener Gespinstsack

unter Rinde, Steinen, zwischen
zusammengewobenen Blättern
oder Grasblütenständen

Clubionidae pt. **Gnaphosidae** pt.
Salticidae pt. **Dysderidae** pt. u.a.

Kokon

mehr oder weniger feste
mehrschichtige, sehr
verschieden geformte
Gespinste mit Eiern und
Jungspinnen

oberirdische Gespinststruktur

flache, dem Erdboden
aufliegende Gewebedecke

Coelotes
Boden-Trichterspinnen
(3 Arten)
Agelenidae

ca. zeigefingerstarker, mit
Umgebungsmaterial
getarnter, geschlossener
Gespinstschlauch

Atypidae
Tapezierspinnen
(3 Arten)

schirmartiges
Gespinstdach

Eresus niger
Röhrenspinne
Eresidae

unregelmäßiges
Raumgespinst mit dicht
an Pflanzen gewobenem
oft im Netzzentrum
gelegenem Schlupfwinkel (↗)

Fangfadentyp

Kräuselfaden

Dictynidae

Baldachinnetz nach oben
und unten verspannte
engmaschige
Gewebedecke

Linyphiidae
Baldachinspinnen

unregelmäßiges,
grobmaschiges
Raumnetz ohne
Schlupfwinkel und
Gewebedecke in oder an
Gebäuden

Pholcidae
Zitterspinnen (2 Arten)

Arachnida · Spinnentiere 10: Spinnennetze 2 (Radnetze)

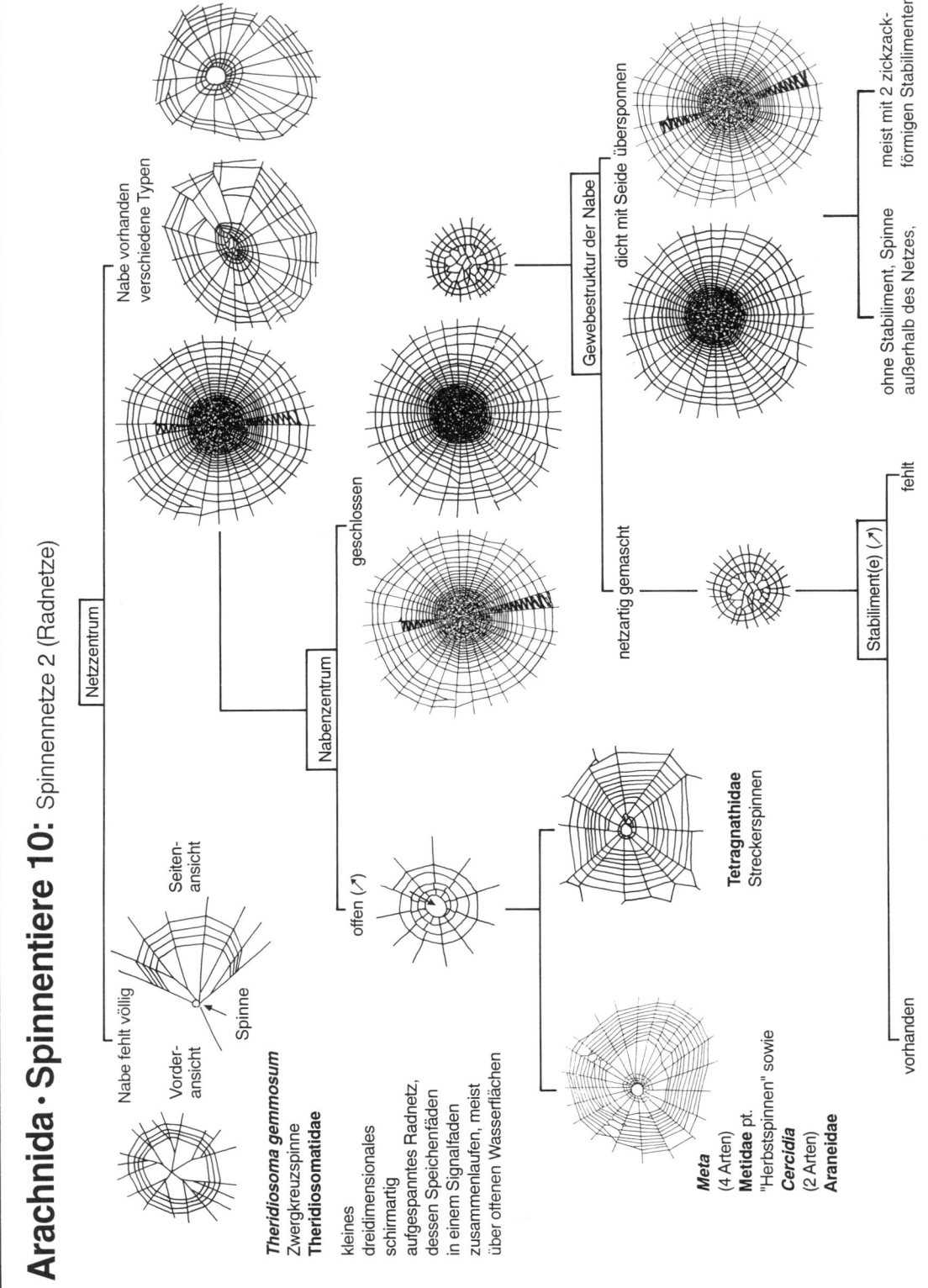

Netzzentrum

Nabe fehlt völlig

Seitenansicht

Vorderansicht

Spinne

Theridiosoma gemmosum
Zwergkreuzspinne
Theridiosomatidae

kleines
dreidimensionales
schirmartig
aufgespanntes Radnetz,
dessen Speichenfäden
in einem Signalfaden
zusammenlaufen, meist
über offenen Wasserflächen

Nabe vorhanden
verschiedene Typen

Nabenzentrum

geschlossen

offen (↗)

Meta
(4 Arten)
Metidae pt.
"Herbstspinnen" sowie
Cercidia
(2 Arten)
Araneidae

Tetragnathidae
Streckerspinnen

Gewebestruktur der Nabe

dicht mit Seide übersponnen

netzartig gemascht

meist mit 2 zickzackförmigen Stabilimenten

ohne Stabiliment, Spinne
außerhalb des Netzes,

Stabiliment(e) (↗)

fehlt

vorhanden

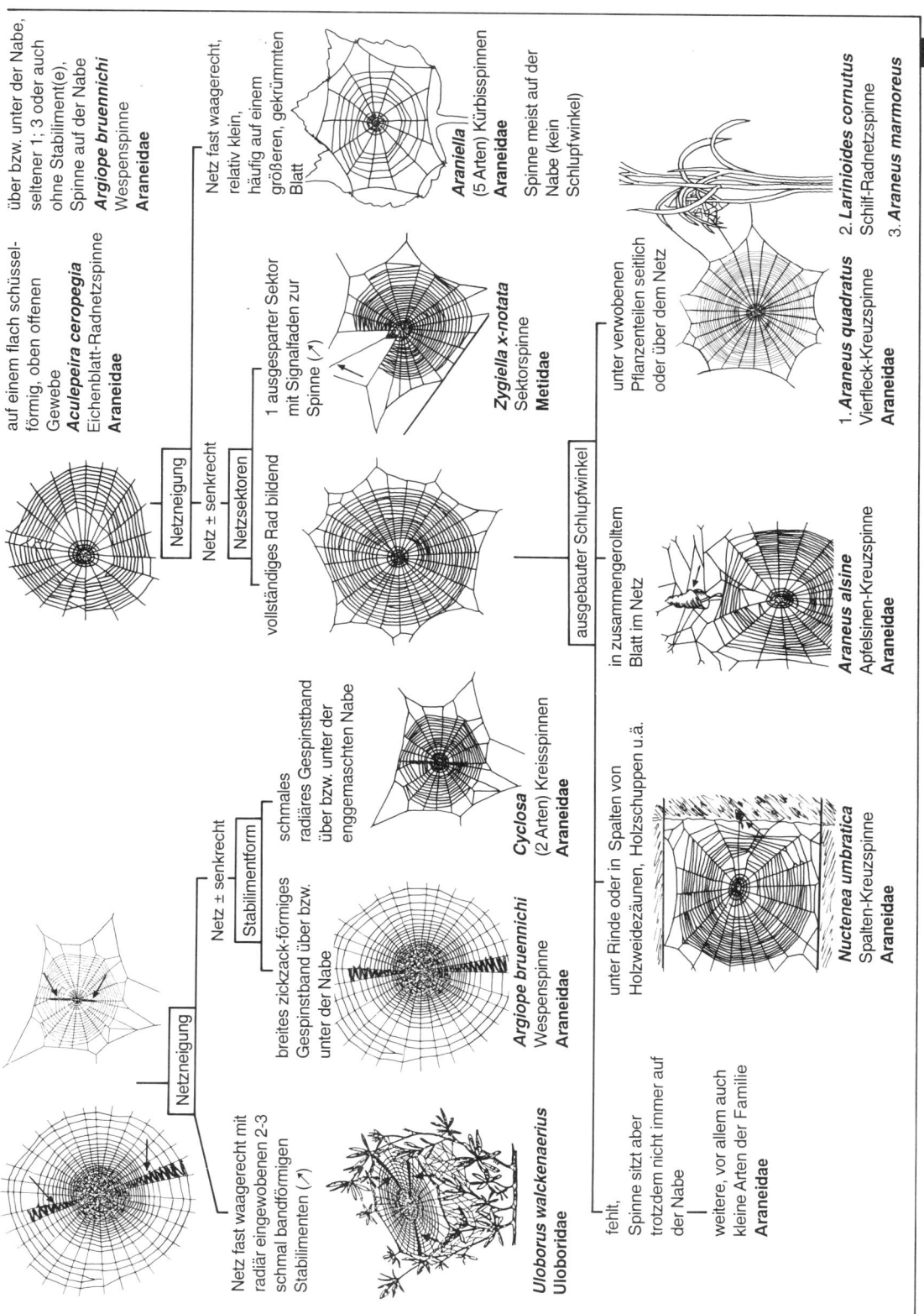

über bzw. unter der Nabe, seltener 1; 3 oder auch ohne Stabiliment(e), Spinne auf der Nabe
Argiope bruennichi
Wespenspinne
Araneidae

Netz fast waagerecht, relativ klein, häufig auf einem größeren, gekrümmten Blatt
Araniella
(5 Arten) Kürbisspinnen
Araneidae

Spinne meist auf der Nabe (kein Schlupfwinkel)

2. *Larinioides cornutus* Schilf-Radnetzspinne

3. *Araneus marmoreus*

auf einem flach schüsselförmig, oben offenen Gewebe
Aculepeira ceropegia
Eichenblatt-Radnetzspinne
Araneidae

1 ausgesparter Sektor mit Signalfaden zur Spinne (↗)
Zygiella x-notata
Sektorspinne
Metidae

unter verwobenen Pflanzenteilen seitlich oder über dem Netz
1. *Araneus quadratus*
Vierfleck-Kreuzspinne
Araneidae

Netzneigung

Netz ± senkrecht

Netzsektoren

vollständiges Rad bildend

ausgebauter Schlupfwinkel

in zusammengerolltem Blatt im Netz
Araneus alsine
Apfelsinen-Kreuzspinne
Araneidae

schmales radiäres Gespinstband über bzw. unter der enggemaschten Nabe
Cyclosa
(2 Arten) Kreisspinnen
Araneidae

breites zickzack-förmiges Gespinstband über bzw. unter der Nabe
Argiope bruennichi
Wespenspinne
Araneidae

Netz ± senkrecht

Stabilimentform

unter Rinde oder in Spalten von Holzweidezäunen, Holzschuppen u.ä.
Nuctenea umbratica
Spalten-Kreuzspinne
Araneidae

Netzneigung

Netz fast waagerecht mit radiär eingewobenen 2-3 schmal bandförmigen Stabilimenten (↗)
Uloborus walckenaerius
Uloboridae

fehlt, Spinne sitzt aber trotzdem nicht immer auf der Nabe

weitere, vor allem auch kleine Arten der Familie
Araneidae

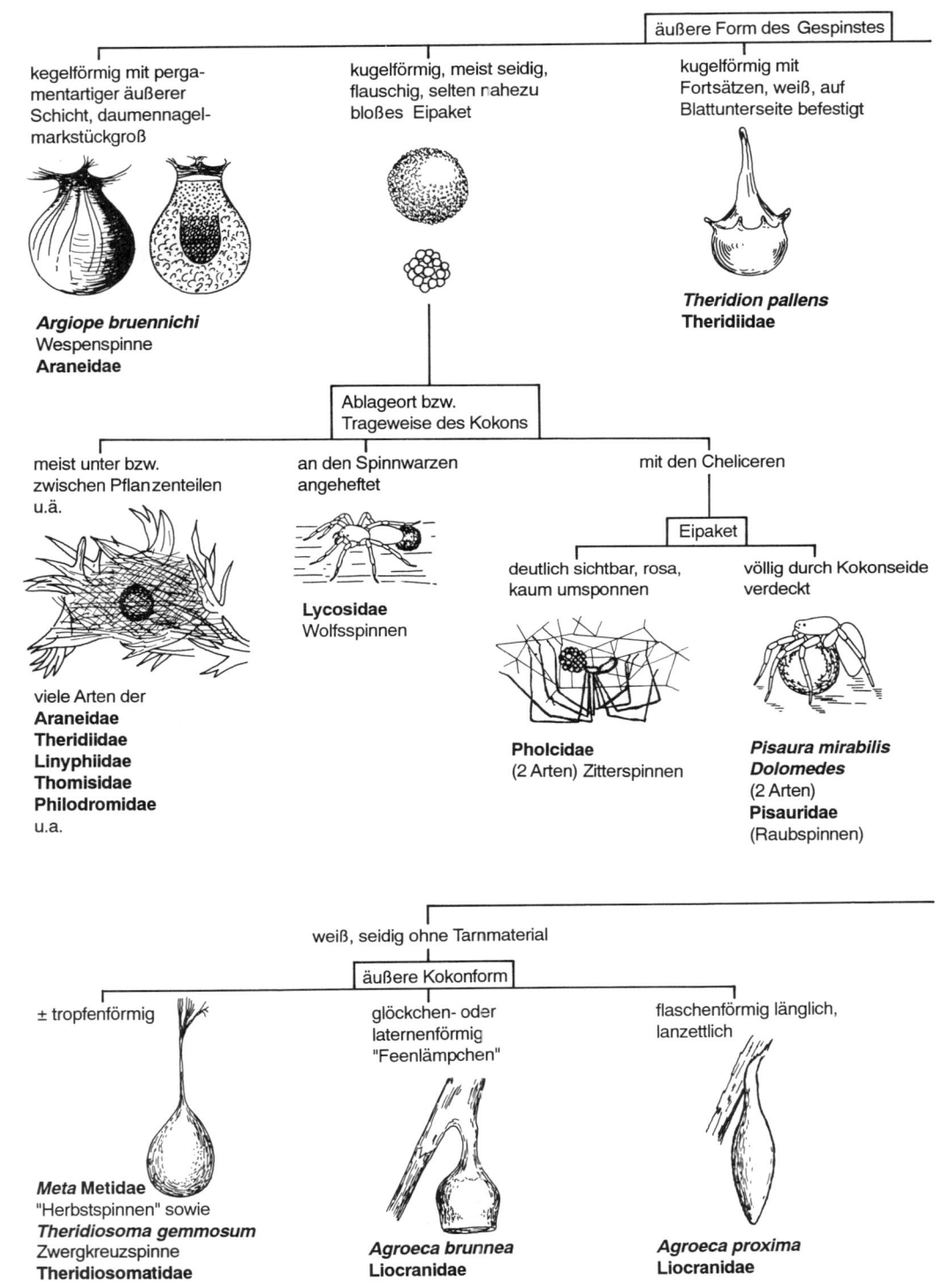

äußere Form des Gespinstes

kegelförmig mit pergamentartiger äußerer Schicht, daumennagel-markstückgroß

Argiope bruennichi
Wespenspinne
Araneidae

kugelförmig, meist seidig, flauschig, selten nahezu bloßes Eipaket

kugelförmig mit Fortsätzen, weiß, auf Blattunterseite befestigt

Theridion pallens
Theridiidae

Ablageort bzw. Trageweise des Kokons

meist unter bzw. zwischen Pflanzenteilen u.ä.

viele Arten der
Araneidae
Theridiidae
Linyphiidae
Thomisidae
Philodromidae
u.a.

an den Spinnwarzen angeheftet

Lycosidae
Wolfsspinnen

mit den Cheliceren

Eipaket

deutlich sichtbar, rosa, kaum umsponnen

Pholcidae
(2 Arten) Zitterspinnen

völlig durch Kokonseide verdeckt

Pisaura mirabilis
Dolomedes
(2 Arten)
Pisauridae
(Raubspinnen)

weiß, seidig ohne Tarnmaterial

äußere Kokonform

± tropfenförmig

Meta **Metidae**
"Herbstspinnen" sowie
Theridiosoma gemmosum
Zwergkreuzspinne
Theridiosomatidae

glöckchen- oder laternenförmig "Feenlämpchen"

Agroeca brunnea
Liocranidae

flaschenförmig länglich, lanzettlich

Agroeca proxima
Liocranidae

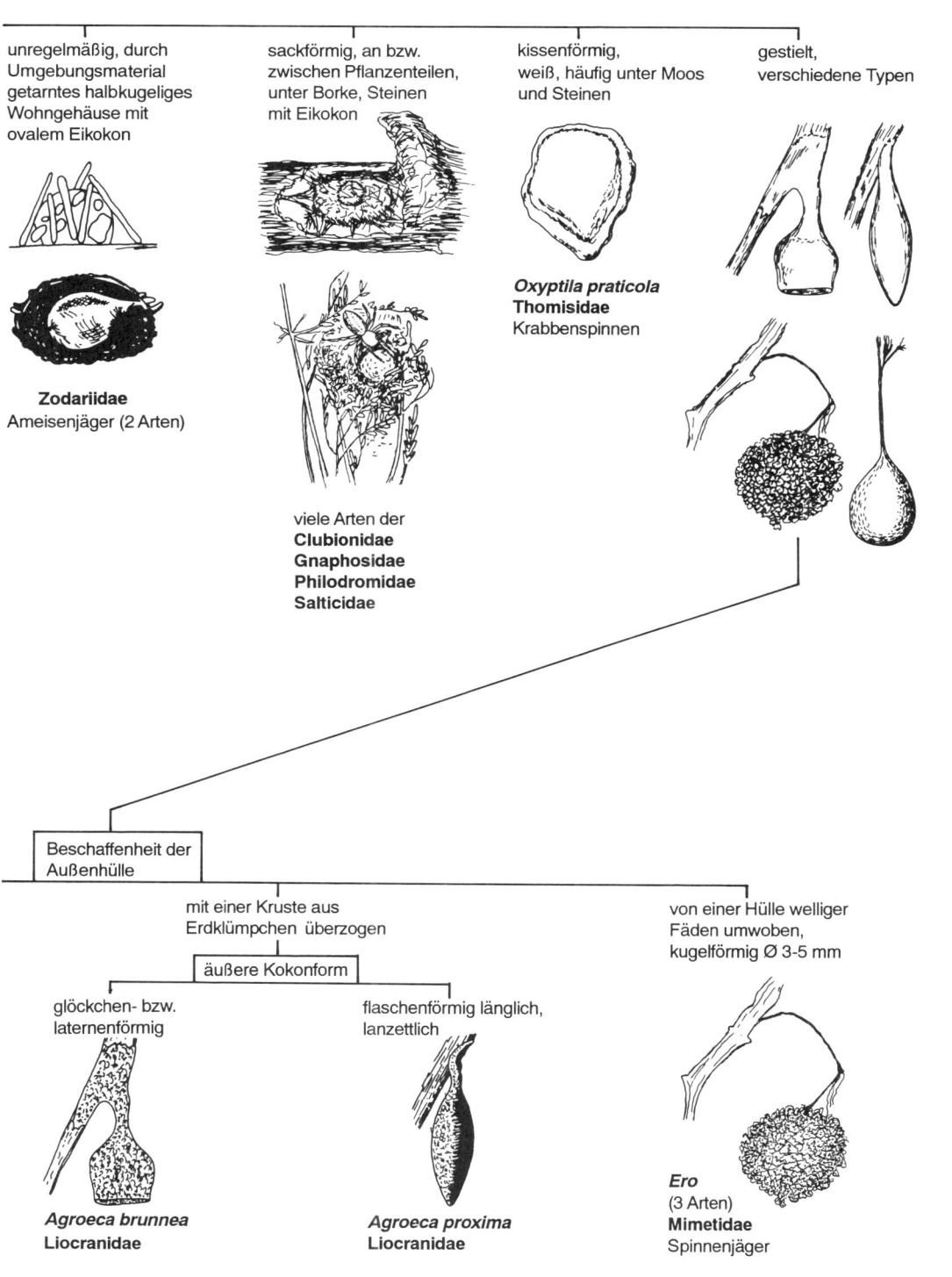

unregelmäßig, durch
Umgebungsmaterial
getarntes halbkugeliges
Wohngehäuse mit
ovalem Eikokon

Zodariidae
Ameisenjäger (2 Arten)

sackförmig, an bzw.
zwischen Pflanzenteilen,
unter Borke, Steinen
mit Eikokon

viele Arten der
**Clubionidae
Gnaphosidae
Philodromidae
Salticidae**

kissenförmig,
weiß, häufig unter Moos
und Steinen

Oxyptila praticola
Thomisidae
Krabbenspinnen

gestielt,
verschiedene Typen

Beschaffenheit der
Außenhülle

mit einer Kruste aus
Erdklümpchen überzogen

äußere Kokonform

glöckchen- bzw.
laternenförmig

Agroeca brunnea
Liocranidae

flaschenförmig länglich,
lanzettlich

Agroeca proxima
Liocranidae

von einer Hülle welliger
Fäden umwoben,
kugelförmig Ø 3-5 mm

Ero
(3 Arten)
Mimetidae
Spinnenjäger

Arachnida · Spinnentiere 12: Acari Milben - eine Auswahl ohne Mikroskop erkennbarer Gruppen

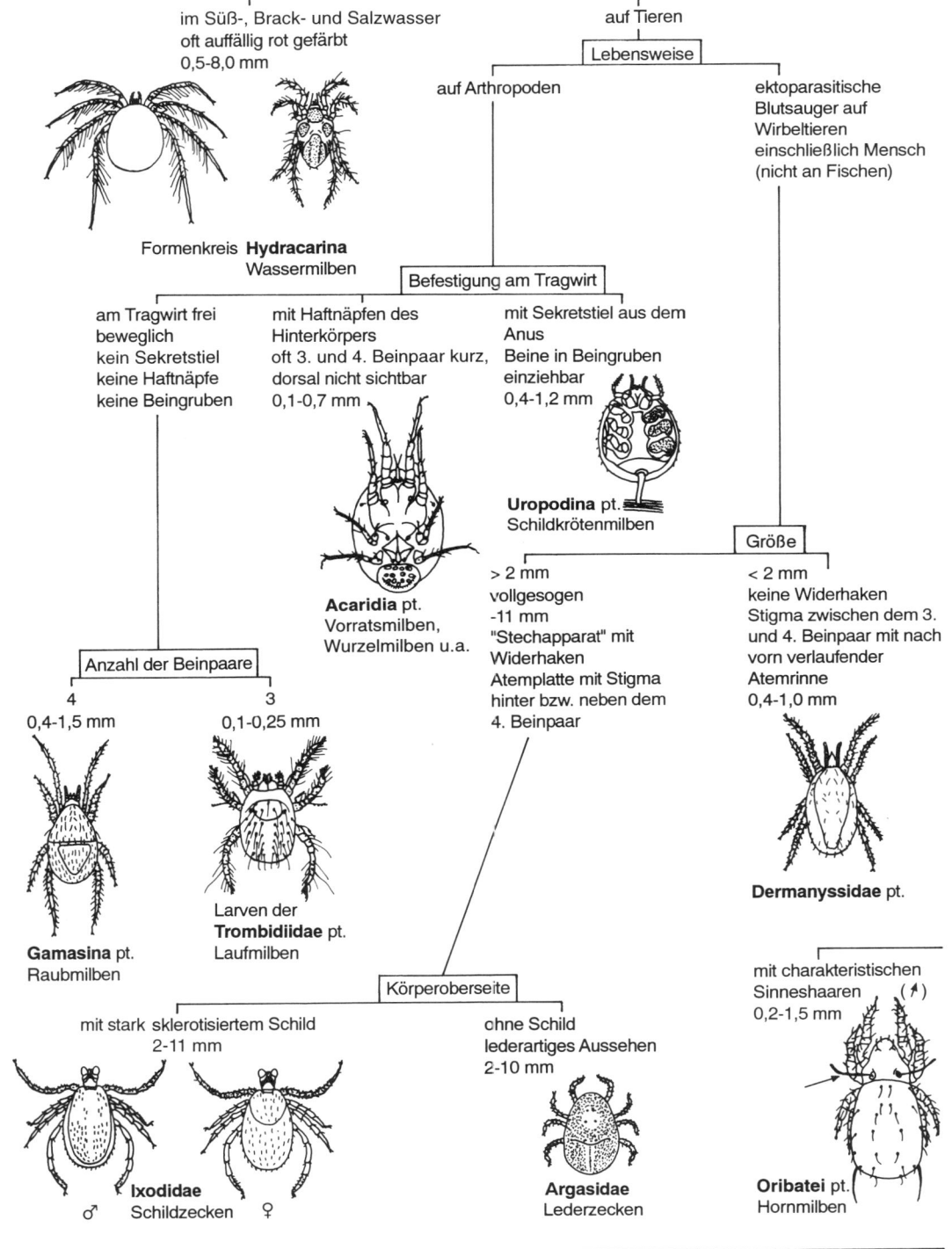

im Süß-, Brack- und Salzwasser oft auffällig rot gefärbt
0,5-8,0 mm

auf Tieren

Lebensweise

auf Arthropoden

ektoparasitische Blutsauger auf Wirbeltieren einschließlich Mensch (nicht an Fischen)

Formenkreis **Hydracarina**
Wassermilben

Befestigung am Tragwirt

am Tragwirt frei beweglich
kein Sekretstiel
keine Haftnäpfe
keine Beingruben

mit Haftnäpfen des Hinterkörpers
oft 3. und 4. Beinpaar kurz, dorsal nicht sichtbar
0,1-0,7 mm

mit Sekretstiel aus dem Anus
Beine in Beingruben einziehbar
0,4-1,2 mm

Uropodina pt.
Schildkrötenmilben

Größe

> 2 mm
vollgesogen
-11 mm
"Stechapparat" mit Widerhaken
Atemplatte mit Stigma hinter bzw. neben dem 4. Beinpaar

< 2 mm
keine Widerhaken
Stigma zwischen dem 3. und 4. Beinpaar mit nach vorn verlaufender Atemrinne
0,4-1,0 mm

Acaridia pt.
Vorratsmilben,
Wurzelmilben u.a.

Anzahl der Beinpaare

4
0,4-1,5 mm

3
0,1-0,25 mm

Dermanyssidae pt.

Larven der **Trombidiidae** pt.
Laufmilben

Gamasina pt.
Raubmilben

Körperoberseite

mit stark sklerotisiertem Schild
2-11 mm

ohne Schild
lederartiges Aussehen
2-10 mm

mit charakteristischen Sinneshaaren (↑)
0,2-1,5 mm

Ixodidae
♂ Schildzecken ♀

Argasidae
Lederzecken

Oribatei pt.
Hornmilben

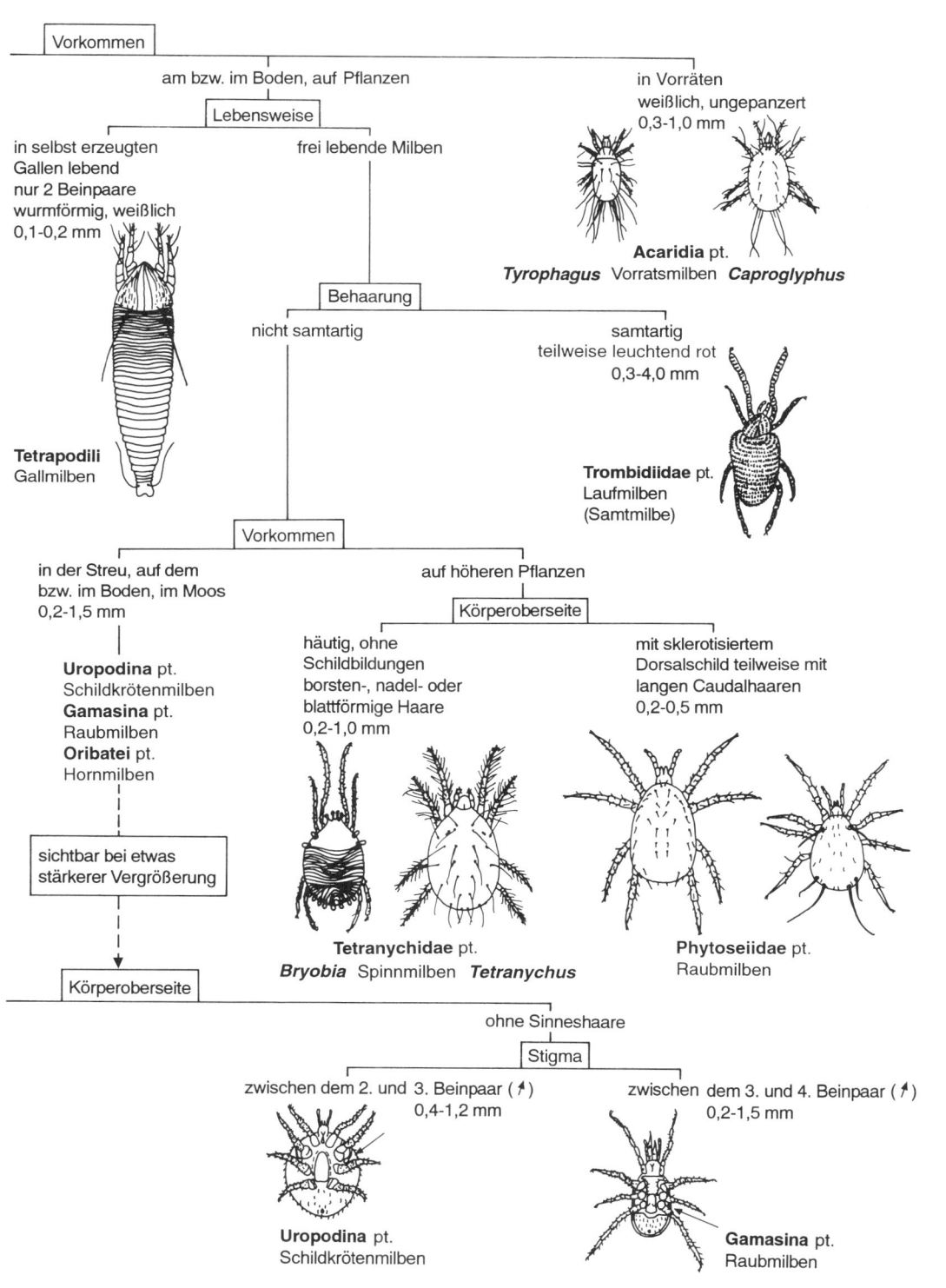

Vorkommen

am bzw. im Boden, auf Pflanzen

in Vorräten
weißlich, ungepanzert
0,3-1,0 mm

Lebensweise

in selbst erzeugten
Gallen lebend
nur 2 Beinpaare
wurmförmig, weißlich
0,1-0,2 mm

frei lebende Milben

Acaridia pt.
Tyrophagus Vorratsmilben *Caproglyphus*

Behaarung

nicht samtartig

samtartig
teilweise leuchtend rot
0,3-4,0 mm

Tetrapodili
Gallmilben

Trombidiidae pt.
Laufmilben
(Samtmilbe)

Vorkommen

in der Streu, auf dem
bzw. im Boden, im Moos
0,2-1,5 mm

auf höheren Pflanzen

Körperoberseite

Uropodina pt.
Schildkrötenmilben
Gamasina pt.
Raubmilben
Oribatei pt.
Hornmilben

häutig, ohne
Schildbildungen
borsten-, nadel- oder
blattförmige Haare
0,2-1,0 mm

mit sklerotisiertem
Dorsalschild teilweise mit
langen Caudalhaaren
0,2-0,5 mm

sichtbar bei etwas
stärkerer Vergrößerung

Tetranychidae pt.
Bryobia Spinnmilben *Tetranychus*

Phytoseiidae pt.
Raubmilben

Körperoberseite

ohne Sinneshaare

Stigma

zwischen dem 2. und 3. Beinpaar (♂)
0,4-1,2 mm

zwischen dem 3. und 4. Beinpaar (♂)
0,2-1,5 mm

Uropodina pt.
Schildkrötenmilben

Gamasina pt.
Raubmilben

Arachnida · Spinnentiere 13: Opiliones Weberknechte, Kanker

Körper (Querschnitt)

flach

(Augen am Stirnrand)

Trogulidae
(Brettkanker) ± graue Tiere

Beine

schlank

Trogulus
3 Arten; häufig
T. nepaeformis
bis ca. 8 mm

kräftig

*Anelasmocephalus
cambridgei*
Krusten-Brettkanker
ca. 3,5 mm

± hoch gewölbt bis rundlich

(Augen vom Stirnrand entfernt)

Cheliceren (↗)

nicht körperlang

Palpen (↗)

lang, fadenförmig

Nemastomatidae
Fadenkanker

Färbung der Oberseite

überwiegend schwarz

Nemastoma lugubre
ca. 3 mm
verbreitet

*Paranemastoma
quadripunctatum*
ca. 3 mm

braun, hellgelb gemustert

Mitostoma chrysomelas
Rücken mit
"Brückendornen" (♂) 1,5-2 mm

anders

weitere Arten (vor allem
aus der Gattung
Nemastoma)
± seltene Arten

deutlich kürzer

Unterseite

auffällig kalkweiß!
Färbung der Oberseite:

♀

♂

Phalangium opilio
verbreitete Art, z.T. häufig

nicht auffällig kalkweiß

mindestens so lang wie
der Körper

Ischyropsalidae
Schneckenkanker nur Gattung
Ischyropsalis
mit 2 seltenen Arten
6-8 mm, schwarzviolett

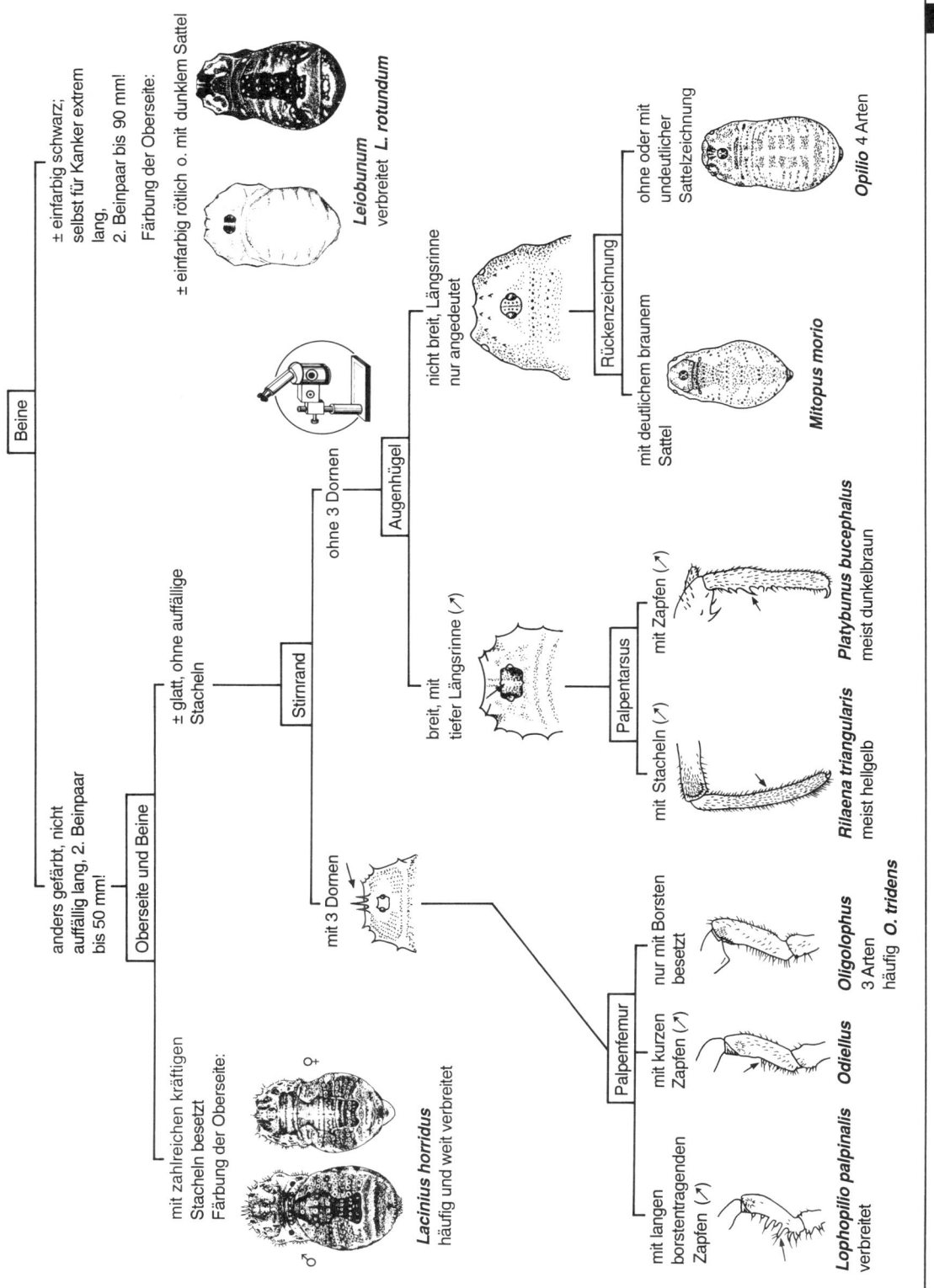

Beine

± einfarbig schwarz; selbst für Kanker extrem lang, 2. Beinpaar bis 90 mm!
Färbung der Oberseite:

± einfarbig rötlich o. mit dunklem Sattel

Leiobunum
verbreitet *L. rotundum*

ohne oder mit undeutlicher Sattelzeichnung

Opilio 4 Arten

Rückenzeichnung

mit deutlichem braunem Sattel

Mitopus morio

nicht breit, Längsrinne nur angedeutet

Augenhügel

ohne 3 Dornen

Stirnrand

± glatt, ohne auffällige Stacheln

breit, mit tiefer Längsrinne (↗)

Palpentarsus

mit Zapfen (↗)

Platybunus bucephalus
meist dunkelbraun

mit Stacheln (↗)

Rilaena triangularis
meist hellgelb

anders gefärbt, nicht auffällig lang, 2. Beinpaar bis 50 mm!

Oberseite und Beine

mit 3 Dornen

Palpenfemur

nur mit Borsten besetzt

Oligolophus
3 Arten
häufig *O. tridens*

mit kurzen Zapfen (↗)

Odiellus

mit langen borstentragenden Zapfen (↗)

Lophopilio palpinalis
verbreitet

mit zahlreichen kräftigen Stacheln besetzt
Färbung der Oberseite:

♀
♂

Lacinius horridus
häufig und weit verbreitet

Sander/Seifert/Schäller

Crustacea · Krebstiere

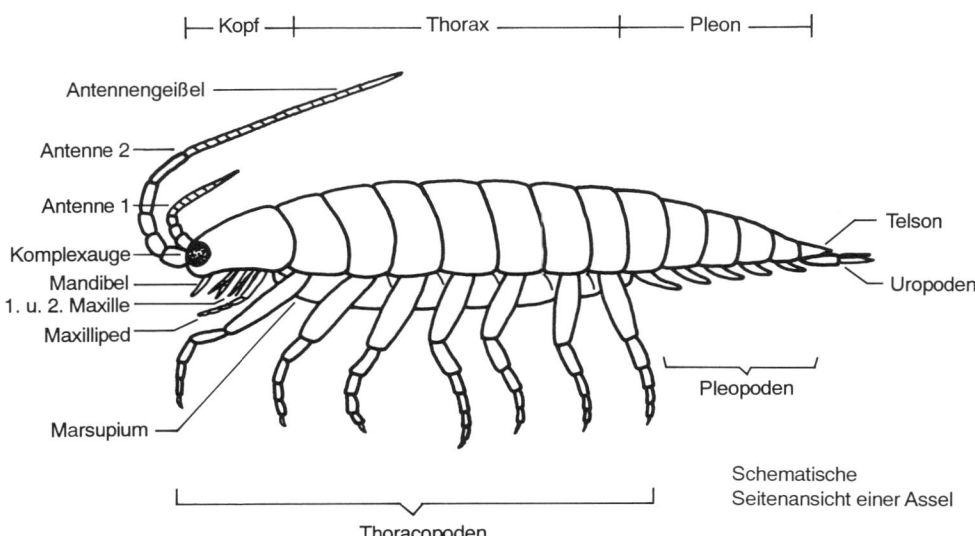

Kopf | Thorax | Pleon

- Antennengeißel
- Antenne 2
- Antenne 1
- Komplexauge
- Mandibel
- 1. u. 2. Maxille
- Maxilliped
- Marsupium
- Telson
- Uropoden
- Pleopoden
- Thoracopoden

Schematische
Seitenansicht einer Assel

Primär wasserbewohnende Arthropoden, teilweise mit Kiemen, landbewohnende Formen (Landasseln) mit Luftatmungsorganen (Trachealorganen) an den Pleopoden. 2 Paar Antennen, die bei einigen Gruppen der Fortbewegung dienen.

Geländemerkmale Wasserbewohner:
-   mit mehr als 3 Beinpaaren; Beine wenigstens z.T. mehrästig;
-   freischwimmende Formen mit zwei Schalenklappen, ähnlich einer kleinen Muschel doch ohne Kriechfuß - Muschelkrebse **(Ostracoda)**;
-   letztes Segment als Furca oder Telson ausgebildet.

Geländemerkmale Landbewohner:
-   Körper dorsoventral abgeplattet;
-   Segmente frei beweglich, je Segment ein Beinpaar;
-   Thoracopoden seitlich gerichtet; Pleopoden untergeschlagen, nicht als Laufbeine ausgebildet, dienen z.T. als Atmungsorgane;
-   Uropoden von dorsal sichtbar.

Fang und Beobachtung:
-   Fang in Bodenfallen oder mechanisch durch Auflesen vom Boden in der Humusschicht sowie unter Steinen und Holz; kleine Formen mit einem Exhaustor;
-   in Abhängigkeit von der Luftfeuchtigkeit überwiegend dämmerungs- und nachtaktiv.

Crustacea · Krebse 1: Isopoda Asseln 1

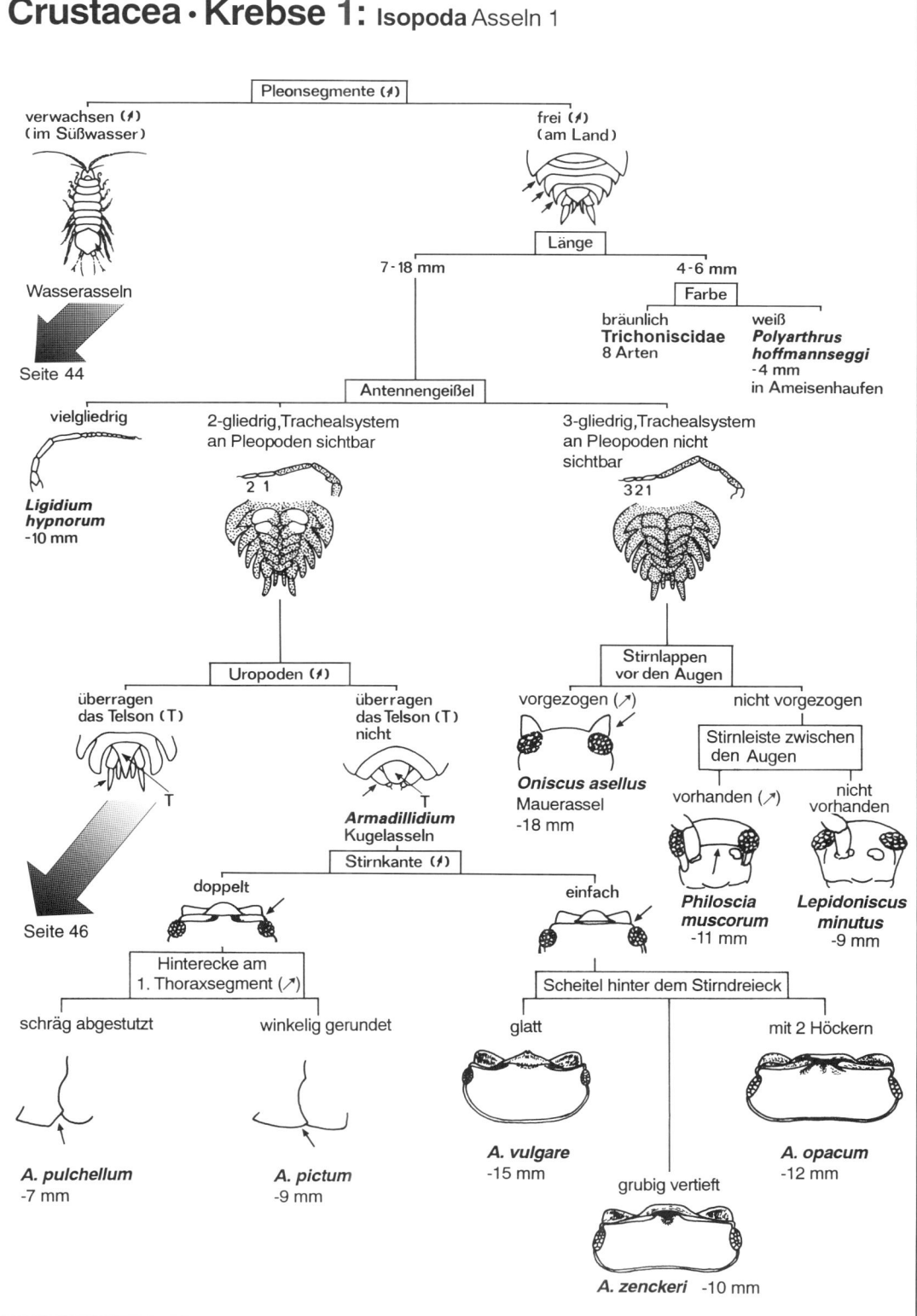

Pleonsegmente (♂)

verwachsen (♂)
(im Süßwasser)

Wasserasseln
Seite 44

frei (♂)
(am Land)

Länge

7-18 mm

4-6 mm

Farbe

bräunlich
Trichoniscidae
8 Arten

weiß
Polyarthrus hoffmannseggi
-4 mm
in Ameisenhaufen

Antennengeißel

vielgliedrig

Ligidium hypnorum
-10 mm

2-gliedrig, Trachealsystem
an Pleopoden sichtbar

2 1

3-gliedrig, Trachealsystem
an Pleopoden nicht
sichtbar

3 2 1

Uropoden (♂)

überragen
das Telson (T)

überragen
das Telson (T)
nicht

Armadillidium
Kugelasseln

Seite 46

Stirnlappen
vor den Augen

vorgezogen (↗)

Oniscus asellus
Mauerassel
-18 mm

nicht vorgezogen

Stirnleiste zwischen
den Augen

vorhanden (↗)

Philoscia muscorum
-11 mm

nicht
vorhanden

Lepidoniscus minutus
-9 mm

Stirnkante (♂)

doppelt

Hinterecke am
1. Thoraxsegment (↗)

schräg abgestutzt

A. pulchellum
-7 mm

winkelig gerundet

A. pictum
-9 mm

einfach

Scheitel hinter dem Stirndreieck

glatt

A. vulgare
-15 mm

grubig vertieft

A. zenckeri -10 mm

mit 2 Höckern

A. opacum
-12 mm

v. Knorre/Marstaller

Crustacea · Krebse 2: Süßwasserkrebse

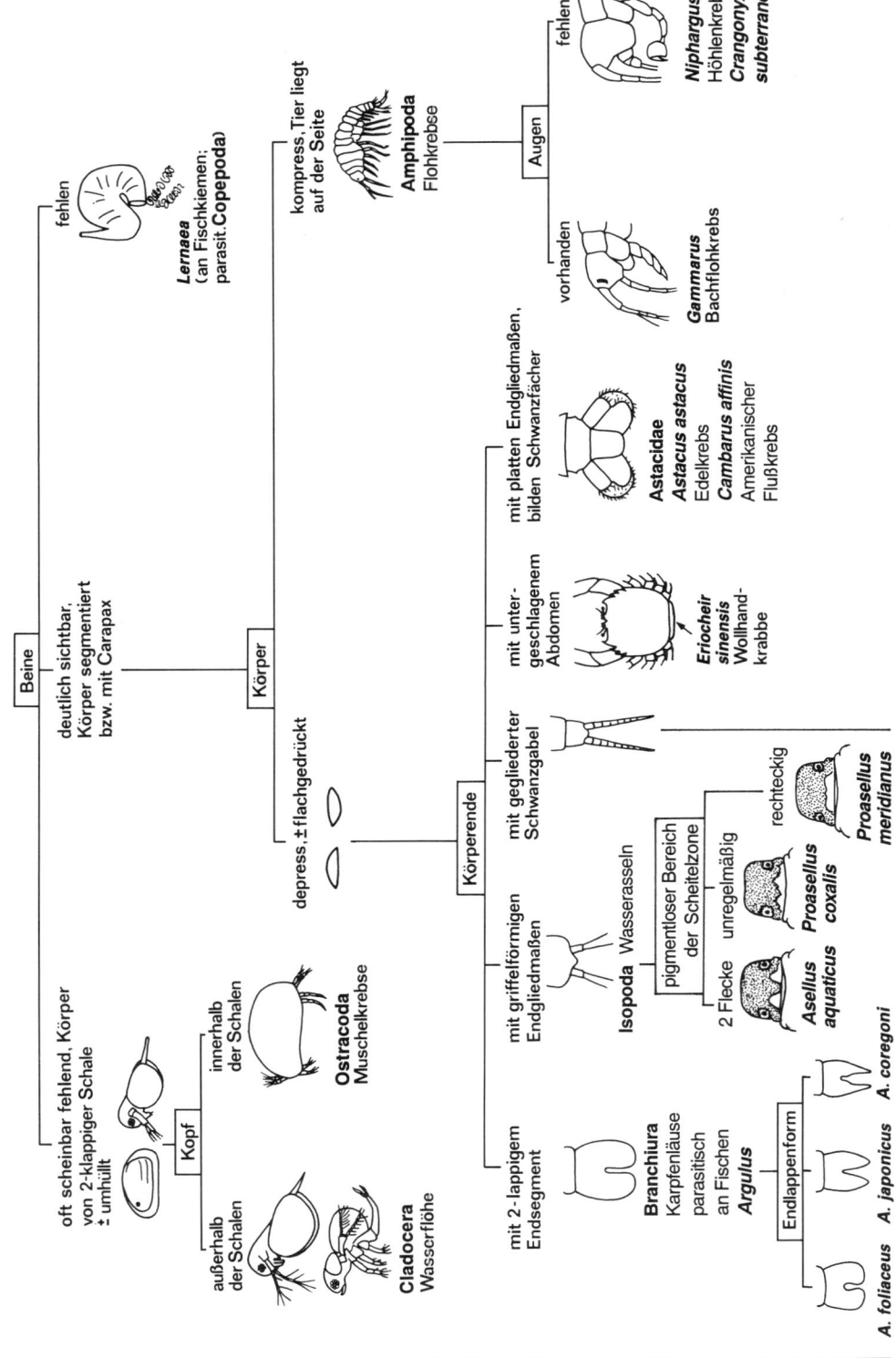

Beine

fehlen

Lernaea (an Fischkiemen; parasit. **Copepoda**)

deutlich sichtbar, Körper segmentiert bzw. mit Carapax

Kopf

außerhalb der Schalen

Cladocera Wasserflöhe

innerhalb der Schalen

Ostracoda Muschelkrebse

oft scheinbar fehlend, Körper von 2-klappiger Schale ± umhüllt

Körper

depress. ± flachgedrückt

Körperende

mit 2-lappigem Endsegment

Branchiura Karpfenläuse parasitisch an Fischen *Argulus*

Endlappenform

A. foliaceus   *A. japonicus*   *A. coregoni*

mit griffelförmigen Endgliedmaßen

Isopoda Wasserasseln

pigmentloser Bereich der Scheitelzone

2 Flecke

Asellus aquaticus

unregelmäßig

Proasellus coxalis

rechteckig

Proasellus meridianus

mit gegliederter Schwanzgabel

kompress, Tier liegt auf der Seite

Amphipoda Flohkrebse

Augen

vorhanden

Gammarus Bachflohkrebs

fehlen

Niphargus Höhlenkrebs **Crangonyx subterraneus**

mit unter-geschlagenem Abdomen

Eriocheir sinensis Wollhand-krabbe

mit platten Endgliedmaßen, bilden Schwanzfächer

Astacidae *Astacus astacus* Edelkrebs *Cambarus affinis* Amerikanischer Flußkrebs

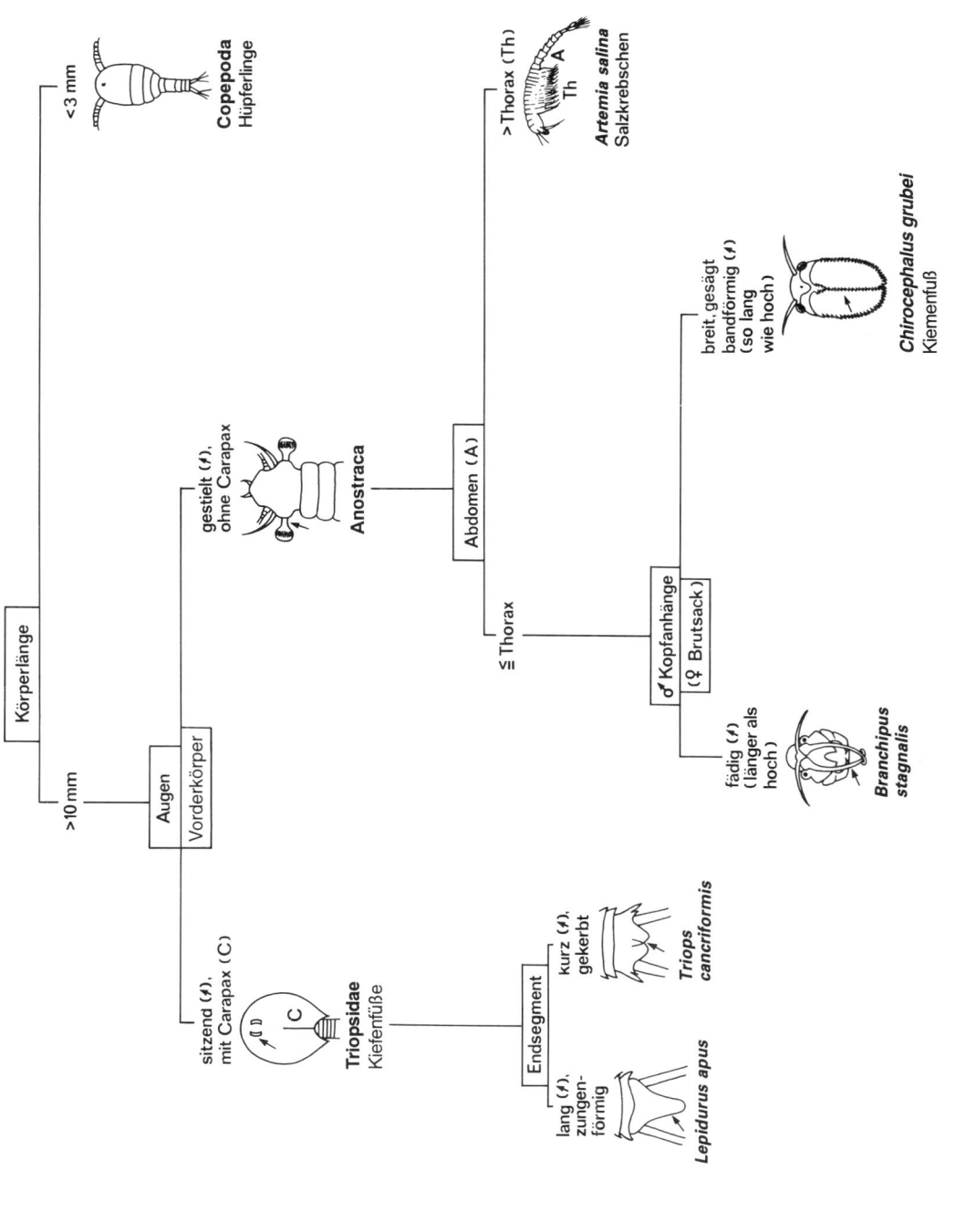

Körperlänge

<3 mm → **Copepoda** Hüpferlinge

>10 mm → Augen

Augen → Vorderkörper

sitzend (♂), mit Carapax (C) → **Triopsidae** Kiefenfüße

Endsegment:
- lang (♂), zungenförmig → *Lepidurus apus*
- kurz (♂), gekerbt → *Triops cancriformis*

gestielt (♂), ohne Carapax → **Anostraca**

Abdomen (A):
- >Thorax (Th) → *Artemia salina* Salzkrebschen
- ≦ Thorax → ♂ Kopfanhänge (♀ Brutsack)

♂ Kopfanhänge (♀ Brutsack):
- breit, gesägt bandförmig (♂) (so lang wie hoch) → *Chirocephalus grubei* Kiemenfuß
- fädig (♂) (länger als hoch) → *Branchipus stagnalis*

45

Köhler

Crustacea · Krebse 3: Isopoda Asseln 2

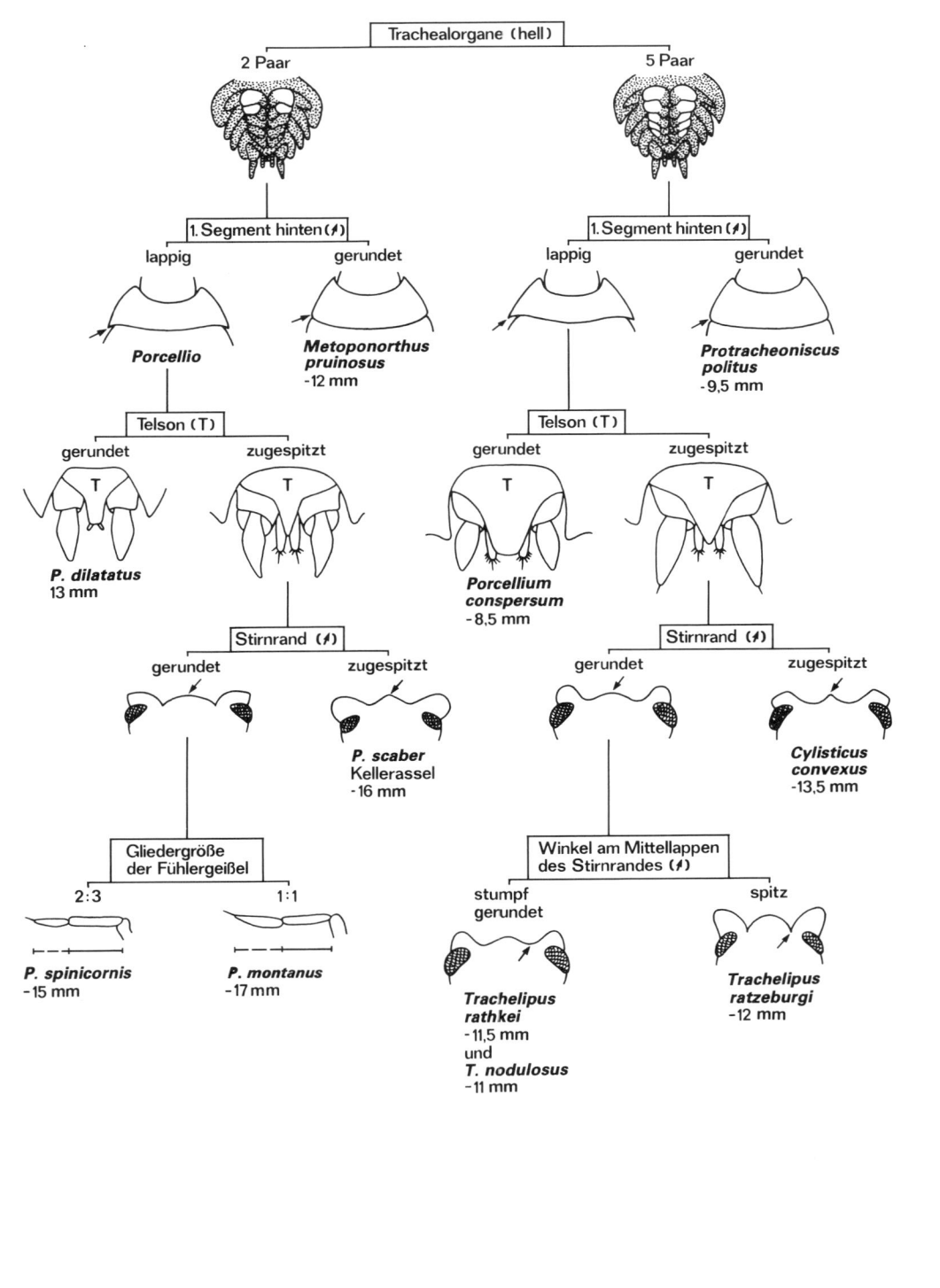

Myriopoda · Tausendfüßer

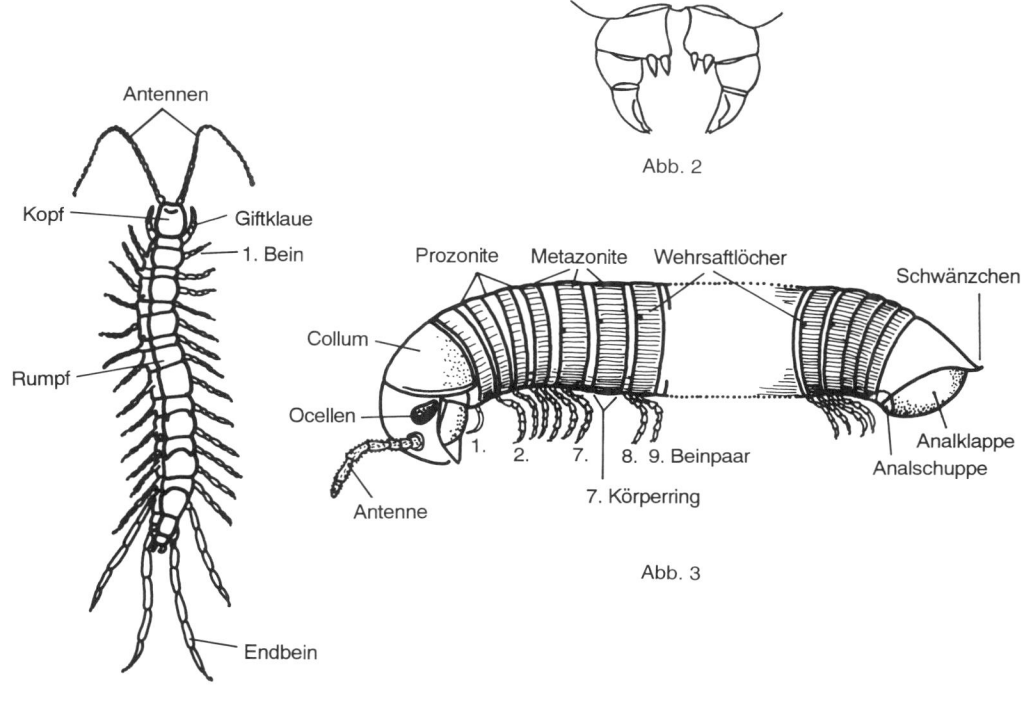

Abb. 2

Abb. 3

Abb. 1

Boden- oder streubewohnende Tiere von 0,5-65 mm Länge mit bis zu 200 Laufbeinpaaren. Der Körper ist in mehr oder weniger gleichförmige Körperringe mit je 1 bzw. 2 Beinpaaren gegliedert. Der Kopf mit einem Antennenpaar und meist Ocellen ist deutlich abgegrenzt.

Von den 4 Klassen sind im Freiland nur 2 auffällig:
- **Chilopoda** Hundertfüßer
  Räuberisch lebende, langgestreckte bis schnurförmige Tiere mit abgeflachtem Körper und an jedem Körperring 1 Beinpaar (Abb.1). Die ♀♀ der Steinläufer tragen klauenförmige Gonopoden am Körperende (Abb.2); die Endbeine der ♂♂ sind oft mit artcharakteristischen Bildungen versehen.
- **Diplopoda** Doppelfüßer
  Saprophage, im Querschnitt oft runde, aber auch abgeflachte oder "asselförmige" Tiere, die an jedem Körperring 2 Beinpaare tragen, deren Zahl mindestens 13 (nur bei Jungtieren weniger) beträgt.
  Die ♂♂ besitzen bei vielen Gruppen am 7. Körperring keine Laufbeine (Abb.3).
  Besonders Saftkugler (Glomeridae) können sich einkugeln und werden leicht mit Rollasseln verwechselt.

Sammeln erfolgt entweder von Hand mit Pinzette, Exhaustor oder besonders bei kleinen und zarten Formen mit einem befeuchteten Pinsel. Möglich sind ferner Bodenfallen bzw. das Austreiben der Tiere aus Bodenproben z.B. durch Licht- bzw. Wärmeeinwirkung.
Die Konservierung erfolgt in ca. 70 %igem Alkohol. Eine präzise Bestimmung erfordert oft mikroskopische Präparate (insbesondere für **Symphyla** Zwergfüßer und **Pauropoda** Wenigfüßer).

Myriopoda · Tausendfüßer 1: Übersicht sowie **Chilopoda, Pauropoda** und **Symphyla**

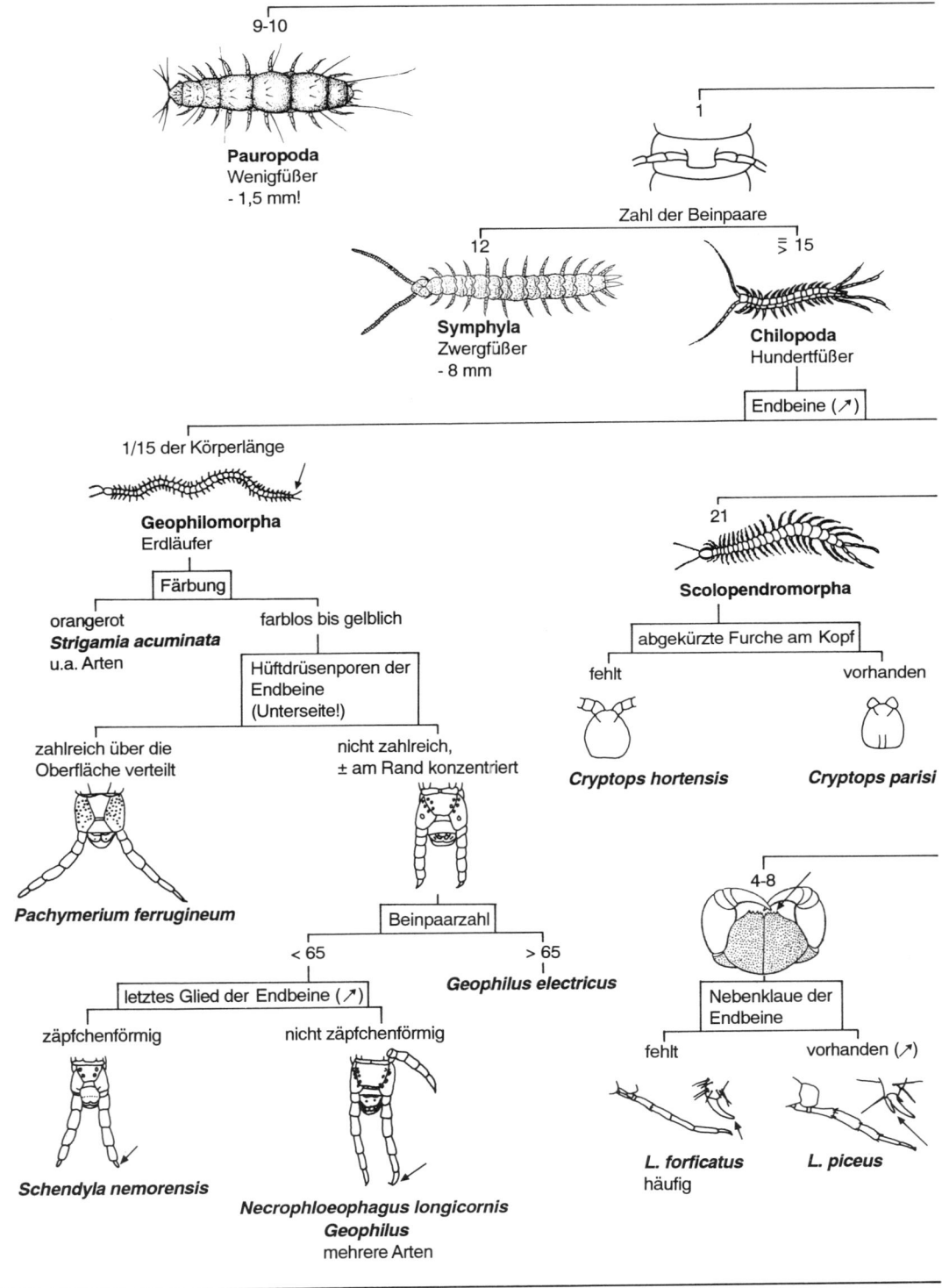

9-10

Pauropoda
Wenigfüßer
- 1,5 mm!

1

Zahl der Beinpaare

12

Symphyla
Zwergfüßer
- 8 mm

≥ 15

Chilopoda
Hundertfüßer

Endbeine (↗)

1/15 der Körperlänge

Geophilomorpha
Erdläufer

21

Scolopendromorpha

Färbung

abgekürzte Furche am Kopf

orangerot
Strigamia acuminata
u.a. Arten

farblos bis gelblich

fehlt

vorhanden

Hüftdrüsenporen der
Endbeine
(Unterseite!)

zahlreich über die
Oberfläche verteilt

nicht zahlreich,
± am Rand konzentriert

Cryptops hortensis

Cryptops parisi

Pachymerium ferrugineum

Beinpaarzahl

4-8

< 65

> 65

Geophilus electricus

Nebenklaue der
Endbeine

letztes Glied der Endbeine (↗)

fehlt

vorhanden (↗)

zäpfchenförmig

nicht zäpfchenförmig

L. forficatus
häufig

L. piceus

Schendyla nemorensis

Necrophloeophagus longicornis
Geophilus
mehrere Arten

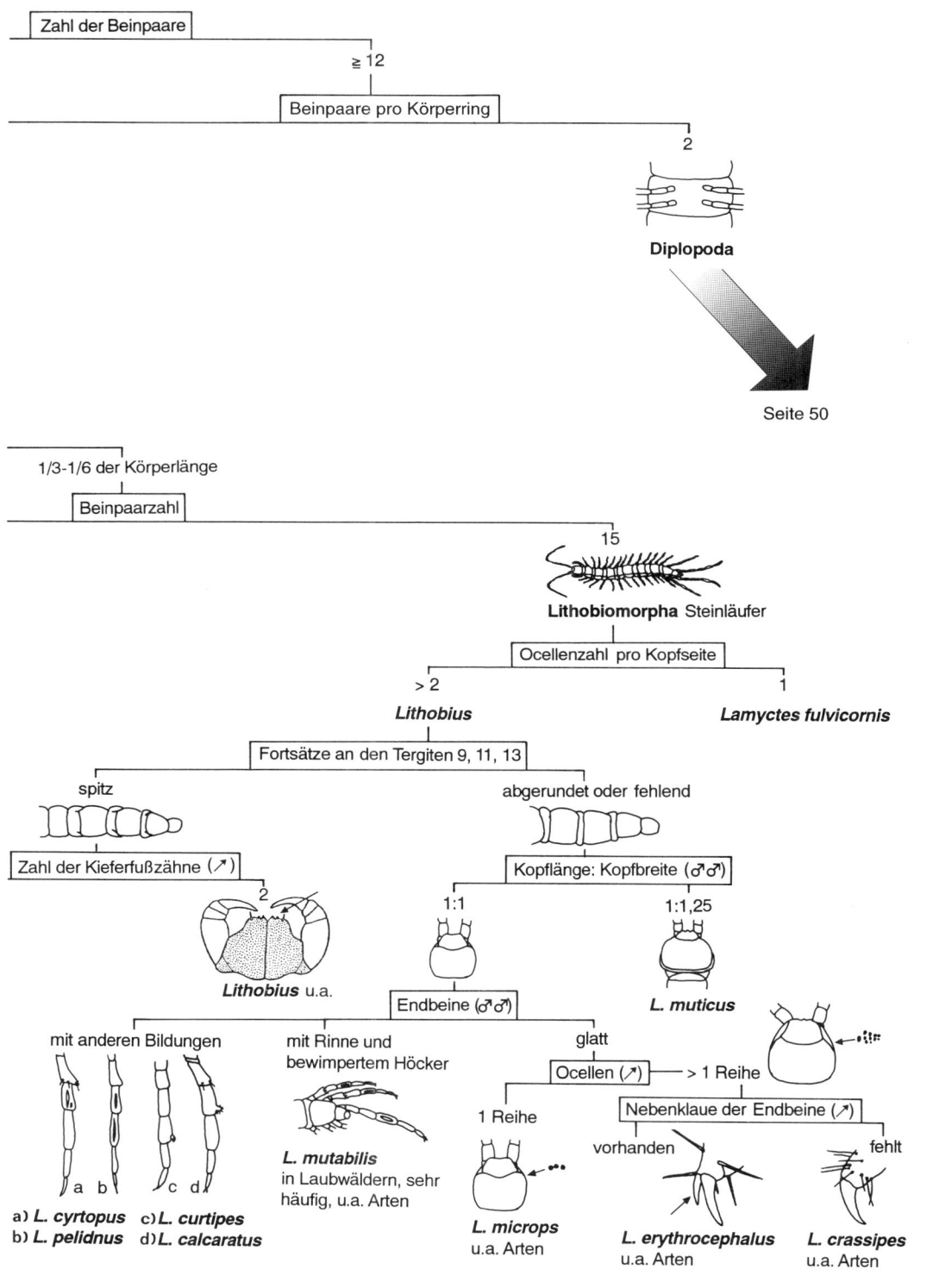

Zahl der Beinpaare

≥ 12

Beinpaare pro Körperring

2

Diplopoda

Seite 50

1/3-1/6 der Körperlänge

Beinpaarzahl

15

Lithobiomorpha Steinläufer

Ocellenzahl pro Kopfseite

> 2   1

Lithobius   *Lamyctes fulvicornis*

Fortsätze an den Tergiten 9, 11, 13

spitz   abgerundet oder fehlend

Zahl der Kieferfußzähne (↗)   Kopflänge: Kopfbreite (♂♂)

2   1:1   1:1,25

Lithobius u.a.   *L. muticus*

Endbeine (♂♂)

mit anderen Bildungen   mit Rinne und   glatt
bewimpertem Höcker

Ocellen (↗) ─ > 1 Reihe

L. mutabilis
in Laubwäldern, sehr
häufig, u.a. Arten

1 Reihe   Nebenklaue der Endbeine (↗)

a) *L. cyrtopus*   c) *L. curtipes*
b) *L. pelidnus*   d) *L. calcaratus*

L. microps
u.a. Arten

vorhanden   fehlt

L. erythrocephalus
u.a. Arten

L. crassipes
u.a. Arten

Myriopoda · Tausendfüßer 2: Diplopoda Doppelfüßer

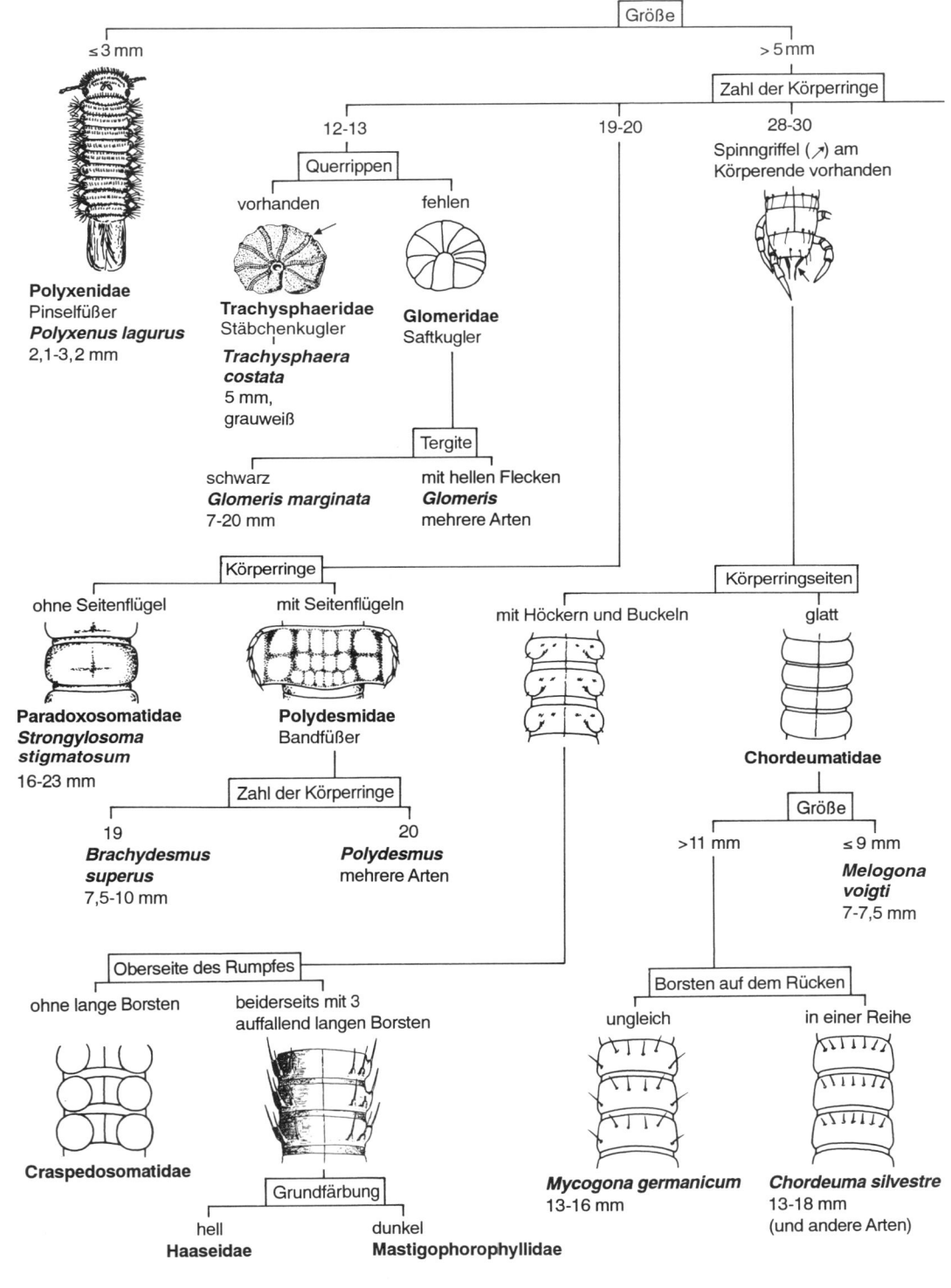

Größe

≤ 3 mm

Polyxenidae
Pinselfüßer
Polyxenus lagurus
2,1-3,2 mm

> 5 mm

Zahl der Körperringe

12-13

Querrippen

vorhanden

Trachysphaeridae
Stäbchenkugler

Trachysphaera costata
5 mm,
grauweiß

fehlen

Glomeridae
Saftkugler

Tergite

schwarz
Glomeris marginata
7-20 mm

mit hellen Flecken
Glomeris
mehrere Arten

19-20

28-30
Spinngriffel (↗) am
Körperende vorhanden

Körperringseiten

mit Höckern und Buckeln

glatt

Chordeumatidae

Größe

>11 mm

≤ 9 mm
Melogona voigti
7-7,5 mm

Körperringe

ohne Seitenflügel

Paradoxosomatidae
Strongylosoma stigmatosum
16-23 mm

mit Seitenflügeln

Polydesmidae
Bandfüßer

Zahl der Körperringe

19
Brachydesmus superus
7,5-10 mm

20
Polydesmus
mehrere Arten

Oberseite des Rumpfes

ohne lange Borsten

Craspedosomatidae

beiderseits mit 3
auffallend langen Borsten

Grundfärbung

hell
Haaseidae

dunkel
Mastigophorophyllidae

Borsten auf dem Rücken

ungleich

Mycogona germanicum
13-16 mm

in einer Reihe

Chordeuma silvestre
13-18 mm
(und andere Arten)

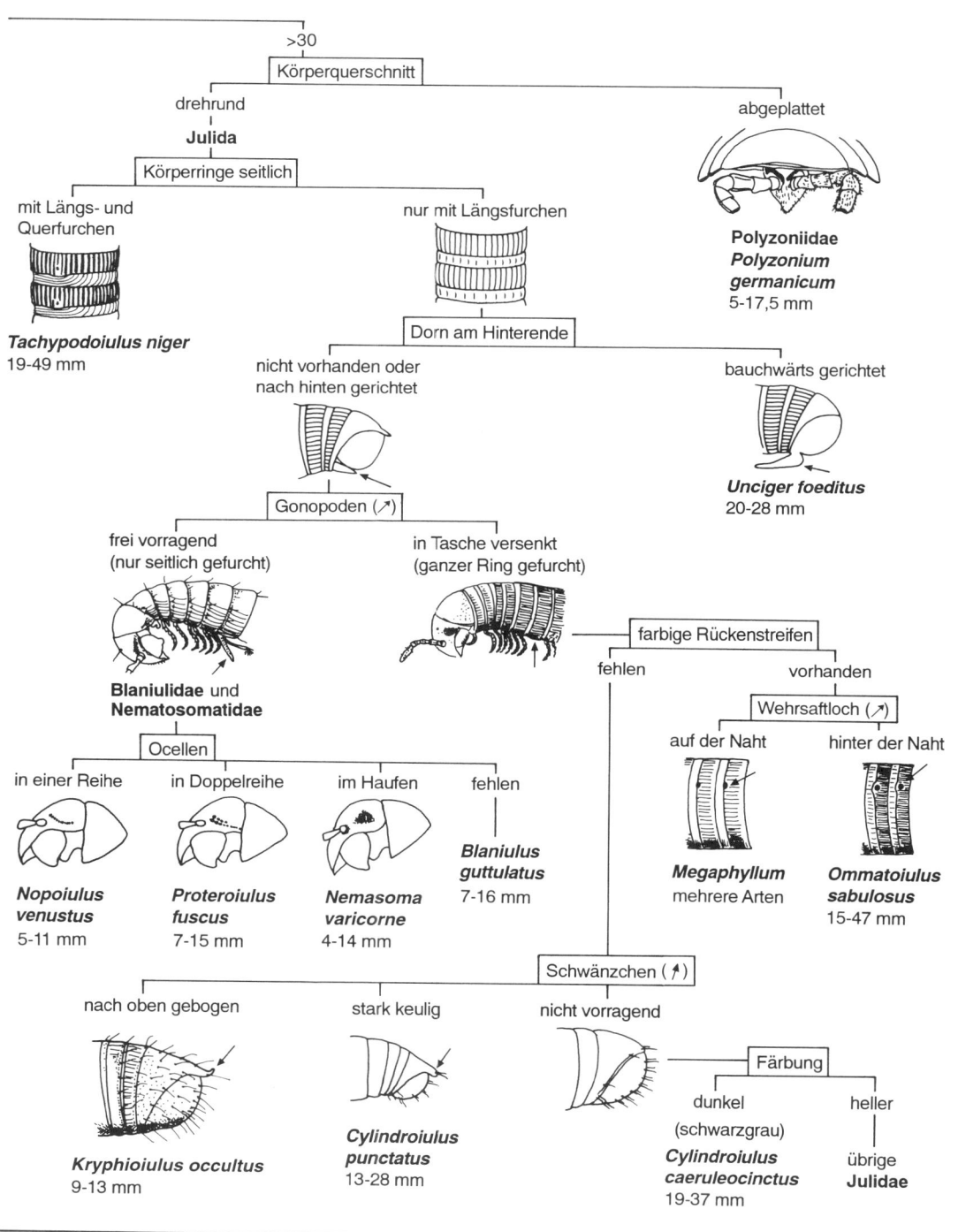

>30
Körperquerschnitt

drehrund
Julida

abgeplattet

Körperringe seitlich

mit Längs- und Querfurchen

nur mit Längsfurchen

Polyzoniidae
Polyzonium germanicum
5-17,5 mm

Tachypodoiulus niger
19-49 mm

Dorn am Hinterende

nicht vorhanden oder nach hinten gerichtet

bauchwärts gerichtet

Unciger foeditus
20-28 mm

Gonopoden (↗)

frei vorragend (nur seitlich gefurcht)

in Tasche versenkt (ganzer Ring gefurcht)

farbige Rückenstreifen

Blaniulidae und **Nematosomatidae**

fehlen

vorhanden

Wehrsaftloch (↗)

Ocellen

auf der Naht

hinter der Naht

in einer Reihe

in Doppelreihe

im Haufen

fehlen

Nopoiulus venustus
5-11 mm

Proteroiulus fuscus
7-15 mm

Nemasoma varicorne
4-14 mm

Blaniulus guttulatus
7-16 mm

Megaphyllum
mehrere Arten

Ommatoiulus sabulosus
15-47 mm

Schwänzchen (↗)

nach oben gebogen

stark keulig

nicht vorragend

Kryphioiulus occultus
9-13 mm

Cylindroiulus punctatus
13-28 mm

Färbung

dunkel (schwarzgrau)

heller

Cylindroiulus caeruleocinctus
19-37 mm

übrige **Julidae**

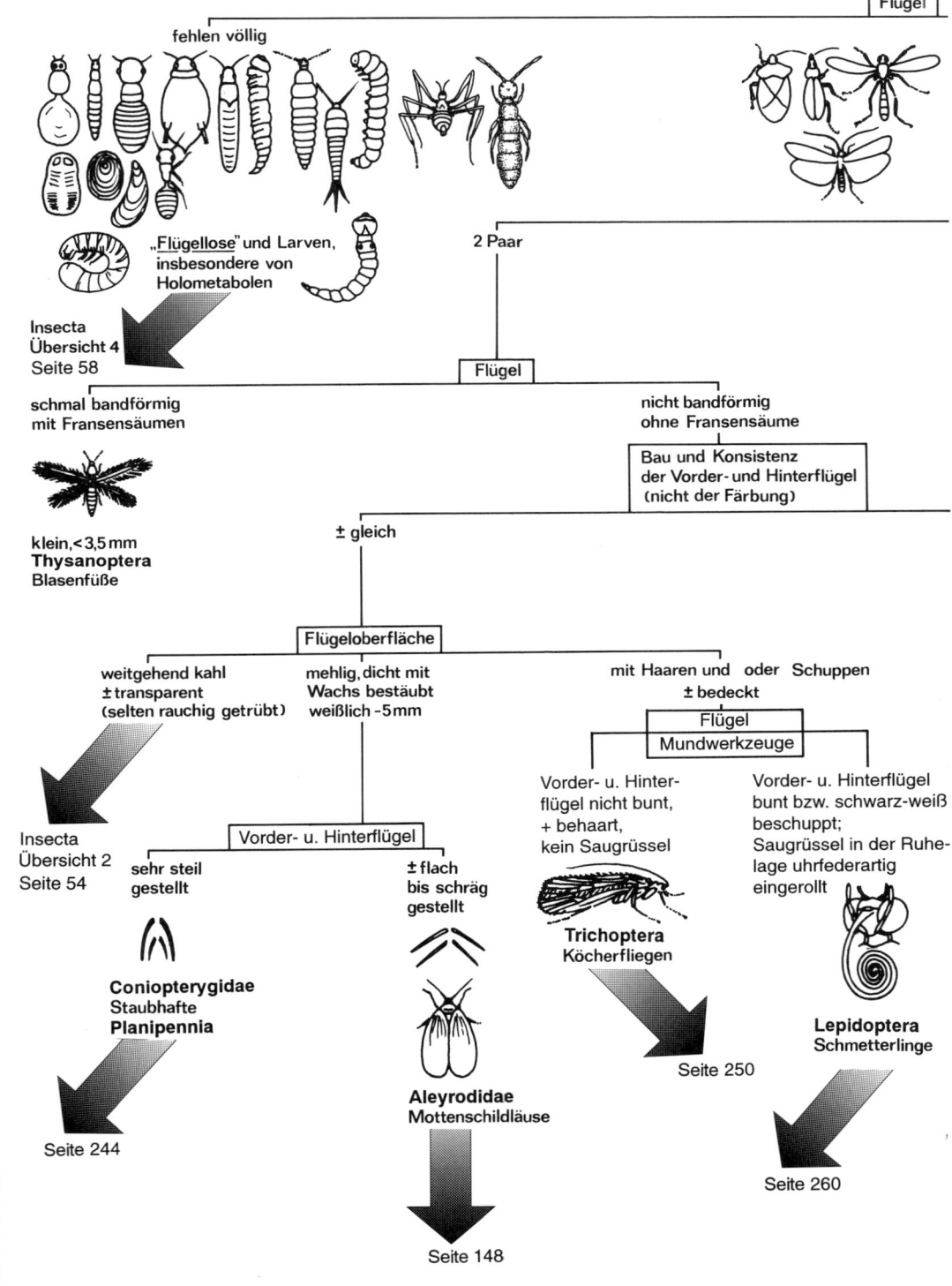

Flügel

fehlen völlig

„Flügellose" und Larven,
insbesondere von
Holometabolen

2 Paar

Insecta
Übersicht 4
Seite 58

Flügel

schmal bandförmig
mit Fransensäumen

nicht bandförmig
ohne Fransensäume

Bau und Konsistenz
der Vorder- und Hinterflügel
(nicht der Färbung)

klein,<3,5mm
Thysanoptera
Blasenfüße

± gleich

Flügeloberfläche

weitgehend kahl
± transparent
(selten rauchig getrübt)

mehlig, dicht mit
Wachs bestäubt
weißlich -5mm

mit Haaren und oder Schuppen
± bedeckt

Flügel

Mundwerkzeuge

Insecta
Übersicht 2
Seite 54

Vorder- u. Hinterflügel

sehr steil
gestellt

± flach
bis schräg
gestellt

Vorder- u. Hinter-
flügel nicht bunt,
+ behaart,
kein Saugrüssel

Vorder- u. Hinterflügel
bunt bzw. schwarz-weiß
beschuppt;
Saugrüssel in der Ruhe-
lage uhrfederartig
eingerollt

Trichoptera
Köcherfliegen

Coniopterygidae
Staubhafte
Planipennia

Lepidoptera
Schmetterlinge

Seite 250

Aleyrodidae
Mottenschildläuse

Seite 244

Seite 260

Seite 148

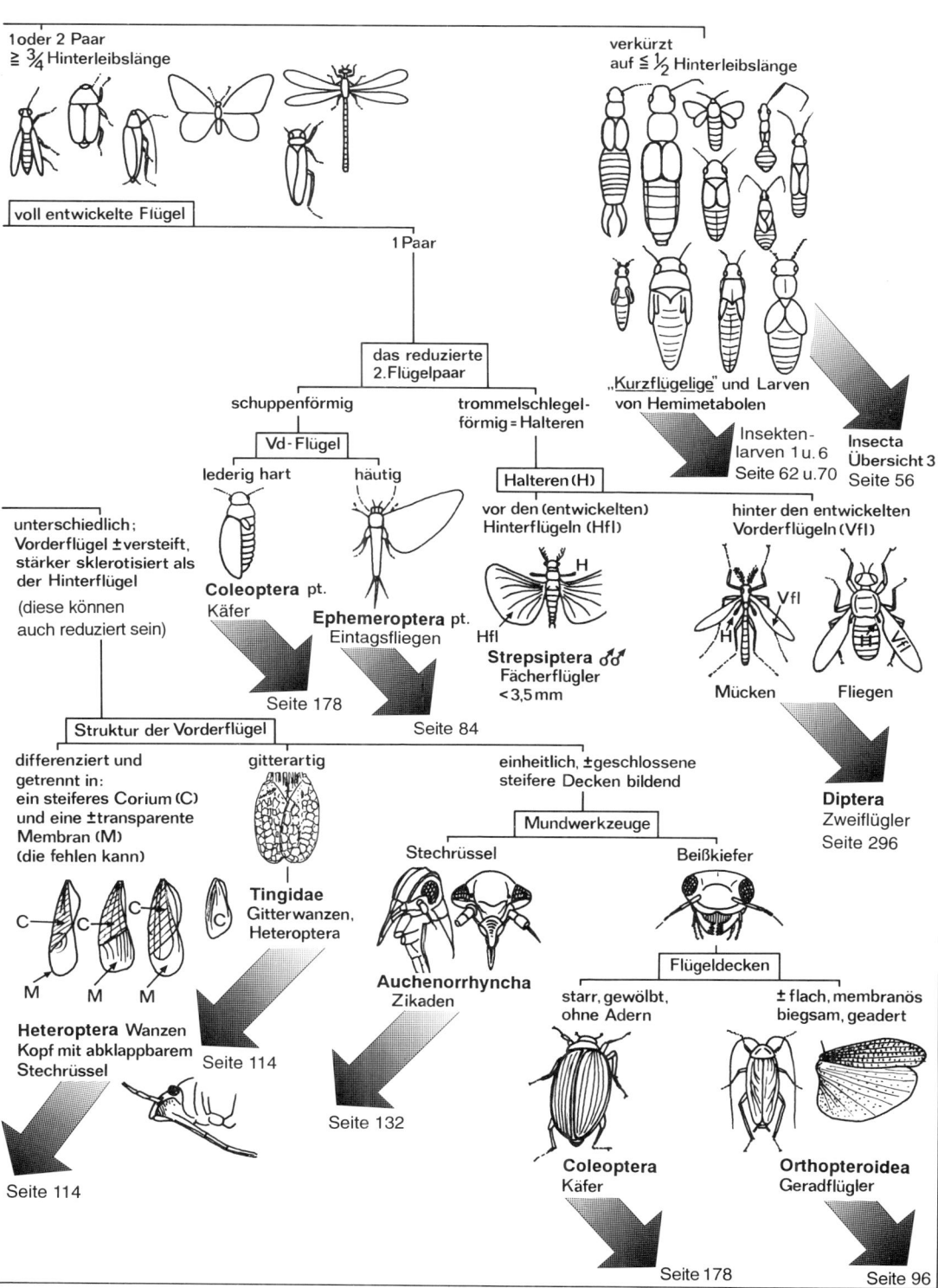

1oder 2 Paar ≥ ¾ Hinterleibslänge

voll entwickelte Flügel

verkürzt auf ≤ ½ Hinterleibslänge

1 Paar

das reduzierte 2.Flügelpaar

schuppenförmig

Vd - Flügel

lederig hart

häutig

trommelschlegel-förmig = Halteren

Halteren (H)

vor den (entwickelten) Hinterflügeln (Hfl)

hinter den entwickelten Vorderflügeln (Vfl)

„Kurzflügelige" und Larven von Hemimetabolen

Insekten-larven 1 u. 6 Seite 62 u.70

Insecta Übersicht 3 Seite 56

unterschiedlich; Vorderflügel ±versteift, stärker sklerotisiert als der Hinterflügel

(diese können auch reduziert sein)

Coleoptera pt.
Käfer

Ephemeroptera pt.
Eintagsfliegen

H

Hfl

Strepsiptera ♂♂
Fächerflügler
<3,5mm

Vfl

H

Vfl

Mücken

Fliegen

Seite 178

Seite 84

Diptera
Zweiflügler
Seite 296

Struktur der Vorderflügel

differenziert und getrennt in:
ein steiferes Corium (C) und eine ±transparente Membran (M) (die fehlen kann)

gitterartig

einheitlich, ±geschlossene steifere Decken bildend

Mundwerkzeuge

Stechrüssel

Beißkiefer

C

C

C

M

M

M

Tingidae
Gitterwanzen, Heteroptera

C

Auchenorrhyncha
Zikaden

Heteroptera Wanzen
Kopf mit abklappbarem Stechrüssel

Seite 114

Flügeldecken

starr, gewölbt, ohne Adern

± flach, membranös biegsam, geadert

Seite 114

Seite 132

Coleoptera
Käfer

Orthopteroidea
Geradflügler

Seite 178

Seite 96

Müller/Sander/Köhler

Insecta · Übersicht 2: Formen mit zwei ± häutigen Flügelpaaren

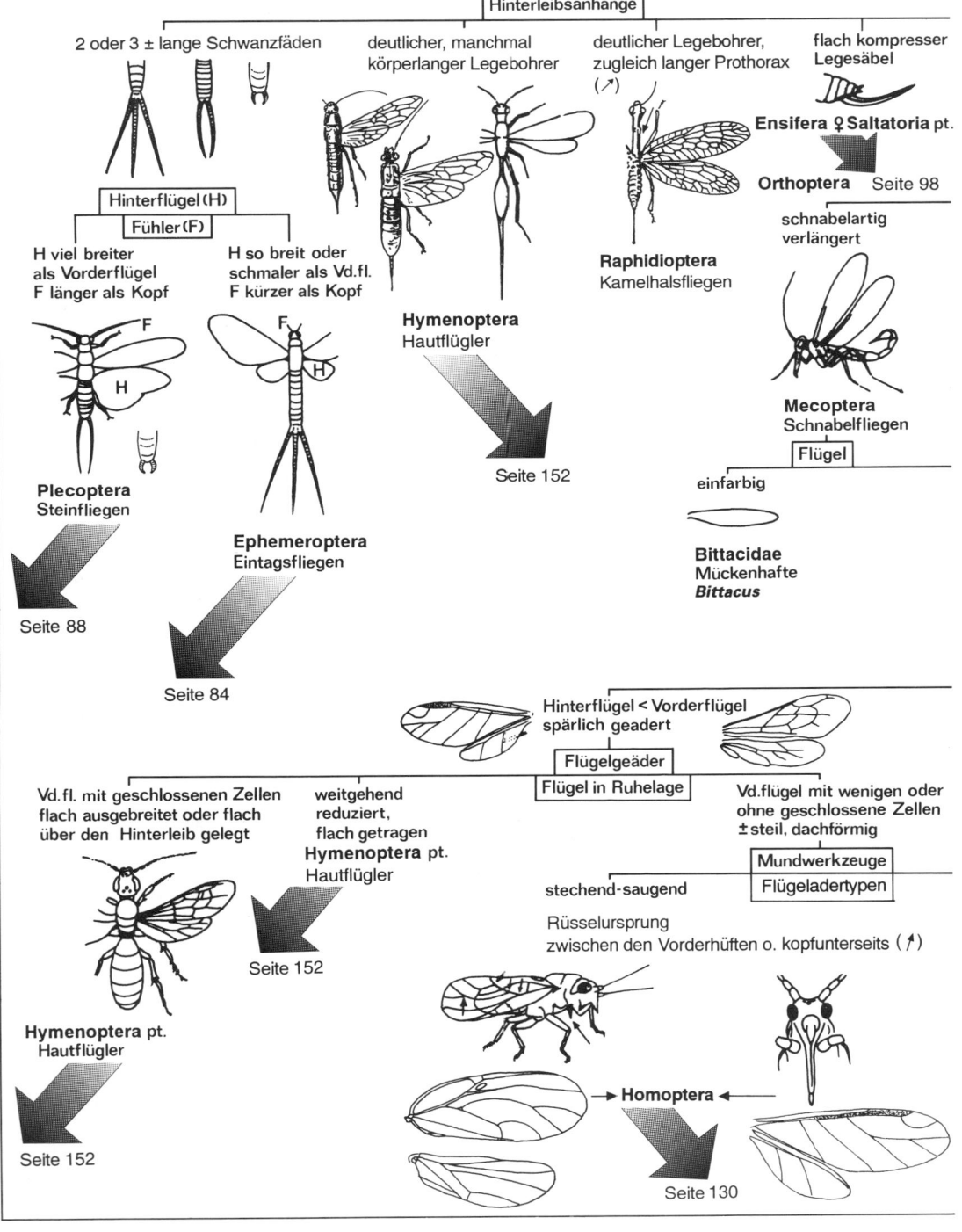

Hinterleibsanhänge

2 oder 3 ± lange Schwanzfäden

deutlicher, manchmal körperlanger Legebohrer

deutlicher Legebohrer, zugleich langer Prothorax (↗)

flach kompresser Legesäbel

Ensifera ♀ Saltatoria pt.

Orthoptera Seite 98

Hinterflügel (H)

Fühler (F)

H viel breiter als Vorderflügel
F länger als Kopf

H so breit oder schmaler als Vd.fl.
F kürzer als Kopf

Raphidioptera
Kamelhalsfliegen

schnabelartig verlängert

F

F

H

H

Hymenoptera
Hautflügler

Mecoptera
Schnabelfliegen

Flügel

Plecoptera
Steinfliegen

Seite 152

einfarbig

Ephemeroptera
Eintagsfliegen

Bittacidae
Mückenhafte
Bittacus

Seite 88

Seite 84

Hinterflügel < Vorderflügel
spärlich geadert

Flügelgeäder

Vd. fl. mit geschlossenen Zellen flach ausgebreitet oder flach über den Hinterleib gelegt

weitgehend reduziert, flach getragen
Hymenoptera pt.
Hautflügler

Flügel in Ruhelage

Vd.flügel mit wenigen oder ohne geschlossene Zellen ± steil, dachförmig

Mundwerkzeuge

stechend-saugend

Flügeladertypen

Rüsselursprung
zwischen den Vorderhüften o. kopfunterseits (↑)

Hymenoptera pt.
Hautflügler

→ **Homoptera** ←

Seite 152

Seite 152

Seite 130

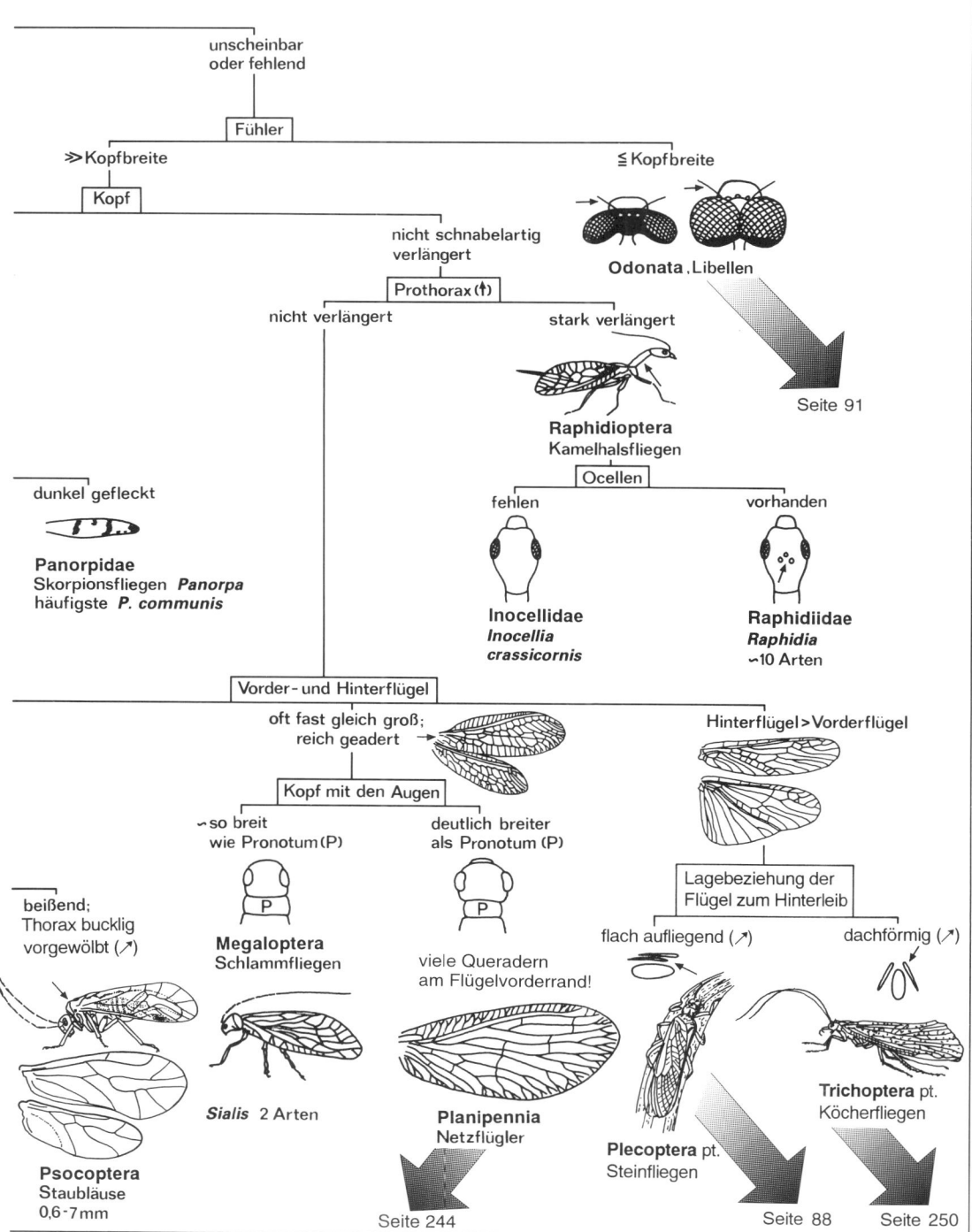

unscheinbar
oder fehlend

Fühler

≫ Kopfbreite

Kopf

≦ Kopfbreite

nicht schnabelartig
verlängert

Odonata, Libellen

Prothorax (↑)

nicht verlängert

stark verlängert

Seite 91

Raphidioptera
Kamelhalsfliegen

Ocellen

dunkel gefleckt

fehlen

vorhanden

Panorpidae
Skorpionsfliegen *Panorpa*
häufigste *P. communis*

Inocellidae
*Inocellia
crassicornis*

Raphidiidae
Raphidia
~10 Arten

Vorder- und Hinterflügel

oft fast gleich groß;
reich geadert →

Hinterflügel > Vorderflügel

Kopf mit den Augen

~ so breit
wie Pronotum (P)

deutlich breiter
als Pronotum (P)

Lagebeziehung der
Flügel zum Hinterleib

beißend;
Thorax bucklig
vorgewölbt (↗)

P

Megaloptera
Schlammfliegen

P

viele Queradern
am Flügelvorderrand!

flach aufliegend (↗)

dachförmig (↗)

Sialis 2 Arten

Planipennia
Netzflügler

Trichoptera pt.
Köcherfliegen

Psocoptera
Staubläuse
0,6-7mm

Plecoptera pt.
Steinfliegen

Seite 244

Seite 88

Seite 250

Müller/Sander/Köhler

Insecta · Übersicht 3: „Kurzflügelige" und Larven von Hemimetabolen

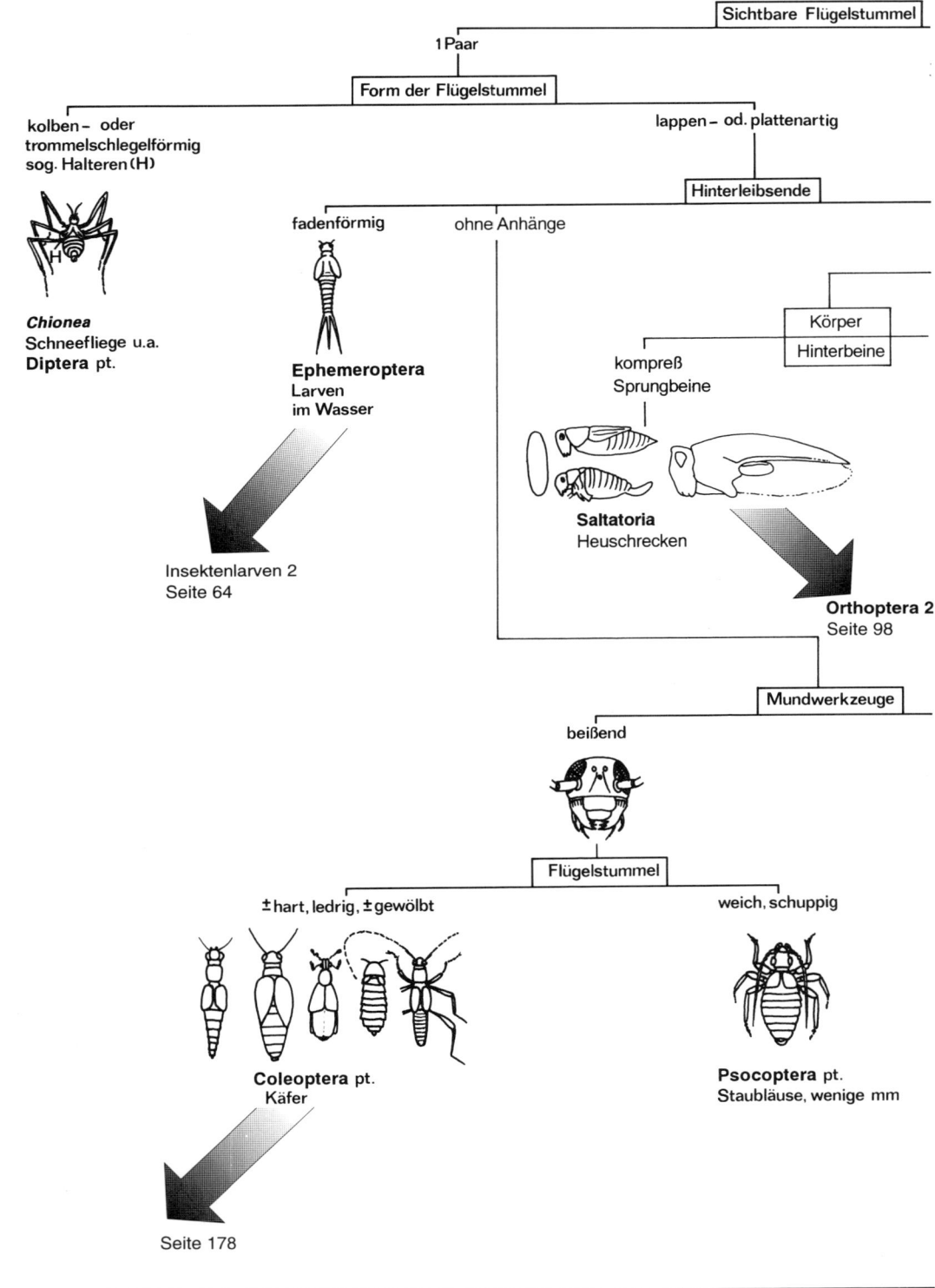

Sichtbare Flügelstummel

1 Paar

Form der Flügelstummel

kolben– oder
trommelschlegelförmig
sog. Halteren (H)

lappen– od. plattenartig

Hinterleibsende

fadenförmig   ohne Anhänge

Chionea
Schneefliege u.a.
Diptera pt.

Ephemeroptera
Larven
im Wasser

Körper

Hinterbeine

kompreß
Sprungbeine

Insektenlarven 2
Seite 64

Saltatoria
Heuschrecken

Orthoptera 2
Seite 98

Mundwerkzeuge

beißend

Flügelstummel

± hart, ledrig, ± gewölbt

weich, schuppig

Coleoptera pt.
Käfer

Psocoptera pt.
Staubläuse, wenige mm

Seite 178

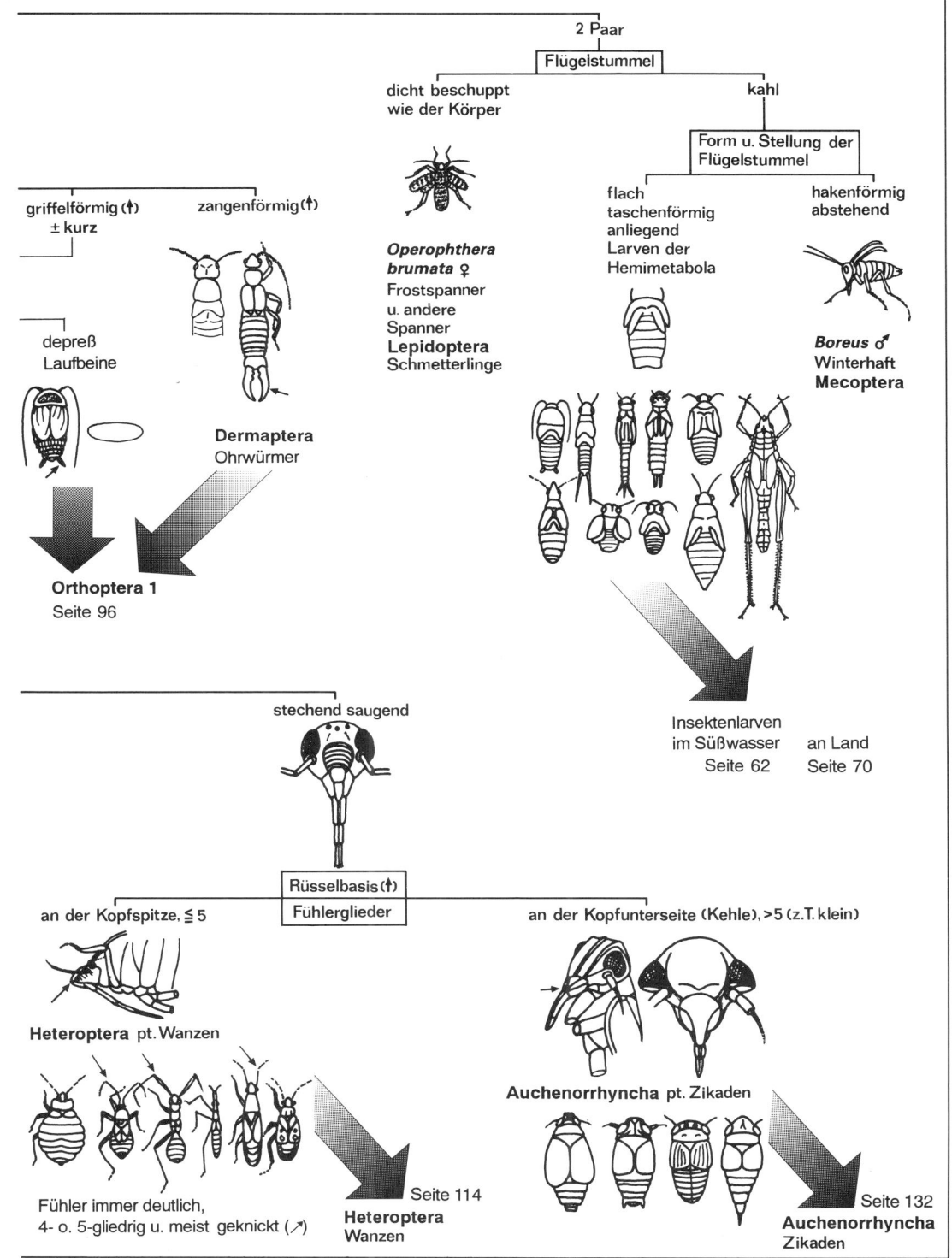

2 Paar
Flügelstummel

dicht beschuppt
wie der Körper

kahl

Form u. Stellung der
Flügelstummel

griffelförmig (♂)
± kurz

zangenförmig (♂)

*Operophthera
brumata* ♀
Frostspanner
u. andere
Spanner
Lepidoptera
Schmetterlinge

flach
taschenförmig
anliegend
Larven der
Hemimetabola

hakenförmig
abstehend

Boreus ♂
Winterhaft
Mecoptera

depreß
Laufbeine

Dermaptera
Ohrwürmer

Orthoptera 1
Seite 96

Insektenlarven
im Süßwasser
Seite 62

an Land
Seite 70

stechend saugend

Rüsselbasis (♂)
Fühlerglieder

an der Kopfspitze, ≦ 5

an der Kopfunterseite (Kehle), >5 (z.T. klein)

Heteroptera pt. Wanzen

Auchenorrhyncha pt. Zikaden

Fühler immer deutlich,
4- o. 5-gliedrig u. meist geknickt (↗)

Seite 114
Heteroptera
Wanzen

Seite 132
Auchenorrhyncha
Zikaden

Müller/Sander/Köhler

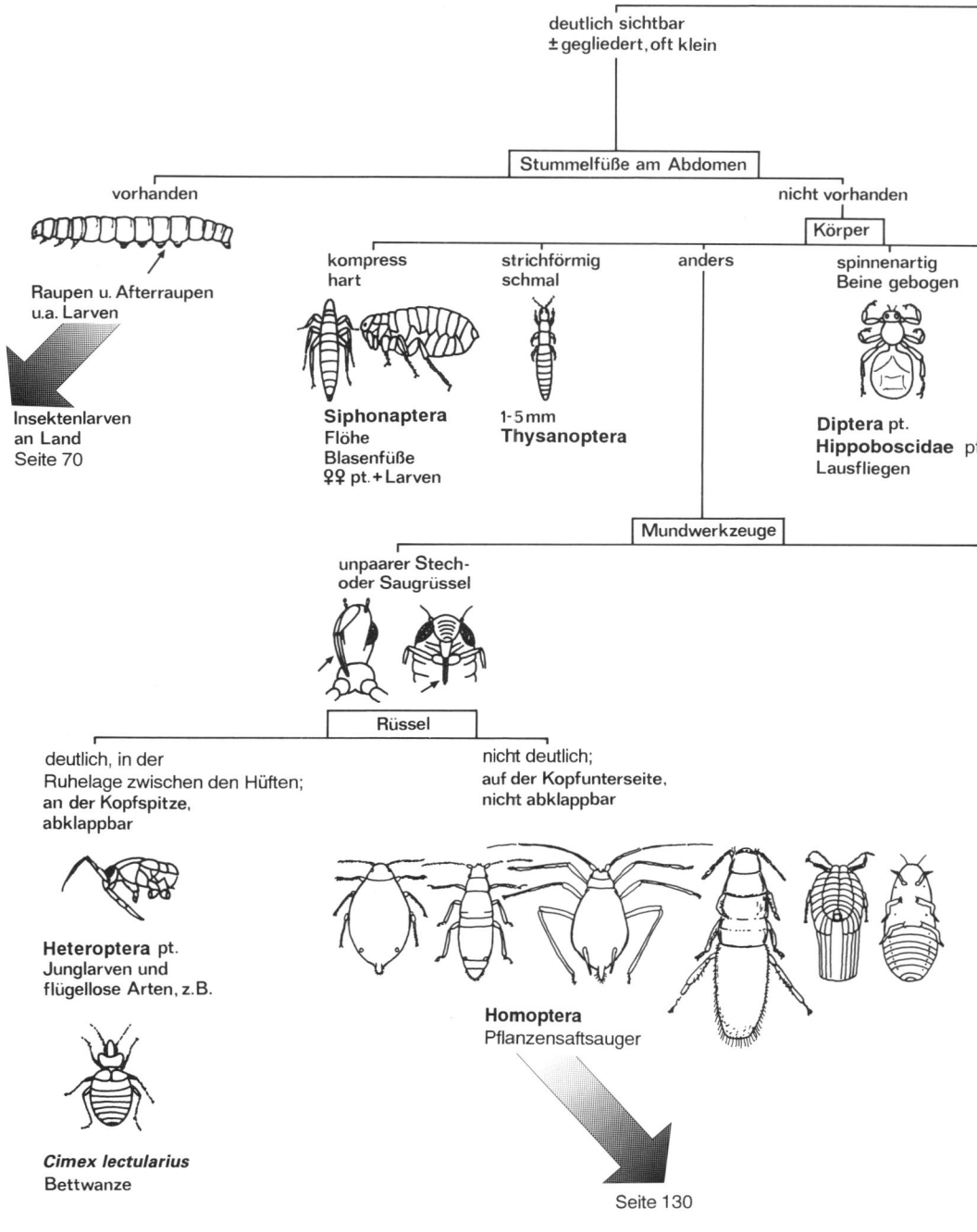

deutlich sichtbar
± gegliedert, oft klein

Stummelfüße am Abdomen

vorhanden

nicht vorhanden

Körper

Raupen u. Afterraupen
u.a. Larven

Insektenlarven
an Land
Seite 70

kompress
hart

strichförmig
schmal

anders

spinnenartig
Beine gebogen

Siphonaptera
Flöhe
Blasenfüße
♀♀ pt. + Larven

1-5 mm
Thysanoptera

Diptera pt.
Hippoboscidae pt.
Lausfliegen

Mundwerkzeuge

unpaarer Stech-
oder Saugrüssel

Rüssel

deutlich, in der
Ruhelage zwischen den Hüften;
an der Kopfspitze,
abklappbar

nicht deutlich;
auf der Kopfunterseite,
nicht abklappbar

Heteroptera pt.
Junglarven und
flügellose Arten, z.B.

Cimex lectularius
Bettwanze

Homoptera
Pflanzensaftsauger

Seite 130

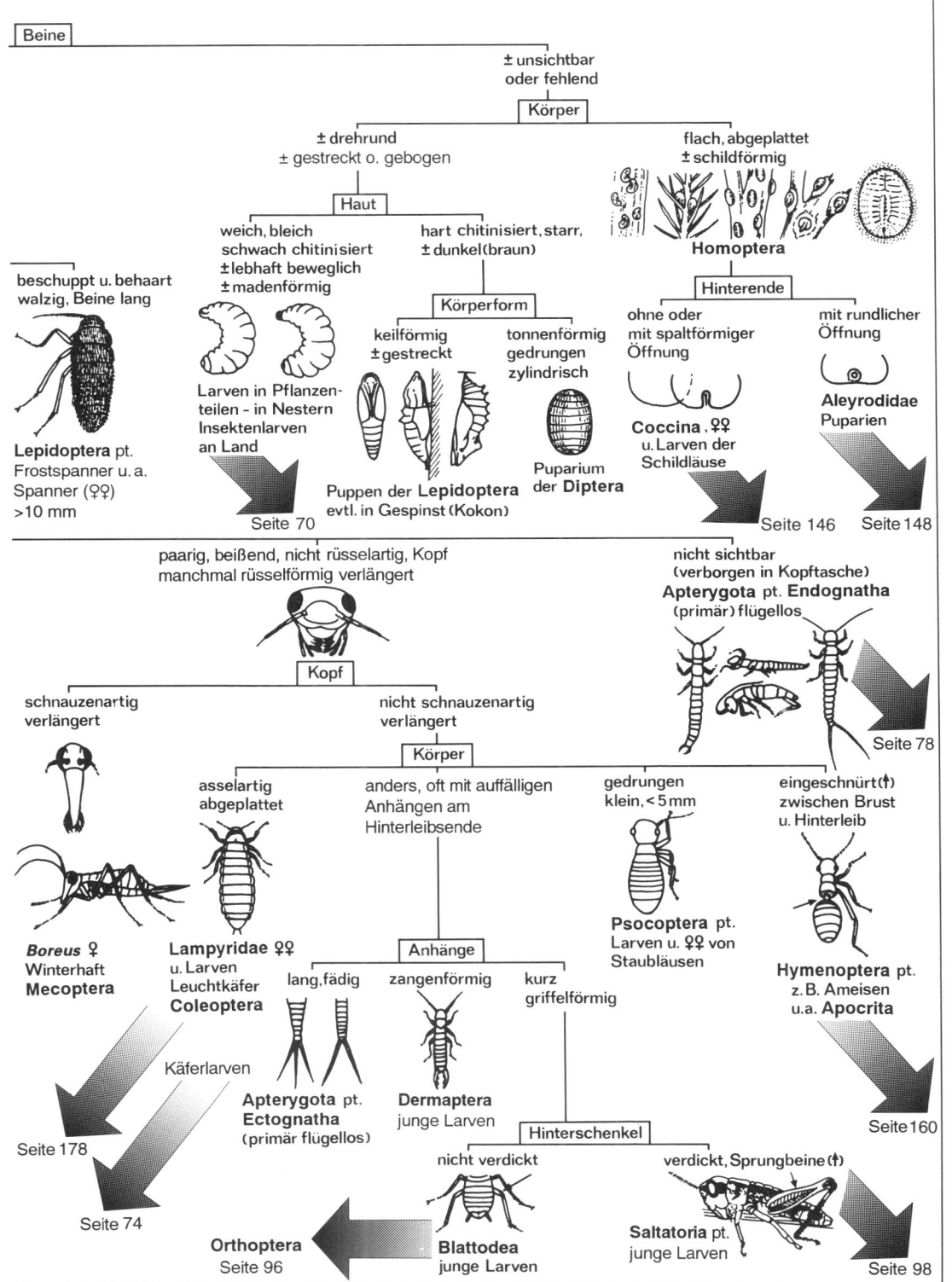

Beine

± unsichtbar
oder fehlend

Körper

± drehrund
± gestreckt o. gebogen

flach, abgeplattet
± schildförmig

Homoptera

Haut

weich, bleich
schwach chitinisiert
± lebhaft beweglich
± madenförmig

hart chitinisiert, starr,
± dunkel (braun)

Hinterende

ohne oder
mit spaltförmiger
Öffnung

mit rundlicher
Öffnung

beschuppt u. behaart
walzig, Beine lang

Körperform

keilförmig
± gestreckt

tonnenförmig
gedrungen
zylindrisch

Aleyrodidae
Puparien

Lepidoptera pt.
Frostspanner u. a.
Spanner (♀♀)
>10 mm

Larven in Pflanzen-
teilen - in Nestern
Insektenlarven
an Land

Coccina, ♀♀
u. Larven der
Schildläuse

Puppen der Lepidoptera
evtl. in Gespinst (Kokon)

Puparium
der Diptera

Seite 70

Seite 146

Seite 148

paarig, beißend, nicht rüsselartig, Kopf
manchmal rüsselförmig verlängert

nicht sichtbar
(verborgen in Kopftasche)
Apterygota pt. Endognatha
(primär) flügellos

Kopf

schnauzenartig
verlängert

nicht schnauzenartig
verlängert

Seite 78

Körper

asselartig
abgeplattet

anders, oft mit auffälligen
Anhängen am
Hinterleibsende

gedrungen
klein, < 5 mm

eingeschnürt (✝)
zwischen Brust
u. Hinterleib

Psocoptera pt.
Larven u. ♀♀ von
Staubläusen

Boreus ♀
Winterhaft
Mecoptera

Lampyridae ♀♀
u. Larven
Leuchtkäfer
Coleoptera

Anhänge

Hymenoptera pt.
z. B. Ameisen
u. a. Apocrita

lang, fädig

zangenförmig

kurz
griffelförmig

Käferlarven

Apterygota pt.
Ectognatha
(primär flügellos)

Dermaptera
junge Larven

Seite 178

Seite 160

Hinterschenkel

nicht verdickt

verdickt, Sprungbeine (✝)

Seite 74

Orthoptera
Seite 96

Blattodea
junge Larven

Saltatoria pt.
junge Larven

Seite 98

Müller/Sander/Köhler

Insecta · Übersicht 5: Habitate sowie Parasiten

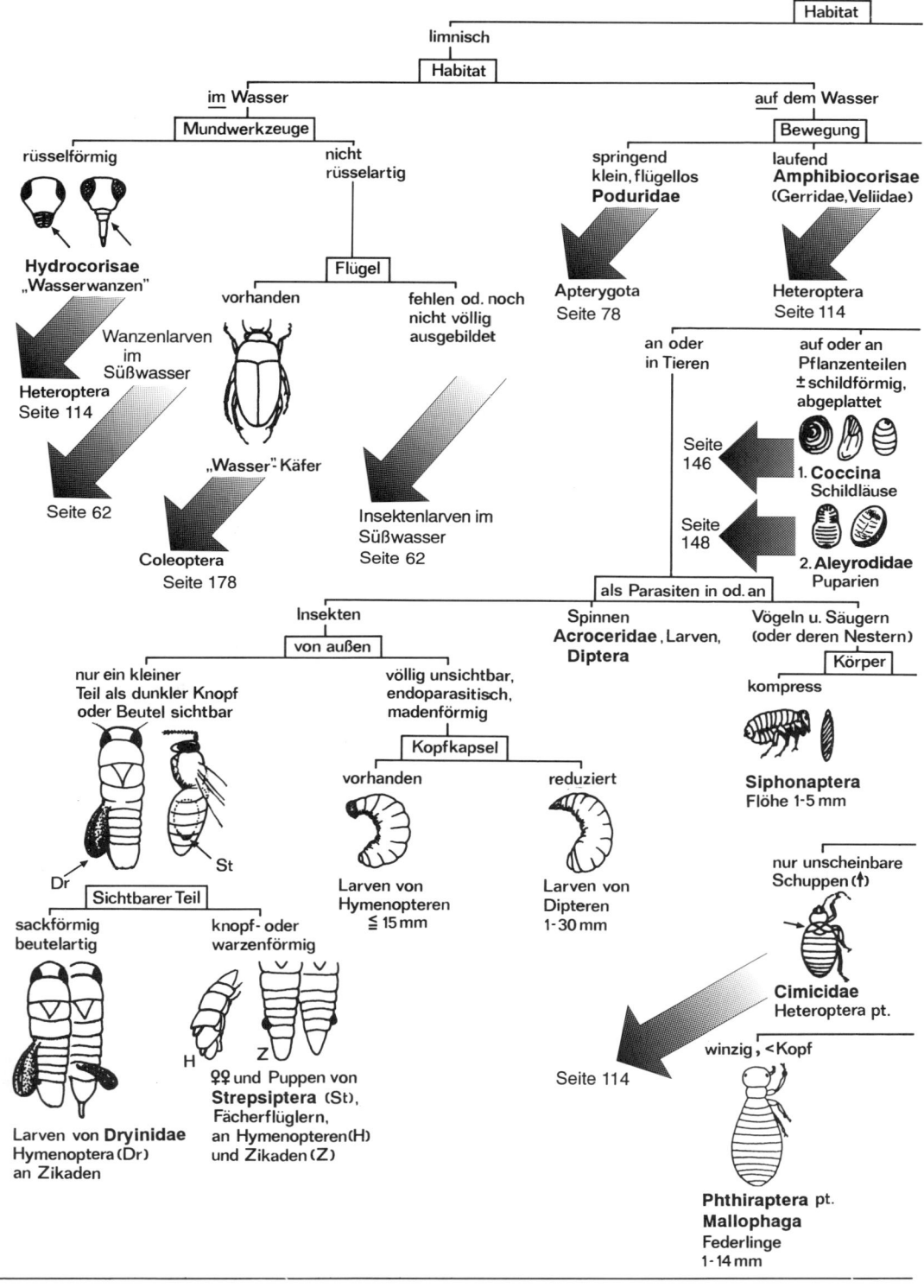

Habitat

limnisch
Habitat

im Wasser
Mundwerkzeuge

rüsselförmig

Hydrocorisae
„Wasserwanzen"

Wanzenlarven
im
Süßwasser
Heteroptera
Seite 114

Seite 62

nicht
rüsselartig

Flügel

vorhanden

„Wasser"-Käfer

Coleoptera
Seite 178

fehlen od. noch
nicht völlig
ausgebildet

Insektenlarven im
Süßwasser
Seite 62

auf dem Wasser
Bewegung

springend
klein, flügellos
Poduridae

Apterygota
Seite 78

laufend
Amphibiocorisae
(Gerridae, Veliidae)

Heteroptera
Seite 114

an oder
in Tieren

Seite
146

Seite
148

auf oder an
Pflanzenteilen
± schildförmig,
abgeplattet

1. **Coccina**
Schildläuse

2. **Aleyrodidae**
Puparien

als Parasiten in od. an

Insekten
von außen

nur ein kleiner
Teil als dunkler Knopf
oder Beutel sichtbar

Dr

Sichtbarer Teil

St

sackförmig
beutelartig

Larven von **Dryinidae**
Hymenoptera (Dr)
an Zikaden

knopf- oder
warzenförmig

H   Z

♀♀ und Puppen von
Strepsiptera (St),
Fächerflüglern,
an Hymenopteren (H)
und Zikaden (Z)

völlig unsichtbar,
endoparasitisch,
madenförmig

Kopfkapsel

vorhanden

Larven von
Hymenopteren
≦ 15 mm

reduziert

Larven von
Dipteren
1-30 mm

Seite 114

Spinnen
Acroceridae, Larven,
Diptera

Vögeln u. Säugern
(oder deren Nestern)
Körper

kompress

Siphonaptera
Flöhe 1-5 mm

nur unscheinbare
Schuppen (✝)

Cimicidae
Heteroptera pt.

winzig, < Kopf

Phthiraptera pt.
Mallophaga
Federlinge
1-14 mm

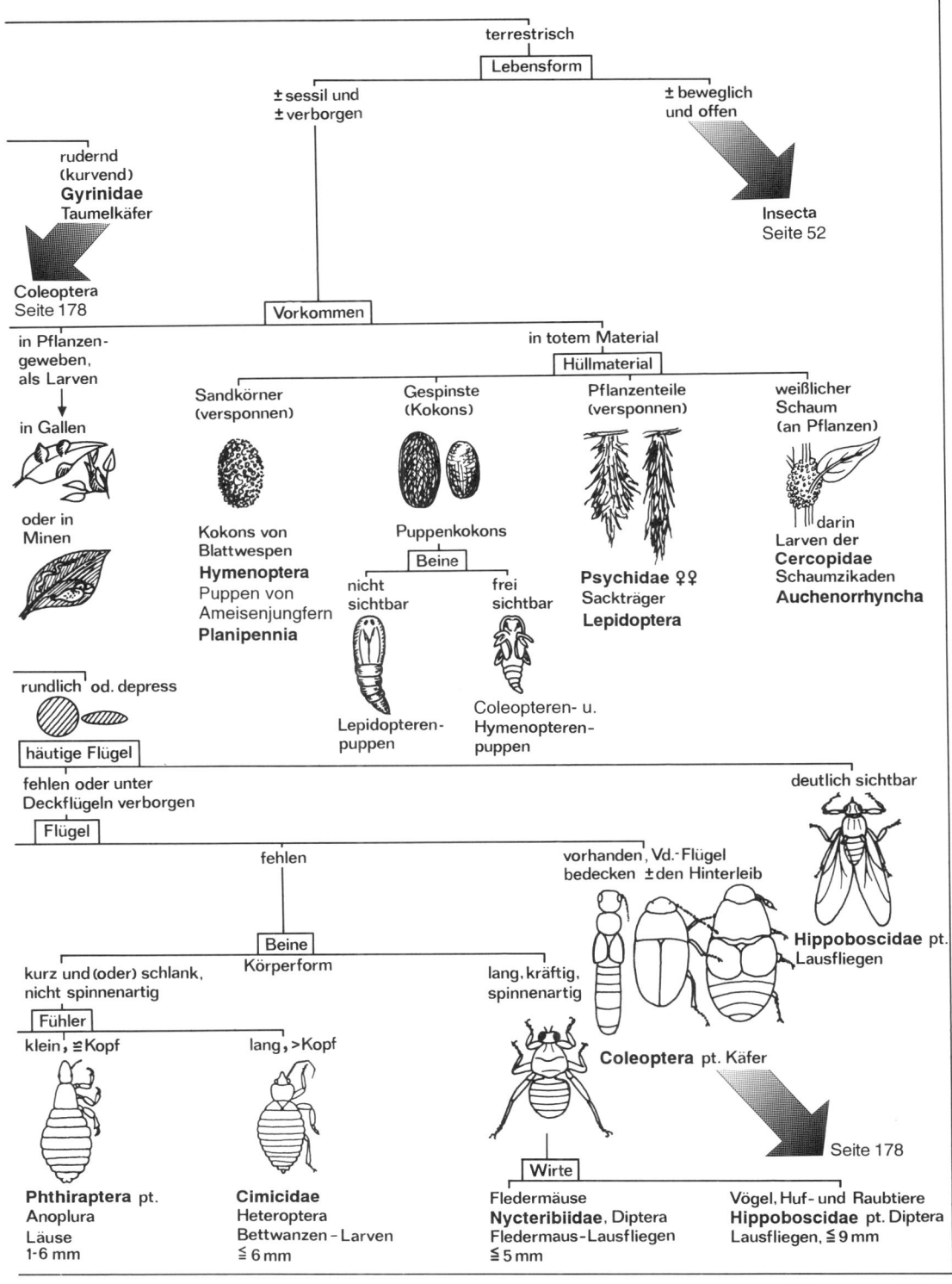

terrestrisch

Lebensform

± sessil und
± verborgen

± beweglich
und offen

rudernd
(kurvend)
Gyrinidae
Taumelkäfer

Insecta
Seite 52

Coleoptera
Seite 178

Vorkommen

in Pflanzen-
geweben,
als Larven

in totem Material

Hüllmaterial

in Gallen

Sandkörner
(versponnen)

Gespinste
(Kokons)

Pflanzenteile
(versponnen)

weißlicher
Schaum
(an Pflanzen)

oder in
Minen

Kokons von
Blattwespen
Hymenoptera
Puppen von
Ameisenjungfern
Planipennia

Puppenkokons

Beine

nicht
sichtbar

frei
sichtbar

Psychidae ♀♀
Sackträger
Lepidoptera

darin
Larven der
Cercopidae
Schaumzikaden
Auchenorrhyncha

rundlich od. depress

häutige Flügel

fehlen oder unter
Deckflügeln verborgen

Lepidopteren-
puppen

Coleopteren- u.
Hymenopteren-
puppen

deutlich sichtbar

Flügel

fehlen

vorhanden, Vd.-Flügel
bedecken ± den Hinterleib

Hippoboscidae pt.
Lausfliegen

Beine

Körperform

kurz und (oder) schlank,
nicht spinnenartig

lang, kräftig,
spinnenartig

Coleoptera pt. Käfer

Fühler

klein, ≦ Kopf

lang, > Kopf

Seite 178

Wirte

Phthiraptera pt.
Anoplura
Läuse
1-6 mm

Cimicidae
Heteroptera
Bettwanzen – Larven
≦ 6 mm

Fledermäuse
Nycteribiidae, Diptera
Fledermaus-Lausfliegen
≦ 5 mm

Vögel, Huf- und Raubtiere
Hippoboscidae pt. Diptera
Lausfliegen, ≦ 9 mm

Müller/Sander/Köhler

Insektenlarven 1: im Süßwasser 1

Lebensweise

in Köchern lebend
Trichoptera
Köcherfliegen pt.

Insektenlarven 2
Seite 64 ①

freilebend

vorhanden

Paarige Flügelanlagen (↗)

Kopf

vorhanden, lappig, oft
Kopfbreite ≡ Körperbreite
und große Augen (↗)

Hemimetabole Insekten
(ohne Puppenstadium)

junge Larven   ältere Larven

Insektenlarven 2
Seite 64 ②

fehlen vollständig, oft
Kopf schmaler als
Körper, Augen klein

Holometabole Insekten
(mit Puppenstadium)

Hinterleibsende
Mundwerkzeuge

3 Paar Schreitbeine

fehlen
Diptera, Zweiflügler

Kopf

deutlich ausgebildet,
± kurze Antennen
Nematocera, Mücken

Auswahl

Culicidae Stechmücken

Simuliidae Kriebelmücken

Blephariceridae Netzflügelmücken an Steinen

Chironomidae Zuckmücken teils in Gespinsten

nicht ausgebildet,
ohne Antennen
Brachycera, Fliegen

Auswahl

Tipulidae Schnaken

Tabanidae Bremsen

Dolichopodidae Langbeinfliegen

Atherix Ibisfliegen

Stratiomyidae Waffenfliegen ± gepanzert

62

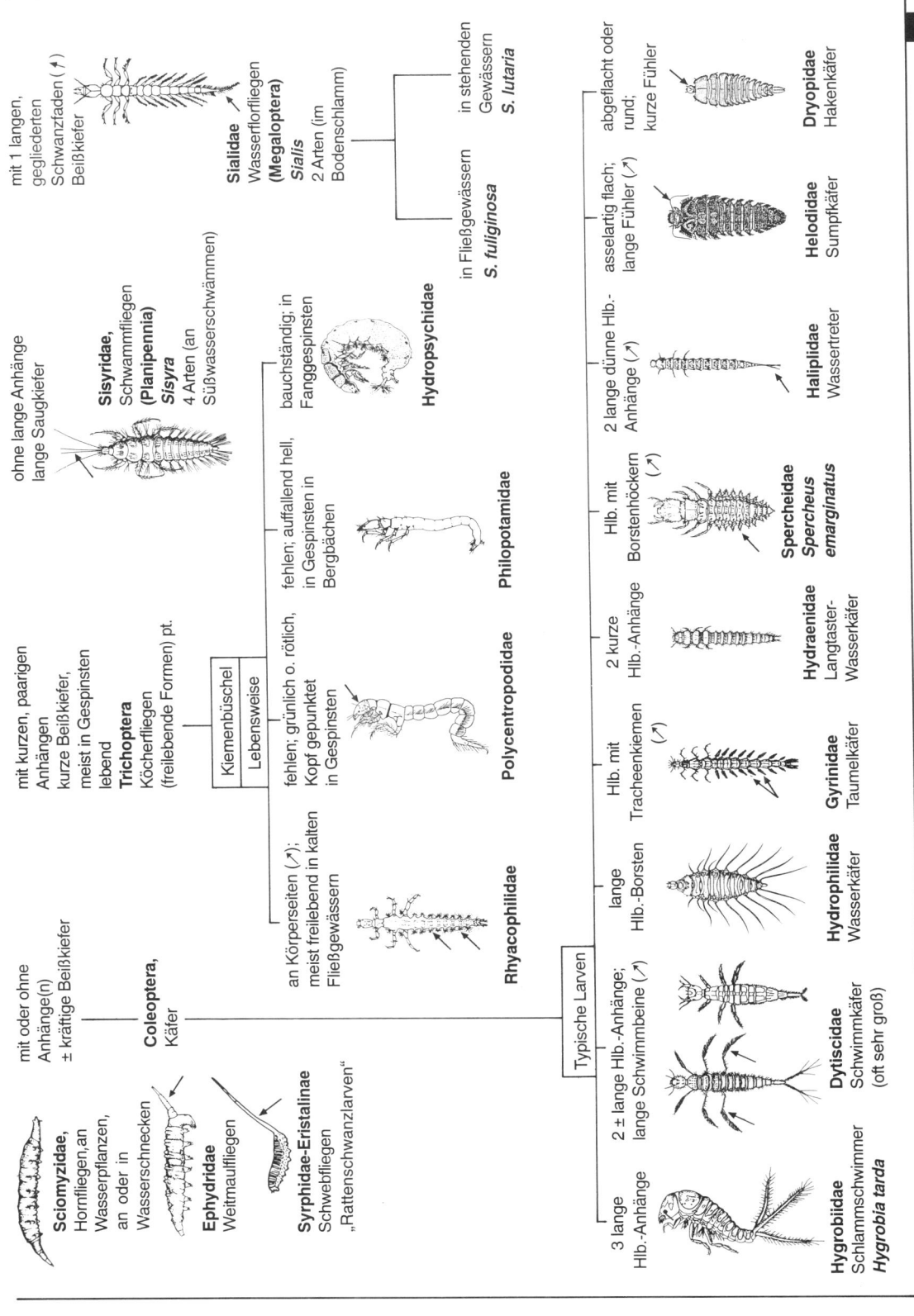

Köhler

Insektenlarven 2: im Süßwasser 2

(im Wasser beobachten!)

Trichoptera
Köcherfliegen pt.

① Auswahl/Köchertypen

Beraeidae

leicht gebogen, aus feinen Sandkörnern

Leptoceridae

lange Röhre aus Sandkörnern und Pflanzenteilen

Limnophilidae

aus verschiedenen Materialien

Molannidae

flache Sandgehäuse, teilweise schildförmig erweitert

Rhyacophilidae

geräumige Steingehäuse

Phryganeidae

spiralig aus Pflanzenteilen

Sericostomatidae

verschiedenförmige Gehäuse aus Pflanzenmaterial, Sandkörnern und kleinen Steinen

② Hemimetabole Insekten

Mundwerkzeuge

Hinterleib

mit 1 langen Sipho (↗) spitzer, ungegliederter Saugrüssel (↗)

keine Anhänge; 3-4gliedriger Saugrüssel (↗)

andere Wasserwanzen

keine Anhänge; kurzer, ungegliederter Rüssel (↗)

Corixidae
Ruderwanzen

seitlich mit Tracheenkiemen (↗) 3 Schwanzfäden; beißend; Tarsen 1-gliedrig

Ephemeroptera
Eintagsfliegen

seitlich mit Tracheenkiemen (↗) 2 Schwanzfäden; beißend, Tarsen 1-gliedrig

Ephemeroptera
Eintagsfliegen
Heptageniidae
Baëtidae

seitlich ohne Anhänge (↗) 2 Schwanzfäden; beißend, Tarsen 2-gliedrig

Plecoptera
Steinfliegen

3 blattartige o. 5 kurze Anhänge als Analpyramide (↗) vorklappbare Unterlippe (↗)

Odonata
Libellen

Körperform

länglich oval   stabförmig

65

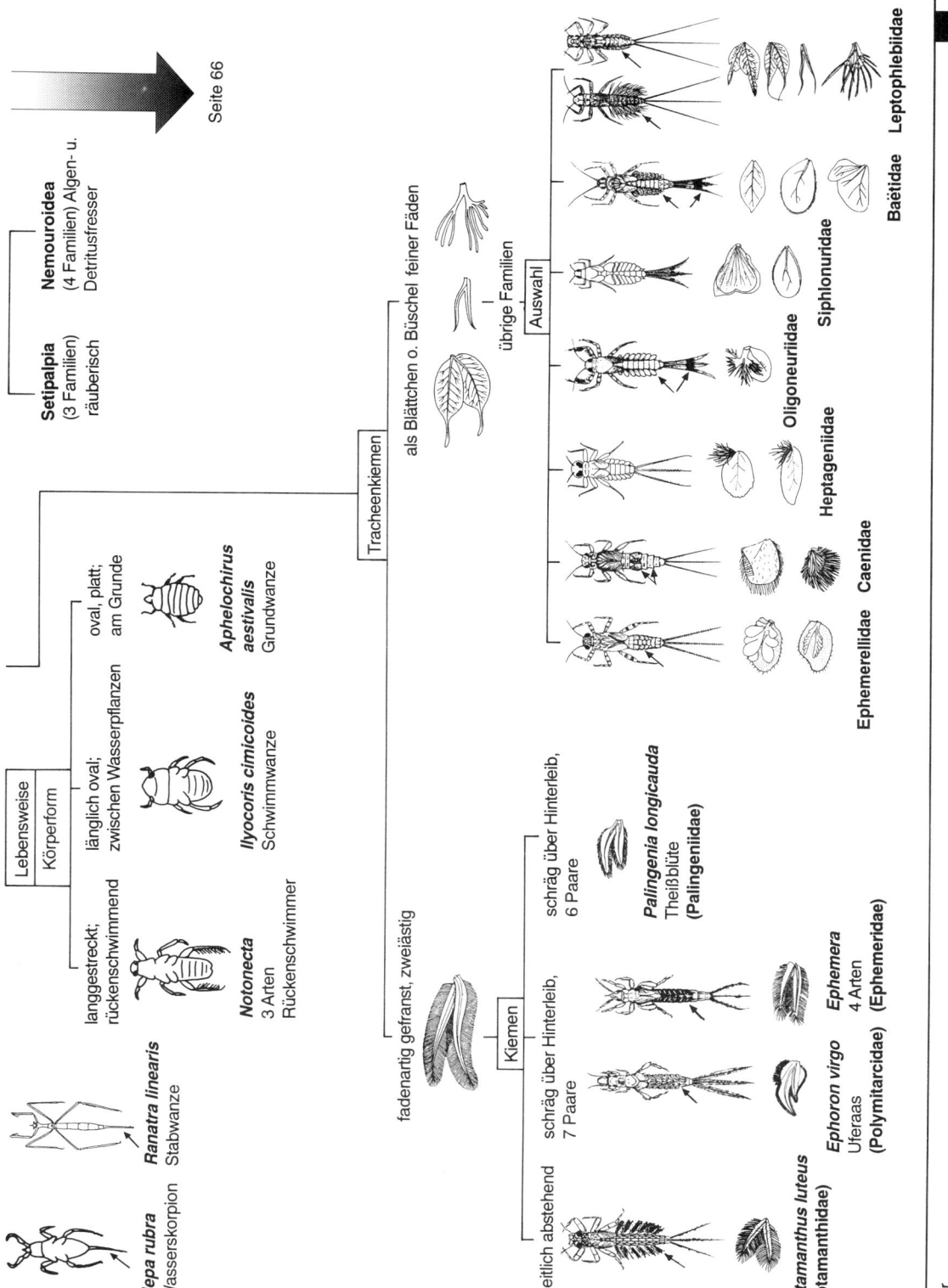

Köhler

Insektenlarven 3: im Süßwasser 3, Odonata 1

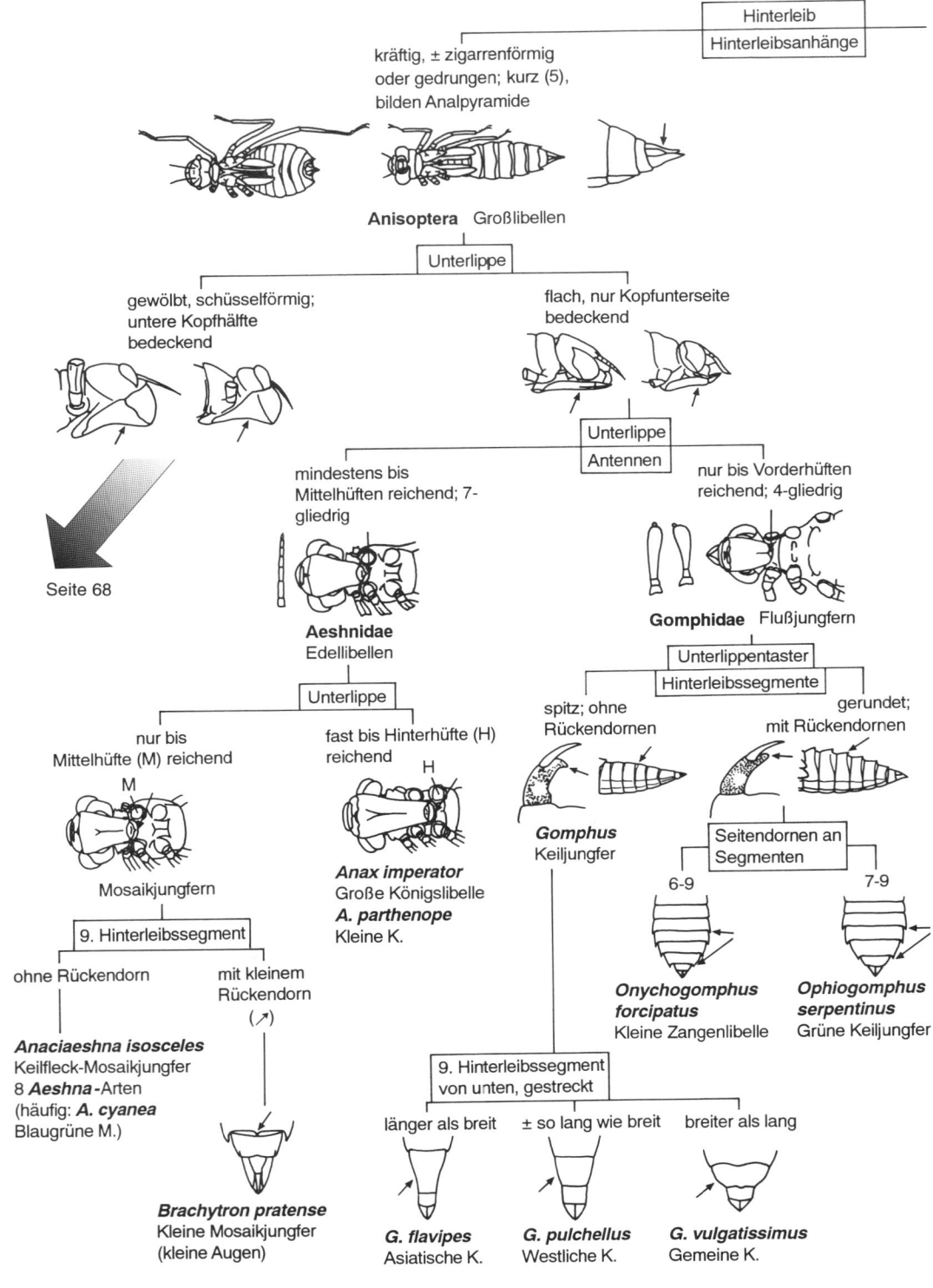

Hinterleib

Hinterleibsanhänge

kräftig, ± zigarrenförmig
oder gedrungen; kurz (5),
bilden Analpyramide

Anisoptera Großlibellen

Unterlippe

gewölbt, schüsselförmig;
untere Kopfhälfte
bedeckend

flach, nur Kopfunterseite
bedeckend

Unterlippe
Antennen

mindestens bis
Mittelhüfte reichend; 7-
gliedrig

nur bis Vorderhüften
reichend; 4-gliedrig

Seite 68

Aeshnidae
Edellibellen

Gomphidae Flußjungfern

Unterlippentaster

Hinterleibssegmente

Unterlippe

spitz; ohne
Rückendornen

gerundet;
mit Rückendornen

nur bis
Mittelhüfte (M) reichend
M

fast bis Hinterhüfte (H)
reichend
H

Gomphus
Keiljungfer

Seitendornen an
Segmenten

Mosaikjungfern

Anax imperator
Große Königslibelle
A. parthenope
Kleine K.

6-9

7-9

9. Hinterleibssegment

ohne Rückendorn

mit kleinem
Rückendorn
(↗)

**Onychogomphus
forcipatus**
Kleine Zangenlibelle

**Ophiogomphus
serpentinus**
Grüne Keiljungfer

Anaciaeshna isosceles
Keilfleck-Mosaikjungfer
8 **Aeshna**-Arten
(häufig: **A. cyanea**
Blaugrüne M.)

9. Hinterleibssegment
von unten, gestreckt

länger als breit   ± so lang wie breit   breiter als lang

Brachytron pratense
Kleine Mosaikjungfer
(kleine Augen)

G. flavipes
Asiatische K.

G. pulchellus
Westliche K.

G. vulgatissimus
Gemeine K.

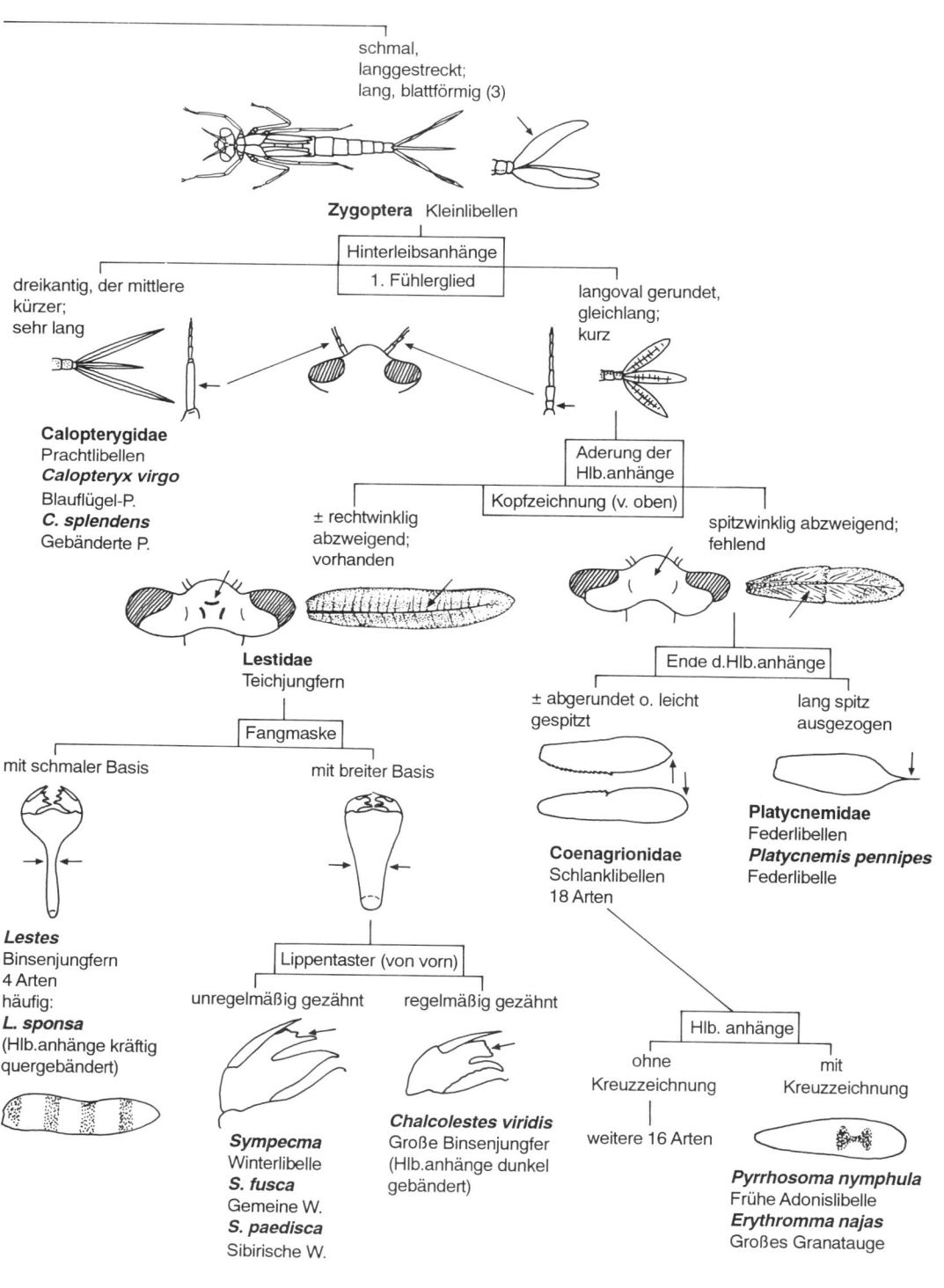

schmal,
langgestreckt;
lang, blattförmig (3)

Zygoptera Kleinlibellen

Hinterleibsanhänge
1. Fühlerglied

dreikantig, der mittlere
kürzer;
sehr lang

langoval gerundet,
gleichlang;
kurz

Calopterygidae
Prachtlibellen
Calopteryx virgo
Blauflügel-P.
C. splendens
Gebänderte P.

Aderung der
Hlb.anhänge
Kopfzeichnung (v. oben)

± rechtwinklig
abzweigend;
vorhanden

spitzwinklig abzweigend;
fehlend

Lestidae
Teichjungfern

Ende d.Hlb.anhänge

± abgerundet o. leicht
gespitzt

lang spitz
ausgezogen

Fangmaske

Platycnemidae
Federlibellen
Platycnemis pennipes
Federlibelle

mit schmaler Basis

mit breiter Basis

Coenagrionidae
Schlanklibellen
18 Arten

Lestes
Binsenjungfern
4 Arten
häufig:
L. sponsa
(Hlb.anhänge kräftig
quergebändert)

Lippentaster (von vorn)

unregelmäßig gezähnt

regelmäßig gezähnt

Hlb. anhänge

ohne
Kreuzzeichnung

mit
Kreuzzeichnung

Sympecma
Winterlibelle
S. fusca
Gemeine W.
S. paedisca
Sibirische W.

Chalcolestes viridis
Große Binsenjungfer
(Hlb.anhänge dunkel
gebändert)

weitere 16 Arten

Pyrrhosoma nymphula
Frühe Adonislibelle
Erythromma najas
Großes Granatauge

Insektenlarven 4: im Süßwasser 4, Odonata 2

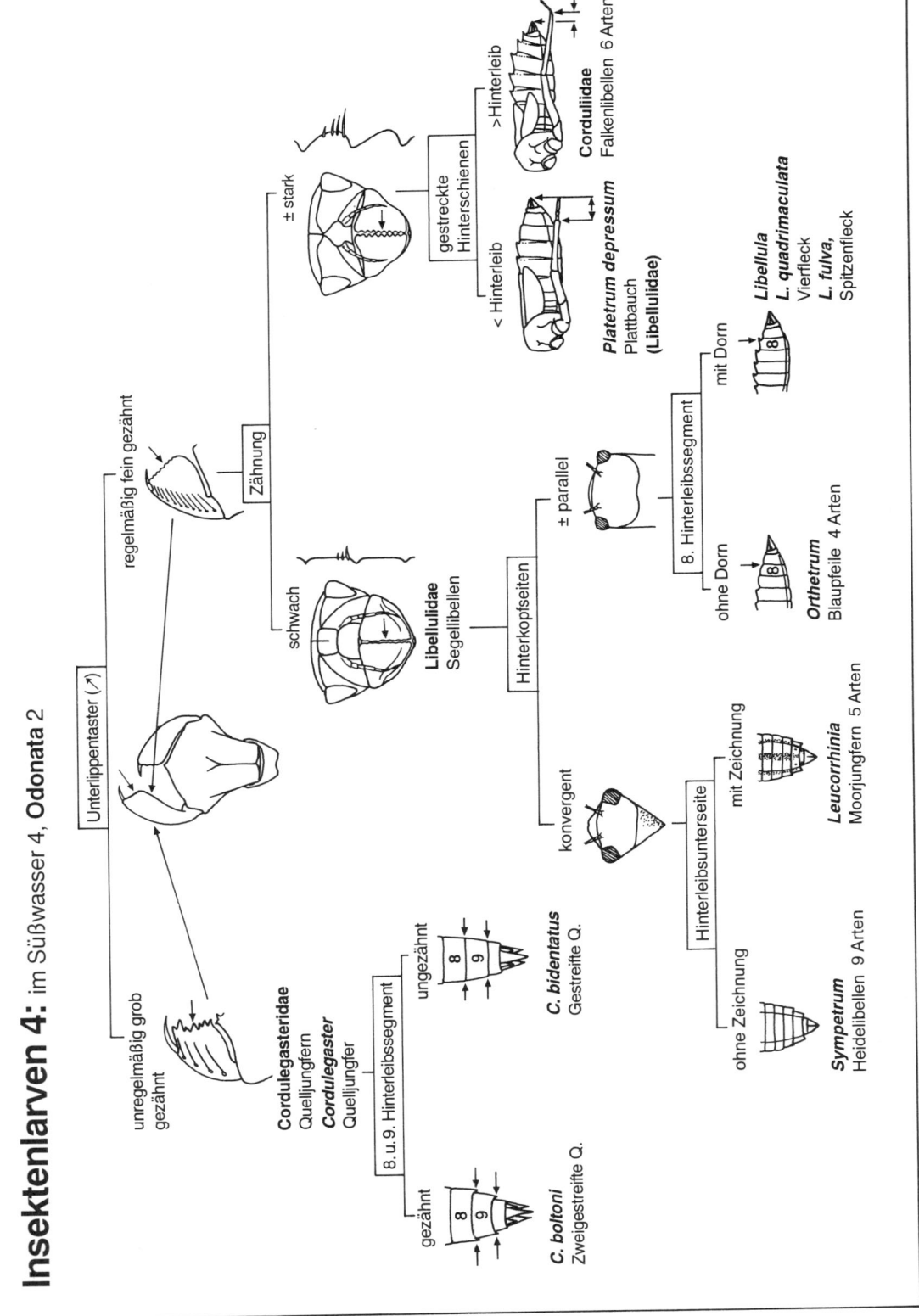

Unterlippentaster (↗)

unregelmäßig grob gezähnt

regelmäßig fein gezähnt

Zähnung

schwach

± stark

Corydalegasteridae Quelljungfern
Cordulegaster Quelljungfer

Libellulidae Segellibellen

Platetrum depressum Plattbauch **(Libellulidae)**

< Hinterleib

gestreckte Hinterschienen

> Hinterleib

Cordulidae Falkenlibellen 6 Arten

8. u. 9. Hinterleibssegment

gezähnt

ungezähnt

8
9

C. boltoni Zweigestreifte Q.

8
9

C. bidentatus Gestreifte Q.

Hinterkopfseiten

konvergent

± parallel

8. Hinterleibssegment

mit Dorn

ohne Dorn

8

Libellula **L. quadrimaculata** Vierfleck **L. fulva**, Spitzenfleck

8

Orthetrum Blaupfeile 4 Arten

Hinterleibsunterseite

mit Zeichnung

ohne Zeichnung

Leucorrhinia Moorjungfern 5 Arten

Sympetrum Heidelibellen 9 Arten

Köhler

Insektenlarven 5: an Land 1, **Lepidoptera** (Raupen)

Raupen leben

in Holz oder Stengelmark bohrend

in Wurzeln bohrend

frei an Pflanzen

Körper — meist fein behaart >30 mm
Cossidae Holzbohrer

Körper — nackt weiß ≦30 mm
Sesidae Glasflügler

Hepialidae Wurzelbohrer

im Boden (oft nackt)
Noctuidae pt. Eulenfalter

in Gespinstsack (mit Fremdmaterial bedeckt)
Psychidae Sackträger

Brustfüße (T) + Bauchfüße (B) + Nachschieber (N)

3+4+0

Hinterende — zweispitzig
T / B
Notodontidae Zahnspinner

Hinterende — einspitzig
T / B
Drepanidae Sichelflügler

3+4+1

Rücken — unbewehrt ohne Dornen od. Auswüchse aber z.T. stark behaart

Ausbildung der Bauchfüße

Klammerfüße

Endsegment — zweispitzig

Kopf — mit 2 spitzen Dornen
Apatura iris, A. ilia Schillerfalter

Kopf — ohne spitze Dornen
Satyridae Augenfalter

Endsegment — nicht zweispitzig

Körper — gedrungen asselförmig
Färbung — hell, mit ± auffälligen Reihen schwarzer Flecke
Zygaenidae Widderchen

Färbung — nur mit kleinen unauffälligen schwarzen Fleckenreihen
Lycaenidae Bläulinge

Hesperiidae, Dickkopffalter "**Mikrolepidoptera**" Kleinschmetterlinge

Kranzfüße

Rücken — mit Fortsätzen
3+(2+2)+1 (2 B reduziert ♀)
T / B / N
Brepheidae Jungfernkinder
Noctuidae Eulenfalter

3+1+1
T / B / N
Geometridae Spanner

Rücken — mit ausstülpbarer Fleischgabel auf 1. Segment
1. 2. 3.
Papilionidae Ritterfalter

mit Afterhorn auf 11. Segment sonst nackt: groß
11.
Sphingidae Schwärmer

mit verzweigten Dornen besetzt
Nymphalidae Edelfalter

Haut — gestreckt, nicht asselförmig

Behaarung — ± stark behaart

ungleichmäßig in Büscheln + Pinseln, z.T. auf Höckern
Lymantriidae, Schadspinner
Lasiocampidae pt. Glucken
Noctuidae pt., Eulenfalter

gleichmäßig keine Höcker

Haare — kurz, fein
Pieridae, Weißlinge

Haare — lang, dicht, steifborstig
Arctiidae Bärenspinner
Lasiocampidae pt., Glucken

Haut — nackt oder mit wenigen Borsten auf Punktwarzen
Noctuidae pt. Eulenfalter

Köhler

69

Insektenlarven 6: an Land 2

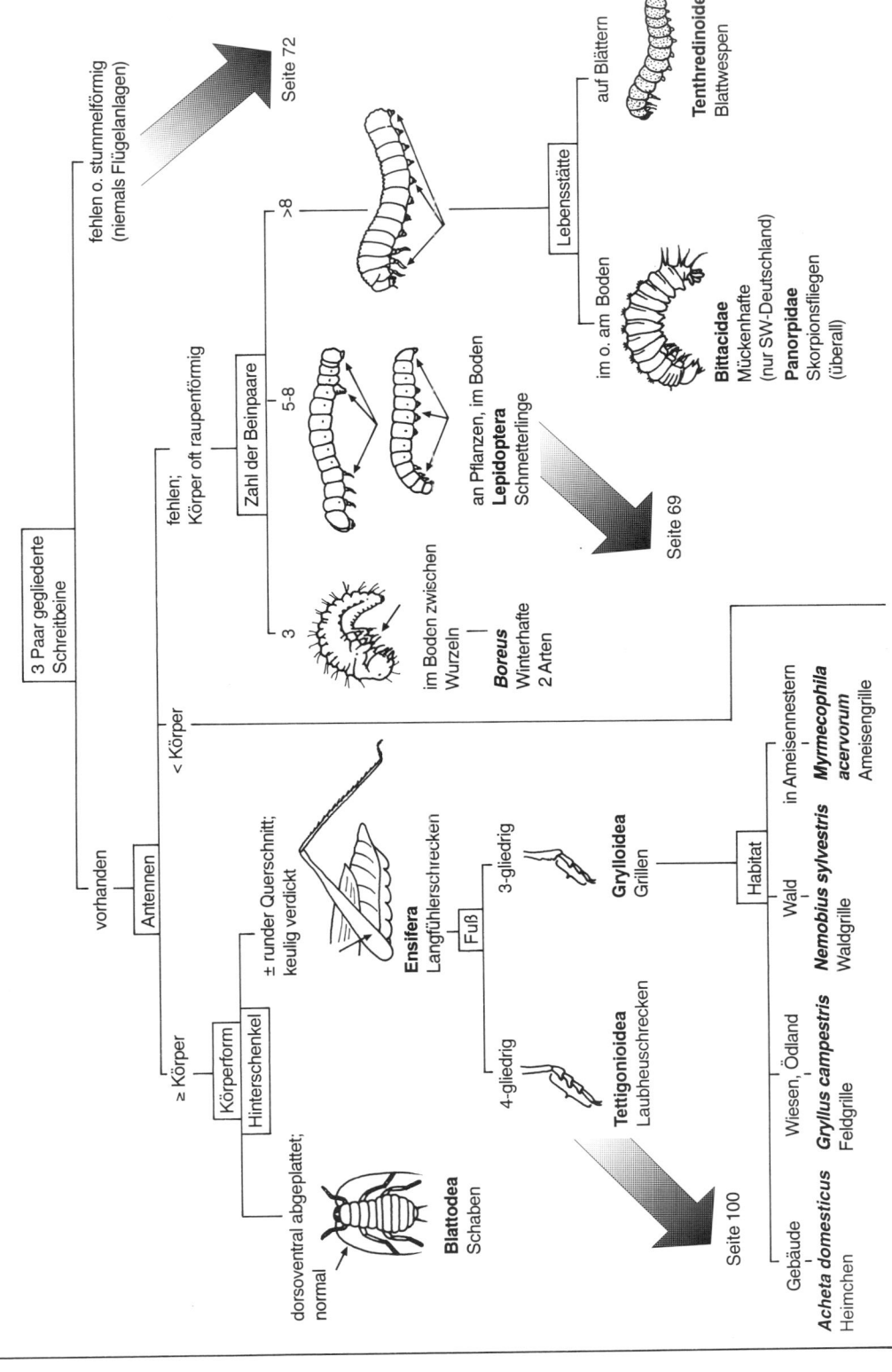

3 Paar gegliederte Schreitbeine

vorhanden

fehlen o. stummelförmig (niemals Flügelanlagen) → Seite 72

Antennen

≥ Körper

< Körper

Körperform

Hinterschenkel

dorsoventral abgeplattet; normal

Blattodea Schaben

± runder Querschnitt; keulig verdickt

Ensifera Langfühlerschrecken

Fuß

4-gliedrig

3-gliedrig

Tettigonioidea Laubheuschrecken → Seite 100

Grylloidea Grillen

Habitat

Gebäude — *Acheta domesticus* Heimchen

Wiesen, Ödland — *Gryllus campestris* Feldgrille

Wald — *Nemobius sylvestris* Waldgrille

in Ameisennestern — *Myrmecophila acervorum* Ameisengrille

fehlen; Körper oft raupenförmig

Zahl der Beinpaare

3

5-8

>8

im Boden zwischen Wurzeln
Boreus Winterhafte 2 Arten

an Pflanzen, im Boden
Lepidoptera Schmetterlinge → Seite 69

Lebensstätte

im o. am Boden

Bittacidae Mückenhafte (nur SW-Deutschland)
Panorpidae Skorpionsfliegen (überall)

auf Blättern

Tenthredinoidea Blattwespen

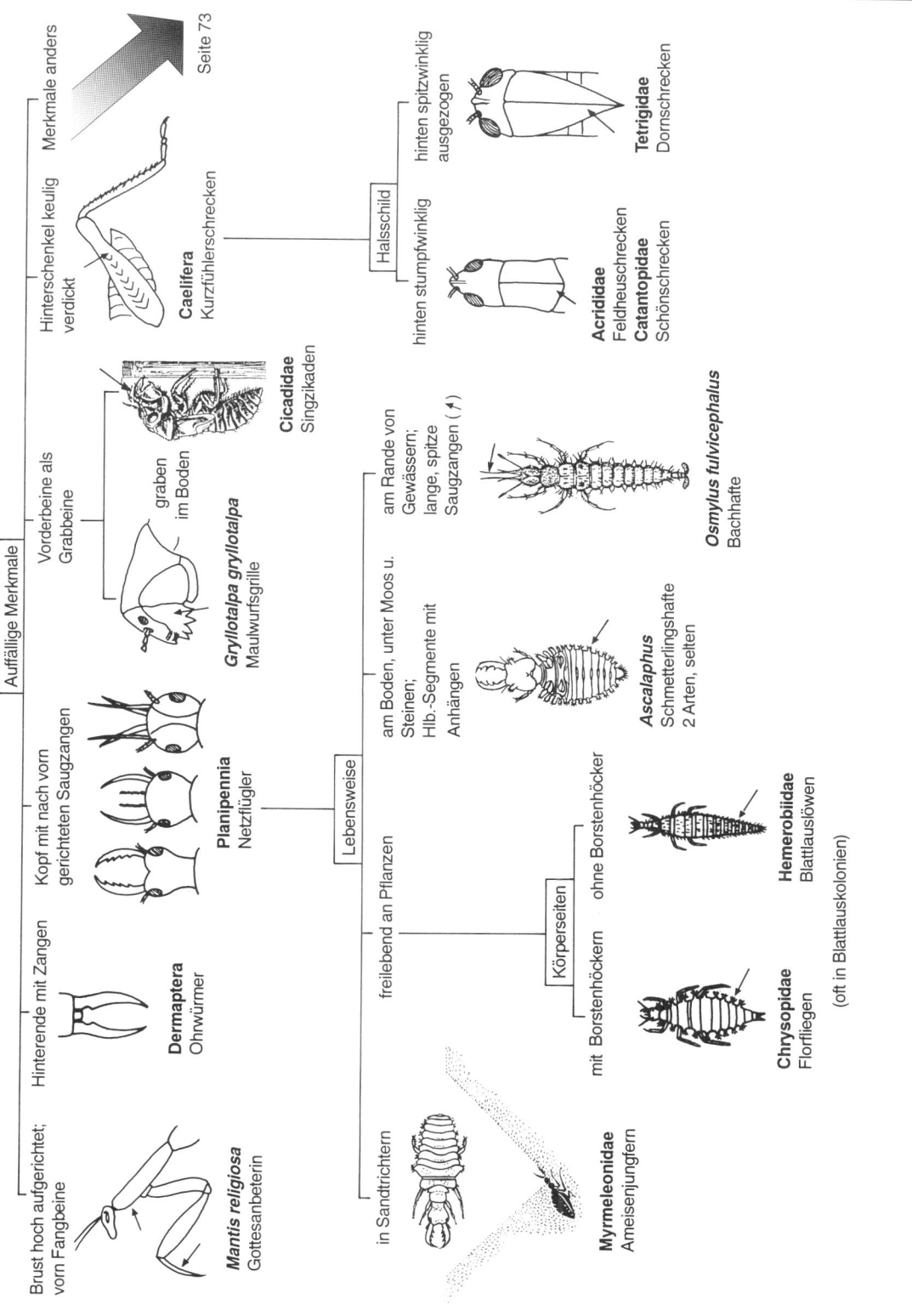

Auffällige Merkmale

Brust hoch aufgerichtet; vorn Fangbeine

Mantis religiosa
Gottesanbeterin

Hinterende mit Zangen

Dermaptera
Ohrwürmer

Kopf mit nach vorn gerichteten Saugzangen

Planipennia
Netzflügler

Vorderbeine als Grabbeine

graben im Boden

Gryllotalpa gryllotalpa
Maulwurfsgrille

Cicadidae
Singzikaden

Hinterschenkel keulig verdickt

Caelifera
Kurzfühlerschrecken

Merkmale anders

Seite 73

Halsschild

hinten stumpfwinklig

Acrididae
Feldheuschrecken
Catantopidae
Schönschrecken

hinten spitzwinklig ausgezogen

Tetrigidae
Dornschrecken

Lebensweise

am Rande von Gewässern; lange, spitze Saugzangen (↑)

Osmylus fulvicephalus
Bachhafte

am Boden, unter Moos u. Steinen; Hlb.-Segmente mit Anhängen

Ascalaphus
Schmetterlingshafte
2 Arten, selten

freilebend an Pflanzen

Körperseiten

mit Borstenhöckern

Chrysopidae
Florfliegen

(oft in Blattlauskolonien)

ohne Borstenhöcker

Hemerobiidae
Blattlauslöwen

in Sandtrichtern

Myrmeleonidae
Ameisenjungfern

71

Köhler

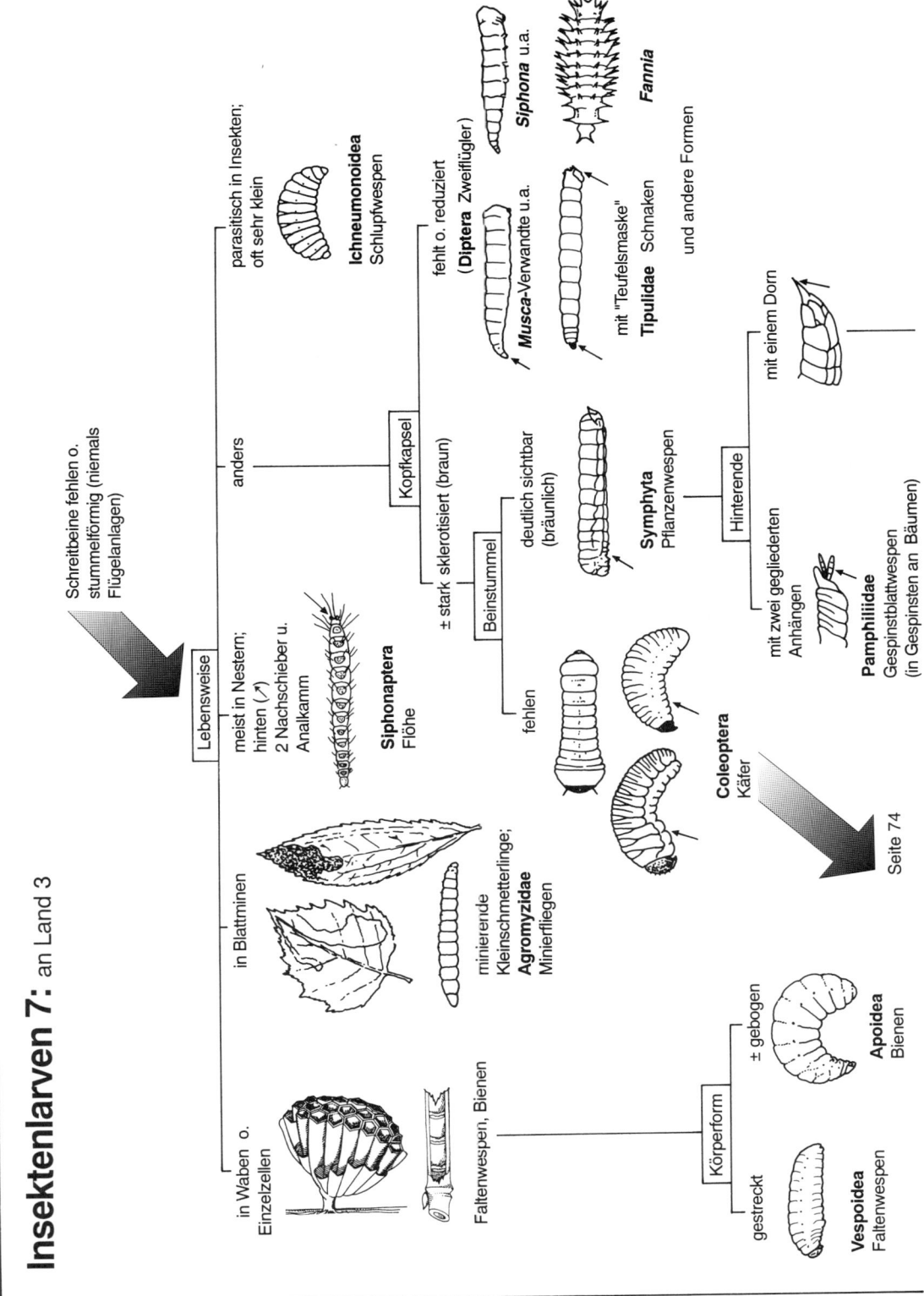

Insektenlarven 7: an Land 3

Schreitbeine fehlen o. stummelförmig (niemals Flügelanlagen)

Lebensweise

parasitisch in Insekten; oft sehr klein

Ichneumonoidea Schlupfwespen

anders

Kopfkapsel

fehlt o. reduziert (**Diptera** Zweiflügler)

Musca-Verwandte u.a.

mit "Teufelsmaske" **Tipulidae** Schnaken

Siphona u.a.

Fannia

und andere Formen

± stark sklerotisiert (braun)

Beinstummel

deutlich sichtbar (bräunlich)

Symphyta Pflanzenwespen

Hinterende

mit einem Dorn

mit zwei gegliederten Anhängen

Pamphiliidae Gespinstblattwespen (in Gespinsten an Bäumen)

meist in Nestern; hinten (↗) 2 Nachschieber u. Analkamm

Siphonaptera Flöhe

fehlen

Coleoptera Käfer

Seite 74

in Blattminen

minierende Kleinschmetterlinge; **Agromyzidae** Minierfliegen

in Waben o. Einzelzellen

Faltenwespen, Bienen

Körperform

± gebogen

Apoidea Bienen

gestreckt

Vespoidea Faltenwespen

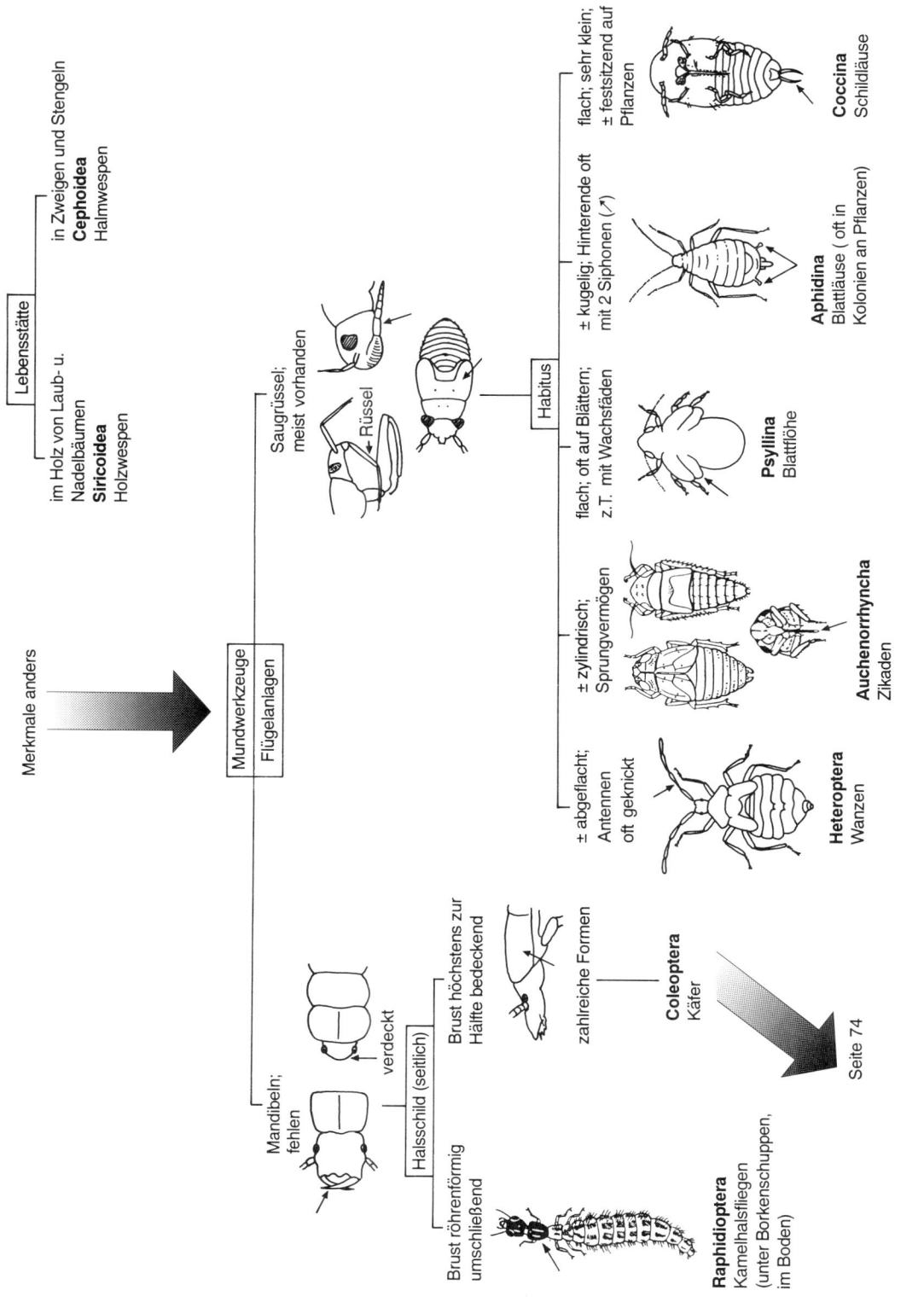

Köhler

73

Merkmale anders

Lebensstätte

im Holz von Laub- u. Nadelbäumen
Siricoidea
Holzwespen

in Zweigen und Stengeln
Cephoidea
Halmwespen

Mundwerkzeuge
Flügelanlagen

Saugrüssel; meist vorhanden

Rüssel

Habitus

flach; sehr klein; ± festsitzend auf Pflanzen
Coccina
Schildläuse

± kugelig; Hinterende oft mit 2 Siphonen (↗)
Aphidina
Blattläuse (oft in Kolonien an Pflanzen)

flach; oft auf Blättern; z.T. mit Wachsfäden
Psyllina
Blattflöhe

± zylindrisch; Sprungvermögen
Auchenorrhyncha
Zikaden

± abgeflacht; Antennen oft geknickt
Heteroptera
Wanzen

Mandibeln; fehlen

verdeckt

Halsschild (seitlich)

Brust höchstens zur Hälfte bedeckend

zahlreiche Formen
Coleoptera
Käfer
Seite 74

Brust röhrenförmig umschließend

Raphidioptera
Kamelhalsfliegen
(unter Borkenschuppen, im Boden)

Insektenlarven 8: an Land 4, Coleoptera (Käferlarven)

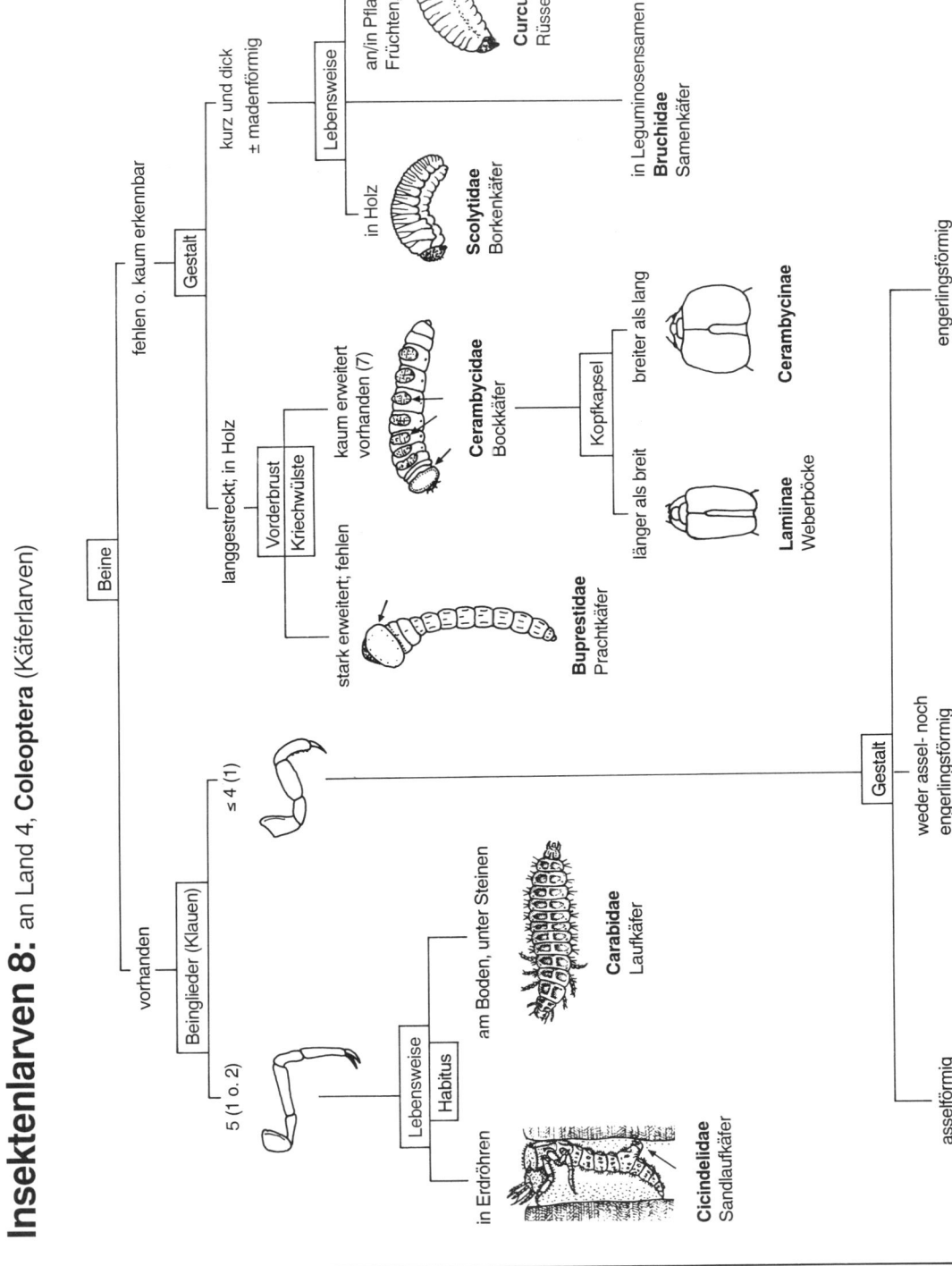

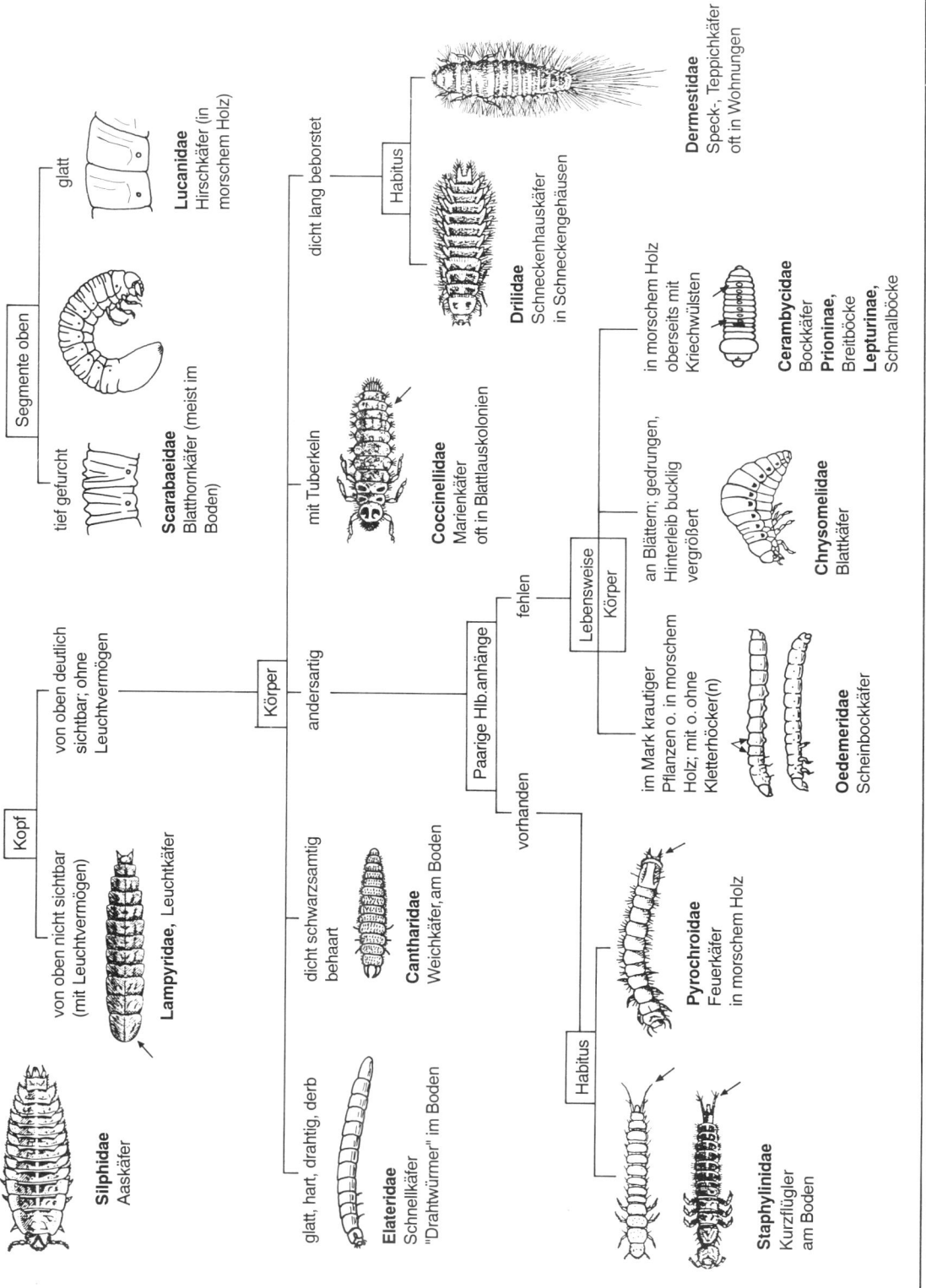

Silphidae
Aaskäfer

Kopf

von oben nicht sichtbar (mit Leuchtvermögen)

Lampyridae, Leuchtkäfer

von oben deutlich sichtbar; ohne Leuchtvermögen

Segmente oben

tief gefurcht

Scarabaeidae
Blatthornkäfer (meist im Boden)

glatt

Lucanidae
Hirschkäfer (in morschem Holz)

Körper

andersartig

dicht lang beborstet

Habitus

Drilidae
Schneckenhauskäfer in Schneckengehäusen

Dermestidae
Speck-, Teppichkäfer oft in Wohnungen

mit Tuberkeln

Coccinellidae
Marienkäfer oft in Blattlauskolonien

Paarige Hlb.anhänge

fehlen

Lebensweise

Körper

an Blättern; gedrungen, Hinterleib bucklig vergrößert

Chrysomelidae
Blattkäfer

im Mark krautiger Pflanzen o. in morschem Holz; mit o. ohne Kletterhöcker(n)

Oedemeridae
Scheinbockkäfer

in morschem Holz oberseits mit Kriechwülsten

Cerambycidae
Bockkäfer
Prioninae, Breitböcke
Lepturinae, Schmalböcke

vorhanden

Habitus

Pyrochroidae
Feuerkäfer in morschem Holz

Staphylinidae
Kurzflügler am Boden

dicht schwarzsamtig behaart

Cantharidae
Weichkäfer, am Boden

glatt, hart, drahtig, derb

Elateridae
Schnellkäfer "Drahtwürmer" im Boden

Köhler

"Apterygota · Urinsekten" (primär flügellose Insekten)

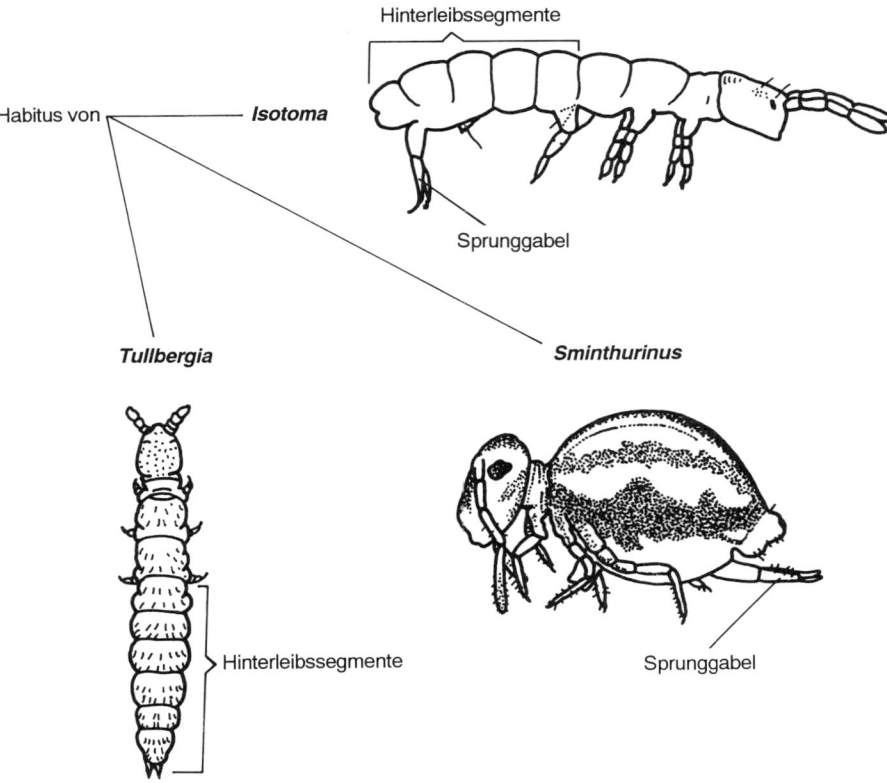

Habitus von — *Isotoma*

Hinterleibssegmente

Sprunggabel

Tullbergia

Hinterleibssegmente

Sminthurinus

Sprunggabel

Zusammenfassung von fünf nicht näher verwandten Insektenordnungen, die (auch stammesgeschichtlich) nie Flügel tragen, rein terrestrisch leben und nur wenig abweichende Jugendstadien (keine echten Larven) haben. Sie sind gewöhnlich licht-, wärme- und trockenheitsempfindlich und können im Boden, in der Streuschicht, unter Holz und Steinen, in der Bodenvegetation oder auf Bäumen leben.
Bewohner der Bodenoberfläche und der Vegetation fallen durch ihr Sprungvermögen mit Hilfe einer Sprunggabel auf.

Geländemerkmale:
Ordnung **Collembola** Springschwänze
- 1 000 bis 100 000 Individuen pro m² Boden; damit häufigste Insekten überhaupt
- meist 0,5-1 mm, maximal 9 mm lang
- können einen langgestreckten **(Entomobryomorpha)** oder kugligen Habitus **(Symphypleona)** aufweisen; Bewohner der Humusschicht und des Mineralbodens sind oft fast wurmförmig, weißlich, mit kurzen Fühlern und Beinen.
- maximal sind 6 Hinterleibssegmente erkennbar, ein wichtiges Trennmerkmal gegenüber den meisten anderen Insekten und Larven.
- Pigmentierung, Behaarung oder Beschuppung können sehr unterschiedlich ausgeprägt sein.

Ordnung **Protura** Beintastler

- etwa 100 bis 10 000 Individuen pro m² Boden ebenfalls häufige Bodenbewohner, die Freiflächen ganz meiden; fast stets pigmentlos, 1-2 mm, langgestreckt
- Prälarve mit 9, erwachsen mit 12 Hinterleibssegmenten; ohne Sprungvermögen und ohne Fühler, das erste Beinpaar wird fühlerartig nach vorn getragen.

Ordnung **Diplura** Doppelschwänze

- nicht selten unter Holz und Steinen oder in der Streu
- weißlich, bis 10 mm lang, mit zwei langen Schwanzanhängen (Cerci); diese und die langen Fühler geringelt, brechen leicht ab (sind aber für die Bestimmung wichtig!)

Ordnung **Zygentoma** Fischchen

- in Mitteleuropa nur 3 synanthrop oder bei Ameisen lebende Arten, 7-11 mm lang, die durch silbrig glänzende Beschuppung und drei gleichlange Schwanzanhänge auffallen

Ordnung **Archaeognatha** Felsenspringer

- wie die Fischchen beschuppt, mit frei sichtbaren Mundwerkzeugen (ectognath) und mit drei Schwanzanhängen, von denen der mittlere durch seine Länge auffällt
- meist stärker pigmentiert, 1-2 cm lang
- bevorzugt unter Steinen (sowohl im Gebirge als auch am Meer)

Fang und Beobachtung:

- Boden- und Streuschichtbewohner können mit dem Exhaustor gefangen oder mit dem Tullgrenapparat ausgetrieben werden.
- Arten in der Bodenvegetation und auf Gehölzen werden mit Klopfschirm oder Kescher erbeutet.
- Zur Beobachtung sind Petrischalen mit feuchtem Sand oder Filmdöschen mit Gipsboden zur Feuchthaltung geeignet.

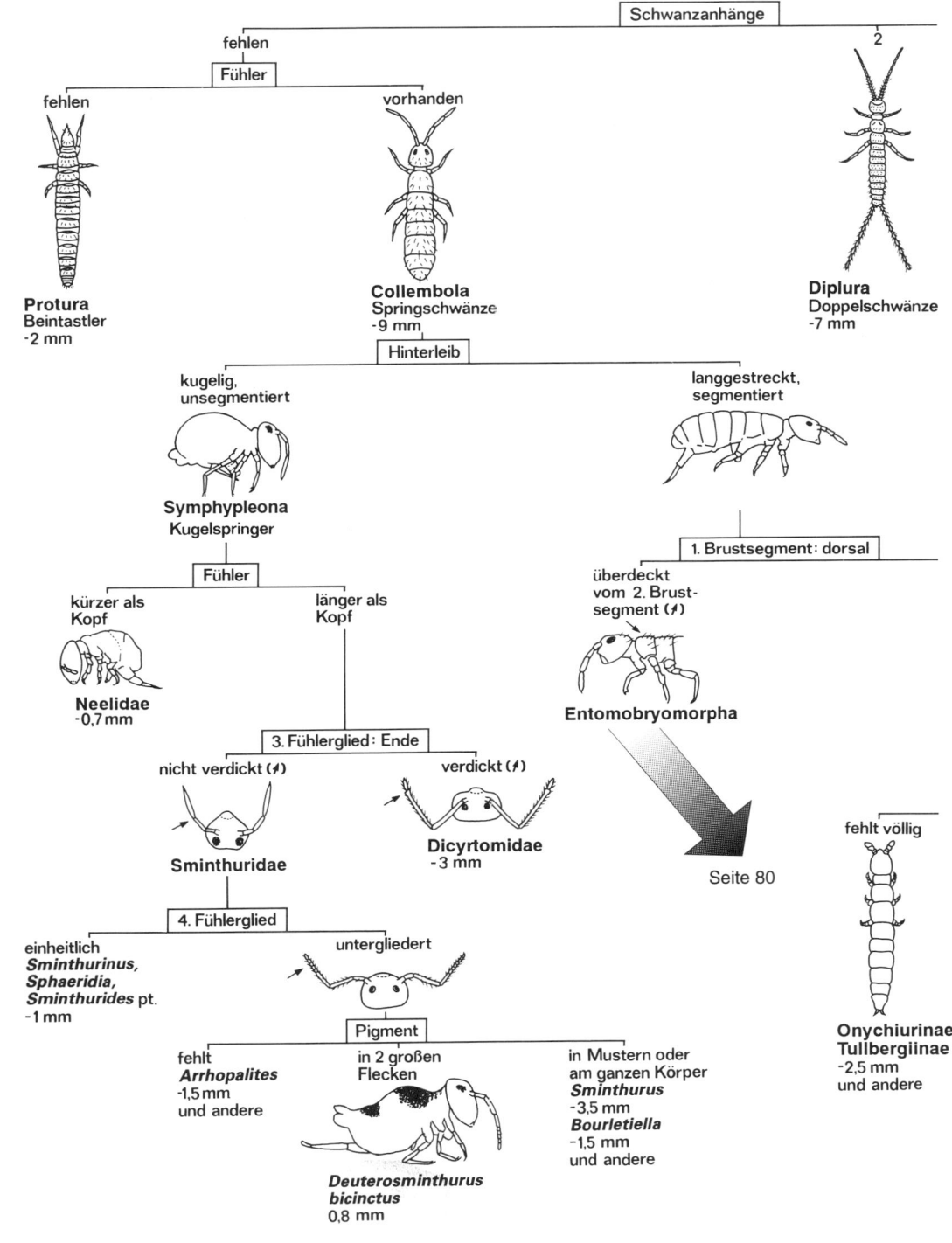

Schwanzanhänge

fehlen | 2

Fühler

fehlen | vorhanden

Protura
Beintastler
-2 mm

Collembola
Springschwänze
-9 mm

Diplura
Doppelschwänze
-7 mm

Hinterleib

kugelig, unsegmentiert | langgestreckt, segmentiert

Symphypleona
Kugelspringer

1. Brustsegment: dorsal

überdeckt vom 2. Brust-segment (♂)

Entomobryomorpha

Fühler

kürzer als Kopf | länger als Kopf

Neelidae
-0,7 mm

3. Fühlerglied: Ende

nicht verdickt (♂) | verdickt (♂)

Dicyrtomidae
-3 mm

Sminthuridae

Seite 80

fehlt völlig

**Onychiurinae
Tullbergiinae**
-2,5 mm
und andere

4. Fühlerglied

einheitlich
*Sminthurinus,
Sphaeridia,
Sminthurides* pt.
-1 mm

untergliedert

Pigment

fehlt
Arrhopalites
-1,5 mm
und andere

in 2 großen Flecken

in Mustern oder am ganzen Körper
Sminthurus
-3,5 mm
Bourletiella
-1,5 mm
und andere

*Deuterosminthurus
bicinctus*
0,8 mm

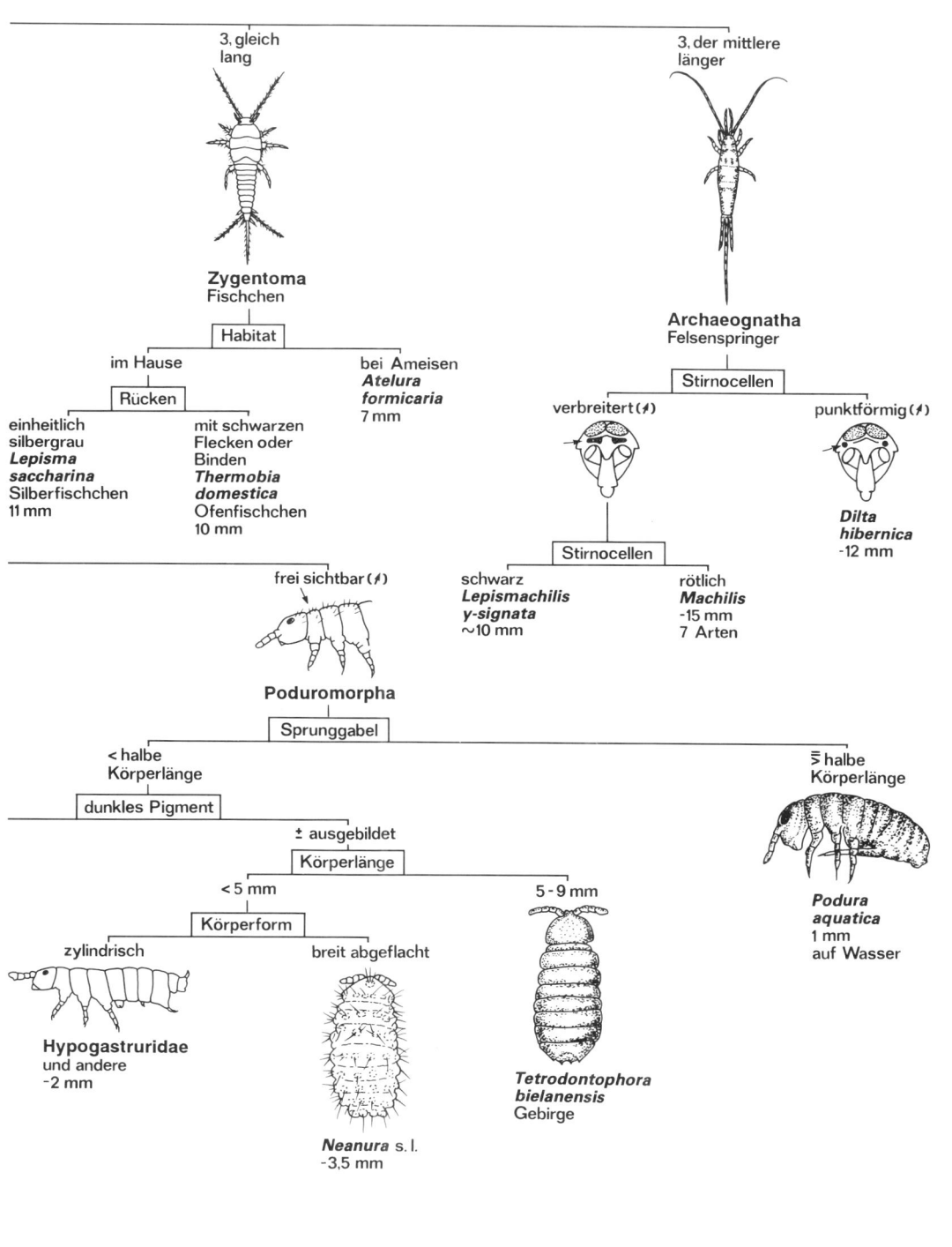

3. gleich lang

Zygentoma
Fischchen

Habitat

im Hause

Rücken

einheitlich silbergrau
Lepisma saccharina
Silberfischchen
11 mm

mit schwarzen Flecken oder Binden
Thermobia domestica
Ofenfischchen
10 mm

bei Ameisen
Atelura formicaria
7 mm

3. der mittlere länger

Archaeognatha
Felsenspringer

Stirnocellen

verbreitert (♂)

punktförmig (♂)

Dilta hibernica
-12 mm

Stirnocellen

schwarz
Lepismachilis y-signata
~10 mm

rötlich
Machilis
-15 mm
7 Arten

frei sichtbar (♂)

Poduromorpha

Sprunggabel

< halbe Körperlänge

dunkles Pigment

± ausgebildet

Körperlänge

< 5 mm

Körperform

zylindrisch

Hypogastruridae
und andere
-2 mm

breit abgeflacht

Neanura s. l.
-3,5 mm

5 - 9 mm

Tetrodontophora bielanensis
Gebirge

≥ halbe Körperlänge

Podura aquatica
1 mm
auf Wasser

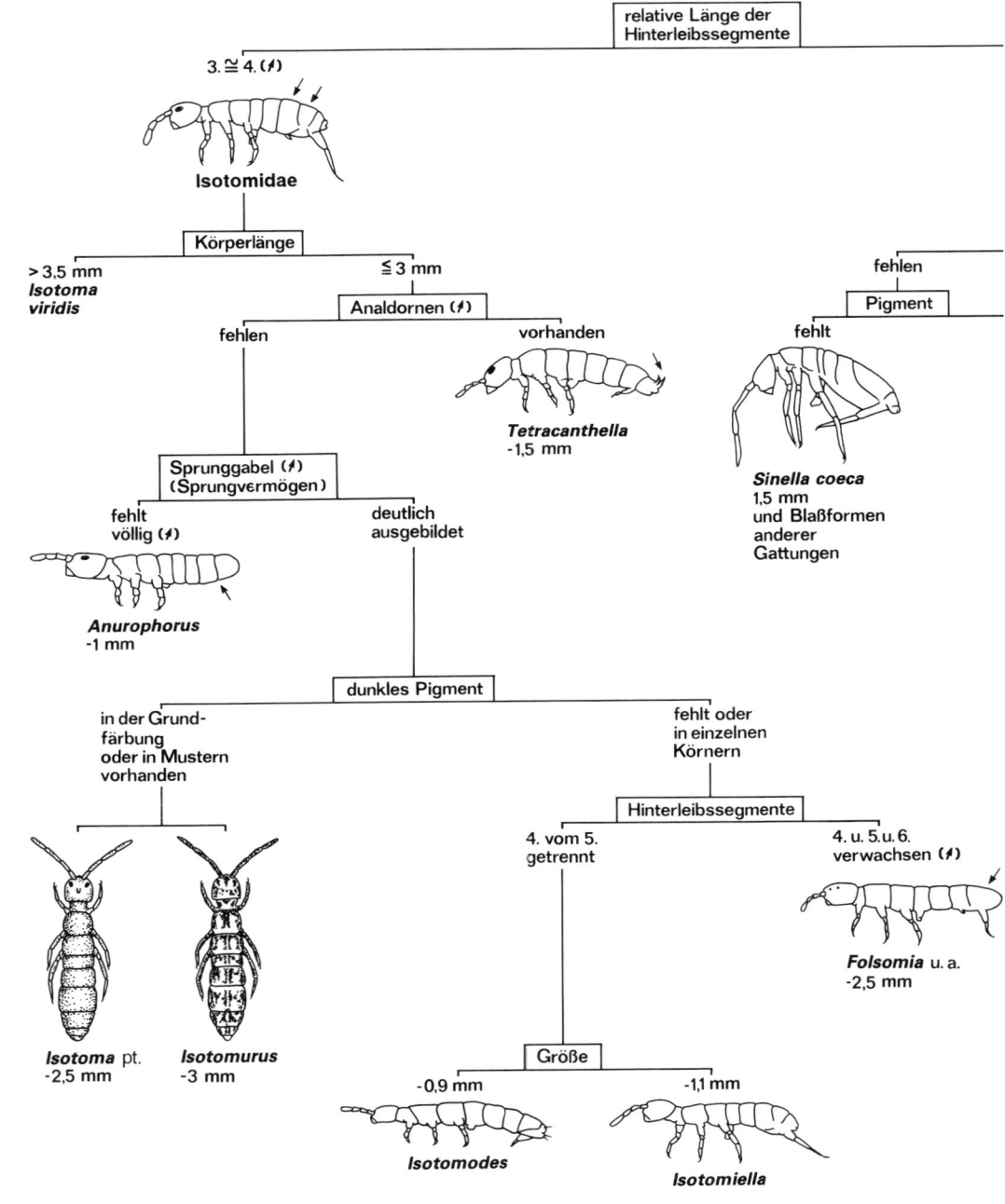

relative Länge der
Hinterleibssegmente

3. ≅ 4. (♪)

Isotomidae

Körperlänge

> 3,5 mm
*Isotoma
viridis*

≦ 3 mm
Analdornen (♪)

fehlen

vorhanden

Tetracanthella
-1,5 mm

fehlen
Pigment

fehlt

Sinella coeca
1,5 mm
und Blaßformen
anderer
Gattungen

Sprunggabel (♪)
(Sprungvermögen)

fehlt
völlig (♪)

deutlich
ausgebildet

Anurophorus
-1 mm

dunkles Pigment

in der Grund-
färbung
oder in Mustern
vorhanden

fehlt oder
in einzelnen
Körnern

Hinterleibssegmente

4. vom 5.
getrennt

4. u. 5. u. 6.
verwachsen (♪)

Folsomia u. a.
-2,5 mm

Isotoma pt.
-2,5 mm

Isotomurus
-3 mm

Größe

-0,9 mm

-1,1 mm

Isotomodes

Isotomiella

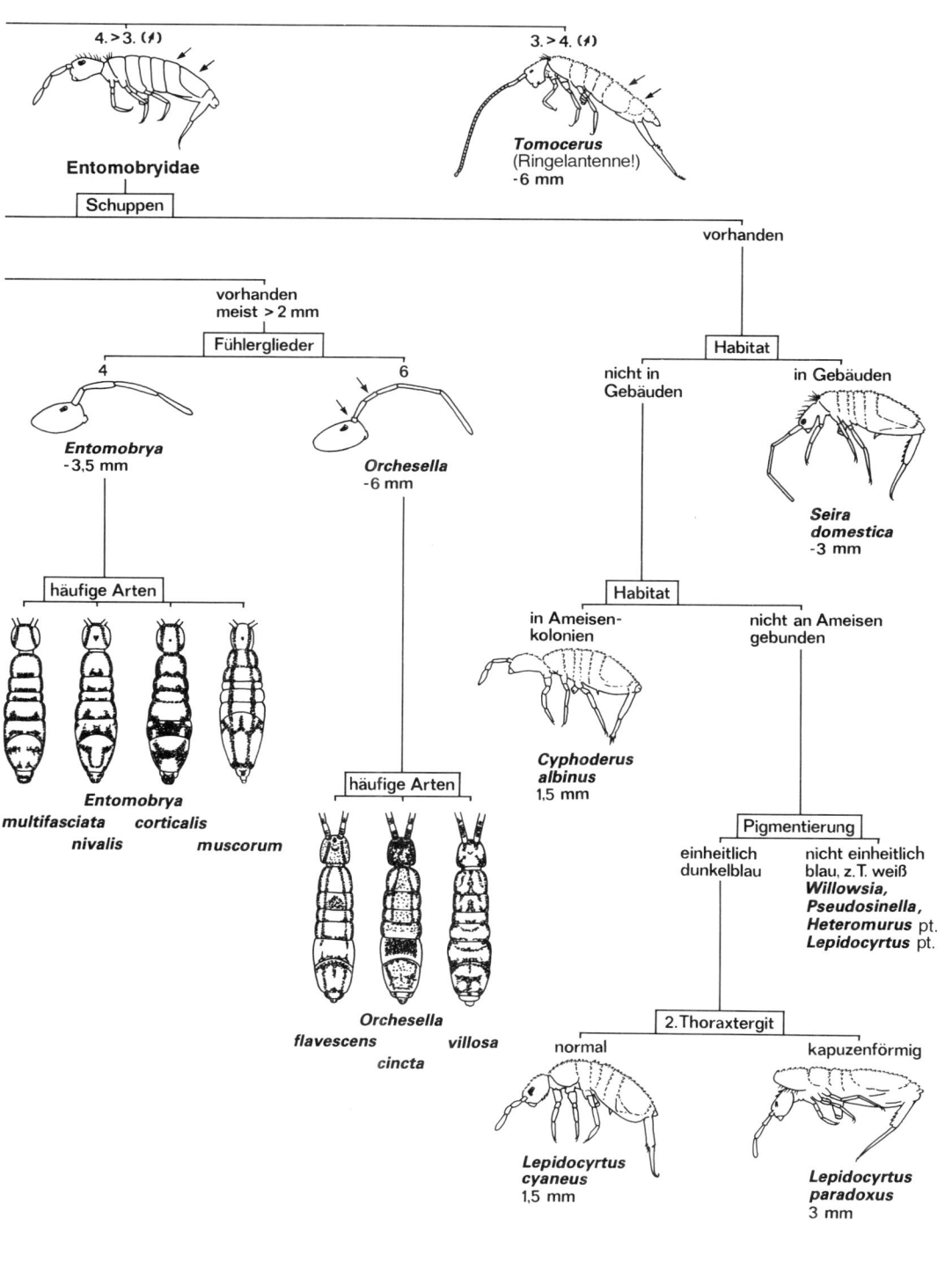

4. > 3. (♂)

Entomobryidae

3. > 4. (♂)

Tomocerus
(Ringelantenne!)
-6 mm

Schuppen

vorhanden

vorhanden
meist > 2 mm

Fühlerglieder

vorhanden

Habitat

4

6

nicht in
Gebäuden

in Gebäuden

Entomobrya
-3,5 mm

Orchesella
-6 mm

**Seira
domestica**
-3 mm

häufige Arten

Habitat

**Entomobrya
multifasciata   corticalis
nivalis   muscorum**

in Ameisen-
kolonien

nicht an Ameisen
gebunden

**Cyphoderus
albinus**
1,5 mm

häufige Arten

Pigmentierung

einheitlich
dunkelblau

nicht einheitlich
blau, z.T. weiß
**Willowsia,
Pseudosinella,
Heteromurus** pt.
Lepidocyrtus pt.

**Orchesella
flavescens   villosa
cincta**

2.Thoraxtergit

normal

kapuzenförmig

**Lepidocyrtus
cyaneus**
1,5 mm

**Lepidocyrtus
paradoxus**
3 mm

Dunger

Ephemeroptera · Eintagsfliegen

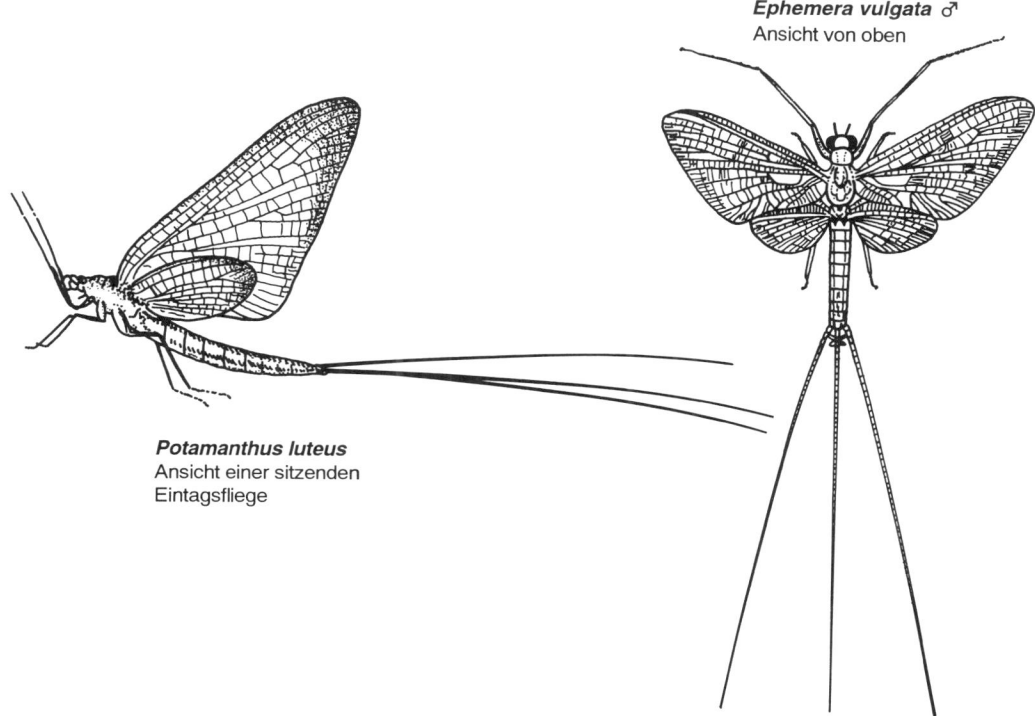

Ephemera vulgata ♂
Ansicht von oben

Potamanthus luteus
Ansicht einer sitzenden
Eintagsfliege

Zarte Fluginsekten, 3-38 mm (Körperlänge). Besonderheit: Subimago mit milchig-trüben, behaarten Flügeln, die sich später zur eigentlichen Imago häutet. Wichtig bei der richtigen Beurteilung der imaginalen Bestimmungsmerkmale!

Geländemerkmale Imagines:
- Zwei, meistens reichlich, mitunter auch spärlich geaderte Flügelpaare, das hintere stets kleiner oder ganz fehlend. In Ruhe nach oben zusammengeklappt (vergl. Abb. **Potamanthus luteus**)
- Vorderbeine sehr lang, besonders bei ♂♂
- Begattungsapparat der ♂♂ am Hinterleibsende durch zwei Genitalfüße auffällig. Dazwischen geteilter Penis, zur Artbestimmung meistens entscheidend.
- Zwei oder drei lange Schwanzfäden

Geländemerkmale Larven:
- Nur in Gewässern, auf oder im Substrat
- Zylindrisch bis abgeplattet (Strömungsanpassung)
- Hinterleib seitlich mit maximal 7 schlauch- oder blattförmigen Kiemenpaaren
- Drei (selten zwei) Schwanzfäden
- Schlupfreife Tiere an dunklen Flügelscheiden erkennbar.

Fang und Beobachtung:
- Larven mit Pinzette vom Substrat, besonders in Bächen und Flüssen (wenn nicht hochgradig abwasserbelastet), auch in Seen und Teichen
- Subimagines beim Schlupf mit Kescher am Gewässer (schlecht determinierbar!)
- Imagines nur zum Schwärmflug (♂♂), zur Paarung und zur Eiablage (♀♀) kurzzeitig, besonders bei Sonnenuntergang über dem Gewässer oder in dessen Nähe (Wege, Straßen) mit dem Luftkescher
- Haltung und Beobachtung der Larven im Aquarium möglich, Fließwasserbewohner nur in künstlicher Fließwasserrinne

Ephemeroptera · Eintagsfliegen

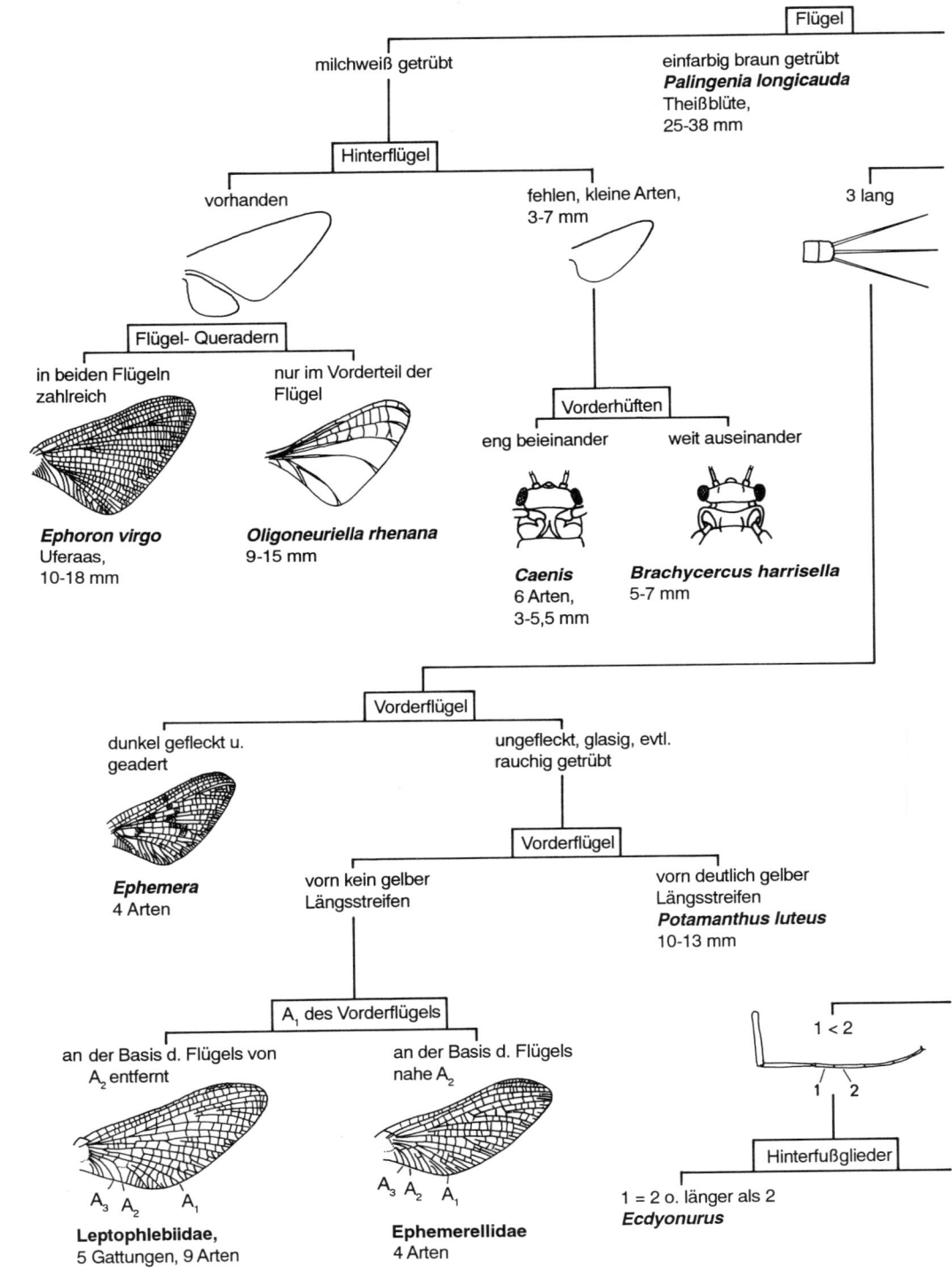

Flügel

milchweiß getrübt

einfarbig braun getrübt
Palingenia longicauda
Theißblüte,
25-38 mm

Hinterflügel

vorhanden

fehlen, kleine Arten,
3-7 mm

3 lang

Flügel- Queradern

in beiden Flügeln
zahlreich

nur im Vorderteil der
Flügel

Ephoron virgo
Uferaas,
10-18 mm

Oligoneuriella rhenana
9-15 mm

Vorderhüften

eng beieinander

weit auseinander

Caenis
6 Arten,
3-5,5 mm

Brachycercus harrisella
5-7 mm

Vorderflügel

dunkel gefleckt u.
geadert

ungefleckt, glasig, evtl.
rauchig getrübt

Ephemera
4 Arten

Vorderflügel

vorn kein gelber
Längsstreifen

vorn deutlich gelber
Längsstreifen
Potamanthus luteus
10-13 mm

A_1 des Vorderflügels

an der Basis d. Flügels von
A_2 entfernt

an der Basis d. Flügels
nahe A_2

$1 < 2$

A_3 A_2 A_1

A_3 A_2 A_1

1   2

Leptophlebiidae,
5 Gattungen, 9 Arten

Ephemerellidae
4 Arten

1 = 2 o. länger als 2
Ecdyonurus

Hinterfußglieder

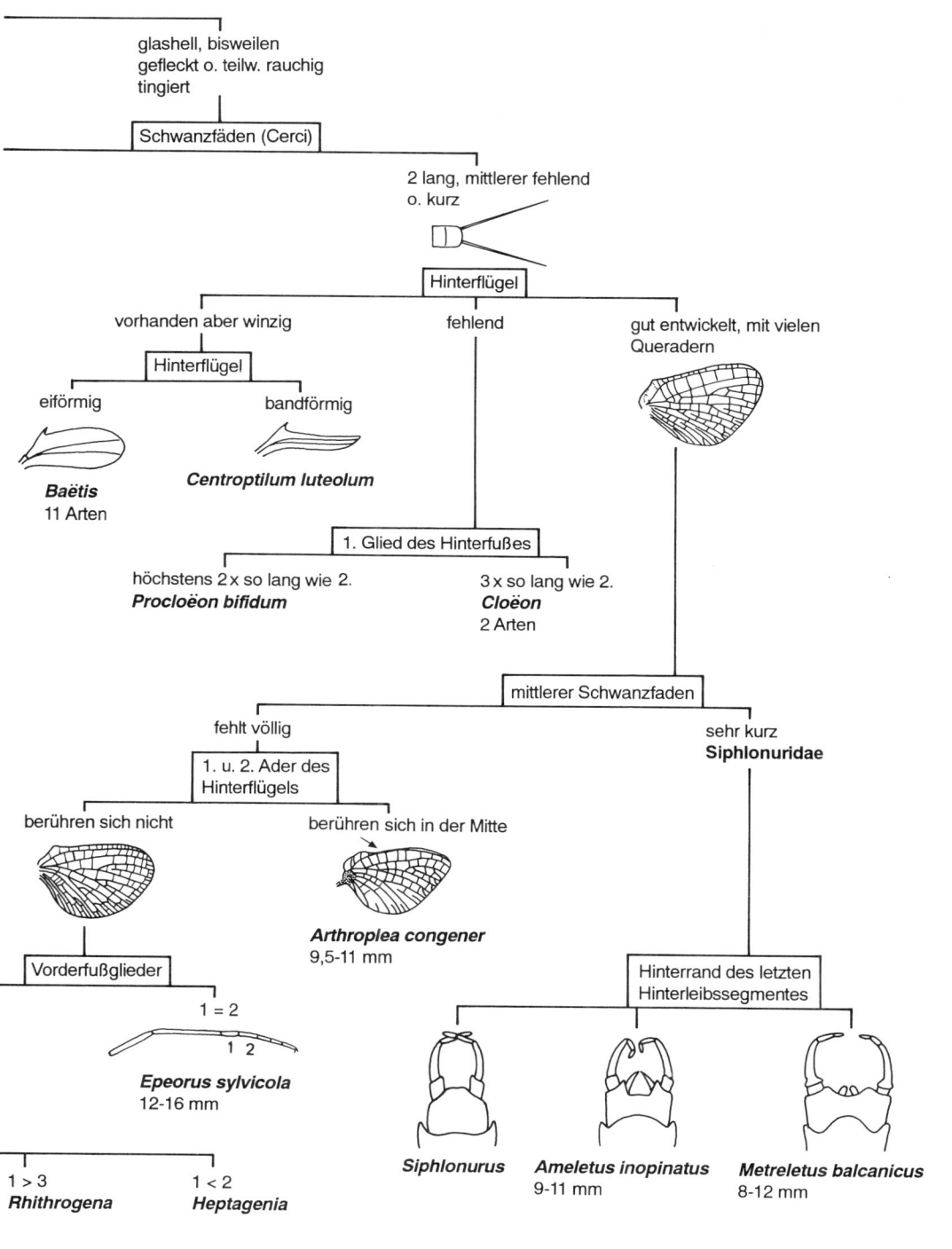

85

glashell, bisweilen
gefleckt o. teilw. rauchig
tingiert

Schwanzfäden (Cerci)

2 lang, mittlerer fehlend
o. kurz

Hinterflügel

vorhanden aber winzig

Hinterflügel

eiförmig

Baëtis
11 Arten

bandförmig

Centroptilum luteolum

fehlend

1. Glied des Hinterfußes

höchstens 2 x so lang wie 2.
Procloëon bifidum

3 x so lang wie 2.
Cloëon
2 Arten

gut entwickelt, mit vielen
Queradern

mittlerer Schwanzfaden

fehlt völlig

1. u. 2. Ader des
Hinterflügels

berühren sich nicht

berühren sich in der Mitte

Arthroplea congener
9,5-11 mm

sehr kurz
Siphlonuridae

Vorderfußglieder

1 = 2

1 2

Epeorus sylvicola
12-16 mm

Hinterrand des letzten
Hinterleibssegmentes

Siphlonurus

Ameletus inopinatus
9-11 mm

Metreletus balcanicus
8-12 mm

1 > 3
Rhithrogena

1 < 2
Heptagenia

Zimmermann

Plecoptera · Steinfliegen

Rückenansicht einer erwachsenen Steinfliege

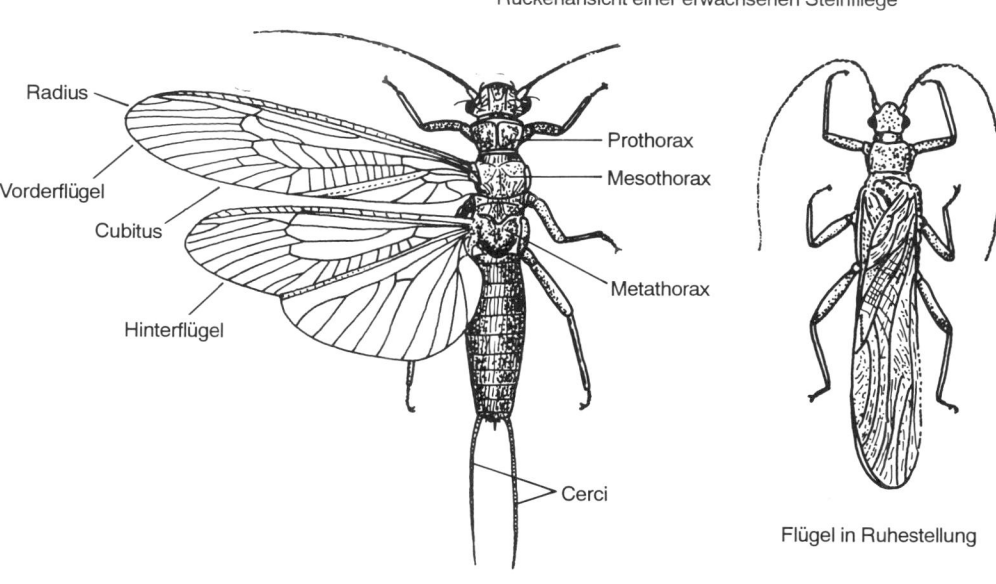

Radius

Vorderflügel

Cubitus

Hinterflügel

Prothorax

Mesothorax

Metathorax

Cerci

Flügel ausgebreitet

Flügel in Ruhestellung

3,5-30 mm große, langgestreckte Insekten mit zwei Flügelpaaren, die in Ruhelage flach auf den Hinterleib gelegt werden; auch können sie ihn bei einigen Formen teilweise umhüllen. Nicht selten tritt Kurzflügligkeit auf.

Steinfliegen sind Tiere mit einer weichen Cuticula; sie finden sich vorzugsweise in Gewässernähe. Ihr Flug ist schwerfällig. Die Vorder- und Hinterflügel werden unabhängig voneinander bewegt, so daß eine flatternde Flugbewegung entsteht. Die erwachsenen Tiere können sich außerdem geschickt und flink laufend fortbewegen. Ihre Larven leben in fließenden und stehenden Gewässern, insbesondere in Bergbächen, wo sie auf oder unter Steinen (Name!) aber auch auf anderem Bodensubstrat zu finden sind. Weibchen lassen sich häufig nicht genau bestimmen.

Geländemerkmale erwachsener Steinfliegen:

- Kopf mit langen, aus zahlreichen Gliedern bestehenden Fühlern
- Hinterleibsende mit langen, paarigen Anhängen (Cerci)
- Rückenschild der Vorderbrust mehr oder weniger rechteckig oder trapezförmig
- Die meisten Arten sind dunkel gefärbt, seltener grünlichgelb oder gelb

Geländemerkmale der Larven:

- Am Körperhinterende nur zwei Cerci; ein Terminalfilum (vergleiche **Ephemeroptera**) fehlt
- Kiemenblättchen oder -schläuche, wenn vorhanden, an den einzelnen Brustsegmenten, selten am Hinterleibsende, nie an den Seiten des Hinterleibes!
- Lange Fühler und bei älteren Larven Flügelanlagen deutlich erkennbar

Empfehlenswert ist es, Larven und Imagines in 70-80%igem Alkohol zu konservieren.

Plecoptera · Steinfliegen

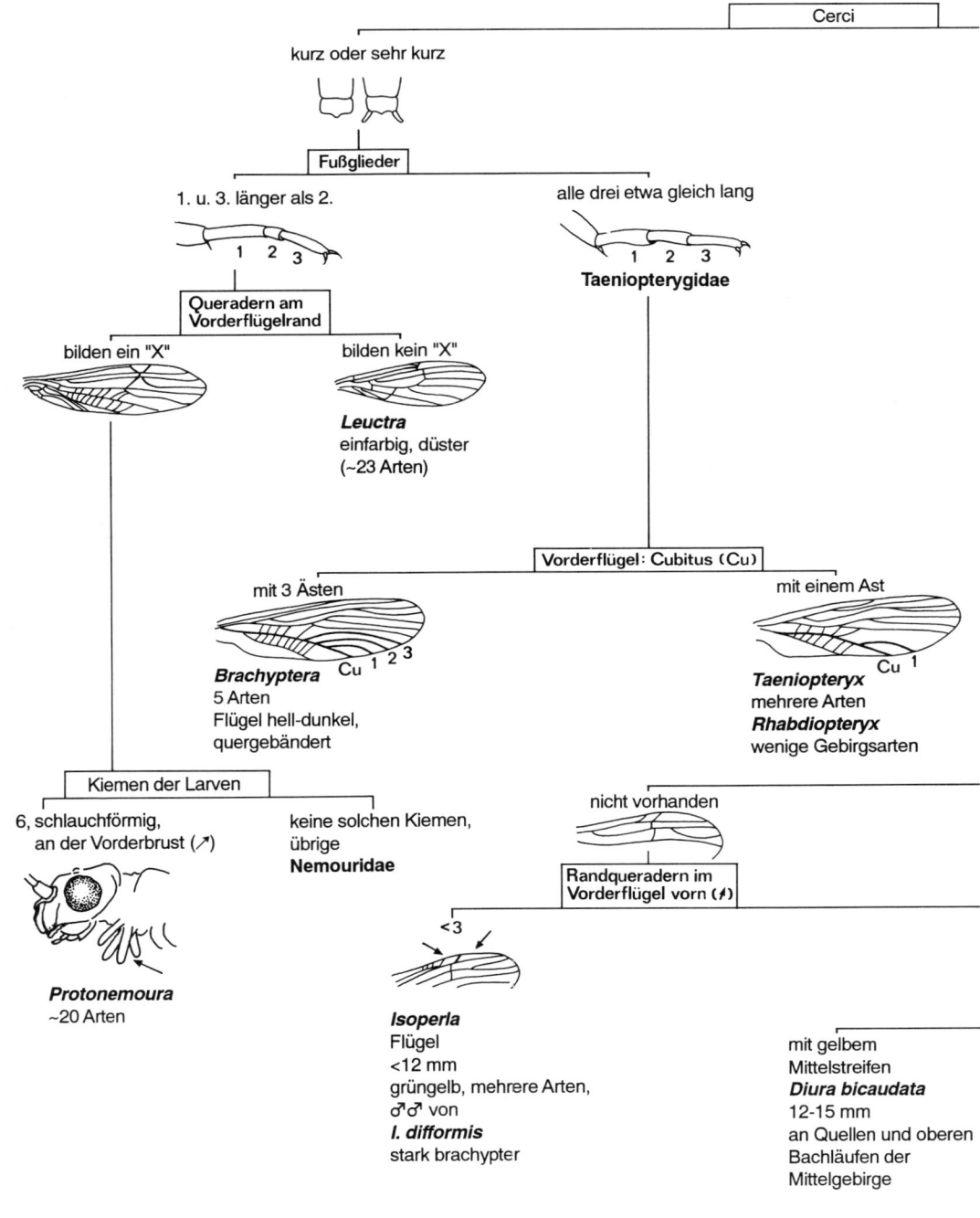

Cerci

kurz oder sehr kurz

Fußglieder

1. u. 3. länger als 2.

alle drei etwa gleich lang

1 2 3

1 2 3
Taeniopterygidae

Queradern am
Vorderflügelrand

bilden ein "X"

bilden kein "X"

Leuctra
einfarbig, düster
(~23 Arten)

Vorderflügel: Cubitus (Cu)

mit 3 Ästen

mit einem Ast

Brachyptera Cu 1 2 3
5 Arten
Flügel hell-dunkel,
quergebändert

Taeniopteryx
mehrere Arten
Rhabdiopteryx
wenige Gebirgsarten

Cu 1

Kiemen der Larven

6, schlauchförmig,
an der Vorderbrust (↗)

keine solchen Kiemen,
übrige
Nemouridae

nicht vorhanden

Randqueradern im
Vorderflügel vorn (↗)

<3

Protonemoura
~20 Arten

Isoperla
Flügel
<12 mm
grüngelb, mehrere Arten,
♂♂ von
I. difformis
stark brachypter

mit gelbem
Mittelstreifen
Diura bicaudata
12-15 mm
an Quellen und oberen
Bachläufen der
Mittelgebirge

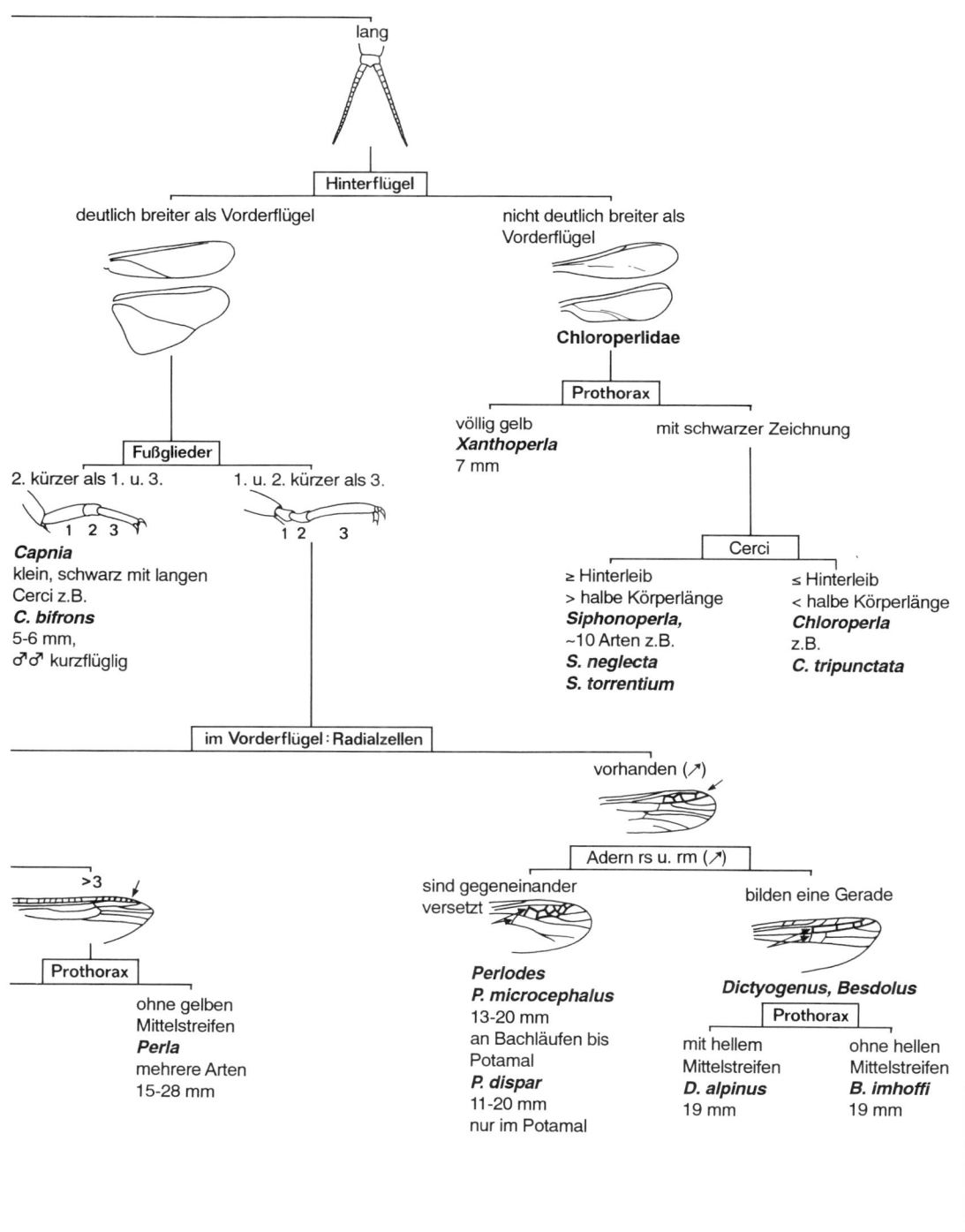

lang

Hinterflügel

deutlich breiter als Vorderflügel

nicht deutlich breiter als Vorderflügel

Chloroperlidae

Prothorax

völlig gelb
Xanthoperla
7 mm

mit schwarzer Zeichnung

Fußglieder

2. kürzer als 1. u. 3.

1 2 3

Capnia
klein, schwarz mit langen
Cerci z.B.
C. bifrons
5-6 mm,
♂♂ kurzflüglig

1. u. 2. kürzer als 3.

1 2 3

Cerci

≥ Hinterleib
> halbe Körperlänge
Siphonoperla,
~10 Arten z.B.
S. neglecta
S. torrentium

≤ Hinterleib
< halbe Körperlänge
Chloroperla
z.B.
C. tripunctata

im Vorderflügel : Radialzellen

vorhanden (↗)

Adern rs u. rm (↗)

>3

Prothorax

ohne gelben
Mittelstreifen
Perla
mehrere Arten
15-28 mm

sind gegeneinander
versetzt

Perlodes
P. microcephalus
13-20 mm
an Bachläufen bis
Potamal
P. dispar
11-20 mm
nur im Potamal

bilden eine Gerade

Dictyogenus, Besdolus

Prothorax

mit hellem
Mittelstreifen
D. alpinus
19 mm

ohne hellen
Mittelstreifen
B. imhoffi
19 mm

Odonata · Libellen

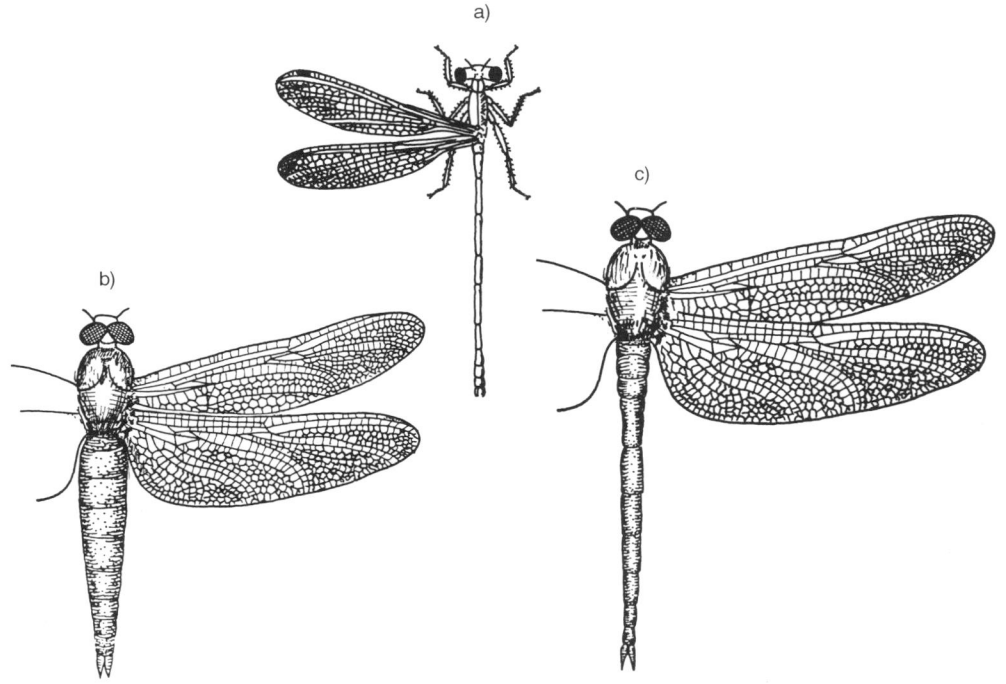

Libellen-Dorsalansichten: a) **Agrioniden**-Typ (Kleinlibellen) b) *Libellula*-Typ (Plattbauch-Großlibellen) c) *Aeshna*-Typ (Drachenjungfern)

Sehr auffällige, oft bunt gezeichnete oder einfarbige - manchmal metallisch gefärbte -, zum Teil sehr gewandte Fluginsekten, deren Körperlänge zwischen ca. 3 cm und 10 cm schwankt.

Die Larven leben im Wasser, Imagines suchen entweder (artspezifisch bzw. gattungsspezifisch) ebenfalls die Nähe von Gewässern oder sie entfernen sich weit von diesen und leben in ausgesprochen trockenen Regionen, z.B. Heidelibellen (*Sympetrum*-Arten).

Libellen sind Räuber, die andere Insekten entweder im Fluge fangen oder aber - als Larven - Wasserinsekten, kleine Fische, Würmer etc. mit einer vorklappbaren "Fangmaske" erbeuten.

Gelegentlich werden Vertreter der **Myrmeleonidae** (**Planipennia** Netzflügler, s. Seite 243) aufgrund ihres Habitus für Libellen gehalten; sie unterscheiden sich aber von diesen durch ihre deutlich gekeulten, kräftigen Fühler, während die der **Odonaten** außerordentlich klein und unauffällig sind.

Folgende Gruppen sind leicht zu unterscheiden:
- **Anisoptera** Großlibellen, Drachenjungfern
  Imagines mit "Basallappen" an den Hinterflügeln, Vorder- und Hinterflügel daher ungleich gestaltet, in Ruhestellung seitwärts ausgebreitet!
  Larven gedrungen, am Hinterleibsende mit 5 stilettförmigen Anhängen
- **Zygoptera** Kleinlibellen incl. Prachtlibellen
  Imagines mit gleichgestalteten Flügeln, in Ruhelage nach oben zusammengeklappt!
  Larven schlank, am Hinterleibsende mit drei langen, blattartig verbreiterten Fortsätzen.

Fang der Tiere erfolgt vorzugsweise mit Luftkescher, seltener durch Absammeln von Pflanzen bei niedriger Lufttemperatur.

Libellen dürfen jedoch nicht getötet, sondern nur beobachtet werden: alle Arten stehen unter Naturschutz!

Odonata · Libellen 1: Übersicht und **Zygoptera** Wasserjungfern pt.

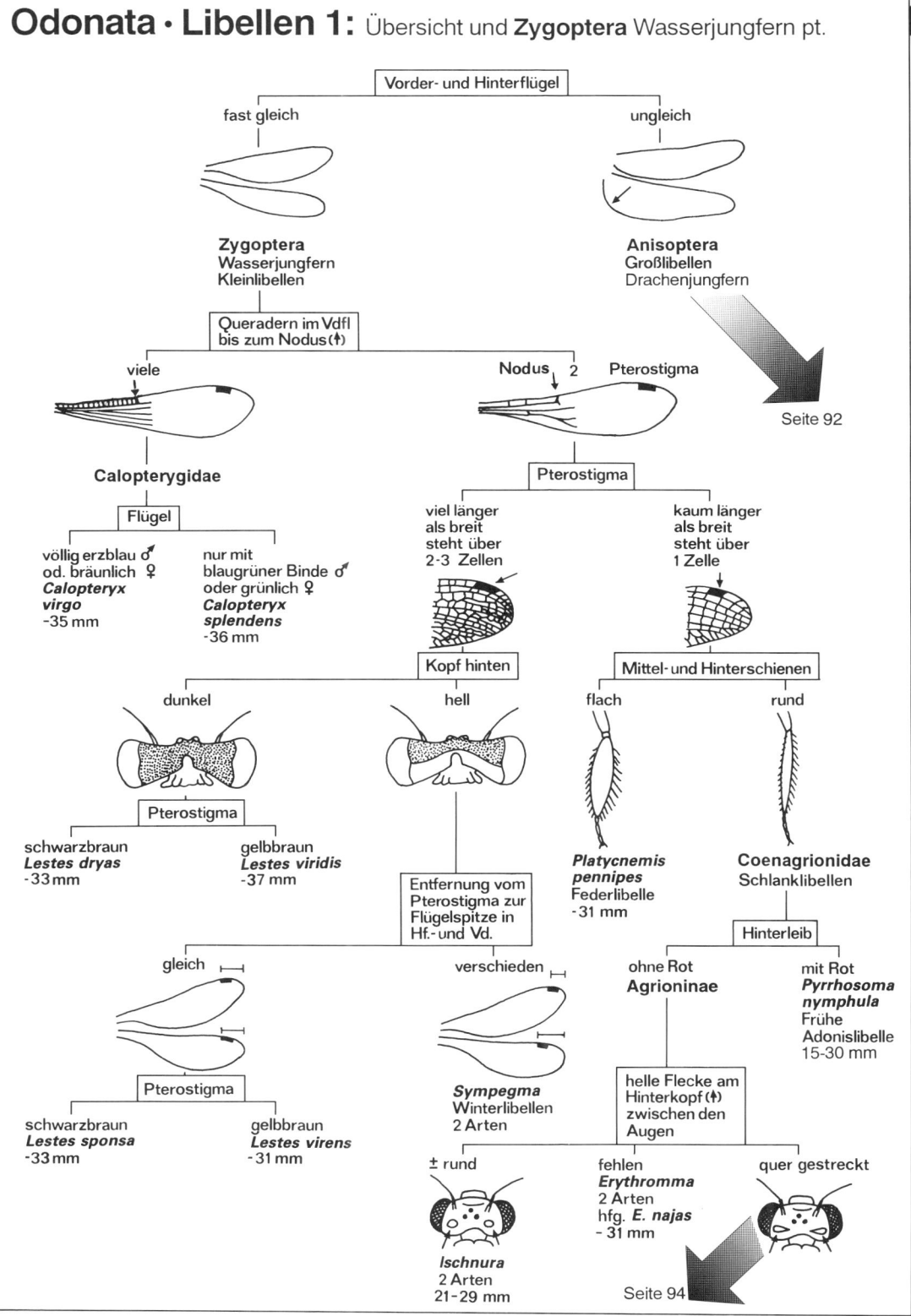

Vorder- und Hinterflügel

fast gleich — ungleich

Zygoptera
Wasserjungfern
Kleinlibellen

Anisoptera
Großlibellen
Drachenjungfern

Queradern im Vdfl
bis zum Nodus (✝)

viele — Nodus 2 — Pterostigma

Seite 92

Calopterygidae

Flügel

völlig erzblau ♂
od. bräunlich ♀
*Calopteryx
virgo*
-35 mm

nur mit
blaugrüner Binde ♂
oder grünlich ♀
*Calopteryx
splendens*
-36 mm

Pterostigma

viel länger
als breit
steht über
2-3 Zellen

kaum länger
als breit
steht über
1 Zelle

Kopf hinten — Mittel- und Hinterschienen

dunkel — hell — flach — rund

Pterostigma

schwarzbraun
Lestes dryas
-33 mm

gelbbraun
Lestes viridis
-37 mm

Entfernung vom
Pterostigma zur
Flügelspitze in
Hf.- und Vd.

**Platycnemis
pennipes**
Federlibelle
-31 mm

Coenagrionidae
Schlanklibellen

Hinterleib

gleich — verschieden — ohne Rot
Agrioninae

mit Rot
*Pyrrhosoma
nymphula*
Frühe
Adonislibelle
15-30 mm

Pterostigma

schwarzbraun
Lestes sponsa
-33 mm

gelbbraun
Lestes virens
-31 mm

Sympegma
Winterlibellen
2 Arten

helle Flecke am
Hinterkopf (✝)
zwischen den
Augen

± rund — fehlen
Erythromma
2 Arten
hfg. *E. najas*
-31 mm

quer gestreckt

Ischnura
2 Arten
21-29 mm

Seite 94

Marstaller

Odonata · Libellen 2: Anisoptera Großlibellen

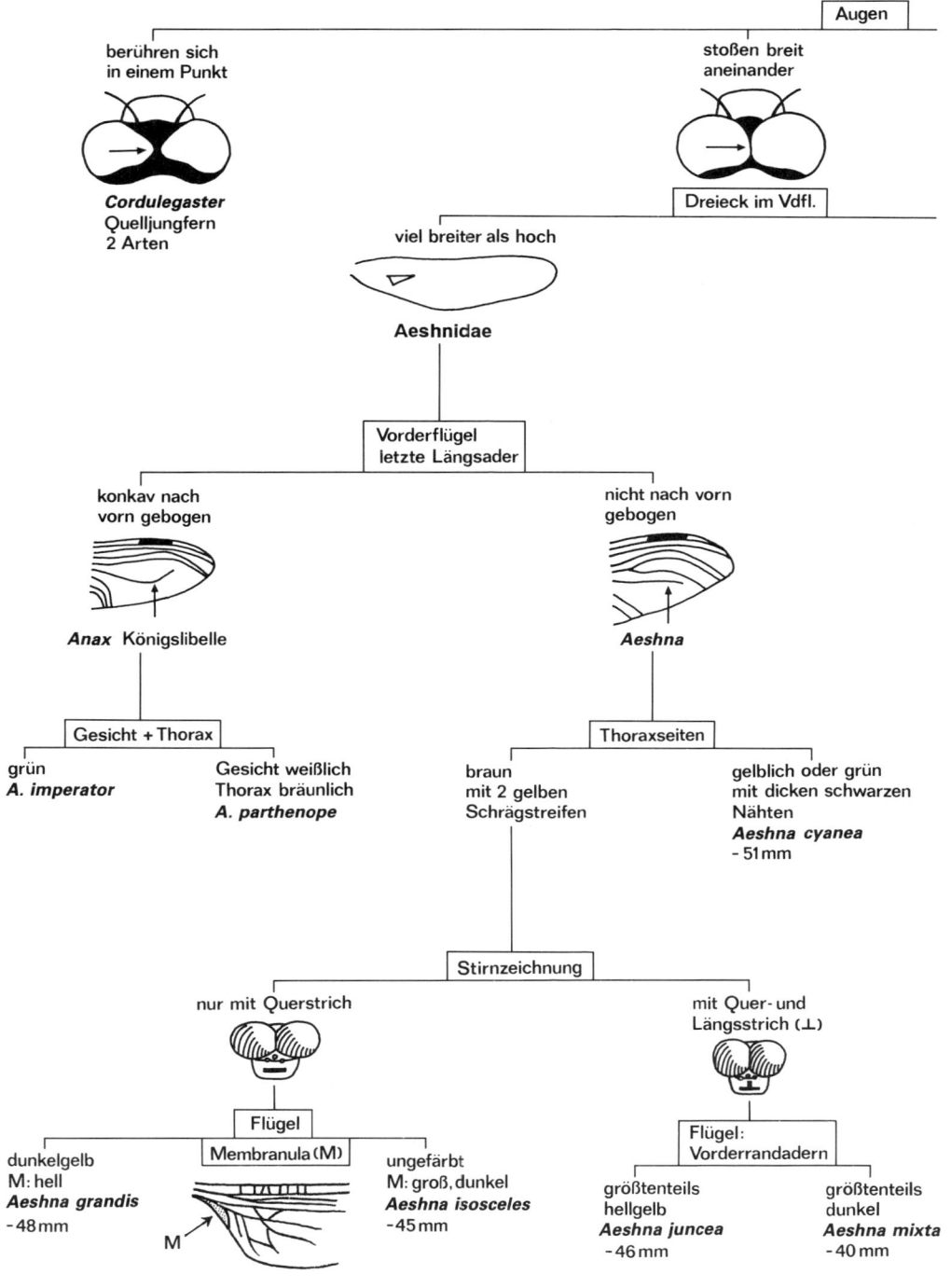

Augen

berühren sich
in einem Punkt

stoßen breit
aneinander

Cordulegaster
Quelljungfern
2 Arten

Dreieck im Vdfl.

viel breiter als hoch

Aeshnidae

Vorderflügel
letzte Längsader

konkav nach
vorn gebogen

nicht nach vorn
gebogen

Anax Königslibelle

Aeshna

Gesicht + Thorax

Thoraxseiten

grün
A. imperator

Gesicht weißlich
Thorax bräunlich
A. parthenope

braun
mit 2 gelben
Schrägstreifen

gelblich oder grün
mit dicken schwarzen
Nähten
Aeshna cyanea
- 51 mm

Stirnzeichnung

nur mit Querstrich

mit Quer- und
Längsstrich (⊥)

Flügel

Flügel:
Vorderrandadern

dunkelgelb
M: hell
Aeshna grandis
- 48 mm

Membranula (M)

M

ungefärbt
M: groß, dunkel
Aeshna isosceles
- 45 mm

größtenteils
hellgelb
Aeshna juncea
- 46 mm

größtenteils
dunkel
Aeshna mixta
- 40 mm

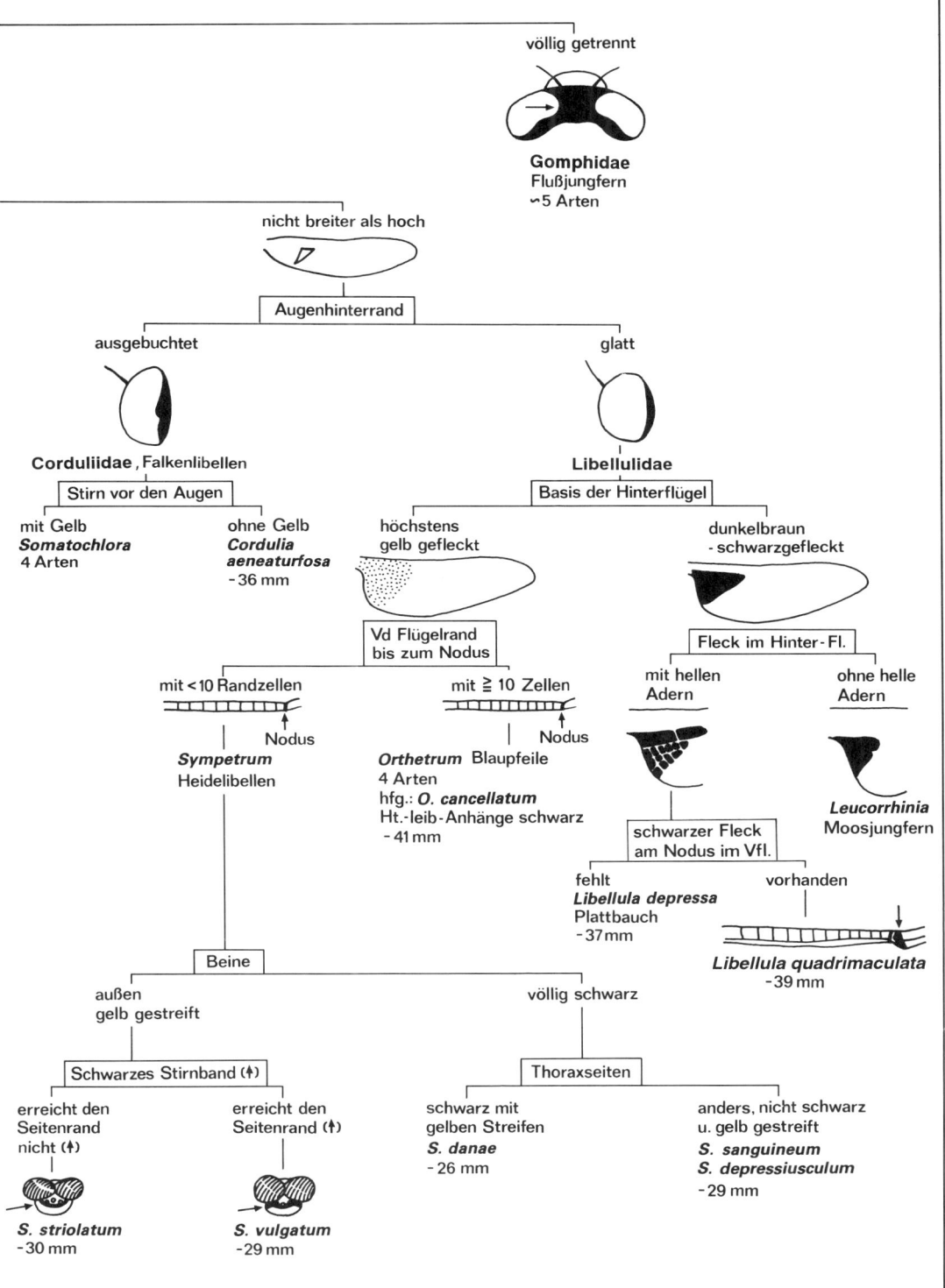

völlig getrennt

Gomphidae
Flußjungfern
~5 Arten

nicht breiter als hoch

Augenhinterrand

ausgebuchtet

glatt

Corduliidae, Falkenlibellen

Libellulidae

Stirn vor den Augen

Basis der Hinterflügel

mit Gelb
Somatochlora
4 Arten

ohne Gelb
*Cordulia
aeneaturfosa*
-36 mm

höchstens
gelb gefleckt

dunkelbraun
-schwarzgefleckt

Vd Flügelrand
bis zum Nodus

Fleck im Hinter-Fl.

mit hellen
Adern

ohne helle
Adern

mit <10 Randzellen

Nodus

mit ≧ 10 Zellen

Nodus

Sympetrum
Heidelibellen

Orthetrum Blaupfeile
4 Arten
hfg.: *O. cancellatum*
Ht.-leib-Anhänge schwarz
-41 mm

schwarzer Fleck
am Nodus im Vfl.

Leucorrhinia
Moosjungfern

fehlt
Libellula depressa
Plattbauch
-37 mm

vorhanden

Libellula quadrimaculata
-39 mm

Beine

außen
gelb gestreift

völlig schwarz

Schwarzes Stirnband (♦)

Thoraxseiten

erreicht den
Seitenrand
nicht (♦)

erreicht den
Seitenrand (♦)

schwarz mit
gelben Streifen
S. danae
-26 mm

anders, nicht schwarz
u. gelb gestreift
S. sanguineum
S. depressiusculum
-29 mm

S. striolatum
-30 mm

S. vulgatum
-29 mm

Odonata · Libellen 3: Zygoptera Wasserjungfern, **Agrioninae** pt.

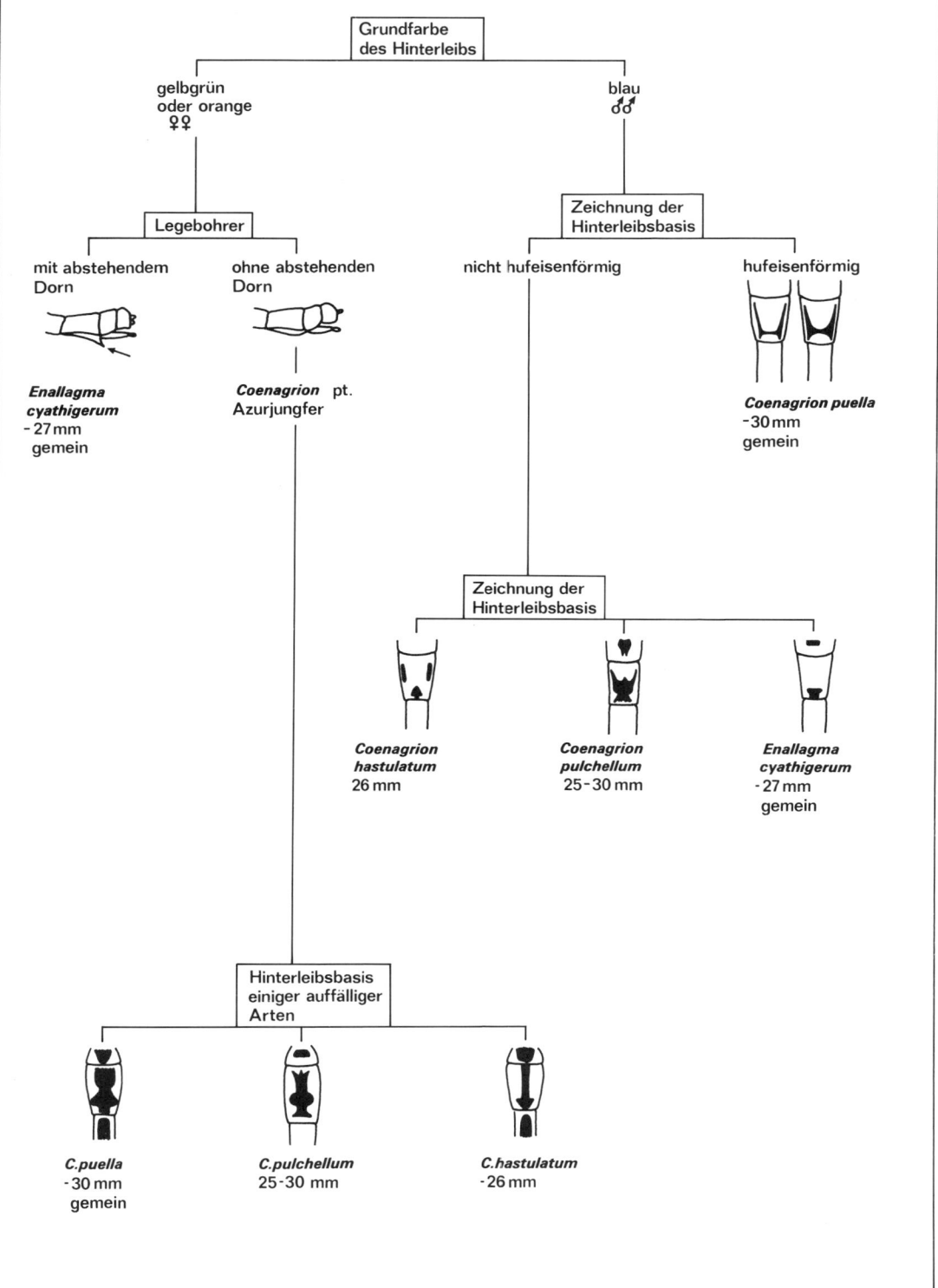

Grundfarbe
des Hinterleibs

gelbgrün
oder orange
♀♀

blau
♂♂

Legebohrer

Zeichnung der
Hinterleibsbasis

mit abstehendem
Dorn

ohne abstehenden
Dorn

nicht hufeisenförmig

hufeisenförmig

**Enallagma
cyathigerum**
- 27 mm
gemein

Coenagrion pt.
Azurjungfer

Coenagrion puella
-30 mm
gemein

Zeichnung der
Hinterleibsbasis

**Coenagrion
hastulatum**
26 mm

**Coenagrion
pulchellum**
25-30 mm

**Enallagma
cyathigerum**
- 27 mm
gemein

Hinterleibsbasis
einiger auffälliger
Arten

C.puella
-30 mm
gemein

C.pulchellum
25-30 mm

C.hastulatum
-26 mm

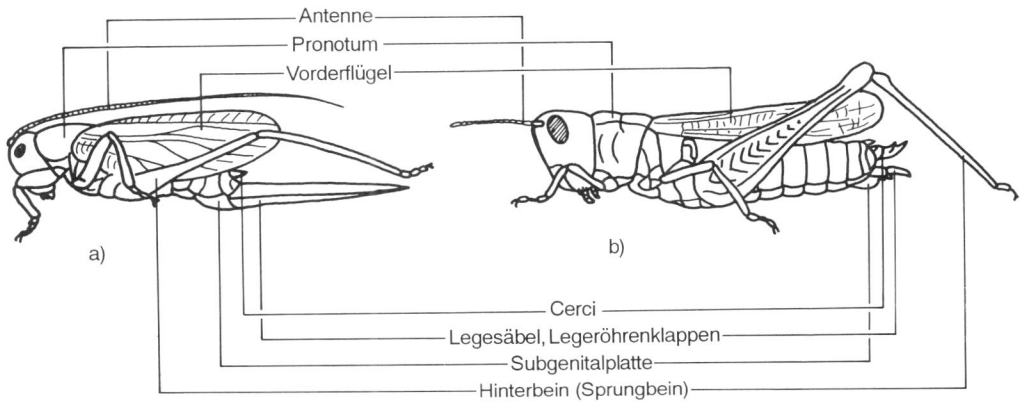

Antenne
Pronotum
Vorderflügel

a)   b)

Cerci
Legesäbel, Legeröhrenklappen
Subgenitalplatte
Hinterbein (Sprungbein)

Zusammenfassung mehrerer miteinander verwandter Insektengruppen; meist auffällig große (-45 mm lange) und tagaktive Insekten, die verschiedenen Ordnungen angehören; davon sind hier die **Dermaptera** (Ohrwürmer), **Blattodea** (Schaben), **Mantodea** (Fangschrecken) und die **Saltatoria** (Heuschrecken) berücksichtigt worden. Im folgenden sollen nur die Heuschrecken als artenreichste Gruppe charakterisiert werden.

Geländemerkmale Imagines:
- Ausgeprägtes Sprungvermögen (verdickte Hinterschenkel), dagegen nur schwach flugfähig
- Zwei flach oder dachförmig liegende Flügelpaare, die auch stark reduziert sein können; Vorderflügel als Deckflügel stärker chitinisiert, Hinterflügel glasig, angeraucht oder gefärbt (grün, rot, blau)
- Meist Stridulationsvermögen; Gesang/Zirpen artspezifisch; Männchen reiben Vorderflügel aneinander (**Ensifera,** Abb. a) oder Hinterschenkel an Vorderflügelkante (**Caelifera/Acrididae,** Abb. b)
- Weibchen mit langem Legesäbel (**Ensifera,** auch Larven) oder kurzen Legeröhrenklappen (**Caelifera**)

Geländemerkmale Larven:
- Ähneln den Imagines, ebenfalls Sprungvermögen
- Flügelanlagen nach unten (jüngere Stadien) oder nach oben geklappt (ältere Stadien)
- Kein Gesang

Fang und Beobachtung:
- im Gelände verhören (auch mit Fledermaus-Detektor), mit Hand oder Schlagkescher erbeuten (meist auf Wiesen)
- Zucht und Haltung in Gazekäfigen oder Terrarien; meist überwintern die Eier (Kühlephase notwendig)

Orthoptera · Geradflügler 1: Übersicht, **Dermaptera** und **Blattodea**

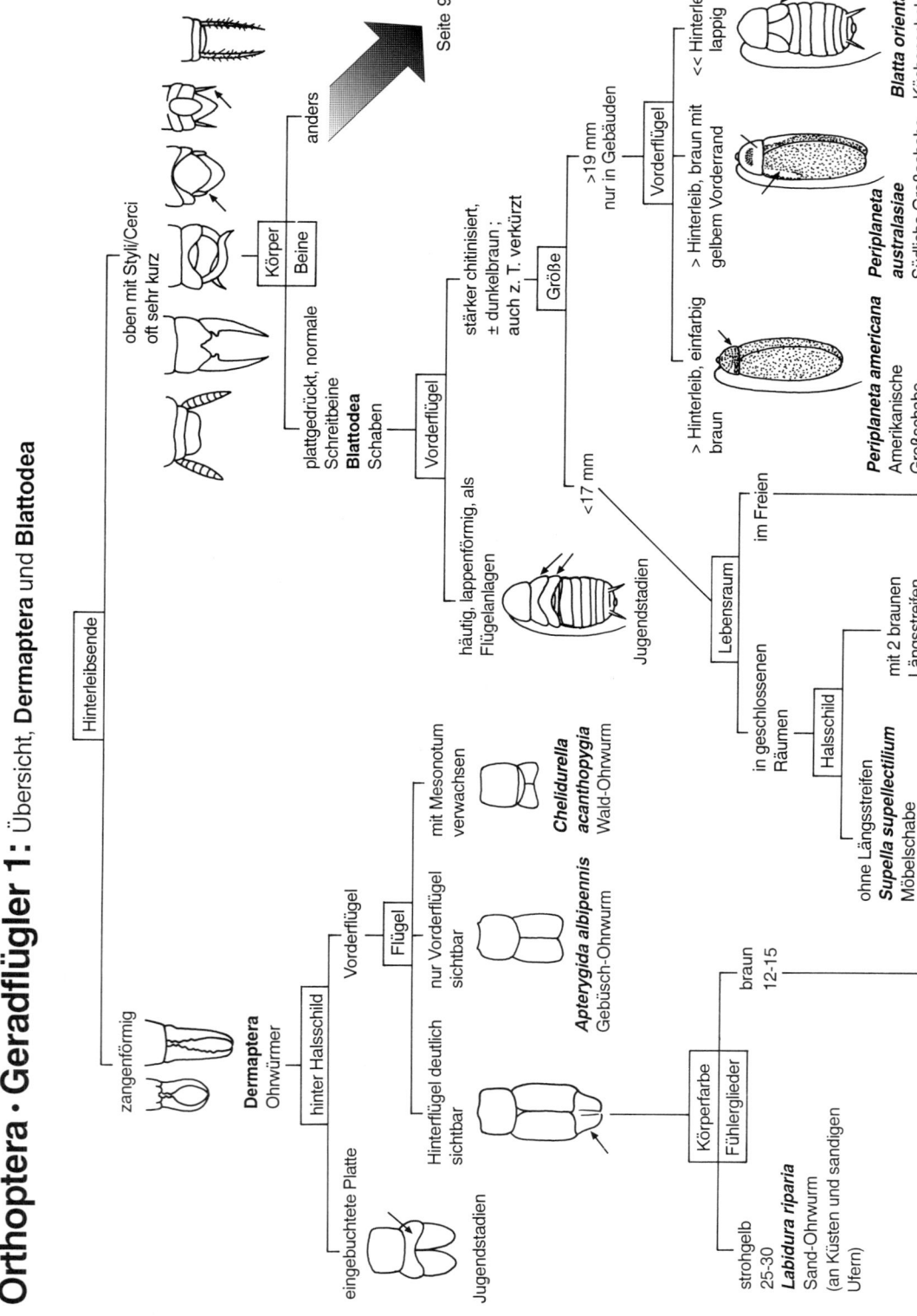

Hinterleibsende

eingebuchtete Platte

Jugendstadien

zangenförmig

Dermaptera
Ohrwürmer

hinter Halsschild

Vorderflügel

Flügel

Hinterflügel deutlich sichtbar

nur Vorderflügel sichtbar

mit Mesonotum verwachsen

Apterygida albipennis
Gebüsch-Ohrwurm

Chelidurella acanthopygia
Wald-Ohrwurm

Körperfarbe

Fühlerglieder

strohgelb
25-30

Labidura riparia
Sand-Ohrwurm
(an Küsten und sandigen Ufern)

braun
12-15

oben mit Styli/Cerci oft sehr kurz

Körper

Beine

plattgedrückt, normale Schreitbeine
Blattodea
Schaben

anders

Seite 98

Vorderflügel

stärker chitinisiert, ± dunkelbraun ; auch z. T. verkürzt

häutig, lappenförmig, als Flügelanlagen

Größe

>19 mm nur in Gebäuden

Jugendstadien

<17 mm

Lebensraum

im Freien

in geschlossenen Räumen

Halsschild

ohne Längsstreifen
Supella supellectilium
Möbelschabe

mit 2 braunen Längsstreifen

Vorderflügel

> Hinterleib, einfarbig braun

Periplaneta americana
Amerikanische Großschabe

> Hinterleib, braun mit gelbem Vorderrand

Periplaneta australasiae
Südliche Großschabe

<< Hinterleib, lappig

Blatta orientalis
Küchenschabe

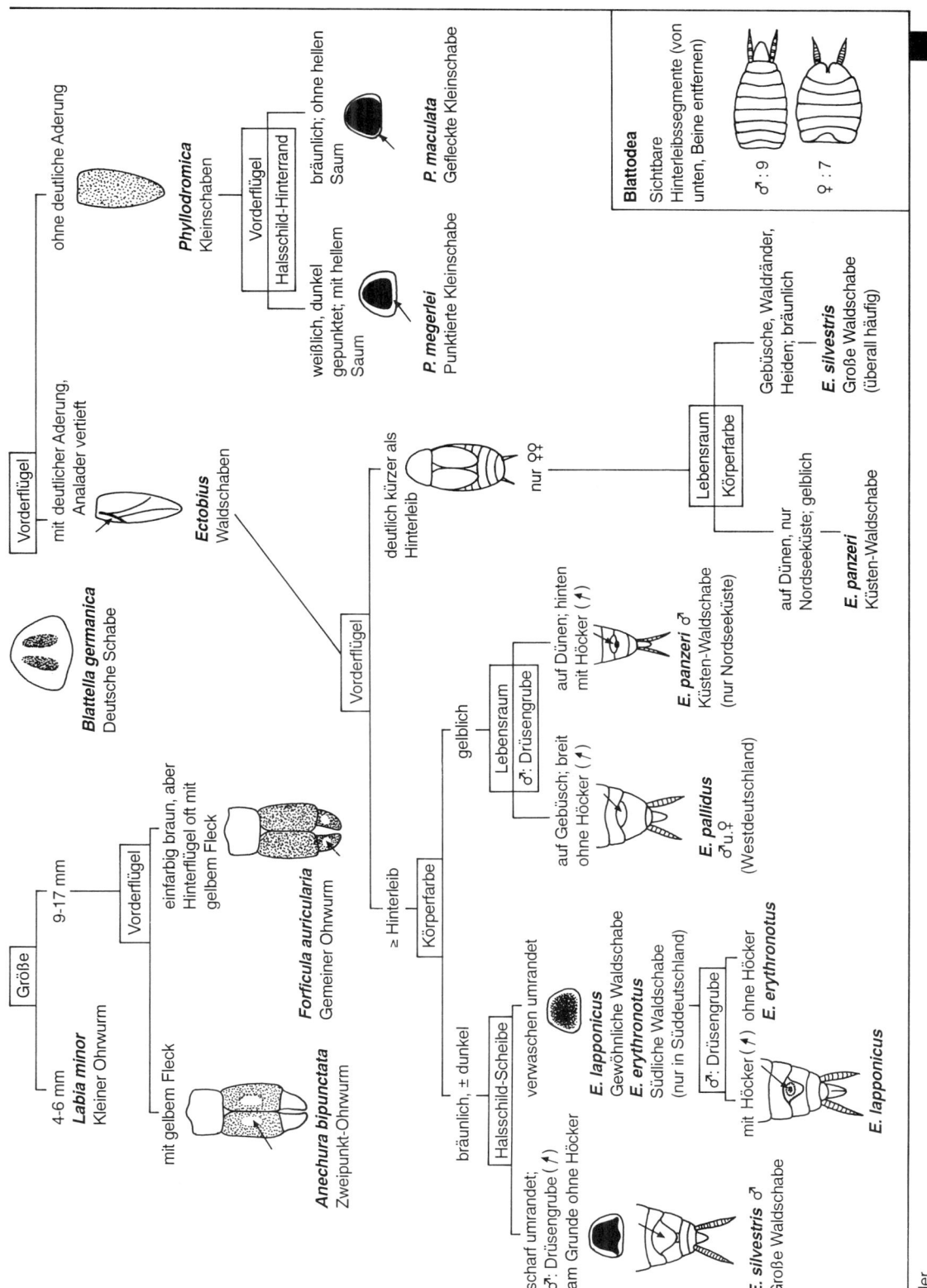

Blattodea
Sichtbare
Hinterleibssegmente (von
unten, Beine entfernen)
♂ : 9
♀ : 7

ohne deutliche Aderung

Vorderflügel
mit deutlicher Aderung,
Analader vertieft

Phyllodromica
Kleinschaben

Vorderflügel
Halsschild-Hinterrand

bräunlich; ohne hellen
Saum

P. maculata
Gefleckte Kleinschabe

weißlich, dunkel
gepunktet; mit hellem
Saum

P. megerlei
Punktierte Kleinschabe

Ectobius
Waldschaben

Blattella germanica
Deutsche Schabe

deutlich kürzer als
Hinterleib

nur ♀♀

Lebensraum
Körperfarbe

Gebüsche, Waldränder,
Heiden; bräunlich

E. silvestris
Große Waldschabe
(überall häufig)

auf Dünen, nur
Nordseeküste; gelblich

E. panzeri
Küsten-Waldschabe

Vorderflügel

≥ Hinterleib

Körperfarbe

gelblich

Lebensraum
♂: Drüsengrube

auf Dünen; hinten
mit Höcker (↑)

E. panzeri ♂
Küsten-Waldschabe
(nur Nordseeküste)

auf Gebüsch; breit
ohne Höcker (↑)

E. pallidus
♂ u. ♀
(Westdeutschland)

bräunlich, ± dunkel

Halsschild-Scheibe

verwaschen umrandet

E. lapponicus
Gewöhnliche Waldschabe

E. erythronotus
Südliche Waldschabe
(nur in Süddeutschland)

♂: Drüsengrube

mit Höcker (↑)

E. lapponicus

ohne Höcker

E. erythronotus

scharf umrandet;
♂: Drüsengrube (↑)
am Grunde ohne Höcker

E. silvestris ♂
Große Waldschabe

Größe

4-6 mm

Labia minor
Kleiner Ohrwurm

9-17 mm

Vorderflügel

mit gelbem Fleck

Anechura bipunctata
Zweipunkt-Ohrwurm

einfarbig braun, aber
Hinterflügel oft mit
gelbem Fleck

Forficula auricularia
Gemeiner Ohrwurm

Köhler

Orthoptera · Geradflügler 2: Übersicht, **Mantidae**, **Gryllidae** und **Tetrigidae**

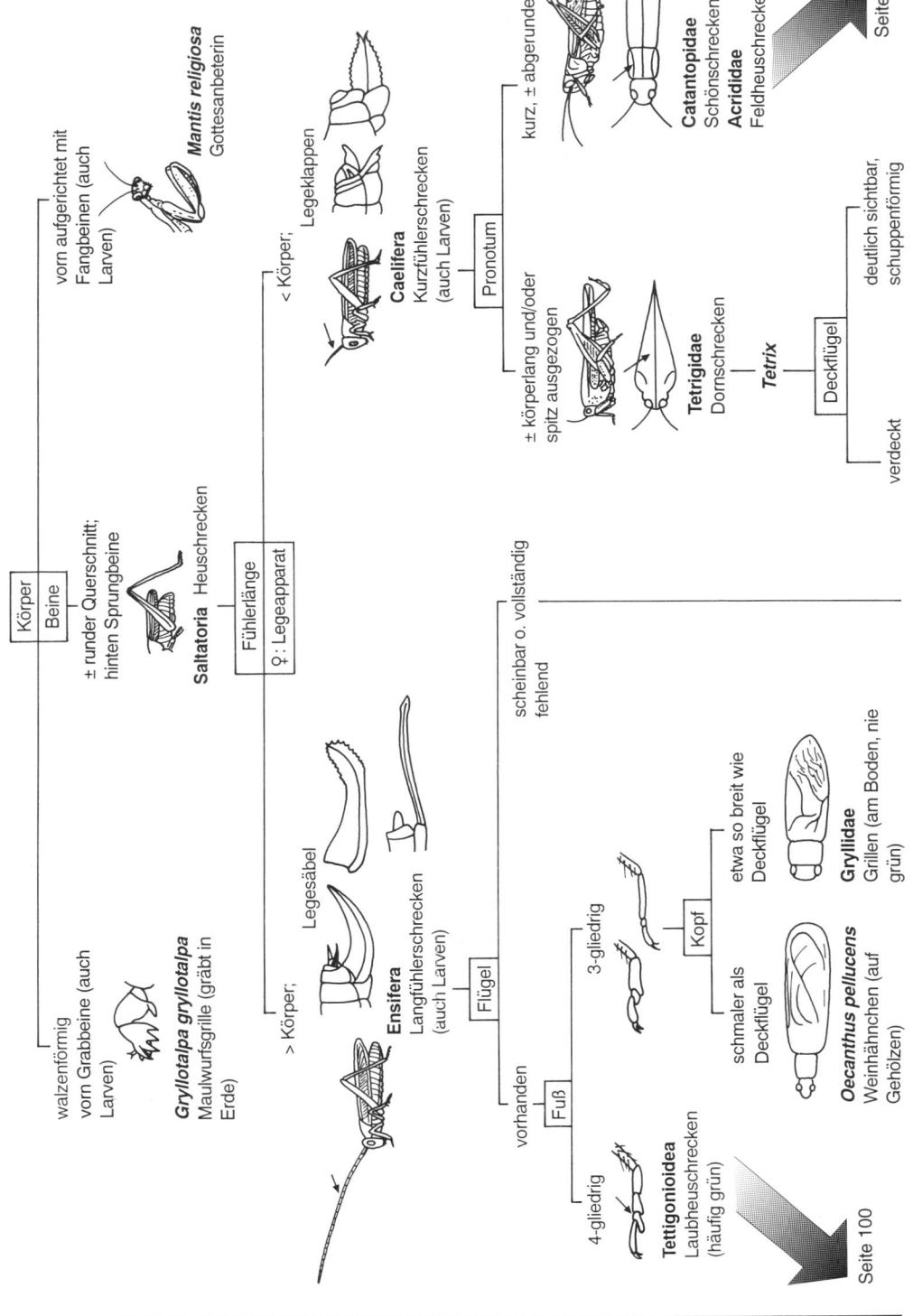

Körper

Beine

walzenförmig
vorn Grabbeine (auch
Larven)

Gryllotalpa gryllotalpa
Maulwurfsgrille (gräbt in
Erde)

vorn aufgerichtet mit
Fangbeinen (auch
Larven)

Mantis religiosa
Gottesanbeterin

± runder Querschnitt;
hinten Sprungbeine

Saltatoria Heuschrecken

Fühlerlänge

♀: Legeapparat

> Körper; Legesäbel

Ensifera
Langfühlerschrecken
(auch Larven)

Flügel

vorhanden

Fuß

4-gliedrig

Tettigonioidea
Laubheuschrecken
(häufig grün)

Seite 100

3-gliedrig

Kopf

schmaler als
Deckflügel

Oecanthus pellucens
Weinhähnchen (auf
Gehölzen)

etwa so breit wie
Deckflügel

Gryllidae
Grillen (am Boden, nie
grün)

scheinbar o. vollständig
fehlend

< Körper; Legeklappen

Caelifera
Kurzfühlerschrecken
(auch Larven)

Pronotum

± körperlang und/oder
spitz ausgezogen

Tetrigidae
Dornschrecken

Tetrix

Deckflügel

verdeckt

deutlich sichtbar,
schuppenförmig

kurz, ± abgerundet

Catantopidae
Schönschrecken
Acrididae
Feldheuschrecken

Seite 104

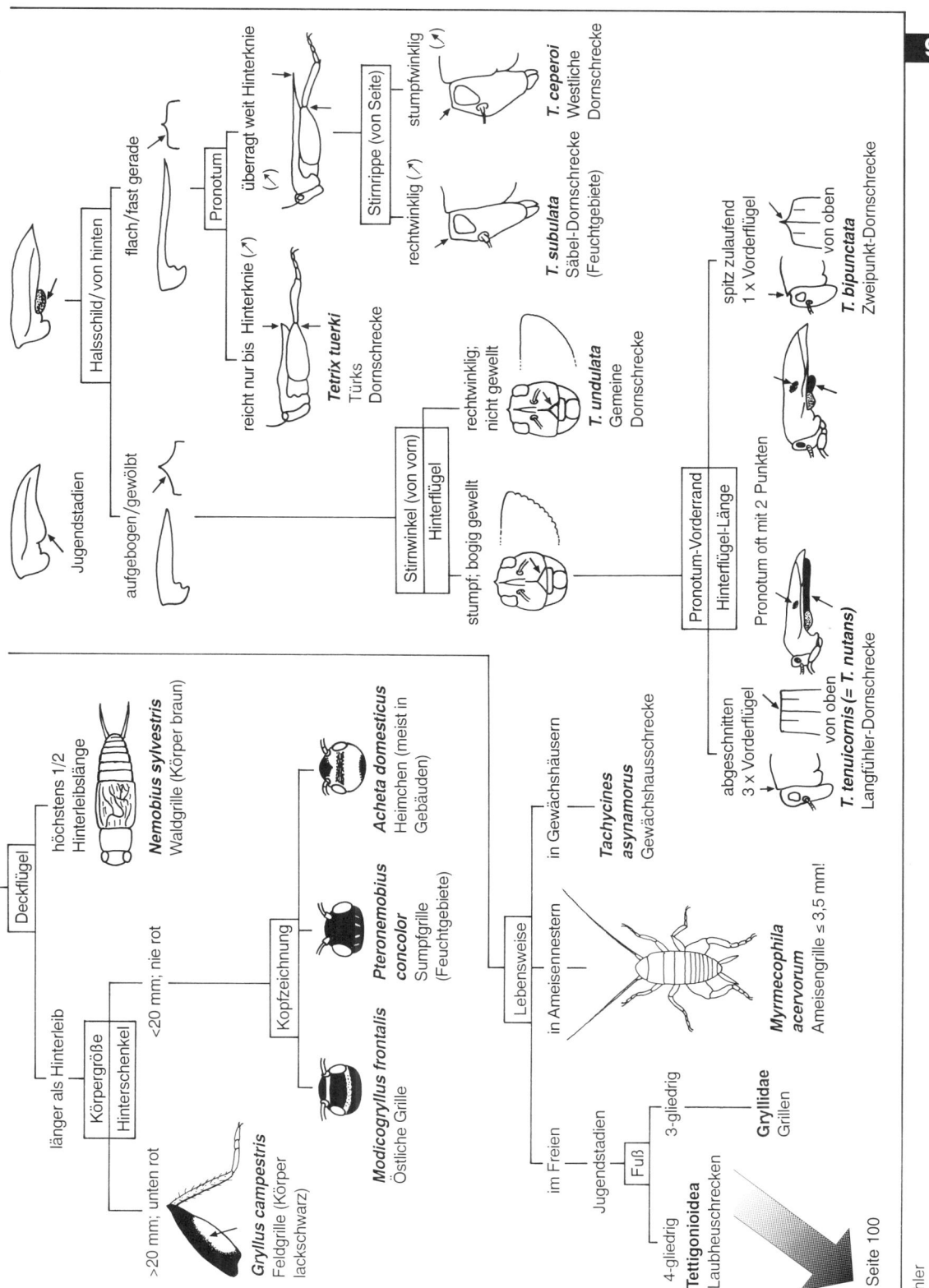

Gryllus campestris
Feldgrille (Körper
lackschwarz)

>20 mm; unten rot

Deckflügel

höchstens 1/2
Hinterleibslänge

Nemobius sylvestris
Waldgrille (Körper braun)

länger als Hinterleib

Körpergröße
Hinterschenkel

<20 mm; nie rot

Kopfzeichnung

Acheta domesticus
Heimchen (meist in
Gebäuden)

Pteronemobius
concolor
Sumpfgrille
(Feuchtgebiete)

Modicogryllus frontalis
Östliche Grille

Lebensweise

in Gewächshäusern

Tachycines
asynamorus
Gewächshausschrecke

in Ameisennestern

Myrmecophila
acervorum
Ameisengrille ≤ 3,5 mm!

im Freien

Jugendstadien

Fuß

3-gliedrig

Gryllidae
Grillen

4-gliedrig

Tettigonioidea
Laubheuschrecken

Seite 100

Jugendstadien

Halsschild / von hinten

flach / fast gerade

Pronotum

überragt weit Hinterknie (↗)

Stirnrippe (von Seite)

stumpfwinklig (↗)

T. ceperoi
Westliche
Dornschrecke

rechtwinklig (↗)

T. subulata
Säbel-Dornschrecke
(Feuchtgebiete)

reicht nur bis Hinterknie (↗)

Tetrix tuerki
Türks
Dornschrecke

aufgebogen / gewölbt

Stirnwinkel (von vorn)
Hinterflügel

rechtwinklig;
nicht gewellt

T. undulata
Gemeine
Dornschrecke

stumpf; bogig gewellt

Pronotum-Vorderrand
Hinterflügel-Länge

Pronotum oft mit 2 Punkten

spitz zulaufend
1 x Vorderflügel

von oben

T. bipunctata
Zweipunkt-Dornschrecke

abgeschnitten
3 x Vorderflügel

von oben

T. tenuicornis (= T. nutans)
Langfühler-Dornschrecke

Köhler

Orthoptera · Geradflügler 3: Tettigonioidea 1

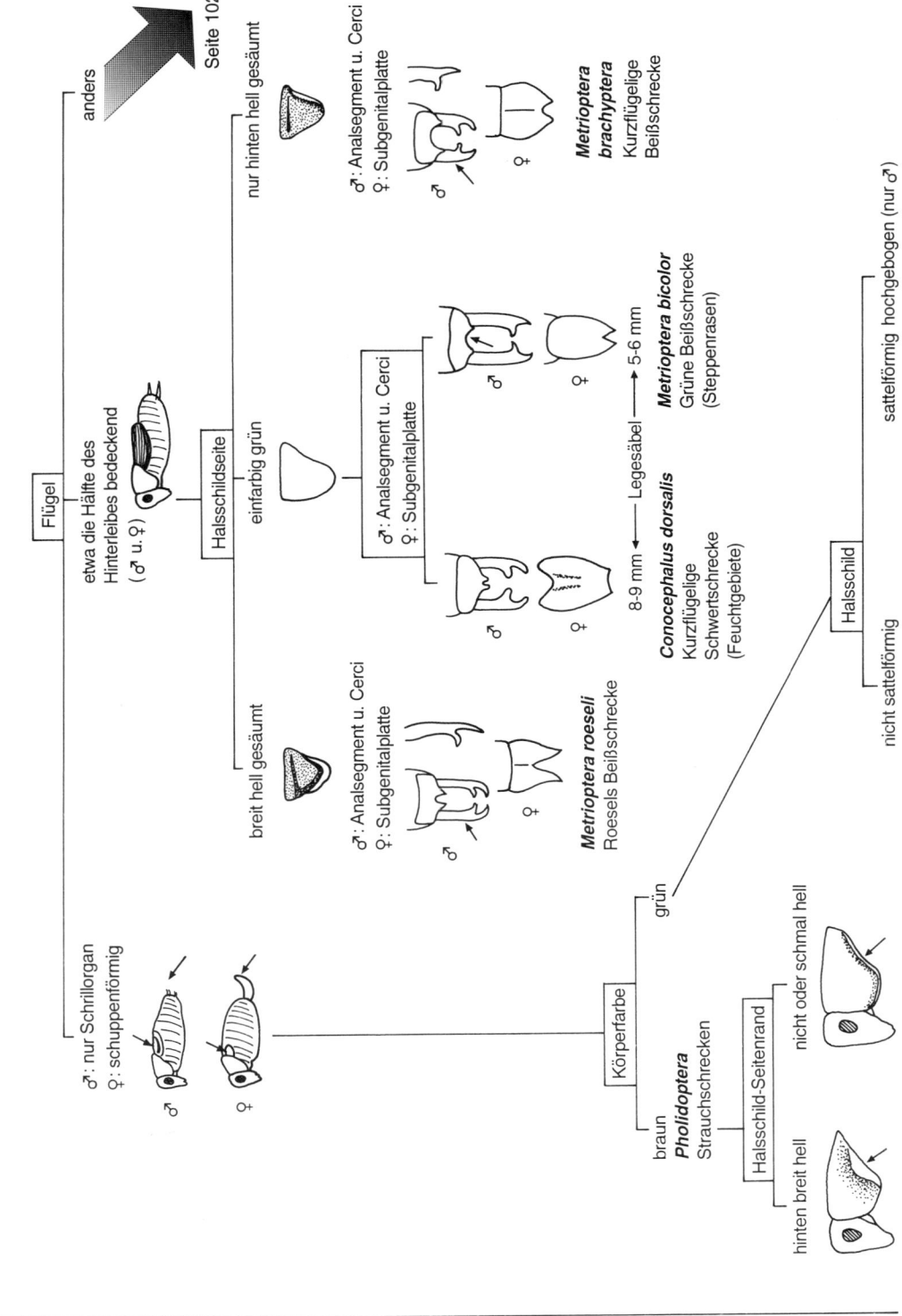

Flügel

etwa die Hälfte des Hinterleibes bedeckend (♂ u. ♀)

anders

Seite 102

♂: nur Schrillorgan
♀: schuppenförmig

♂

♀

Halsschildseite

einfarbig grün

breit hell gesäumt

nur hinten hell gesäumt

♂: Analsegment u. Cerci
♀: Subgenitalplatte

♂: Analsegment u. Cerci
♀: Subgenitalplatte

♂: Analsegment u. Cerci
♀: Subgenitalplatte

♂

♀

Metrioptera roeseli
Roesels Beißschrecke

♂

♀

8-9 mm ◄— Legesäbel —► 5-6 mm

Conocephalus dorsalis
Kurzflügelige
Schwertschrecke
(Feuchtgebiete)

Metrioptera bicolor
Grüne Beißschrecke
(Steppenrasen)

♂

♀

Metrioptera brachyptera
Kurzflügelige
Beißschrecke

Körperfarbe

braun

Pholidoptera
Strauchschrecken

grün

Halsschild-Seitenrand

hinten breit hell

nicht oder schmal hell

Halsschild

sattelförmig hochgebogen (nur ♂)

nicht sattelförmig

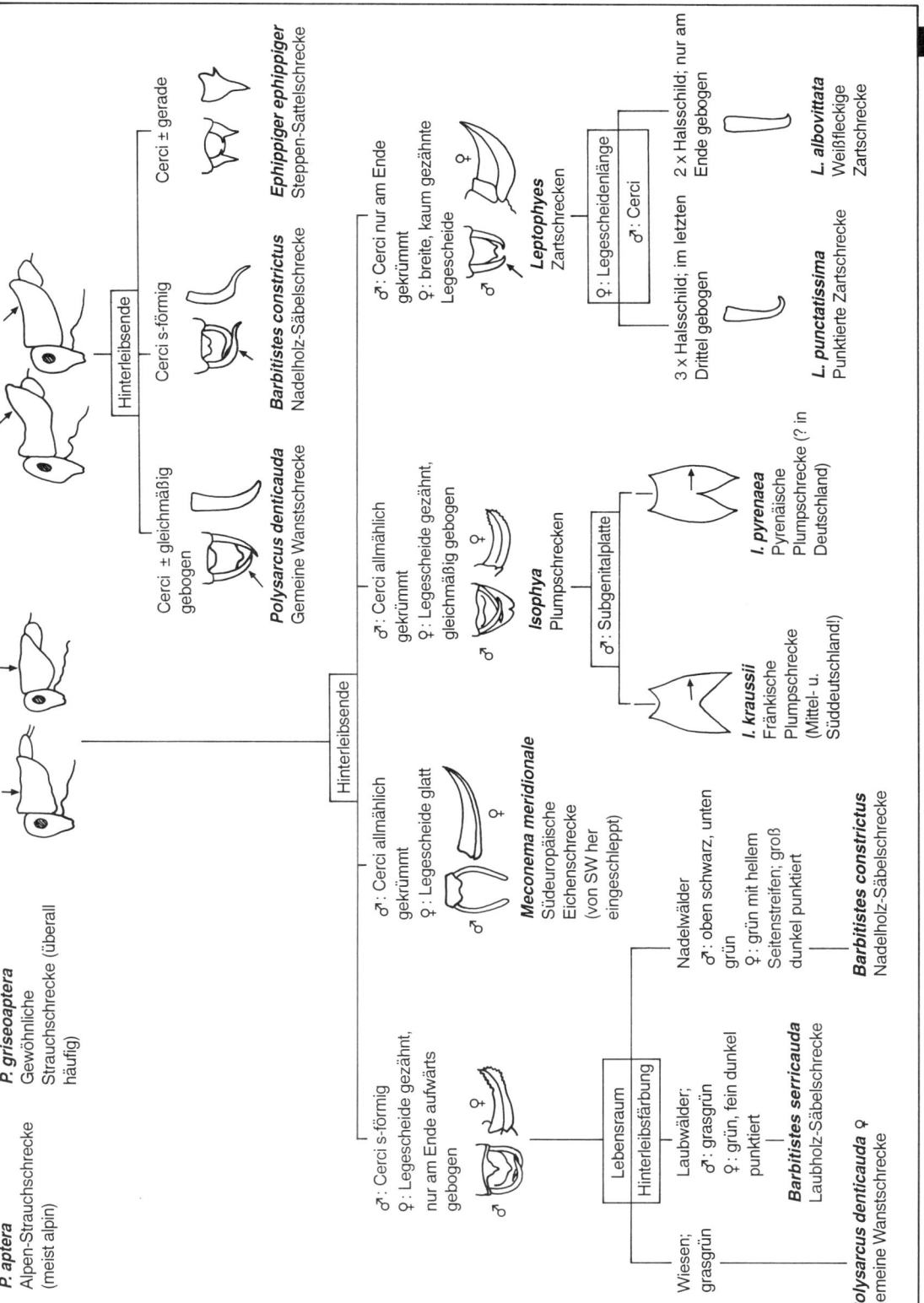

P. aptera
Alpen-Strauchschrecke
(meist alpin)

P. griseoaptera
Gewöhnliche
Strauchschrecke (überall
häufig)

Hinterleibsende

Cerci ± gerade

Ephippiger ephippiger
Steppen-Sattelschrecke

Cerci s-förmig

Barbitistes constrictus
Nadelholz-Säbelschrecke

Cerci ± gleichmäßig
gebogen

Polysarcus denticauda
Gemeine Wanstschrecke

♂: Cerci nur am Ende
gekrümmt
♀: breite, kaum gezähnte
Legescheide

Leptophyes
Zartschrecken

♀: Legescheidenlänge

♂: Cerci

3 x Halsschild; im letzten
Drittel gebogen

L. punctatissima
Punktierte Zartschrecke

2 x Halsschild; nur am
Ende gebogen

L. albovittata
Weißfleckige
Zartschrecke

Hinterleibsende

♂: Cerci allmählich
gekrümmt
♀: Legescheide gezähnt,
gleichmäßig gebogen

Isophya
Plumpschrecken

♂: Subgenitalplatte

I. kraussii
Fränkische
Plumpschrecke
(Mittel- u.
Süddeutschland!)

I. pyrenaea
Pyrenäische
Plumpschrecke (? in
Deutschland)

♂: Cerci allmählich
gekrümmt
♀: Legescheide glatt

Meconema meridionale
Südeuropäische
Eichenschrecke
(von SW her
eingeschleppt)

Nadelwälder
♂: oben schwarz, unten
grün
♀: grün mit hellem
Seitenstreifen; groß
dunkel punktiert

Barbitistes constrictus
Nadelholz-Säbelschrecke

Lebensraum
Hinterleibsfärbung

Laubwälder;
♂: grasgrün
♀: grün, fein dunkel
punktiert

Barbitistes serricauda
Laubholz-Säbelschrecke

♂: Cerci s-förmig
♀: Legescheide gezähnt,
nur am Ende aufwärts
gebogen

Wiesen;
grasgrün

Polysarcus denticauda ♀
Gemeine Wanstschrecke

Köhler

Orthoptera · Geradflügler 4: Tettigonioidea 2

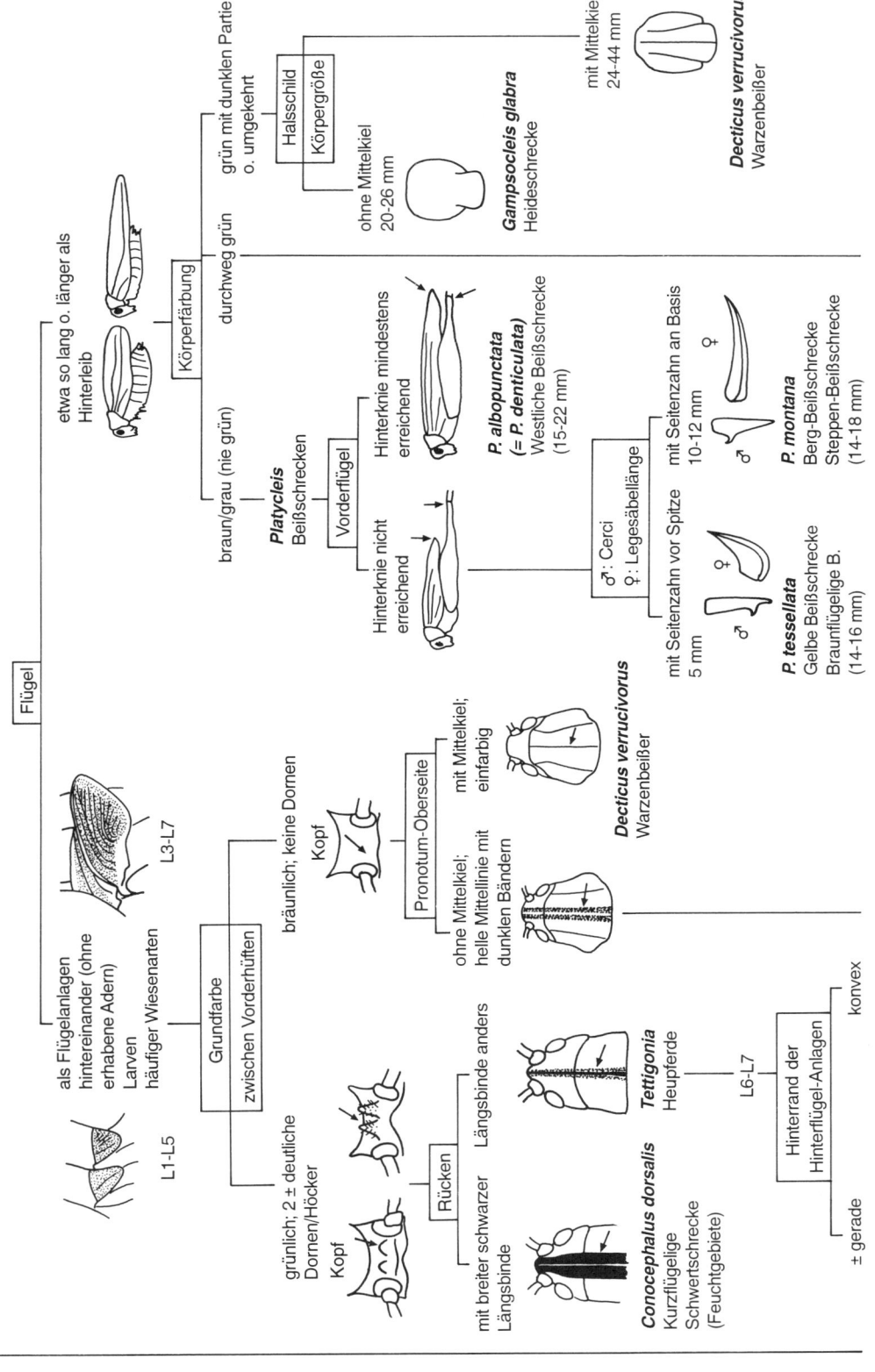

Flügel

etwa so lang o. länger als Hinterleib

Körperfärbung

grün mit dunklen Partien o. umgekehrt

durchweg grün

braun/grau (nie grün)

Halsschild

Körpergröße

mit Mittelkiel 24-44 mm

Decticus verrucivorus Warzenbeißer

ohne Mittelkiel 20-26 mm

Gampsocleis glabra Heideschrecke

Platycleis Beißschrecken

Vorderflügel

Hinterknie mindestens erreichend

P. albopunctata (= P. denticulata) Westliche Beißschrecke (15-22 mm)

Hinterknie nicht erreichend

♂: Cerci ♀: Legesäbellänge

mit Seitenzahn an Basis 10-12 mm

P. montana Berg-Beißschrecke Steppen-Beißschrecke (14-18 mm)

mit Seitenzahn vor Spitze 5 mm

P. tessellata Gelbe Beißschrecke Braunflügelige B. (14-16 mm)

als Flügelanlagen hintereinander (ohne erhabene Adern) Larven häufiger Wiesenarten

L3-L7

Grundfarbe zwischen Vorderhüften

bräunlich; keine Dornen

Kopf

Pronotum-Oberseite

mit Mittelkiel; einfarbig

Decticus verrucivorus Warzenbeißer

ohne Mittelkiel; helle Mittellinie mit dunklen Bändern

grünlich; 2 ± deutliche Dornen/Höcker

Kopf

L1-L5

Rücken

Längsbinde anders

Tettigonia Heupferde

L6-L7

Hinterrand der Hinterflügel-Anlagen

konvex

± gerade

mit breiter schwarzer Längsbinde

Conocephalus dorsalis Kurzflügelige Schwertschrecke (Feuchtgebiete)

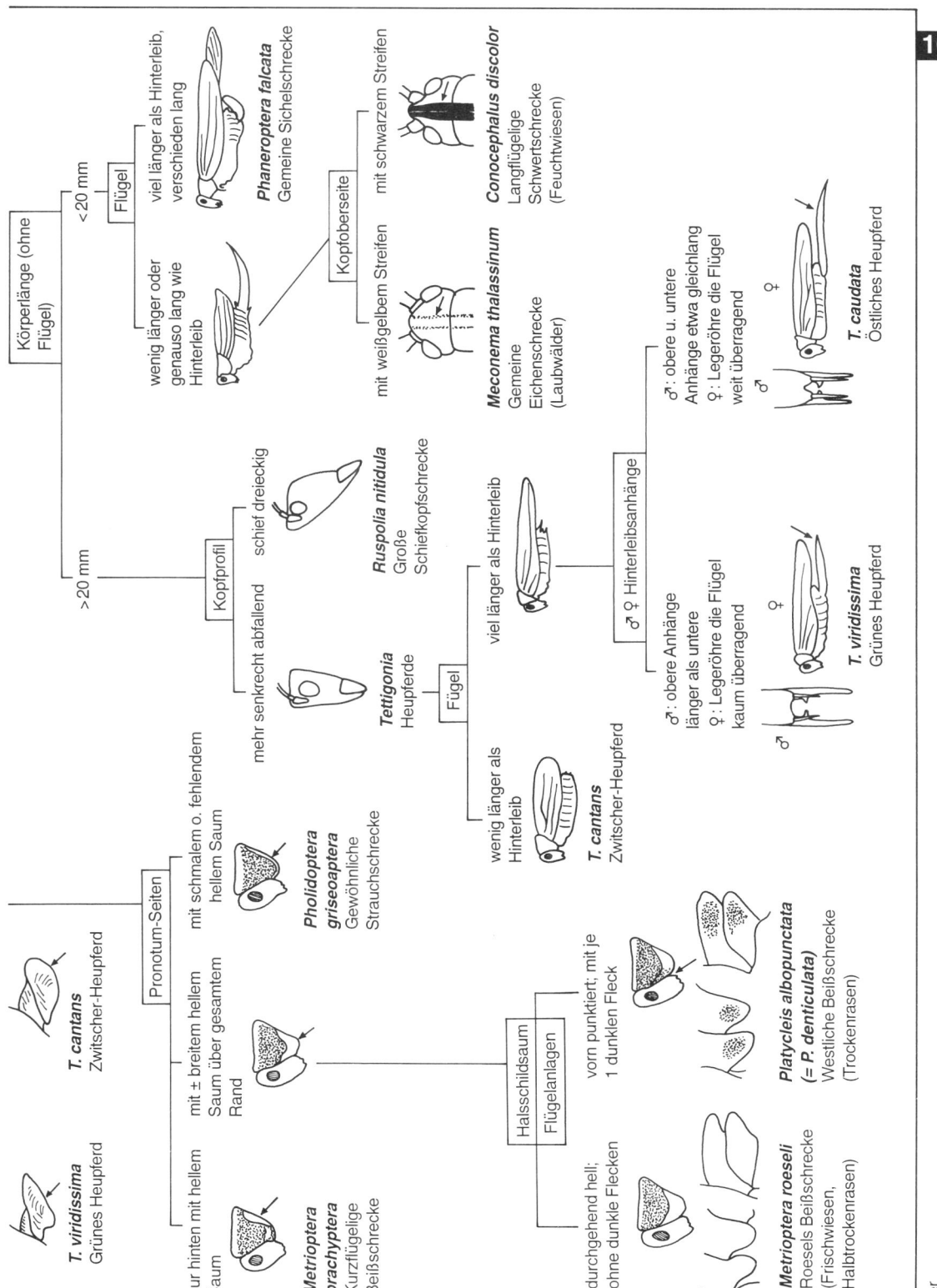

Körperlänge (ohne Flügel)

>20 mm

<20 mm

Flügel

viel länger als Hinterleib, verschieden lang
Phaneroptera falcata
Gemeine Sichelschrecke

wenig länger oder genauso lang wie Hinterleib

Kopfoberseite

mit schwarzem Streifen
Conocephalus discolor
Langflügelige Schwertschrecke (Feuchtwiesen)

mit weißgelbem Streifen
Meconema thalassinum
Gemeine Eichenschrecke (Laubwälder)

Kopfprofil

schief dreieckig
Ruspolia nitidula
Große Schiefkopfschrecke

mehr senkrecht abfallend
Tettigonia
Heupferde

Flügel

viel länger als Hinterleib

♂ ♀ Hinterleibsanhänge

♂: obere u. untere Anhänge etwa gleichlang
♀: Legeröhre die Flügel weit überragend
T. caudata
Östliches Heupferd

♂: obere Anhänge länger als untere
♀: Legeröhre die Flügel kaum überragend
T. viridissima
Grünes Heupferd

wenig länger als Hinterleib
T. cantans
Zwitscher-Heupferd

T. viridissima
Grünes Heupferd

T. cantans
Zwitscher-Heupferd

Pronotum-Seiten

mit schmalem o. fehlendem hellem Saum
Pholidoptera griseoaptera
Gewöhnliche Strauchschrecke

mit ± breitem hellem Saum über gesamtem Rand

Halsschildsaum
Flügelanlagen

vorn punktiert; mit je 1 dunklen Fleck
Platycleis albopunctata (= P. denticulata)
Westliche Beißschrecke (Trockenrasen)

durchgehend hell; ohne dunkle Flecken
Metrioptera roeseli
Roesels Beißschrecke (Frischwiesen, Halbtrockenrasen)

nur hinten mit hellem Saum
Metrioptera brachyptera
Kurzflügelige Beißschrecke

Köhler

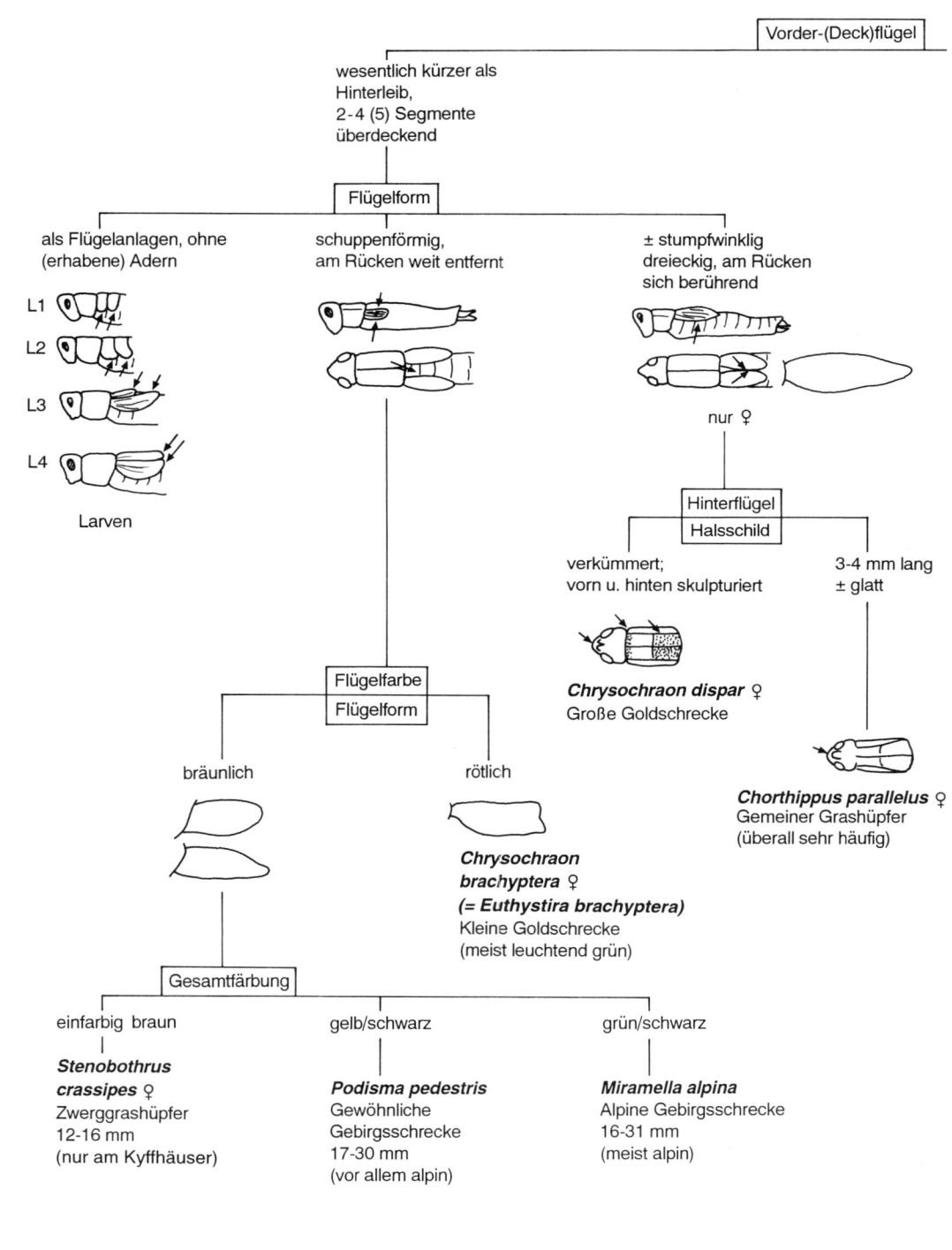

Vorder-(Deck)flügel

wesentlich kürzer als
Hinterleib,
2-4 (5) Segmente
überdeckend

Flügelform

als Flügelanlagen, ohne
(erhabene) Adern

L1

L2

L3

L4

Larven

schuppenförmig,
am Rücken weit entfernt

± stumpfwinklig
dreieckig, am Rücken
sich berührend

nur ♀

Hinterflügel
Halsschild

verkümmert;
vorn u. hinten skulpturiert

3-4 mm lang
± glatt

Chrysochraon dispar ♀
Große Goldschrecke

Chorthippus parallelus ♀
Gemeiner Grashüpfer
(überall sehr häufig)

Flügelfarbe
Flügelform

bräunlich

rötlich

***Chrysochraon
brachyptera*** ♀
(= Euthystira brachyptera)
Kleine Goldschrecke
(meist leuchtend grün)

Gesamtfärbung

einfarbig braun

***Stenobothrus
crassipes*** ♀
Zwerggrashüpfer
12-16 mm
(nur am Kyffhäuser)

gelb/schwarz

Podisma pedestris
Gewöhnliche
Gebirgsschrecke
17-30 mm
(vor allem alpin)

grün/schwarz

Miramella alpina
Alpine Gebirgsschrecke
16-31 mm
(meist alpin)

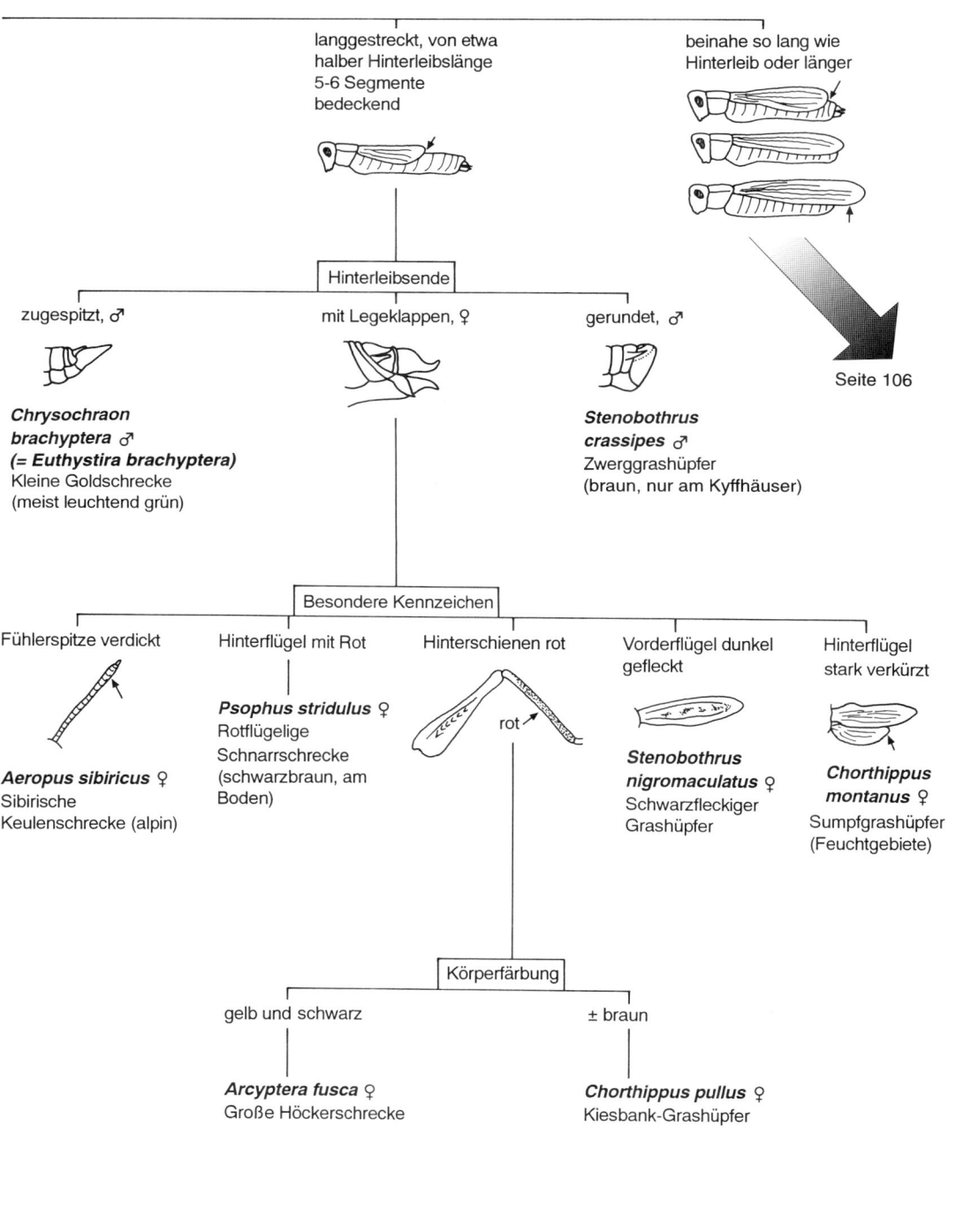

langgestreckt, von etwa
halber Hinterleibslänge
5-6 Segmente
bedeckend

beinahe so lang wie
Hinterleib oder länger

Seite 106

Hinterleibsende

zugespitzt, ♂

mit Legeklappen, ♀

gerundet, ♂

***Chrysochraon
brachyptera* ♂
(= *Euthystira brachyptera*)**
Kleine Goldschrecke
(meist leuchtend grün)

***Stenobothrus
crassipes* ♂**
Zwerggrashüpfer
(braun, nur am Kyffhäuser)

Besondere Kennzeichen

Fühlerspitze verdickt

Hinterflügel mit Rot

Hinterschienen rot

Vorderflügel dunkel
gefleckt

Hinterflügel
stark verkürzt

***Aeropus sibiricus* ♀**
Sibirische
Keulenschrecke (alpin)

***Psophus stridulus* ♀**
Rotflügelige
Schnarrschrecke
(schwarzbraun, am
Boden)

rot

***Stenobothrus
nigromaculatus* ♀**
Schwarzfleckiger
Grashüpfer

***Chorthippus
montanus* ♀**
Sumpfgrashüpfer
(Feuchtgebiete)

Körperfärbung

gelb und schwarz

± braun

***Arcyptera fusca* ♀**
Große Höckerschrecke

***Chorthippus pullus* ♀**
Kiesbank-Grashüpfer

Hinterflügelfärbung

rot mit dunklem Rand

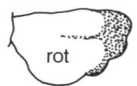

Psophus stridulus
Rotflügelige
Schnarrschrecke
(♂ mit Klapperflug)

innen rosarot,
äußeres Drittel braun
durchscheinend,
Flügel groß,
schmetterlingsartig

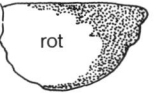

Bryodema tuberculata
Gefleckte
Schnarrschrecke
(♂ mit Klapperflug; selten
in Süddeutschland)

innen rot, mit dunkler
Binde

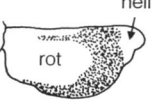

Oedipoda germanica
Rotflügelige
Ödlandschrecke

innen hellrot, außen
durchscheinend

Calliptamus italicus
Italienische
Schönschrecke

± auffällig gekeult (von
oben/unten gesehen)

"Keulenschrecken"

Vorderflügel-Vorderrand
Fühlerkeule

ausgebuchtet;
hell mit dunkler Spitze
± gerade

Aeropus sibiricus
Sibirische
Keulenschrecke
(alpin; ♂: Vorderbein
blasig verdickt)
18-25 mm

ausgebuchtet;
schwarz mit weißer
Spitze,
± gerade

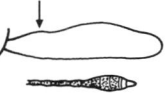

Gomphocerus rufus
Rote Keulenschrecke
14-24 mm

gerade; einfarbig dunkel,
meist nach außen
gebogen

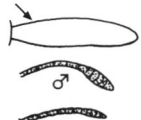

**Myrmeleotettix
maculatus**
Gefleckte
Keulenschrecke (oft ±
gescheckt,
11-17 mm,
♀-Keule sehr schwach)

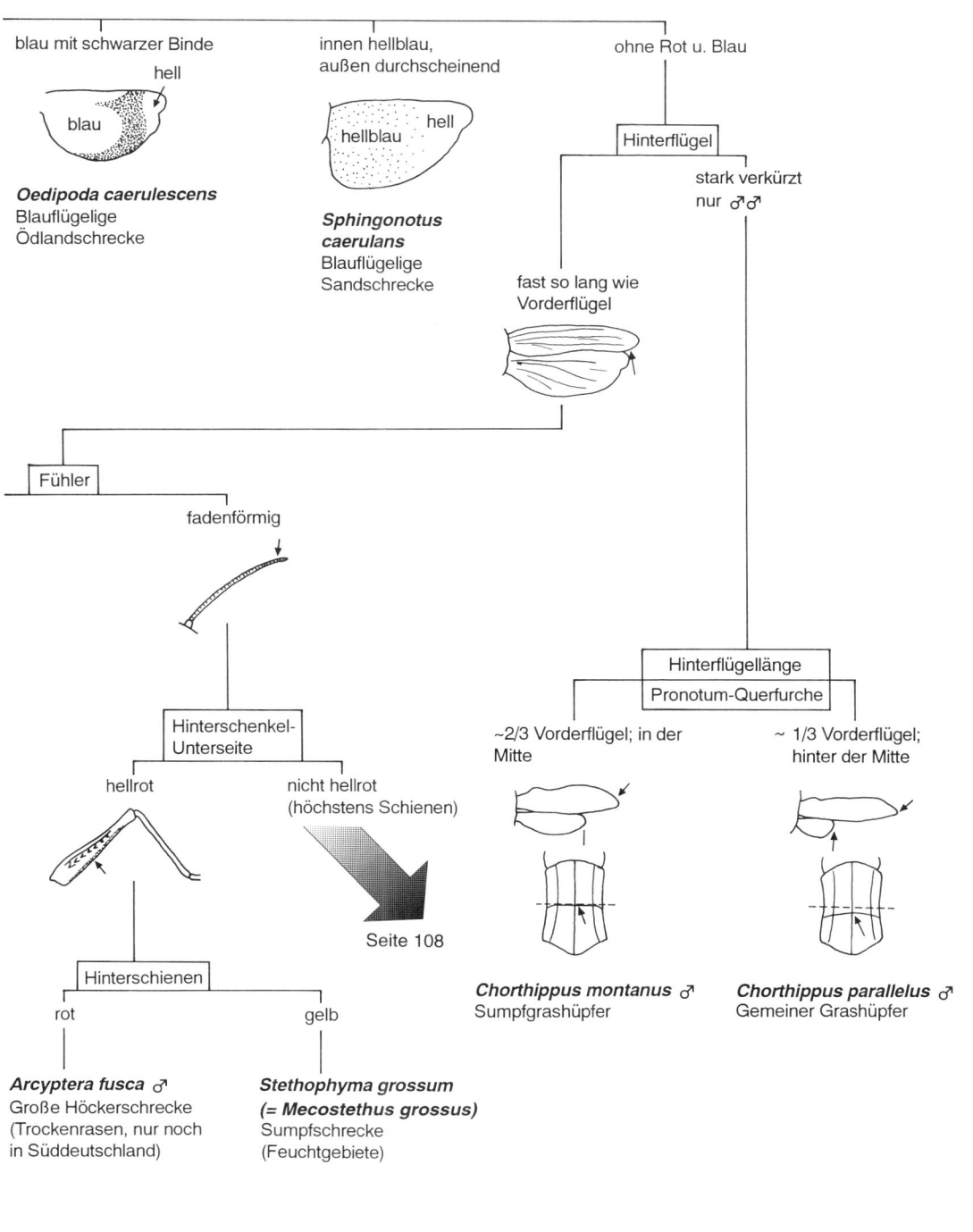

blau mit schwarzer Binde

hell

blau

Oedipoda caerulescens
Blauflügelige
Ödlandschrecke

innen hellblau,
außen durchscheinend

hellblau   hell

**Sphingonotus
caerulans**
Blauflügelige
Sandschrecke

ohne Rot u. Blau

Hinterflügel

stark verkürzt
nur ♂♂

fast so lang wie
Vorderflügel

Fühler

fadenförmig

Hinterschenkel-
Unterseite

hellrot

nicht hellrot
(höchstens Schienen)

Seite 108

Hinterschienen

rot

gelb

Arcyptera fusca ♂
Große Höckerschrecke
(Trockenrasen, nur noch
in Süddeutschland)

**Stethophyma grossum
(= Mecostethus grossus)**
Sumpfschrecke
(Feuchtgebiete)

Hinterflügellänge
Pronotum-Querfurche

~2/3 Vorderflügel; in der
Mitte

~ 1/3 Vorderflügel;
hinter der Mitte

Chorthippus montanus ♂
Sumpfgrashüpfer

Chorthippus parallelus ♂
Gemeiner Grashüpfer

Köhler

Orthoptera · Geradflügler 7: **Acrididae** 3 (hierunter häufige Wiesenarten)

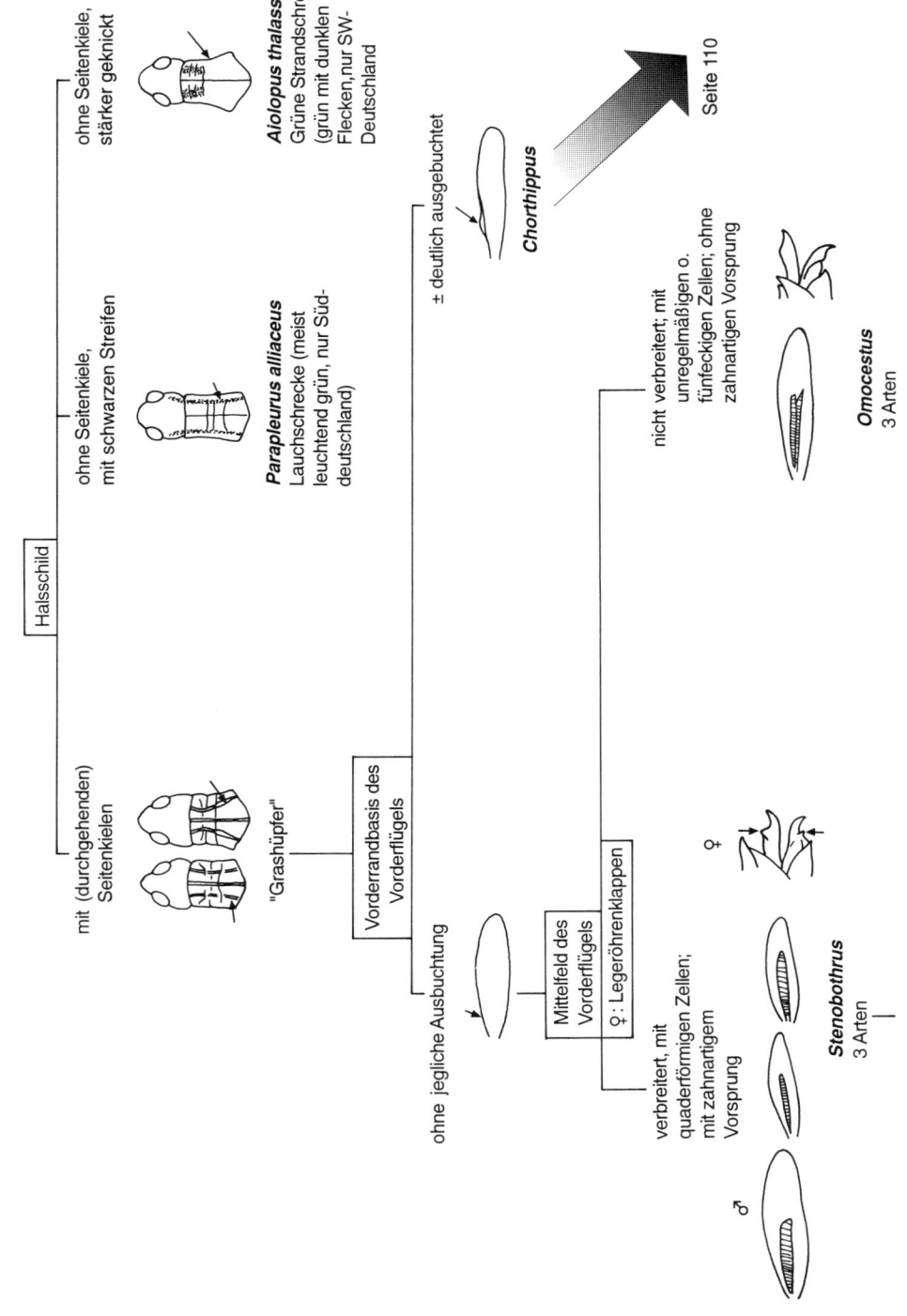

Halsschild

ohne Seitenkiele, stärker geknickt

Aiolopus thalassinus
Grüne Strandschrecke
(grün mit dunklen Flecken, nur SW-Deutschland)

ohne Seitenkiele, mit schwarzen Streifen

Parapleurus alliaceus
Lauchschrecke (meist leuchtend grün, nur Süddeutschland)

mit (durchgehenden) Seitenkielen

"Grashüpfer"

Vorderrandbasis des Vorderflügels

± deutlich ausgebuchtet

Chorthippus

Seite 110

nicht verbreitert; mit unregelmäßigen o. fünfeckigen Zellen; ohne zahnartigen Vorsprung

Omocestus
3 Arten

ohne jegliche Ausbuchtung

Mittelfeld des Vorderflügels

♀: Legeröhrenklappen

verbreitert, mit quaderförmigen Zellen; mit zahnartigem Vorsprung

Stenobothrus
3 Arten

♀

♂

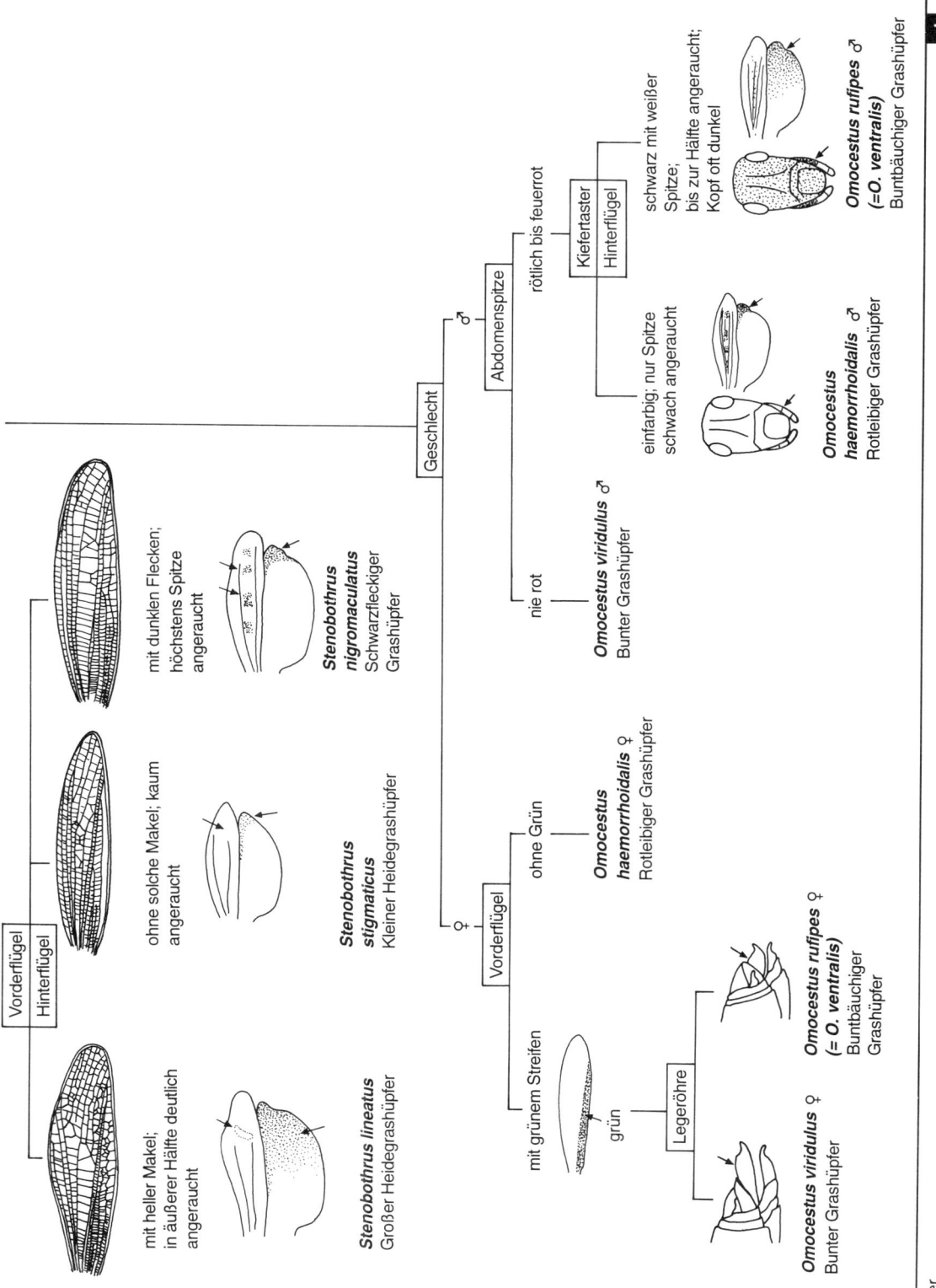

Vorderflügel
Hinterflügel

mit heller Makel; in äußerer Hälfte deutlich angeraucht

ohne solche Makel; kaum angeraucht

mit dunklen Flecken; höchstens Spitze angeraucht

Stenobothrus lineatus Großer Heidegrashüpfer

Stenobothrus stigmaticus Kleiner Heidegrashüpfer

Stenobothrus nigromaculatus Schwarzfleckiger Grashüpfer

Geschlecht

♀

♂

Vorderflügel

mit grünem Streifen

grün

Legeröhre

Omocestus viridulus ♀ Bunter Grashüpfer

Omocestus rufipes ♀ (= *O. ventralis*) Buntbäuchiger Grashüpfer

ohne Grün

Omocestus haemorrhoidalis ♀ Rotleibiger Grashüpfer

Abdomenspitze

nie rot

Omocestus viridulus ♂ Bunter Grashüpfer

rötlich bis feuerrot

Kiefertaster
Hinterflügel

einfarbig; nur Spitze schwach angeraucht

Omocestus haemorrhoidalis ♂ Rotleibiger Grashüpfer

schwarz mit weißer Spitze; bis zur Hälfte angeraucht; Kopf oft dunkel

Omocestus rufipes ♂ (=*O. ventralis*) Buntbäuchiger Grashüpfer

Köhler

Orthoptera · Geradflügler 8: Acrididae 4

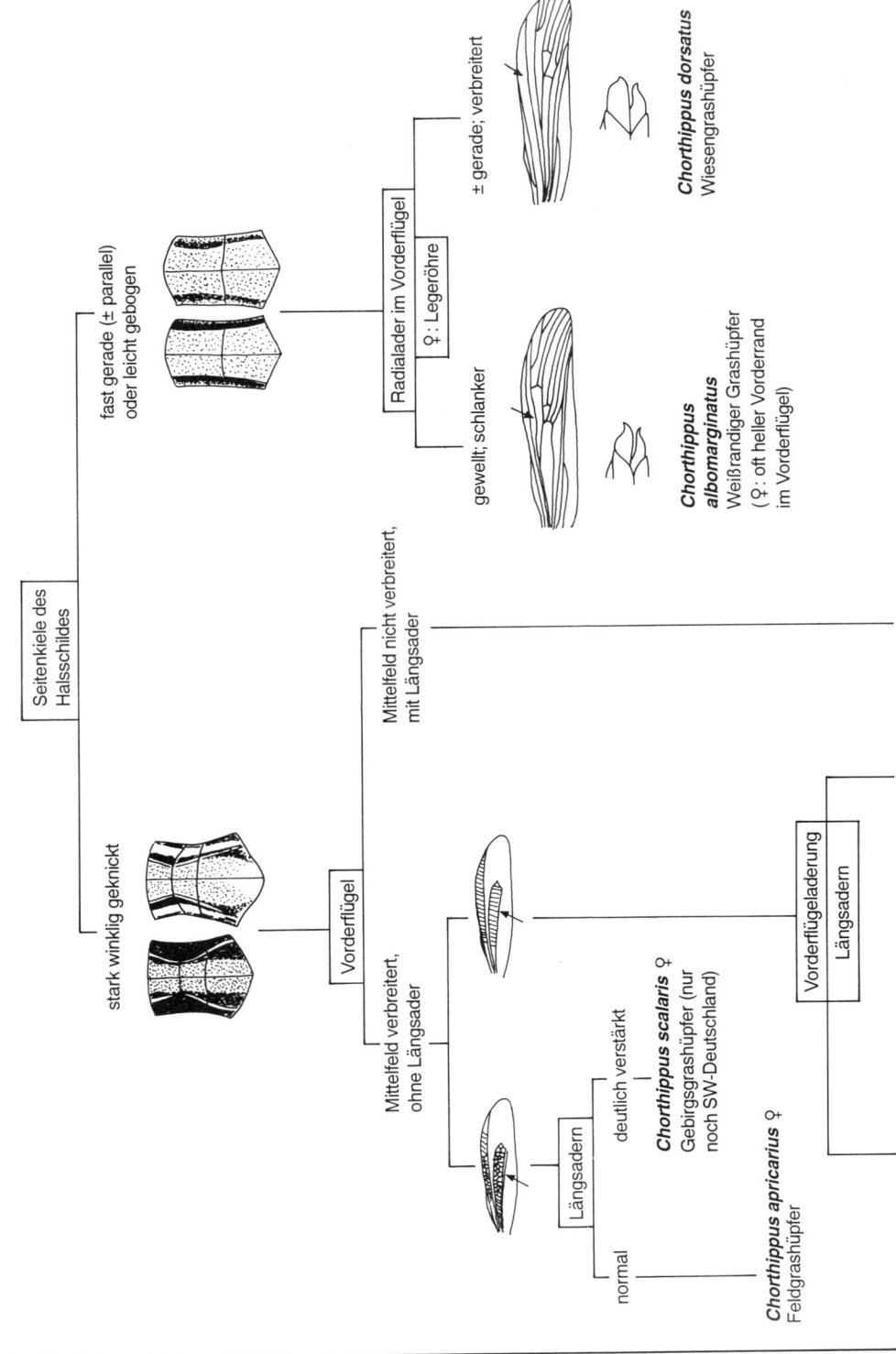

Seitenkiele des Halsschildes

stark winklig geknickt

fast gerade (± parallel) oder leicht gebogen

Vorderflügel

Radialader im Vorderflügel

♀: Legeröhre

± gerade; verbreitert

Chorthippus dorsatus
Wiesengrashüpfer

gewellt; schlanker

Chorthippus albomarginatus
Weißrandiger Grashüpfer
(♀: oft heller Vorderrand im Vorderflügel)

Mittelfeld nicht verbreitert, mit Längsader

Mittelfeld verbreitert, ohne Längsader

Längsadern

normal

Chorthippus apricarius ♀
Feldgrashüpfer

deutlich verstärkt

Chorthippus scalaris ♀
Gebirgsgrashüpfer (nur noch SW-Deutschland)

Vorderflügeladerung

Längsadern

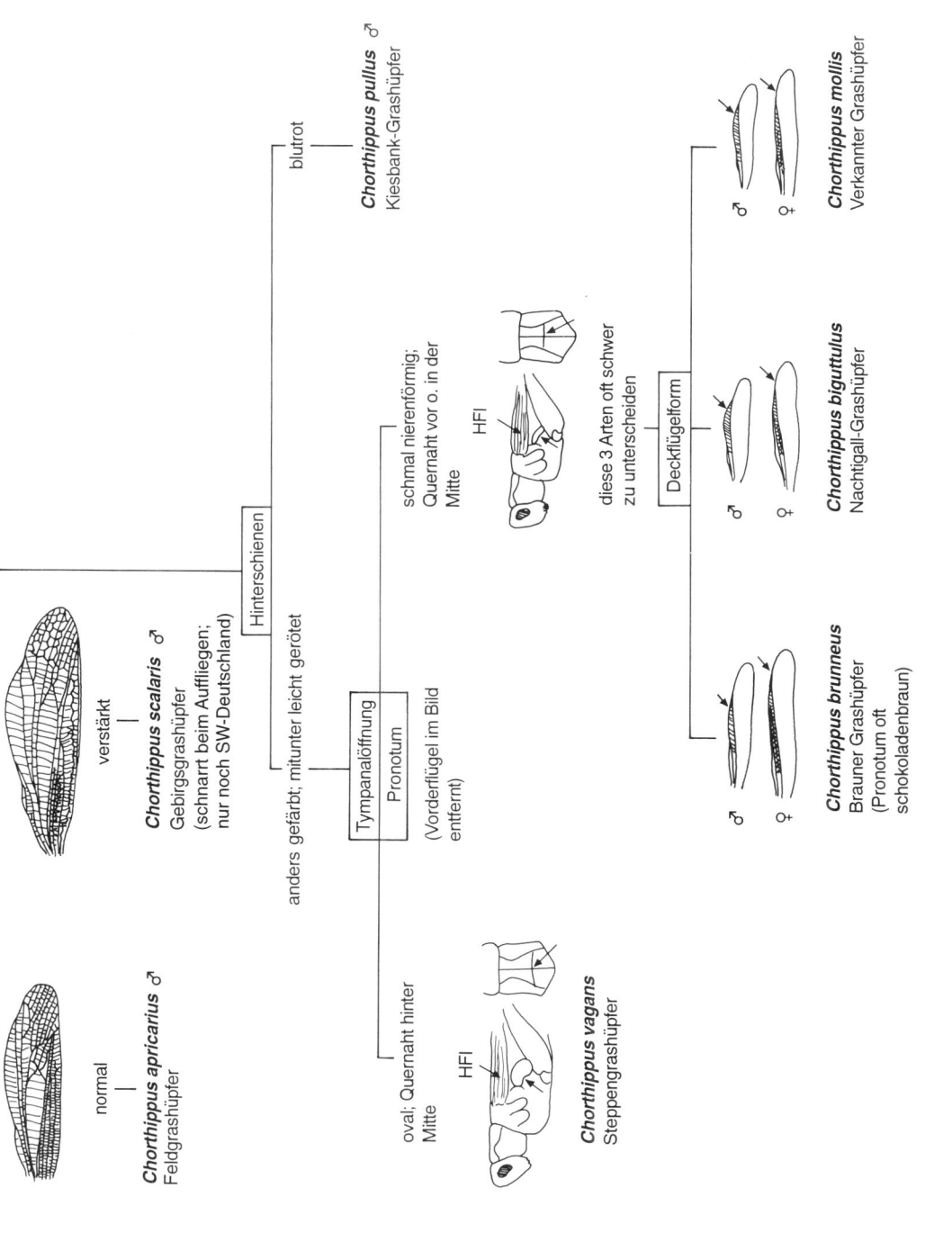

normal

Chorthippus apricarius ♂
Feldgrashüpfer

verstärkt

Chorthippus scalaris ♂
Gebirgsgrashüpfer
(schnarrt beim Auffliegen;
nur noch SW-Deutschland)

blutrot

Chorthippus pullus ♂
Kiesbank-Grashüpfer

Hinterschienen

anders gefärbt; mitunter leicht gerötet

Tympanalöffnung

Pronotum
(Vorderflügel im Bild
entfernt)

schmal nierenförmig;
Quernaht vor o. in der
Mitte

HFl

oval; Quernaht hinter
Mitte

HFl

Chorthippus vagans
Steppengrashüpfer

diese 3 Arten oft schwer
zu unterscheiden

Deckflügelform

♂   ♀

Chorthippus brunneus
Brauner Grashüpfer
(Pronotum oft
schokoladenbraun)

♂   ♀

Chorthippus biguttulus
Nachtigall-Grashüpfer

♂   ♀

Chorthippus mollis
Verkannter Grashüpfer

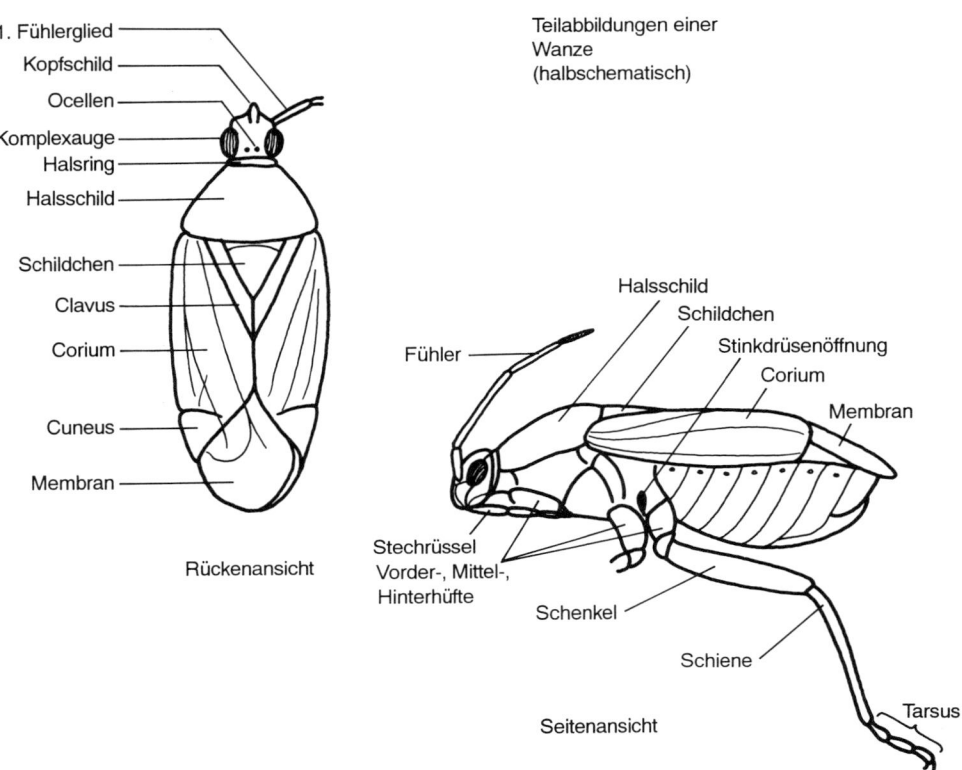

1. Fühlerglied
Kopfschild
Ocellen
Komplexauge
Halsring
Halsschild

Schildchen
Clavus
Corium

Cuneus

Membran

Rückenansicht

Teilabbildungen einer
Wanze
(halbschematisch)

Halsschild
Schildchen
Stinkdrüsenöffnung
Corium
Membran

Fühler

Stechrüssel
Vorder-, Mittel-,
Hinterhüfte

Schenkel

Schiene

Tarsus

Seitenansicht

In erster Linie an Hand der Deckflügelgliederung (sklerotisierter Vorderteil =Corium und membranöser Hinterteil = Membran) sowie am kräftigen Stechrüssel (Rostrum) zu erkennen. Mit Stinkdrüsen, deren Ausführgang beidseitig zwischen Mittel- und Hinterhüfte mündet.

Bei einigen Arten sind die Flügel stark reduziert (verkürzt); bei manchen Gruppen gibt es Arten mit lang- (makropteren) und kurzflügligen (brachypteren) Individuen (Modifikation durch Umweltfaktoren wie Tageslänge, Temperatur u.a.).

Überwiegend Pflanzensaftsauger, aber auch räuberische Arten bzw. Artengruppen. In einigen Fällen beide Ernährungsformen möglich, die dann während der Individualentwicklung wechseln.

Lebensraum im Wasser (Wasserwanzen, **Hydrocorisae**), auf der Wasseroberfläche (wasserliebende Landwanzen, Wasserläufer) oder (die meisten Arten) auf dem Lande (Landwanzen, **Geocorisae**).

- Kopf mit 3- bis 5-gliedrigen Fühlern und bei manchen Gruppen zusätzlich zu den Komplexaugen mit 2 Punktaugen (Ocellen)
- Schildchen (Scutellum) meist von charakteristischer, dreieckiger Form, oft groß und dann den ganzen Hinterleib bedeckend
- Corium bei einigen Gruppen mit gelenkig abgegliederter Spitze (Cuneus)

Heteroptera · Wanzen 1: mit reduzierten Flügeln (ohne Membran)

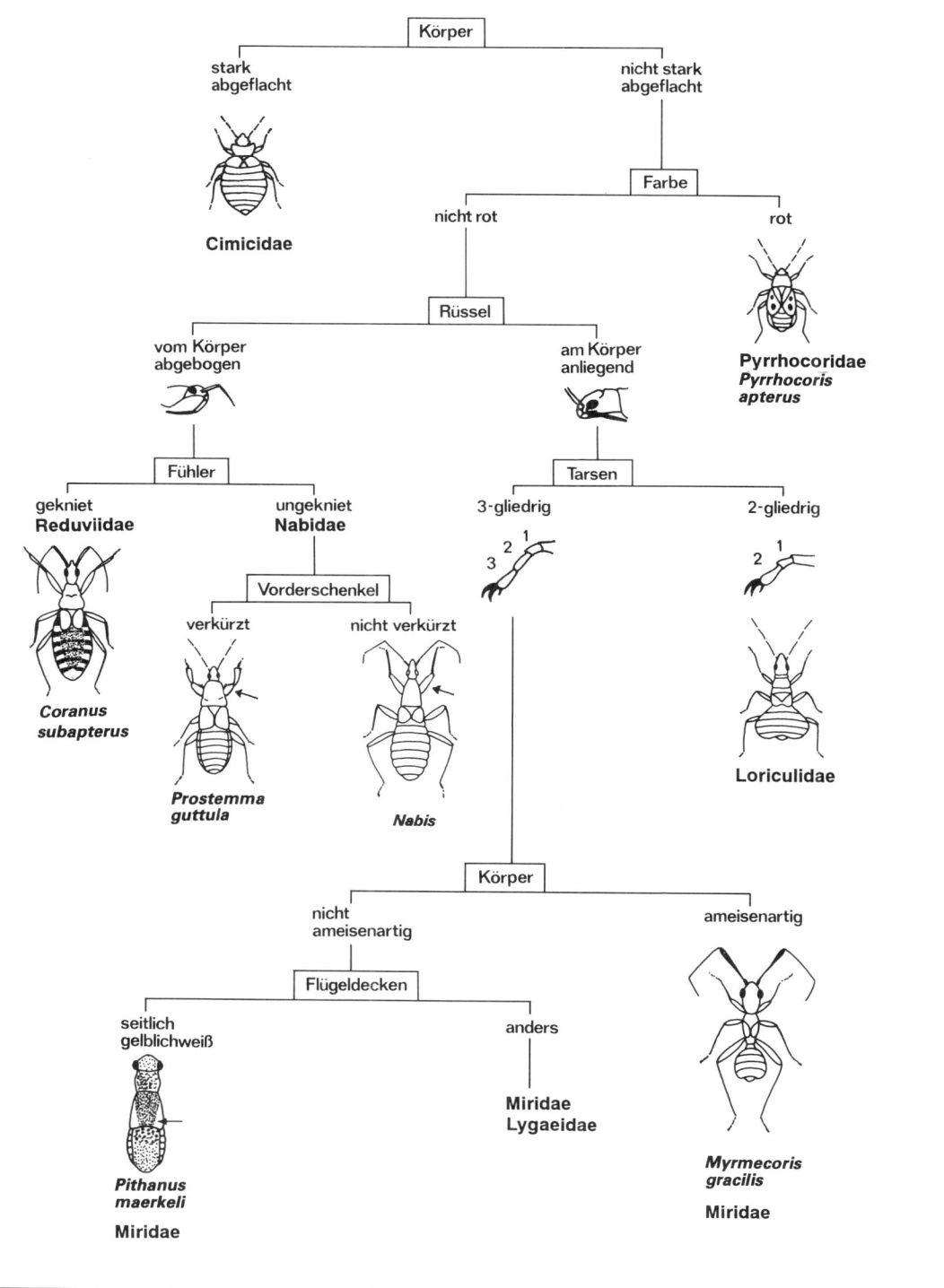

Körper

stark abgeflacht → **Cimicidae**

nicht stark abgeflacht → Farbe

Farbe: rot → **Pyrrhocoridae** *Pyrrhocoris apterus*

Farbe: nicht rot → Rüssel

Rüssel: vom Körper abgebogen → Fühler

Fühler: gekniet → **Reduviidae** — *Coranus subapterus*

Fühler: ungekniet → **Nabidae** → Vorderschenkel

Vorderschenkel: verkürzt → *Prostemma guttula*

Vorderschenkel: nicht verkürzt → *Nabis*

Rüssel: am Körper anliegend → Tarsen

Tarsen: 3-gliedrig

Tarsen: 2-gliedrig → **Loriculidae**

Körper

nicht ameisenartig → Flügeldecken

Flügeldecken: seitlich gelblichweiß → *Pithanus maerkeli* — **Miridae**

Flügeldecken: anders → **Miridae Lygaeidae**

ameisenartig → *Myrmecoris gracilis* — **Miridae**

Heteroptera · Wanzen 2: Übersicht, **Hydrocorisae** Wasserwanzen und **Amphibiocorisae** Wasserläufer

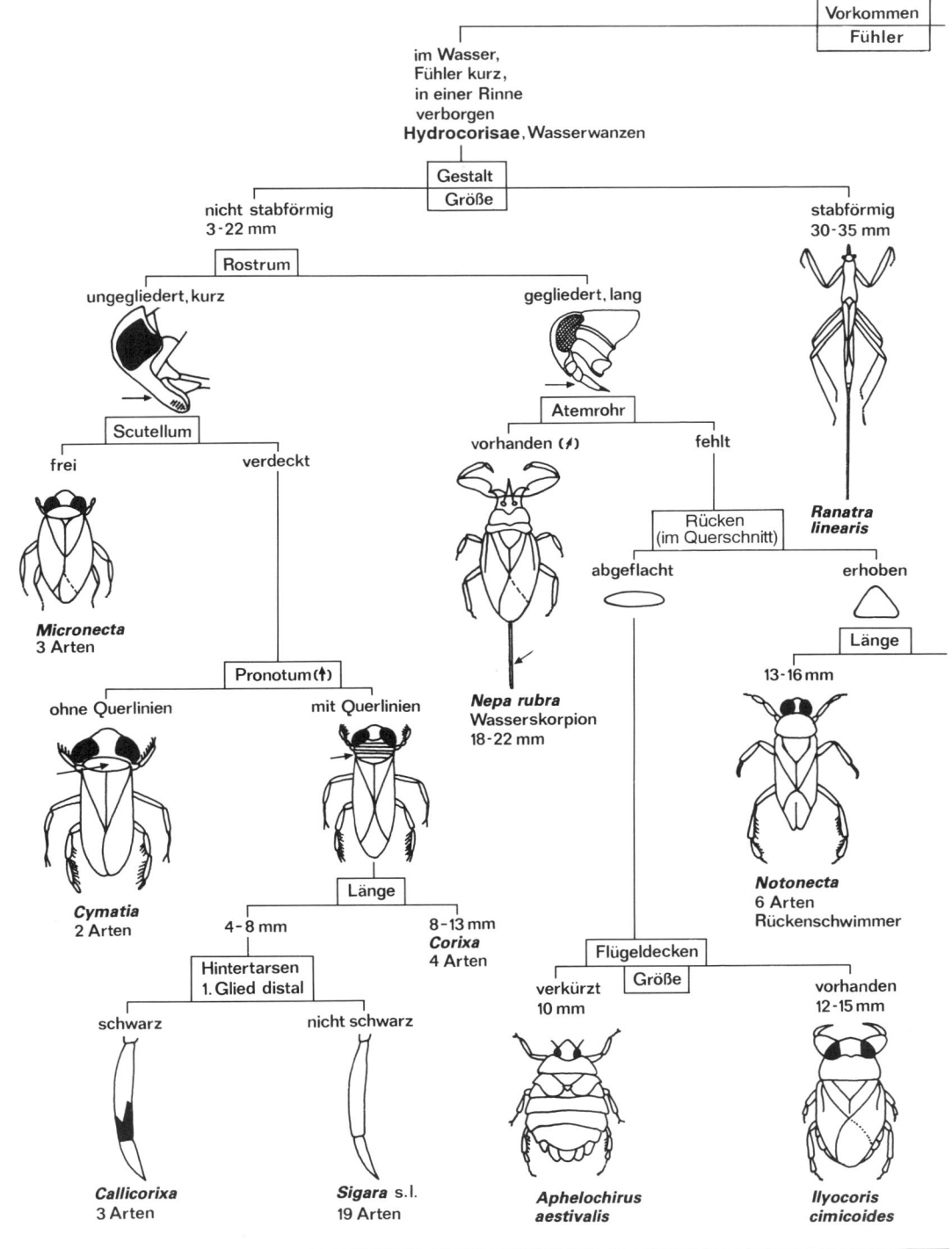

Vorkommen
Fühler

im Wasser,
Fühler kurz,
in einer Rinne
verborgen
Hydrocorisae, Wasserwanzen

Gestalt
Größe

nicht stabförmig
3-22 mm

stabförmig
30-35 mm

Rostrum

ungegliedert, kurz

gegliedert, lang

Atemrohr

vorhanden (♂)

fehlt

Scutellum

frei

verdeckt

**Ranatra
linearis**

Rücken
(im Querschnitt)

abgeflacht

erhoben

Micronecta
3 Arten

Länge

13-16 mm

Pronotum (♂)

ohne Querlinien

mit Querlinien

Nepa rubra
Wasserskorpion
18-22 mm

Notonecta
6 Arten
Rückenschwimmer

Cymatia
2 Arten

Länge

4-8 mm

8-13 mm
Corixa
4 Arten

Flügeldecken

Hintertarsen
1. Glied distal

Größe

verkürzt
10 mm

vorhanden
12-15 mm

schwarz

nicht schwarz

Callicorixa
3 Arten

Sigara s.l.
19 Arten

**Aphelochirus
aestivalis**

**Ilyocoris
cimicoides**

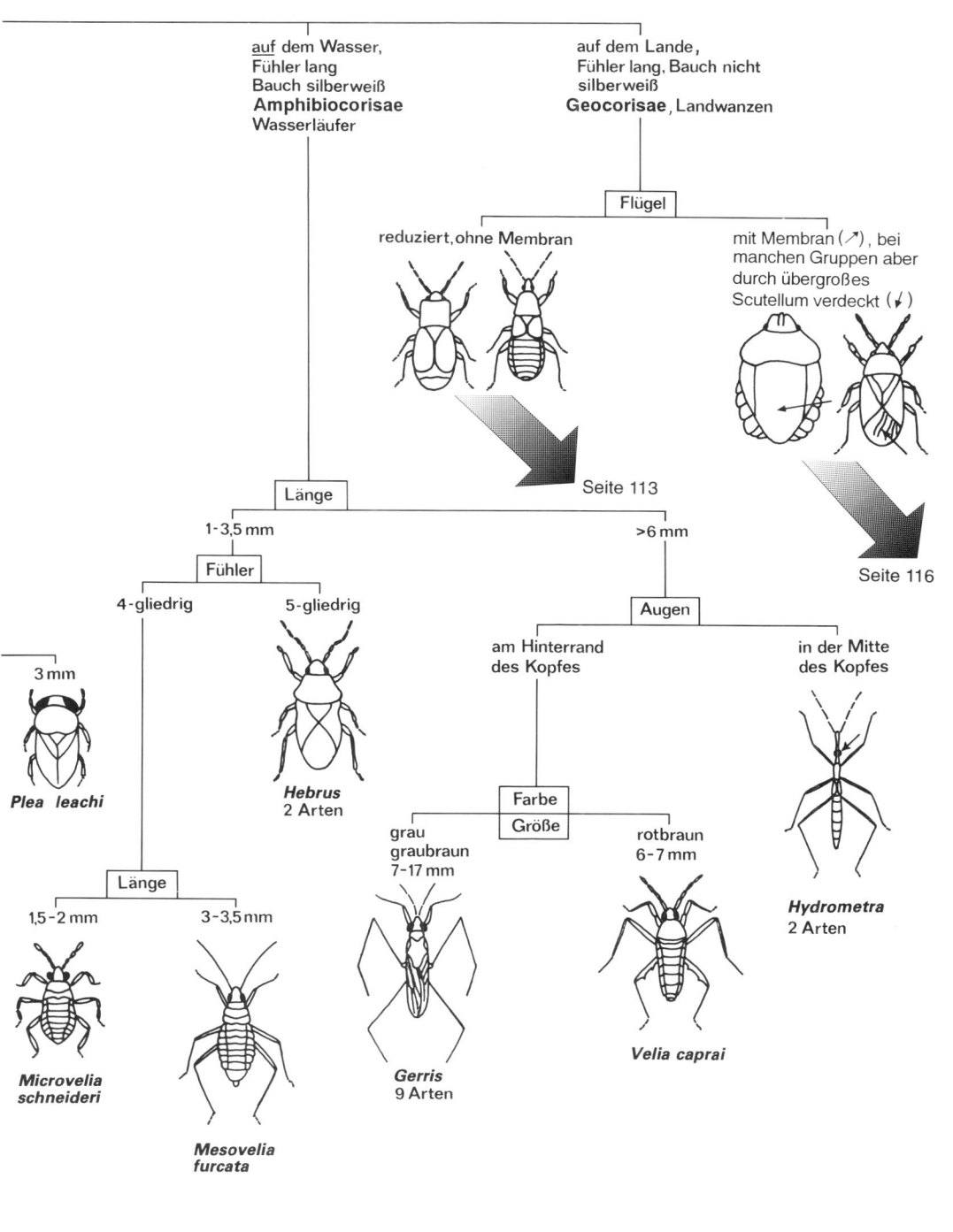

auf dem Wasser,
Fühler lang
Bauch silberweiß
Amphibiocorisae
Wasserläufer

auf dem Lande,
Fühler lang, Bauch nicht
silberweiß
Geocorisae, Landwanzen

Flügel

reduziert, ohne Membran

mit Membran (↗), bei
manchen Gruppen aber
durch übergroßes
Scutellum verdeckt (↓)

Seite 113

Seite 116

Länge

1-3,5 mm

>6 mm

Fühler

4-gliedrig

5-gliedrig

Augen

am Hinterrand
des Kopfes

in der Mitte
des Kopfes

3 mm

Plea leachi

Hebrus
2 Arten

Länge

1,5-2 mm

3-3,5 mm

Farbe
Größe

grau
graubraun
7-17 mm

rotbraun
6-7 mm

Hydrometra
2 Arten

*Microvelia
schneideri*

Gerris
9 Arten

Velia caprai

*Mesovelia
furcata*

Heteroptera · Wanzen 3: Geocorisae Landwanzen Übersicht

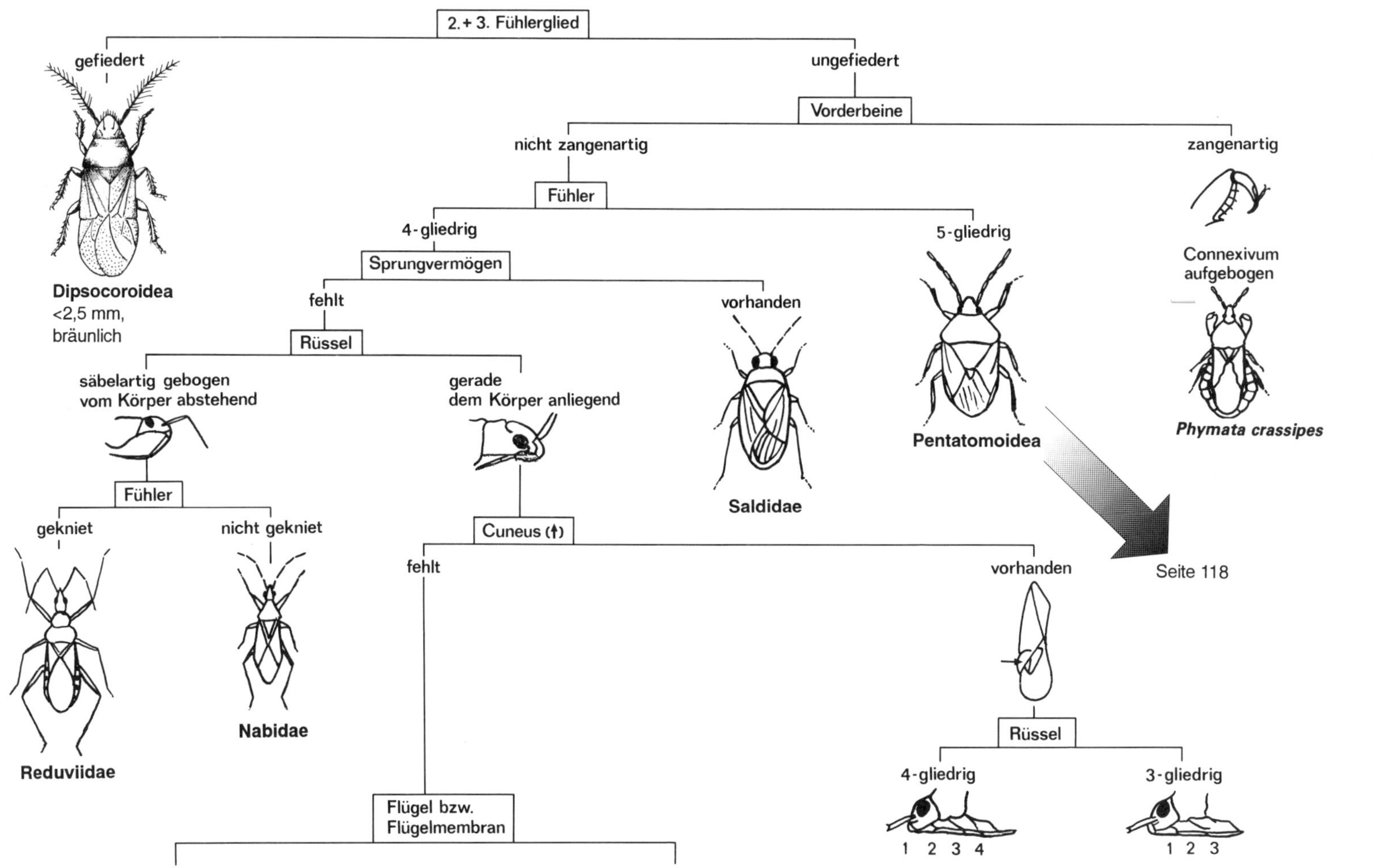

2. + 3. Fühlerglied

gefiedert — **Dipsocoroidea** <2,5 mm, bräunlich

ungefiedert — **Vorderbeine**

zangenartig — **Phymata crassipes** Connexivum aufgebogen

nicht zangenartig — **Fühler**

5-gliedrig — **Pentatomoidea** → Seite 118

4-gliedrig — **Sprungvermögen**

vorhanden — **Saldidae**

fehlt — **Rüssel**

gerade dem Körper anliegend — **Cuneus (†)**

vorhanden — **Rüssel**

4-gliedrig 1 2 3 4

3-gliedrig 1 2 3

fehlt — **Flügel bzw. Flügelmembran**

säbelartig gebogen vom Körper abstehend — **Fühler**

nicht gekniet — **Nabidae**

gekniet — **Reduviidae**

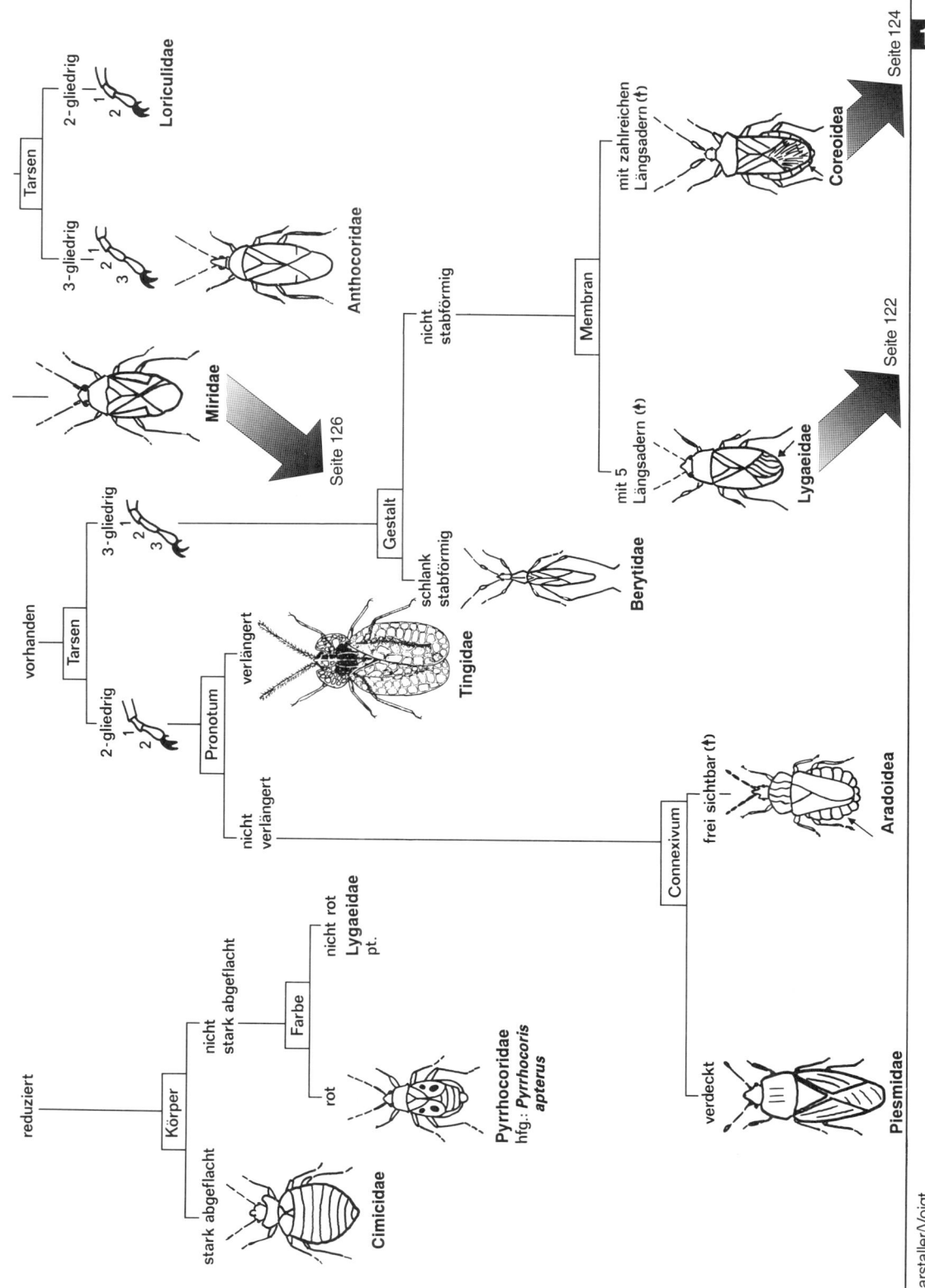

reduziert

Körper

stark abgeflacht

nicht stark abgeflacht

Cimicidae

Farbe

nicht rot
Lygaeidae
pt.

rot

Pyrrhocoridae
hfg.: *Pyrrhocoris apterus*

vorhanden

Tarsen

2-gliedrig

3-gliedrig

Pronotum

verlängert

Tingidae

nicht verlängert

Connexivum

frei sichtbar (†)

Aradoidea

verdeckt

Piesmidae

Gestalt

schlank stabförmig

Berytidae

nicht stabförmig

Miridae
Seite 126

Tarsen

3-gliedrig

Anthocoridae

2-gliedrig

Loriculidae

Membran

mit 5 Längsadern (†)

Lygaeidae
Seite 122

mit zahlreichen Längsadern (†)

Coreoidea
Seite 124

Marstaller/Voigt

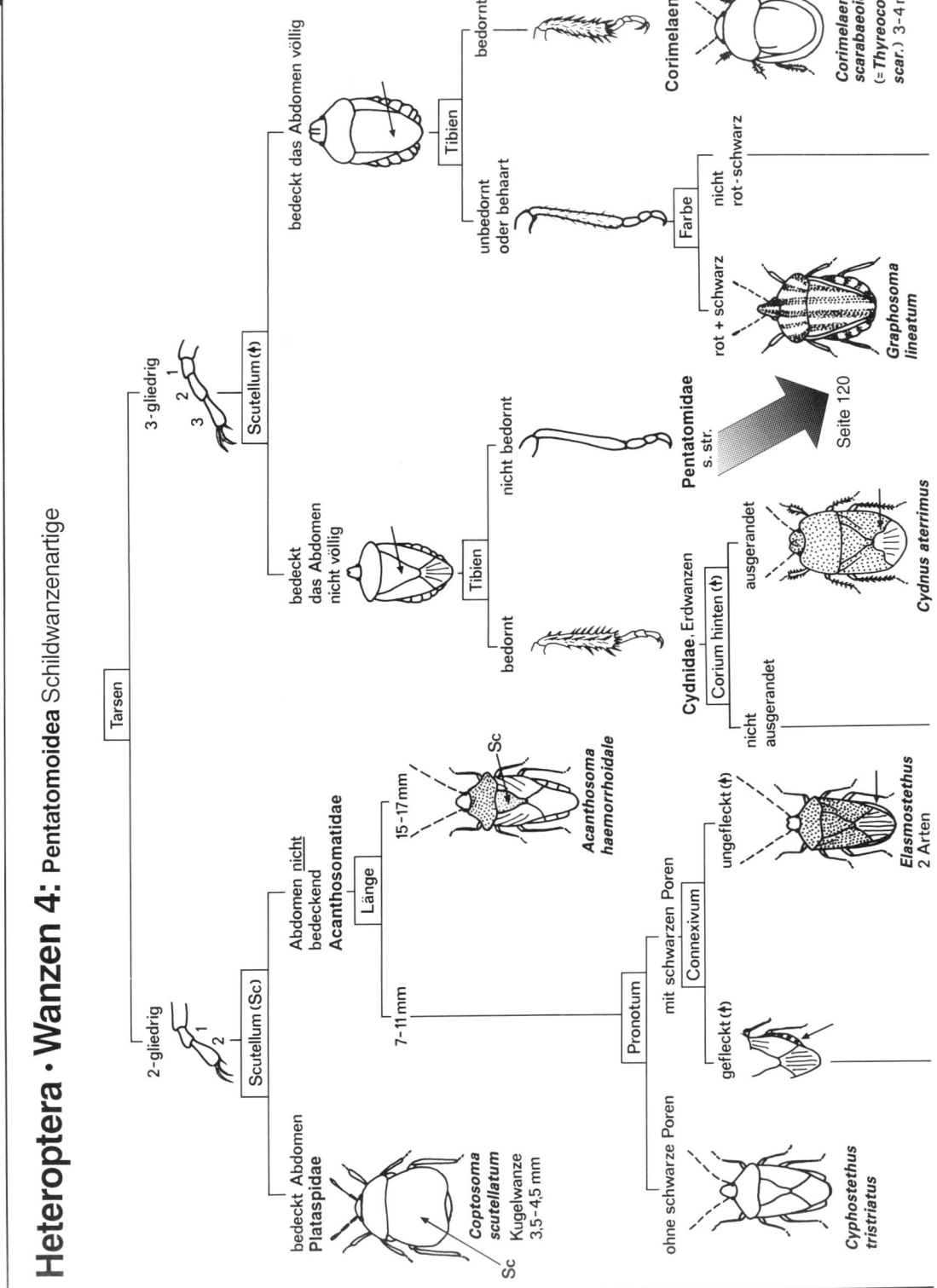

Heteroptera · Wanzen 4: Pentatomoidea Schildwanzenartige

Tarsen

2-gliedrig

Scutellum (Sc)

bedeckt Abdomen
Plataspidae

Coptosoma scutellatum
Kugelwanze
3,5–4,5 mm

Sc

Abdomen nicht bedeckend
Acanthosomatidae

Länge

15–17 mm

Acanthosoma haemorrhoidale

Sc

7–11 mm

Pronotum

mit schwarzen Poren

Connexivum

ungefleckt (♱)

Elasmostethus
2 Arten

gefleckt (♱)

ohne schwarze Poren

Cyphostethus tristriatus

3-gliedrig

Scutellum (♱)

bedeckt das Abdomen nicht völlig

Tibien

nicht bedornt

Pentatomidae
s. str.

Seite 120

bedornt

Cydnidae, Erdwanzen (♱)

Corium hinten (♱)

ausgerandet

Cydnus aterrimus

nicht ausgerandet

bedeckt das Abdomen völlig

Tibien

bedornt

Corimelaenidae

Corimelaena scarabaeoides
(= *Thyreocoris scar.*) 3–4 mm

unbedornt oder behaart

Farbe

nicht rot-schwarz

rot + schwarz

Graphosoma lineatum

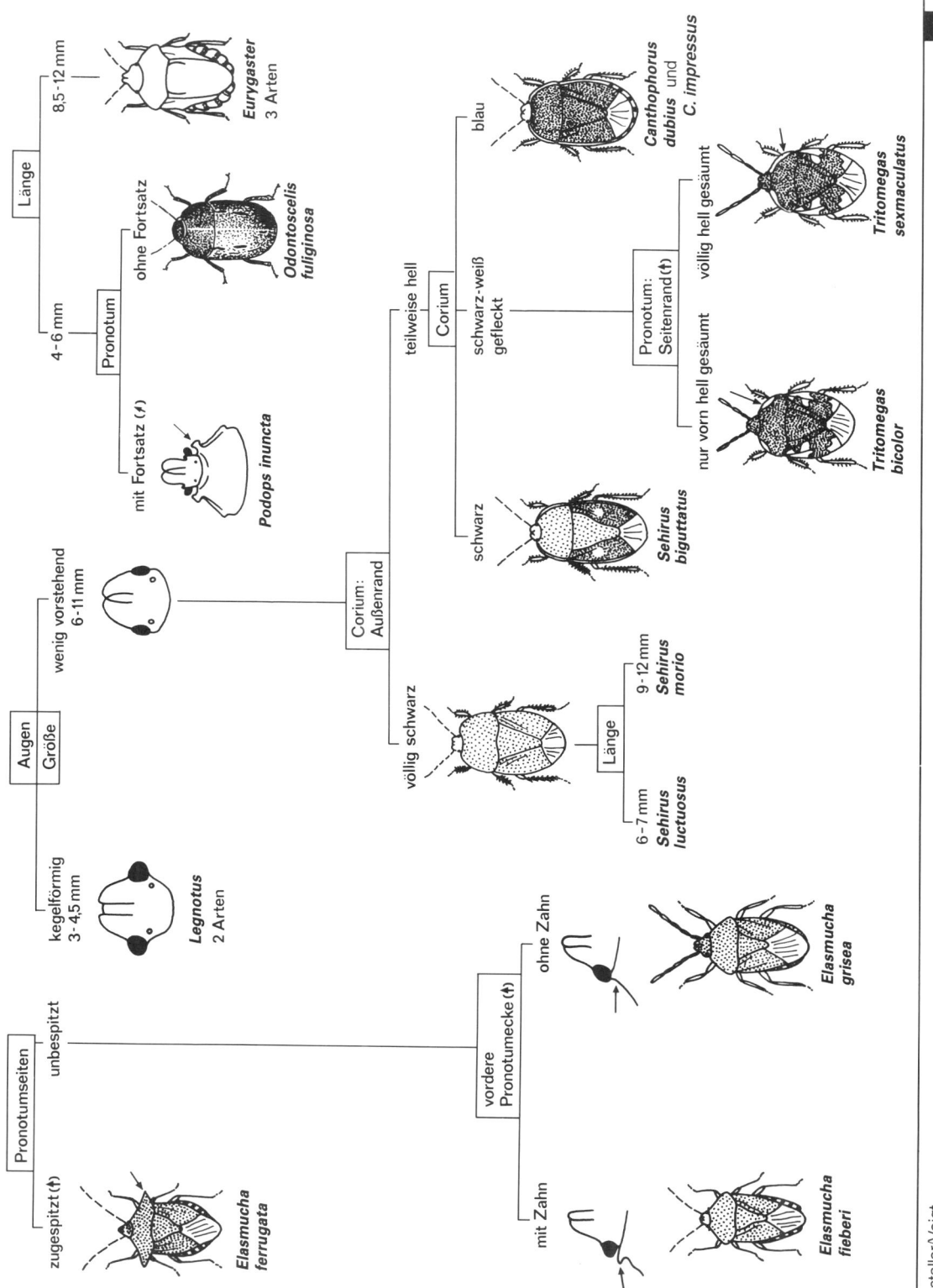

Länge

8,5-12 mm — *Eurygaster* 3 Arten

4-6 mm

Pronotum

ohne Fortsatz — *Odontoscelis fuliginosa*

mit Fortsatz (♂) — *Podops inuncta*

Augen

Größe

wenig vorstehend 6-11 mm

kegelförmig 3-4,5 mm — *Legnotus* 2 Arten

Corium: Außenrand

teilweise hell

Corium

blau — *Canthophorus dubius* und *C. impressus*

schwarz-weiß gefleckt

Pronotum: Seitenrand (♂)

völlig hell gesäumt — *Tritomegas sexmaculatus*

nur vorn hell gesäumt — *Tritomegas bicolor*

schwarz — *Sehirus biguttatus*

völlig schwarz

Länge

9-12 mm *Sehirus morio*

6-7 mm *Sehirus luctuosus*

Pronotumseiten

unbespitzt

vordere Pronotumecke (♂)

ohne Zahn — *Elasmucha grisea*

mit Zahn — *Elasmucha fieberi*

zugespitzt (♂) — *Elasmucha ferrugata*

Marstaller/Voigt

Heteroptera · Wanzen 5: Pentatomidae Schildwanzen

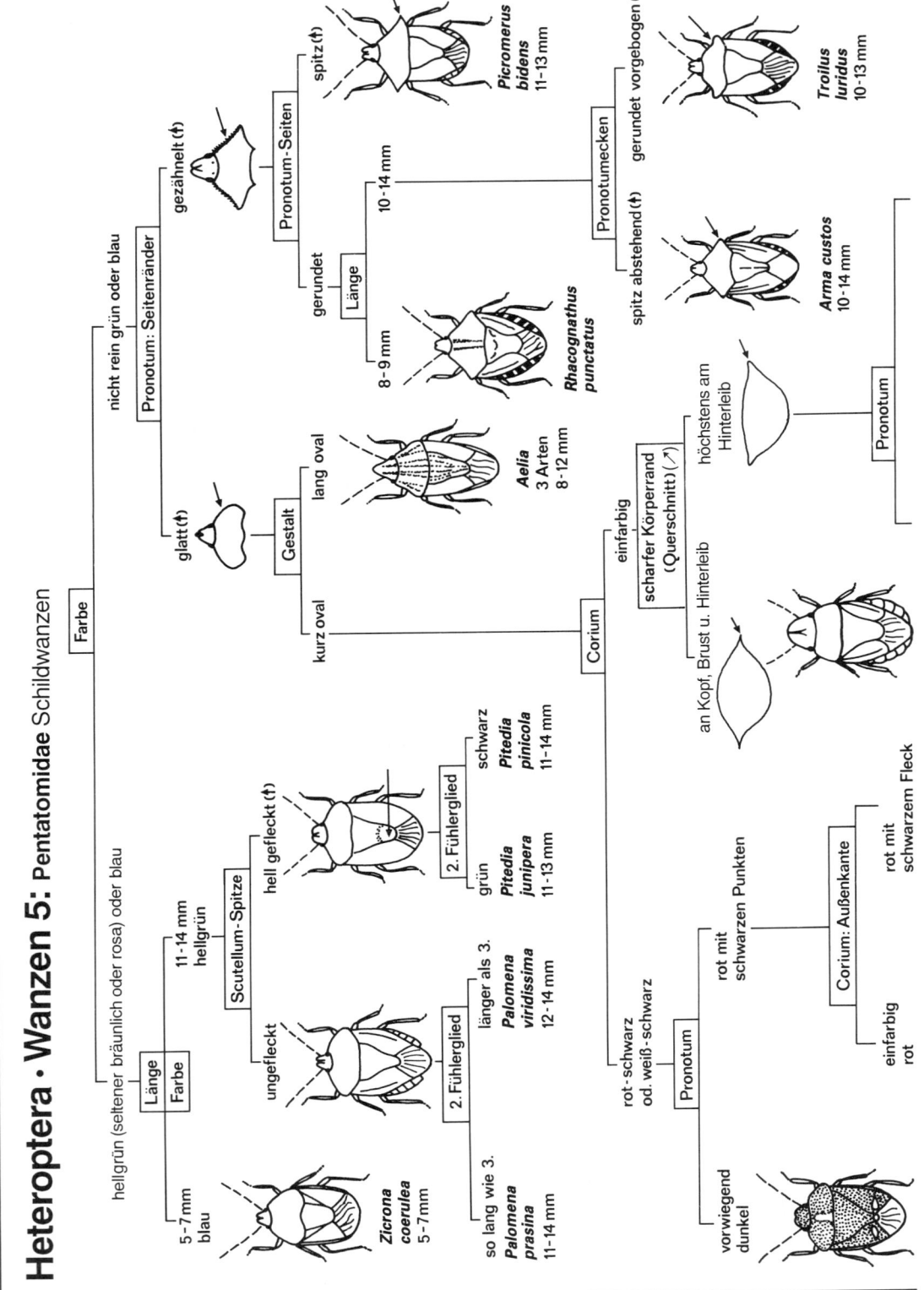

Farbe

- hellgrün (seltener bräunlich oder rosa) oder blau
  - **Länge**
    - 5-7 mm
      - **Farbe**
        - blau — *Zicrona coerulea* 5-7 mm
    - 11-14 mm hellgrün
      - **Scutellum-Spitze**
        - ungefleckt
          - **2. Fühlerglied**
            - so lang wie 3. — *Palomena prasina* 11-14 mm
            - länger als 3. — *Palomena viridissima* 12-14 mm
        - hell gefleckt (♂)
          - **2. Fühlerglied**
            - grün — *Pitedia junipera* 11-13 mm
            - schwarz — *Pitedia pinicola* 11-14 mm

- nicht rein grün oder blau
  - **Pronotum: Seitenränder**
    - gezähnelt (♂)
      - **Pronotum-Seiten**
        - spitz (♂) — *Picromerus bidens* 11-13 mm
        - gerundet
          - **Länge**
            - 8-9 mm — *Rhacognathus punctatus*
            - 10-14 mm
              - **Pronotumecken**
                - gerundet vorgebogen (♂) — *Troilus luridus* 10-13 mm
                - spitz abstehend (♂) — *Arma custos* 10-14 mm
    - glatt (♂)
      - **Gestalt**
        - lang oval — *Aelia* 3 Arten 8-12 mm
        - kurz oval
          - **Corium**
            - einfarbig
              - **scharfer Körperrand (Querschnitt) (↗)**
                - höchstens am Hinterleib
                  - **Pronotum**
                - an Kopf, Brust u. Hinterleib
            - rot-schwarz od. weiß-schwarz
              - **Pronotum**
                - vorwiegend dunkel
                - rot mit schwarzen Punkten
                  - **Corium: Außenkante**
                    - einfarbig rot
                    - rot mit schwarzem Fleck

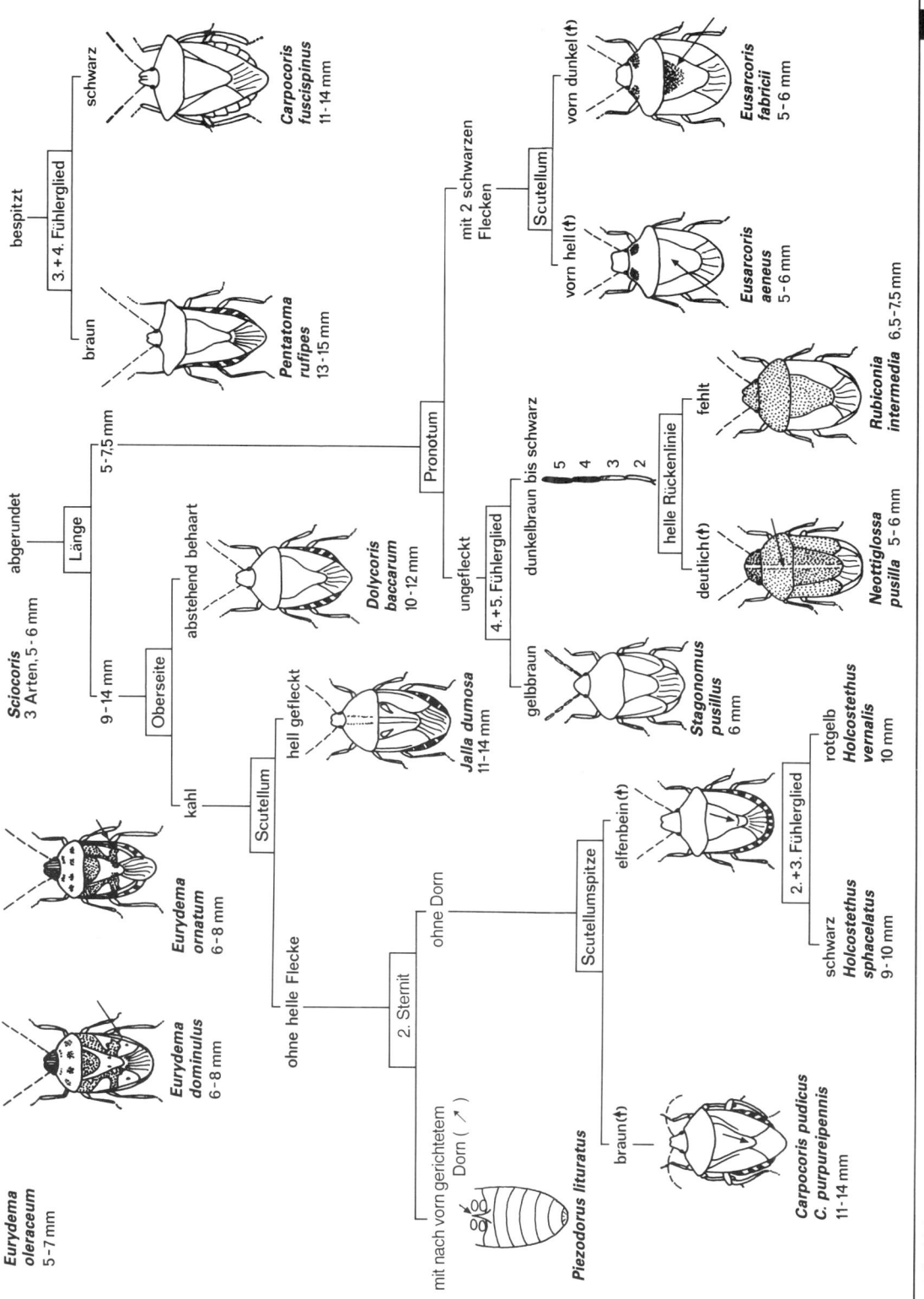

Eurydema oleraceum 5 - 7 mm

Eurydema dominulus 6 - 8 mm

Eurydema ornatum 6 - 8 mm

abgerundet — Länge — 5 - 7,5 mm

9 - 14 mm — Oberseite

abstehend behaart

Dolycoris baccarum 10 - 12 mm

kahl — Scutellum — hell gefleckt

Jalla dumosa 11 - 14 mm

Sciocoris 3 Arten, 5 - 6 mm

bespitzt — 3. + 4. Fühlerglied — schwarz

Carpocoris fuscispinus 11 - 14 mm

braun

Pentatoma rufipes 13 - 15 mm

Pronotum

ungefleckt

mit 2 schwarzen Flecken — Scutellum — vorn dunkel (↑)

Eusarcoris fabricii 5 - 6 mm

vorn hell (↑)

Eusarcoris aeneus 5 - 6 mm

4. + 5. Fühlerglied — dunkelbraun bis schwarz

helle Rückenlinie — fehlt

Rubiconia intermedia 6,5 - 7,5 mm

deutlich (↑)

Neottiglossa pusilla 5 - 6 mm

gelbbraun

Stagonomus pusillus 6 mm

ohne helle Flecke — 2. Sternit

ohne Dorn — Scutellumspitze — elfenbein (↑)

2. + 3. Fühlerglied — rotgelb

Holcostethus vernalis 10 mm

schwarz

Holcostethus sphacelatus 9 - 10 mm

braun (↑)

Carpocoris pudicus C. purpureipennis 11 - 14 mm

mit nach vorn gerichtetem Dorn (↗)

Piezodorus lituratus

Marstaller/Voigt

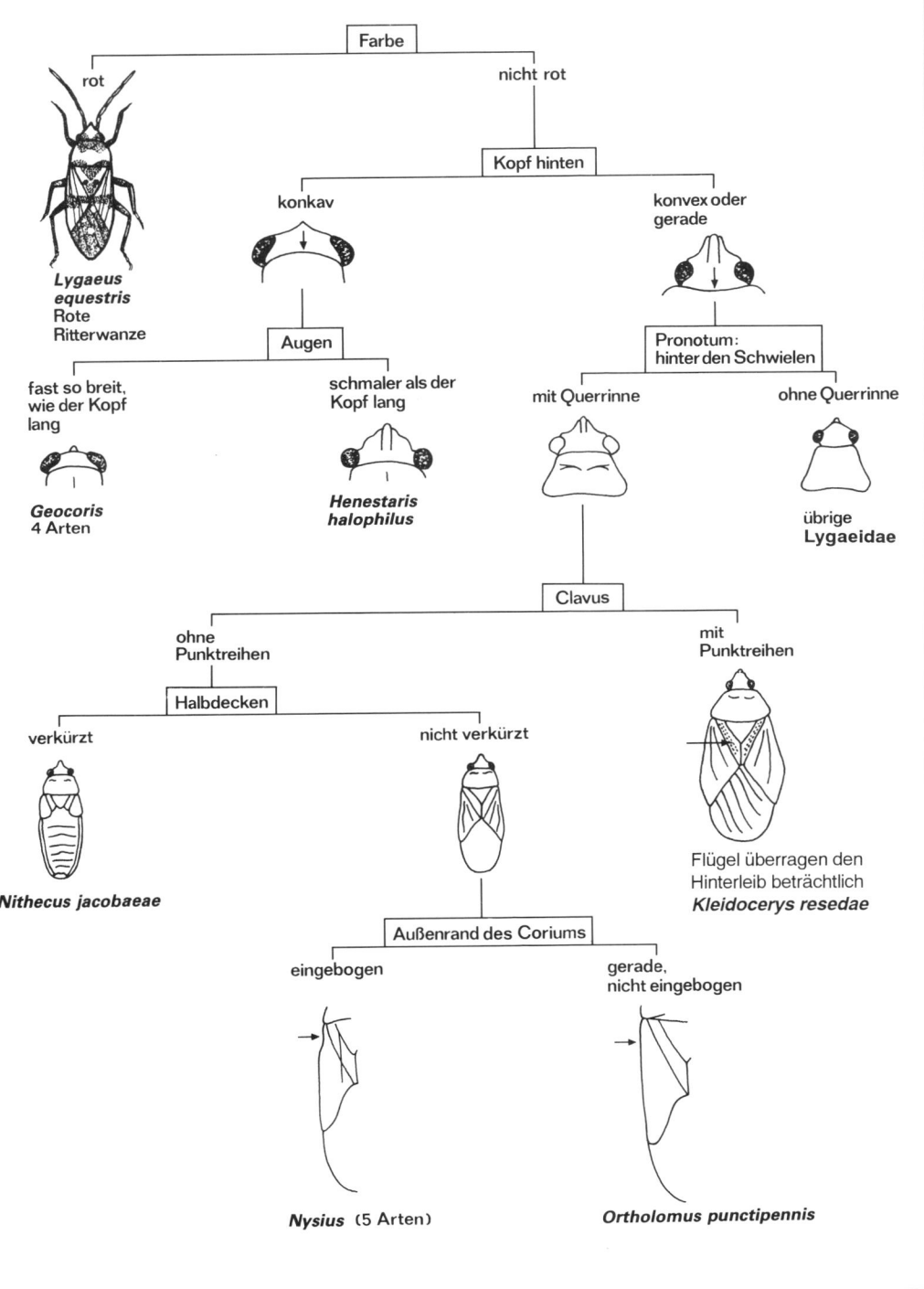

Farbe

rot

Lygaeus equestris Rote Ritterwanze

nicht rot

Kopf hinten

konkav

konvex oder gerade

Augen

Pronotum: hinter den Schwielen

fast so breit, wie der Kopf lang

Geocoris 4 Arten

schmaler als der Kopf lang

Henestaris halophilus

mit Querrinne

ohne Querrinne

übrige **Lygaeidae**

Clavus

ohne Punktreihen

mit Punktreihen

Halbdecken

verkürzt

nicht verkürzt

Nithecus jacobaeae

Flügel überragen den Hinterleib beträchtlich
Kleidocerys resedae

Außenrand des Coriums

eingebogen

gerade, nicht eingebogen

Nysius (5 Arten)

Ortholomus punctipennis

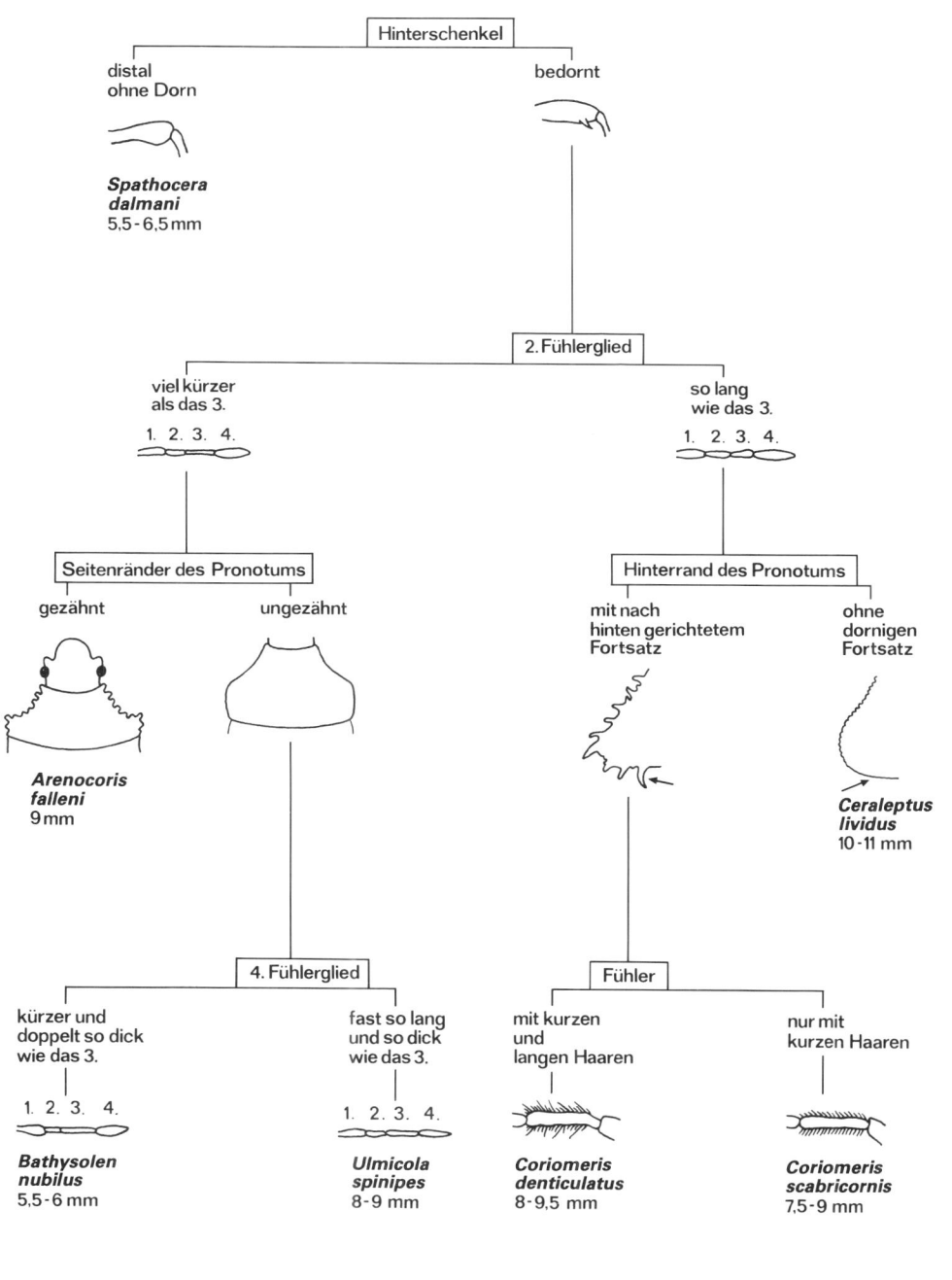

Hinterschenkel

distal
ohne Dorn

**Spathocera
dalmani**
5,5 - 6,5 mm

bedornt

2. Fühlerglied

viel kürzer
als das 3.

1. 2. 3. 4.

so lang
wie das 3.

1. 2. 3. 4.

Seitenränder des Pronotums

gezähnt

**Arenocoris
falleni**
9 mm

ungezähnt

Hinterrand des Pronotums

mit nach
hinten gerichtetem
Fortsatz

ohne
dornigen
Fortsatz

**Ceraleptus
lividus**
10 - 11 mm

4. Fühlerglied

kürzer und
doppelt so dick
wie das 3.

1. 2. 3. 4.

**Bathysolen
nubilus**
5,5 - 6 mm

fast so lang
und so dick
wie das 3.

1. 2. 3. 4.

**Ulmicola
spinipes**
8 - 9 mm

Fühler

mit kurzen
und
langen Haaren

**Coriomeris
denticulatus**
8 - 9,5 mm

nur mit
kurzen Haaren

**Coriomeris
scabricornis**
7,5 - 9 mm

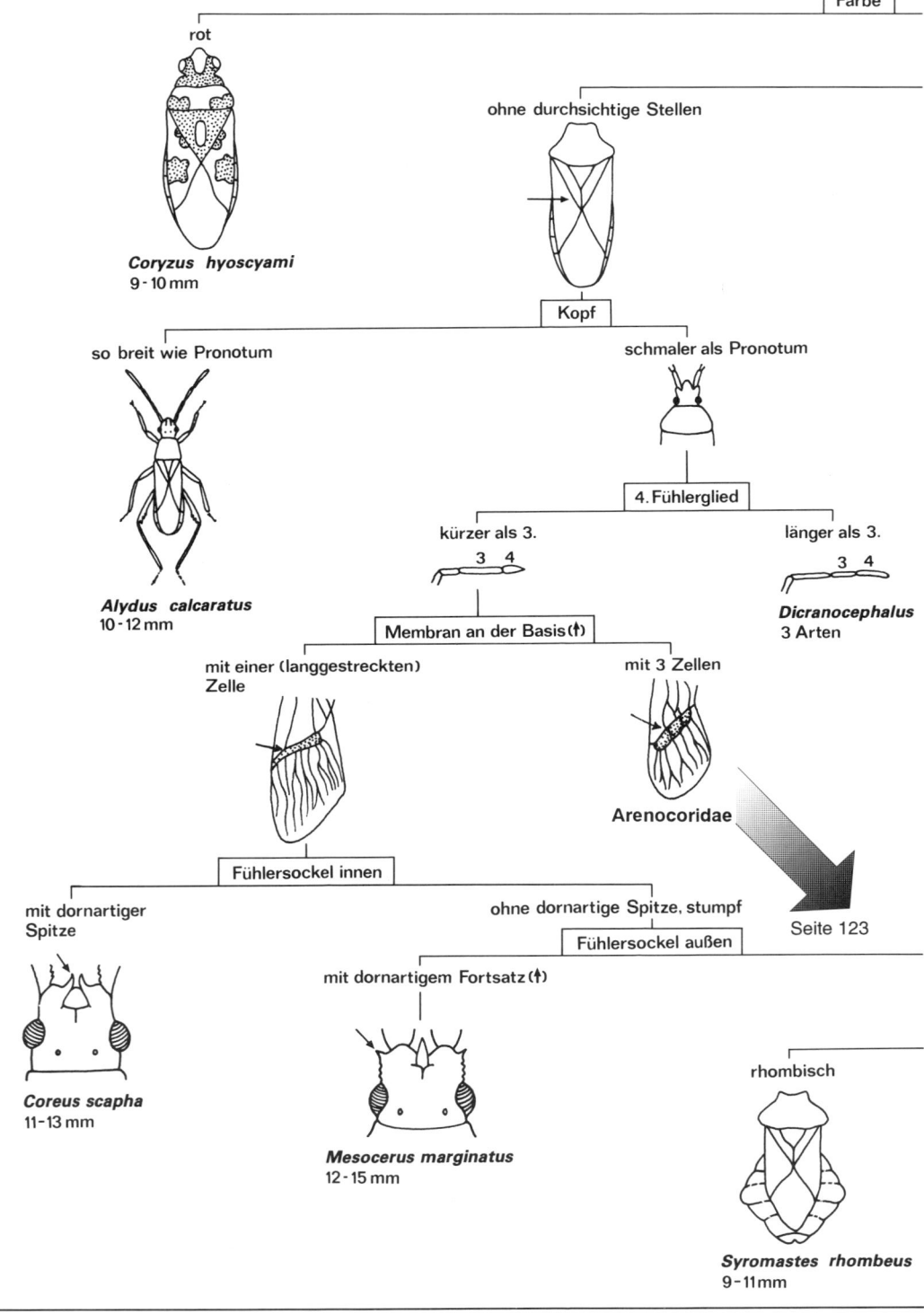

Farbe

rot

Coryzus hyoscyami
9-10 mm

ohne durchsichtige Stellen

Kopf

so breit wie Pronotum

Alydus calcaratus
10-12 mm

schmaler als Pronotum

4. Fühlerglied

kürzer als 3.

3 4

länger als 3.

3 4

Dicranocephalus
3 Arten

Membran an der Basis (♦)

mit einer (langgestreckten) Zelle

mit 3 Zellen

Arenocoridae

Seite 123

Fühlersockel innen

mit dornartiger Spitze

ohne dornartige Spitze, stumpf

Fühlersockel außen

Coreus scapha
11-13 mm

mit dornartigem Fortsatz (♦)

Mesocerus marginatus
12-15 mm

rhombisch

Syromastes rhombeus
9-11 mm

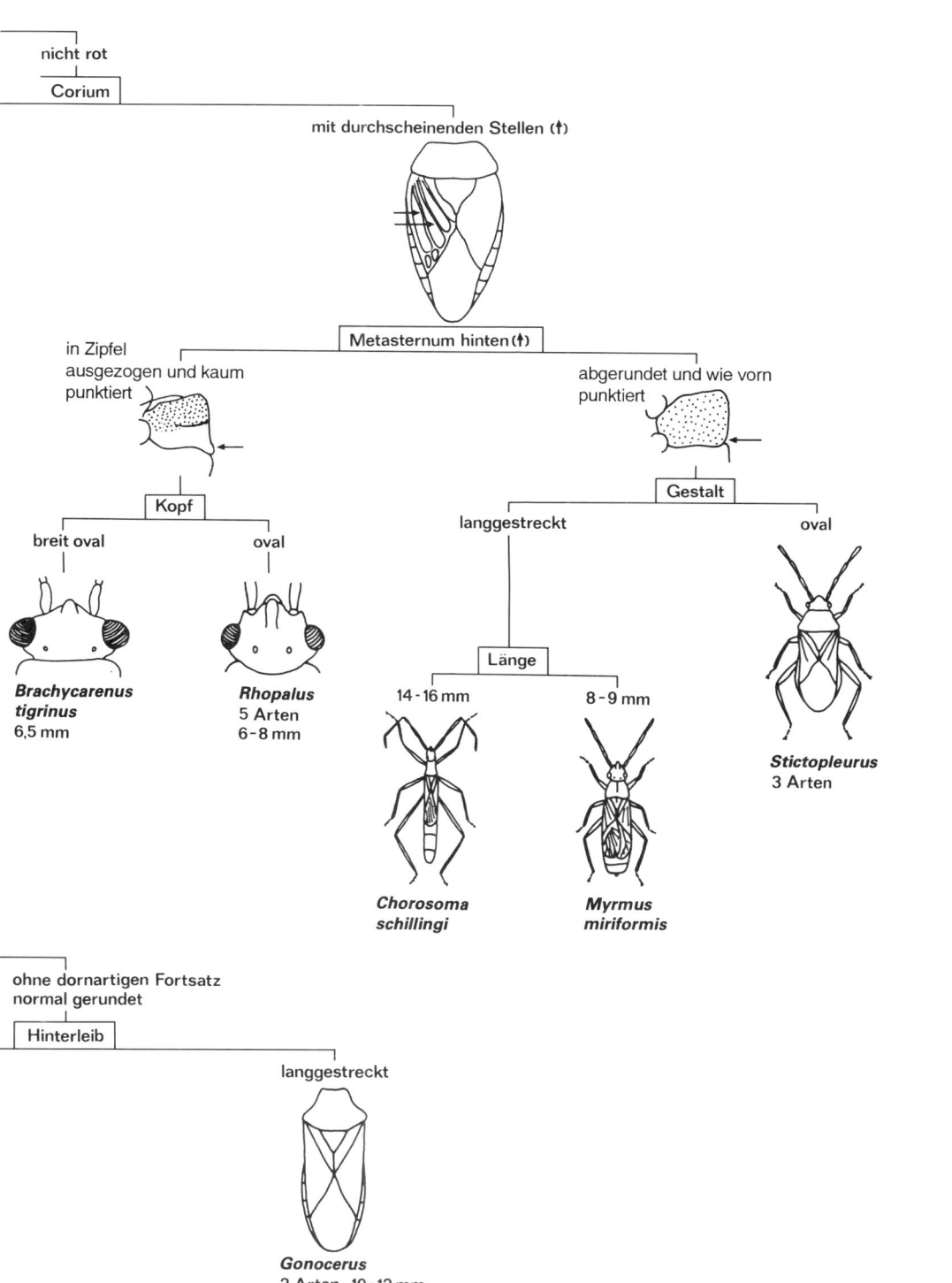

nicht rot
Corium

mit durchscheinenden Stellen (↑)

Metasternum hinten (↑)

in Zipfel
ausgezogen und kaum
punktiert

abgerundet und wie vorn
punktiert

Kopf

Gestalt

breit oval

oval

langgestreckt

oval

**Brachycarenus
tigrinus**
6,5 mm

Rhopalus
5 Arten
6-8 mm

Länge

14-16 mm

8-9 mm

Stictopleurus
3 Arten

**Chorosoma
schillingi**

**Myrmus
miriformis**

ohne dornartigen Fortsatz
normal gerundet
Hinterleib

langgestreckt

Gonocerus
2 Arten 10-12 mm

Marstaller/Voigt

Heteroptera · Wanzen 9: Miridae Blindwanzen 1

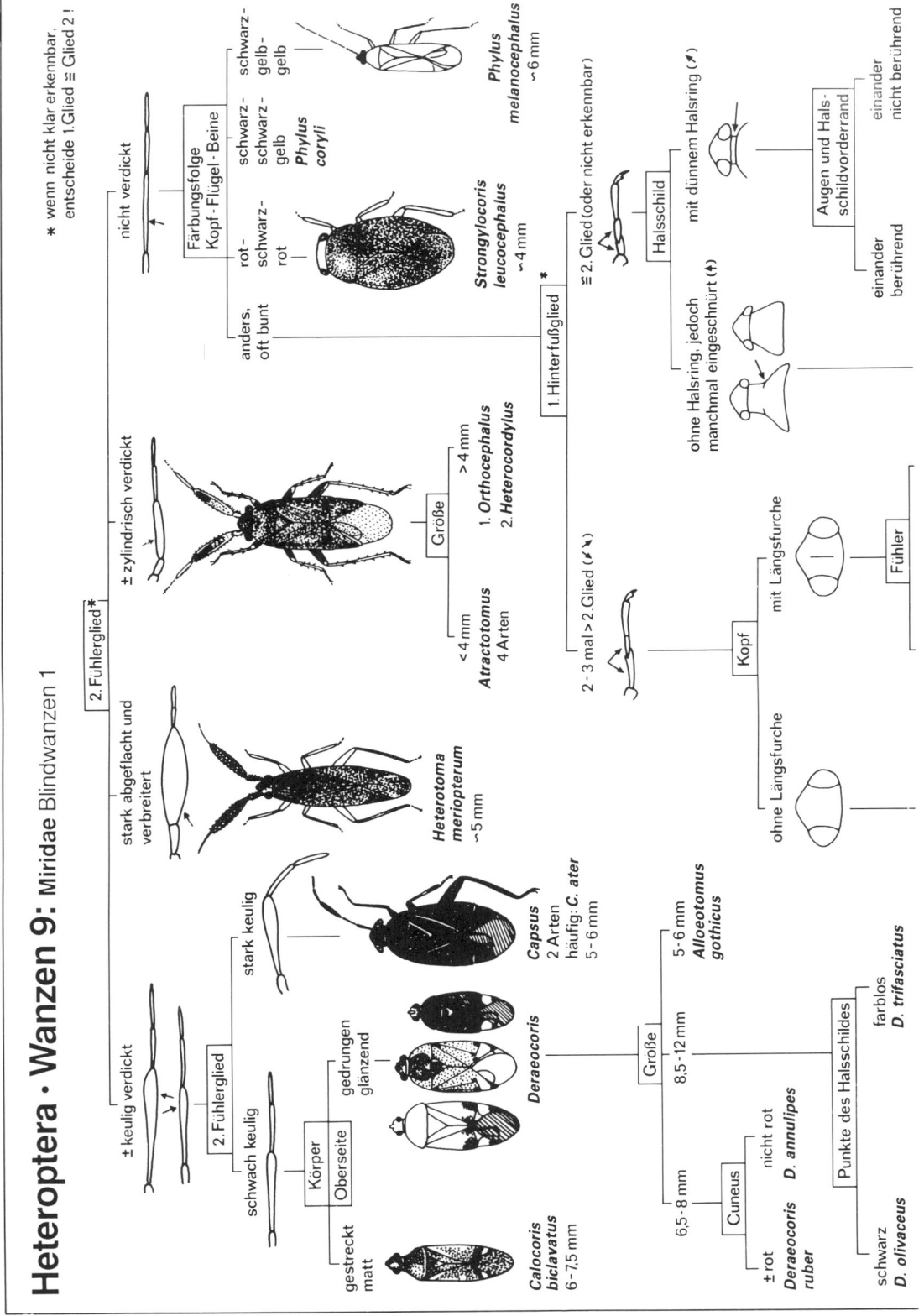

* wenn nicht klar erkennbar, entscheide 1.Glied ≙ Glied 2 !

Phylus melanocephalus ~6 mm

Farbungsfolge Kopf - Flügel - Beine
- schwarz-gelb-gelb
- schwarz-schwarz-gelb **Phylus coryli**
- rot-schwarz-rot **Strongylocoris leucocephalus** ~4 mm

nicht verdickt

anders, oft bunt

1.Hinterfußglied

≦ 2.Glied (oder nicht erkennbar) *

Halsschild
- mit dünnem Halsring (✓)
- ohne Halsring, jedoch manchmal eingeschnürt (✗)

Augen und Hals-schildvorderrand
- einander nicht berührend
- einander berührend

2·Fühlerglied *

± zylindrisch verdickt

Größe
- <4 mm **Atractotomus** 4 Arten
- >4 mm 1. **Orthocephalus** 2. **Heterocordylus**

2·3 mal > 2.Glied (✓✗)

Kopf
- mit Längsfurche
- ohne Längsfurche

Fühler

stark abgeflacht und verbreitert

Heterotoma meriopterum ~5 mm

± keulig verdickt

2.Fühlerglied

stark keulig

Capsus 2 Arten häufig: **C. ater** 5 - 6 mm

schwach keulig

Körper Oberseite
- gedrungen glänzend **Deraeocoris**
- gestreckt matt **Calocoris biclavatus** 6 - 7,5 mm

Größe
- 5 - 6 mm **Alloeotomus gothicus**
- 8,5 - 12 mm

Punkte des Halsschildes
- farblos **D. trifasciatus**
- schwarz **D. olivaceus**

- 6,5 - 8 mm
  Cuneus
  - nicht rot **D. annulipes**
  - ± rot **Deraeocoris ruber**

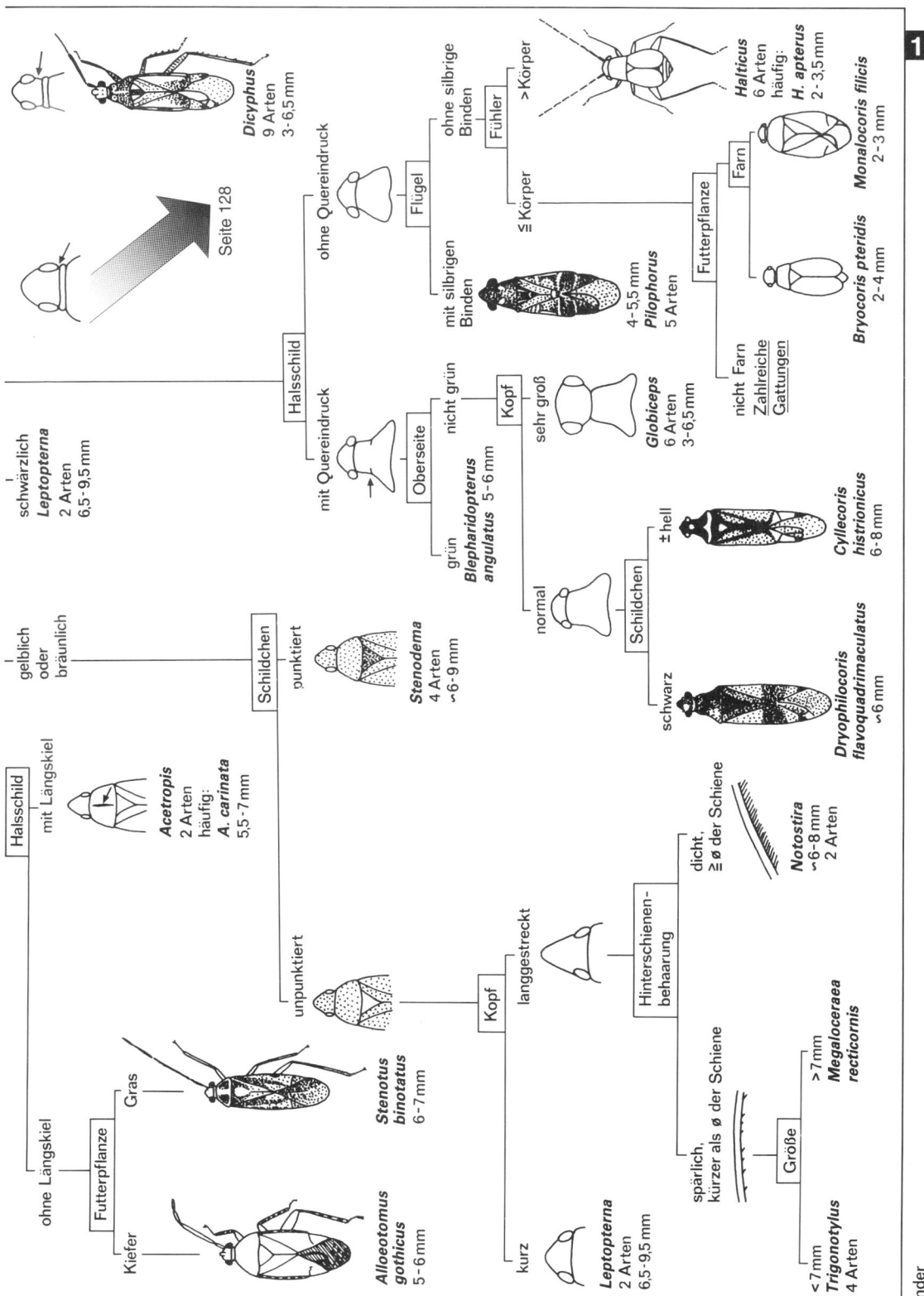

127

Seite 128

Dicyphus
9 Arten
3 - 6,5 mm

schwärzlich
Leptopterna
2 Arten
6,5 - 9,5 mm

Halsschild

ohne Quereindruck

mit Quereindruck

Flügel

ohne silbrige Binden

mit silbrigen Binden

Fühler

> Körper

≦ Körper

Halticus
6 Arten
häufig:
H. apterus
2 - 3,5 mm

Monalocoris filicis
2 - 3 mm

Farn

Futterpflanze

nicht Farn
Zahlreiche Gattungen

Bryocoris pteridis
2 - 4 mm

Pilophorus
5 Arten
4 - 5,5 mm

Oberseite

nicht grün

grün

Kopf

sehr groß

normal

Globiceps
6 Arten
3 - 6,5 mm

Blepharidopterus angulatus 5 - 6 mm

Schildchen

± hell

schwarz

Cyllecoris histrionicus
6 - 8 mm

Dryophilocoris flavoquadrimaculatus
~6 mm

gelblich oder bräunlich

Schildchen

punktiert

unpunktiert

Stenodema
4 Arten
~6 - 9 mm

Halsschild

mit Längskiel

ohne Längskiel

Acetropis
2 Arten
häufig:
A. carinata
5,5 - 7 mm

Kopf

langgestreckt

kurz

Hinterschienen-behaarung

dicht, ≧ ⌀ der Schiene

spärlich, kürzer als ⌀ der Schiene

Notostira
~6 - 8 mm
2 Arten

Größe

> 7 mm

< 7 mm

Megaloceraea recticornis

Trigonotylus
4 Arten

Leptopterna
2 Arten
6,5 - 9,5 mm

Stenotus binotatus
6 - 7 mm

Futterpflanze

Gras

Kiefer

Alloeotomus gothicus
5 - 6 mm

Sander

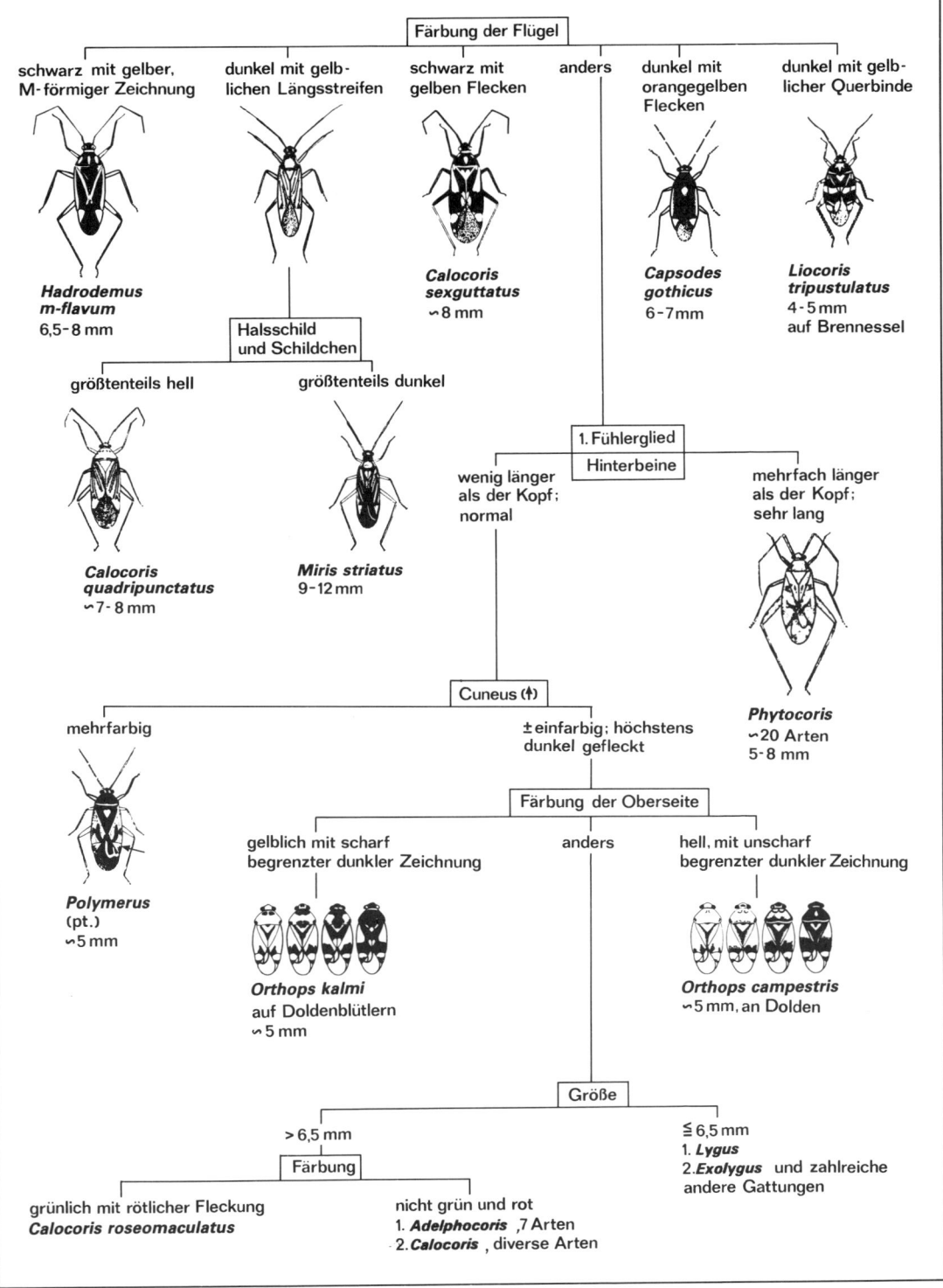

Färbung der Flügel

schwarz mit gelber, M-förmiger Zeichnung

dunkel mit gelblichen Längsstreifen

schwarz mit gelben Flecken

anders

dunkel mit orangegelben Flecken

dunkel mit gelblicher Querbinde

Hadrodemus m-flavum
6,5 - 8 mm

Calocoris sexguttatus
⁓ 8 mm

Capsodes gothicus
6 - 7 mm

Liocoris tripustulatus
4 - 5 mm
auf Brennessel

Halsschild und Schildchen

größtenteils hell

größtenteils dunkel

Calocoris quadripunctatus
⁓ 7 - 8 mm

Miris striatus
9 - 12 mm

1. Fühlerglied — Hinterbeine

wenig länger als der Kopf; normal

mehrfach länger als der Kopf; sehr lang

Phytocoris
⁓ 20 Arten
5 - 8 mm

Cuneus (♦)

mehrfarbig

± einfarbig; höchstens dunkel gefleckt

Polymerus (pt.)
⁓ 5 mm

Färbung der Oberseite

gelblich mit scharf begrenzter dunkler Zeichnung

anders

hell, mit unscharf begrenzter dunkler Zeichnung

Orthops kalmi
auf Doldenblütlern
⁓ 5 mm

Orthops campestris
⁓ 5 mm, an Dolden

Größe

> 6,5 mm

≦ 6,5 mm
1. **Lygus**
2. **Exolygus** und zahlreiche andere Gattungen

Färbung

grünlich mit rötlicher Fleckung
Calocoris roseomaculatus

nicht grün und rot
1. **Adelphocoris** ,7 Arten
2. **Calocoris** , diverse Arten

Sander

Vor allem durch einen - bei zahlreichen Vertretern im Gelände nur schwer erkennbaren - Saugrüssel charakterisiert; parasitisch an Pflanzen; die meisten als Phloem- bzw. Xylemsaftsauger, einige saugen nur Blattzellen aus.

Folgende Hauptgruppen sind zu berücksichtigen:
- **Auchenorrhyncha (= Cicadina),** Zikaden
  Meist unauffällige Tiere von wenigen Millimetern Größe. Der allergrößte Teil der Larven und Imagines mit Sprungvermögen.
- **Psyllina,** Blattflöhe
  Unauffällige Tiere, Körperlänge maximal 5 mm; nur die Imagines können wie Zikaden springen.
  Körper - insbesondere der Larven - oft von Wachs eingehüllt
  Verursachen teilweise die Bildung von Pflanzengallen.
- **Aphidina,** Blattläuse
  Kleine, vielfach an Kulturpflanzen außerordentlich schädliche Tiere, die im Gelände vor allem durch Massenentwicklung auffallen. Die Umgebung der Blattlauskolonien ist durch den sogenannten Honigtau (Kot der Tiere) klebrig!
- **Coccina,** Schildläuse
  Wirtschaftlich sehr bedeutende (schädliche!) Gruppe, die im allgemeinen mehr durch die Schadbilder als durch die Tiere selbst auffällt. Die Weibchen vieler Arten bilden Schilder, die als pustelförmige Gebilde an verschiedenen Pflanzenteilen sitzen. Tiere oft mit schützendem Wachsbelag versehen.
- **Aleyrodidae** - Mottenschildläuse
  Winzige, weißlich bestäubte Imagines, die nur bei Massenentwicklung auf sich aufmerksam machen.
  Sehr typisch die an sehr flache Schildlausformen erinnernden Puparien!
Die Tabelle auf S. 130 gestattet eine Unterscheidung dieser morphologisch sehr unterschiedlichen Typen.

Der Fang erfolgt im wesentlichen durch Keschern bzw. Absuchen offensichtlich befallener Pflanzenteile.
Die Konservierung kann in Alkohol vorgenommen werden; bei erwachsenen Zikaden, Blattflöhen und Schildlausweibchen bieten sich Trockenpräparate an; Mottenschildlauspuparien und Blattläuse erfordern in der Regel Dauerpräparate.

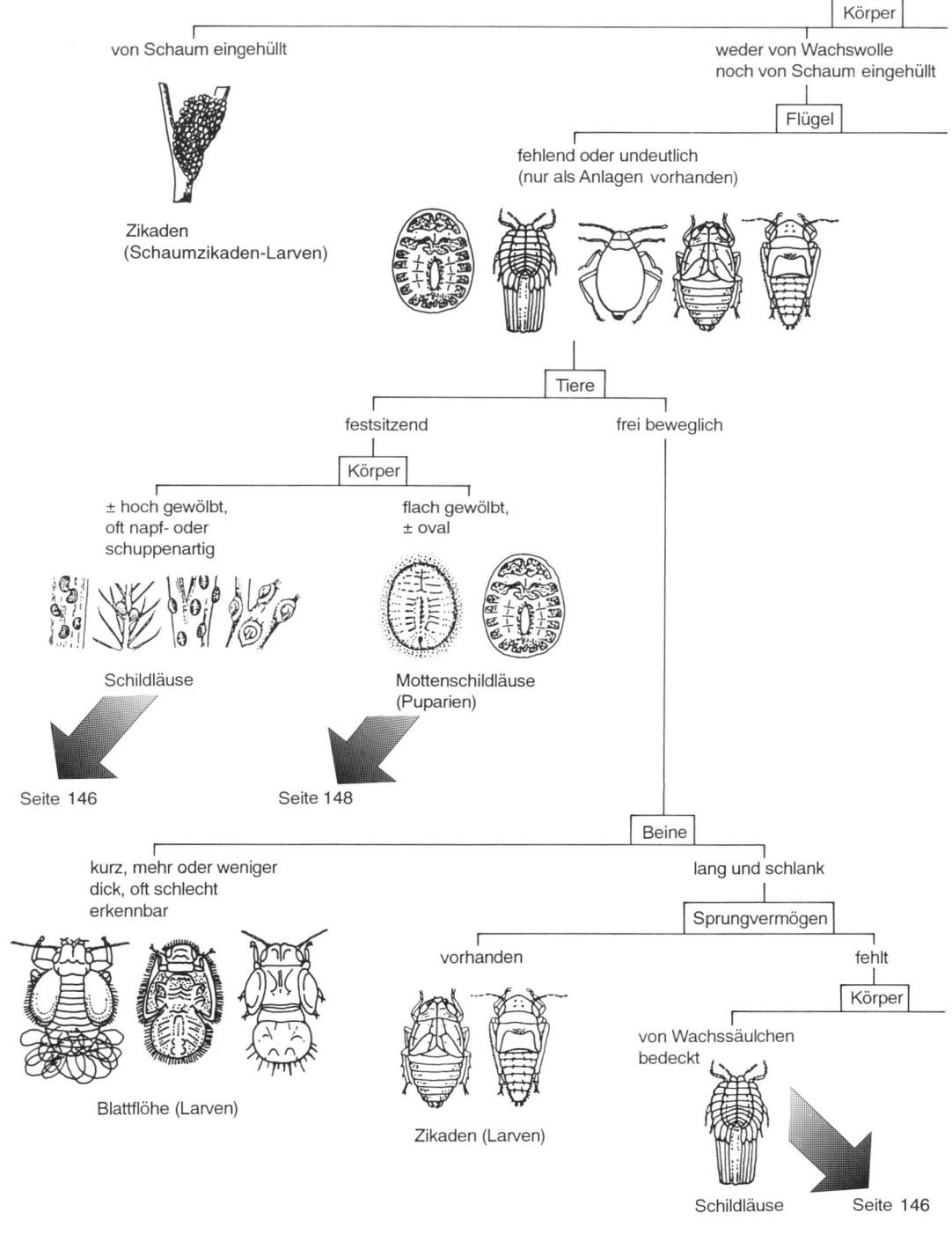

Körper

von Schaum eingehüllt

weder von Wachswolle
noch von Schaum eingehüllt

Flügel

fehlend oder undeutlich
(nur als Anlagen vorhanden)

Zikaden
(Schaumzikaden-Larven)

Tiere

festsitzend

frei beweglich

Körper

± hoch gewölbt,
oft napf- oder
schuppenartig

flach gewölbt,
± oval

Schildläuse

Mottenschildläuse
(Puparien)

Seite 146

Seite 148

Beine

kurz, mehr oder weniger
dick, oft schlecht
erkennbar

lang und schlank

Sprungvermögen

vorhanden

fehlt

Körper

von Wachssäulchen
bedeckt

Blattflöhe (Larven)

Zikaden (Larven)

Schildläuse

Seite 146

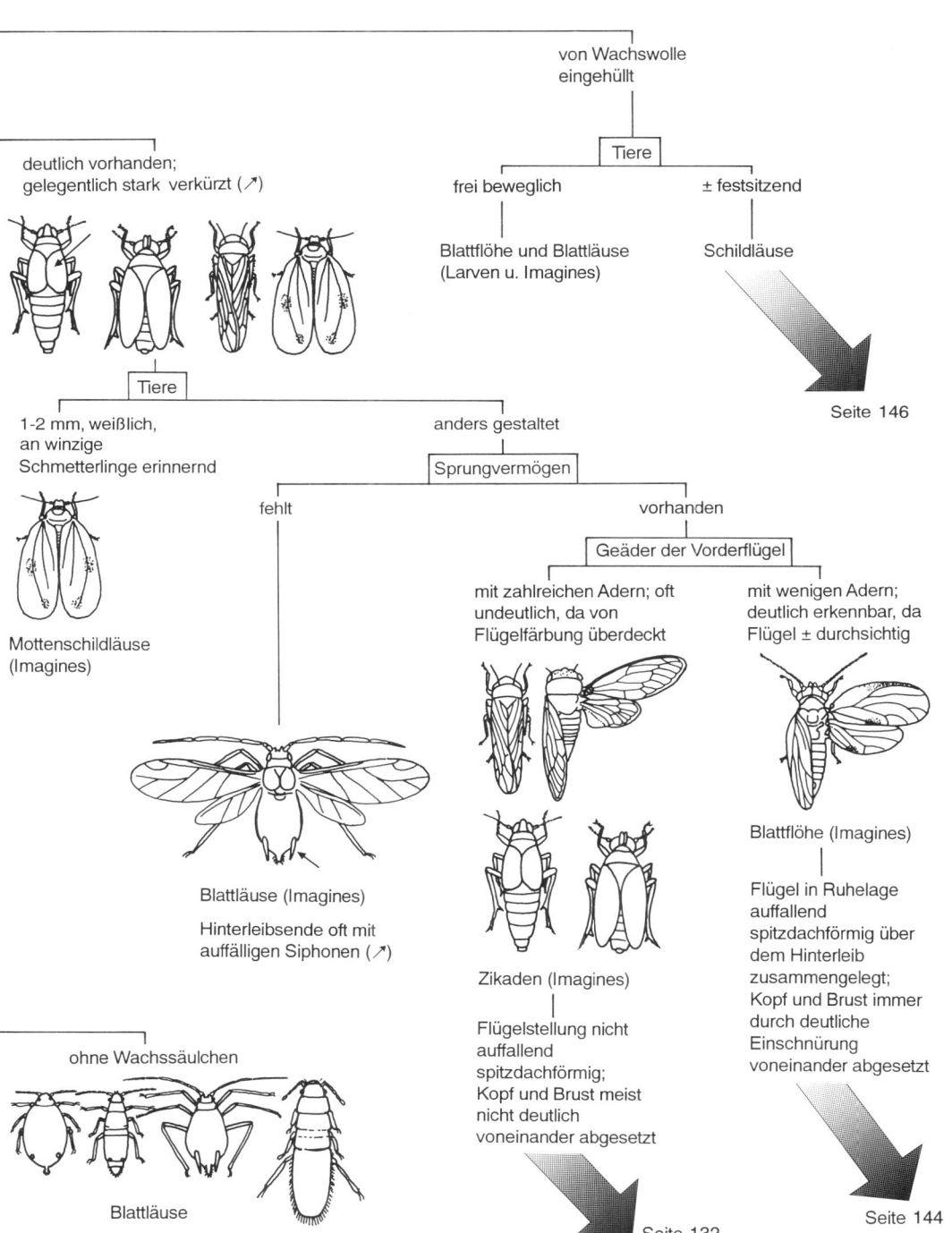

von Wachswolle
eingehüllt

Tiere

frei beweglich

Blattflöhe und Blattläuse
(Larven u. Imagines)

± festsitzend

Schildläuse

Seite 146

deutlich vorhanden;
gelegentlich stark verkürzt (↗)

Tiere

1-2 mm, weißlich,
an winzige
Schmetterlinge erinnernd

Mottenschildläuse
(Imagines)

anders gestaltet

Sprungvermögen

fehlt

vorhanden

Geäder der Vorderflügel

mit zahlreichen Adern; oft
undeutlich, da von
Flügelfärbung überdeckt

mit wenigen Adern;
deutlich erkennbar, da
Flügel ± durchsichtig

Blattläuse (Imagines)

Hinterleibsende oft mit
auffälligen Siphonen (↗)

Zikaden (Imagines)

Flügelstellung nicht
auffallend
spitzdachförmig;
Kopf und Brust meist
nicht deutlich
voneinander abgesetzt

Seite 132

Blattflöhe (Imagines)

Flügel in Ruhelage
auffallend
spitzdachförmig über
dem Hinterleib
zusammengelegt;
Kopf und Brust immer
durch deutliche
Einschnürung
voneinander abgesetzt

Seite 144

ohne Wachssäulchen

Blattläuse

Sander

Homoptera Auchenorrhyncha · Zikaden 1: Übersicht,

Fulgoroidea, Membracidae, Cicadidae u.a.

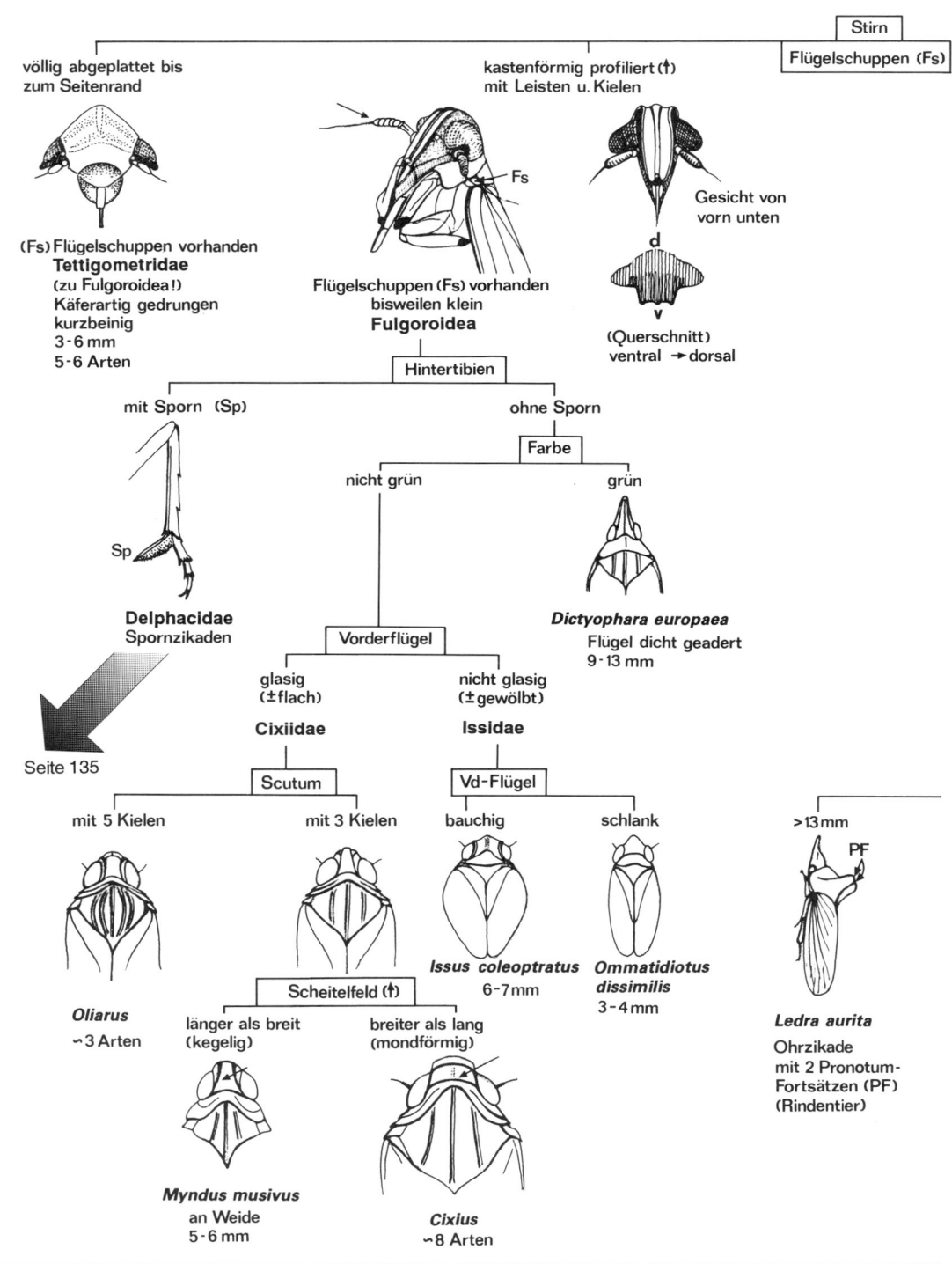

Stirn

Flügelschuppen (Fs)

völlig abgeplattet bis
zum Seitenrand

kastenförmig profiliert (†)
mit Leisten u. Kielen

Fs

Gesicht von
vorn unten

(Fs) Flügelschuppen vorhanden
Tettigometridae
(zu Fulgoroidea!)
Käferartig gedrungen
kurzbeinig
3 - 6 mm
5 - 6 Arten

Flügelschuppen (Fs) vorhanden
bisweilen klein
Fulgoroidea

d

v

(Querschnitt)
ventral → dorsal

Hintertibien

mit Sporn (Sp)

ohne Sporn

Farbe

nicht grün

grün

Sp

Delphacidae
Spornzikaden

Vorderflügel

Dictyophara europaea
Flügel dicht geadert
9 - 13 mm

glasig
(± flach)

nicht glasig
(± gewölbt)

Cixiidae

Issidae

Seite 135

Scutum

Vd - Flügel

mit 5 Kielen

mit 3 Kielen

bauchig

schlank

> 13 mm

PF

Issus coleoptratus
6 - 7 mm

*Ommatidiotus
dissimilis*
3 - 4 mm

Oliarus
↝ 3 Arten

Scheitelfeld (†)

länger als breit
(kegelig)

breiter als lang
(mondförmig)

Ledra aurita
Ohrzikade
mit 2 Pronotum-
Fortsätzen (PF)
(Rindentier)

Myndus musivus
an Weide
5 - 6 mm

Cixius
↝ 8 Arten

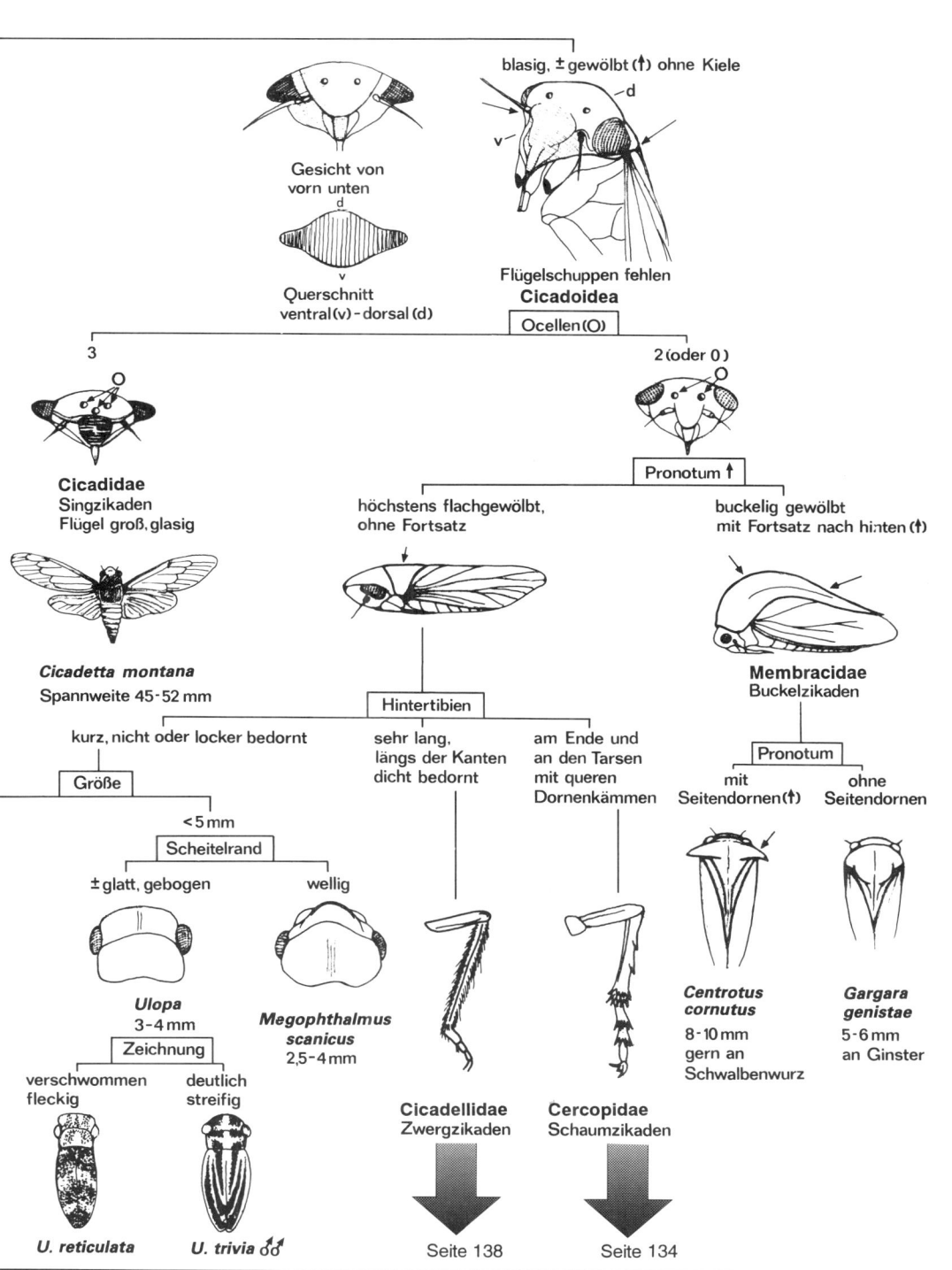

blasig, ± gewölbt (↑) ohne Kiele

d

v

Gesicht von
vorn unten

d

v

Querschnitt
ventral (v) - dorsal (d)

Flügelschuppen fehlen
Cicadoidea

Ocellen (O)

3

2 (oder 0)

Cicadidae
Singzikaden
Flügel groß, glasig

Pronotum ↑

höchstens flachgewölbt,
ohne Fortsatz

buckelig gewölbt
mit Fortsatz nach hinten (↑)

Cicadetta montana
Spannweite 45-52 mm

Hintertibien

Membracidae
Buckelzikaden

kurz, nicht oder locker bedornt

sehr lang,
längs der Kanten
dicht bedornt

am Ende und
an den Tarsen
mit queren
Dornenkämmen

Pronotum

Größe

mit
Seitendornen (↑)

ohne
Seitendornen

< 5 mm

Scheitelrand

± glatt, gebogen

wellig

*Centrotus
cornutus*

*Gargara
genistae*

Ulopa
3-4 mm

*Megophthalmus
scanicus*
2,5-4 mm

8-10 mm
gern an
Schwalbenwurz

5-6 mm
an Ginster

Zeichnung

verschwommen
fleckig

deutlich
streifig

Cicadellidae
Zwergzikaden

Cercopidae
Schaumzikaden

U. reticulata

U. trivia ♂♂

Seite 138

Seite 134

Müller

Homoptera Auchenorrhyncha · Zikaden 2: Cercopidae

Schaumzikaden

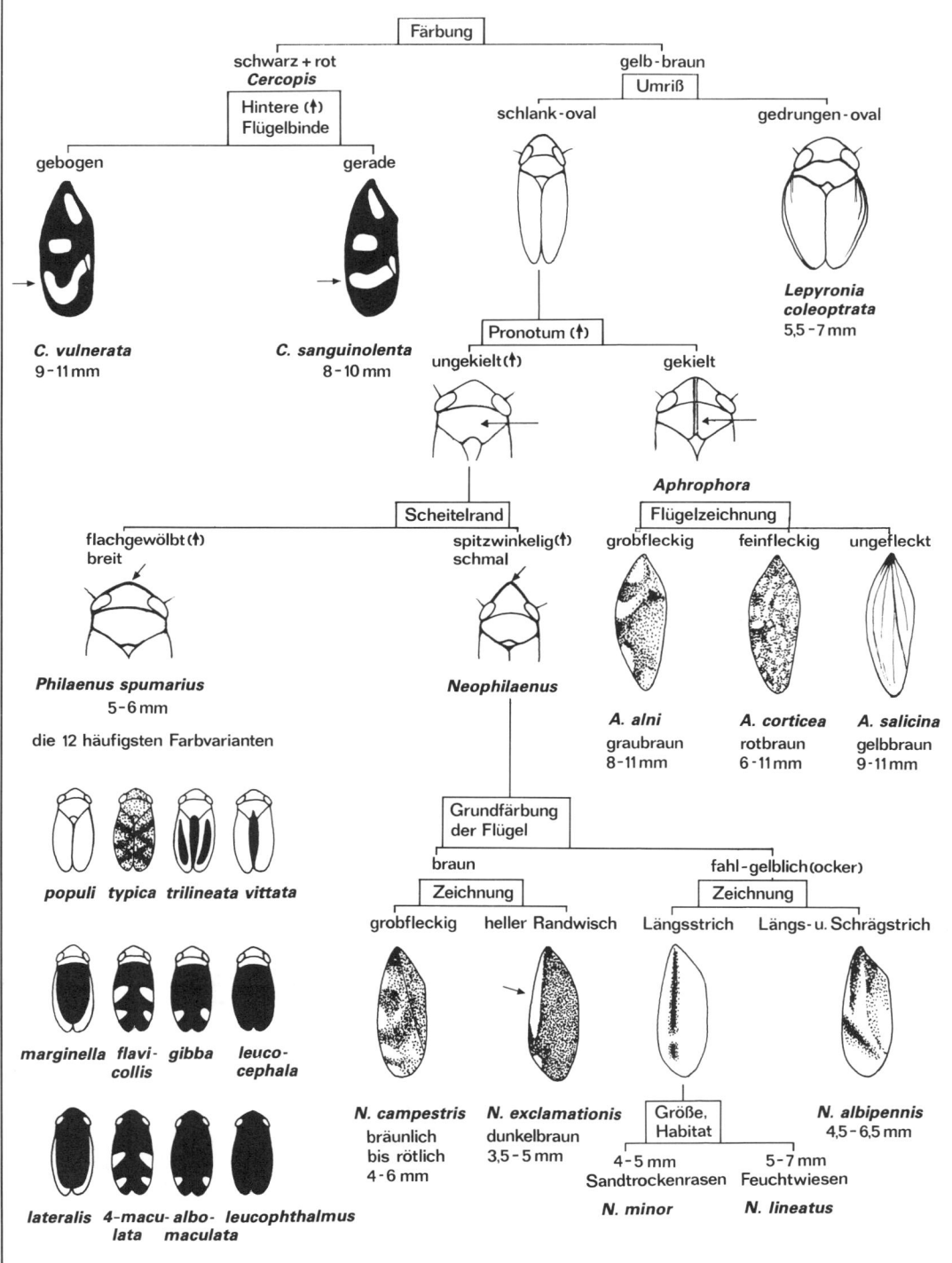

Färbung

schwarz + rot
Cercopis

Hintere (♦)
Flügelbinde

gebogen

gerade

C. vulnerata
9–11 mm

C. sanguinolenta
8–10 mm

gelb-braun
Umriß

schlank-oval

gedrungen-oval

*Lepyronia
coleoptrata*
5,5–7 mm

Pronotum (♦)

ungekielt (♦)

gekielt

Scheitelrand

flachgewölbt (♦)
breit

spitzwinkelig (♦)
schmal

Aphrophora
Flügelzeichnung

grobfleckig

feinfleckig

ungefleckt

Philaenus spumarius
5–6 mm

die 12 häufigsten Farbvarianten

Neophilaenus

A. alni
graubraun
8–11 mm

A. corticea
rotbraun
6–11 mm

A. salicina
gelbbraun
9–11 mm

populi *typica* *trilineata* *vittata*

Grundfärbung
der Flügel

braun
Zeichnung

fahl-gelblich (ocker)
Zeichnung

grobfleckig

heller Randwisch

Längsstrich

Längs- u. Schrägstrich

marginella *flavi-
collis* *gibba* *leuco-
cephala*

N. campestris
bräunlich
bis rötlich
4–6 mm

N. exclamationis
dunkelbraun
3,5–5 mm

N. albipennis
4,5–6,5 mm

Größe,
Habitat

4–5 mm
Sandtrockenrasen

5–7 mm
Feuchtwiesen

lateralis *4-macu-
lata* *albo-
maculata* *leucophthalmus*

N. minor

N. lineatus

Müller

Spornzikaden 1: macroptere **Delphaciden**

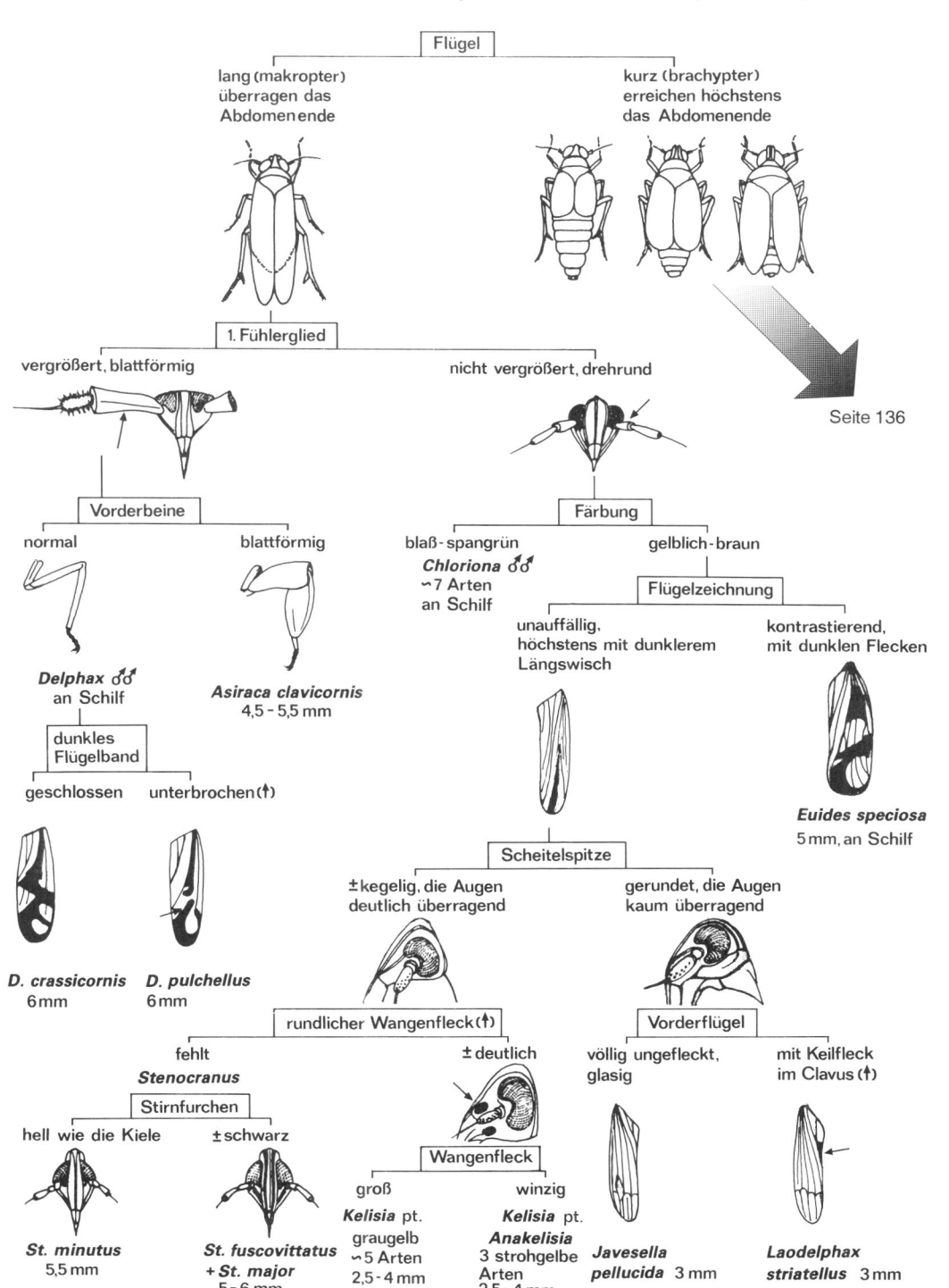

Flügel

lang (makropter)
überragen das
Abdomenende

kurz (brachypter)
erreichen höchstens
das Abdomenende

Seite 136

1. Fühlerglied

vergrößert, blattförmig

nicht vergrößert, drehrund

Vorderbeine

Färbung

normal

blattförmig

blaß-spangrün
Chloriona ♂♂
⤳ 7 Arten
an Schilf

gelblich-braun

Flügelzeichnung

unauffällig,
höchstens mit dunklerem
Längswisch

kontrastierend,
mit dunklen Flecken

Delphax ♂♂
an Schilf

Asiraca clavicornis
4,5 - 5,5 mm

dunkles
Flügelband

geschlossen

unterbrochen (♀)

Euides speciosa
5 mm, an Schilf

D. crassicornis
6 mm

D. pulchellus
6 mm

Scheitelspitze

±kegelig, die Augen
deutlich überragend

gerundet, die Augen
kaum überragend

rundlicher Wangenfleck (♀)

Vorderflügel

fehlt
Stenocranus

± deutlich

völlig ungefleckt,
glasig

mit Keilfleck
im Clavus (♀)

Stirnfurchen

hell wie die Kiele

± schwarz

Wangenfleck

groß

winzig

St. minutus
5,5 mm

**St. fuscovittatus
+ St. major**
5 - 6 mm

Kelisia pt.
graugelb
⤳ 5 Arten
2,5 - 4 mm

Kelisia pt.
Anakelisia
3 strohgelbe
Arten
2,5 - 4 mm

**Javesella
pellucida** 3 mm

**Laodelphax
striatellus** 3 mm

Homoptera Auchenorrhyncha · Zikaden 4: kurzflügelige

Delphacidae Spornzikaden 2

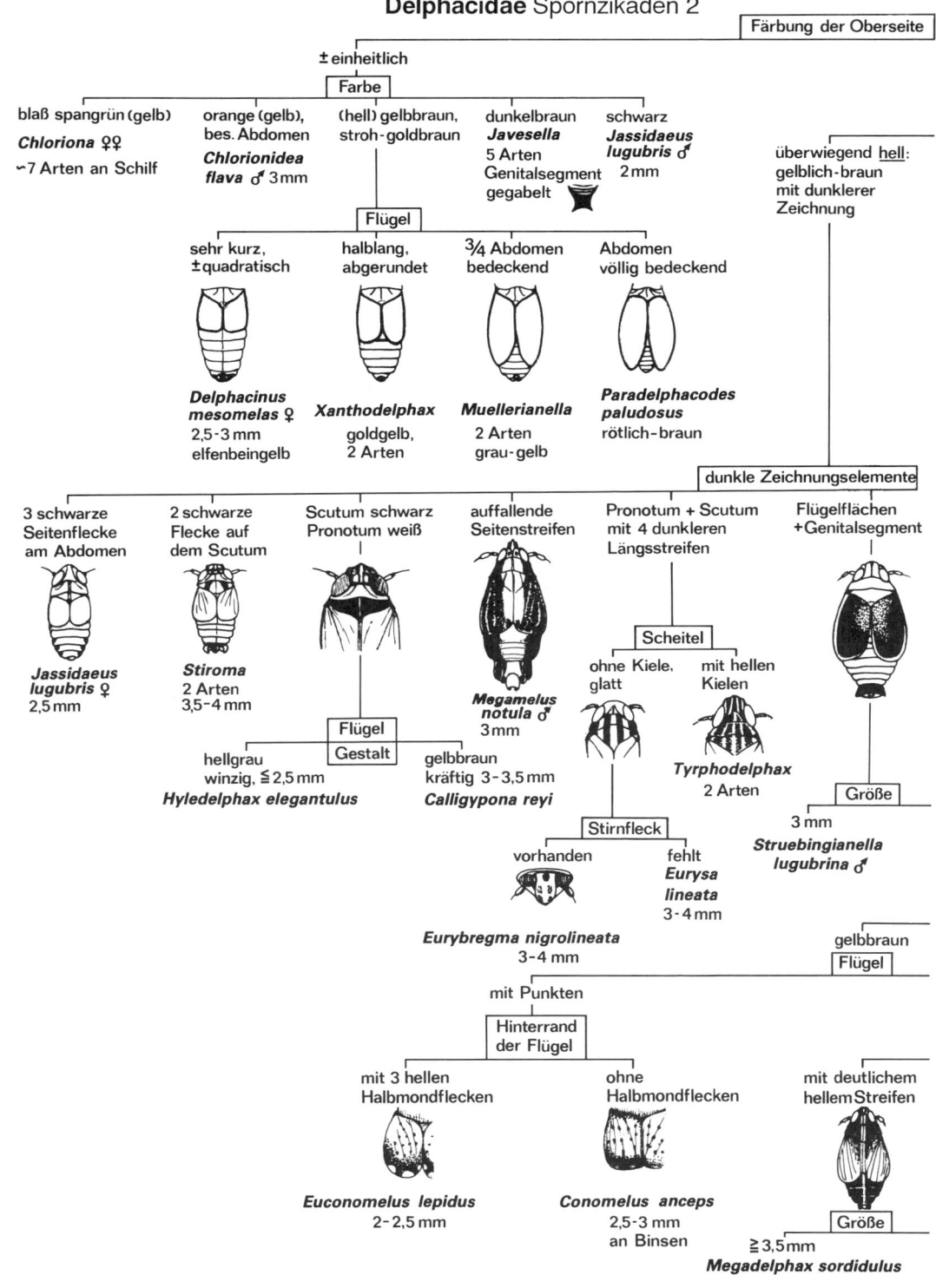

Färbung der Oberseite

± einheitlich

Farbe

blaß spangrün (gelb)
Chloriona ♀♀
~7 Arten an Schilf

orange (gelb),
bes. Abdomen
Chlorionidea
flava ♂ 3mm

(hell) gelbbraun,
stroh-goldbraun

dunkelbraun
Javesella
5 Arten
Genitalsegment
gegabelt

schwarz
Jassidaeus
lugubris ♂
2mm

überwiegend <u>hell</u>:
gelblich-braun
mit dunklerer
Zeichnung

Flügel

sehr kurz,
±quadratisch

Delphacinus
mesomelas ♀
2,5-3 mm
elfenbeingelb

halblang,
abgerundet

Xanthodelphax
goldgelb,
2 Arten

¾ Abdomen
bedeckend

Muellerianella
2 Arten
grau-gelb

Abdomen
völlig bedeckend

Paradelphacodes
paludosus
rötlich-braun

dunkle Zeichnungselemente

3 schwarze
Seitenflecke
am Abdomen

Jassidaeus
lugubris ♀
2,5mm

2 schwarze
Flecke auf
dem Scutum

Stiroma
2 Arten
3,5-4 mm

Scutum schwarz
Pronotum weiß

Flügel
Gestalt

hellgrau
winzig, ≦2,5mm
Hyledelphax elegantulus

gelbbraun
kräftig 3-3,5mm
Calligypona reyi

auffallende
Seitenstreifen

Megamelus
notula ♂
3 mm

Eurybregma nigrolineata
3-4 mm

Pronotum + Scutum
mit 4 dunkleren
Längsstreifen

Scheitel

ohne Kiele,
glatt

mit hellen
Kielen

Tyrphodelphax
2 Arten

Stirnfleck

vorhanden

fehlt
Eurysa
lineata
3-4 mm

Flügelflächen
+Genitalsegment

Größe

3 mm
Struebingianella
lugubrina ♂

gelbbraun
Flügel

mit Punkten

Hinterrand
der Flügel

mit 3 hellen
Halbmondflecken

Euconomelus lepidus
2-2,5 mm

ohne
Halbmondflecken

Conomelus anceps
2,5-3 mm
an Binsen

mit deutlichem
hellem Streifen

Größe

≧3,5mm
Megadelphax sordidulus

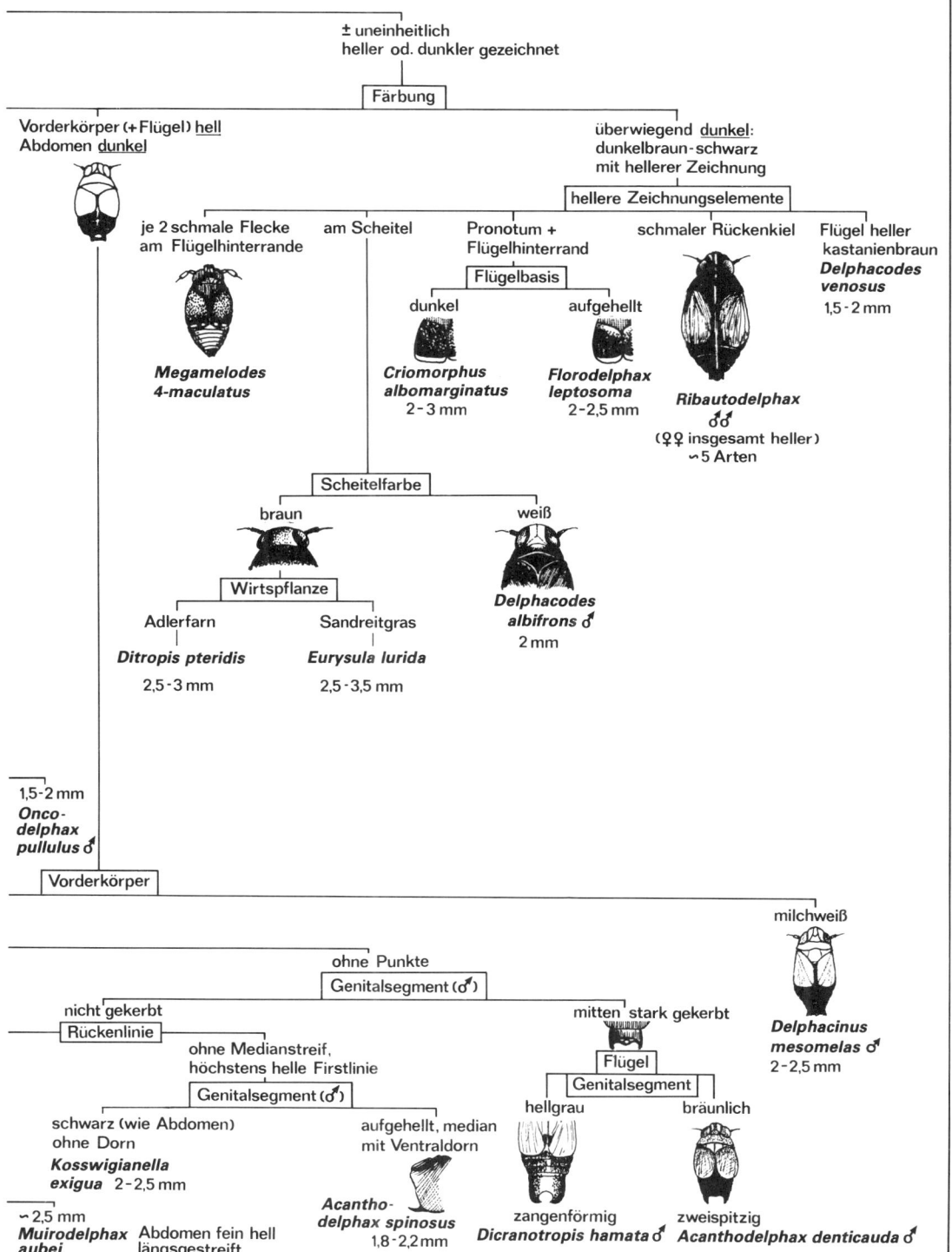

± uneinheitlich
heller od. dunkler gezeichnet

Färbung

Vorderkörper (+ Flügel) hell
Abdomen dunkel

überwiegend dunkel:
dunkelbraun - schwarz
mit hellerer Zeichnung

hellere Zeichnungselemente

je 2 schmale Flecke
am Flügelhinterrande

am Scheitel

Pronotum +
Flügelhinterrand

schmaler Rückenkiel

Flügel heller
kastanienbraun
***Delphacodes
venosus***
1,5 - 2 mm

Flügelbasis

dunkel

aufgehellt

**Megamelodes
4-maculatus**

***Criomorphus
albomarginatus***
2 - 3 mm

***Florodelphax
leptosoma***
2 - 2,5 mm

Ribautodelphax
♂♂
(♀♀ insgesamt heller)
∽5 Arten

Scheitelfarbe

braun

weiß

Wirtspflanze

***Delphacodes
albifrons*** ♂
2 mm

Adlerfarn

Sandreitgras

Ditropis pteridis

Eurysula lurida

2,5 - 3 mm

2,5 - 3,5 mm

1,5 - 2 mm
***Onco-
delphax
pullulus*** ♂

Vorderkörper

milchweiß

ohne Punkte
Genitalsegment (♂)

nicht gekerbt
Rückenlinie

mitten stark gekerbt

***Delphacinus
mesomelas*** ♂
2 - 2,5 mm

ohne Medianstreif,
höchstens helle Firstlinie
Genitalsegment (♂)

Flügel
Genitalsegment

hellgrau

bräunlich

schwarz (wie Abdomen)
ohne Dorn
***Kosswigianella
exigua*** 2 - 2,5 mm

aufgehellt, median
mit Ventraldorn

∽2,5 mm
***Muirodelphax
aubei***

Abdomen fein hell
längsgestreift

***Acantho-
delphax spinosus***
1,8 - 2,2 mm

zangenförmig
Dicranotropis hamata ♂

zweispitzig
Acanthodelphax denticauda ♂

Müller

Homoptera Auchenorrhyncha · Zikaden 5: Cicadellidae

Zwergzikaden 1

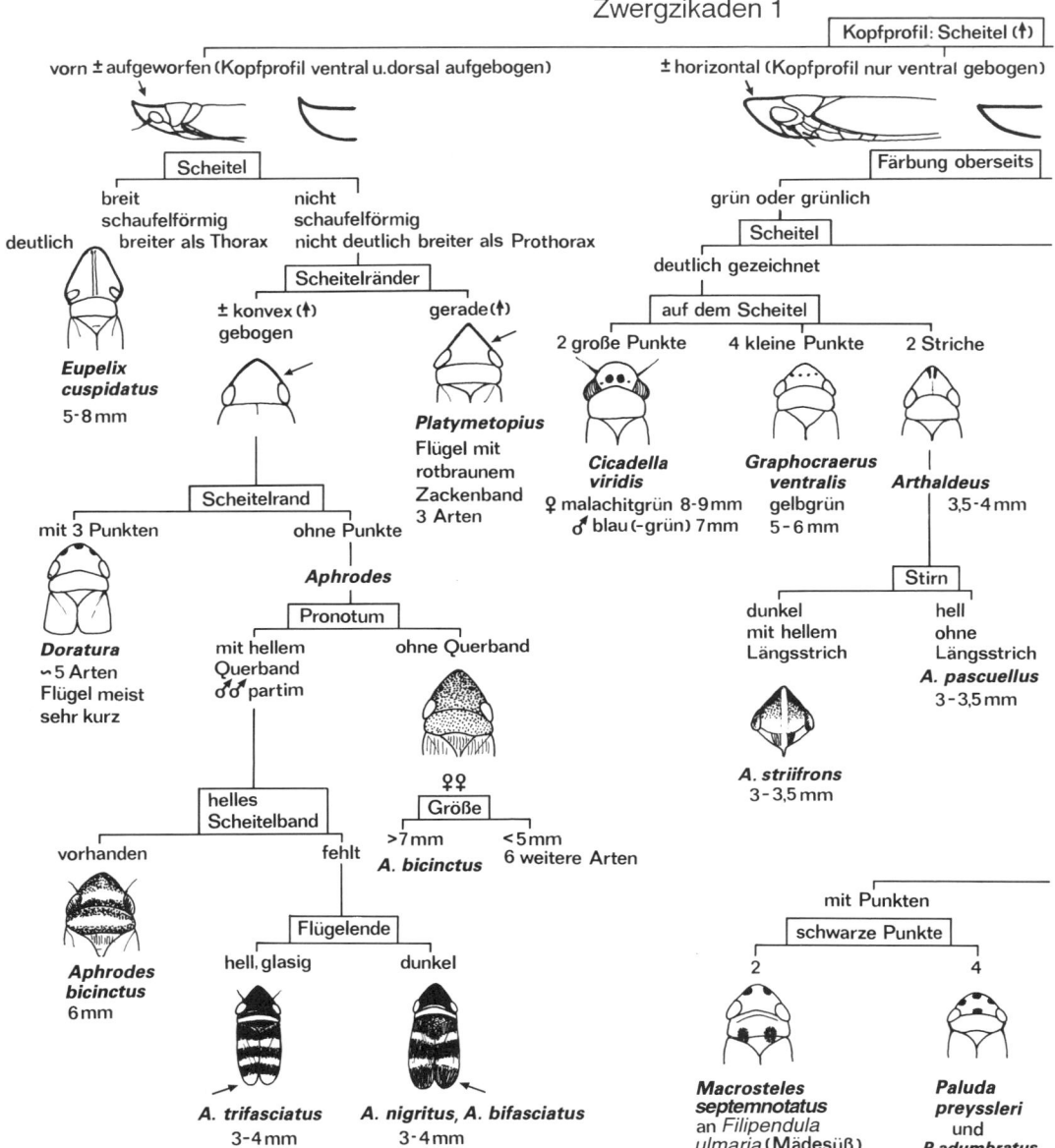

Kopfprofil: Scheitel (↑)

vorn ± aufgeworfen (Kopfprofil ventral u.dorsal aufgebogen)   ± horizontal (Kopfprofil nur ventral gebogen)

Scheitel

breit schaufelförmig breiter als Thorax   nicht schaufelförmig nicht deutlich breiter als Prothorax

deutlich

Färbung oberseits

grün oder grünlich

Scheitel

deutlich gezeichnet

Scheitelränder

± konvex (↑) gebogen   gerade (↑)

auf dem Scheitel

2 große Punkte   4 kleine Punkte   2 Striche

Eupelix cuspidatus
5-8 mm

Platymetopius
Flügel mit rotbraunem Zackenband
3 Arten

Cicadella viridis
♀ malachitgrün 8-9 mm
♂ blau (-grün) 7 mm

Graphocraerus ventralis
gelbgrün
5-6 mm

Arthaldeus
3,5-4 mm

Scheitelrand

mit 3 Punkten   ohne Punkte

Aphrodes

Pronotum

mit hellem Querband ♂♂ partim   ohne Querband

Doratura
~5 Arten
Flügel meist sehr kurz

Stirn

dunkel mit hellem Längsstrich   hell ohne Längsstrich

A. pascuellus
3-3,5 mm

A. striifrons
3-3,5 mm

helles Scheitelband

vorhanden   fehlt

♀♀
Größe

>7 mm
A. bicinctus   <5 mm
6 weitere Arten

Aphrodes bicinctus
6 mm

Flügelende

hell, glasig   dunkel

mit Punkten

schwarze Punkte

2   4

A. trifasciatus
3-4 mm   **A. nigritus, A. bifasciatus**
3-4 mm

Macrosteles septemnotatus
an *Filipendula ulmaria* (Mädesüß)
3,5 mm

Paluda preyssleri
und
P.adumbratus
3,5-4 mm

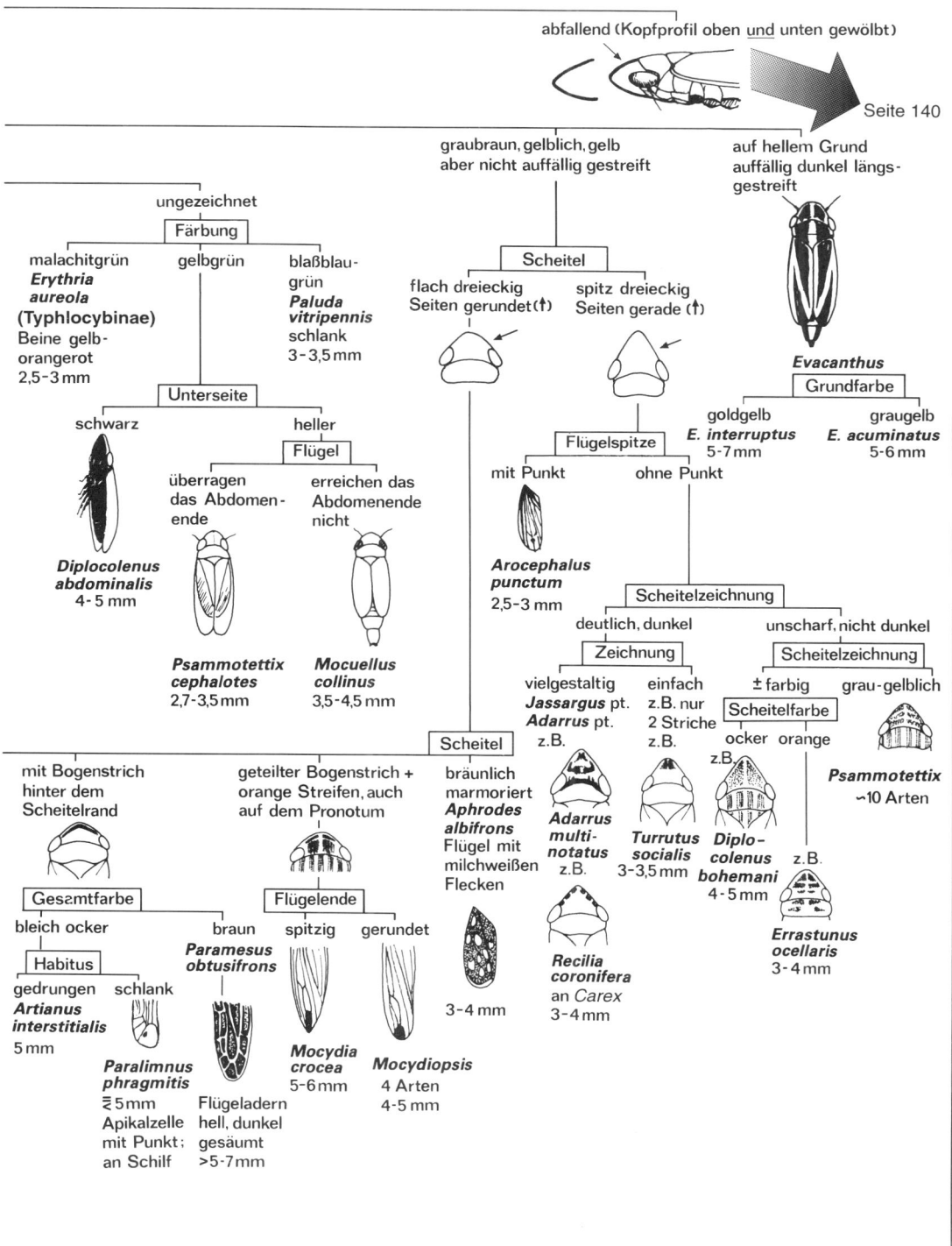

abfallend (Kopfprofil oben und unten gewölbt)

Seite 140

graubraun, gelblich, gelb
aber nicht auffällig gestreift

auf hellem Grund
auffällig dunkel längs-
gestreift

ungezeichnet

Färbung

malachitgrün
**Erythria
aureola**
(Typhlocybinae)
Beine gelb-
orangerot
2,5-3 mm

gelbgrün

blaßblau-
grün
**Paluda
vitripennis**
schlank
3-3,5 mm

Scheitel

flach dreieckig
Seiten gerundet (↑)

spitz dreieckig
Seiten gerade (↑)

Evacanthus

Grundfarbe

goldgelb
E. interruptus
5-7 mm

graugelb
E. acuminatus
5-6 mm

Unterseite

schwarz

heller

Flügel

überragen
das Abdomen-
ende

erreichen das
Abdomenende
nicht

Flügelspitze

mit Punkt

ohne Punkt

**Diplocolenus
abdominalis**
4-5 mm

**Psammotettix
cephalotes**
2,7-3,5 mm

**Mocuellus
collinus**
3,5-4,5 mm

**Arocephalus
punctum**
2,5-3 mm

Scheitelzeichnung

deutlich, dunkel

Zeichnung

vielgestaltig
Jassargus pt.
Adarrus pt.
z.B.

einfach
z.B. nur
2 Striche
z.B.

unscharf, nicht dunkel

Scheitelzeichnung

± farbig

Scheitelfarbe

ocker   orange

grau-gelblich

Psammotettix
~10 Arten

mit Bogenstrich
hinter dem
Scheitelrand

geteilter Bogenstrich +
orange Streifen, auch
auf dem Pronotum

Scheitel

bräunlich
marmoriert
**Aphrodes
albifrons**
Flügel mit
milchweißen
Flecken

**Adarrus
multi-
notatus**
z.B.

**Turrutus
socialis**
3-3,5 mm

**Diplo-
colenus
bohemani**
4-5 mm

z.B.

**Errastunus
ocellaris**
3-4 mm

Gesamtfarbe

bleich ocker

Habitus

gedrungen
**Artianus
interstitialis**
5 mm

schlank

**Paralimnus
phragmitis**
⪌ 5 mm
Apikalzelle
mit Punkt;
an Schilf

braun
**Paramesus
obtusifrons**

Flügelende

spitzig

gerundet

Flügeladern
hell, dunkel
gesäumt
>5-7 mm

**Mocydia
crocea**
5-6 mm

Mocydiopsis
4 Arten
4-5 mm

3-4 mm

**Recilia
coronifera**
an Carex
3-4 mm

Homoptera Auchenorrhyncha · Zikaden 6: Cicadellidae
Zwergzikaden 2

Scheitel

viel kürzer als das Pronotum, ±bandförmig, mitten kaum länger als seitlich

Scheitel

gewinkelt

nicht gewinkelt, ±gebogen

Habitus

Pronotum

sehr schlank
Flügel mit Punkten

robust käferartig
Flügel nicht mit Punkten

stark gewölbt

kaum gewölbt

Idiocerinae

Habitus

Jassus

schlank
>4,5 mm

gedrungen
<4,5 mm

Scheitel in der Mitte

nicht höher
als seitlich

höher
als seitlich

**Balclutha
punctata**
Grundfarbe
grünlich, rosa
oder bräunlich
3,5-4 mm

Macropsinae

Pronotum-Oberfläche

winkelig gefurcht

gebogen gefurcht

J. lanio
grün oder
braunrot,
7-8,5 mm
an Eiche

J. scutellaris
grün
Pronotum
mit Punkten,
bisweilen
blutrot
7-8 mm
an Ulme

Idiocerus
⤳ 20 Arten
5-7 mm
auf Laub-
bäumen
bes. Weiden,
Pappeln

**Chunrocerus
larvatus**
mit glasig
milchigen
Flügelflecken
4-4,5 mm
auf Schlehe

Pronotum

kapuzenartig gewölbt ±
den Scheitel verdeckend

flacher
den Scheitel (↑)
nicht verdeckend

Oncopsis
6 Arten 5-6 mm
auf Laubbäumen

Pediopsis tiliae
5-6 mm, an Linde

Macropsis
⤳12 Arten ⤳5mm

bandförmig

Scheitelband

± gleichmäßig gebogen

± gerade

geknickt

gezackt

Scheitelband

Winkel

von Auge zu Auge

nur am Gipfel

nach vorn
offen (↑)

nach hinten offen (↑)

**Athysanus
argentarius**
bleich gelbgrau,
zart gestreift
7-8 mm

**Speudotettix
subfusculus**
Flügel:
schokoladenbraun
4,5-5 mm
an Eiche

**Grypotes
puncticollis**
4-4,5 mm
auf Kiefer

**Macustus
grisescens**
2. Band im
Nacken
4,5-5,5 mm
Feuchtwiesen

Aphrodes ♂♂

partim

Habitus

Größe

grob quer-
gebändert

Flügel

längsgestreift

schlank <5mm

gedrungen
≧6mm

Streifen

Pronotum

zart

Adern

dick

hell gelbgrün
vorn nicht geschwärzt

gelbbraun
vorn geschwärzt

**Scleroracus
transversus**
3-4 mm
Steppenrasen

**Athysanus
quadrum**
Flachmoorwiesen

A. serratulae
Kopfband oft
nur verschwommen
3 mm

A. histrionicus
Adern dunkel
Zellen hell
3,5 mm

A. flavostriatus
Adern hell
Zellen dunkel
3,5 mm

Limotettix striola
4-5 mm

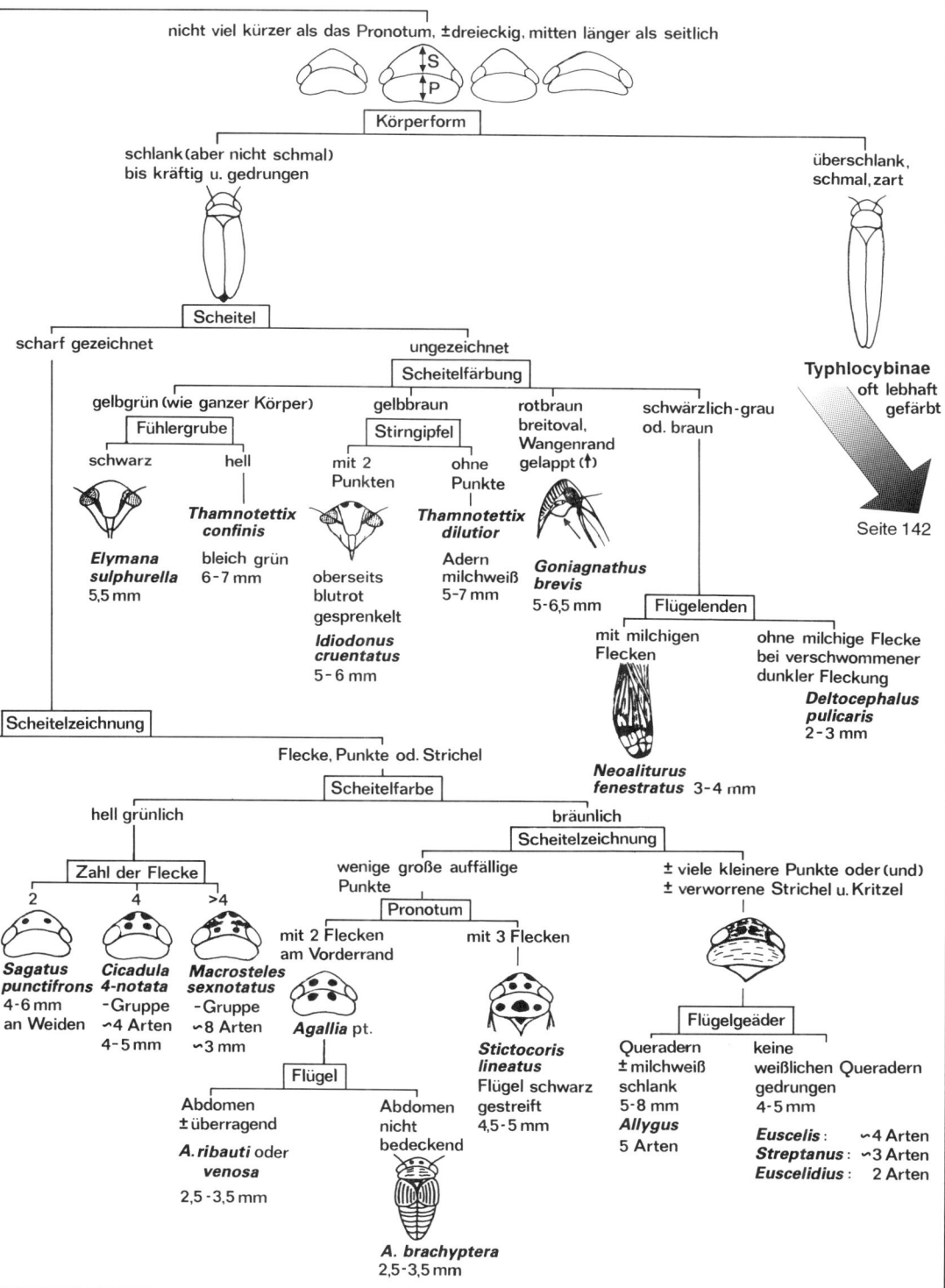

nicht viel kürzer als das Pronotum, ±dreieckig, mitten länger als seitlich

S
P

Körperform

schlank (aber nicht schmal) bis kräftig u. gedrungen

überschlank, schmal, zart

Scheitel

scharf gezeichnet

ungezeichnet

Scheitelfärbung

Typhlocybinae
oft lebhaft gefärbt

gelbgrün (wie ganzer Körper)

Fühlergrube

schwarz   hell

gelbbraun

Stirngipfel

mit 2 Punkten   ohne Punkte

rotbraun breitoval, Wangenrand gelappt (♂)

schwärzlich-grau od. braun

Seite 142

Elymana sulphurella
5,5 mm

bleich grün
6-7 mm

Thamnotettix confinis

oberseits blutrot gesprenkelt
Idiodonus cruentatus
5-6 mm

Thamnotettix dilutior
Adern milchweiß
5-7 mm

Goniagnathus brevis
5-6,5 mm

Flügelenden

mit milchigen Flecken

ohne milchige Flecke bei verschwommener dunkler Fleckung
Deltocephalus pulicaris
2-3 mm

Scheitelzeichnung

Flecke, Punkte od. Strichel

Scheitelfarbe

Neoaliturus fenestratus 3-4 mm

hell grünlich

Zahl der Flecke

2   4   >4

bräunlich

Scheitelzeichnung

wenige große auffällige Punkte

± viele kleinere Punkte oder (und) ± verworrene Strichel u. Kritzel

Sagatus punctifrons
4-6 mm
an Weiden

Cicadula 4-notata
-Gruppe
~4 Arten
4-5 mm

Macrosteles sexnotatus
-Gruppe
~8 Arten
~3 mm

Pronotum

mit 2 Flecken am Vorderrand

Agallia pt.

mit 3 Flecken

Flügel

Abdomen ±überragend
A. ribauti oder **venosa**
2,5-3,5 mm

Abdomen nicht bedeckend

Stictocoris lineatus
Flügel schwarz gestreift
4,5-5 mm

Flügelgeäder

Queradern ± milchweiß schlank
5-8 mm
Allygus
5 Arten

keine weißlichen Queradern gedrungen
4-5 mm
Euscelis: ~4 Arten
Streptanus: ~3 Arten
Euscelidius: 2 Arten

A. brachyptera
2,5-3,5 mm

Homoptera Auchenorrhyncha · Zikaden 7: Cicadellidae

Zwergzikaden 3, **Typhlocybinae**

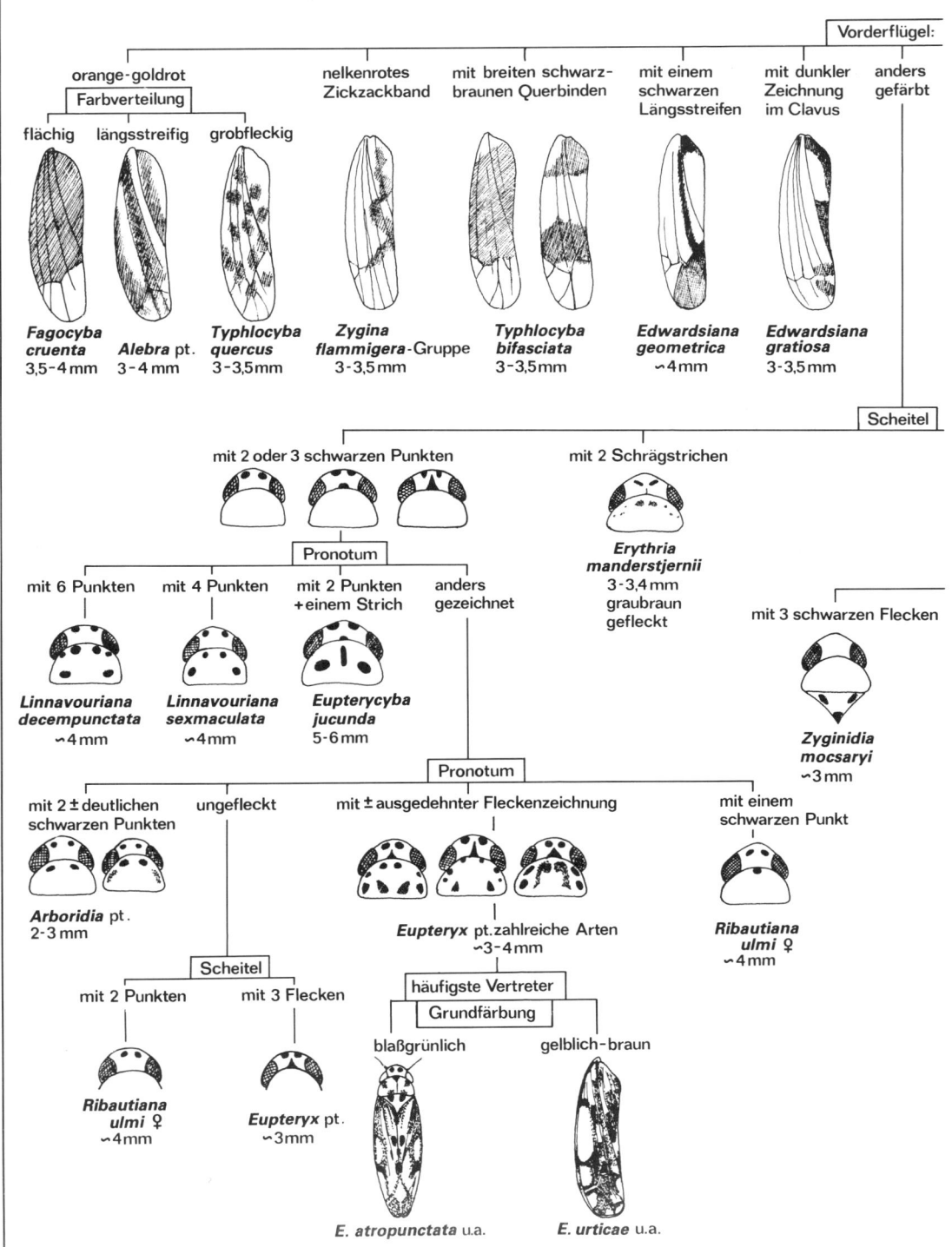

Vorderflügel:

orange-goldrot
Farbverteilung

flächig   längsstreifig   grobfleckig

Fagocyba cruenta 3,5-4 mm

Alebra pt. 3-4 mm

Typhlocyba quercus 3-3,5 mm

nelkenrotes Zickzackband

Zygina flammigera-Gruppe 3-3,5 mm

mit breiten schwarz-braunen Querbinden

Typhlocyba bifasciata 3-3,5 mm

mit einem schwarzen Längsstreifen

Edwardsiana geometrica ⌐4 mm

mit dunkler Zeichnung im Clavus

Edwardsiana gratiosa 3-3,5 mm

anders gefärbt

Scheitel

mit 2 oder 3 schwarzen Punkten

Pronotum

mit 6 Punkten   mit 4 Punkten   mit 2 Punkten +einem Strich   anders gezeichnet

Linnavouriana decempunctata ⌐4 mm

Linnavouriana sexmaculata ⌐4 mm

Eupterycyba jucunda 5-6 mm

mit 2 Schrägstrichen

Erythria manderstjernii 3-3,4 mm graubraun gefleckt

mit 3 schwarzen Flecken

Zyginidia mocsaryi ⌐3 mm

Pronotum

mit 2 ± deutlichen schwarzen Punkten

Arboridia pt. 2-3 mm

ungefleckt

Scheitel

mit 2 Punkten   mit 3 Flecken

Ribautiana ulmi ♀ ⌐4 mm

Eupteryx pt. ⌐3 mm

mit ± ausgedehnter Fleckenzeichnung

Eupteryx pt. zahlreiche Arten ⌐3-4 mm

häufigste Vertreter
Grundfärbung

blaßgrünlich

E. atropunctata u.a.

gelblich-braun

E. urticae u.a.

mit einem schwarzen Punkt

Ribautiana ulmi ♀ ⌐4 mm

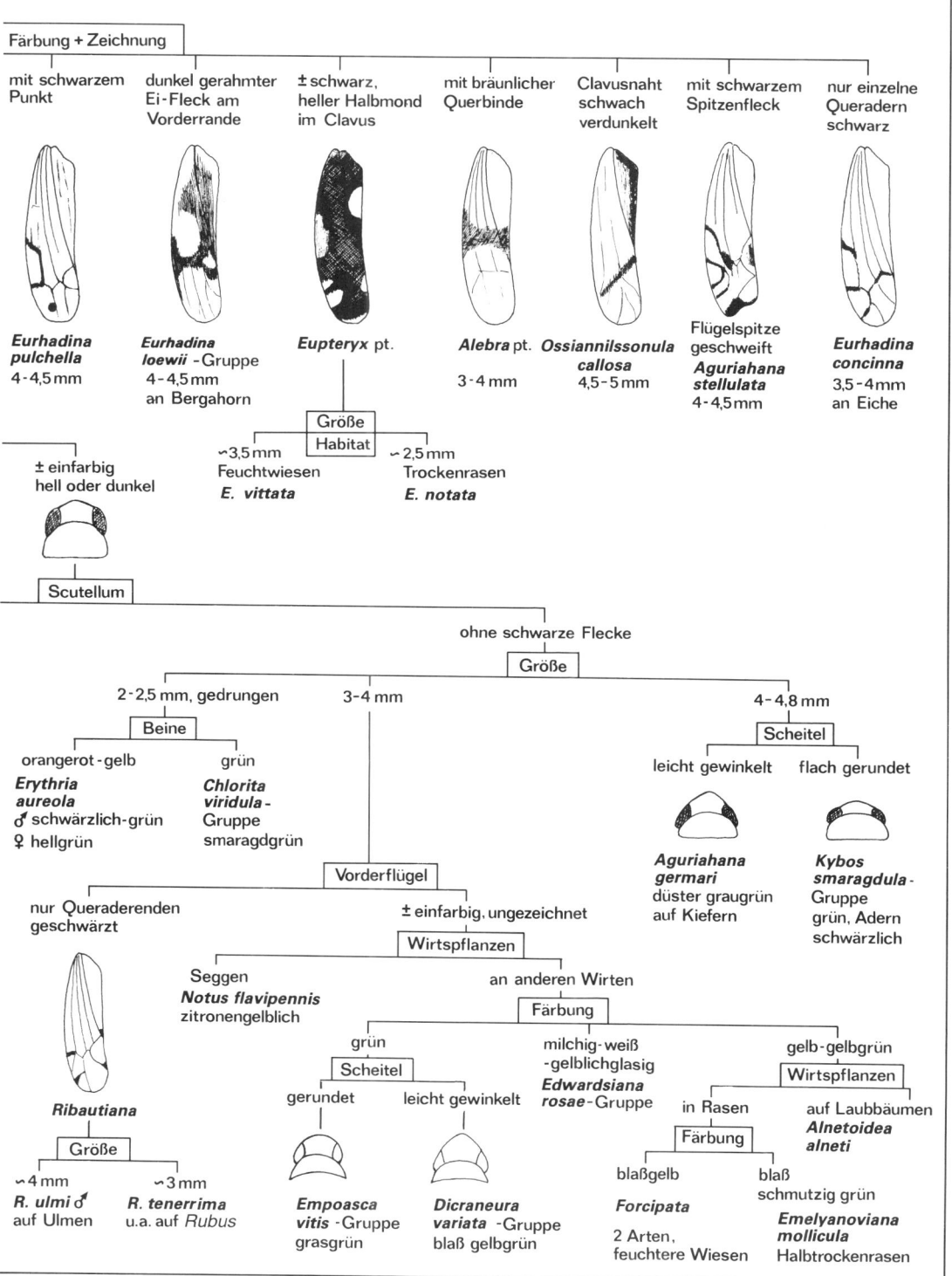

Färbung + Zeichnung

mit schwarzem Punkt · dunkel gerahmter Ei-Fleck am Vorderrande · ± schwarz, heller Halbmond im Clavus · mit bräunlicher Querbinde · Clavusnaht schwach verdunkelt · mit schwarzem Spitzenfleck · nur einzelne Queradern schwarz

Eurhadina pulchella 4-4,5 mm

Eurhadina loewii -Gruppe 4-4,5 mm an Bergahorn

Eupteryx pt.

Alebra pt. 3-4 mm

Ossiannilssonula callosa 4,5-5 mm

Flügelspitze geschweift **Aguriahana stellulata** 4-4,5 mm

Eurhadina concinna 3,5-4 mm an Eiche

Größe / Habitat

~3,5 mm Feuchtwiesen **E. vittata**

~2,5 mm Trockenrasen **E. notata**

± einfarbig hell oder dunkel

Scutellum

ohne schwarze Flecke

Größe

2-2,5 mm, gedrungen · 3-4 mm · 4-4,8 mm

Beine

orangerot-gelb **Erythria aureola** ♂ schwärzlich-grün ♀ hellgrün

grün **Chlorita viridula** - Gruppe smaragdgrün

Scheitel

leicht gewinkelt · flach gerundet

Aguriahana germari düster graugrün auf Kiefern

Kybos smaragdula - Gruppe grün, Adern schwärzlich

Vorderflügel

nur Queraderenden geschwärzt

± einfarbig, ungezeichnet

Wirtspflanzen

Ribautiana

Größe

~4 mm **R. ulmi** ♂ auf Ulmen

~3 mm **R. tenerrima** u.a. auf Rubus

Seggen **Notus flavipennis** zitronengelblich

an anderen Wirten

Färbung

grün · milchig-weiß -gelblichglasig **Edwardsiana rosae** -Gruppe · gelb-gelbgrün

Scheitel

gerundet · leicht gewinkelt

Empoasca vitis -Gruppe grasgrün

Dicraneura variata -Gruppe blaß gelbgrün

Wirtspflanzen

in Rasen

Färbung

blaßgelb **Forcipata** 2 Arten, feuchtere Wiesen

blaß schmutzig grün **Emelyanoviana mollicula** Halbtrockenrasen

auf Laubbäumen **Alnetoidea alneti**

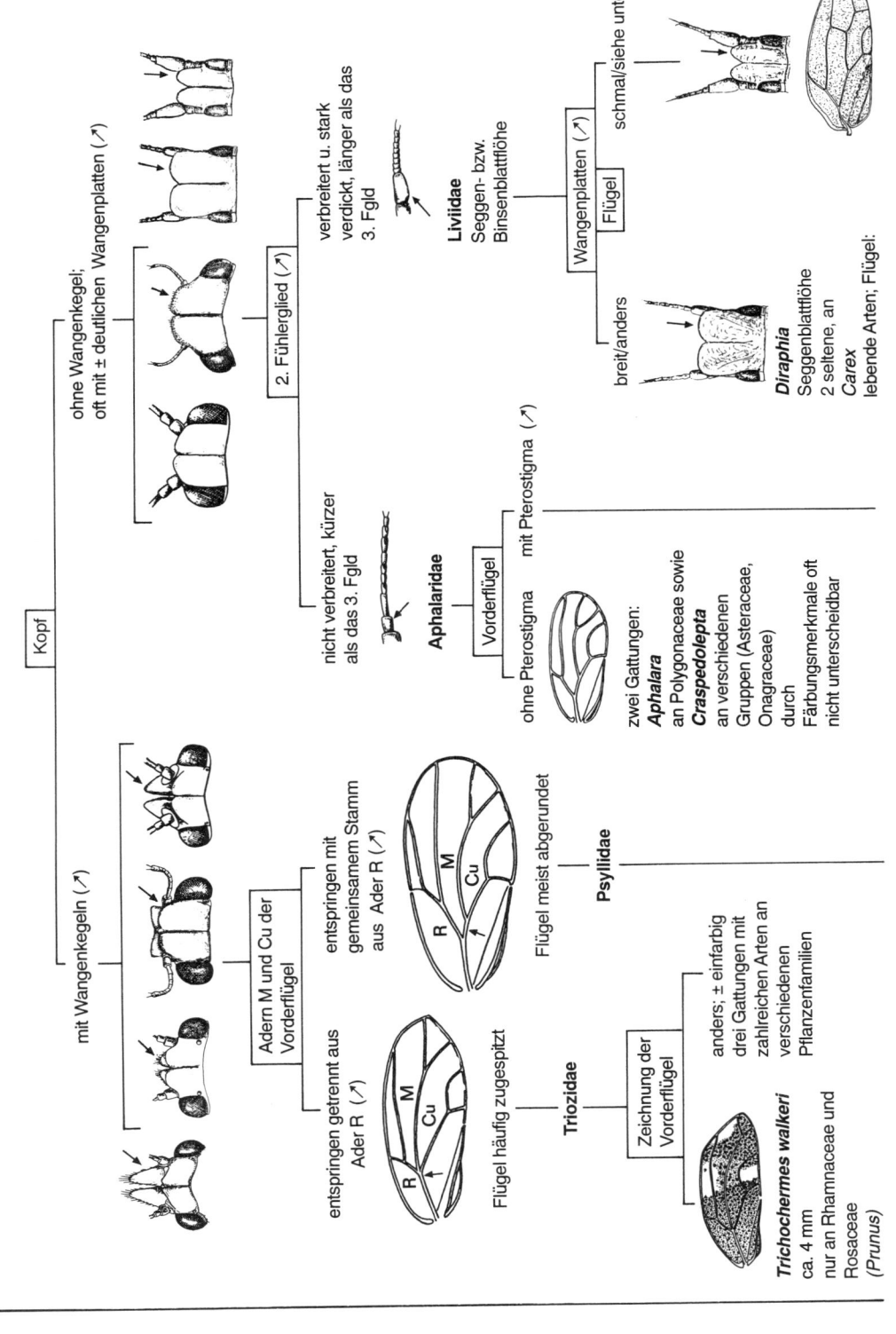

Homoptera Psyllina · Blattflöhe

Kopf

mit Wangenkegeln (↗)

Adern M und Cu der Vorderflügel

entspringen getrennt aus Ader R (↗)

Flügel häufig zugespitzt

Triozidae

Zeichnung der Vorderflügel

Trichochermes walkeri
ca. 4 mm
nur an Rhamnaceae und
Rosaceae
(*Prunus*)

anders; ± einfarbig
drei Gattungen mit
zahlreichen Arten an
verschiedenen
Pflanzenfamilien

entspringen mit gemeinsamem Stamm aus Ader R (↗)

Flügel meist abgerundet

Psyllidae

**ohne Wangenkegel;
oft mit ± deutlichen Wangenplatten (↗)**

2. Fühlerglied (↗)

nicht verbreitert, kürzer
als das 3. Fgld

Aphalaridae

Vorderflügel

ohne Pterostigma

zwei Gattungen:
Aphalara
an Polygonaceae sowie
Craspedolepta
an verschiedenen
Gruppen (Asteraceae,
Onagraceae) durch
Färbungsmerkmale oft
nicht unterscheidbar

mit Pterostigma (↗)

verbreitert u. stark
verdickt, länger als das
3. Fgld

Liviidae
Seggen- bzw.
Binsenblattflöhe

Wangenplatten (↗)

breit/anders

Diraphia
Seggenblattflöhe
2 seltene, an
Carex
lebende Arten; Flügel:

schmal/siehe unten

Flügel

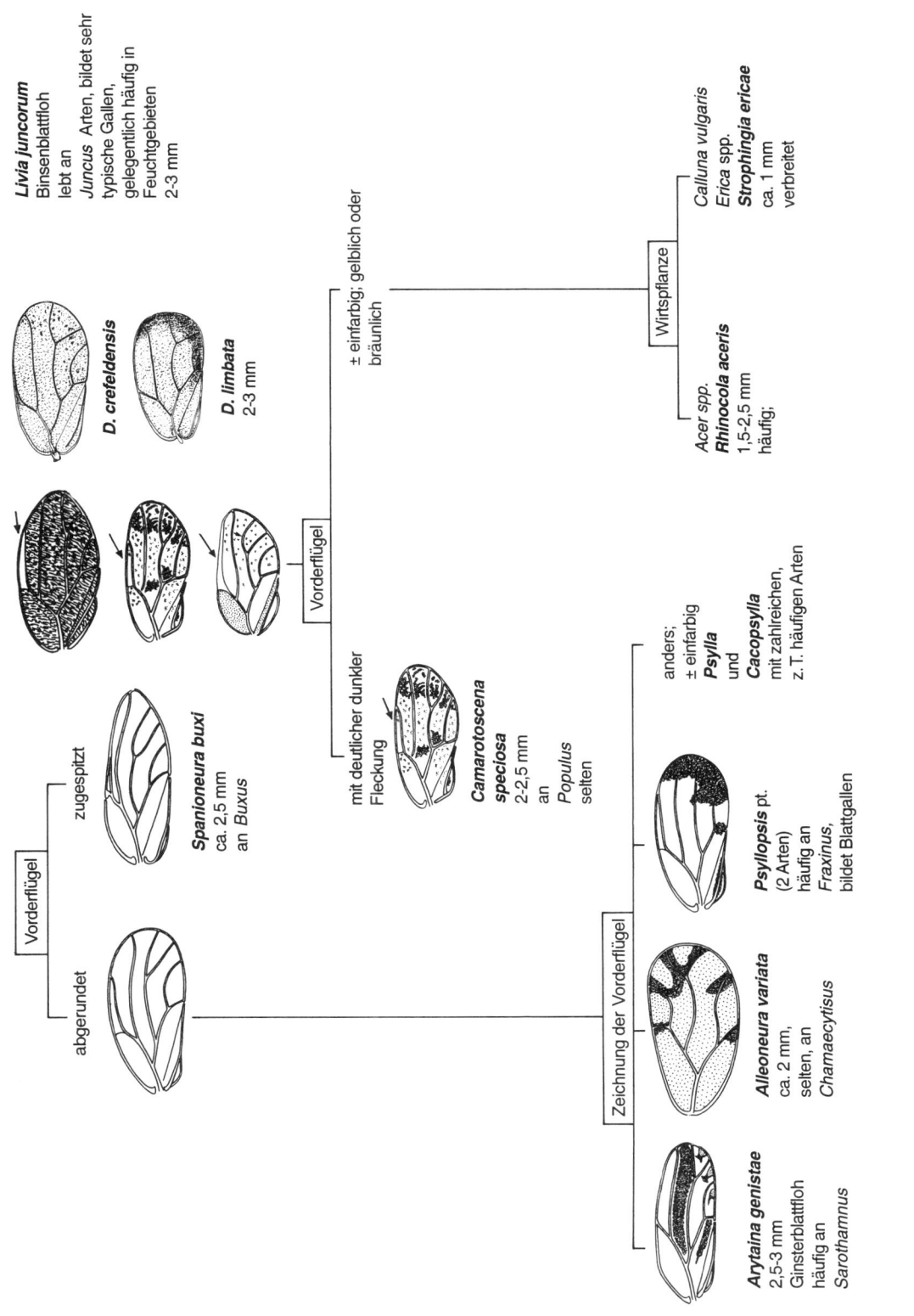

145

Livia juncorum Binsenblattfloh lebt an *Juncus* Arten, bildet sehr typische Gallen, gelegentlich häufig in Feuchtgebieten 2-3 mm

D. crefeldensis

D. limbata 2-3 mm

Spanioneura buxi ca. 2,5 mm an *Buxus*

Vorderflügel — zugespitzt / abgerundet

mit deutlicher dunkler Fleckung

Camarotoscena speciosa 2-2,5 mm an *Populus* selten

Vorderflügel

± einfarbig; gelblich oder bräunlich

Wirtspflanze

Calluna vulgaris *Erica* spp. **Strophingia ericae** ca. 1 mm verbreitet

Acer spp. **Rhinocola aceris** 1,5-2,5 mm häufig;

anders; ± einfarbig **Psylla** und **Cacopsylla** mit zahlreichen, z. T. häufigen Arten

Psyllopsis pt. (2 Arten) häufig an *Fraxinus*, bildet Blattgallen

Zeichnung der Vorderflügel

Alleoneura variata ca. 2 mm, selten, an *Chamaecytisus*

Arytaina genistae 2.5-3 mm Ginsterblattfloh häufig an *Sarothamnus*

Sander

Homoptera Coccina · Schildläuse (nur ♀♀); Auswahl häufiger Formen

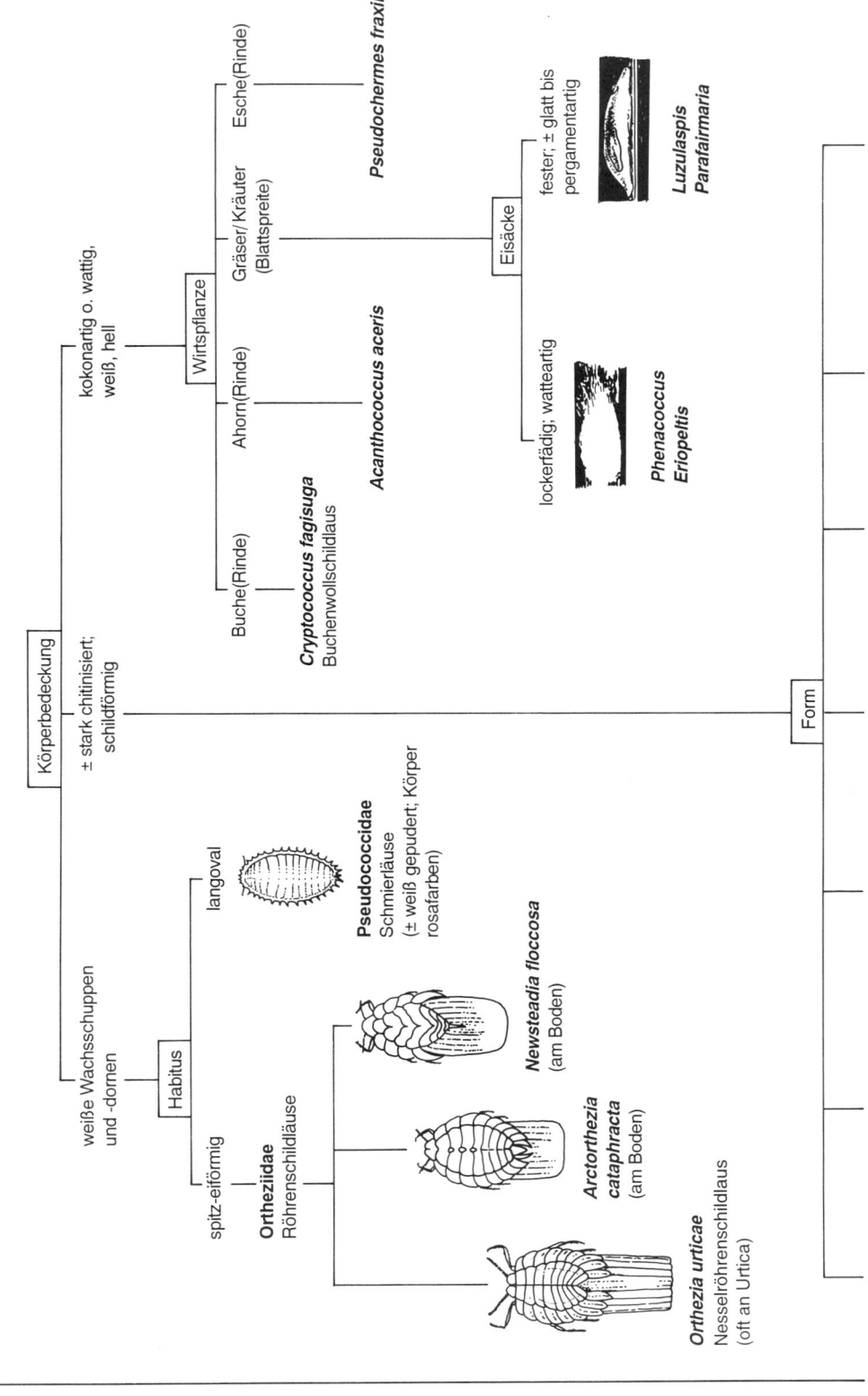

Form

Körperbedeckung

± stark chitinisiert; schildförmig

kokonartig o. wattig, weiß, hell

Wirtspflanze

Buche (Rinde)

Cryptococcus fagisuga
Buchenwollschildlaus

Ahorn (Rinde)

Acanthococcus aceris

Gräser/Kräuter (Blattspreite)

Esche (Rinde)

Pseudochermes fraxini

Eisäcke

lockerfädig; watteartig

Phenacoccus
Eriopeltis

fester; ± glatt bis pergamentartig

Luzulaspis
Parafairmaria

weiße Wachsschuppen und -dornen

Habitus

spitz-eiförmig

Ortheziidae
Röhrenschildläuse

Newsteadia floccosa
(am Boden)

Arcorthezia cataphracta
(am Boden)

Orthezia urticae
Nesselröhrenschildlaus
(oft an Urtica)

langoval

Pseudococcidae
Schmierläuse
(± weiß gepudert; Körper rosafarben)

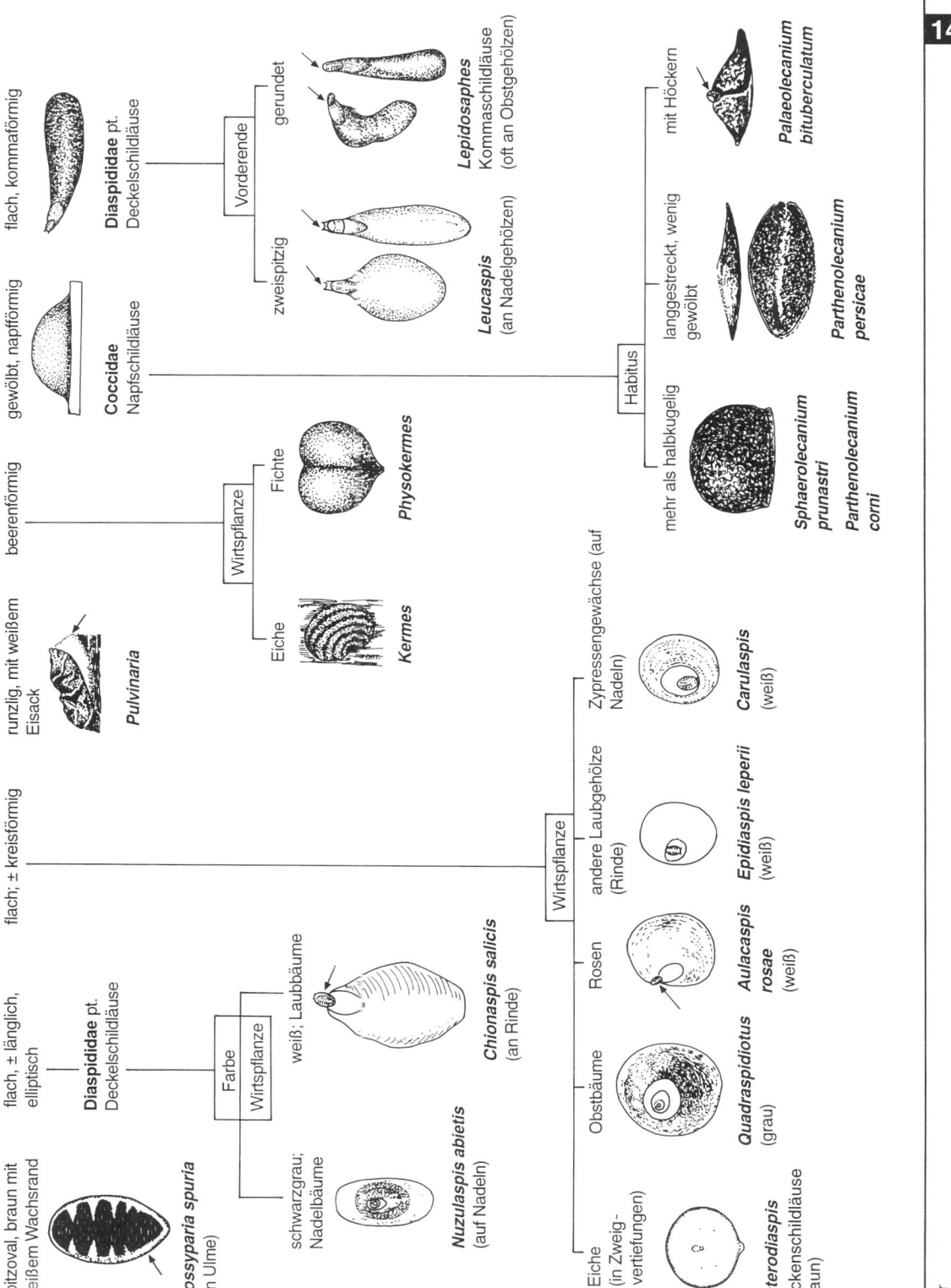

Diaspididae pt.
Deckelschildläuse

flach, kommaförmig

Vorderende — gerundet

Lepidosaphes
Kommaschildläuse
(oft an Obstgehölzen)

zweispitzig

Leucaspis
(an Nadelgehölzen)

**Palaeolecanium
bituberculatum**

mit Höckern

langgestreckt, wenig
gewölbt

**Parthenolecanium
persicae**

Habitus

Coccidae
Napfschildläuse

gewölbt, napfförmig

mehr als halbkugelig

**Sphaerolecanium
prunastri**

**Parthenolecanium
corni**

Physokermes

Fichte

Wirtspflanze

beerenförmig

Eiche

Kermes

Pulvinaria

runzlig, mit weißem
Eisack

Carulaspis
(weiß)

Zypressengewächse (auf
Nadeln)

flach; ± kreisförmig

andere Laubgehölze
(Rinde)

Epidiaspis leperii
(weiß)

Wirtspflanze

Rosen

**Aulacaspis
rosae**
(weiß)

Obstbäume

Quadraspidiotus
(grau)

Eiche
(in Zweig-
vertiefungen)

Asterodiaspis
Pockenschildläuse
(braun)

Diaspididae pt.
Deckelschildläuse

flach, ± länglich,
elliptisch

Farbe

Wirtspflanze

weiß; Laubbäume

Chionaspis salicis
(an Rinde)

schwarzgrau;
Nadelbäume

Nuzulaspis abietis
(auf Nadeln)

Gossyparia spuria
(an Ulme)

spitzoval, braun mit
weißem Wachsrand

Köhler

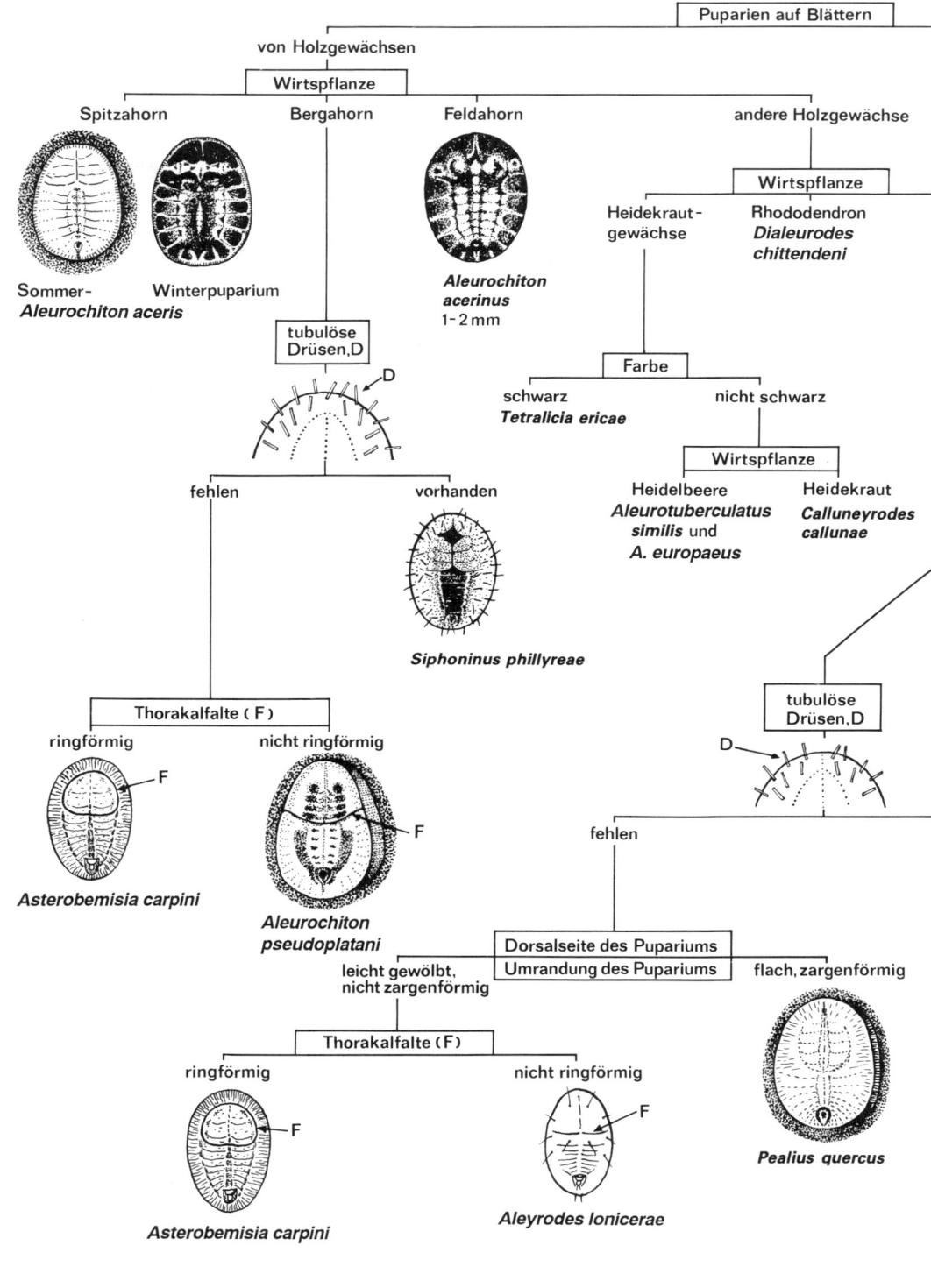

Puparien auf Blättern

von Holzgewächsen

Wirtspflanze

Spitzahorn   Bergahorn   Feldahorn   andere Holzgewächse

Wirtspflanze

Heidekraut-   Rhododendron
gewächse   *Dialeurodes*
                    chittendeni

Sommer-   Winterpuparium   *Aleurochiton*
Aleurochiton aceris   *acerinus*
                                         1-2 mm

tubulöse
Drüsen,D

Farbe

schwarz   nicht schwarz
Tetralicia ericae

fehlen   vorhanden

Wirtspflanze

Heidelbeere   Heidekraut
Aleurotuberculatus *Calluneyrodes*
similis und   *callunae*
A. europaeus

Siphoninus phillyreae

tubulöse
Drüsen,D

D

Thorakalfalte (F)

ringförmig   nicht ringförmig

F   F

fehlen

Asterobemisia carpini

Aleurochiton
pseudoplatani

Dorsalseite des Pupariums

leicht gewölbt,   Umrandung des Pupariums   flach, zargenförmig
nicht zargenförmig

Thorakalfalte (F)

ringförmig   nicht ringförmig

F   F

Pealius quercus

Asterobemisia carpini   *Aleyrodes lonicerae*

149

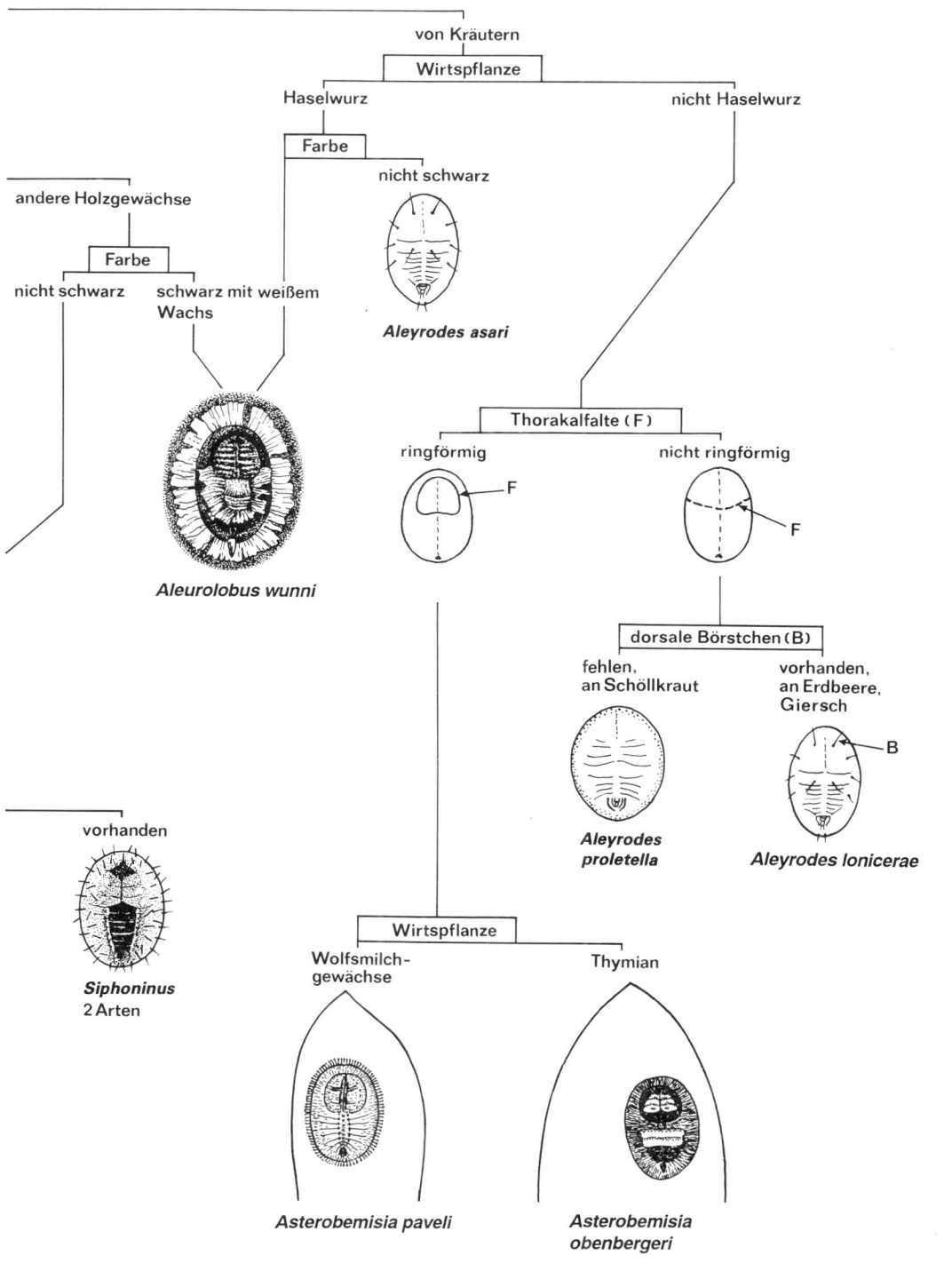

von Kräutern

Wirtspflanze

Haselwurz · nicht Haselwurz

Farbe

nicht schwarz

Aleyrodes asari

andere Holzgewächse

Farbe

nicht schwarz · schwarz mit weißem Wachs

Aleurolobus wunni

Thorakalfalte (F)

ringförmig · nicht ringförmig

F

F

dorsale Börstchen (B)

fehlen, an Schöllkraut

vorhanden, an Erdbeere, Giersch

B

Aleyrodes proletella

Aleyrodes lonicerae

vorhanden

Siphoninus
2 Arten

Wirtspflanze

Wolfsmilch-gewächse · Thymian

Asterobemisia paveli

Asterobemisia obenbergeri

Bährmann

Hymenoptera Symphyta

Zahlreiche, teils auffällig gefärbte/gezeichnete Arten von wenigen mm bis zu ca. 4 cm Körperlänge.
Brust und Hinterleib der Imagines immer in ganzer Breite miteinander verwachsen (d.h. ohne "Wespentaille"!).
Weibchen meist mit kräftigem Legebohrer, der häufig in einer als Längsrinne erkennbaren Spalte auf der Unterseite des Hinterleibs verborgen ist.
Weitaus am häufigsten zu finden und mit den meisten Arten vertreten sind die **Tenthredinoidea** mit mehreren Familien:
- **Tenthredinidae** (Blattwespen):
  in der Regel mit faden- oder borstenförmigen Fühlern
- **Cimbicidae** (Keulen- bzw. Knopfhornblattwespen):
  Fühler zum Ende keulenförmig verdickt; Tiere bis ca. 30 mm groß!
- **Diprionidae** (Buschhornblattwespen):
  Auffällig durch gekämmte (Männchen) oder gesägte (Weibchen) Fühler
  ferner kommen vor
- **Argidae:**
  Fühler nur dreigliedrig, drittes Glied auffallend lang. Wenige mittelgroße Arten, die meist metallisch blau oder grün glänzen.
- **Blasticotomidae** (Farn-Blattwespen)
  Nur eine seltene Art mit 4-gliedrigen Fühlern *(Blasticotoma filiceti).*
Auffällig, wenngleich nicht häufig sind die **Siricoidea** mit den
- **Siricidae** (Holzwespen, Riesen-Holzwespen)
  Wenige, z.T. sehr große Arten (bis ca. 40 mm); entweder einfarbig dunkel oder "wespenartig" schwarzgelb.
  Weibchen mit vorragendem Säge(Lege-)bohrer.
- **Xiphydriidae**
  Wenige, unauffällige und in der Regel seltene Arten.

Teils häufig und auffällig präsentieren sich die **Cephoidea** mit nur einer Familie, den **Cephidae**, die durch ihren sehr langen und schlanken Hinterkörper unverkennbar sind. Knapp 20 Arten.
Oft massenweise und dadurch schädlich vor allem in Forsten sind Vertreter der **Megalodontoidea** mit den Familien
- **Megalodontidae**
  4 Arten, überwiegend schwarz gefärbt und relativ selten
- **Pamphiliidae** (Gespinstblattwespen)
  Zahlreiche, im Gelände meist nicht unterscheidbare Arten, die vor allem im Larvenstadium durch Kahlfraß an Nadel- und Laubhölzern auffallen.
Im Gelände in der Regel wenig auffallend sind die **Xyeloidea** mit der Familie **Xyelidae**, kleinen, 8 Arten umfassenden Tieren, die durch ihre besondere Fühlerausbildung erkennbar sind (siehe Schlüssel).
Die **Orussoidea** mit nur einer Art in Mitteleuropa sind als seltene Parasitengruppe von untergeordneter Bedeutung.

Die bekannten Larven ähneln Schmetterlingsraupen, unterscheiden sich von diesen aber vor allem dadurch, daß zwischen Brust- und Bauchbeinen nur ein beinfreies Segment vorhanden ist, während Raupen mindestens zwei beinfreie Segmente aufweisen. Bei Beunruhigung der Tiere wird das Afterende bei vielen Arten zur Abwehr steil nach oben gerichtet ("Afterraupen"!).

Die Symphyta ernähren sich im Larval- und Imaginalstadium rein phytophag, gelegentlich wird auch Flüssigkeit - z.B. Regenwasser - aufgenommen.

Hymenoptera Aculeata

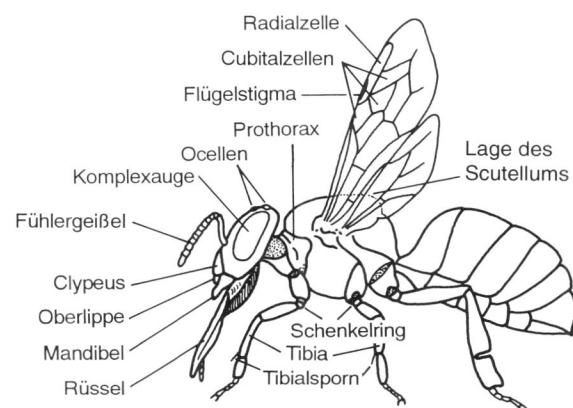

Radialzelle
Cubitalzellen
Flügelstigma
Prothorax
Ocellen
Komplexauge
Fühlergeißel
Lage des
Scutellums
Clypeus
Oberlippe
Schenkelring
Mandibel
Tibia
Rüssel
Tibialsporn

Seitenansicht einer
Honigbiene

Im weiblichen Geschlecht mit Wehrstachel; soziale Lebensweise bei Ameisen, Wespen *(Vespa, Paravespula, Dolichovespula, Polistes)* und Bienen (in mehreren Familien hoch entwickelt). Zum Teil große Nestanlagen mit zahlreichen Insassen. Viele Arten sind Brutschmarotzer bei anderen, oft nahe verwandten Hautflüglern.

Geländemerkmale einzelner Verwandtschaftsgruppen:

- **Bethyloidea** auffällig vor allem die **Chrysididae,** Goldwespen, durch leuchtend metallische Färbung, Cuticula oft grob punktiert, das Flügelgeäder vereinfacht, Unterseite des Hinterleibes konkav, so daß sich die Insekten kugelförmig einrollen können.
- **Scolioidea,** Dolchwespen, durch borstenförmige Behaarung des Körpers und gelb-schwarze Hinterleibszeichnung auffällig (2 Arten); Weibchen der **Mutillidae,** Spinnenameisen, ameisenähnlich (Name!), ungeflügelt, Körper behaart mit weißen Flecken, die Männchen geflügelt; beide Geschlechter sehr beweglich und flink; kommen vor allem im Gebirge vor; **Sapygidae** mit verdickten Fühlern, **Tiphiidae** mit eingeknicktem Vorderteil des Hinterleibes.
- **Formicoidea,** Ameisen, Arbeiterinnen ungeflügelt, Königinnen verlieren nach der Paarung ihre Flügel; meist schwer bestimmbar.
- **Vespoidea,** Faltenwespen, mit längsgefalteten Vorderflügeln (Name!), die dem Hinterleib in der Ruhe aufliegen, Komplexaugen nierenförmig eingebuchtet, Mandibeln kräftig; im allgemeinen gelb-schwarz oder rötlich-schwarz gezeichnet; **Eumenidae** solitär, **Vespidae** in Kolonien, Nestbauten mit Waben, oft große Erdnester *(Paravespula)* oder kleinere Nester unter Dächern, an Felsen, in Bäumen bzw. Hecken *(Dolichovespula),* Hornissennester oft in hohlen Bäumen; bei *Polistes* nur eine vertikale, freistehende Wabe.
- **Pompiloidea,** Wegwespen, auffällig durch verhältnismäßig lange Beine und hastiges Fühlerspiel, dabei flinke Bewegungen; oft rot-schwarz gezeichnet; Weibchen können beim Fangen und Eingraben von Spinnen in den Erdboden (Brutnahrung) beobachtet werden.
- **Sphecoidea,** Grabwespen, vielgestaltig, kleine Arten in der Regel schwarz, größere gelb-schwarz, metallisch glänzend; auch die Weibchen dieser Verwandtschaftsgruppe graben erbeutete Insekten als Larvennahrung in den Boden ein (Name!).
- **Apoidea,** Bienenartige, Körper vielfach dicht behaart, unterschiedlich gefärbt; kaum behaart sind Brutschmarotzer; als Nektar- und Pollenfresser häufig auf Blüten.

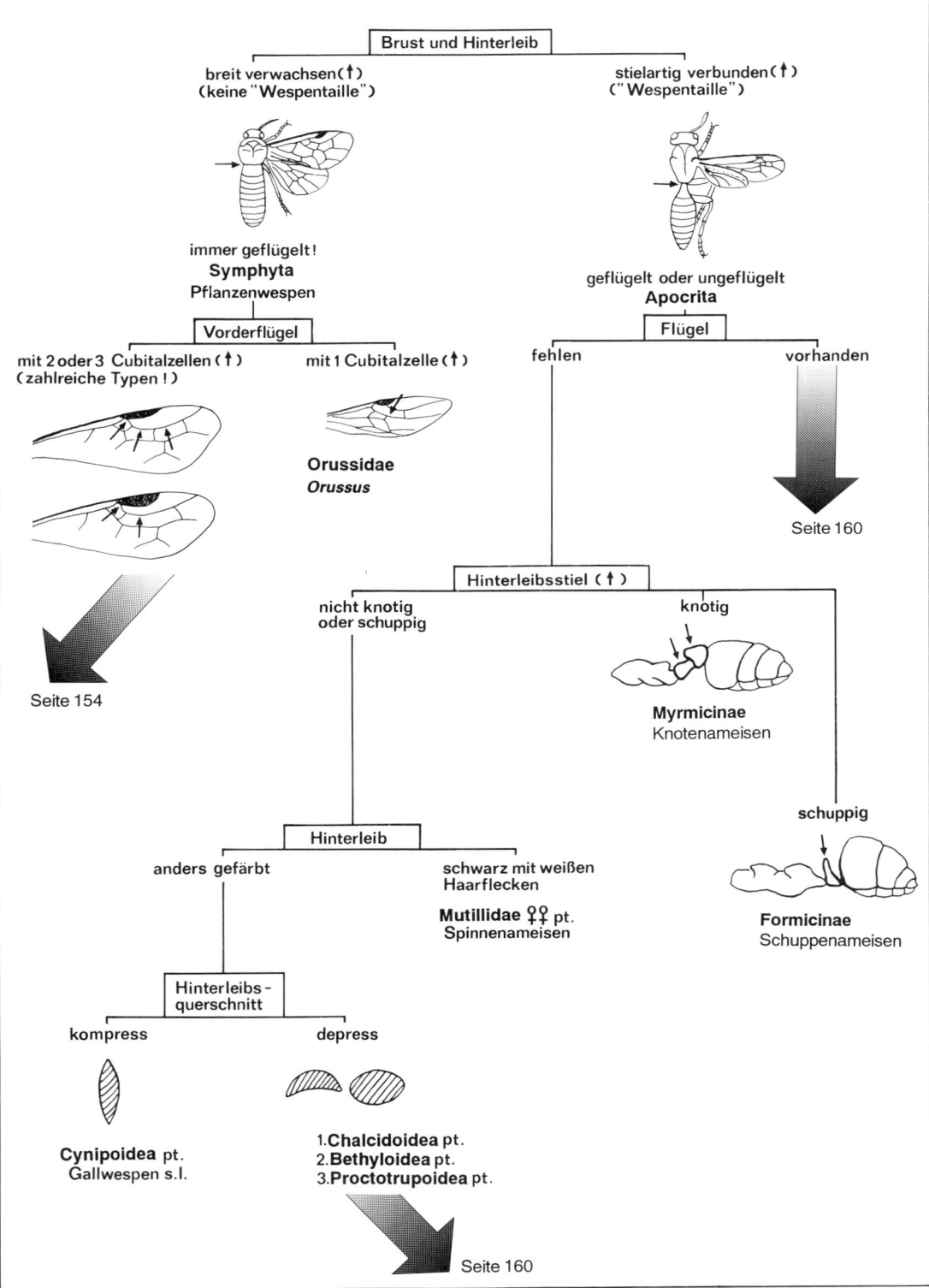

Brust und Hinterleib

breit verwachsen(↑)
(keine "Wespentaille")

stielartig verbunden(↑)
("Wespentaille")

immer geflügelt!
Symphyta
Pflanzenwespen

geflügelt oder ungeflügelt
Apocrita

Vorderflügel

Flügel

mit 2 oder 3 Cubitalzellen(↑)
(zahlreiche Typen!)

mit 1 Cubitalzelle(↑)

fehlen

vorhanden

Orussidae
Orussus

Seite 160

Seite 154

Hinterleibsstiel (↑)

nicht knotig
oder schuppig

knotig

Myrmicinae
Knotenameisen

schuppig

Hinterleib

anders gefärbt

schwarz mit weißen
Haarflecken

Mutillidae ♀♀ pt.
Spinnenameisen

Formicinae
Schuppenameisen

Hinterleibs-
querschnitt

kompress

depress

Cynipoidea pt.
Gallwespen s.l.

1.**Chalcidoidea** pt.
2.**Bethyloidea** pt.
3.**Proctotrupoidea** pt.

Seite 160

Sander

Größe
meist zwischen
10 und 15 mm

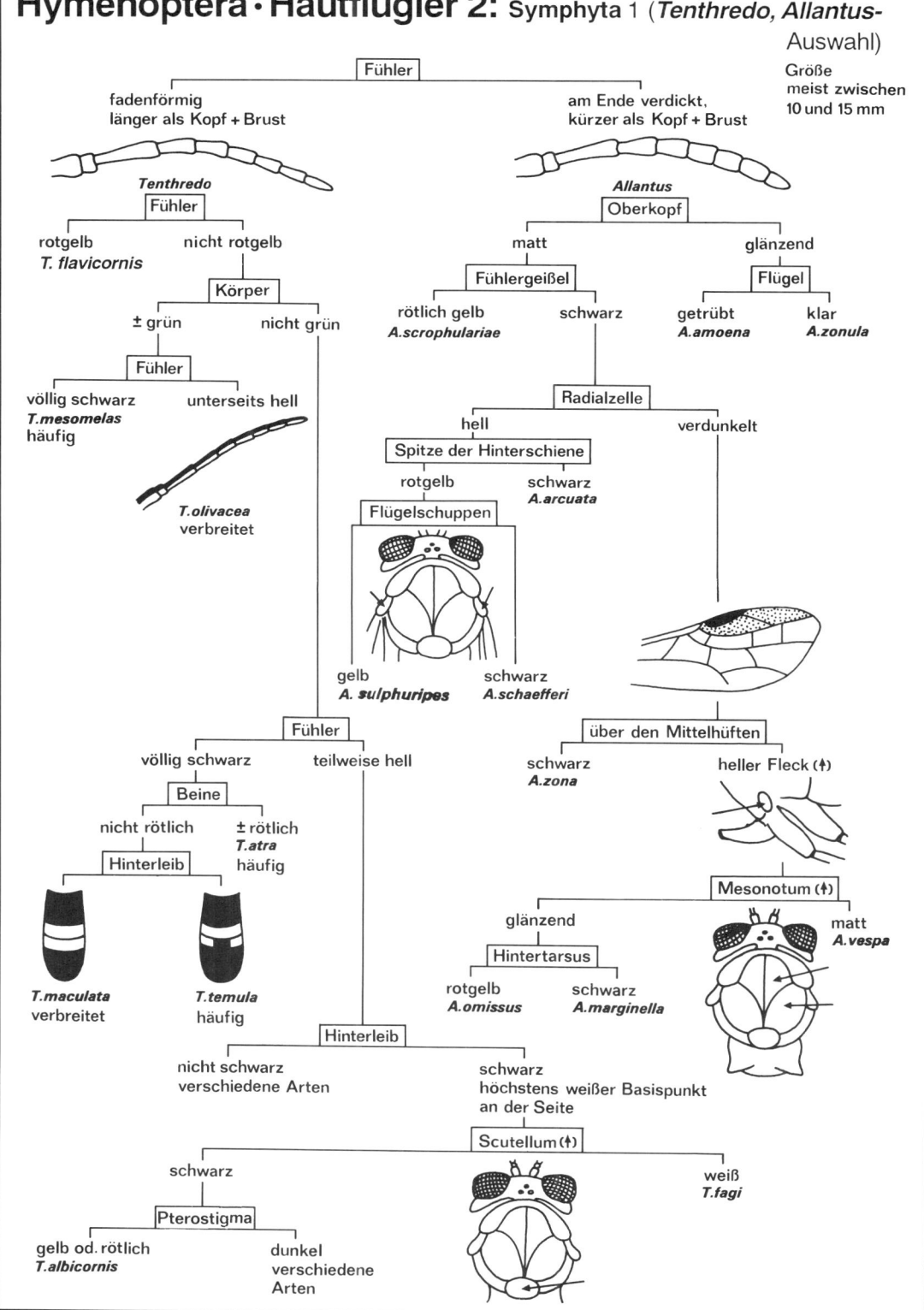

Fühler

fadenförmig
länger als Kopf + Brust

am Ende verdickt,
kürzer als Kopf + Brust

Tenthredo

Allantus

Fühler

Oberkopf

rotgelb
T. flavicornis

nicht rotgelb

matt

glänzend

Körper

Fühlergeißel

Flügel

± grün

nicht grün

rötlich gelb
A. scrophulariae

schwarz

getrübt
A. amoena

klar
A. zonula

Fühler

Radialzelle

völlig schwarz
T. mesomelas
häufig

unterseits hell

hell

verdunkelt

T. olivacea
verbreitet

Spitze der Hinterschiene

rotgelb

schwarz
A. arcuata

Flügelschuppen

gelb
A. sulphuripes

schwarz
A. schaefferi

über den Mittelhüften

Fühler

schwarz
A. zona

heller Fleck (♦)

völlig schwarz

teilweise hell

Beine

Mesonotum (♦)

nicht rötlich

± rötlich
T. atra
häufig

glänzend

matt
A. vespa

Hinterleib

Hintertarsus

T. maculata
verbreitet

T. temula
häufig

rotgelb
A. omissus

schwarz
A. marginella

Hinterleib

nicht schwarz
verschiedene Arten

schwarz
höchstens weißer Basispunkt
an der Seite

Scutellum (♦)

schwarz

weiß
T. fagi

Pterostigma

gelb od. rötlich
T. albicornis

dunkel
verschiedene
Arten

Sander

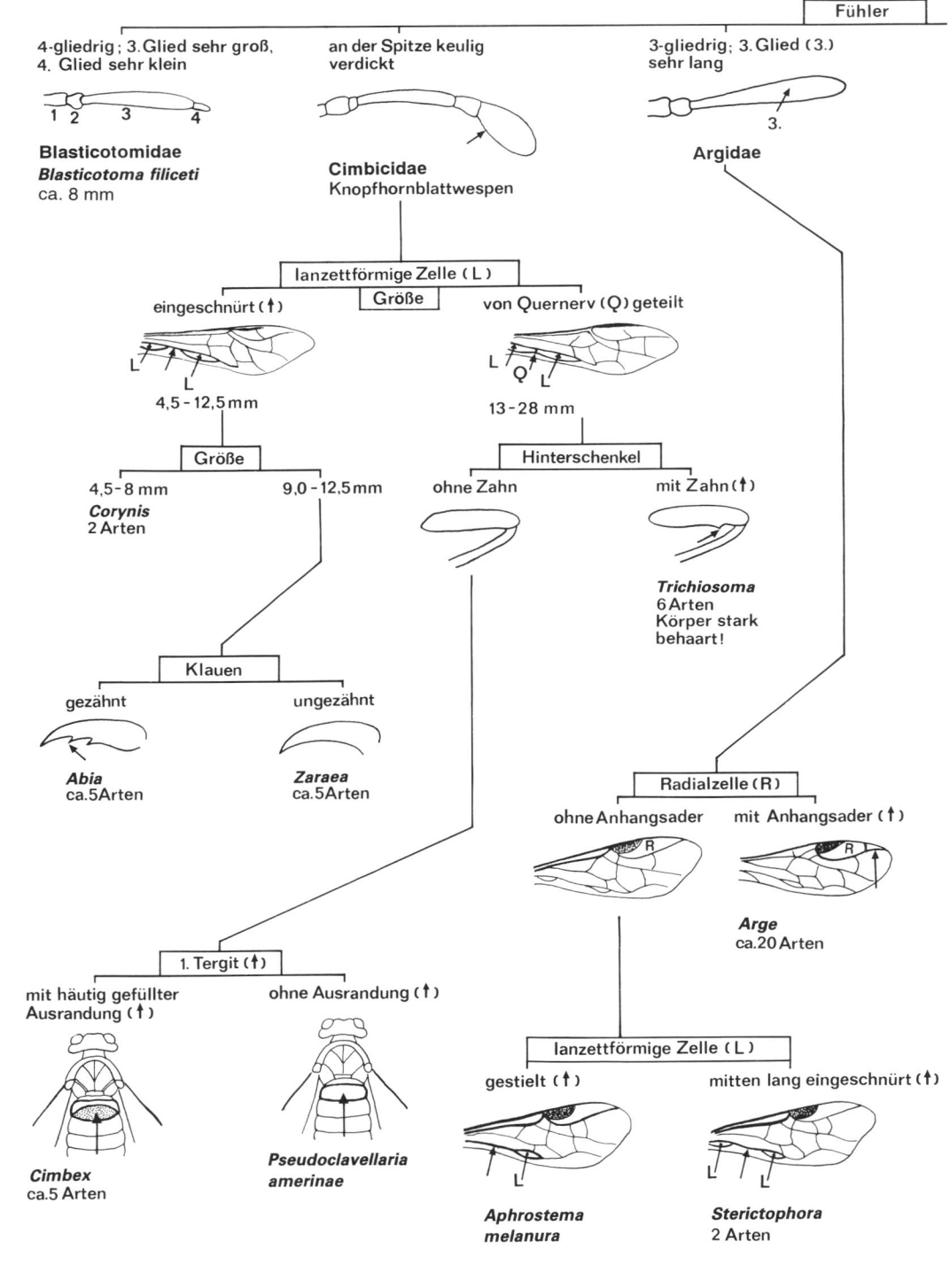

Fühler

4-gliedrig; 3. Glied sehr groß, 4. Glied sehr klein

an der Spitze keulig verdickt

3-gliedrig; 3. Glied (3.) sehr lang

1 2 3 4

3.

Blasticotomidae
Blasticotoma filiceti
ca. 8 mm

Cimbicidae
Knopfhornblattwespen

Argidae

lanzettförmige Zelle (L)

Größe

eingeschnürt (↑)

von Quernerv (Q) geteilt

L L

L Q L

4,5 - 12,5 mm

13 - 28 mm

Größe

Hinterschenkel

4,5 - 8 mm

9,0 - 12,5 mm

ohne Zahn

mit Zahn (↑)

Corynis
2 Arten

Trichiosoma
6 Arten
Körper stark
behaart!

Klauen

gezähnt

ungezähnt

Radialzelle (R)

ohne Anhangsader

mit Anhangsader (↑)

Abia
ca. 5 Arten

Zaraea
ca. 5 Arten

R

R

Arge
ca. 20 Arten

1. Tergit (↑)

mit häutig gefüllter
Ausrandung (↑)

ohne Ausrandung (↑)

lanzettförmige Zelle (L)

gestielt (↑)

mitten lang eingeschnürt (↑)

Cimbex
ca. 5 Arten

Pseudoclavellaria
amerinae

L

L L

Aphrostema
melanura

Sterictophora
2 Arten

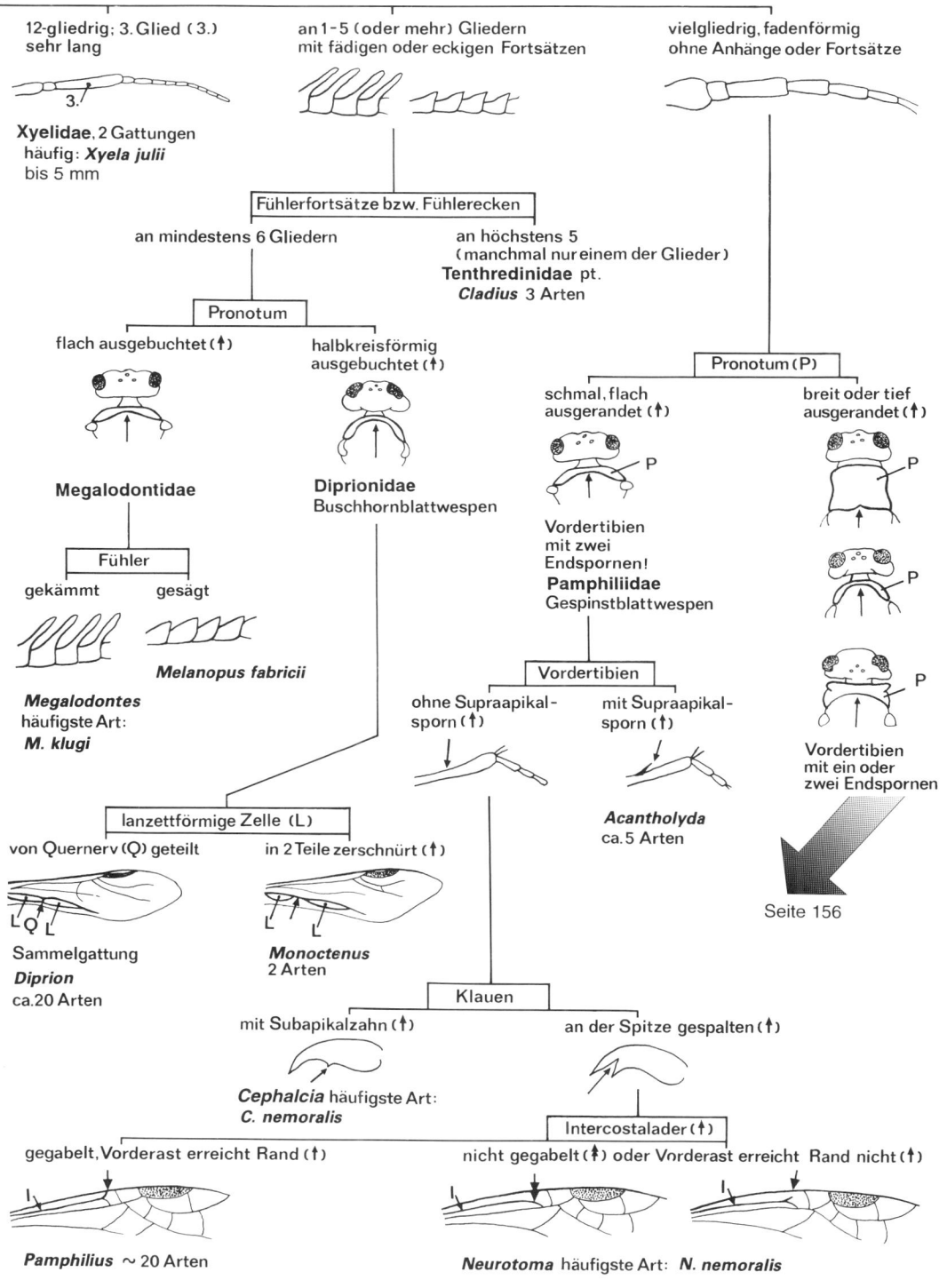

12-gliedrig; 3. Glied (3.)
sehr lang

Xyelidae, 2 Gattungen
häufig: *Xyela julii*
bis 5 mm

an 1–5 (oder mehr) Gliedern
mit fädigen oder eckigen Fortsätzen

vielgliedrig, fadenförmig
ohne Anhänge oder Fortsätze

Fühlerfortsätze bzw. Fühlerecken

an mindestens 6 Gliedern

an höchstens 5
(manchmal nur einem der Glieder)
Tenthredinidae pt.
Cladius 3 Arten

Pronotum

flach ausgebuchtet (↑)

halbkreisförmig
ausgebuchtet (↑)

Pronotum (P)

schmal, flach
ausgerandet (↑)

breit oder tief
ausgerandet (↑)

Megalodontidae

Diprionidae
Buschhornblattwespen

Vordertibien
mit zwei
Endspornen!
Pamphiliidae
Gespinstblattwespen

Fühler

gekämmt   gesägt

Melanopus fabricii

Megalodontes
häufigste Art:
M. klugi

Vordertibien

ohne Supraapikal-
sporn (↑)

mit Supraapikal-
sporn (↑)

Acantholyda
ca. 5 Arten

Vordertibien
mit ein oder
zwei Endspornen

Seite 156

lanzettförmige Zelle (L)

von Quernerv (Q) geteilt

in 2 Teile zerschnürt (↑)

Sammelgattung
Diprion
ca. 20 Arten

Monoctenus
2 Arten

Klauen

mit Subapikalzahn (↑)

an der Spitze gespalten (↑)

Cephalcia häufigste Art:
C. nemoralis

Intercostalader (↑)

gegabelt, Vorderast erreicht Rand (↑)

nicht gegabelt (↓) oder Vorderast erreicht Rand nicht (↑)

Pamphilius ~ 20 Arten

Neurotoma häufigste Art: **N. nemoralis**

Sander

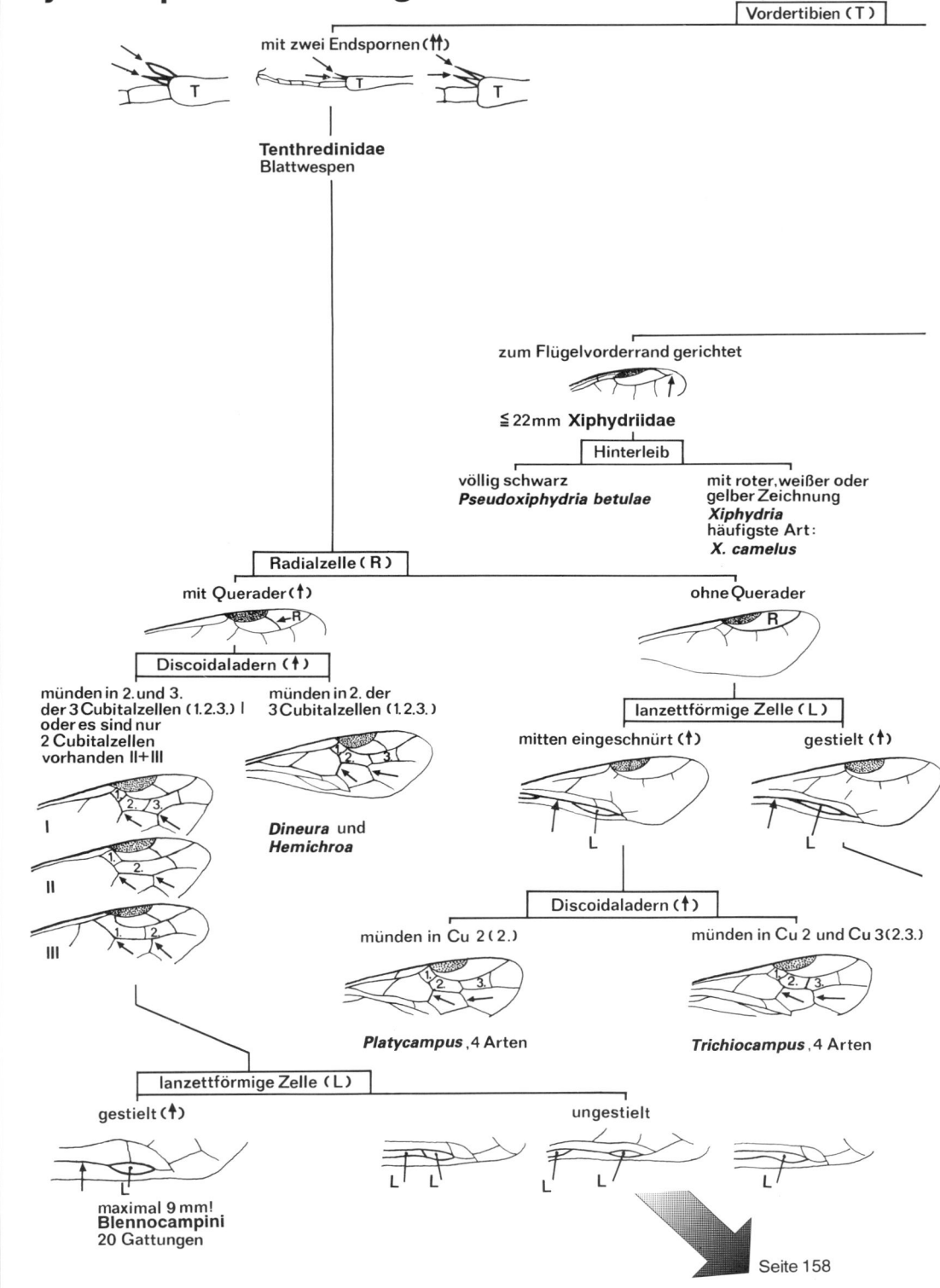

Vordertibien (T)

mit zwei Endspornen (††)

Tenthredinidae
Blattwespen

zum Flügelvorderrand gerichtet

≦ 22mm **Xiphydriidae**

Hinterleib

völlig schwarz
Pseudoxiphydria betulae

mit roter, weißer oder
gelber Zeichnung
Xiphydria
häufigste Art:
X. camelus

Radialzelle (R)

mit Querader (↑)

ohne Querader

Discoidaladern (↑)

münden in 2. und 3.
der 3 Cubitalzellen (1.2.3.)
oder es sind nur
2 Cubitalzellen
vorhanden II+III

münden in 2. der
3 Cubitalzellen (1.2.3.)

Dineura und
Hemichroa

I

II

III

lanzettförmige Zelle (L)

mitten eingeschnürt (↑)

gestielt (↑)

L

L

Discoidaladern (↑)

münden in Cu 2 (2.)

münden in Cu 2 und Cu 3 (2.3.)

Platycampus, 4 Arten

Trichiocampus, 4 Arten

lanzettförmige Zelle (L)

gestielt (↑)

ungestielt

L

maximal 9 mm!
Blennocampini
20 Gattungen

L   L

L   L

L

Seite 158

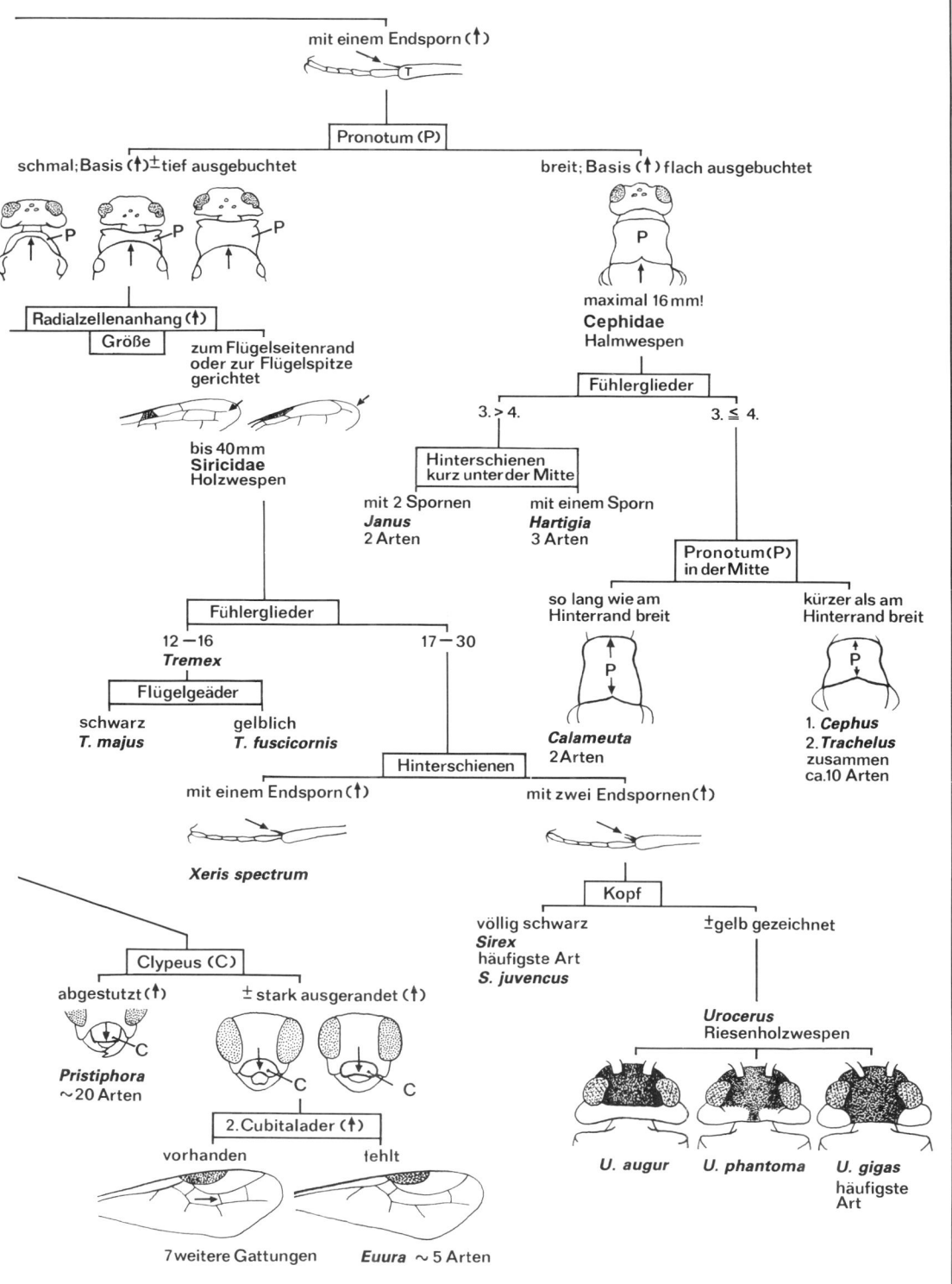

mit einem Endsporn (↑)

Pronotum (P)

schmal; Basis (↑) ± tief ausgebuchtet

breit; Basis (↑) flach ausgebuchtet

maximal 16 mm!
Cephidae
Halmwespen

Radialzellenanhang (↑)

Größe

zum Flügelseitenrand
oder zur Flügelspitze
gerichtet

bis 40 mm
Siricidae
Holzwespen

Fühlerglieder

3. > 4.   3. ≤ 4.

Hinterschienen
kurz unter der Mitte

mit 2 Spornen   mit einem Sporn
Janus   **Hartigia**
2 Arten   3 Arten

Pronotum (P)
in der Mitte

so lang wie am   kürzer als am
Hinterrand breit   Hinterrand breit

Calameuta   1. **Cephus**
2 Arten   2. **Trachelus**
                         zusammen
                         ca. 10 Arten

Fühlerglieder

12 — 16   17 — 30
Tremex

Flügelgeäder

schwarz   gelblich
T. majus   **T. fuscicornis**

Hinterschienen

mit einem Endsporn (↑)   mit zwei Endspornen (↑)

Xeris spectrum

Kopf

völlig schwarz   ± gelb gezeichnet
Sirex
häufigste Art
S. juvencus

Clypeus (C)

abgestutzt (↑)   ± stark ausgerandet (↑)

Urocerus
Riesenholzwespen

Pristiphora
~ 20 Arten

2. Cubitalader (↑)

vorhanden   fehlt

7 weitere Gattungen   **Euura** ~ 5 Arten

U. augur   **U. phantoma**   **U. gigas**
                                   häufigste
                                   Art

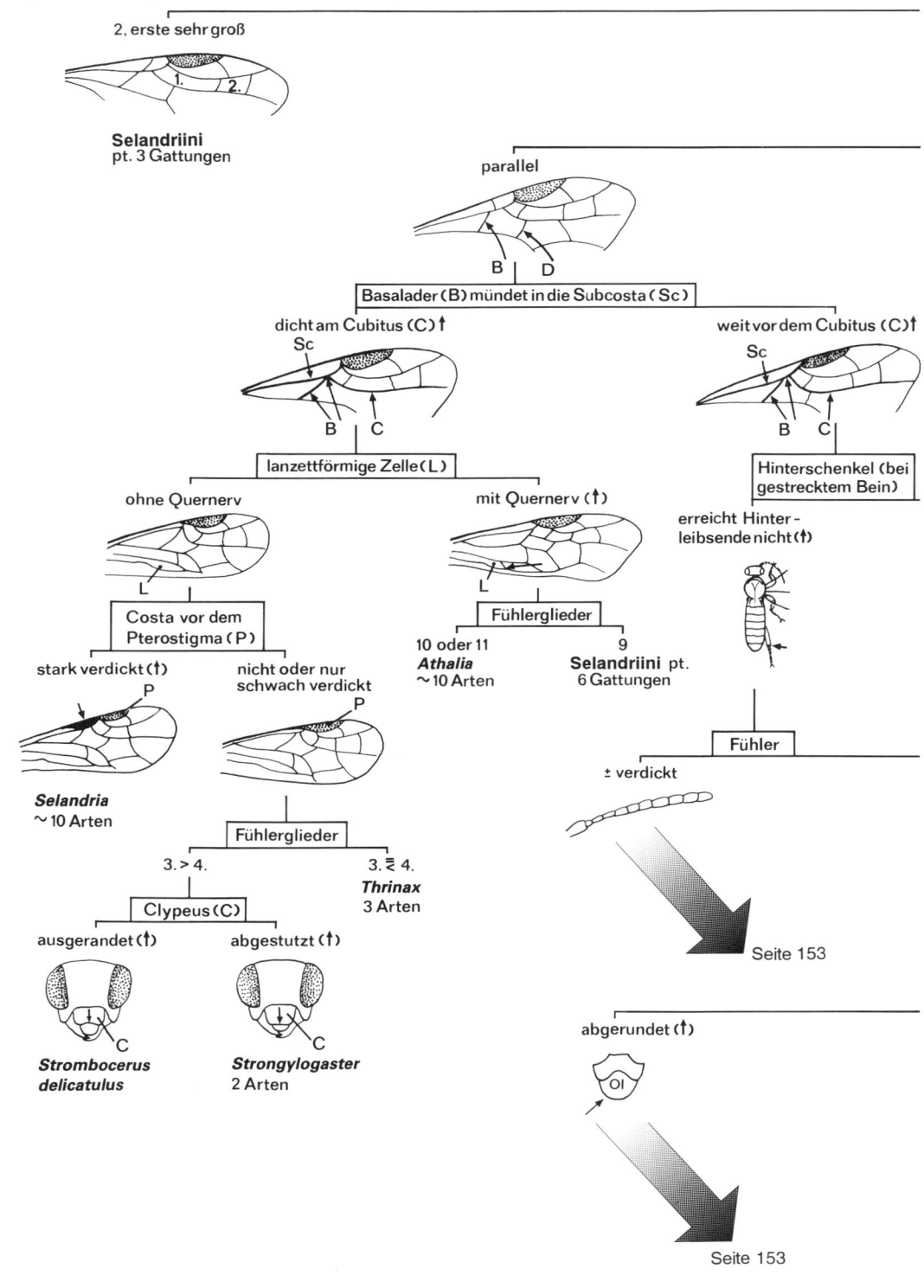

2, erste sehr groß

Selandriini
pt. 3 Gattungen

parallel

B | D

Basalader (B) mündet in die Subcosta (Sc)

dicht am Cubitus (C) ↑
Sc

B   C

weit vor dem Cubitus (C) ↑
Sc

B   C

lanzettförmige Zelle (L)

Hinterschenkel (bei
gestrecktem Bein)

ohne Quernerv

L

mit Quernerv (↑)

L

erreicht Hinter-
leibsende nicht (↑)

Costa vor dem
Pterostigma (P)

Fühlerglieder

10 oder 11
Athalia
~10 Arten

9
Selandriini pt.
6 Gattungen

Fühler

stark verdickt (↑)
P

nicht oder nur
schwach verdickt
P

± verdickt

Selandria
~10 Arten

Fühlerglieder

Seite 153

3. > 4.

3. ≲ 4.
Thrinax
3 Arten

Clypeus (C)

abgerundet (↑)

Ol

ausgerandet (↑)
C

abgestutzt (↑)
C

**Strombocerus
delicatulus**

Strongylogaster
2 Arten

Seite 153

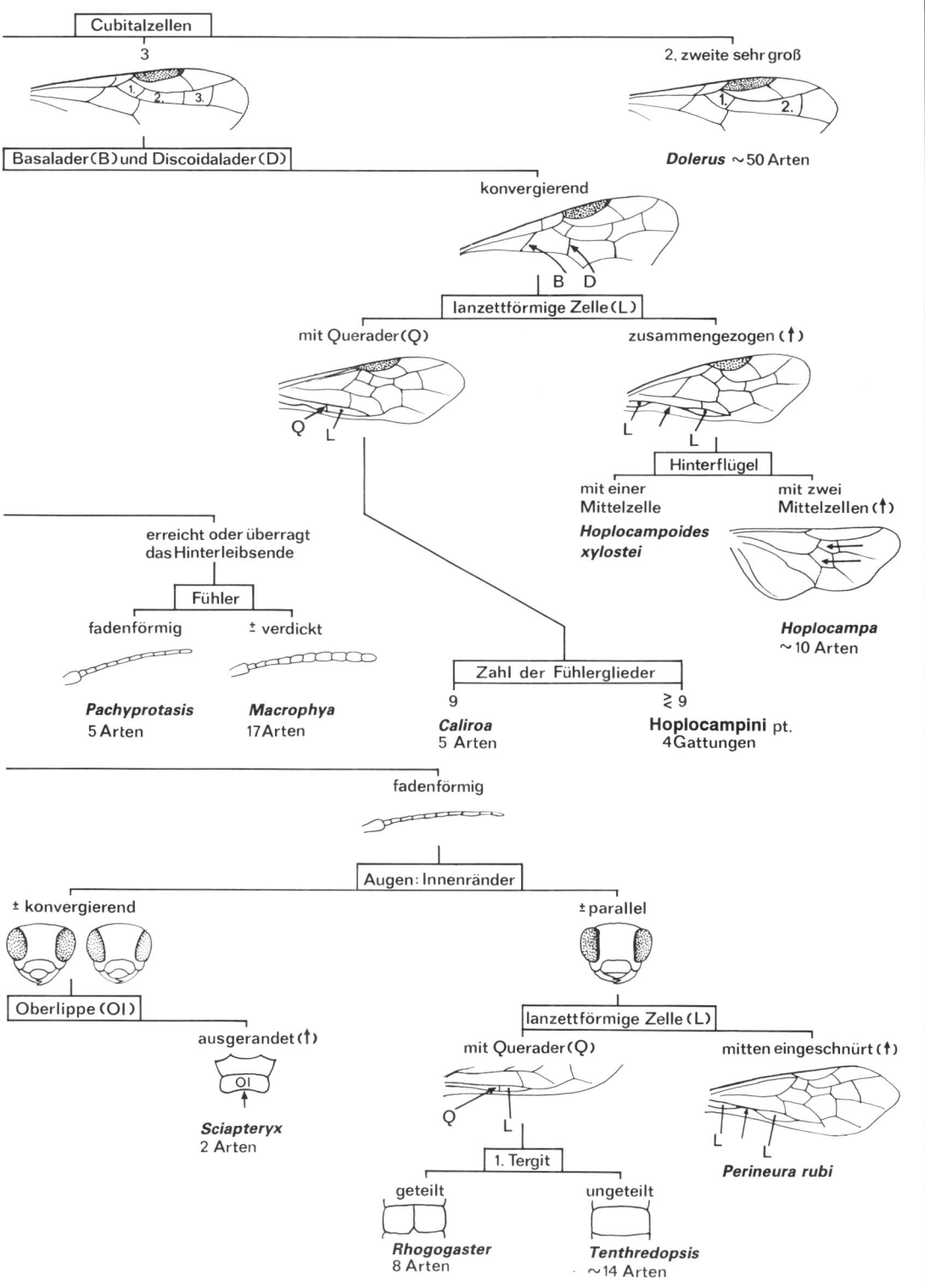

Cubitalzellen

3

2, zweite sehr groß

Dolerus ~50 Arten

Basalader (B) und Discoidalader (D)

konvergierend

B D

lanzettförmige Zelle (L)

mit Querader (Q)

zusammengezogen (↑)

Q L

L L

Hinterflügel

mit einer Mittelzelle

Hoplocampoides xylostei

mit zwei Mittelzellen (↑)

Hoplocampa ~10 Arten

erreicht oder überragt das Hinterleibsende

Fühler

fadenförmig

± verdickt

Pachyprotasis 5 Arten

Macrophya 17 Arten

Zahl der Fühlerglieder

9

≥ 9

Caliroa 5 Arten

Hoplocampini pt. 4 Gattungen

fadenförmig

Augen: Innenränder

± konvergierend

± parallel

Oberlippe (Ol)

lanzettförmige Zelle (L)

ausgerandet (↑)

Ol

Sciapteryx 2 Arten

mit Querader (Q)

Q L

mitten eingeschnürt (↑)

L L

Perineura rubi

1. Tergit

geteilt

ungeteilt

Rhogogaster 8 Arten

Tenthredopsis ~14 Arten

Hymenoptera · Hautflügler 6: Apocrita 1 Übersicht a

Thorax und (oder) Abdomen

stark behaart bis filzig

1. Glied der Hintertarsen

höchstens basal verbreitert (↑) oft parallelseitig und breit

distal verbreitert (↑), schmal

mit 3 eckigen Vorsprüngen (↑)

Stephanidae
Stephanus serrator
7 - 20 mm

Vorderflügel mit mindestens 2 Discoidalzellen
Apoidea

Mutillidae ♂♂
Spinnenameisen

Seite 170

Vorderflügel: Geäder

Größe

± reduziert, bildet kaum noch Zellen; 0,4 - 10 mm

Pronotum (P)

berührt die Flügelschuppen (F)

berührt die Flügelschuppen (F) nicht (↑)

Chalcidoidea Erzwespen
oft metallisch grün oder blau
klein - winzig
zahlreiche Familien

Hinterleibsquerschnitt

breit

kompress, schmal

Cynipoidea pt.
Gallwespen
4 Familien mit
zahlreichen Gattungen

nicht faltbar

Hinterflügel

mit Basallappen (↑)

ohne Basallappen

Bethyloidea pt.

Proctotrupoidea pt.
6 Familien; kleine Arten

Seite 162

Seite 164

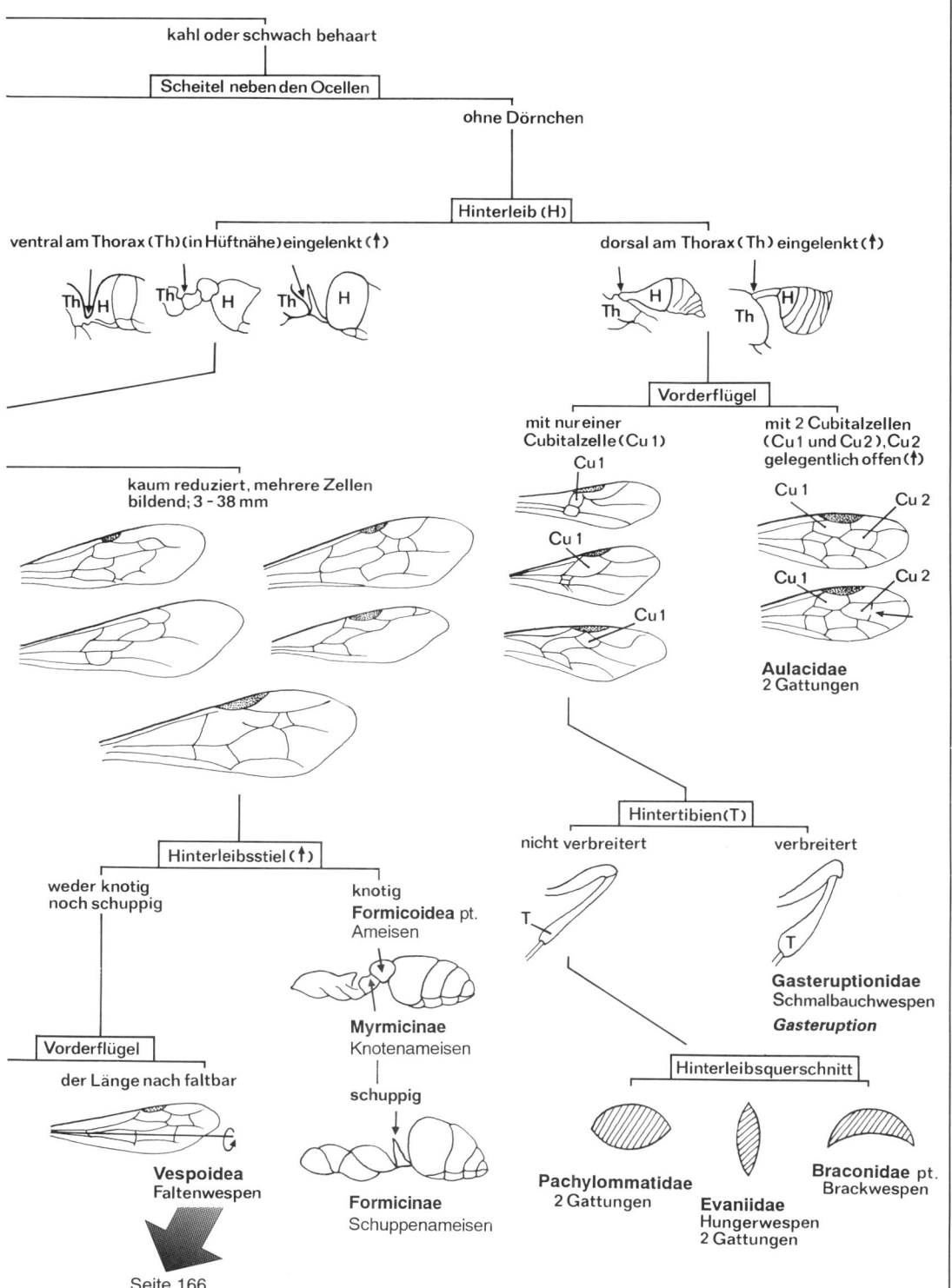

kahl oder schwach behaart

Scheitel neben den Ocellen

ohne Dörnchen

Hinterleib (H)

ventral am Thorax (Th) (in Hüftnähe) eingelenkt (↑)

dorsal am Thorax (Th) eingelenkt (↑)

Vorderflügel

mit nur einer Cubitalzelle (Cu 1)

mit 2 Cubitalzellen (Cu 1 und Cu 2), Cu 2 gelegentlich offen (↑)

Aulacidae
2 Gattungen

kaum reduziert, mehrere Zellen bildend; 3 - 38 mm

Hintertibien (T)

nicht verbreitert

verbreitert

Gasteruptionidae
Schmalbauchwespen
Gasteruption

Hinterleibsstiel (↑)

weder knotig noch schuppig

knotig
Formicoidea pt.
Ameisen

Myrmicinae
Knotenameisen

schuppig

Vorderflügel

der Länge nach faltbar

Vespoidea
Faltenwespen

Seite 166

Formicinae
Schuppenameisen

Hinterleibsquerschnitt

Pachylommatidae
2 Gattungen

Evaniidae
Hungerwespen
2 Gattungen

Braconidae pt.
Brackwespen

Sander

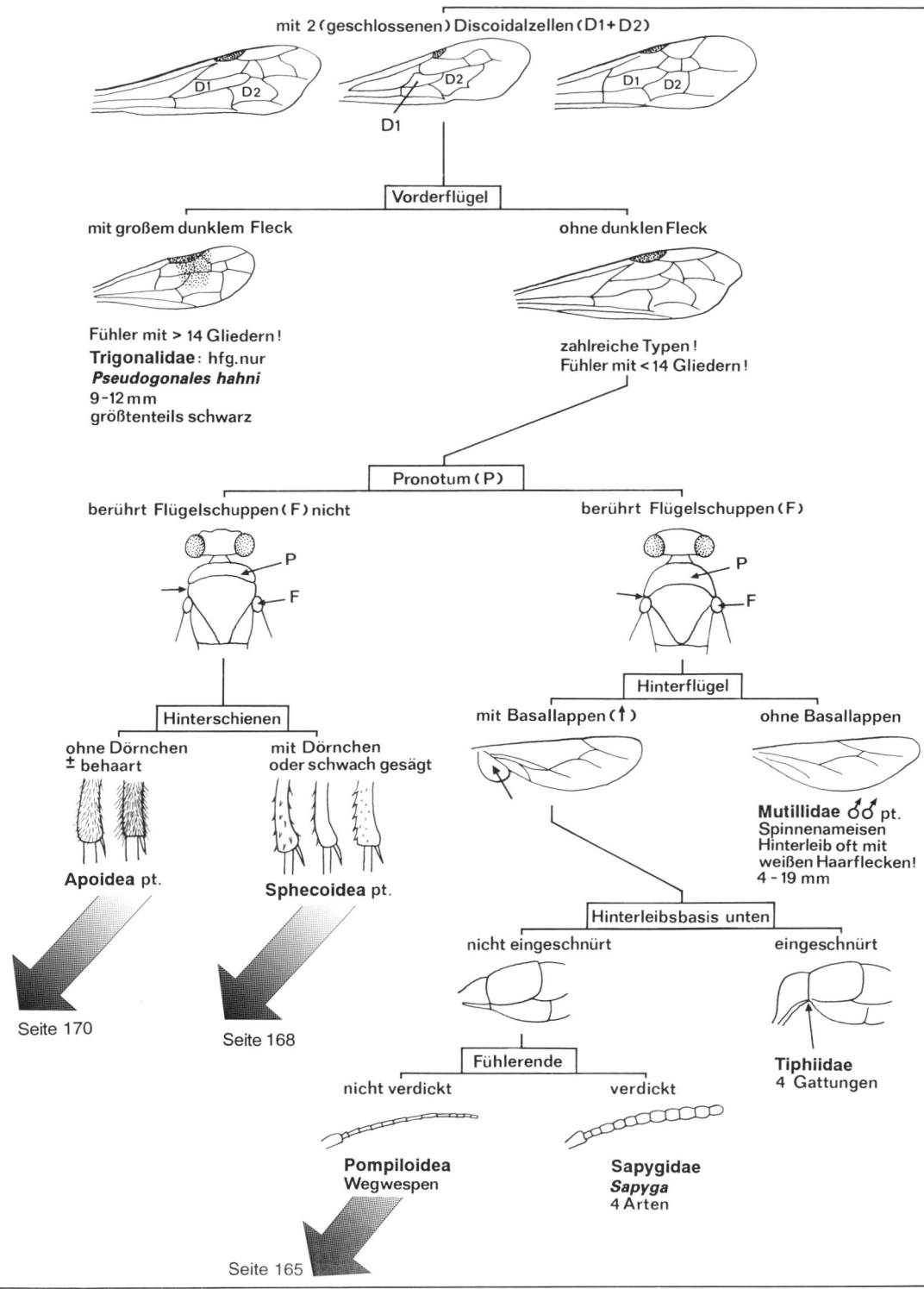

mit 2 (geschlossenen) Discoidalzellen (D1+D2)

D1 D2

D1 D2

D2

D1

Vorderflügel

mit großem dunklem Fleck

ohne dunklen Fleck

Fühler mit > 14 Gliedern!
Trigonalidae: hfg.nur
Pseudogonales hahni
9 – 12 mm
größtenteils schwarz

zahlreiche Typen!
Fühler mit < 14 Gliedern!

Pronotum (P)

berührt Flügelschuppen (F) nicht

berührt Flügelschuppen (F)

P

F

P

F

Hinterflügel

mit Basallappen (↑)

ohne Basallappen

Hinterschienen

ohne Dörnchen
± behaart

mit Dörnchen
oder schwach gesägt

Mutillidae ♂♂ pt.
Spinnenameisen
Hinterleib oft mit
weißen Haarflecken!
4 - 19 mm

Apoidea pt.

Sphecoidea pt.

Hinterleibsbasis unten

nicht eingeschnürt

eingeschnürt

Seite 170

Seite 168

Tiphiidae
4 Gattungen

Fühlerende

nicht verdickt

verdickt

Pompiloidea
Wegwespen

Sapygidae
Sapyga
4 Arten

Seite 165

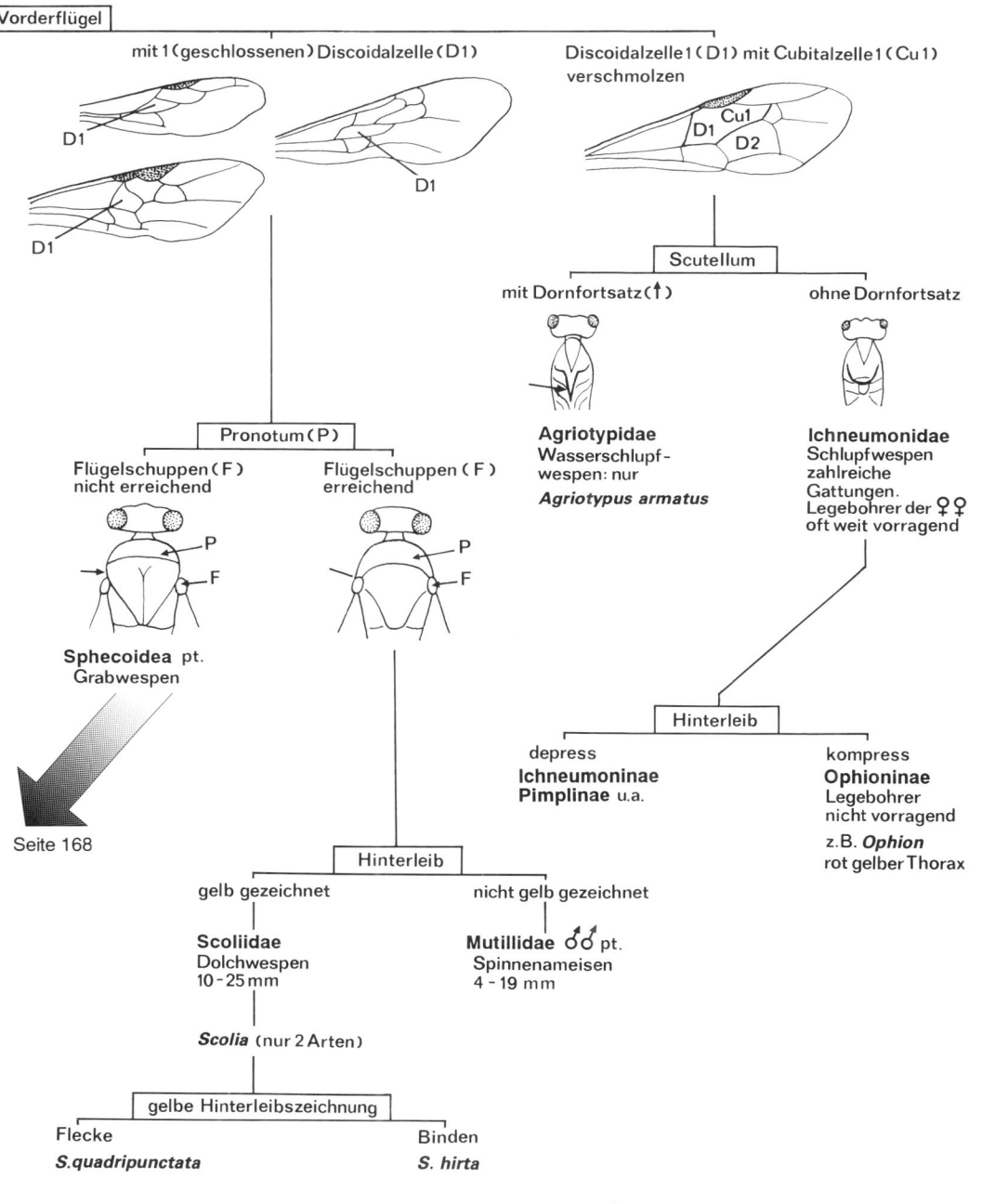

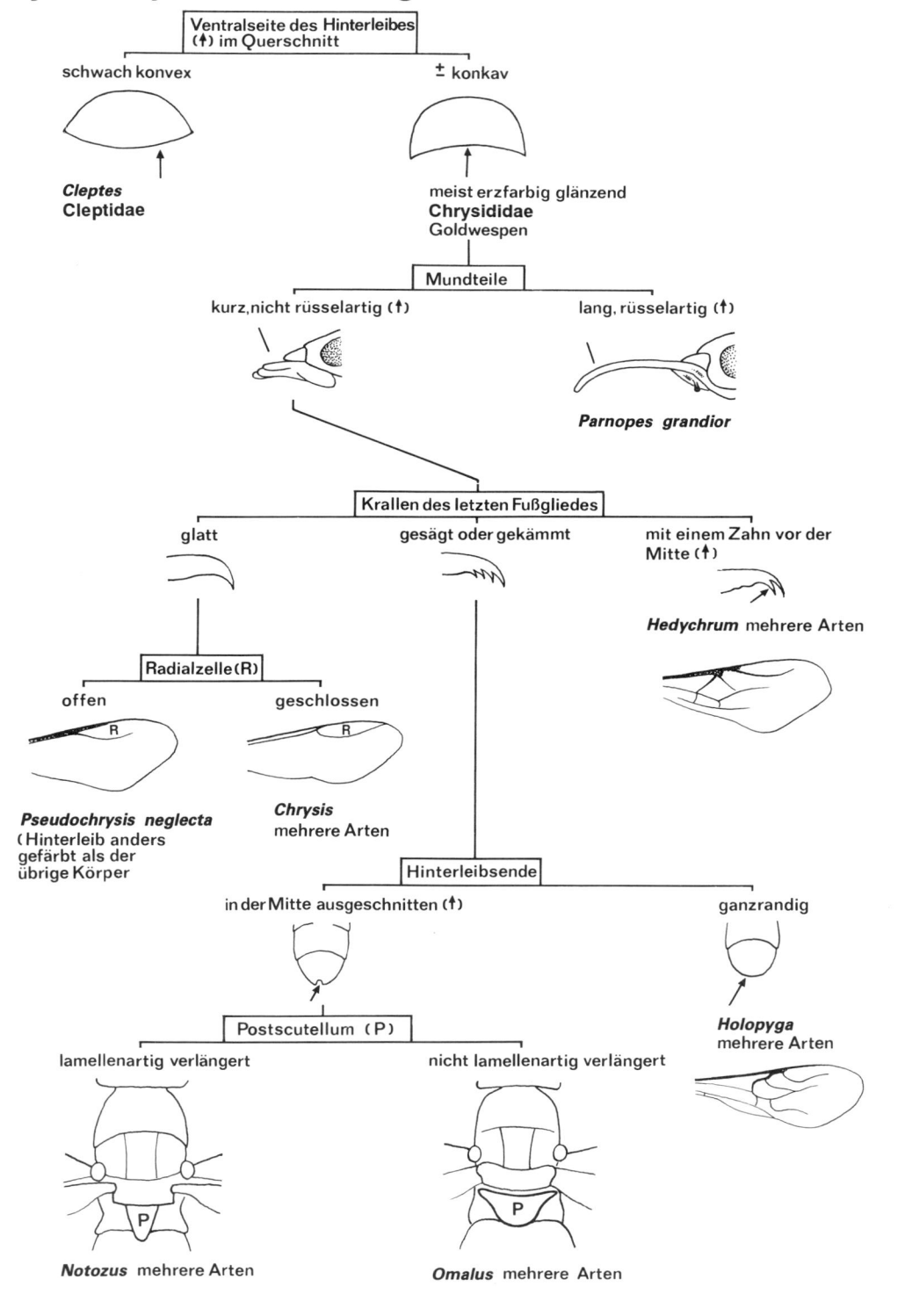

Ventralseite des Hinterleibes
(♂) im Querschnitt

schwach konvex

± konkav

Cleptes
Cleptidae

meist erzfarbig glänzend
Chrysididae
Goldwespen

Mundteile

kurz, nicht rüsselartig (♂)

lang, rüsselartig (♂)

Parnopes grandior

Krallen des letzten Fußgliedes

glatt

gesägt oder gekämmt

mit einem Zahn vor der
Mitte (♂)

Hedychrum mehrere Arten

Radialzelle (R)

offen

geschlossen

Pseudochrysis neglecta
(Hinterleib anders
gefärbt als der
übrige Körper

Chrysis
mehrere Arten

Hinterleibsende

in der Mitte ausgeschnitten (♂)

ganzrandig

Holopyga
mehrere Arten

Postscutellum (P)

lamellenartig verlängert

nicht lamellenartig verlängert

Notozus mehrere Arten

Omalus mehrere Arten

Bährmann

Hymenoptera · Hautflügler 9: Pompiloidea Wegwespen

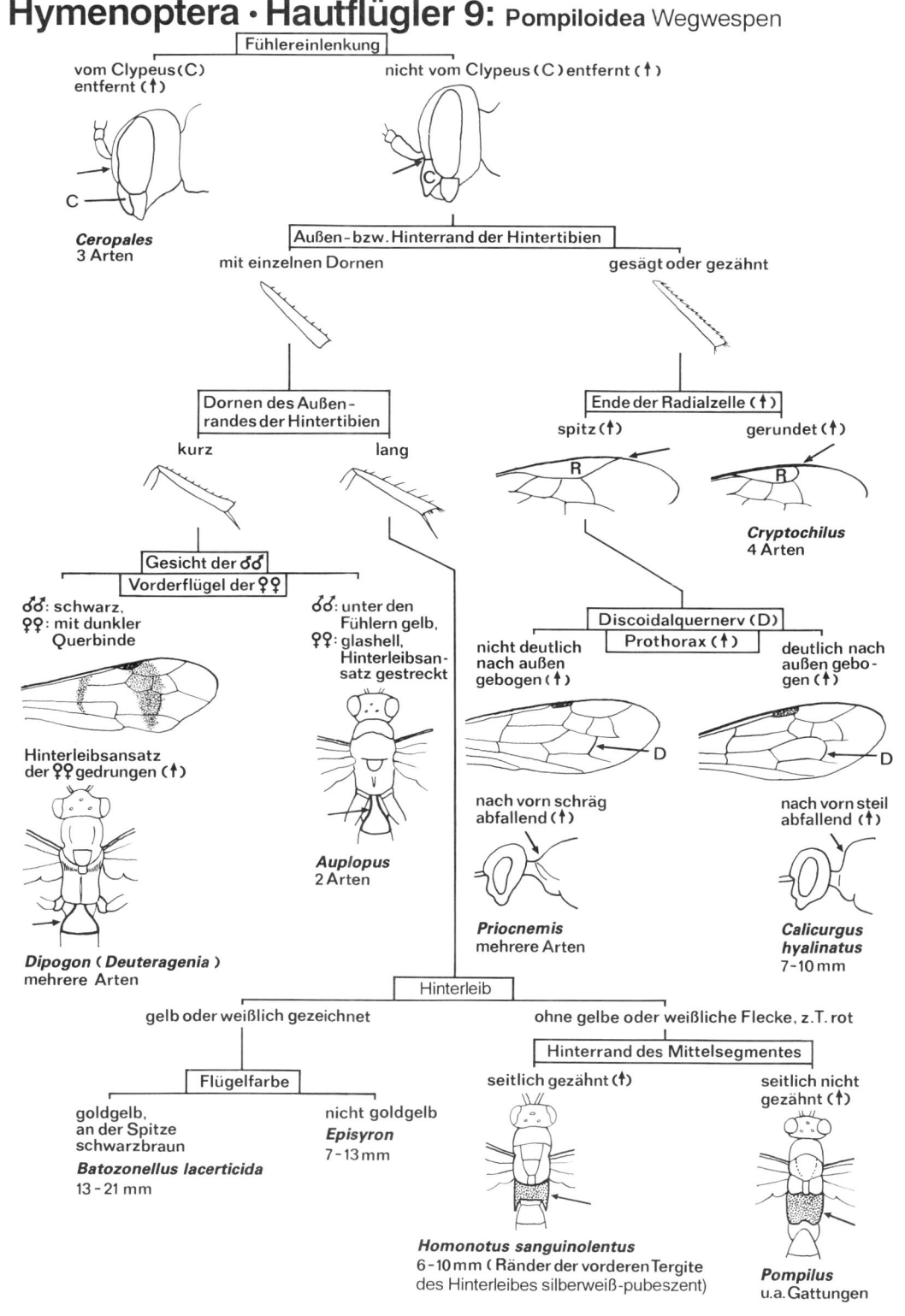

Fühlereinlenkung

vom Clypeus (C) entfernt (♂)

nicht vom Clypeus (C) entfernt (♀)

C

Ceropales
3 Arten

Außen- bzw. Hinterrand der Hintertibien

mit einzelnen Dornen

gesägt oder gezähnt

Dornen des Außenrandes der Hintertibien

kurz

lang

Ende der Radialzelle (♀)

spitz (♀)

gerundet (♀)

R

R

Cryptochilus
4 Arten

Gesicht der ♂♂
Vorderflügel der ♀♀

♂♂: schwarz,
♀♀: mit dunkler
Querbinde

♂♂: unter den
Fühlern gelb,
♀♀: glashell,
Hinterleibsansatz gestreckt

Discoidalquernerv (D)
Prothorax (♀)

nicht deutlich
nach außen
gebogen (♀)

deutlich nach
außen gebogen (♀)

Hinterleibsansatz
der ♀♀ gedrungen (♀)

Auplopus
2 Arten

D

D

nach vorn schräg
abfallend (♀)

nach vorn steil
abfallend (♀)

Dipogon (Deuteragenia)
mehrere Arten

Priocnemis
mehrere Arten

***Calicurgus
hyalinatus***
7-10 mm

Hinterleib

gelb oder weißlich gezeichnet

ohne gelbe oder weißliche Flecke, z.T. rot

Hinterrand des Mittelsegmentes

Flügelfarbe

seitlich gezähnt (♀)

seitlich nicht
gezähnt (♀)

goldgelb,
an der Spitze
schwarzbraun

nicht goldgelb
Episyron
7-13 mm

Batozonellus lacerticida
13-21 mm

Homonotus sanguinolentus
6-10 mm (Ränder der vorderen Tergite
des Hinterleibes silberweiß-pubeszent)

Pompilus
u.a. Gattungen

Bährmann

Hymenoptera · Hautflügler 10: Vespoidea Faltenwespen

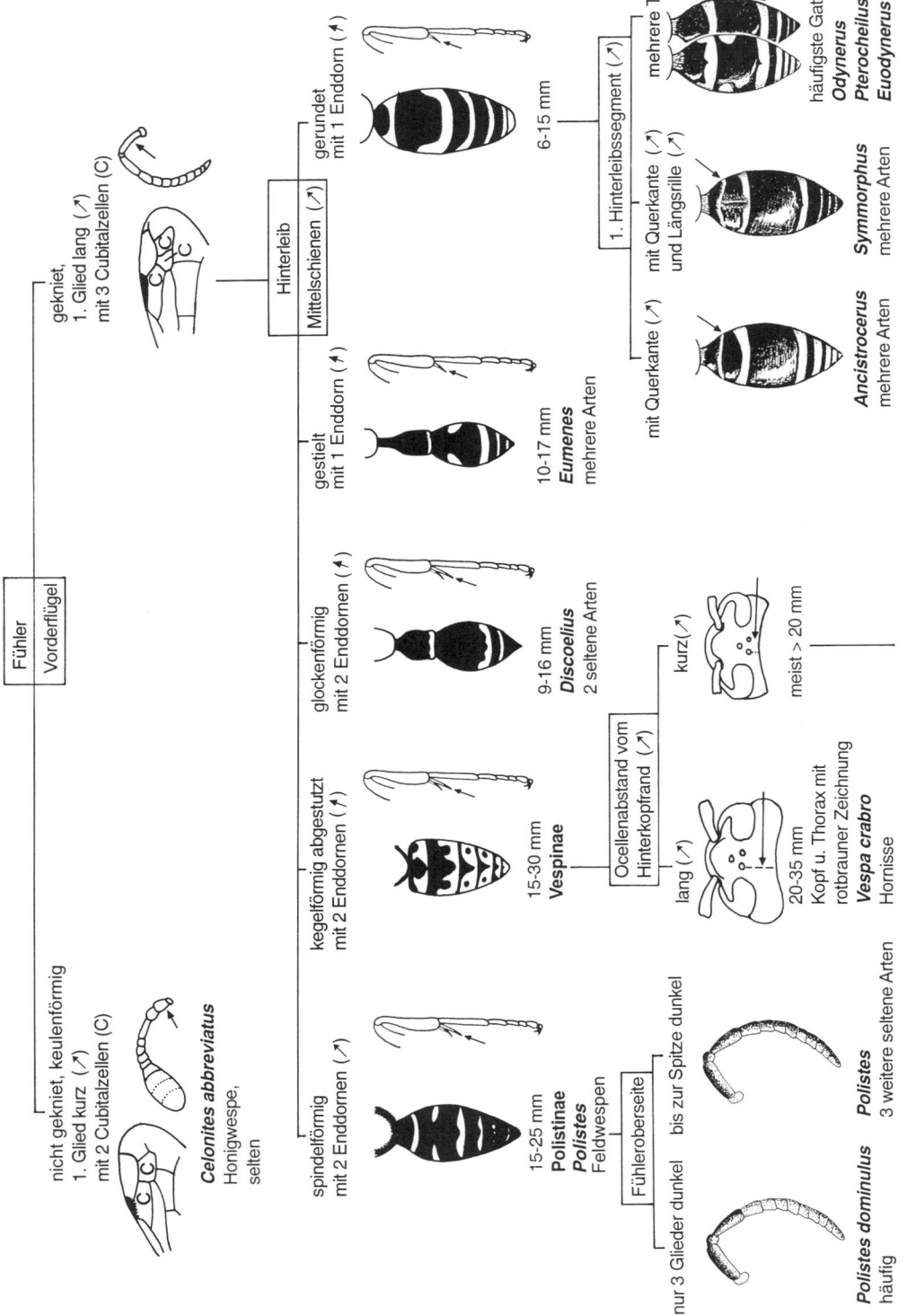

Fühler

Vorderflügel

nicht gekniet, keulenförmig
1. Glied kurz (↗)
mit 2 Cubitalzellen (C)

Celonites abbreviatus
Honigwespe,
selten

gekniet,
1. Glied lang (↗)
mit 3 Cubitalzellen (C)

Hinterleib

Mittelschienen (↗)

gerundet
mit 1 Enddorn (♂)

6-15 mm

1. Hinterleibssegment (↗)

mit Querkante (↗)

Ancistrocerus
mehrere Arten

mit Querkante
und Längsrille (↗)

Symmorphus
mehrere Arten

mehrere Typen

häufigste Gattungen:
Odynerus
Pterocheilus
Euodynerus

gestielt
mit 1 Enddorn (♂)

10-17 mm
Eumenes
mehrere Arten

glockenförmig
mit 2 Enddornen (♂)

9-16 mm
Discoelius
2 seltene Arten

kegelförmig abgestutzt
mit 2 Enddornen (♂)

15-30 mm
Vespinae

Ocellenabstand vom
Hinterkopfrand (↗)

kurz (↗)

meist > 20 mm

lang (↗)

20-35 mm
Kopf u. Thorax mit
rotbrauner Zeichnung
Vespa crabro
Hornisse

spindelförmig
mit 2 Enddornen (↗)

15-25 mm
Polistinae
Polistes
Feldwespen

Fühleroberseite

nur 3 Glieder dunkel

Polistes dominulus
häufig

bis zur Spitze dunkel

Polistes
3 weitere seltene Arten

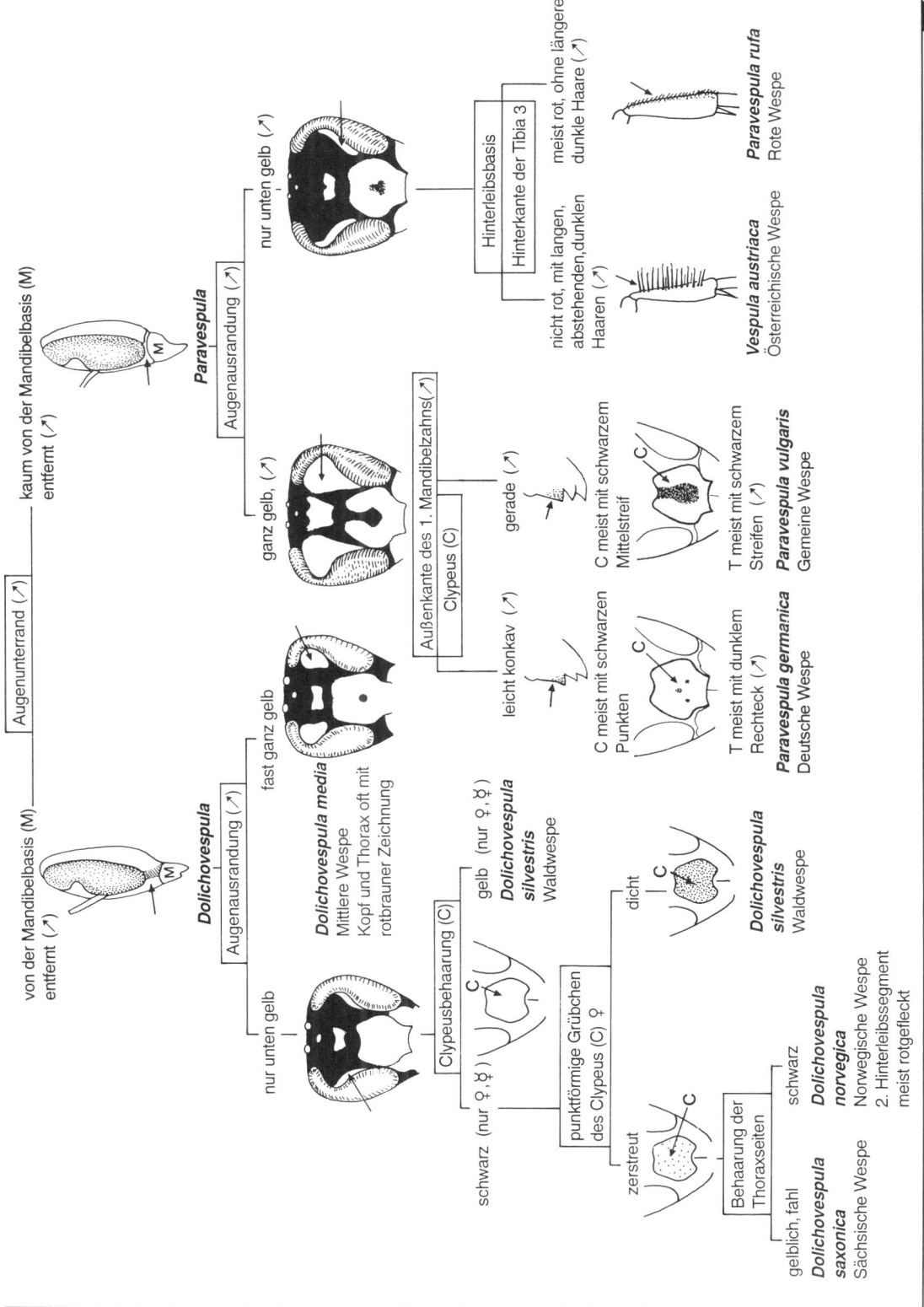

Creutzburg/Bährmann

Hymenoptera · Hautflügler 11: Sphecoidea Grabwespen

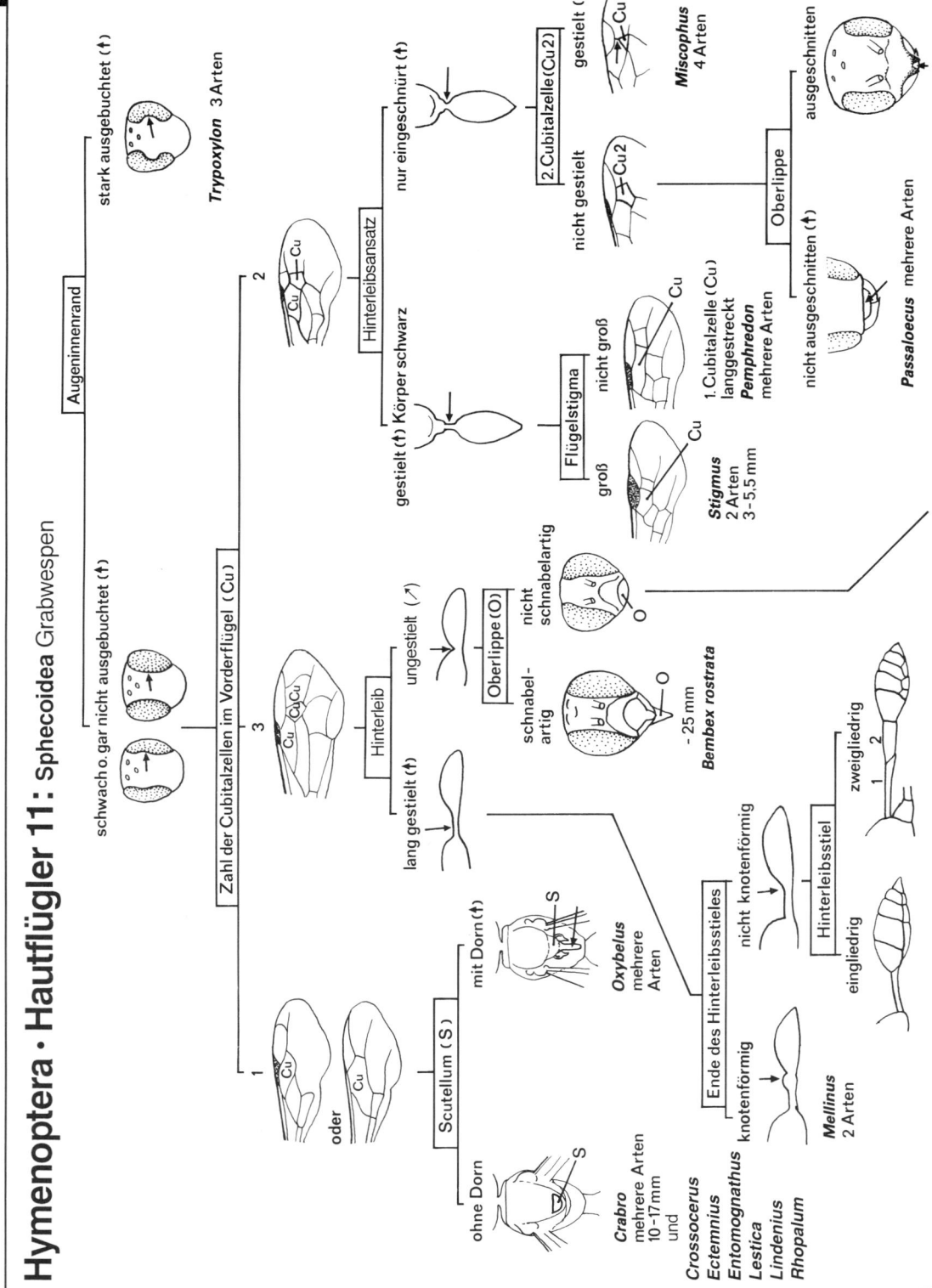

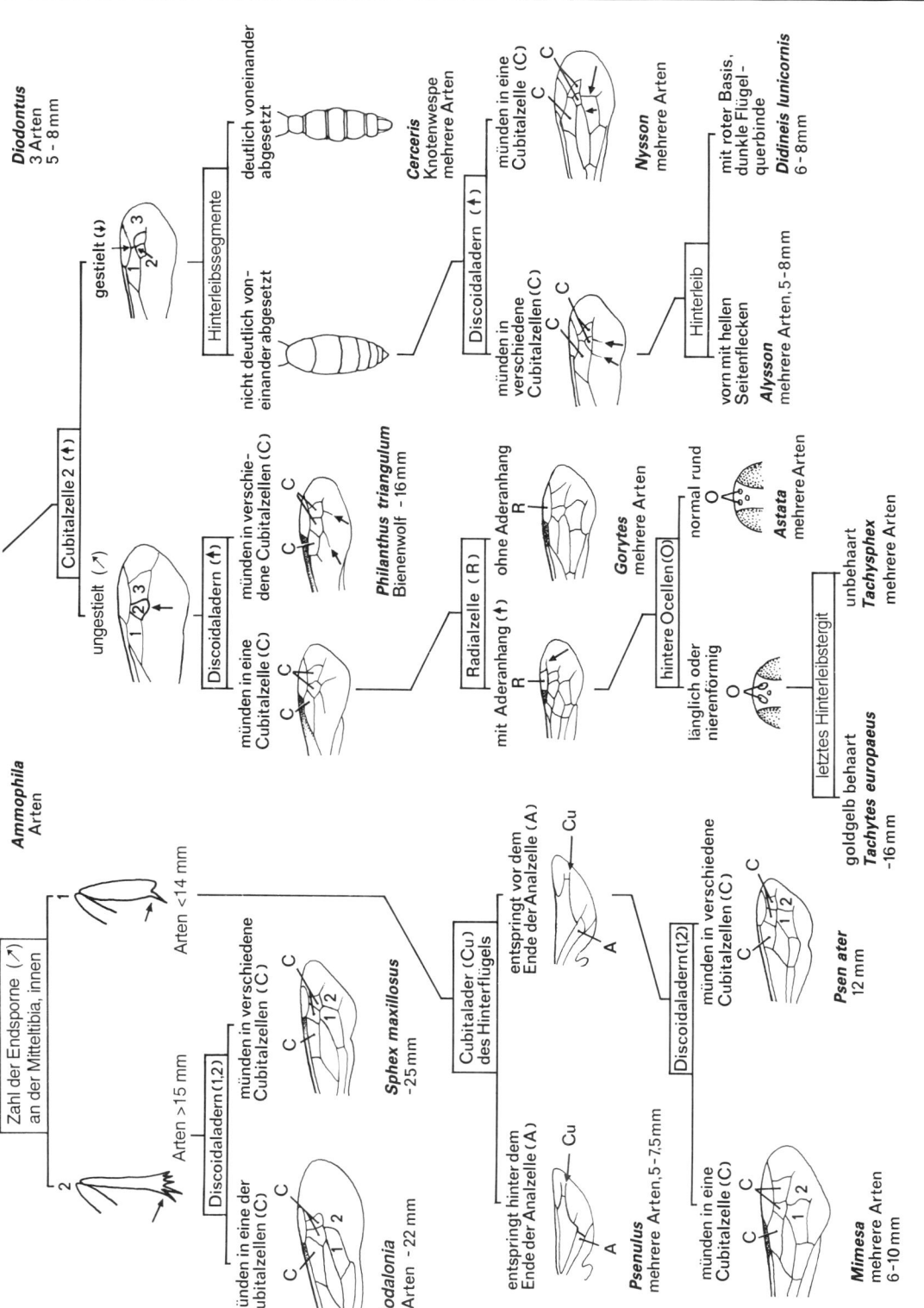

Bährmann

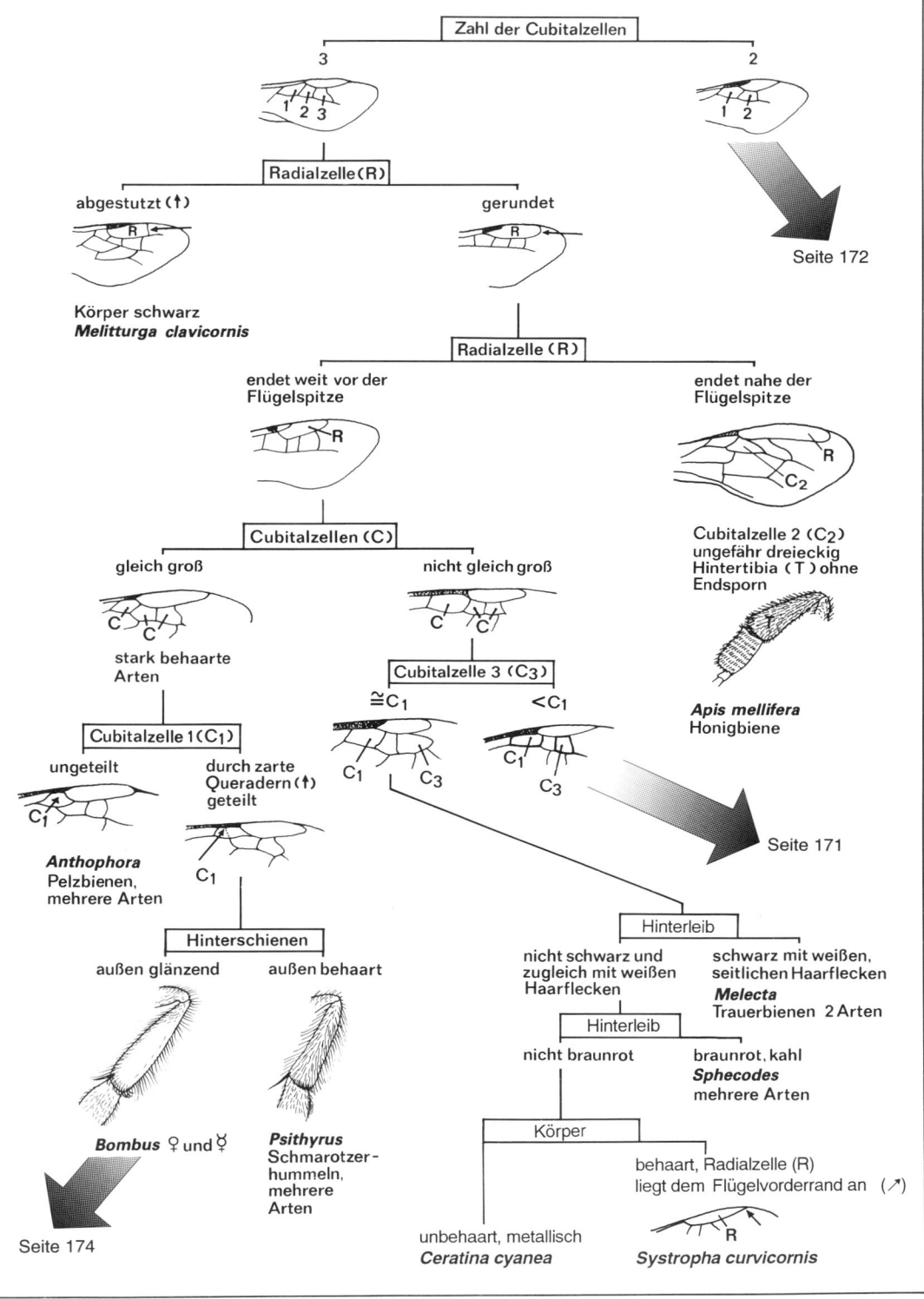

Zahl der Cubitalzellen

3

2

Seite 172

Radialzelle (R)

abgestutzt (↑)

Körper schwarz
Melitturga clavicornis

gerundet

Radialzelle (R)

endet weit vor der
Flügelspitze

endet nahe der
Flügelspitze

Cubitalzelle 2 (C₂)
ungefähr dreieckig
Hintertibia (T) ohne
Endsporn

Apis mellifera
Honigbiene

Cubitalzellen (C)

gleich groß

stark behaarte
Arten

nicht gleich groß

Cubitalzelle 3 (C₃)

≅C₁   <C₁

Cubitalzelle 1 (C₁)

ungeteilt

Anthophora
Pelzbienen,
mehrere Arten

durch zarte
Queradern (↑)
geteilt

C₁

Seite 171

Hinterschienen

außen glänzend   außen behaart

Hinterleib

nicht schwarz und
zugleich mit weißen
Haarflecken

schwarz mit weißen,
seitlichen Haarflecken
Melecta
Trauerbienen 2 Arten

Hinterleib

nicht braunrot

braunrot, kahl
Sphecodes
mehrere Arten

Bombus ♀ und ☿

Psithyrus
Schmarotzer-
hummeln,
mehrere
Arten

Körper

Seite 174

unbehaart, metallisch
Ceratina cyanea

behaart, Radialzelle (R)
liegt dem Flügelvorderrand an (↗)

Systropha curvicornis

Hymenoptera · Hautflügler 13: Apoidea Bienen 2

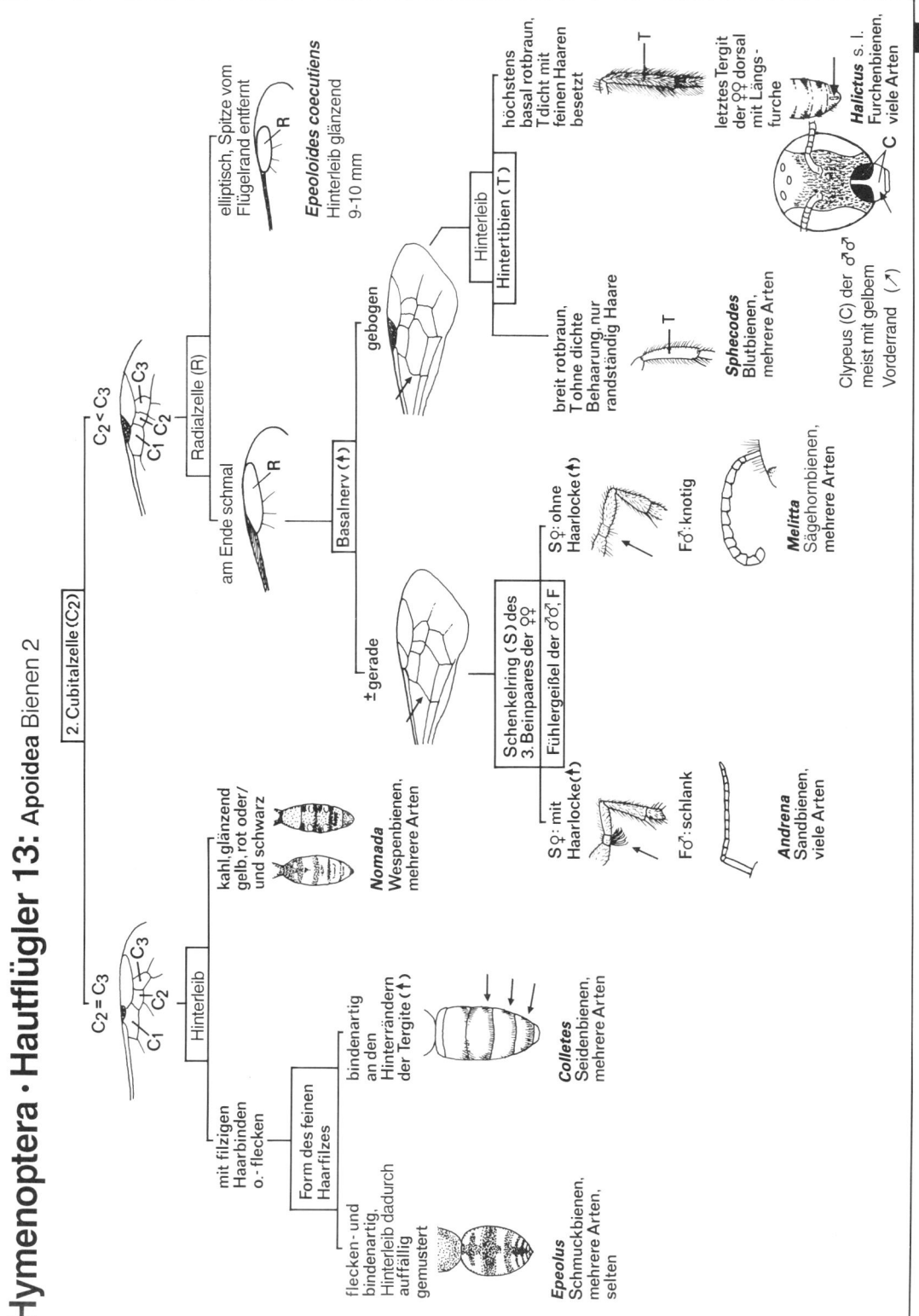

Hymenoptera · Hautflügler 14: Apoidea Bienen 3

Radialzellenende (↑)

abgestutzt

liegt dem Flügelvorderrand nicht an, abgerundet

Hinterleib glänzend

Panurgus
Zottelbienen

Größe

♀♀:Hintertibien (T)
♂♂:Hinterschenkel(S)

- 9 mm
T♀: schwarz
S♂: mit Zahn

P. calcaratus

- 12 mm
T♀: rotbraun
S♂: ohne Zahn

P. banksianus

liegt dem Flügelvorderrand an

Segmentränder der Hinterleibstergite (↑)

mit hellen Haarfilzbinden

Macropis
Schenkelbienen
2 Arten

ohne helle Haarfilzbinden

Dufourea
mehrere Arten

1. Cubitalzelle (C₁)

kleiner als die 2. (C₂)

Fühler der ♂♂ länger als Kopf und Thorax

Eucera
Langhornbienen
3 Arten

nicht kleiner als die 2.(C₂)

Behaarung der Hintertibien (T)

nicht lang

Hinterleibsfärbung

ohne gelb

1. Cubitalzelle (C₁)

viel größer als die 2. (C₂)

Körper fast unbehaart,

so groß wie die 2. (C₂)

schwarz und gelb

♀♀:Bauchbürste (↑)
♂♂:Endtergite (T)

reduziert

T♂: ohne besondere Bildungen

vorhanden

T♂: mit Spitzen o. in der Mitte ausgerandet

sehr lang

Dasypoda plumipes
u. 2 weitere Arten
Hosenbienen

eingekreiste Queradern münden versetzt

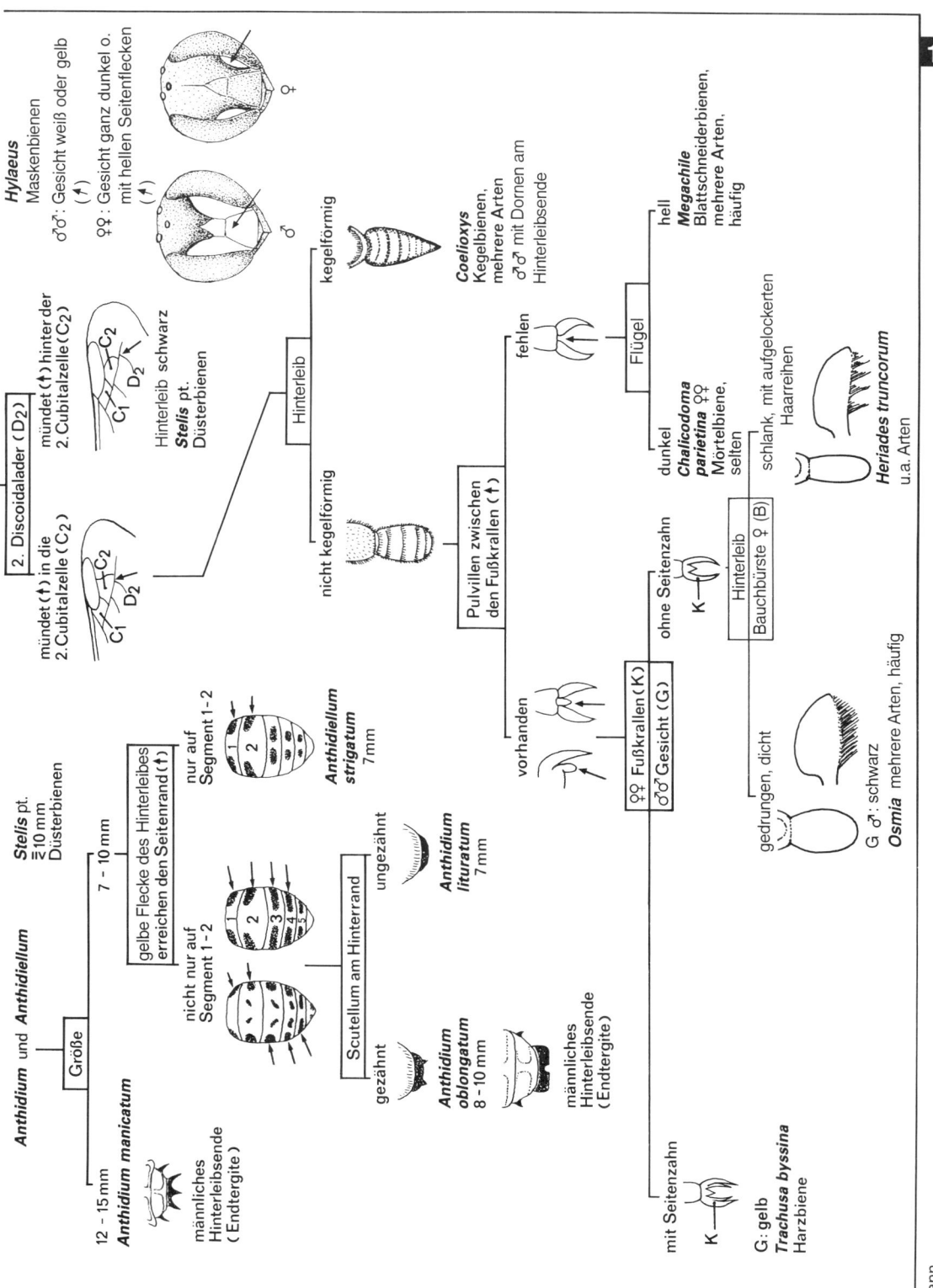

Anthidium und **Anthidiellum**

Größe

12 - 15 mm
Anthidium manicatum

männliches
Hinterleibsende
(Endtergite)

7 - 10 mm

Stelis pt.
≡ 10 mm
Düsterbienen

gelbe Flecke des Hinterleibes
erreichen den Seitenrand (↑)

nicht nur auf
Segment 1 - 2

nur auf
Segment 1 - 2

Scutellum am Hinterrand

gezähnt

**Anthidium
oblongatum**
8 - 10 mm

männliches
Hinterleibsende
(Endtergite)

ungezähnt

**Anthidium
lituratum**
7 mm

**Anthidiellum
strigatum**
7 mm

2. Discoidalader (D₂)

mündet (↑) in die
2. Cubitalzelle (C₂)

mündet (↑) hinter der
2. Cubitalzelle (C₂)

Hinterleib schwarz
Stelis pt.
Düsterbienen

Hinterleib

kegelförmig

Coelioxys
Kegelbienen,
mehrere Arten
♂♂ mit Dornen am
Hinterleibsende

nicht kegelförmig

Pulvillen zwischen
den Fußkrallen (↑)

fehlen

Flügel

hell

Megachile
Blattschneiderbienen,
mehrere Arten,
häufig

dunkel
**Chalicodoma
parietina** ♀♀
Mörtelbiene,
selten

vorhanden

♀♀ Fußkrallen (K)
♂♂ Gesicht (G)

ohne Seitenzahn

Hinterleib
Bauchbürste ♀ (B)

K

schlank, mit aufgelockerten
Haarreihen

Heriades truncorum
u.a. Arten

gedrungen, dicht

G ♂: schwarz
Osmia mehrere Arten, häufig

mit Seitenzahn

K

G: gelb
Trachusa byssina
Harzbiene

Hylaeus
Maskenbienen

♂♂: Gesicht weiß oder gelb
(↑)

♀♀: Gesicht ganz dunkel o.
mit hellen Seitenflecken
(↑)

♀

♂

Bährmann

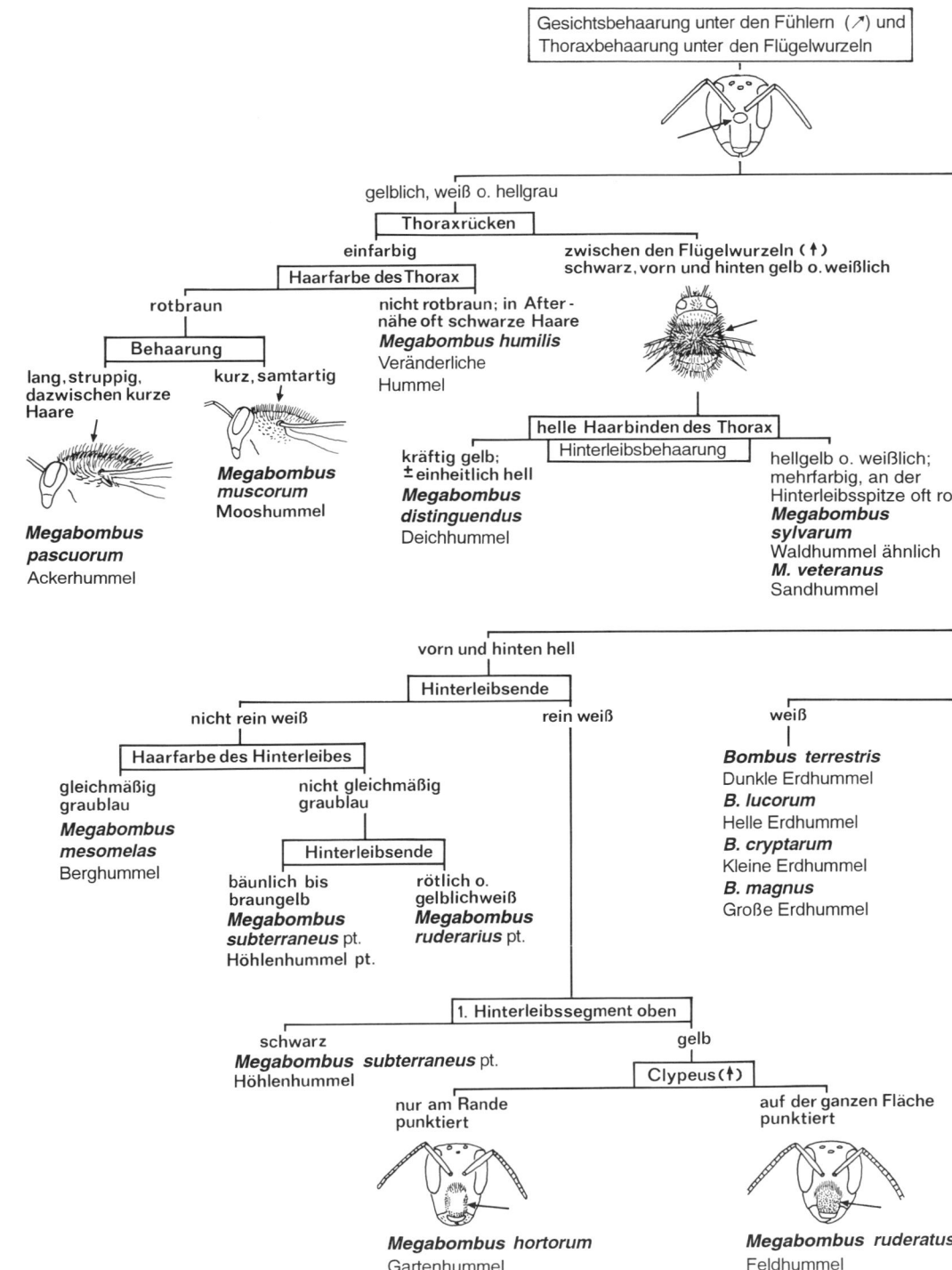

Gesichtsbehaarung unter den Fühlern (↗) und Thoraxbehaarung unter den Flügelwurzeln

gelblich, weiß o. hellgrau

Thoraxrücken

einfarbig

zwischen den Flügelwurzeln (↕) schwarz, vorn und hinten gelb o. weißlich

Haarfarbe des Thorax

rotbraun

nicht rotbraun; in After - nähe oft schwarze Haare
Megabombus humilis
Veränderliche Hummel

Behaarung

lang, struppig, dazwischen kurze Haare

kurz, samtartig

Megabombus muscorum
Mooshummel

Megabombus pascuorum
Ackerhummel

helle Haarbinden des Thorax

Hinterleibsbehaarung

kräftig gelb; ± einheitlich hell
Megabombus distinguendus
Deichhummel

hellgelb o. weißlich; mehrfarbig, an der Hinterleibsspitze oft rot
Megabombus sylvarum
Waldhummel ähnlich
M. veteranus
Sandhummel

vorn und hinten hell

Hinterleibsende

nicht rein weiß

rein weiß

weiß

Bombus terrestris
Dunkle Erdhummel
B. lucorum
Helle Erdhummel
B. cryptarum
Kleine Erdhummel
B. magnus
Große Erdhummel

Haarfarbe des Hinterleibes

gleichmäßig graublau
Megabombus mesomelas
Berghummel

nicht gleichmäßig graublau

Hinterleibsende

bäunlich bis braungelb
Megabombus subterraneus pt.
Höhlenhummel pt.

rötlich o. gelblichweiß
Megabombus ruderarius pt.

1. Hinterleibssegment oben

schwarz
Megabombus subterraneus pt.
Höhlenhummel

gelb

Clypeus (↕)

nur am Rande punktiert

Megabombus hortorum
Gartenhummel

auf der ganzen Fläche punktiert

Megabombus ruderatus
Feldhummel

175

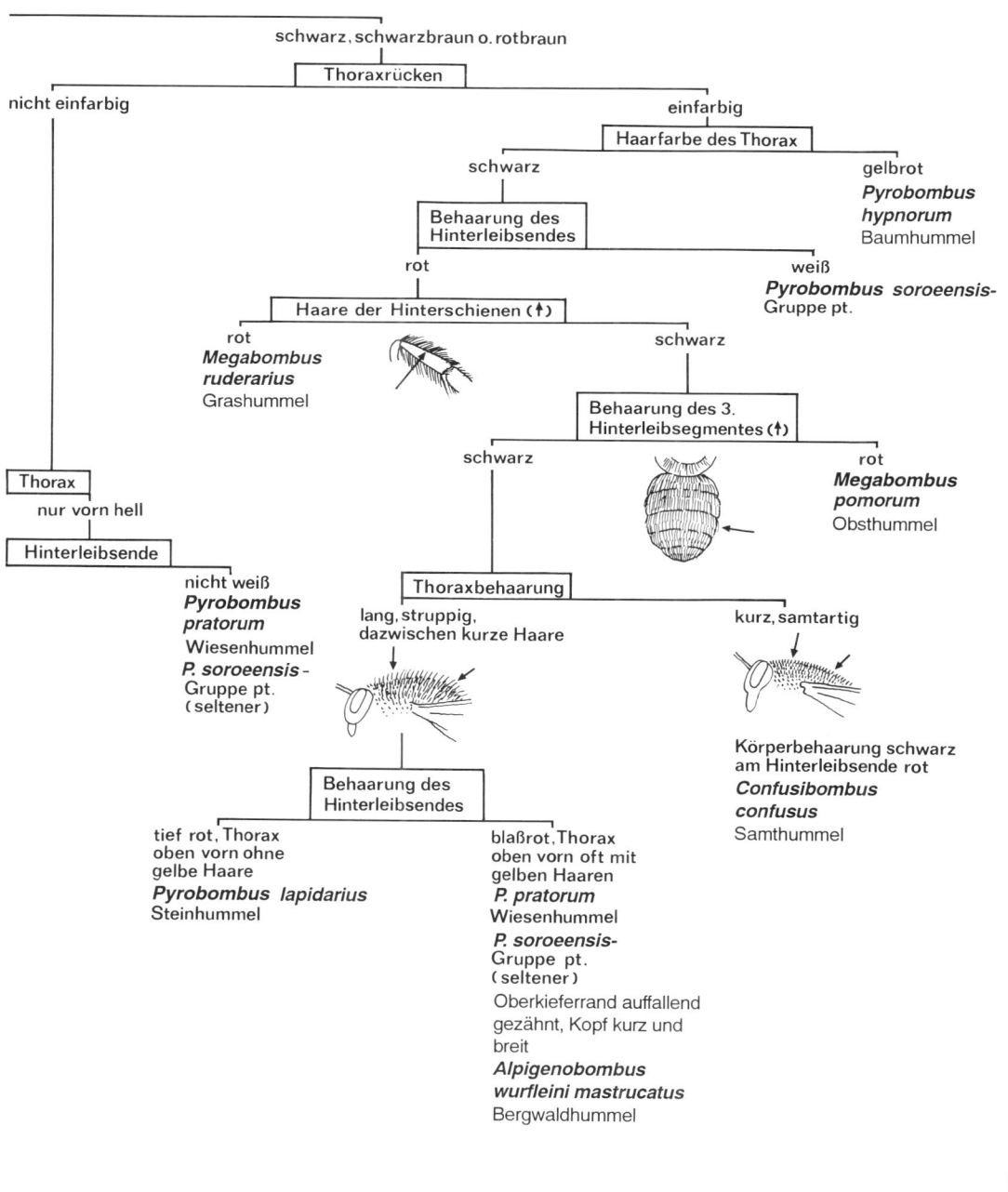

schwarz, schwarzbraun o. rotbraun

Thoraxrücken

nicht einfarbig

einfarbig

Haarfarbe des Thorax

schwarz

gelbrot
**Pyrobombus
hypnorum**
Baumhummel

Behaarung des
Hinterleibsendes

rot

weiß
Pyrobombus soroeensis-
Gruppe pt.

Haare der Hinterschienen (♀)

rot
**Megabombus
ruderarius**
Grashummel

schwarz

Behaarung des 3.
Hinterleibsegmentes (♀)

schwarz

rot
**Megabombus
pomorum**
Obsthummel

Thorax

nur vorn hell

Hinterleibsende

nicht weiß
**Pyrobombus
pratorum**
Wiesenhummel
P. soroeensis -
Gruppe pt.
(seltener)

Thoraxbehaarung

lang, struppig,
dazwischen kurze Haare

kurz, samtartig

Körperbehaarung schwarz
am Hinterleibsende rot
**Confusibombus
confusus**
Samthummel

Behaarung des
Hinterleibsendes

tief rot, Thorax
oben vorn ohne
gelbe Haare
Pyrobombus lapidarius
Steinhummel

blaßrot, Thorax
oben vorn oft mit
gelben Haaren
P. pratorum
Wiesenhummel
P. soroeensis-
Gruppe pt.
(seltener)
Oberkieferrand auffallend
gezähnt, Kopf kurz und
breit
**Alpigenobombus
wurfleini mastrucatus**
Bergwaldhummel

Coleoptera · Käfer

Bockkäfer, ventral

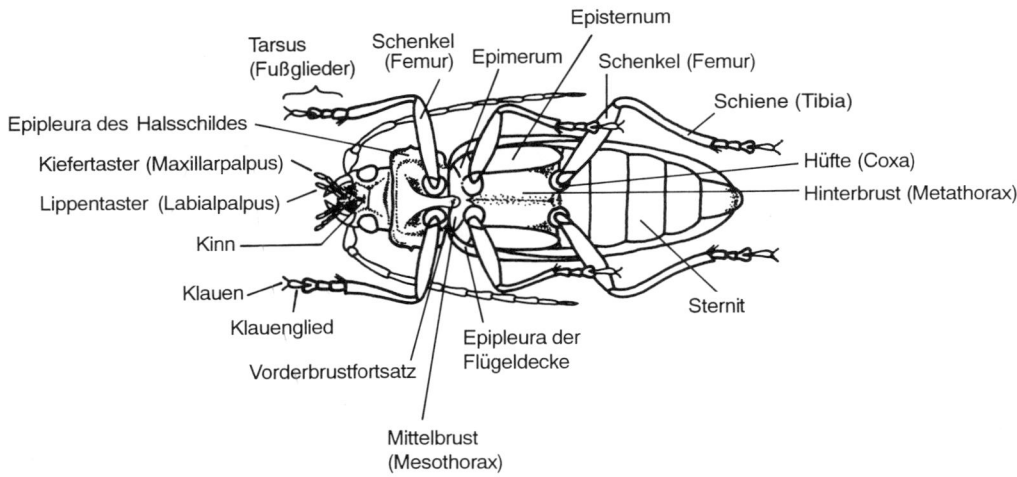

- mit weltweit ca. 350.000 Arten eine der artenreichsten Tiergruppen der Erde (Mitteleuropa ca. 8.000)
- außerordentlich vielgestaltig: mit Vertretern von < 1 mm bis ca. 7 cm Länge, mit unauffällig gefärbten bis hin zu "plakatfarbig" gezeichneten Arten
- besiedeln größtenteils terrestrische, aber auch limnische Habitate
- gehören unterschiedlichsten Konsumentengruppen an: Phytophage, Zoophage, Saprophage, Necrophage, Mycetophage, Coprophage, Xylophage

- in der verbreiteten Bestimmungsliteratur ist eine Unterteilung in die beiden Unterordnungen
  a) **Adephaga** und
  b) **Polyphaga**
  üblich, deren Unterscheidungsmerkmale jedoch - besonders bei kleinen Formen - im Gelände kaum erkennbar sind

Imagines:

- typisch - und den Habitus prägend - ist die Ausbildung von meist sehr harten Vorderflügeln (Elytren), die in Ruhelage schützend über dem Hinterleib liegen; darunter häutige Hinterflügel (Alae), die nur beim Anheben der Vorderflügel (z.B. mit einer Nadel) sichtbar werden (Grundtypus, meist flugfähige Arten); zahlreiche Reduktionserscheinungen möglich:
  - Vorderflügel voll entwickelt, Hinterflügel ganz oder teilweise reduziert (d.h. Verlust des Flugvermögens; Vorderflügel dann gelegentlich an der Naht verwachsen) (z.B. einige **Carabidae,** einige **Chrysomelidae**)
  - Vorderflügel verkürzt, Hinterflügel voll entwickelt (Tiere meist flugfähig, z.B. **Staphylinidae**)
  - Vorder- und Hinterflügel reduziert (ohne Flugvermögen, z.B. ♀♀ von *Lampyris* und *Phosphaenus*-Leuchtkäfer)
- beißend - leckende Mundwerkzeuge bestehend aus Oberkiefer (Mandibeln), Kiefertastern (Maxillarpalpen) und Lippentastern (Labialpalpen) charakteristisch (besonders bei kleinen Formen im Gelände schlecht zu beurteilen)
- Gliedmaßentypen aufgrund der Vielzahl besiedelter Lebensräume mannigfaltig,
  - Laufbein (Grundtypus)
  - Grabbein
  - Sprungbein
  - Schwimmbein

Bockkäfer, dorsal   **Kurzflügler, dorsal**

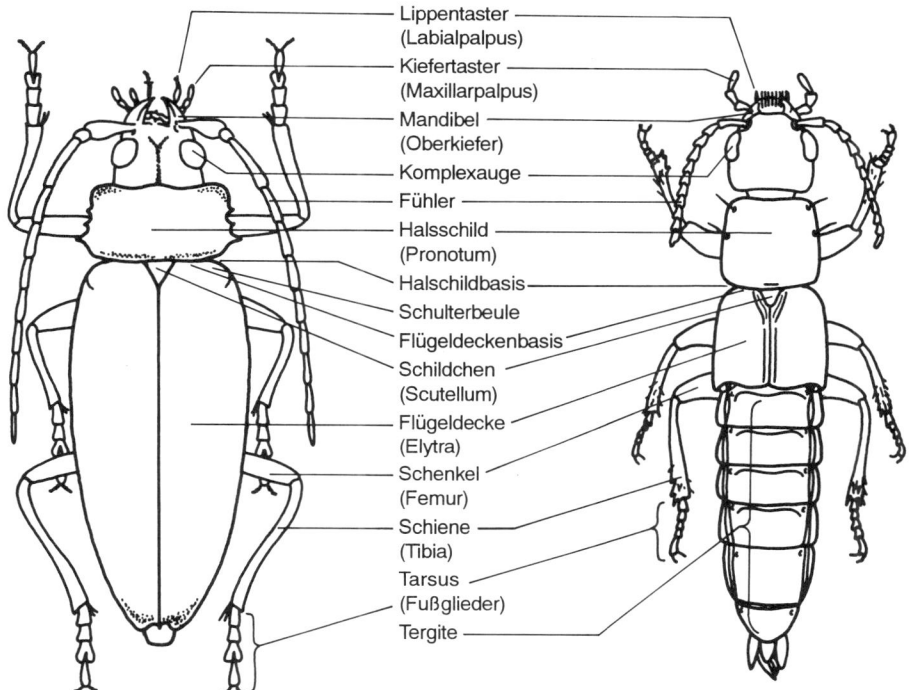

Lippentaster
(Labialpalpus)
Kiefertaster
(Maxillarpalpus)
Mandibel
(Oberkiefer)
Komplexauge
Fühler
Halsschild
(Pronotum)
Halschildbasis
Schulterbeule
Flügeldeckenbasis
Schildchen
(Scutellum)
Flügeldecke
(Elytra)
Schenkel
(Femur)
Schiene
(Tibia)
Tarsus
(Fußglieder)
Tergite

Larven:
- ungewöhnlich vielgestaltig, ± raupenförmig
- terrestrisch und limnisch lebende Formen
- abgesetzte meist stark chitinisierte Kopfkapsel (mit beißenden Mundwerkzeugen)
- räuberische Larven (z.B. **Carabidae, Coccinellidae, Dytiscidae**) oder frei an Pflanzen lebende Arten
  (z.T.**Chrysomelidae**)mit 3 Paar ausgebildeten Brustbeinpaaren; in Substraten (wie Dung, Mulm, Pflanzen)
  lebende Larven meist mit stark reduzierten oder ganz rückgebildeten Gliedmaßen (**Scarabaeidae,**
  z.T. **Chrysomelidae, Scolytidae, Curculionidae**)

Fang und Beobachtung:
Entsprechend der unterschiedlichen Lebensweise sind die Sammel- und Erfassungsmethoden vielfältig:
- per Hand: Bodenoberfläche, 'Steinewälzen', unter Rinde abgestorbener Bäume, Absammeln von Blüten,
  'Kotlese'
- Kescher: besammeln der nichtverholzten Vegetation
- Klopftrichter: besammeln der verholzten Vegetation
- Käfersieb: untersuchen der Bodenstreu
- Ausschwemmen: untersuchen des Erdreiches
- Bodenfallen: epigäisch aktive Käfergruppen
- Lichtfang: phototaktische, schwärmende Arten
- Autokescher: besonders für schwärmende Arten
- Wassernetz: für frei schwimmende Wasserkäferarten

Konservierung:
- Imagines i.d.R. als Trockenpräparate (genadelt oder geklebt)
- Larven meist in 70% Alkohol

Coleoptera · Käfer 1: Übersicht 1

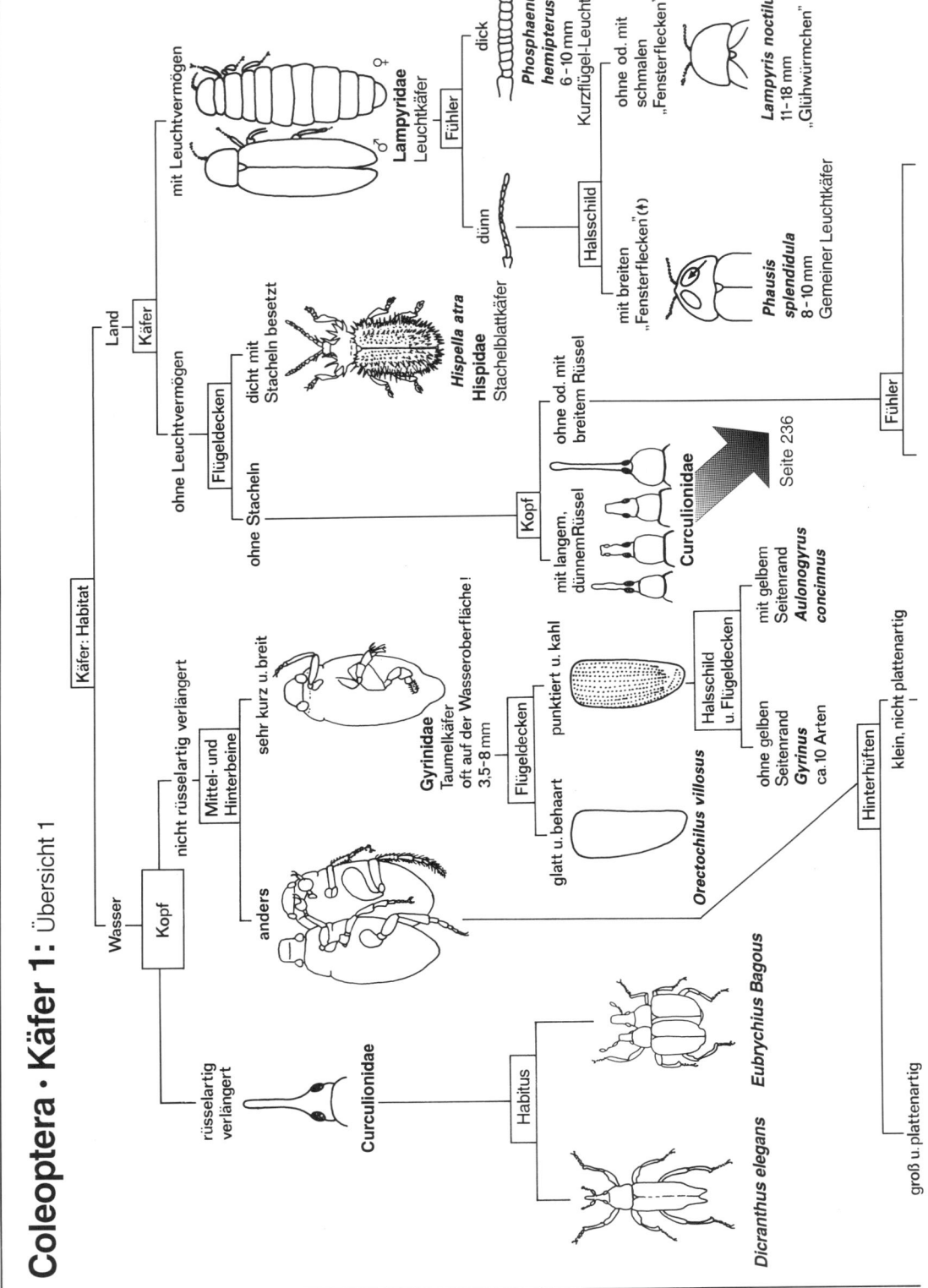

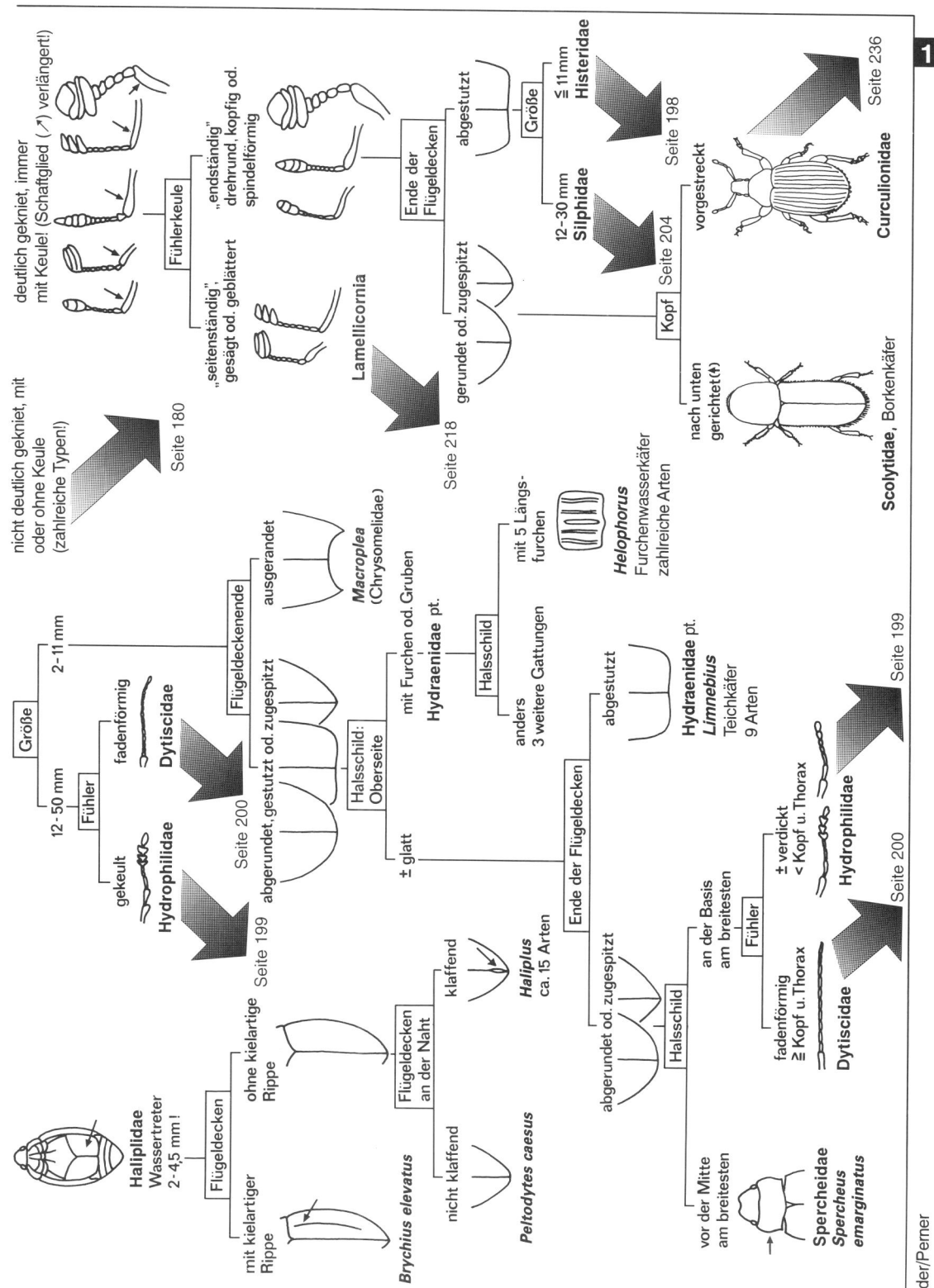

deutlich gekniet, immer mit Keule! (Schaftglied (↗) verlängert!)

Fühlerkeule

"endständig" drehrund, kopfig od. spindelförmig

"seitenständig", gesägt od. geblättert

Lamellicornia

Ende der Flügeldecken

abgestutzt

Größe

≦11mm **Histeridae** Seite 198

12–30 mm **Silphidae** Seite 204

gerundet od. zugespitzt

Kopf

vorgestreckt **Curculionidae** Seite 236

nach unten gerichtet(↓) **Scolytidae**, Borkenkäfer

Seite 218

nicht deutlich gekniet, mit oder ohne Keule (zahlreiche Typen!)

Seite 180

2–11 mm

Größe

12–50 mm

Fühler

fadenförmig **Dytiscidae** Seite 200

gekeult **Hydrophilidae** Seite 199

Flügeldeckenende

ausgerandet **Macroplea** (Chrysomelidae)

abgerundet, gestutzt od. zugespitzt

Halsschild: Oberseite

mit Furchen od. Gruben **Hydraenidae** pt.

Halsschild

mit 5 Längs-furchen **Helophorus** Furchenwasserkäfer zahlreiche Arten

anders 3 weitere Gattungen **Hydraenidae** pt. **Limnebius** Teichkäfer 9 Arten

± glatt

Ende der Flügeldecken

abgestutzt

abgerundet od. zugespitzt

Halsschild

an der Basis am breitesten

Fühler

± verdickt <Kopf u.Thorax

fadenförmig ≧Kopf u.Thorax **Dytiscidae** Seite 200

Hydrophilidae Seite 200

vor der Mitte am breitesten **Spercheidae** **Spercheus emarginatus** Seite 199

Haliplidae Wassertreter 2–4,5 mm!

Flügeldecken

mit kielartiger Rippe **Brychius elevatus**

ohne kielartige Rippe

Flügeldecken an der Naht

klaffend **Haliplus** ca. 15 Arten

nicht klaffend **Peltodytes caesus**

Sander/Perner

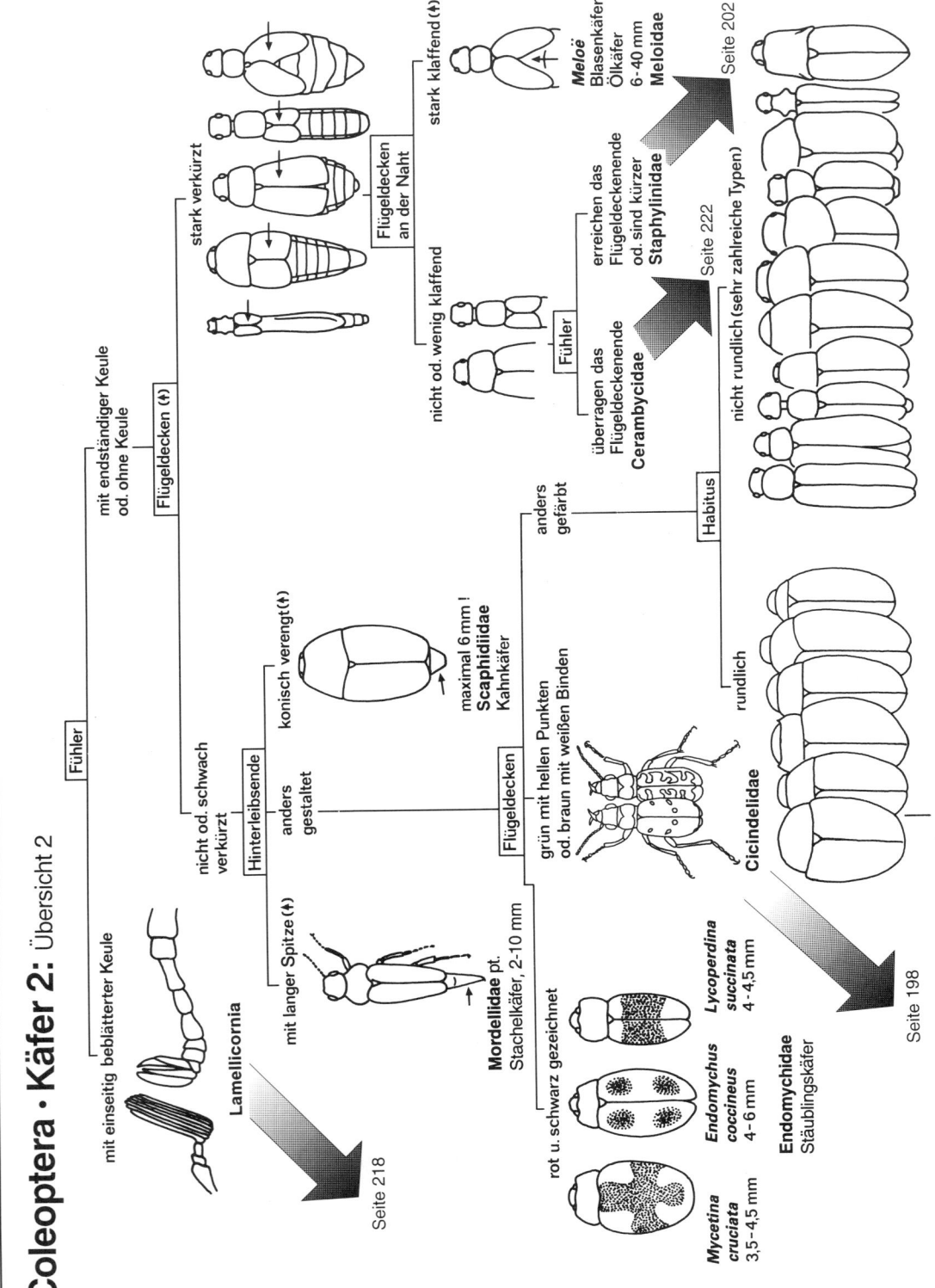

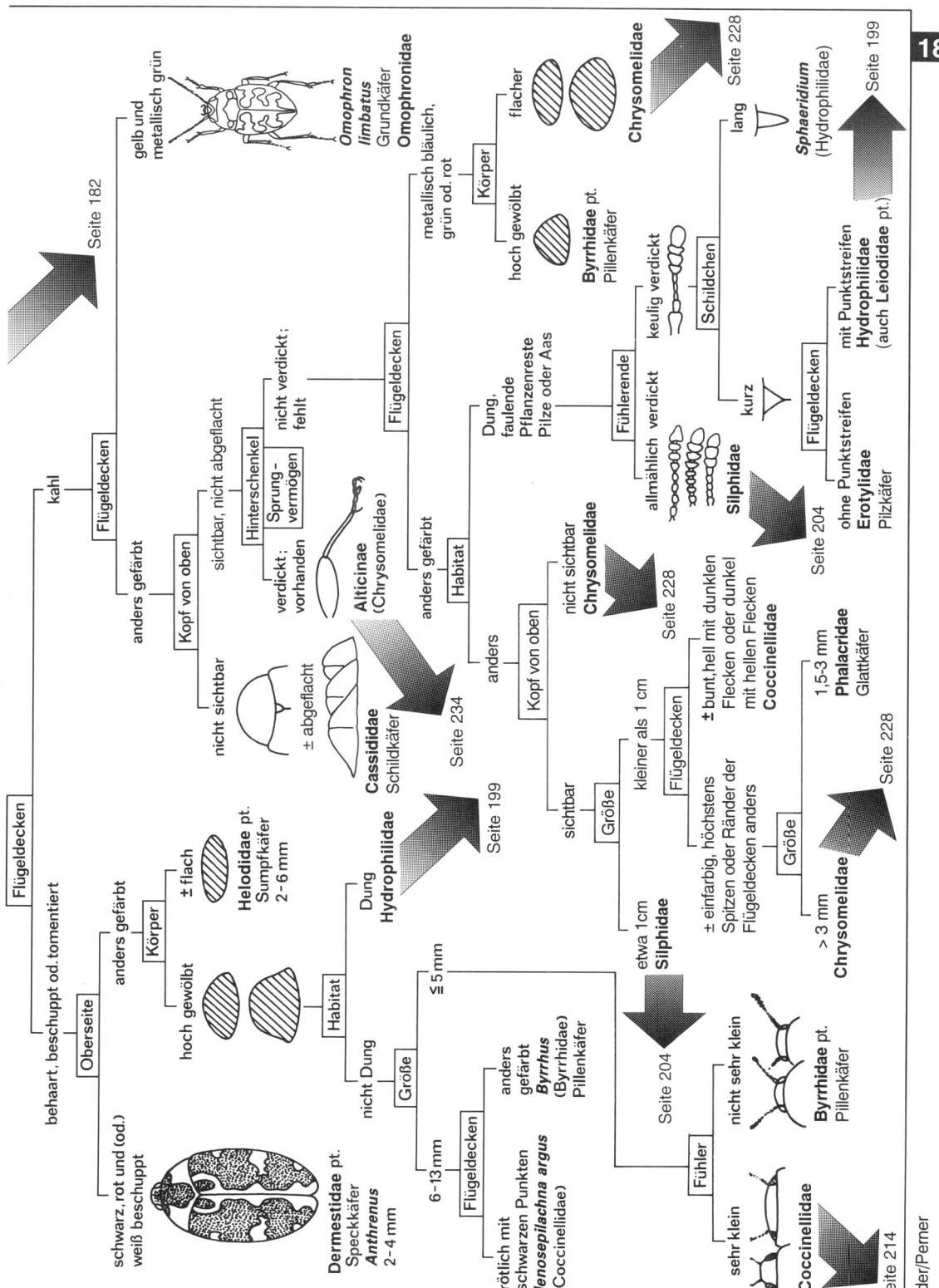

Flügeldecken

behaart, beschuppt od. tomentiert

Oberseite

kahl

Flügeldecken

Seite 182

gelb und metallisch grün

Omophron limbatus Grundkäfer
Omophronidae

anders gefärbt

Kopf von oben

metallisch bläulich, grün od. rot

Körper

flacher

Chrysomelidae

Seite 228

sichtbar, nicht abgeflacht

hoch gewölbt

Byrrhidae pt. Pillenkäfer

nicht sichtbar

Hinterschenkel

lang

Sphaeridium (Hydrophilidae)

Seite 199

verdickt; vorhanden

Sprung-vermögen

nicht verdickt; fehlt

Flügeldecken

mit Punktstreifen
Hydrophilidae (auch Leiodidae pt.)

Schildchen

keulig verdickt

± abgeflacht

Alticinae (Chrysomelidae)

Fühlerende

Cassididae Schildkäfer

Seite 234

anders gefärbt

Dung, faulende Pflanzenreste Pilze oder Aas

Habitat

allmählich verdickt

kurz

Flügeldecken

ohne Punktstreifen
Erotylidae Pilzkäfer

Silphidae

Seite 204

anders gefärbt

schwarz, rot und (od.) weiß beschuppt

Dermestidae pt.
Speckkäfer
Anthrenus 2–4 mm

anders gefärbt

Körper

± flach

Helodidae pt.
Sumpfkäfer 2–6 mm

hoch gewölbt

Habitat

Dung
Hydrophilidae

Seite 199

anders

Kopf von oben

nicht sichtbar
Chrysomelidae

Seite 228

sichtbar

Größe

kleiner als 1 cm

Flügeldecken

± bunt, hell mit dunklen Flecken oder dunkel mit hellen Flecken
Coccinellidae

± einfarbig, höchstens Spitzen oder Ränder der Flügeldecken anders

etwa 1cm
Silphidae

Seite 204

Größe

1,5–3 mm
Phalacridae Glattkäfer

Seite 228

> 3 mm
Chrysomelidae

Seite 228

nicht Dung

Größe

≦ 5 mm

6–13 mm

Flügeldecken

rötlich mit schwarzen Punkten
Henosepilachna argus (Coccinellidae)

anders gefärbt
Byrrhus (Byrrhidae) Pillenkäfer

Fühler

nicht sehr klein
Byrrhidae pt. Pillenkäfer

sehr klein
Coccinellidae

Seite 214

Sander/Perner

Coleoptera · Käfer 3: Übersicht 3

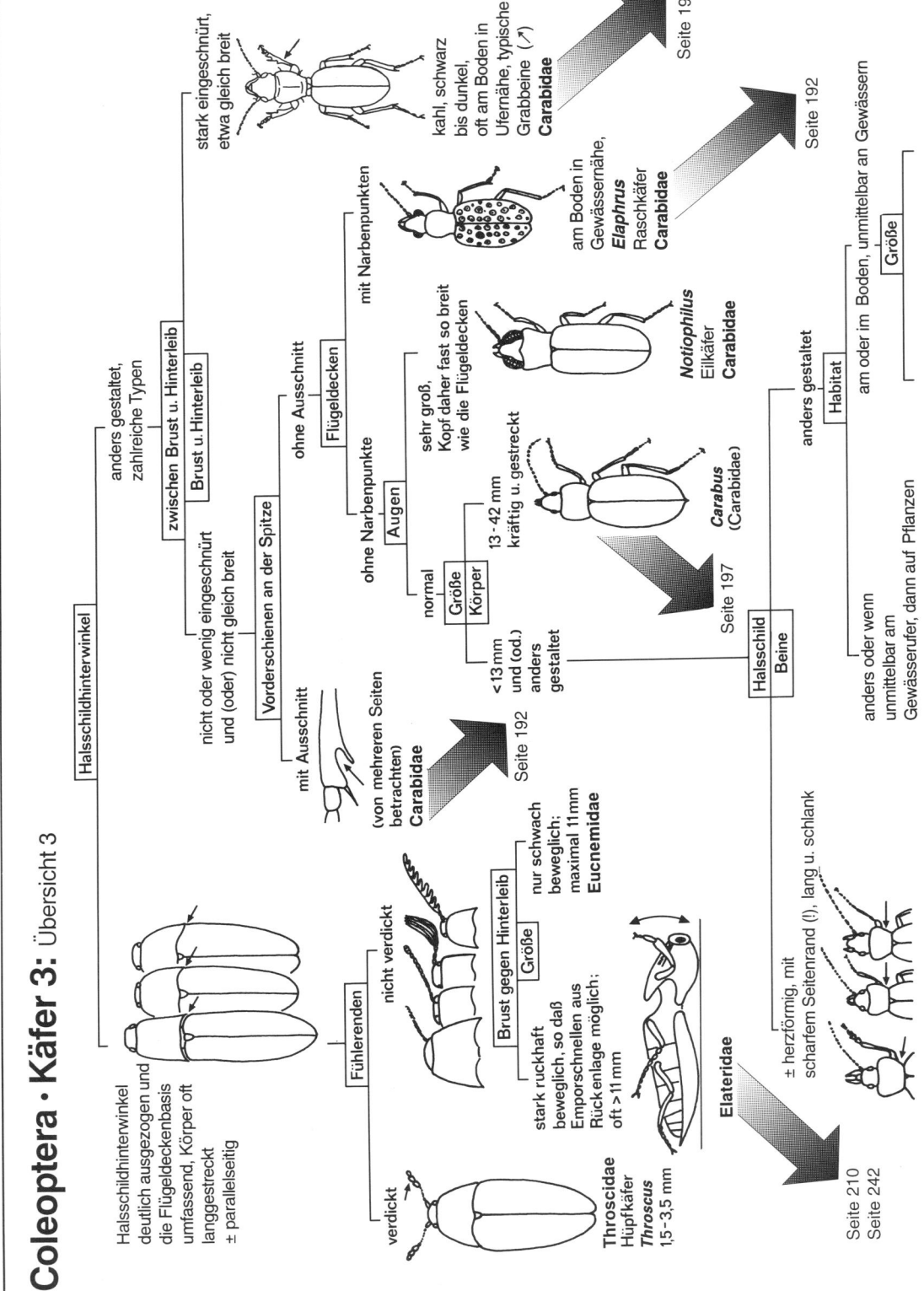

Halsschildhinterwinkel deutlich ausgezogen und die Flügeldeckenbasis umfassend, Körper oft langgestreckt ± parallelseitig

Halsschildhinterwinkel

anders gestaltet, zahlreiche Typen

Fühlerenden

verdickt

nicht verdickt

Throscidae Hüpfkäfer *Throscus* 1,5 - 3,5 mm

Brust gegen Hinterleib

stark ruckhaft beweglich, so daß Emporschnellen aus Rückenlage möglich; oft >11 mm

nur schwach beweglich; maximal 11mm **Eucnemidae**

Größe

Elateridae

± herzförmig, mit scharfem Seitenrand (!), lang u. schlank

Seite 210
Seite 242

zwischen Brust u. Hinterleib

Brust u. Hinterleib

nicht oder wenig eingeschnürt und (oder) nicht gleich breit

stark eingeschnürt, etwa gleich breit

Seite 192

kahl, schwarz bis dunkel, oft am Boden in Ufernähe, typische Grabbeine (↗) **Carabidae**

Vorderschienen an der Spitze

mit Ausschnitt

ohne Ausschnitt

(von mehreren Seiten betrachten) **Carabidae**

Seite 192

Flügeldecken

mit Narbenpunkten

ohne Narbenpunkte

am Boden in Gewässernähe, *Elaphrus* Raschkäfer **Carabidae**

Seite 192

Augen

sehr groß, Kopf daher fast so breit wie die Flügeldecken

normal

Notiophilus Eilkäfer **Carabidae**

Größe Körper

13 - 42 mm kräftig u. gestreckt

<13 mm und (od.) anders gestaltet

Carabus (Carabidae)

Seite 197

Halsschild Beine

anders gestaltet

Habitat

am oder im Boden, unmittelbar an Gewässern

Größe

anders oder wenn unmittelbar am Gewässerufer, dann auf Pflanzen

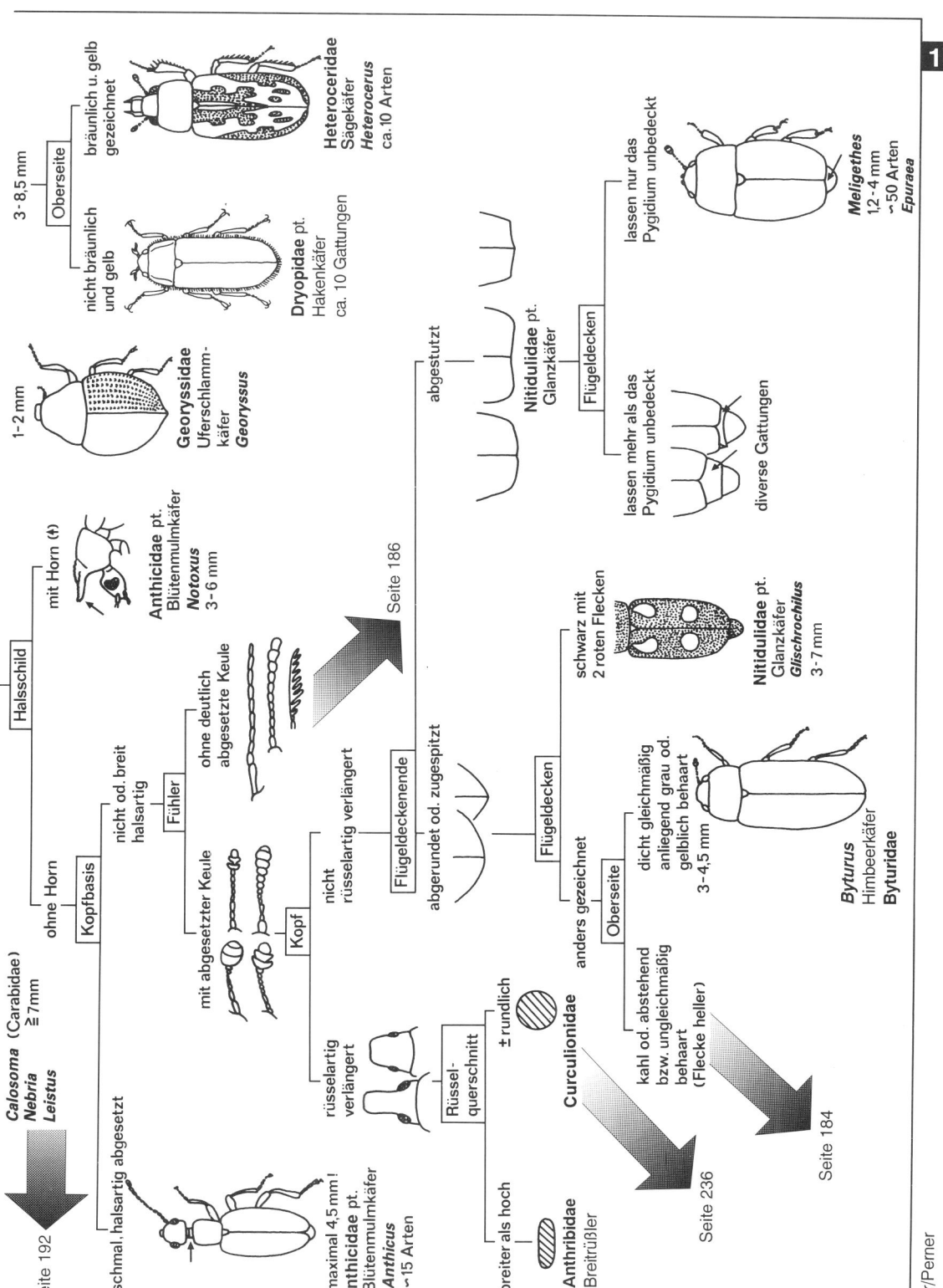

Sander/Perner

Coleoptera · Käfer 4: Übersicht 4

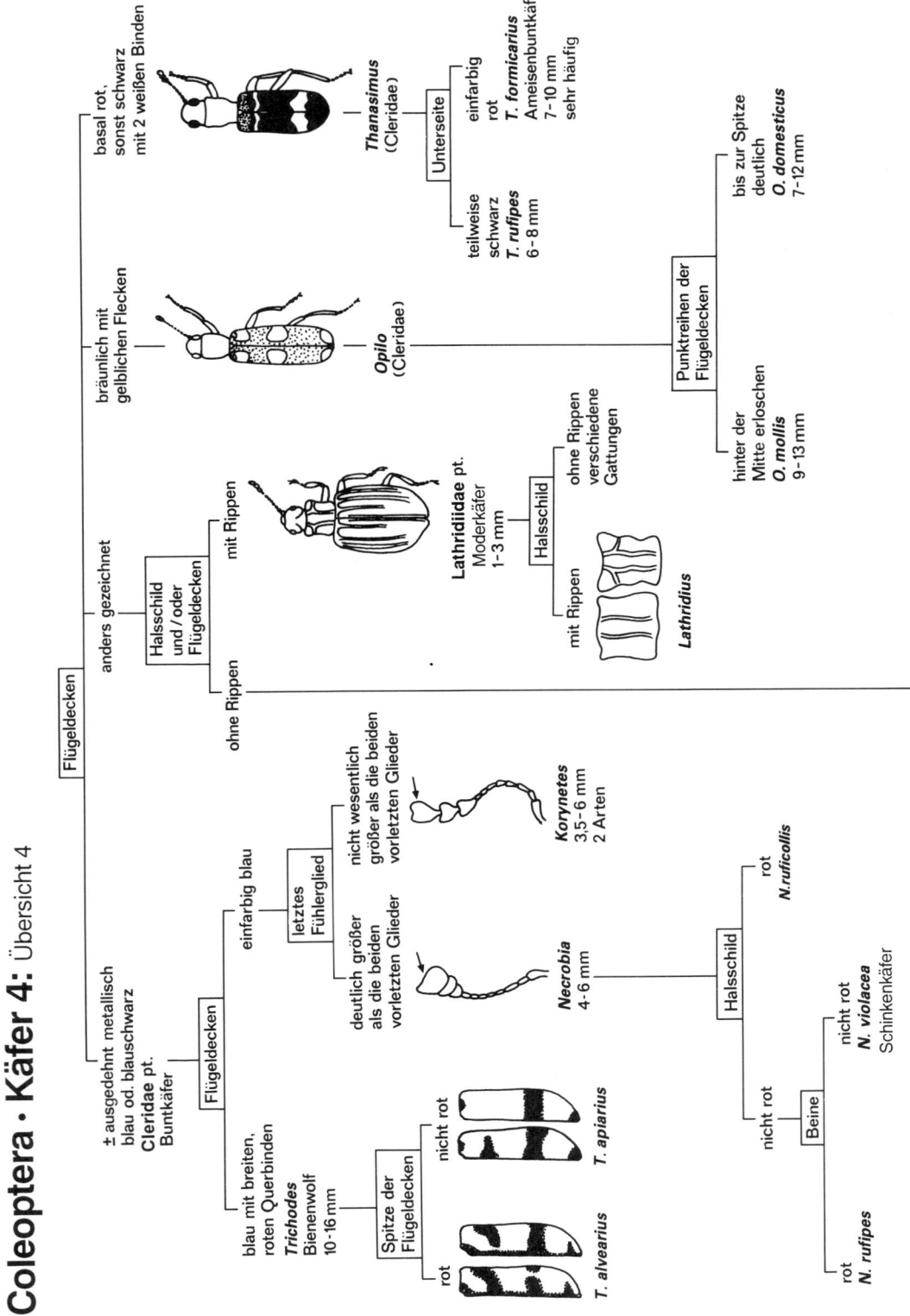

Flügeldecken

± ausgedehnt metallisch blau od. blauschwarz
Cleridae pt.
Buntkäfer

Flügeldecken

blau mit breiten, roten Querbinden
Trichodes
Bienenwolf
10-16 mm

Spitze der Flügeldecken

nicht rot
T. apiarius

rot
T. alvearius

einfarbig blau

letztes Fühlerglied

deutlich größer als die beiden vorletzten Glieder
Necrobia
4-6 mm

nicht wesentlich größer als die beiden vorletzten Glieder
Korynetes
3,5 - 6 mm
2 Arten

Halsschild

rot
N.ruficollis

nicht rot

Beine

nicht rot
N. violacea
Schinkenkäfer

rot
N. rufipes

anders gezeichnet

Halsschild und / oder Flügeldecken

mit Rippen
Lathrididae pt.
Moderkäfer
1-3 mm

Halsschild

ohne Rippen
verschiedene Gattungen

mit Rippen
Lathridius

ohne Rippen

bräunlich mit gelblichen Flecken
Opilo
(Cleridae)

Punktreihen der Flügeldecken

bis zur Spitze deutlich
O. domesticus
7-12 mm

hinter der Mitte erloschen
O. mollis
9-13 mm

basal rot, sonst schwarz mit 2 weißen Binden
Thanasimus
(Cleridae)

Unterseite

einfarbig rot
T. formicarius
Ameisenbuntkäfer
7-10 mm
sehr häufig

teilweise schwarz
T. rufipes
6-8 mm

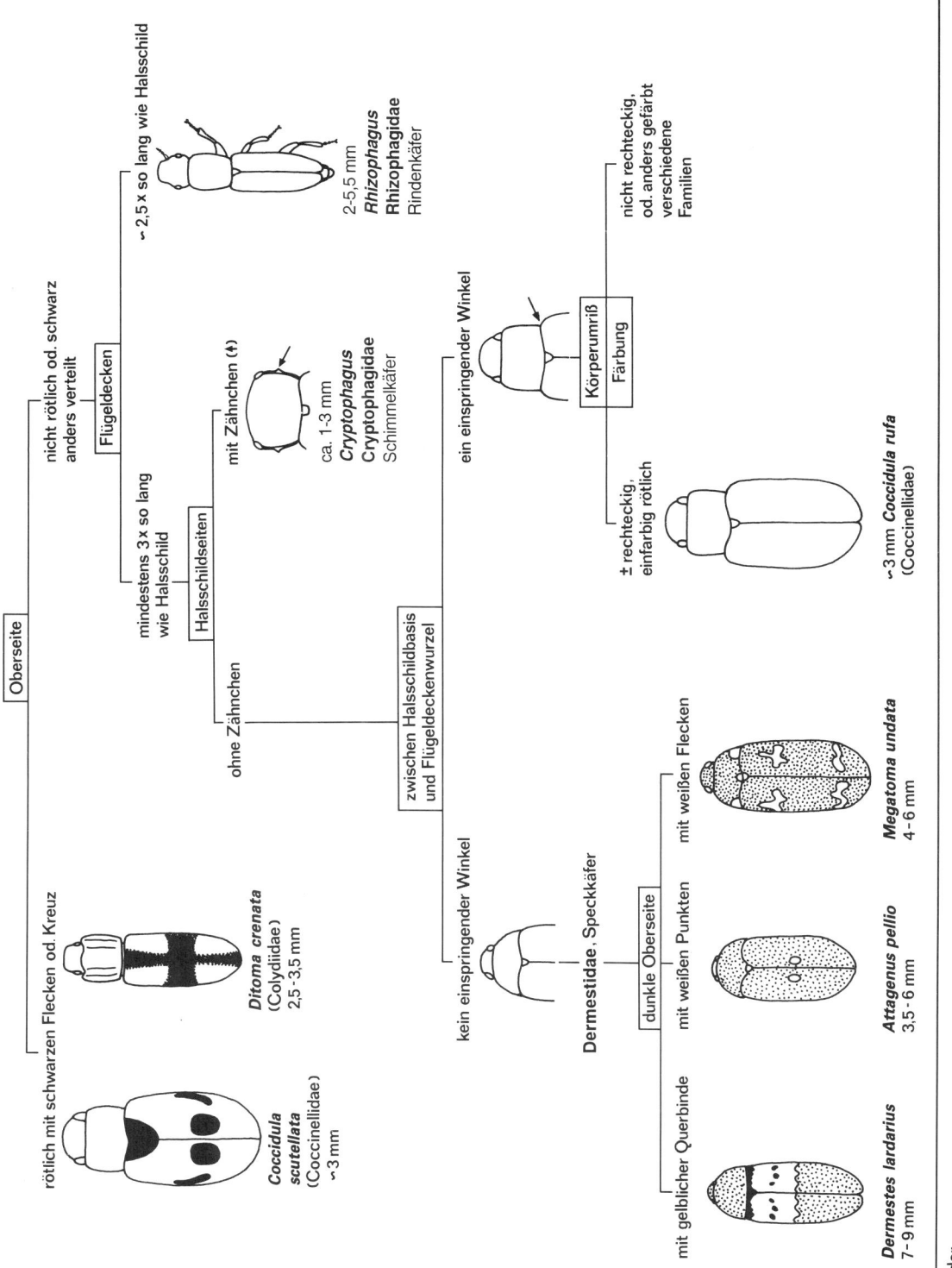

Coleoptera · Käfer 5: Übersicht 5

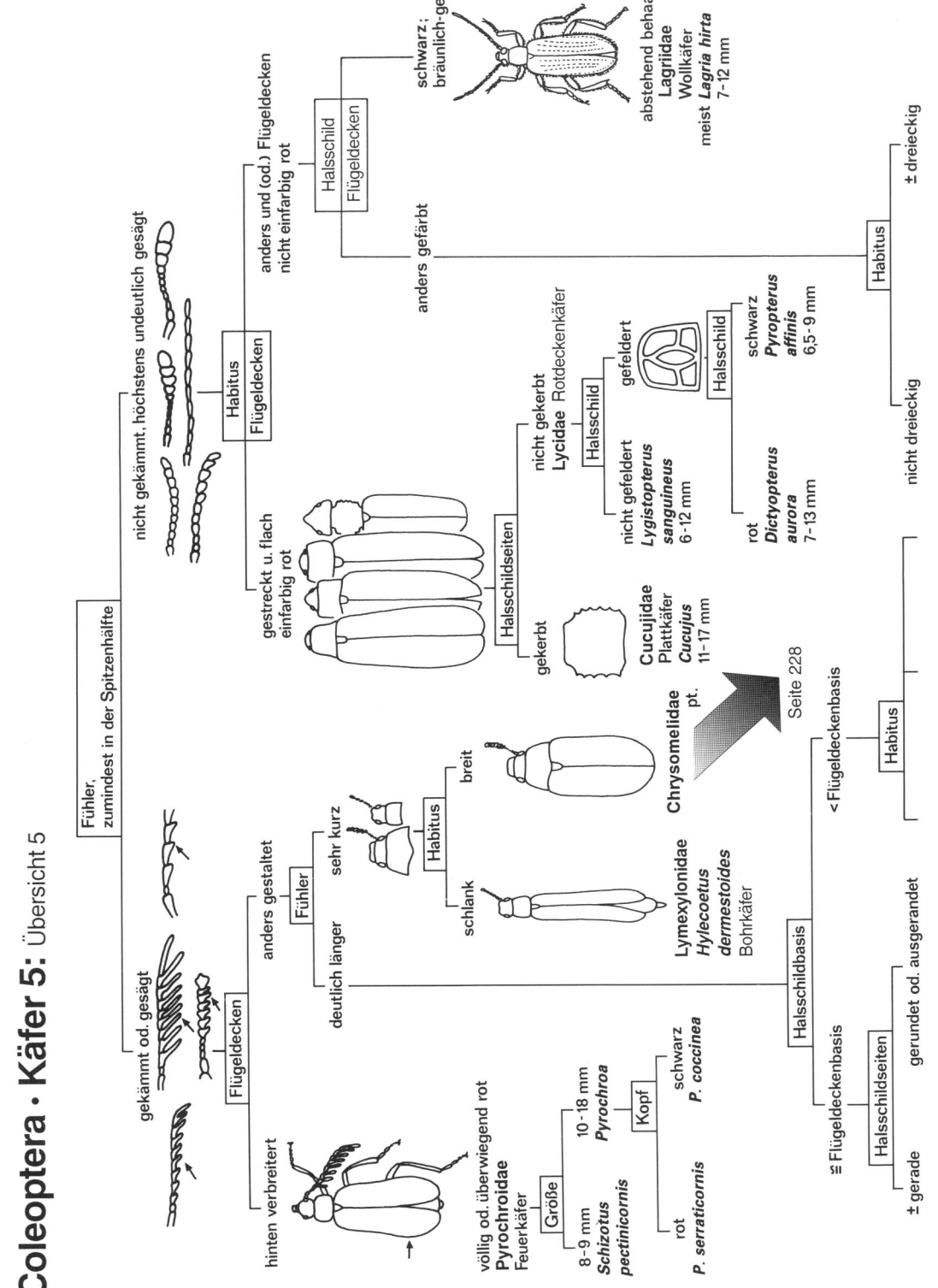

Fühler, zumindest in der Spitzenhälfte

nicht gekämmt, höchstens undeutlich gesägt

Habitus

Flügeldecken

anders und (od.) Flügeldecken nicht einfarbig rot

Halsschild

Flügeldecken

abstehend behaart
Lagriidae
Wollkäfer
meist *Lagria hirta*
7-12 mm

schwarz; bräunlich-gelb

anders gefärbt

Habitus

± dreieckig

nicht dreieckig

**gestreckt u. flach
einfarbig rot**

Halsschildseiten

nicht gekerbt Lycidae Rotdeckenkäfer

Halsschild

gefeldert

Halsschild

schwarz
*Pyropterus
affinis*
6,5 - 9 mm

nicht gefeldert
*Lygistopterus
sanguineus*
6-12 mm

rot
*Dictyopterus
aurora*
7-13 mm

gekerbt

Cucujidae
Plattkäfer
Cucujus
11-17 mm

Chrysomelidae
pt.

Seite 228

gekämmt od. gesägt

Flügeldecken

hinten verbreitert

**völlig od. überwiegend rot
Pyrochroidae**
Feuerkäfer

Größe

8 - 9 mm
*Schizotus
pectinicornis*

10 - 18 mm
Pyrochroa

Kopf

rot
P. serraticornis

schwarz
P. coccinea

anders gestaltet

Fühler

sehr kurz

Habitus

breit

schlank

Lymexylonidae
*Hylecoetus
dermestoides*
Bohrkäfer

deutlich länger

Halsschildbasis

≦ Flügeldeckenbasis

Halsschildseiten

± gerade

gerundet od. ausgerandet

< Flügeldeckenbasis

Habitus

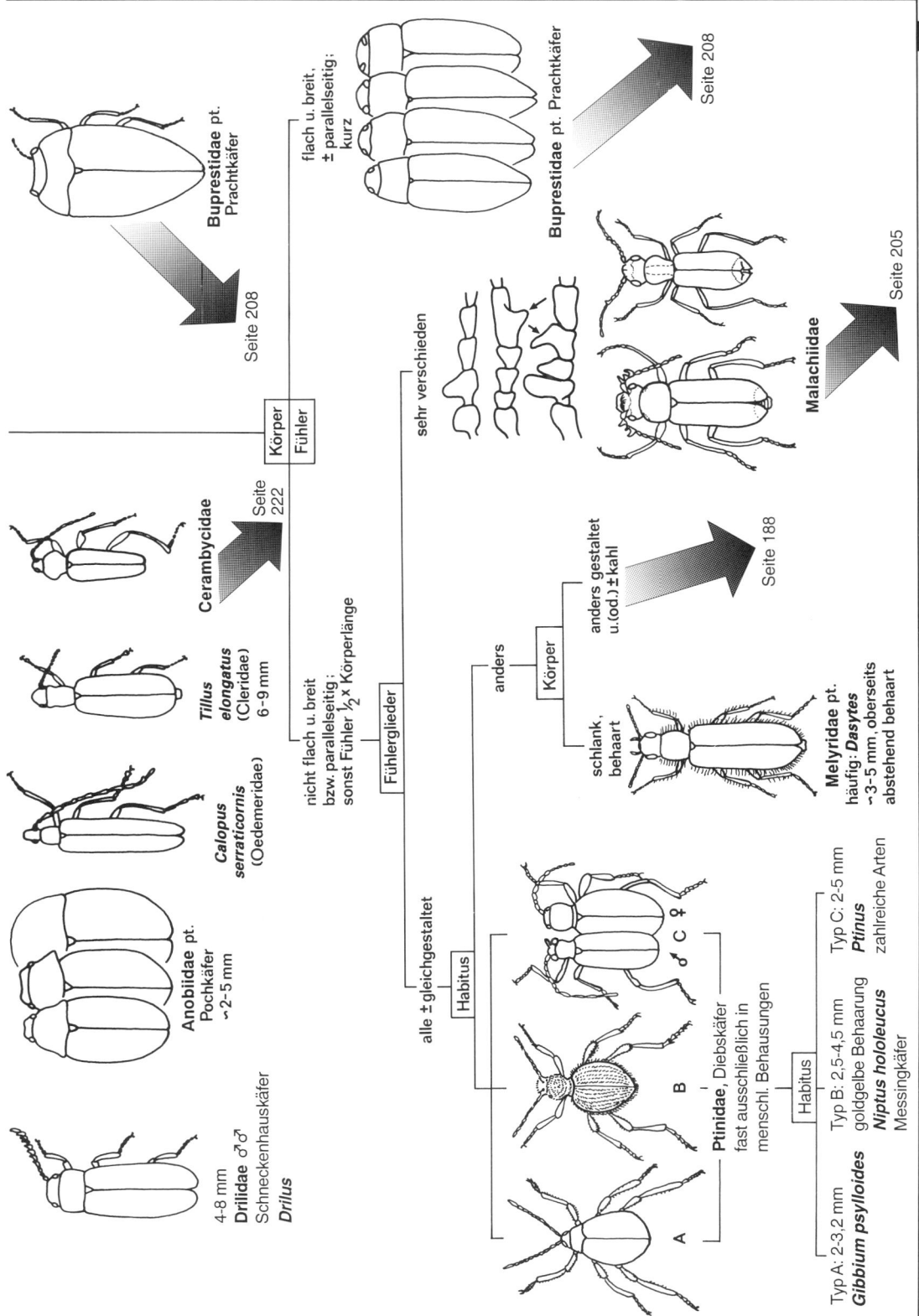

187

Buprestidae pt. Prachtkäfer

Seite 208

flach u. breit, ± parallelseitig; kurz

Buprestidae pt. Prachtkäfer

Seite 208

Malachiidae

Seite 205

sehr verschieden

Körper

Fühler

Cerambycidae

Seite 222

Tillus elongatus (Cleridae) 6–9 mm

Calopus serraticornis (Oedemeridae)

Anobiidae pt. Pochkäfer ~2–5 mm

4–8 mm **Drilidae** ♂♂ Schneckenhauskäfer *Drilus*

nicht flach u. breit bzw. sonst Fühler ½× Körperlänge

Fühlerglieder

anders

Körper

anders gestaltet u.(od.) ± kahl

Seite 188

schlank, behaart

Melyridae pt. häufig: *Dasytes* ~3–5 mm, oberseits abstehend behaart

alle ± gleichgestaltet

Habitus

Habitus

Ptinidae, Diebskäfer fast ausschließlich in menschl. Behausungen

Typ A: 2–3,2 mm *Gibbium psylloides*

Typ B: 2,5–4,5 mm goldgelbe Behaarung *Niptus hololeucus* Messingkäfer

Typ C: 2–5 mm *Ptinus* zahlreiche Arten

A   B   ♂ C ♀

Sander/Perner

Coleoptera · Käfer 6: Übersicht 6

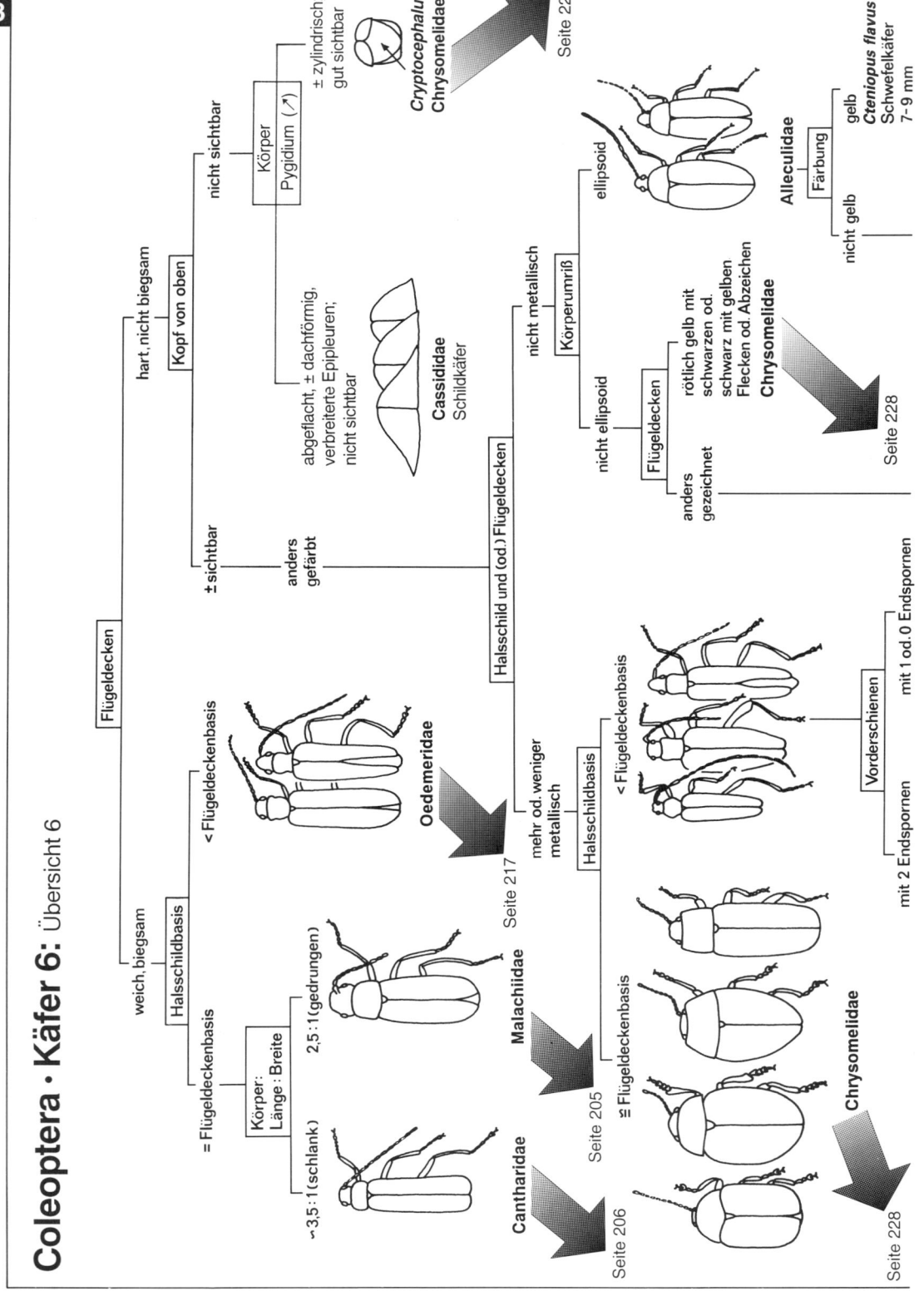

Flügeldecken

weich, biegsam
- Halsschildbasis
  - < Flügeldeckenbasis → **Oedemeridae** — Seite 217
  - = Flügeldeckenbasis
    - Körper: Länge : Breite
      - 2,5 : 1 (gedrungen) → **Malachiidae** — Seite 205
      - ~3,5 : 1 (schlank) → **Cantharidae** — Seite 206

hart, nicht biegsam
- Kopf von oben
  - nicht sichtbar
    - Körper / Pygidium (♂)
      - ± zylindrisch; gut sichtbar → *Cryptocephalus* Chnysomelidae — Seite 228
      - abgeflacht, ± dachförmig, verbreitete Epipleuren; nicht sichtbar → **Cassididae** Schildkäfer
  - ± sichtbar
    - anders gefärbt
      - Halsschild und (od.) Flügeldecken
        - mehr od. weniger metallisch
          - Halsschildbasis
            - < Flügeldeckenbasis
              - Vorderschienen
                - mit 1 od. 0 Endspornen
                - mit 2 Endspornen
            - ≅ Flügeldeckenbasis → **Chrysomelidae**
        - nicht metallisch
          - Körperumriß
            - ellipsoid → **Alleculidae**
              - Färbung
                - gelb → *Cteniopus flavus* Schwefelkäfer 7–9 mm
                - nicht gelb
            - nicht ellipsoid
              - Flügeldecken
                - rötlich gelb mit schwarzen od. schwarz mit gelben Flecken od. Abzeichen → **Chrysomelidae** — Seite 228
                - anders gezeichnet → Seite 228

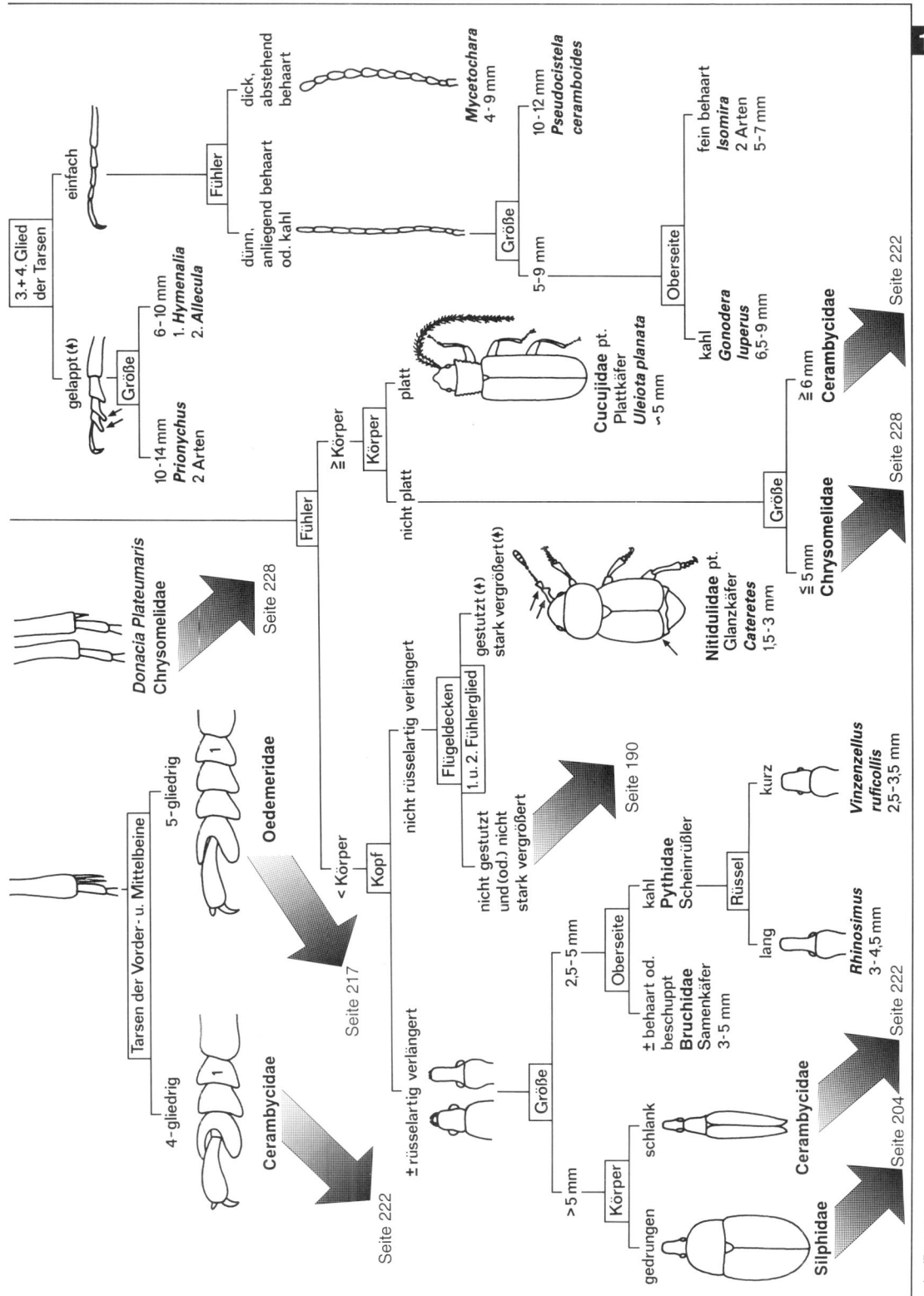

3. + 4. Glied der Tarsen

einfach

Fühler
- dick, abstehend behaart → *Mycetochara* 4 - 9 mm
- dünn, anliegend behaart od. kahl

Größe
- 10-12 mm → *Pseudocistela ceramboides*
- 5-9 mm

Oberseite
- fein behaart → *Isomira* 2 Arten 5-7 mm
- kahl → *Gonodera luperus* 6,5-9 mm

gelappt (♂)

Größe
- 6 - 10 mm → 1. *Hymenalia* 2. *Allecula*
- 10 - 14 mm → *Prionychus* 2 Arten

Fühler

≧ Körper

Körper
- platt → Cucujidae pt. Plattkäfer *Uleiota planata* ~5 mm
- nicht platt

Größe
- ≧ 6 mm → **Cerambycidae** Seite 222
- ≦ 5 mm → **Chrysomelidae** Seite 228

< Körper

Kopf

nicht rüsselartig verlängert

Flügeldecken / 1. u. 2. Fühlerglied
- gestutzt (♂) stark vergrößert (♂) → Nitidulidae pt. Glanzkäfer *Cateretes* 1,5 - 3 mm
- nicht gestutzt und (od.) nicht stark vergrößert → Seite 190

Donacia Plateumaris Chrysomelidae Seite 228

Tarsen der Vorder- u. Mittelbeine

5-gliedrig
1
Oedemeridae Seite 217

4-gliedrig
1
Cerambycidae Seite 222

± rüsselartig verlängert

Größe
- 2,5 - 5 mm

Oberseite
- kahl → **Pythidae** Scheinrüßler

Rüssel
- kurz → *Vinzenzellus ruficollis* 2,5-3,5 mm
- lang → *Rhinosimus* 3 - 4,5 mm Seite 222

- ± behaart od. beschuppt → **Bruchidae** Samenkäfer 3-5 mm

- > 5 mm

Körper
- schlank → **Cerambycidae** Seite 204
- gedrungen → **Silphidae**

Sander/Perner

Coleoptera · Käfer 7: Übersicht 7

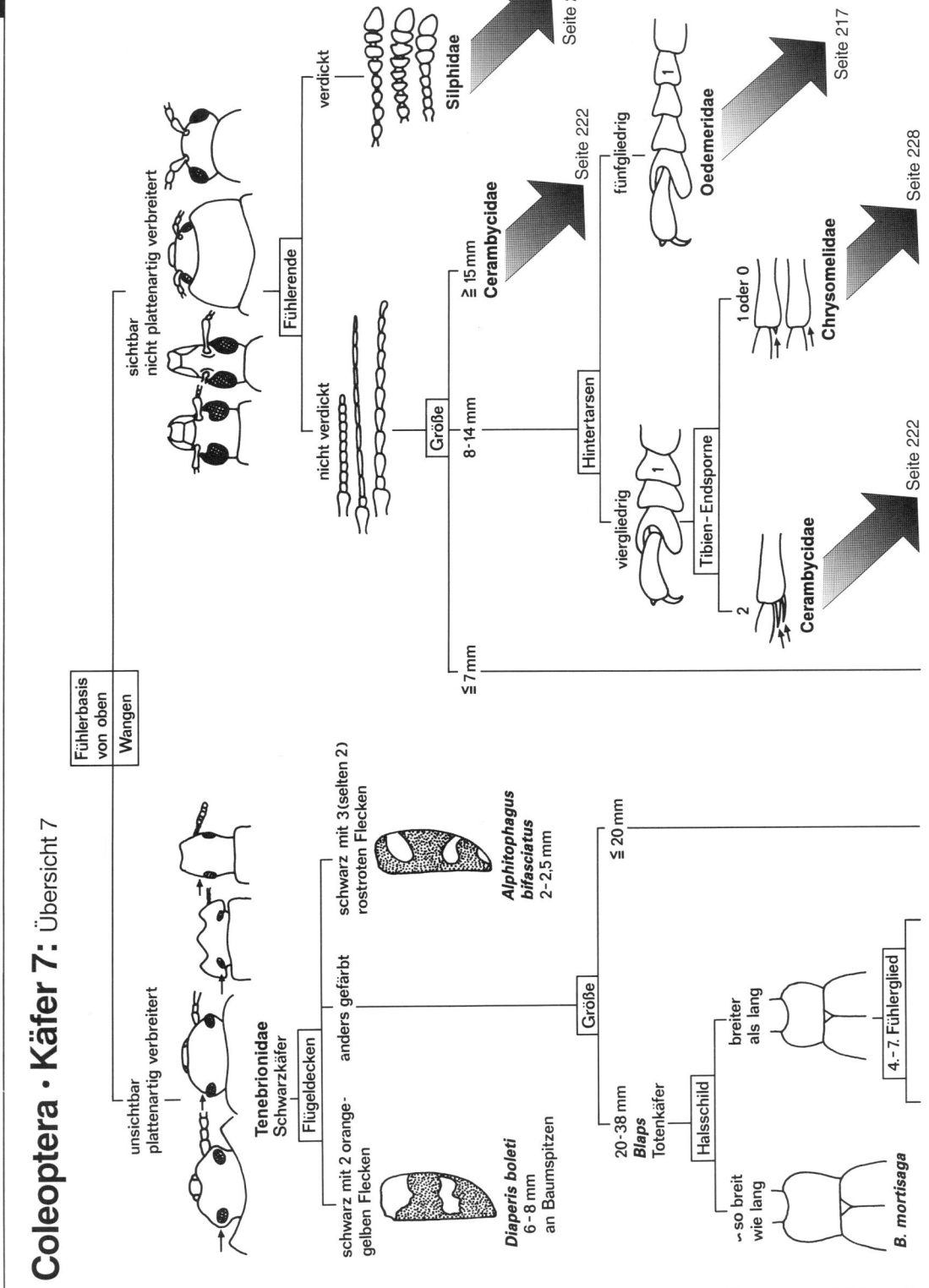

Fühlerbasis von oben

Wangen

unsichtbar plattenartig verbreitert

sichtbar nicht plattenartig verbreitert

Tenebrionidae Schwarzkäfer

Flügeldecken

schwarz mit 2 orange-gelben Flecken

Diaperis boleti 6–8 mm an Baumspitzen

anders gefärbt

schwarz mit 3 (selten 2) rostroten Flecken

Alphitophagus bifasciatus 2–2,5 mm

Größe

≦ 20 mm

20–38 mm **Blaps** Totenkäfer

Halsschild

~ so breit wie lang

B. mortisaga

breiter als lang

4.–7. Fühlerglied

Fühlerende

verdickt

Silphidae   Seite 204

nicht verdickt

Größe

≧ 15 mm **Cerambycidae**   Seite 222

8–14 mm

Hintertarsen

fünfgliedrig

Oedemeridae   Seite 217

viergliedrig

Tibien-Endsporne

1 oder 0

Chrysomelidae   Seite 228

2

Cerambycidae   Seite 222

≦ 7 mm

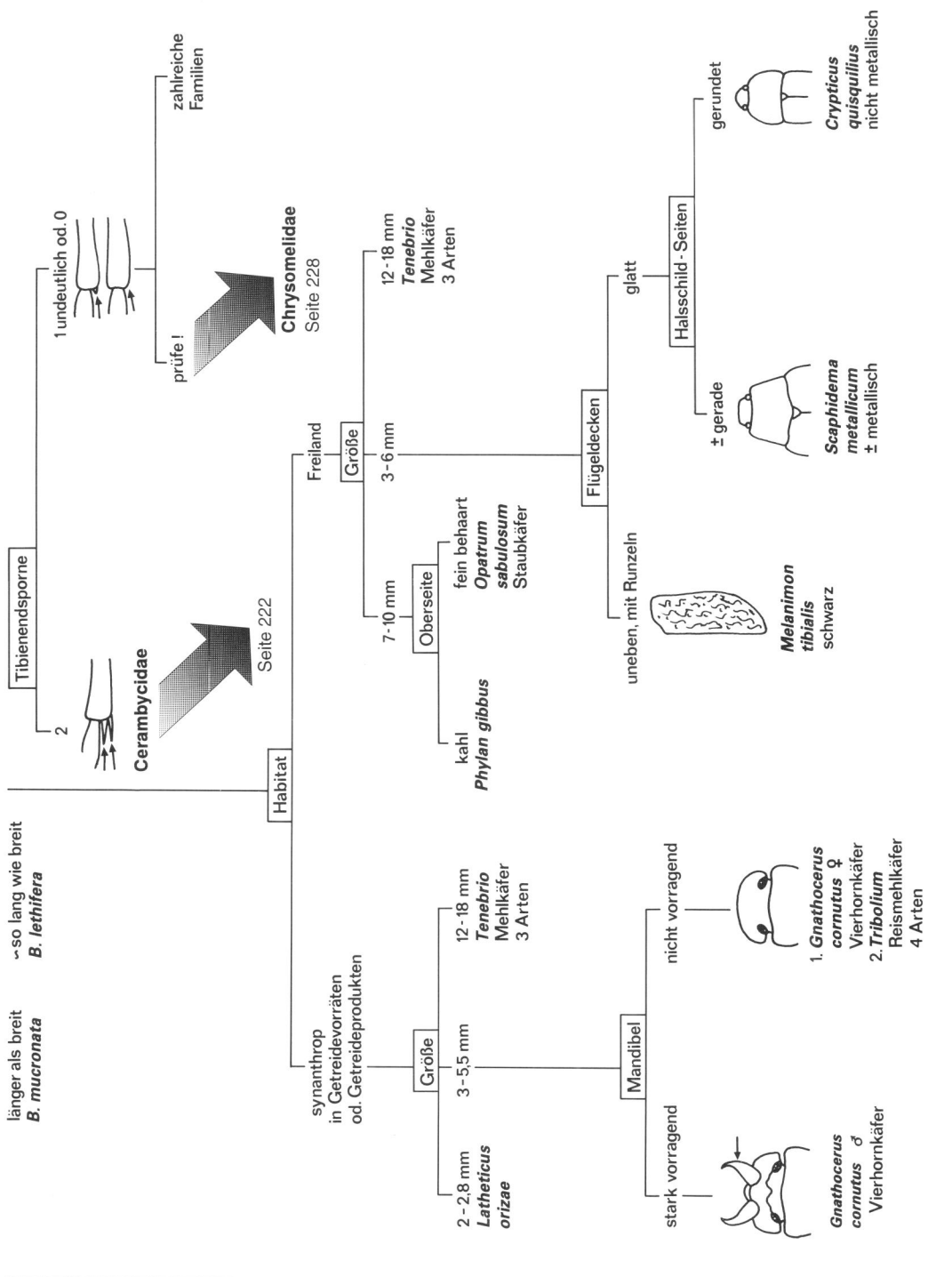

Sander

Coleoptera · Käfer 8: **Carabidae** Laufkäfer 1

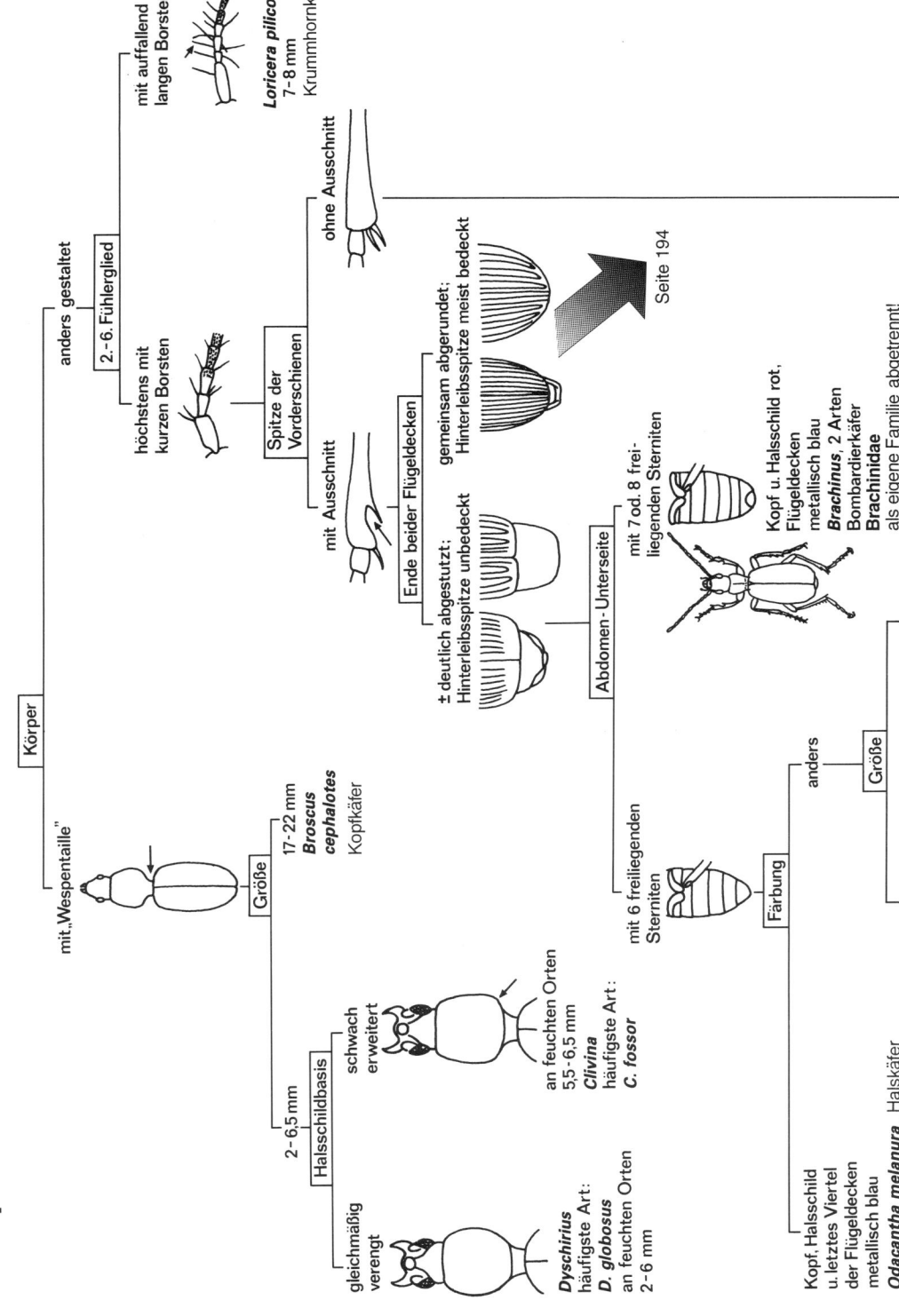

mit „Wespentaille"

anders gestaltet

Körper

2.-6. Fühlerglied

mit auffallend langen Borsten

Loricera pilicornis
7-8 mm
Krummhornkäfer

höchstens mit kurzen Borsten

Spitze der Vorderschienen

ohne Ausschnitt

mit Ausschnitt

Ende beider Flügeldecken

gemeinsam abgerundet;
Hinterleibsspitze meist bedeckt

Seite 194

± deutlich abgestutzt;
Hinterleibsspitze unbedeckt

Abdomen-Unterseite

mit 7 od. 8 frei-
liegenden Sterniten

Kopf u. Halsschild rot,
Flügeldecken
metallisch blau
Brachinus, 2 Arten
Bombardierkäfer
Brachinidae
als eigene Familie abgetrennt!

mit 6 freiliegenden
Sterniten

Färbung

Kopf, Halsschild
u. letztes Viertel
der Flügeldecken
metallisch blau
Odacantha melanura, Halskäfer

anders

Größe

Größe

17-22 mm
*Broscus
cephalotes*
Kopfkäfer

2-6,5 mm

Halsschildbasis

schwach
erweitert

an feuchten Orten
5,5-6,5 mm
Clivina
häufigste Art:
C. fossor

gleichmäßig
verengt

Dyschirius
häufigste Art:
D. globosus
an feuchten Orten
2-6 mm

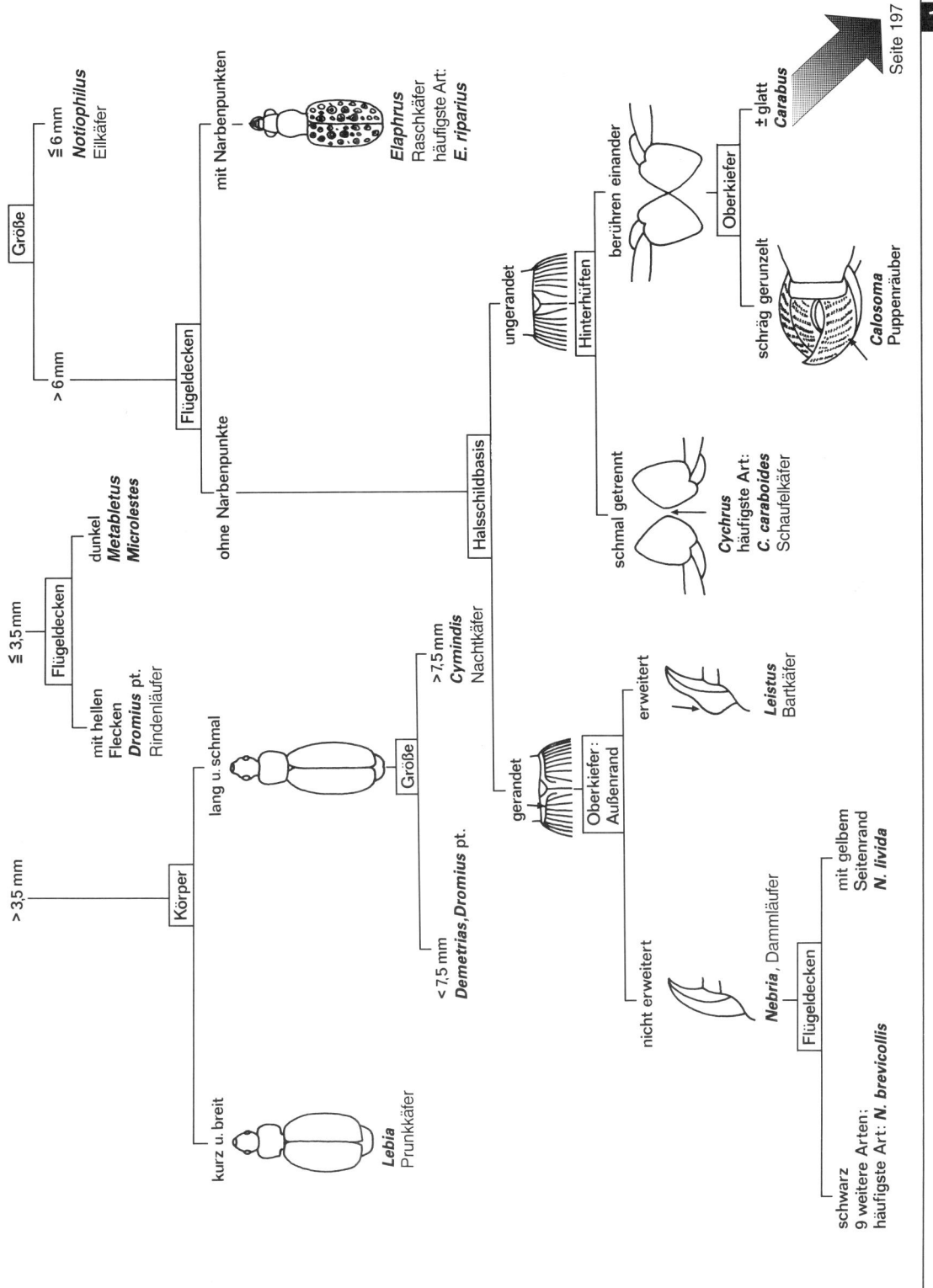

Größe
≦ 6 mm
Notiophilus
Eilkäfer
> 6 mm

Flügeldecken
mit Narbenpunkten
Elaphrus
Raschkäfer
häufigste Art:
E. riparius

ohne Narbenpunkte

Flügeldecken
≦ 3,5 mm
dunkel
Metabletus
Microlestes
mit hellen
Flecken
Dromius pt.
Rindenläufer

lang u. schmal

Größe
> 7,5 mm
Cymindis
Nachtkäfer

< 7,5 mm
Demetrias, Dromius pt.

Körper
> 3,5 mm

kurz u. breit
Lebia
Prunkkäfer

Halsschildbasis
ungerandet

Hinterhüften
berühren einander

Oberkiefer
± glatt
Carabus

schräg gerunzelt
Calosoma
Puppenräuber

schmal getrennt
Cychrus
häufigste Art:
C. caraboides
Schaufelkäfer

gerandet

Oberkiefer:
Außenrand
erweitert
Leistus
Bartkäfer

nicht erweitert
Nebria, Dammläufer

Flügeldecken
mit gelbem
Seitenrand
N. livida

schwarz
9 weitere Arten;
häufigste Art: *N. brevicollis*

Coleoptera · Käfer 9: Carabidae Laufkäfer 2

Oberseite

anders gefärbt

Flügeldecken

metallisch grün mit gelbem Seitenrand

Flügeldecken

behaart
Chlaenius pt.
≧ 8 mm

unbehaart
Agonum marginatum
8-10 mm

anders gefärbt

Flügeldecken

Färbung der Oberseite

anders

Größe

Kopf u. Halsschild leuchtend metallisch grün; Flügeldecken hell metallisch goldrot
Agonum sexpunctatum
7-9 mm

2-7,5 mm

Flügeldecken

mit 2 großen Porenpunkten; fleckig, grauhaarig!
Asaphidion
häufigste Art: *A. flavipes*

ohne od. mit kleinen Punkten; kahl od. gleichmäßig behaart, oft bunt gezeichnet

Färbung

bläulichgrün u. rotgelb
Platynus dorsalis
~7 mm

anders

Flügeldecken

rot bis rötlichgelb mit schwarzer Zeichnung

Stenolophus teutonus

Badister bipustulatus
Wanderkäfer

Callistus lunatus
Mondfleck

Panagaeus
Scheukäfer

>7,5 mm

Augenborsten

jederseits 2

jederseits 1

Habitus

vorletztes Glied der Lippentaster

mit mehr als 2 Borsten

anders; mit 2 Borsten

Amara pt.
≦ 14 mm

Innenkante der Klauen

ganzrandig

gezähnelt (†)

Seite 196

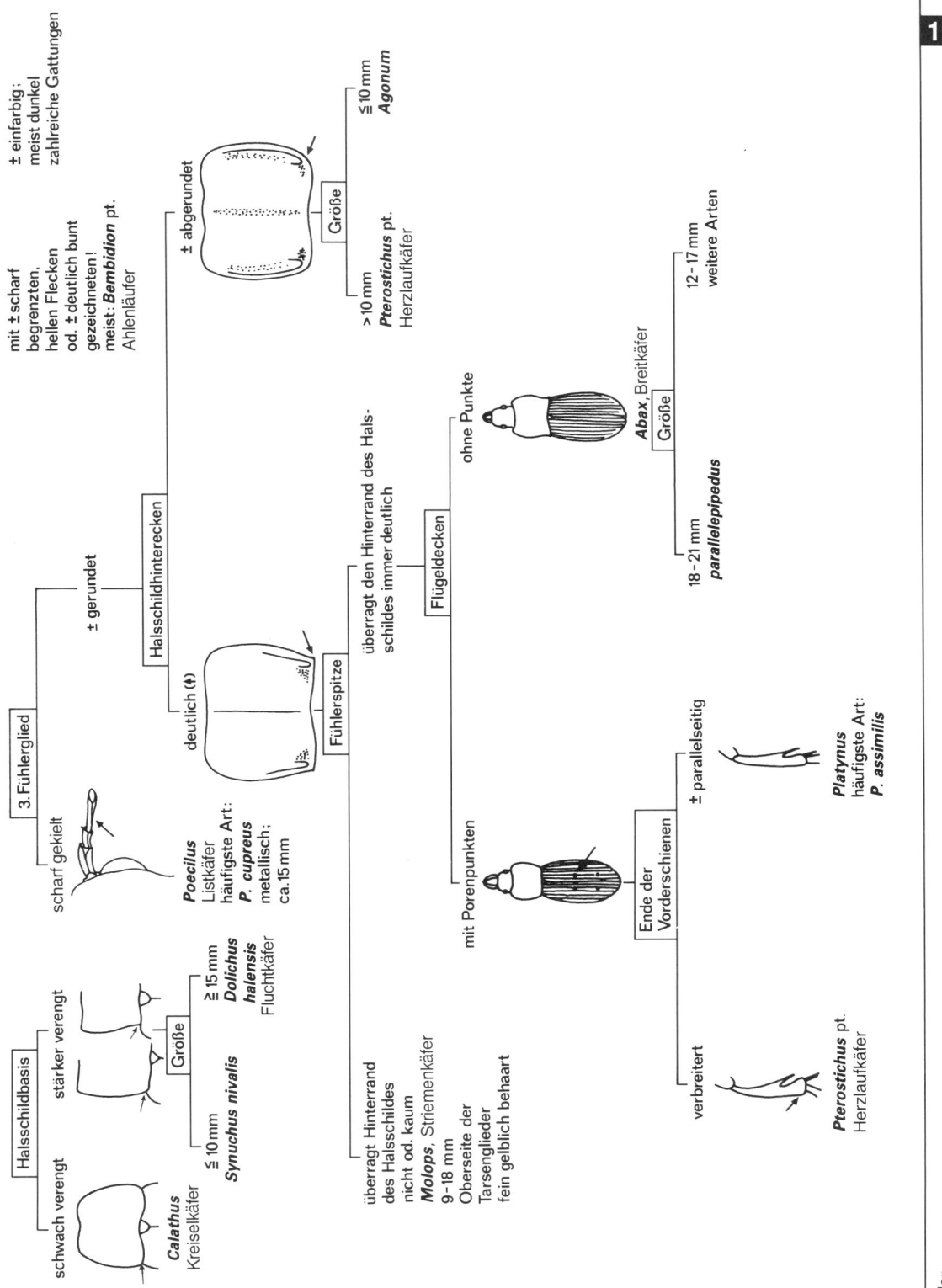

Halsschildbasis

schwach verengt — **Calathus** Kreiselkäfer

stärker verengt — Größe
- ≦ 10 mm — **Synuchus nivalis**
- ≧ 15 mm — **Dolichus halensis** Fluchtkäfer

3. Fühlerglied

scharf gekielt — **Poecilus** Listkäfer häufigste Art: **P. cupreus** metallisch; ca. 15 mm

Halsschildhinterecken

± gerundet — deutlich (↓)

± abgerundet —
- > 10 mm — **Pterostichus** pt. Herzlaufkäfer
- ≦ 10 mm — **Agonum**

± einfarbig; meist dunkel zahlreiche Gattungen

mit ± scharf begrenzten, hellen Flecken od. ± deutlich bunt gezeichneten! meist: **Bembidion** pt. Ahlenläufer

Fühlerspitze

überragt den Hinterrand des Halsschildes immer deutlich

überragt Hinterrand des Halsschildes nicht od. kaum **Molops**, Striemenkäfer 9–18 mm Oberseite der Tarsenglieder fein gelblich behaart

Flügeldecken

ohne Punkte — **Abax**, Breitkäfer Größe
- 18–21 mm — **parallelepipedus**
- 12–17 mm — weitere Arten

mit Porenpunkten — Ende der Vorderschienen
- ± parallelseitig — **Platynus** häufigste Art: **P. assimilis**
- verbreitert — **Pterostichus** pt. Herzlaufkäfer

Sander

Coleoptera · Käfer 10: Carabidae Laufkäfer 3

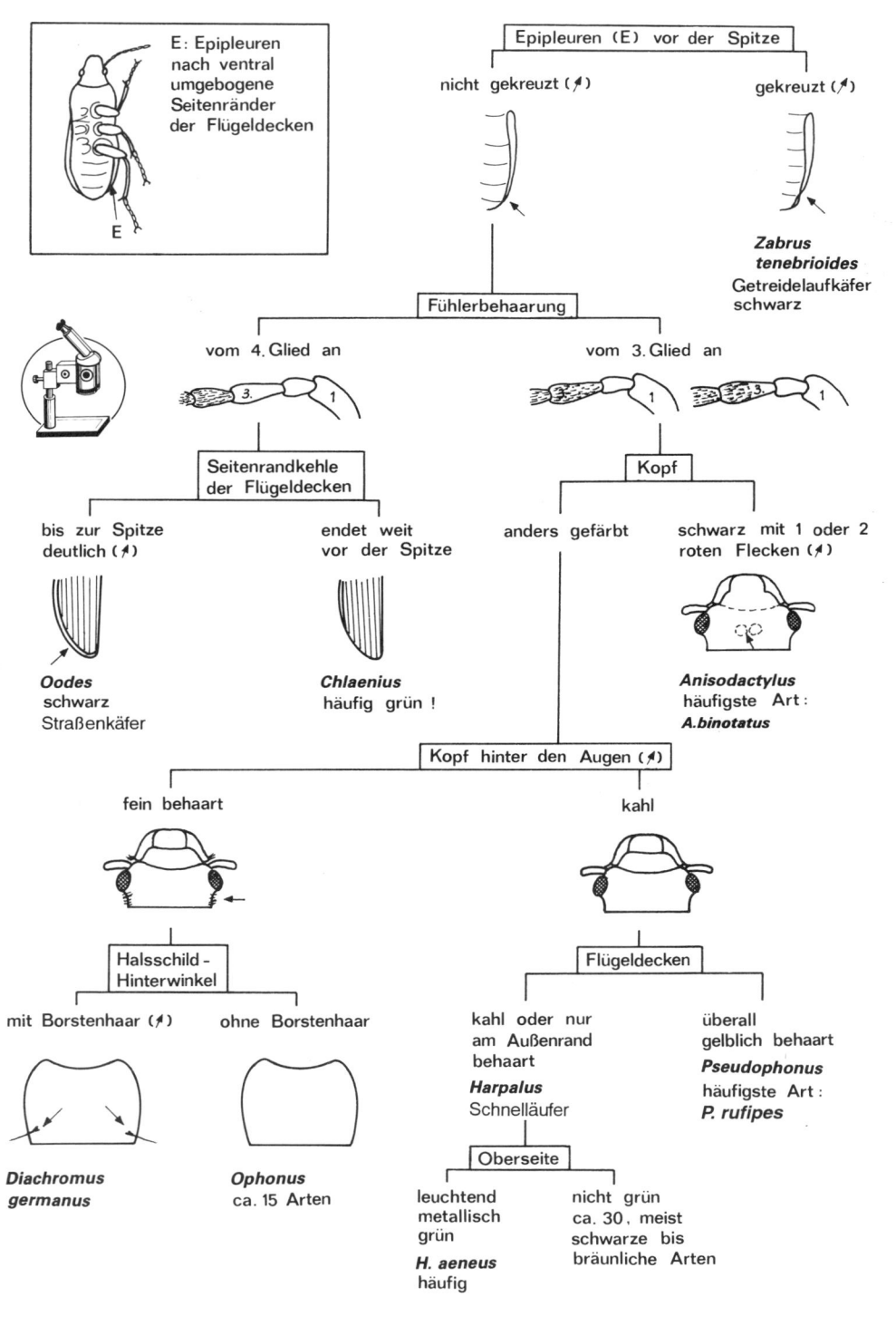

E: Epipleuren nach ventral umgebogene Seitenränder der Flügeldecken

Epipleuren (E) vor der Spitze

nicht gekreuzt (♂)   gekreuzt (♀)

Zabrus tenebrioides
Getreidelaufkäfer
schwarz

Fühlerbehaarung

vom 4. Glied an   vom 3. Glied an

Seitenrandkehle der Flügeldecken

bis zur Spitze deutlich (♂)   endet weit vor der Spitze

Oodes
schwarz
Straßenkäfer

Chlaenius
häufig grün !

Kopf

anders gefärbt   schwarz mit 1 oder 2 roten Flecken (♂)

Anisodactylus
häufigste Art:
A. binotatus

Kopf hinter den Augen (♂)

fein behaart   kahl

Halsschild - Hinterwinkel

mit Borstenhaar (♂)   ohne Borstenhaar

Diachromus germanus   **Ophonus**
ca. 15 Arten

Flügeldecken

kahl oder nur am Außenrand behaart
Harpalus
Schnelläufer

überall gelblich behaart
Pseudophonus
häufigste Art:
P. rufipes

Oberseite

leuchtend metallisch grün
H. aeneus
häufig

nicht grün
ca. 30, meist schwarze bis bräunliche Arten

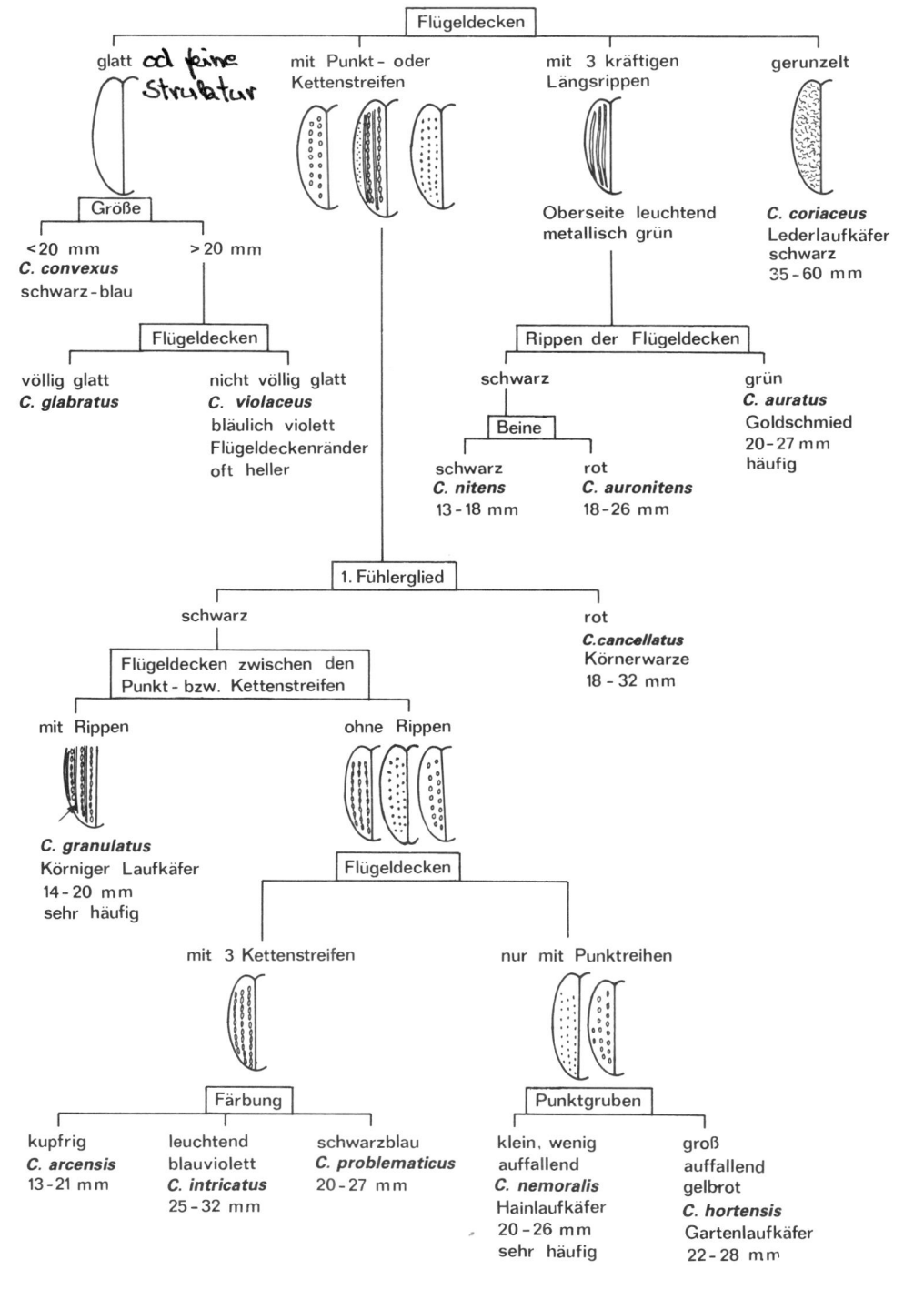

Flügeldecken

glatt od keine Strukatur | mit Punkt- oder Kettenstreifen | mit 3 kräftigen Längsrippen | gerunzelt

Größe

<20 mm
C. convexus
schwarz-blau

>20 mm

Oberseite leuchtend metallisch grün

C. coriaceus
Lederlaufkäfer
schwarz
35-60 mm

Flügeldecken

völlig glatt
C. glabratus

nicht völlig glatt
C. violaceus
bläulich violett
Flügeldeckenränder
oft heller

Rippen der Flügeldecken

schwarz

grün
C. auratus
Goldschmied
20-27 mm
häufig

Beine

schwarz
C. nitens
13-18 mm

rot
C. auronitens
18-26 mm

1. Fühlerglied

schwarz

rot
C. cancellatus
Körnerwarze
18-32 mm

Flügeldecken zwischen den Punkt- bzw. Kettenstreifen

mit Rippen

C. granulatus
Körniger Laufkäfer
14-20 mm
sehr häufig

ohne Rippen

Flügeldecken

mit 3 Kettenstreifen

nur mit Punktreihen

Färbung

kupfrig
C. arcensis
13-21 mm

leuchtend
blauviolett
C. intricatus
25-32 mm

schwarzblau
C. problematicus
20-27 mm

Punktgruben

klein, wenig
auffallend
C. nemoralis
Hainlaufkäfer
20-26 mm
sehr häufig

groß
auffallend
gelbrot
C. hortensis
Gartenlaufkäfer
22-28 mm

Sander

Coleoptera • Käfer 12: **Cicindelidae** Sandlaufkäfer, **Histeridae** Stutzkäfer

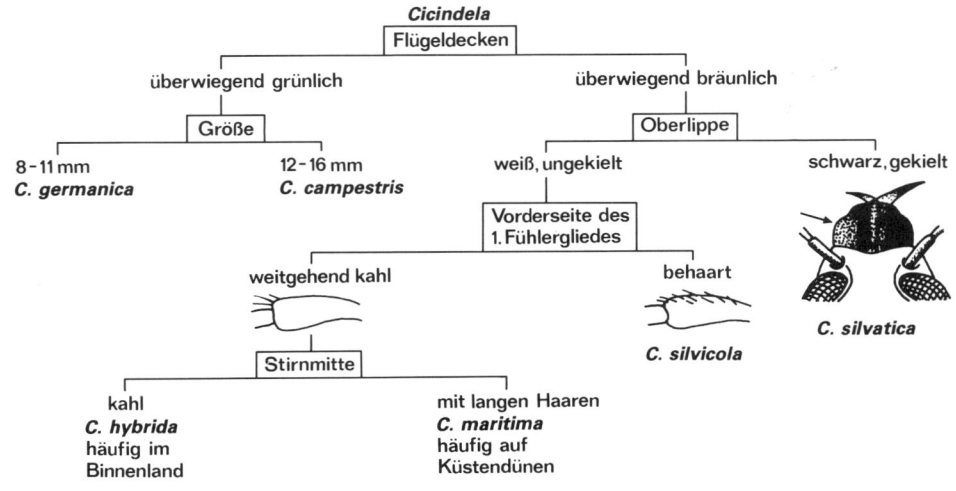

Cicindela

Flügeldecken

- überwiegend grünlich
  - **Größe**
    - 8-11 mm — ***C. germanica***
    - 12-16 mm — ***C. campestris***
- überwiegend bräunlich
  - **Oberlippe**
    - weiß, ungekielt
      - **Vorderseite des 1. Fühlergliedes**
        - weitgehend kahl

          - **Stirnmitte**
            - kahl — ***C. hybrida*** häufig im Binnenland
            - mit langen Haaren — ***C. maritima*** häufig auf Küstendünen
        - behaart

          C. silvicola
    - schwarz, gekielt

      C. silvatica

Histeridae (Stutzkäfer)

Körper im Querschnitt

- abgeplattet

  Hololepta plana 8-9 mm
- oberseits flach gewölbt

  - **Flügeldecken**
    - nicht gerippt
      - **Größe**
        - 1,5-2,5 mm
          - **Oberseite**
            - kahl — zahlreiche Gattungen
            - behaart od. beschuppt — ***Hetaerius ferrugineus*** bei Ameisen
        - 3-5,5 mm
          - **Vorderbrust**
            - ohne Kehlplatte — **Saprininae** 3 Gattungen
            - mit Kehlplatte

              - **Kehlplatte**
                - mit Rinne — ***Dendrophilus***
                - ohne Rinne — zahlreiche Gattungen der **Histerinae**
        - 6-7,5 mm
          - **Halsschild-Vorderecken**
            - mit 1 Streifen

              Paralister pt.
            - mit 2 Streifen

              Hister pt.
        - 8-11 mm — ***Hister*** pt.
    - gerippt

      Onthophilus 2-3,5 mm

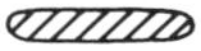

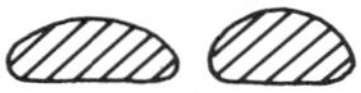

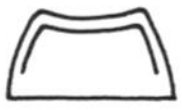

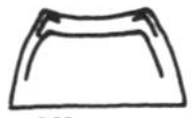

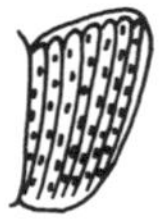

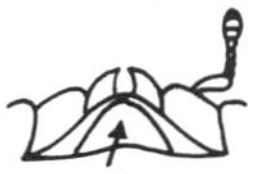

Sander

Vorkommen

im Wasser

auf dem Lande

Größe

1 - 10 mm

14 - 19 mm

Hydrophilus caraboides Stachelwasserkäfer

32 - 50 mm

Hydrous Kolbenwasserkäfer

Flügeldecken

mit Punktreihen einfarbig oder mit hellen Flecken

ohne Punktreihen meist mit 2 hellen Flecken

Scutellum

viel länger als breit

wenig länger als breit

Sternite mitten

stumpf gewölbt

scharf gekielt

H. aterrimus 32 – 43 mm

H. piceus 34 – 50 mm

Sphaeridium 3,5 - 7,5 mm

Berosus 3,5 – 6 mm

Flügeldecken

mit Punktreihen

ohne Punktreihen

Oberseite

fein behaart

Cryptopleurum 1,5 - 2,2 mm

kahl

Punktreihen der Flügeldecken

an der Spitze viel kräftiger als basal

Hydrobius fuscipes 6 – 9 mm sehr häufig

an Spitze und Basis gleich stark

Limnoxenus niger 8 – 9,5 mm

Flügeldecken am Innenrand

mit vertieftem Nahtstreif (♂)

ohne vertieften Nahtstreif

Vordertibien vor der Spitze

ausgerandet

abgerundet

Megasternum boletophagum ca. 2 mm

Cercyon 1,5 - 4 mm ca. 20 Arten

Größe

≥ 2

< 2

Chaetarthria seminulum 1 - 1,7 mm

Körperseiten

parallel

gebogen

Lippentasterglieder

letztes > vorletztes

letztes ≤ vorletztes

Enochrus oder **Cymbiodyta marginella**

Färbung

± metallisch **Paracymus**

nicht metallisch **Anacaena**

Helochares 4 – 6,5 mm

Flügeldecken

schwarz

Coelostoma orbiculare 3,5 - 4,5 mm

nicht völlig schwarz

Laccobius 2,5 - 4 mm ca. 10 Arten

Coleoptera · Käfer 14: Dytiscidae Schwimmkäfer

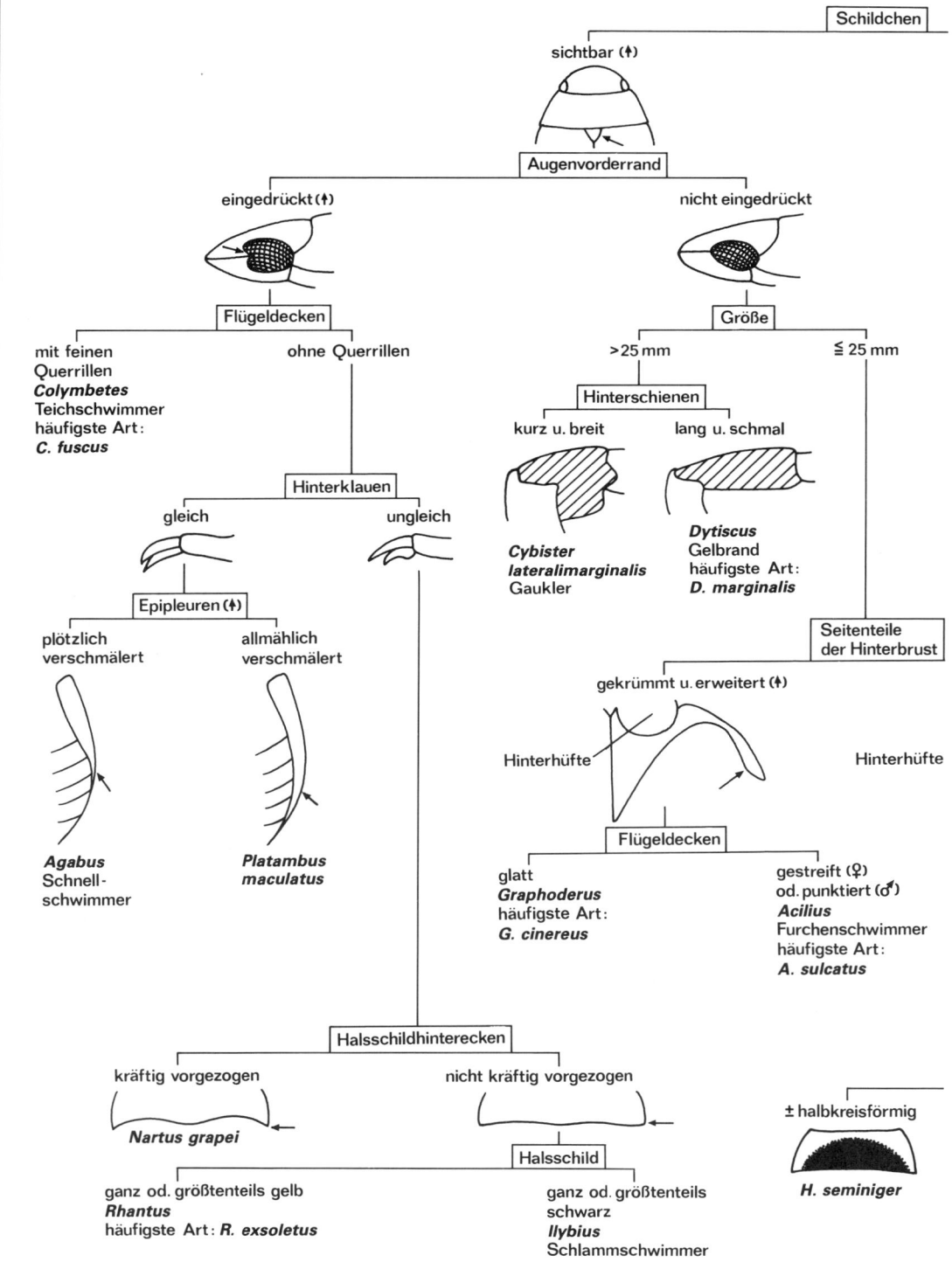

Schildchen
sichtbar (♦)

Augenvorderrand
eingedrückt (♦) — nicht eingedrückt

Flügeldecken
mit feinen Querrillen
Colymbetes
Teichschwimmer
häufigste Art:
C. fuscus

ohne Querrillen

Größe
>25 mm — ≦ 25 mm

Hinterschienen
kurz u. breit — lang u. schmal

Cybister lateralimarginalis
Gaukler

Dytiscus
Gelbrand
häufigste Art:
D. marginalis

Hinterklauen
gleich — ungleich

Epipleuren (♦)
plötzlich verschmälert — allmählich verschmälert

Agabus
Schnell-schwimmer

Platambus maculatus

Seitenteile der Hinterbrust
gekrümmt u. erweitert (♦)

Hinterhüfte — Hinterhüfte

Flügeldecken
glatt
Graphoderus
häufigste Art:
G. cinereus

gestreift (♀) od. punktiert (♂)
Acilius
Furchenschwimmer
häufigste Art:
A. sulcatus

Halsschildhinterecken
kräftig vorgezogen — nicht kräftig vorgezogen

Nartus grapei

Halsschild
ganz od. größtenteils gelb
Rhantus
häufigste Art: **R. exsoletus**

ganz od. größtenteils schwarz
Ilybius
Schlammschwimmer

± halbkreisförmig

H. seminiger

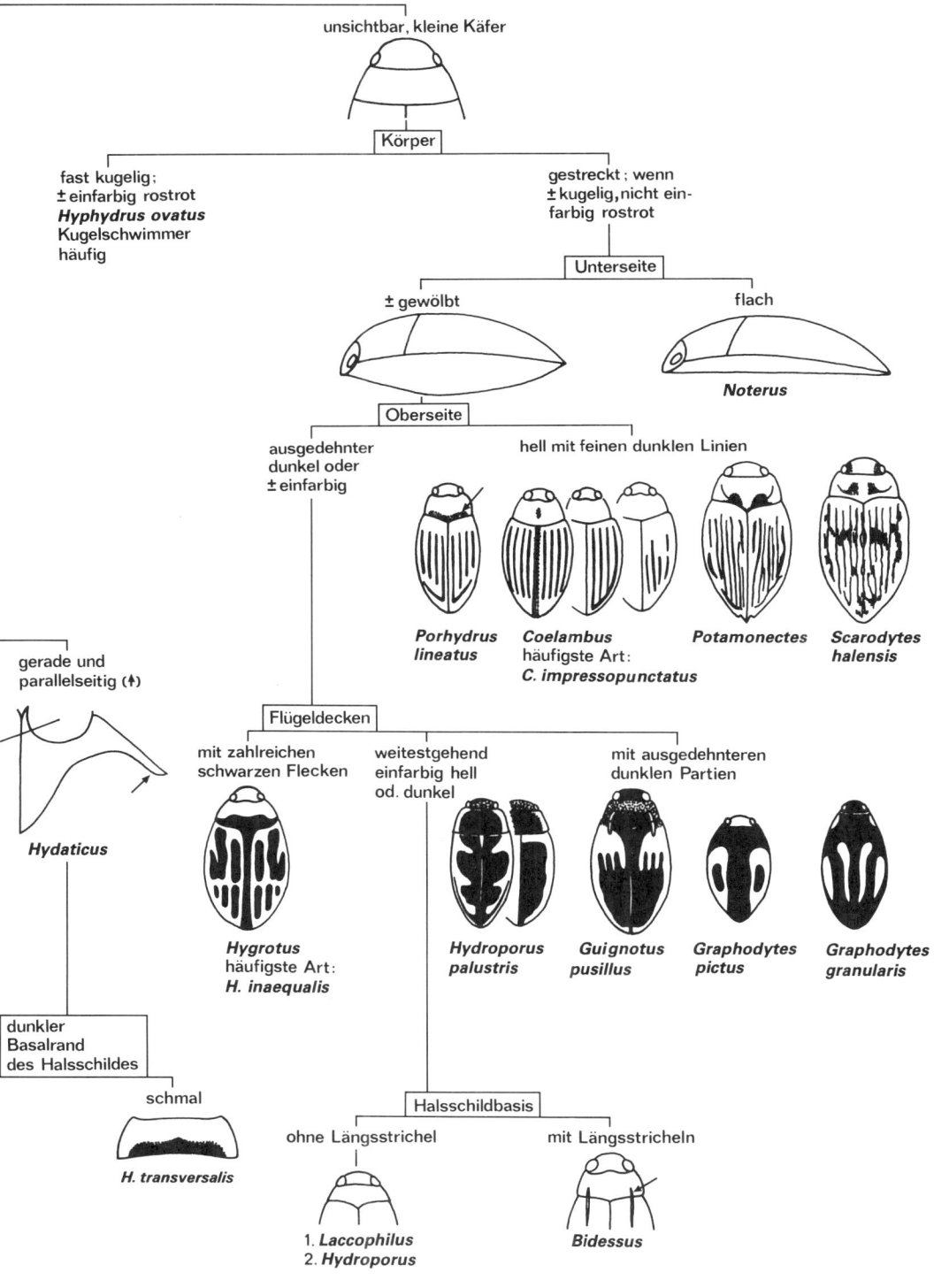

unsichtbar, kleine Käfer

Körper

fast kugelig;
± einfarbig rostrot
Hyphydrus ovatus
Kugelschwimmer
häufig

gestreckt; wenn
± kugelig, nicht ein-
farbig rostrot

Unterseite

± gewölbt

flach

Noterus

Oberseite

ausgedehnter
dunkel oder
± einfarbig

hell mit feinen dunklen Linien

*Porhydrus
lineatus*

Coelambus
häufigste Art:
C. impressopunctatus

Potamonectes

*Scarodytes
halensis*

gerade und
parallelseitig (♦)

Hydaticus

Flügeldecken

mit zahlreichen
schwarzen Flecken

weitestgehend
einfarbig hell
od. dunkel

mit ausgedehnteren
dunklen Partien

Hygrotus
häufigste Art:
H. inaequalis

*Hydroporus
palustris*

*Guignotus
pusillus*

*Graphodytes
pictus*

*Graphodytes
granularis*

dunkler
Basalrand
des Halsschildes

schmal

H. transversalis

Halsschildbasis

ohne Längsstrichel

1. *Laccophilus*
2. *Hydroporus*

mit Längsstricheln

Bidessus

Sander

Coleoptera · Käfer 15: Staphylinidae Raubkäfer, Kurzflügler

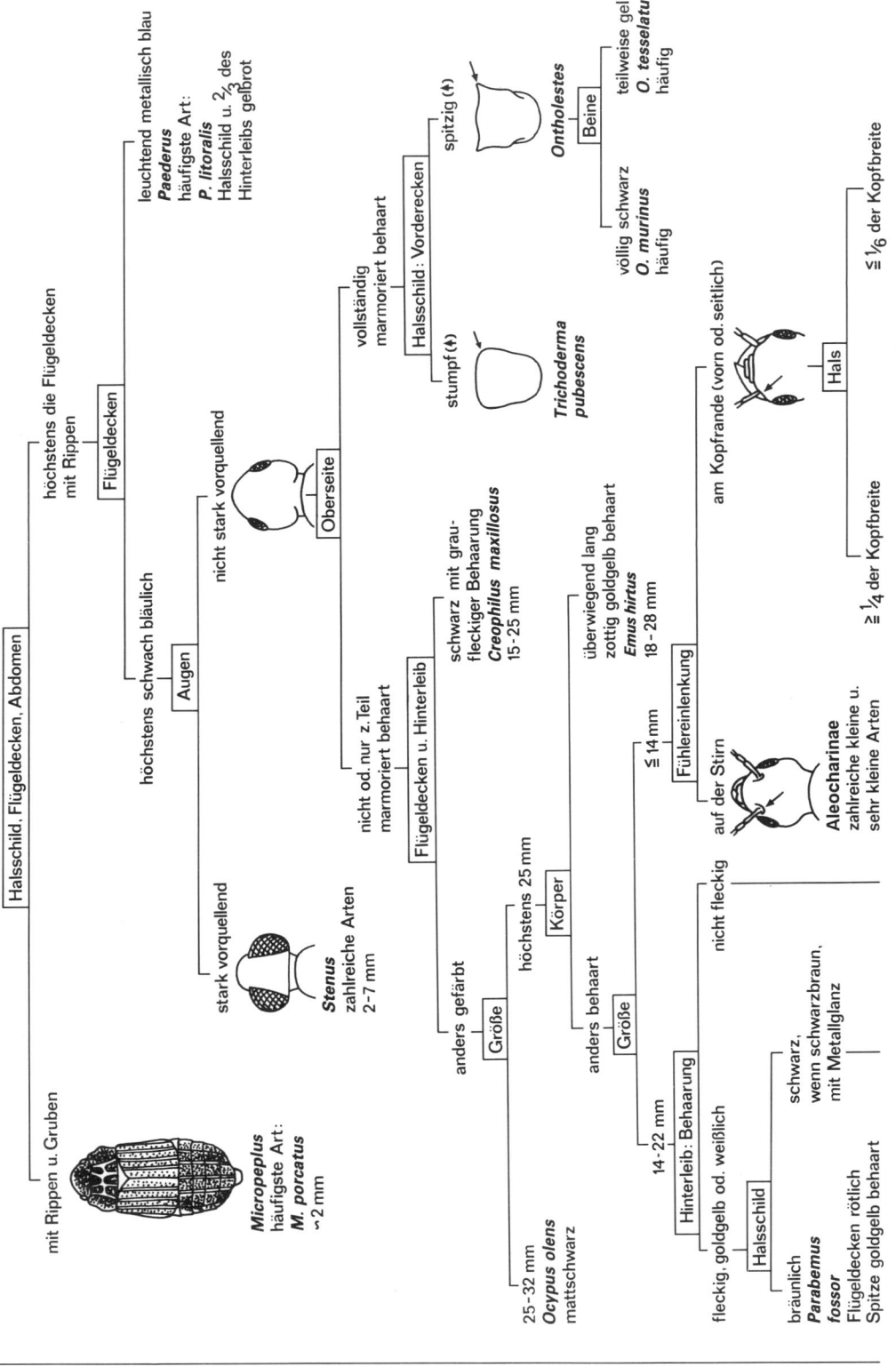

Halsschild, Flügeldecken, Abdomen

mit Rippen u. Gruben — **Micropeplus** häufigste Art: **M. porcatus** ~2 mm

höchstens die Flügeldecken mit Rippen — **Flügeldecken**

höchstens schwach bläulich — **Augen**

stark vorquellend — **Stenus** zahlreiche Arten 2-7 mm

nicht stark vorquellend

leuchtend metallisch blau — **Paederus** häufigste Art: **P. litoralis** Halsschild u. ⅔ des Hinterleibs gelbrot

nicht od. nur z.Teil marmoriert behaart — **Flügeldecken u. Hinterleib**

vollständig marmoriert behaart — **Oberseite**

stumpf (♂) — **Trichoderma pubescens**

spitzig (♂) — **Halsschild: Vorderecken**

völlig schwarz **O. murinus** häufig — **Ontholestes** — **Beine** — teilweise gelb **O. tesselatus** häufig

schwarz mit grau-fleckiger Behaarung **Creophilus maxillosus** 15-25 mm

Körper — höchstens 25 mm — **Größe**

überwiegend lang zottig goldgelb behaart **Emus hirtus** 18-28 mm

anders behaart — **Größe** — ≤ 14 mm — **Fühlereinlenkung**

auf der Stirn — **Aleocharinae** zahlreiche kleine u. sehr kleine Arten

am Kopfrande (vorn od. seitlich) — **Hals** — ≥ ¼ der Kopfbreite / ≤ ⅙ der Kopfbreite

anders gefärbt — **Größe** — 25-32 mm — **Ocypus olens** mattschwarz

14-22 mm — **Hinterleib: Behaarung**

nicht fleckig — **Halsschild** — bräunlich / schwarz, wenn schwarzbraun, mit Metallglanz — **Parabemus fossor** Flügeldecken rötlich Spitze goldgelb behaart

fleckig, goldgelb od. weißlich

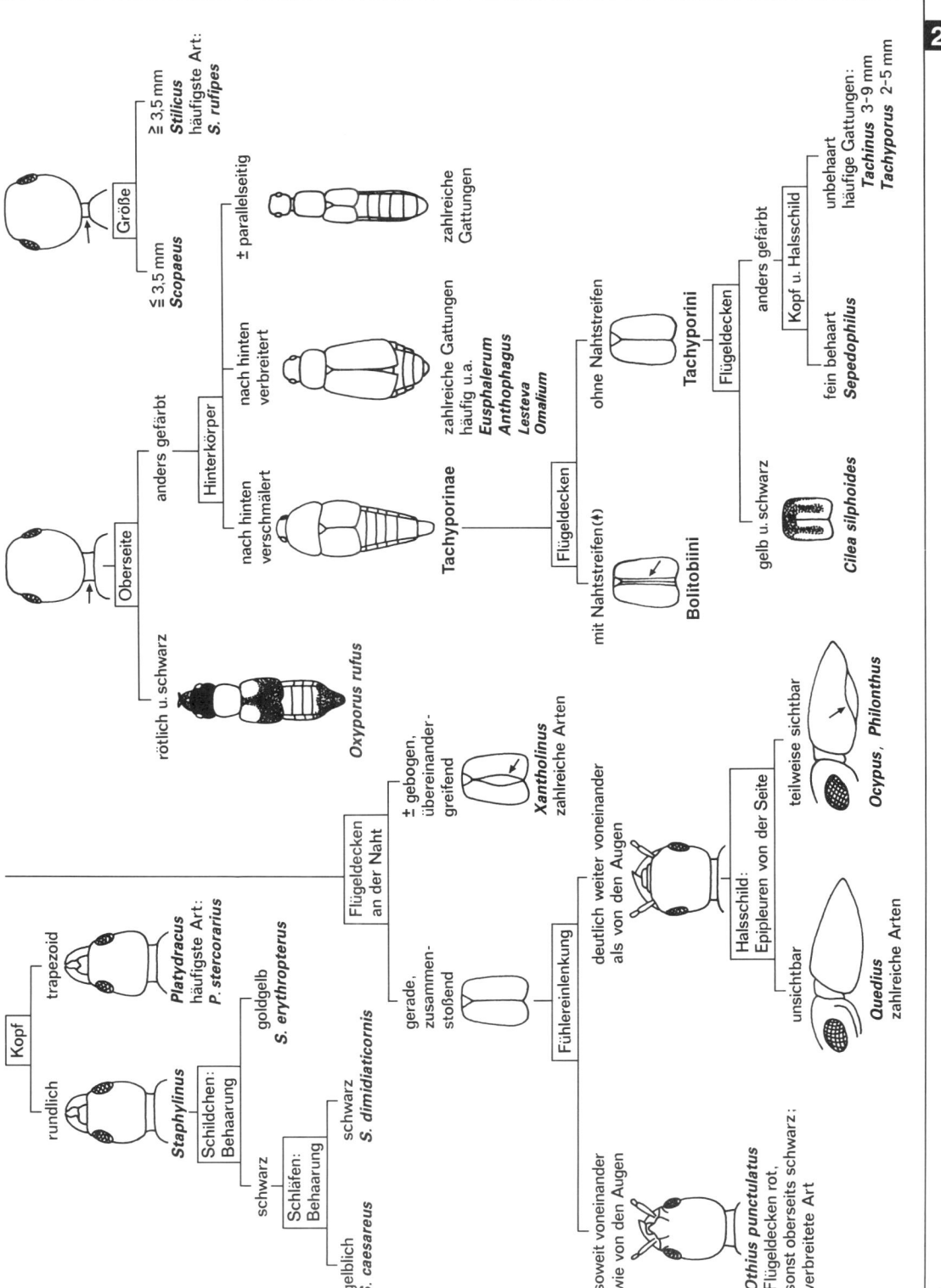

Sander

(nur Arten > 7 - 10 mm berücksichtigt)

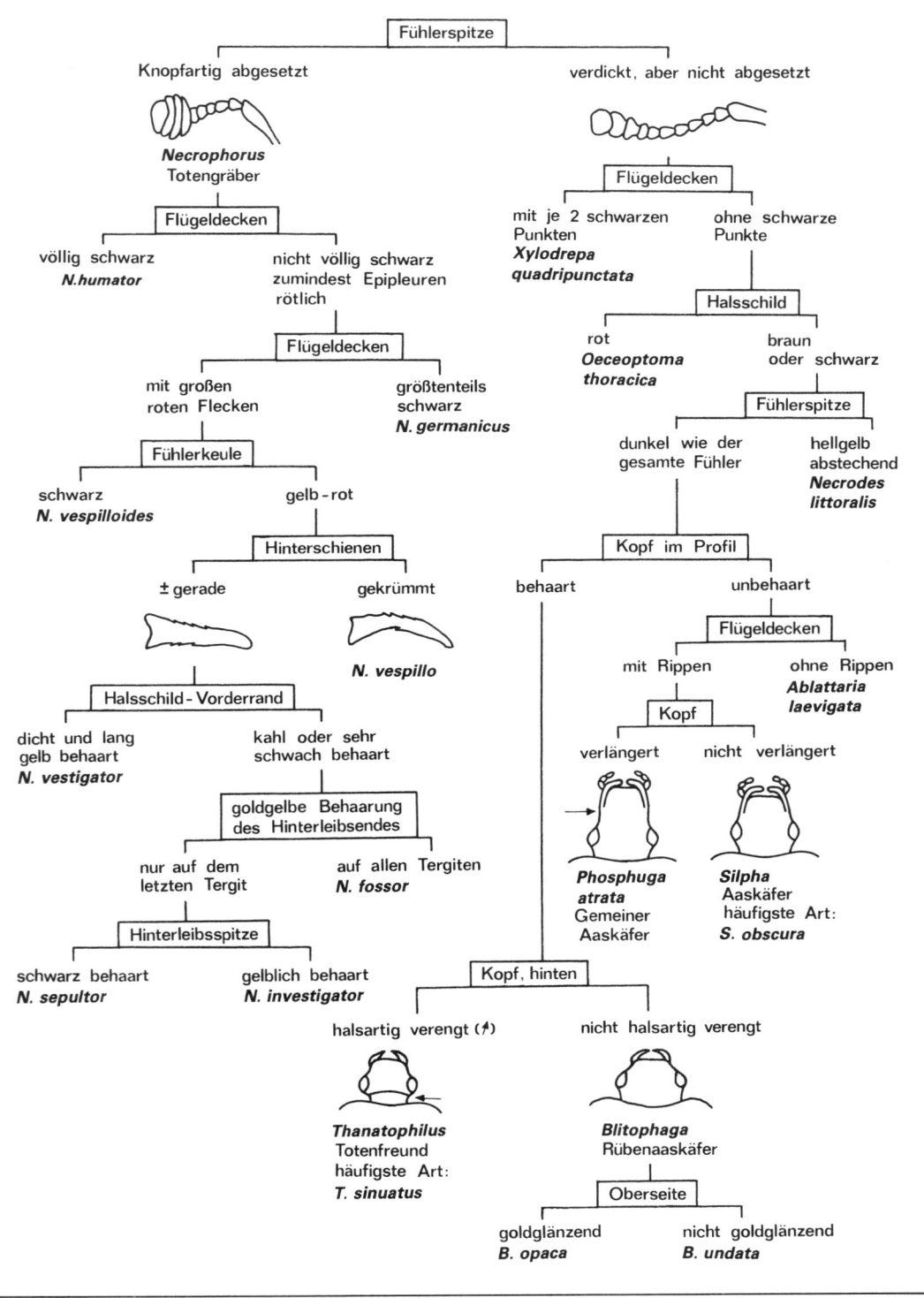

Fühlerspitze

Knopfartig abgesetzt

Necrophorus
Totengräber

Flügeldecken

völlig schwarz
N. humator

nicht völlig schwarz
zumindest Epipleuren
rötlich

Flügeldecken

mit großen
roten Flecken

größtenteils
schwarz
N. germanicus

Fühlerkeule

schwarz
N. vespilloides

gelb - rot

Hinterschienen

± gerade

gekrümmt

N. vespillo

Halsschild - Vorderrand

dicht und lang
gelb behaart
N. vestigator

kahl oder sehr
schwach behaart

goldgelbe Behaarung
des Hinterleibsendes

nur auf dem
letzten Tergit

auf allen Tergiten
N. fossor

Hinterleibsspitze

schwarz behaart
N. sepultor

gelblich behaart
N. investigator

verdickt, aber nicht abgesetzt

Flügeldecken

mit je 2 schwarzen
Punkten
**Xylodrepa
quadripunctata**

ohne schwarze
Punkte

Halsschild

rot
**Oeceoptoma
thoracica**

braun
oder schwarz

Fühlerspitze

dunkel wie der
gesamte Fühler

hellgelb
abstechend
**Necrodes
littoralis**

Kopf im Profil

behaart

unbehaart

Flügeldecken

mit Rippen

ohne Rippen
**Ablattaria
laevigata**

Kopf

verlängert

nicht verlängert

**Phosphuga
atrata**
Gemeiner
Aaskäfer

Silpha
Aaskäfer
häufigste Art:
S. obscura

Kopf, hinten

halsartig verengt (♂)

nicht halsartig verengt

Thanatophilus
Totenfreund
häufigste Art:
T. sinuatus

Blitophaga
Rübenaaskäfer

Oberseite

goldglänzend
B. opaca

nicht goldglänzend
B. undata

Sander

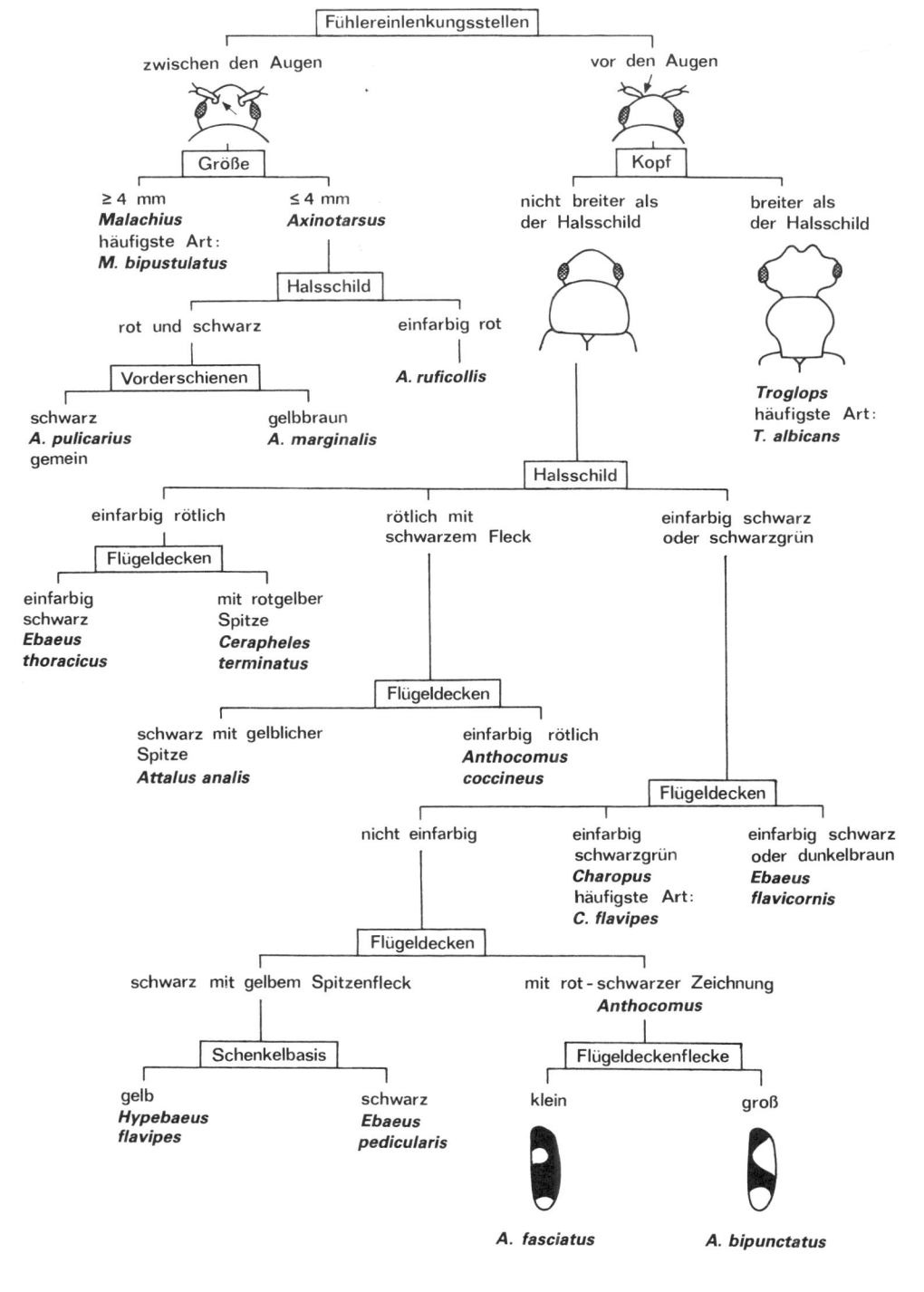

Fühlereinlenkungsstellen

zwischen den Augen

Größe

≥ 4 mm
Malachius
häufigste Art:
M. bipustulatus

≤ 4 mm
Axinotarsus

Halsschild

rot und schwarz

Vorderschienen

schwarz
A. pulicarius
gemein

gelbbraun
A. marginalis

einfarbig rot
A. ruficollis

vor den Augen

Kopf

nicht breiter als
der Halsschild

breiter als
der Halsschild

Troglops
häufigste Art:
T. albicans

Halsschild

einfarbig rötlich

Flügeldecken

einfarbig
schwarz
**Ebaeus
thoracicus**

mit rotgelber
Spitze
**Cerapheles
terminatus**

rötlich mit
schwarzem Fleck

Flügeldecken

schwarz mit gelblicher
Spitze
Attalus analis

einfarbig rötlich
**Anthocomus
coccineus**

einfarbig schwarz
oder schwarzgrün

Flügeldecken

nicht einfarbig

einfarbig
schwarzgrün
Charopus
häufigste Art:
C. flavipes

einfarbig schwarz
oder dunkelbraun
**Ebaeus
flavicornis**

Flügeldecken

schwarz mit gelbem Spitzenfleck

Schenkelbasis

gelb
**Hypebaeus
flavipes**

schwarz
**Ebaeus
pedicularis**

mit rot-schwarzer Zeichnung
Anthocomus

Flügeldeckenflecke

klein

A. fasciatus

groß

A. bipunctatus

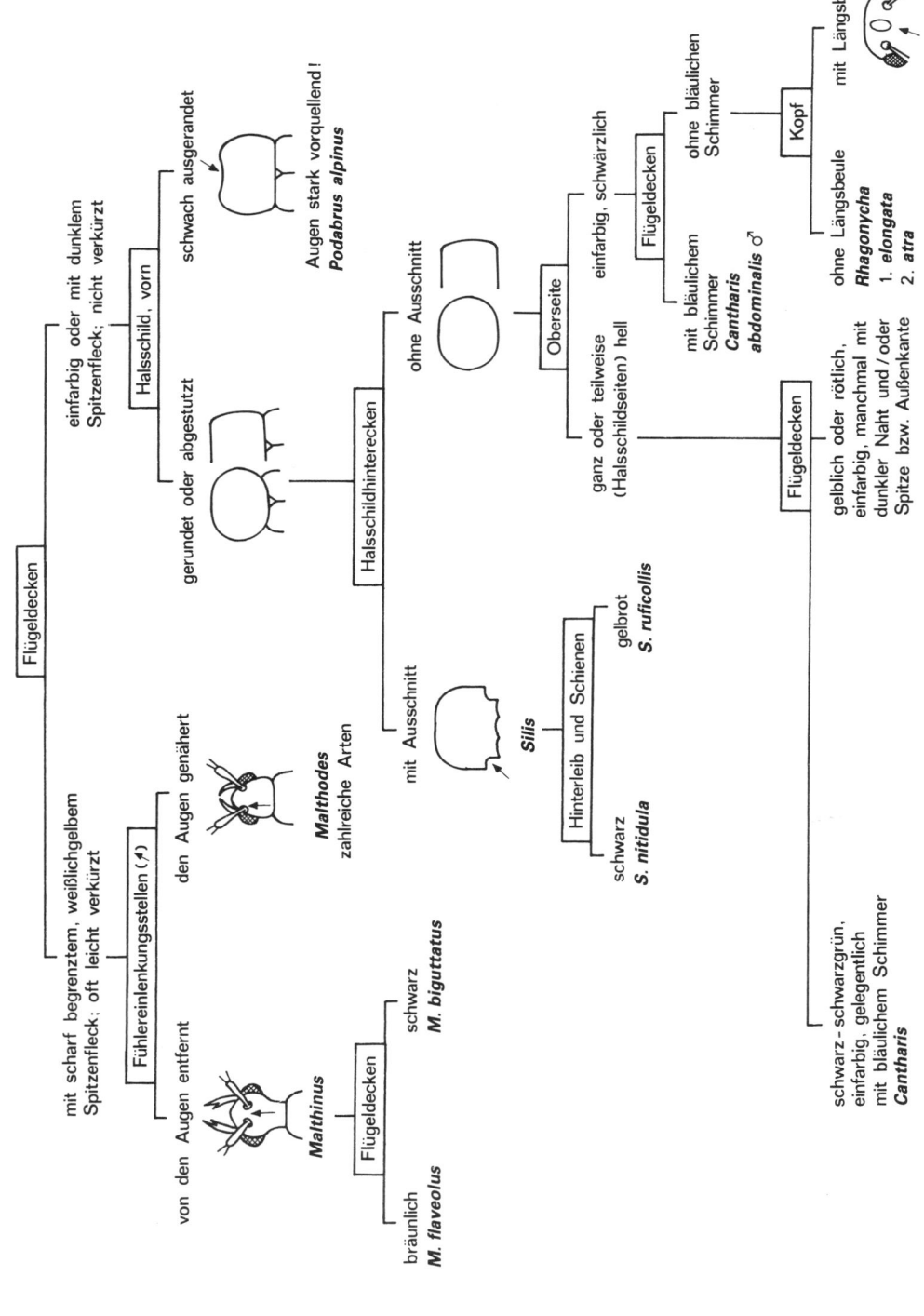

Coleoptera · Käfer 18: Cantharidae Weichkäfer

Flügeldecken

- mit scharf begrenztem, weißlichgelbem Spitzenfleck; oft leicht verkürzt
  - Fühlereinlenkungsstellen (♂)
    - den Augen genähert — *Malthodes* zahlreiche Arten
    - von den Augen entfernt — *Malthinus*
      - Flügeldecken
        - bräunlich *M. flaveolus*
        - schwarz *M. biguttatus*

- einfarbig oder mit dunklem Spitzenfleck; nicht verkürzt
  - Halsschild, vorn
    - schwach ausgerandet — Augen stark vorquellend! *Podabrus alpinus*
    - gerundet oder abgestutzt
      - Halsschildhinterecken
        - mit Ausschnitt — *Silis*
          - Hinterleib und Schienen
            - schwarz *S. nitidula*
            - gelbrot *S. ruficollis*
        - ohne Ausschnitt
          - Oberseite
            - einfarbig, schwärzlich
              - Flügeldecken
                - mit bläulichem Schimmer *Cantharis abdominalis* ♂
                - ohne bläulichen Schimmer
                  - Kopf
                    - mit Längsbeule
                    - ohne Längsbeule *Rhagonycha* 1. *elongata* 2. *atra*
            - ganz oder teilweise (Halsschildseiten) hell
              - Flügeldecken
                - gelblich oder rötlich, einfarbig, manchmal mit dunkler Naht und / oder Spitze bzw. Außenkante
                - schwarz - schwarzgrün, einfarbig, gelegentlich mit bläulichem Schimmer *Cantharis*

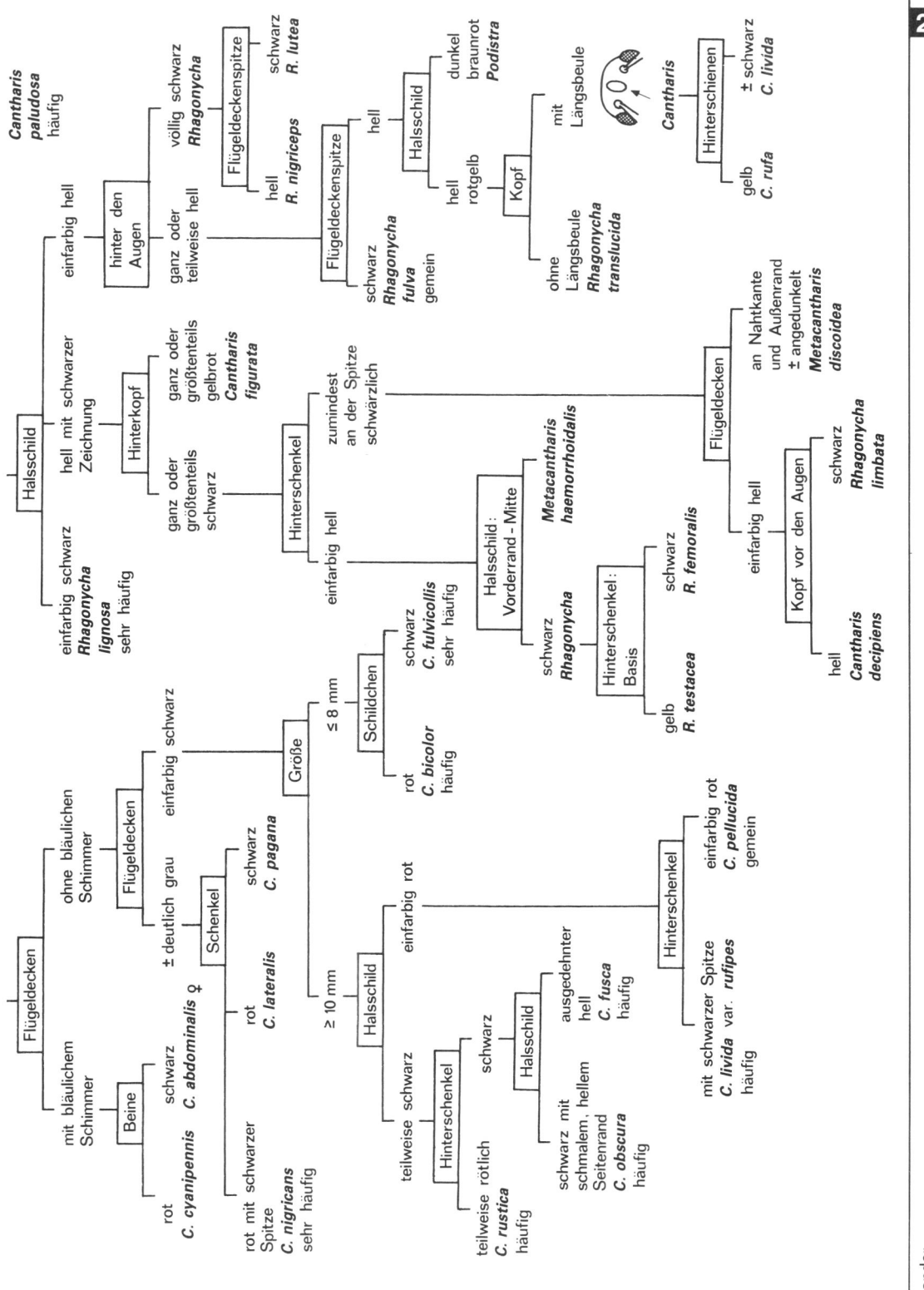

Cantharis paludosa häufig

einfarbig hell

hinter den Augen

völlig schwarz **Rhagonycha**

Flügeldeckenspitze

schwarz **R. lutea**

hell **R. nigriceps**

ganz oder teilweise hell

Flügeldeckenspitze

hell

Halsschild

dunkel braunrot **Podistra**

hell rotgelb

Kopf

mit Längsbeule

schwarz **Rhagonycha fulva** gemein

ohne Längsbeule **Rhagonycha translucida**

Hinterschienen

± schwarz **C. livida**

gelb **C. rufa**

Cantharis

Halsschild

hell mit schwarzer Zeichnung

Hinterkopf

ganz oder größtenteils gelbrot **Cantharis figurata**

ganz oder größtenteils schwarz

Hinterschenkel

zumindest an der Spitze schwärzlich

Halsschild: Vorderrand - Mitte **Metacantharis haemorrhoidalis**

schwarz **Rhagonycha**

Hinterschenkel: Basis

schwarz **R. femoralis**

gelb **R. testacea**

einfarbig hell

Flügeldecken

an Nahtkante und Außenrand ± angedunkelt **Metacantharis discoidea**

einfarbig hell

Kopf vor den Augen

schwarz **Rhagonycha limbata**

hell **Cantharis decipiens**

einfarbig schwarz **Rhagonycha lignosa** sehr häufig

Flügeldecken

Beine

mit bläulichem Schimmer

rot **C. cyanipennis**

schwarz **C. abdominalis** ♀

ohne bläulichen Schimmer

Flügeldecken

einfarbig schwarz

Größe

≤ 8 mm

Schildchen

schwarz **C. fulvicollis** sehr häufig

rot **C. bicolor** häufig

≥ 10 mm

Halsschild

einfarbig rot

Hinterschenkel

einfarbig rot **C. pellucida** gemein

mit schwarzer Spitze **C. livida** var. **rufipes** häufig

teilweise schwarz

Hinterschenkel

teilweise rötlich **C. rustica** häufig

schwarz

Halsschild

schwarz mit schmalem, hellem Seitenrand **C. obscura** häufig

ausgedehnter hell **C. fusca** häufig

± deutlich grau

Schenkel

schwarz **C. pagana**

rot **C. lateralis**

rot mit schwarzer Spitze **C. nigricans** sehr häufig

Coleoptera · Käfer 19: Buprestidae Prachtkäfer

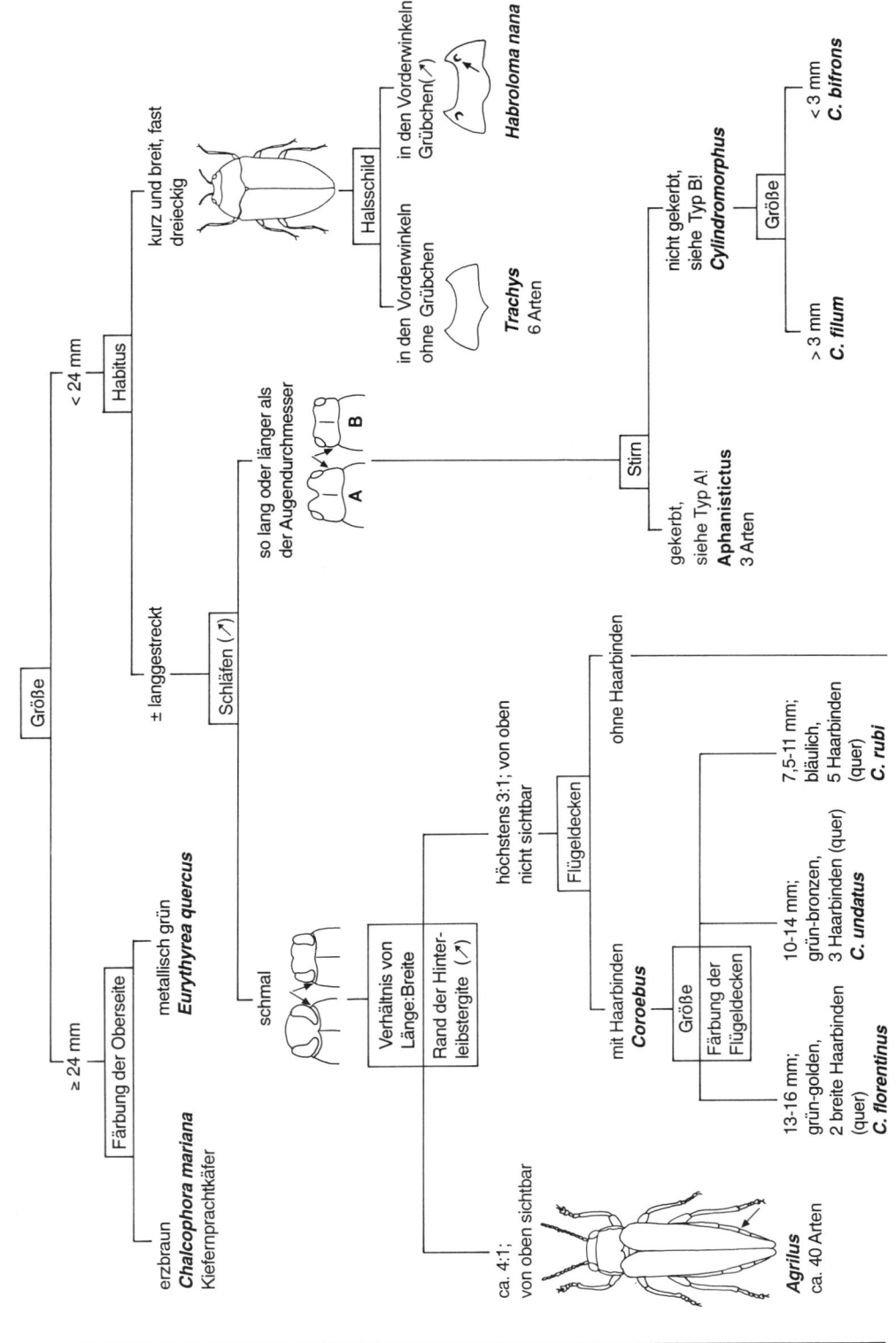

Größe

≥ 24 mm — Färbung der Oberseite
- erzbraun **Chalcophora mariana** Kieferprachtkäfer
- metallisch grün **Eurythyrea quercus**

< 24 mm — Habitus
- ± langgestreckt — Schläfen (↗)
  - schmal — Verhältnis von Länge:Breite / Rand der Hinterleibstergite (↗)
    - ca. 4:1; von oben sichtbar **Agrilus** ca. 40 Arten
    - höchstens 3:1; von oben nicht sichtbar — Flügeldecken
      - mit Haarbinden **Coroebus** — Größe / Färbung der Flügeldecken
        - 13-16 mm; grün-golden, 2 breite Haarbinden (quer) **C. florentinus**
        - 10-14 mm; grün-bronzen, 3 Haarbinden (quer) **C. undatus**
      - ohne Haarbinden
        - 7,5-11 mm; bläulich, 5 Haarbinden (quer) **C. rubi**
  - so lang oder länger als der Augendurchmesser — Stirn
    - A / B
    - gekerbt, siehe Typ A! **Aphanistictus** 3 Arten
    - nicht gekerbt, siehe Typ B! **Cylindromorphus** — Größe
      - > 3 mm **C. filum**
      - < 3 mm **C. bifrons**

- kurz und breit, fast dreieckig — Halsschild
  - in den Vorderwinkeln ohne Grübchen **Trachys** 6 Arten
  - in den Vorderwinkeln mit Grübchen (↗) **Habroloma nana**

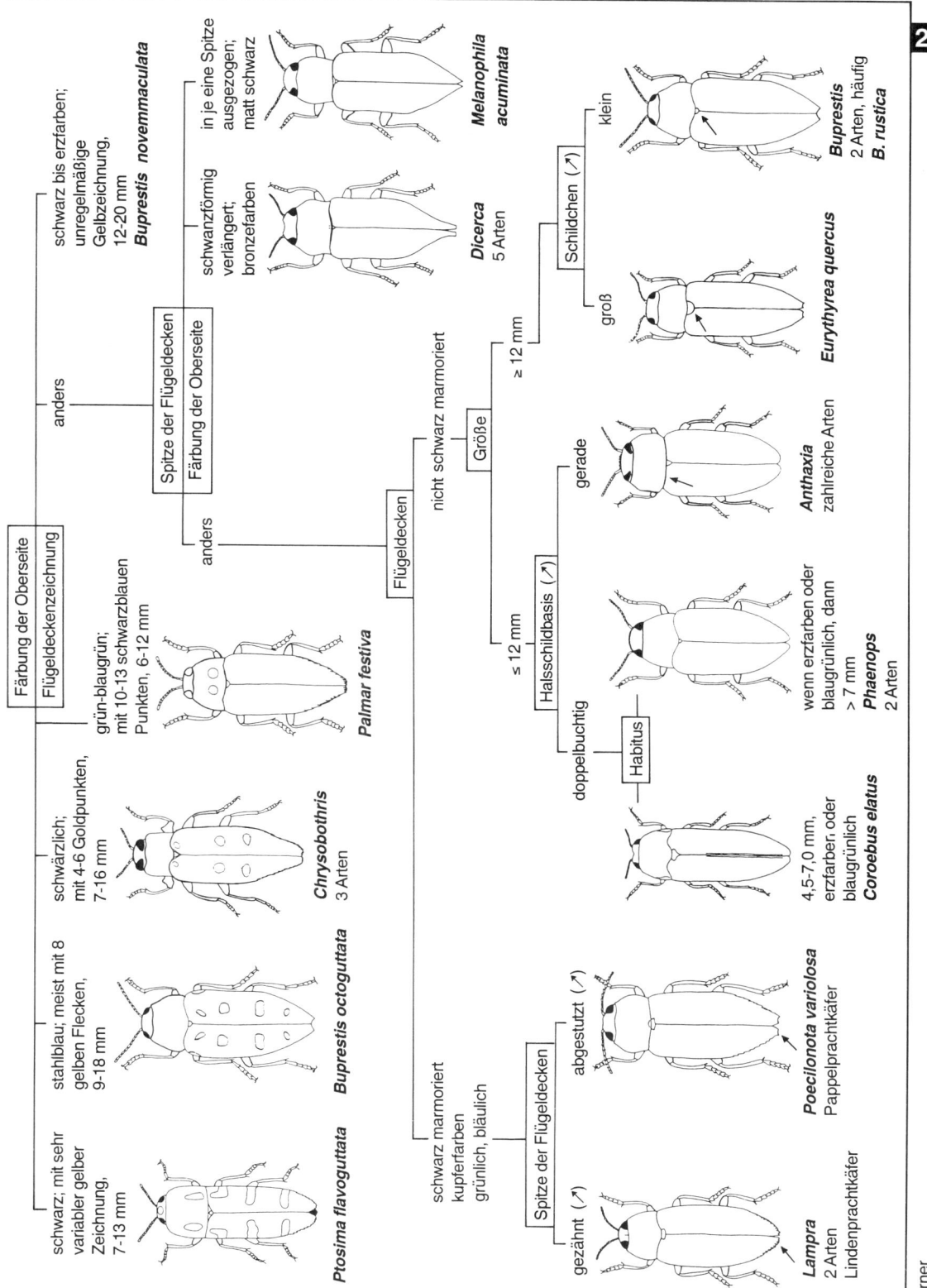

Färbung der Oberseite

Flügeldeckenzeichnung

schwarz; mit sehr variabler gelber Zeichnung, 7-13 mm

Ptosima flavoguttata

stahlblau; meist mit 8 gelben Flecken, 9-18 mm

Buprestis octoguttata

schwärzlich; mit 4-6 Goldpunkten, 7-16 mm

Chrysobothris
3 Arten

grün-blaugrün; mit 10-13 schwarzblauen Punkten, 6-12 mm

Palmar festiva

anders

Spitze der Flügeldecken
Färbung der Oberseite

schwarz bis erzfarben; unregelmäßige Gelbzeichnung, 12-20 mm
Buprestis novemmaculata

in je eine Spitze ausgezogen; matt schwarz
Melanophila acuminata

schwanzförmig verlängert; bronzefarben
Dicerca
5 Arten

anders

Flügeldecken

nicht schwarz marmoriert

Größe

≥ 12 mm

Schildchen (↗)

klein
Buprestis
2 Arten, häufig
B. rustica

groß
Eurythyrea quercus

≤ 12 mm

Halsschildbasis (↗)

gerade
Anthaxia
zahlreiche Arten

doppelbuchtig

Habitus

wenn erzfarben oder blaugrünlich, dann > 7 mm
Phaenops
2 Arten

4,5-7,0 mm, erzfarber oder blaugrünlich
Coroebus elatus

schwarz marmoriert kupferfarben grünlich, bläulich

Spitze der Flügeldecken

abgestutzt (↗)
Poecilonota variolosa
Pappelprachtkäfer

gezähnt (↗)
Lampra
2 Arten
Lindenprachtkäfer

Perner

Coleoptera · Käfer 20: Elateridae Schnellkäfer 1 (siehe auch Hilfstabelle Elateridae, Seite 242)

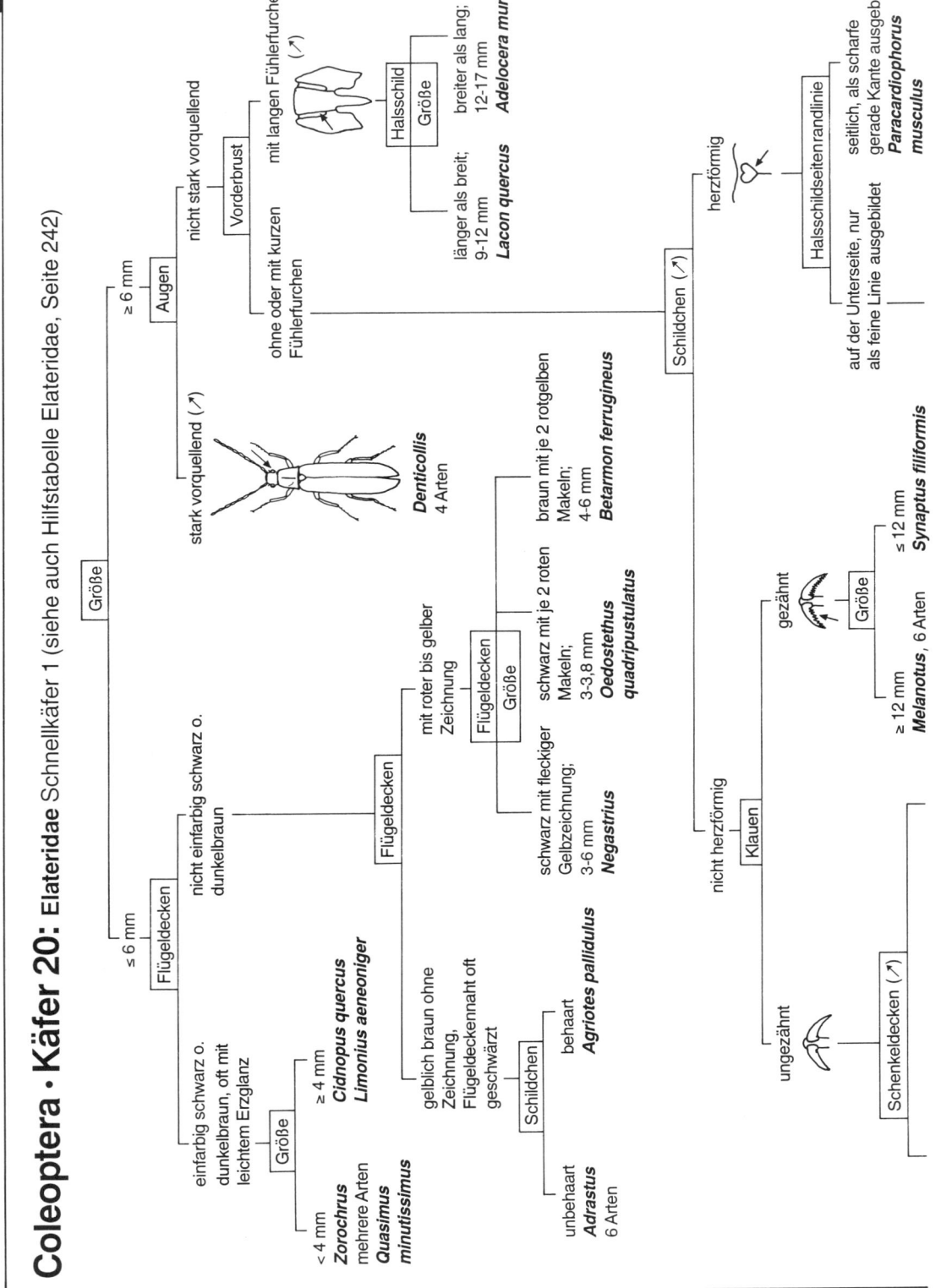

Größe
- ≤ 6 mm
- ≥ 6 mm

≤ 6 mm — Flügeldecken
- einfarbig schwarz o. dunkelbraun, oft mit leichtem Erzglanz — Größe
  - < 4 mm **Zorochrus** mehrere Arten **Quasimus minutissimus**
  - ≥ 4 mm **Cidnopus quercus** **Limonius aeneoniger**
- nicht einfarbig schwarz o. dunkelbraun — Flügeldecken
  - gelblich braun ohne Zeichnung, Flügeldeckennaht oft geschwärzt — Schildchen
    - behaart **Adrastus** 6 Arten
    - unbehaart **Agriotes pallidulus**
  - mit roter bis gelber Zeichnung — Flügeldecken Größe
    - schwarz mit fleckiger Gelbzeichnung; 3-6 mm **Negastrius**
    - schwarz mit je 2 roten Makeln; 3-3,8 mm **Oedostethus quadripustulatus**
    - braun mit je 2 rotgelben Makeln; 4-6 mm **Betarmon ferrugineus**

≥ 6 mm — Augen
- stark vorquellend (↗) **Denticollis** 4 Arten
- nicht stark vorquellend — Vorderbrust
  - mit langen Fühlerfurchen (↗) — Halsschild Größe
    - länger als breit; 9-12 mm **Lacon quercus**
    - breiter als lang; 12-17 mm **Adelocera murina**
  - ohne oder mit kurzen Fühlerfurchen — Schildchen (↗)
    - herzförmig — Halsschildseitenrandlinie
      - auf der Unterseite, nur als feine Linie ausgebildet **Paracardiophorus musculus**
      - seitlich, als scharfe gerade Kante ausgebildet
    - nicht herzförmig — Klauen
      - gezähnt — Größe
        - ≥ 12 mm **Melanotus**, 6 Arten
        - ≤ 12 mm **Synaptus filiformis**
      - ungezähnt — Schenkeldecken (↗)

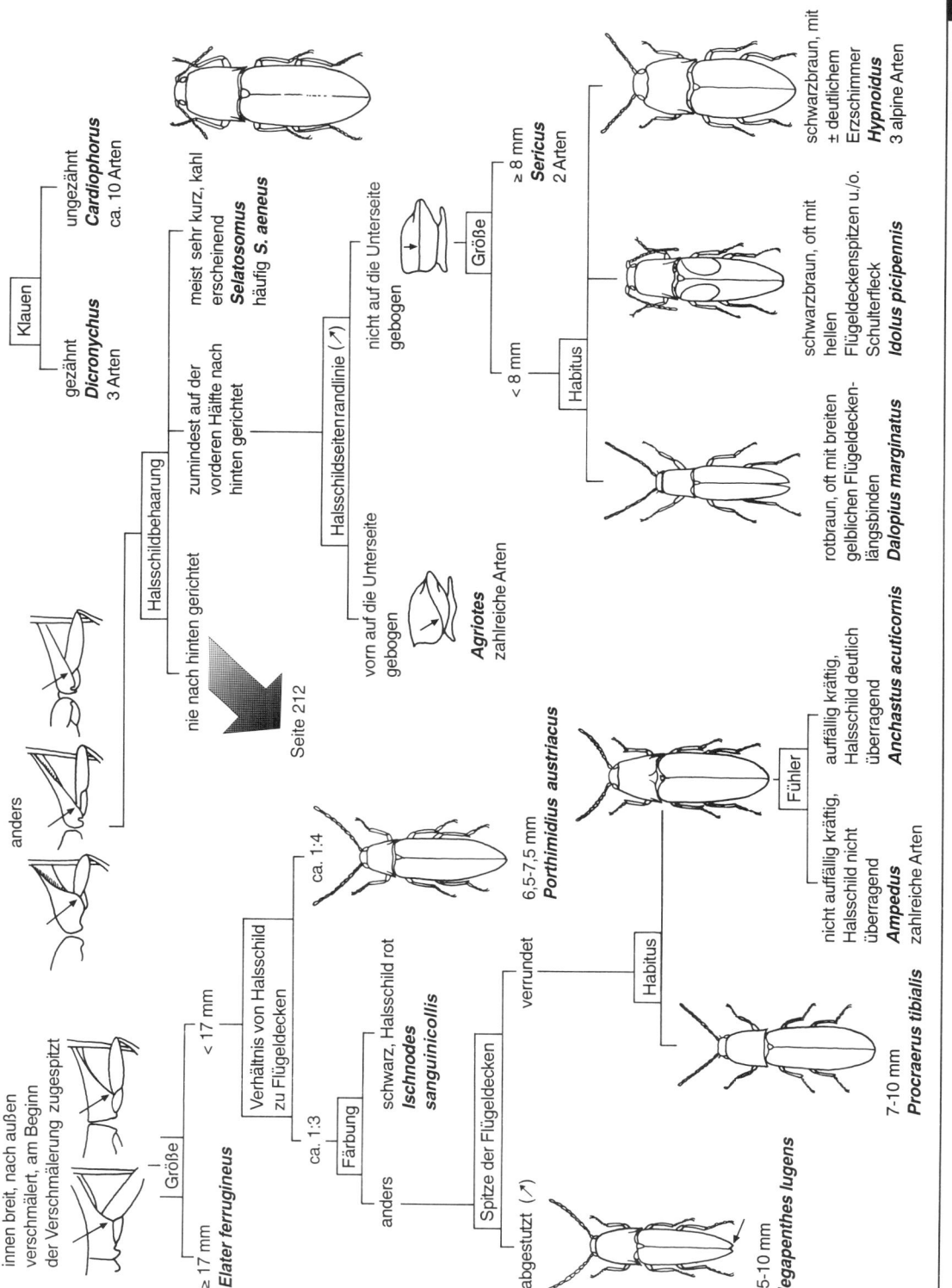

innen breit, nach außen
verschmälert, am Beginn
der Verschmälerung zugespitzt

Größe

≥ 17 mm
Elater ferrugineus

< 17 mm

anders

Verhältnis von Halsschild
zu Flügeldecken

ca. 1:3

Färbung

schwarz, Halsschild rot
Ischnodes sanguinicollis

anders

ca. 1:4

Spitze der Flügeldecken

verrundet

abgestutzt (↗)

7,5-10 mm
Megapenthes lugens

6,5-7,5 mm
Porthimidius austriacus

Habitus

nicht auffällig kräftig,
Halsschild nicht
überragend
Ampedus
zahlreiche Arten

auffällig kräftig,
Halsschild deutlich
überragend
Anchastus acuticornis

Fühler

7-10 mm
Procraerus tibialis

nie nach hinten gerichtet

Seite 212

Halsschildbehaarung

zumindest auf der
vorderen Hälfte nach
hinten gerichtet
Selatosomus
meist sehr kurz, kahl
erscheinend
häufig *S. aeneus*

Halsschildseitenrandlinie (↗)

vorn auf die Unterseite
gebogen
Agriotes
zahlreiche Arten

nicht auf die Unterseite
gebogen

Größe

≥ 8 mm
Sericus
2 Arten

< 8 mm

Habitus

rotbraun, oft mit breiten
gelblichen Flügeldecken-
längsbinden
Dalopius marginatus

schwarzbraun, oft mit
hellen
Flügeldeckenspitzen u./o.
hellen Schulterfleck
Idolus picipennis

schwarzbraun, mit
± deutlichem
Erzschimmer
Hypnoidus
3 alpine Arten

Klauen

gezähnt
Dicronychus
3 Arten

ungezähnt
Cardiophorus
ca. 10 Arten

Perner

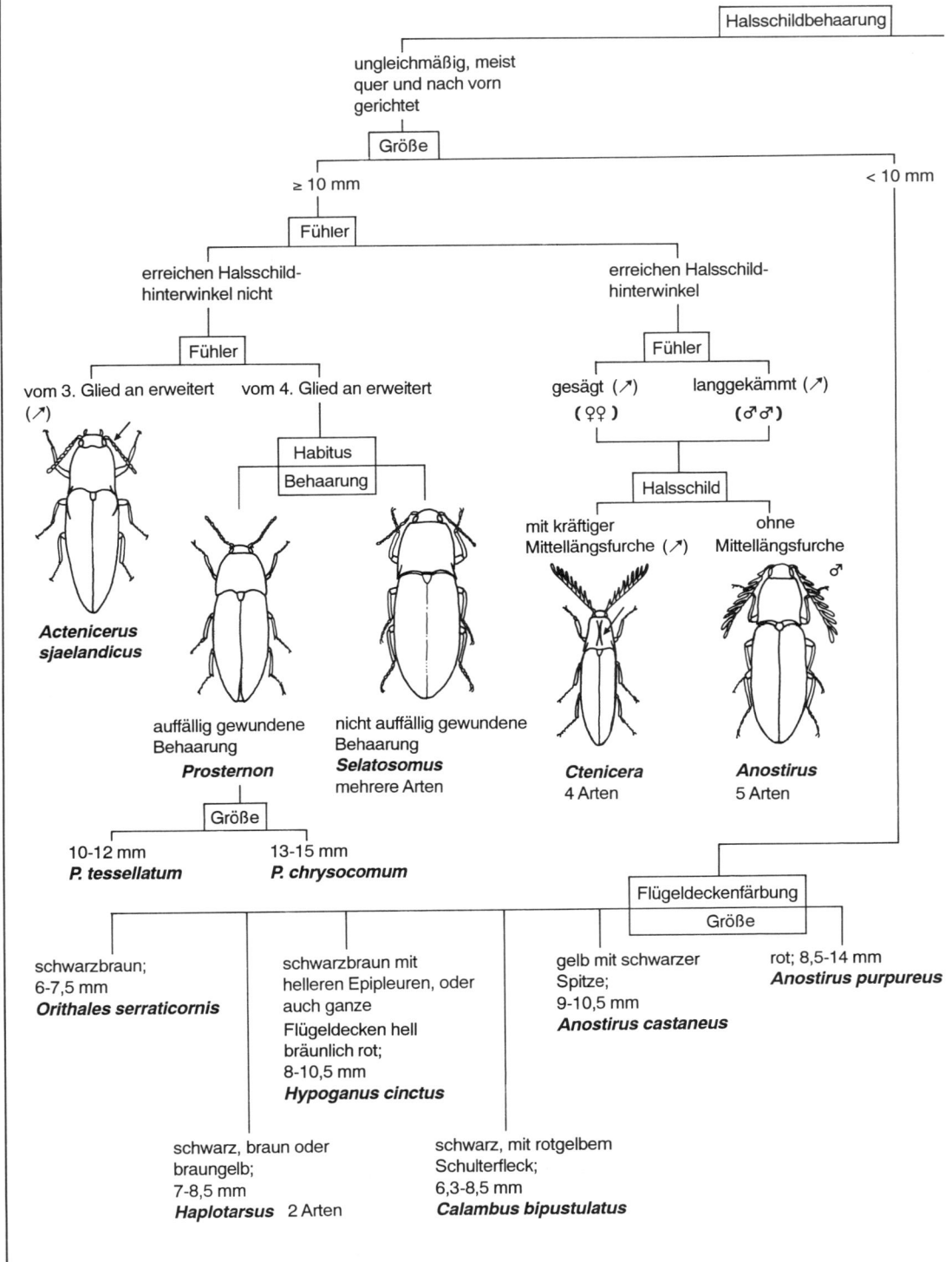

Halsschildbehaarung

ungleichmäßig, meist
quer und nach vorn
gerichtet

Größe

≥ 10 mm   < 10 mm

Fühler

erreichen Halsschild-
hinterwinkel nicht

erreichen Halsschild-
hinterwinkel

Fühler

vom 3. Glied an erweitert
(↗)

vom 4. Glied an erweitert

Fühler

gesägt (↗)
(♀♀)

langgekämmt (↗)
(♂♂)

Habitus
Behaarung

Halsschild

mit kräftiger
Mittellängsfurche (↗)

ohne
Mittellängsfurche

**Actenicerus
sjaelandicus**

auffällig gewundene
Behaarung
Prosternon

nicht auffällig gewundene
Behaarung
Selatosomus
mehrere Arten

Ctenicera
4 Arten

Anostirus
5 Arten

Größe

10-12 mm
P. tessellatum

13-15 mm
P. chrysocomum

Flügeldeckenfärbung
Größe

schwarzbraun;
6-7,5 mm
Orithales serraticornis

schwarzbraun mit
helleren Epipleuren, oder
auch ganze
Flügeldecken hell
bräunlich rot;
8-10,5 mm
Hypoganus cinctus

gelb mit schwarzer
Spitze;
9-10,5 mm
Anostirus castaneus

rot; 8,5-14 mm
Anostirus purpureus

schwarz, braun oder
braungelb;
7-8,5 mm
Haplotarsus 2 Arten

schwarz, mit rotgelbem
Schulterfleck;
6,3-8,5 mm
Calambus bipustulatus

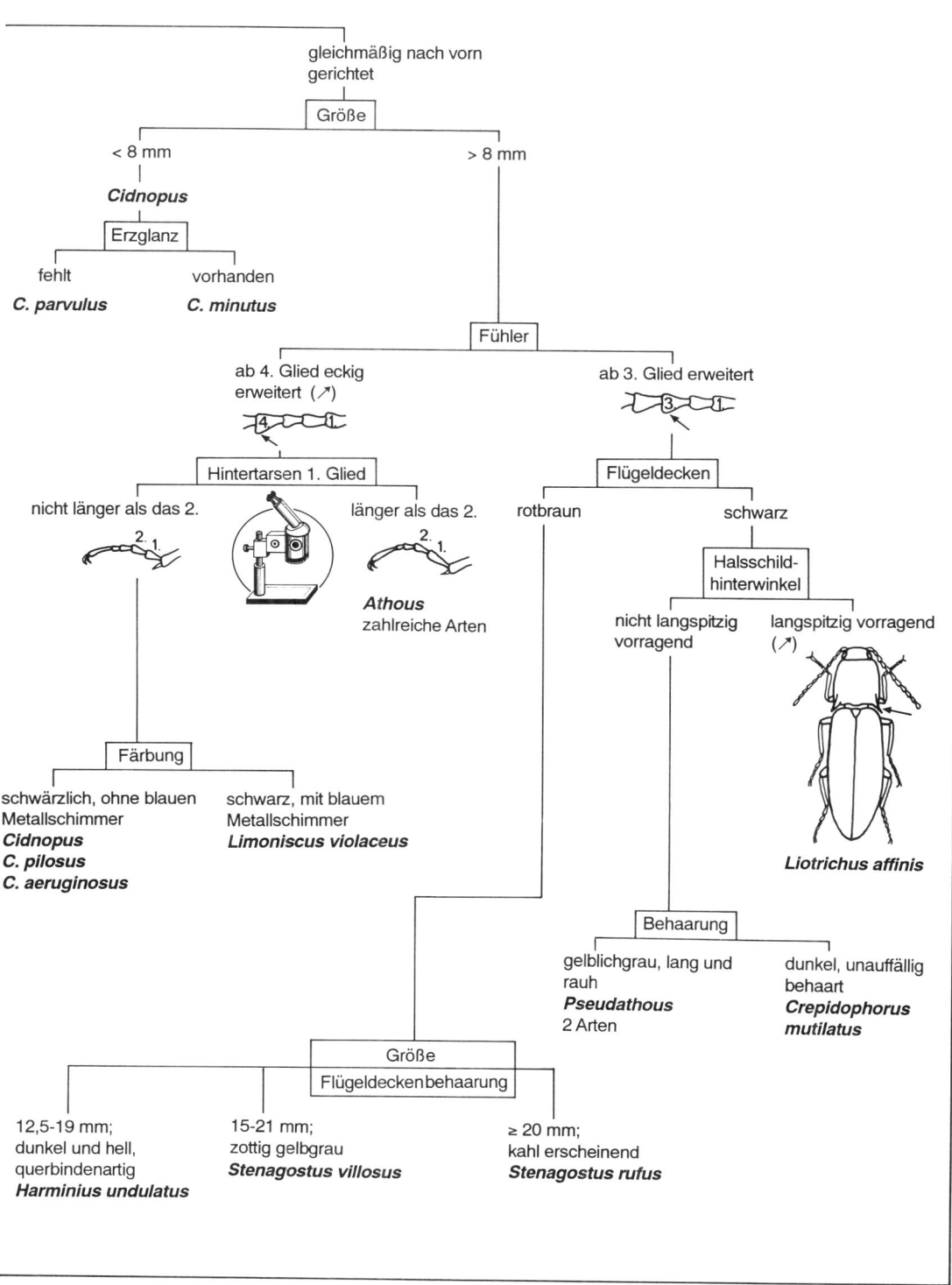

gleichmäßig nach vorn
gerichtet

Größe

< 8 mm

Cidnopus

Erzglanz

fehlt

C. parvulus

vorhanden

C. minutus

> 8 mm

Fühler

ab 4. Glied eckig
erweitert (↗)

Hintertarsen 1. Glied

nicht länger als das 2.

länger als das 2.

Athous
zahlreiche Arten

Färbung

schwärzlich, ohne blauen
Metallschimmer
Cidnopus
C. pilosus
C. aeruginosus

schwarz, mit blauem
Metallschimmer
Limoniscus violaceus

ab 3. Glied erweitert

Flügeldecken

rotbraun

schwarz

Halsschild-
hinterwinkel

nicht langspitzig
vorragend

langspitzig vorragend
(↗)

Liotrichus affinis

Behaarung

gelblichgrau, lang und
rauh
Pseudathous
2 Arten

dunkel, unauffällig
behaart
***Crepidophorus
mutilatus***

Größe

Flügeldeckenbehaarung

12,5-19 mm;
dunkel und hell,
querbindenartig
Harminius undulatus

15-21 mm;
zottig gelbgrau
Stenagostus villosus

≥ 20 mm;
kahl erscheinend
Stenagostus rufus

Perner

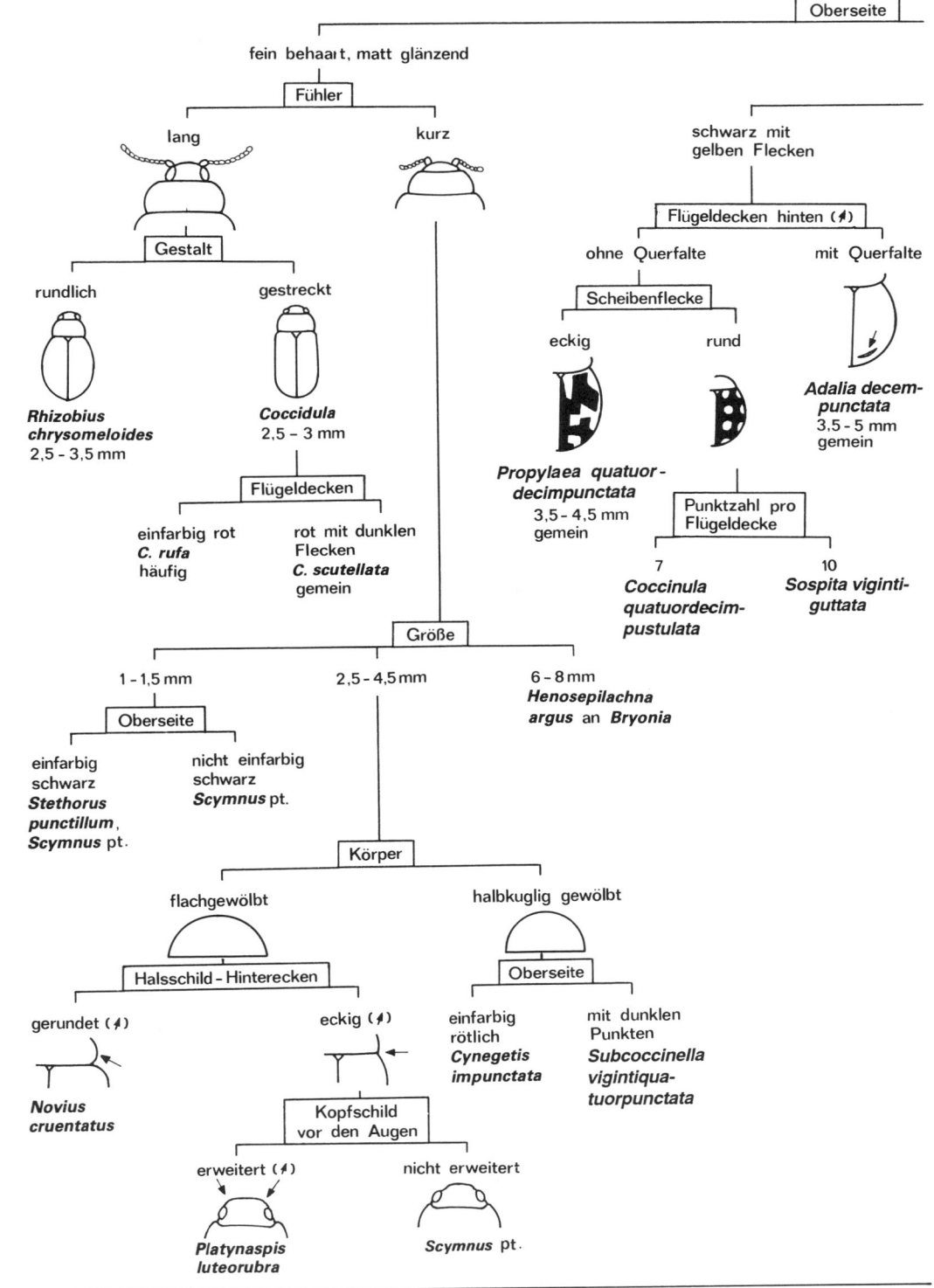

Oberseite

fein behaart, matt glänzend

Fühler

lang

kurz

schwarz mit gelben Flecken

Gestalt

Flügeldecken hinten (♂)

rundlich

gestreckt

ohne Querfalte

mit Querfalte

Scheibenflecke

eckig

rund

Adalia decem-punctata
3,5 - 5 mm
gemein

Rhizobius chrysomeloides
2,5 - 3,5 mm

Coccidula
2,5 - 3 mm

Flügeldecken

Propylaea quatuor-decimpunctata
3,5 - 4,5 mm
gemein

Punktzahl pro Flügeldecke

einfarbig rot
C. rufa
häufig

rot mit dunklen Flecken
C. scutellata
gemein

7
Coccinula quatuordecim-pustulata

10
Sospita viginti-guttata

Größe

1 - 1,5 mm

2,5 - 4,5 mm

6 - 8 mm
Henosepilachna argus an **Bryonia**

Oberseite

einfarbig schwarz
Stethorus punctillum,
Scymnus pt.

nicht einfarbig schwarz
Scymnus pt.

Körper

flachgewölbt

halbkuglig gewölbt

Halsschild - Hinterecken

Oberseite

gerundet (♂)

eckig (♂)

einfarbig rötlich
Cynegetis impunctata

mit dunklen Punkten
Subcoccinella vigintiqua-tuorpunctata

Novius cruentatus

Kopfschild vor den Augen

erweitert (♂)

nicht erweitert

Platynaspis luteorubra

Scymnus pt.

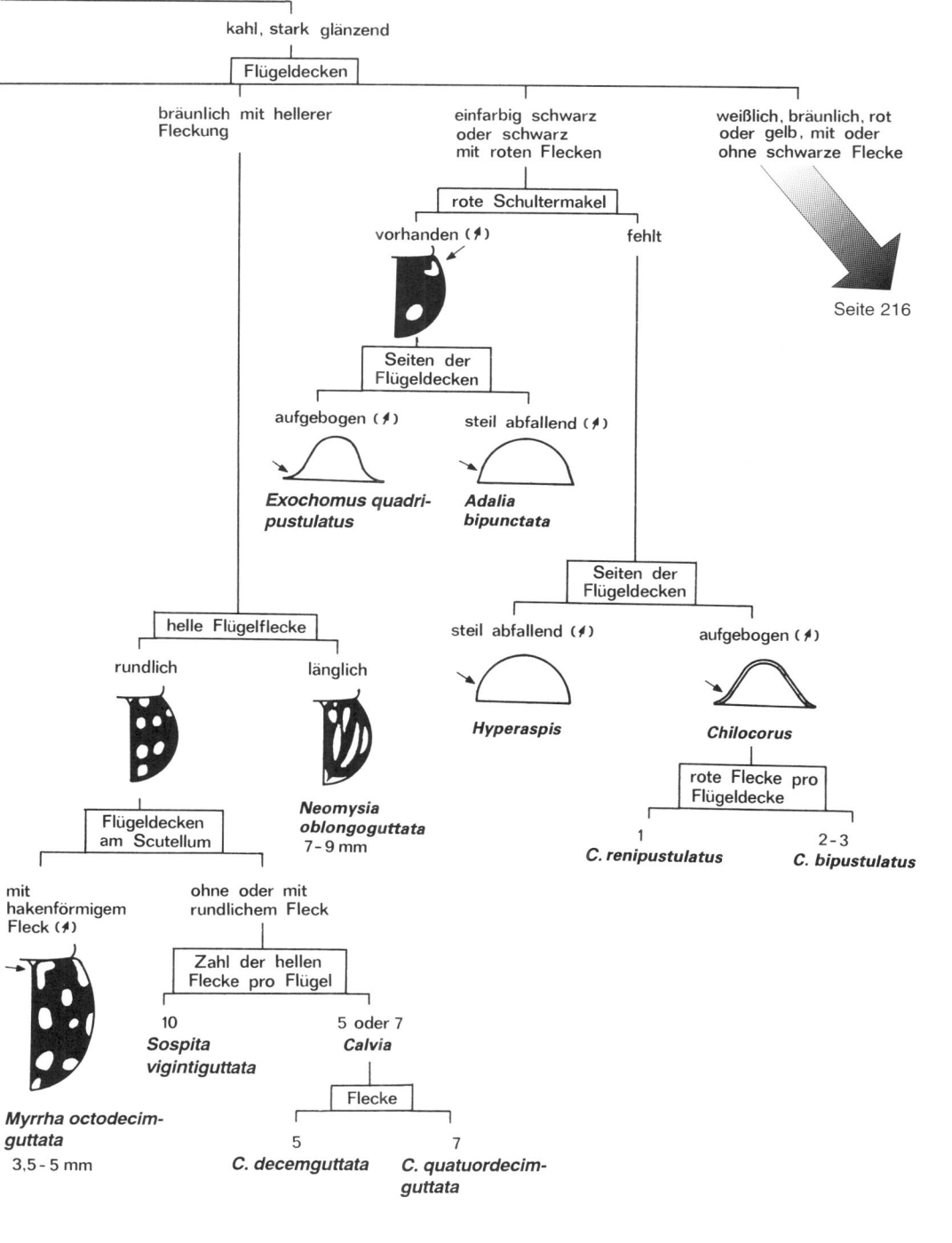

kahl, stark glänzend

Flügeldecken

bräunlich mit hellerer
Fleckung

einfarbig schwarz
oder schwarz
mit roten Flecken

weißlich, bräunlich, rot
oder gelb, mit oder
ohne schwarze Flecke

Seite 216

rote Schultermakel

vorhanden (♂)   fehlt

Seiten der
Flügeldecken

aufgebogen (♂)   steil abfallend (♂)

*Exochomus quadri-
pustulatus*   *Adalia
bipunctata*

Seiten der
Flügeldecken

steil abfallend (♂)   aufgebogen (♂)

Hyperaspis   *Chilocorus*

rote Flecke pro
Flügeldecke

1   2-3

C. renipustulatus   *C. bipustulatus*

helle Flügelflecke

rundlich   länglich

Flügeldecken
am Scutellum

*Neomysia
oblongoguttata*
7-9 mm

mit
hakenförmigem
Fleck (♂)   ohne oder mit
rundlichem Fleck

Zahl der hellen
Flecke pro Flügel

10   5 oder 7
*Sospita
vigintiguttata*   *Calvia*

*Myrrha octodecim-
guttata*

3,5 - 5 mm

Flecke

5   7
C. decemguttata   *C. quatuordecim-
guttata*

Sander

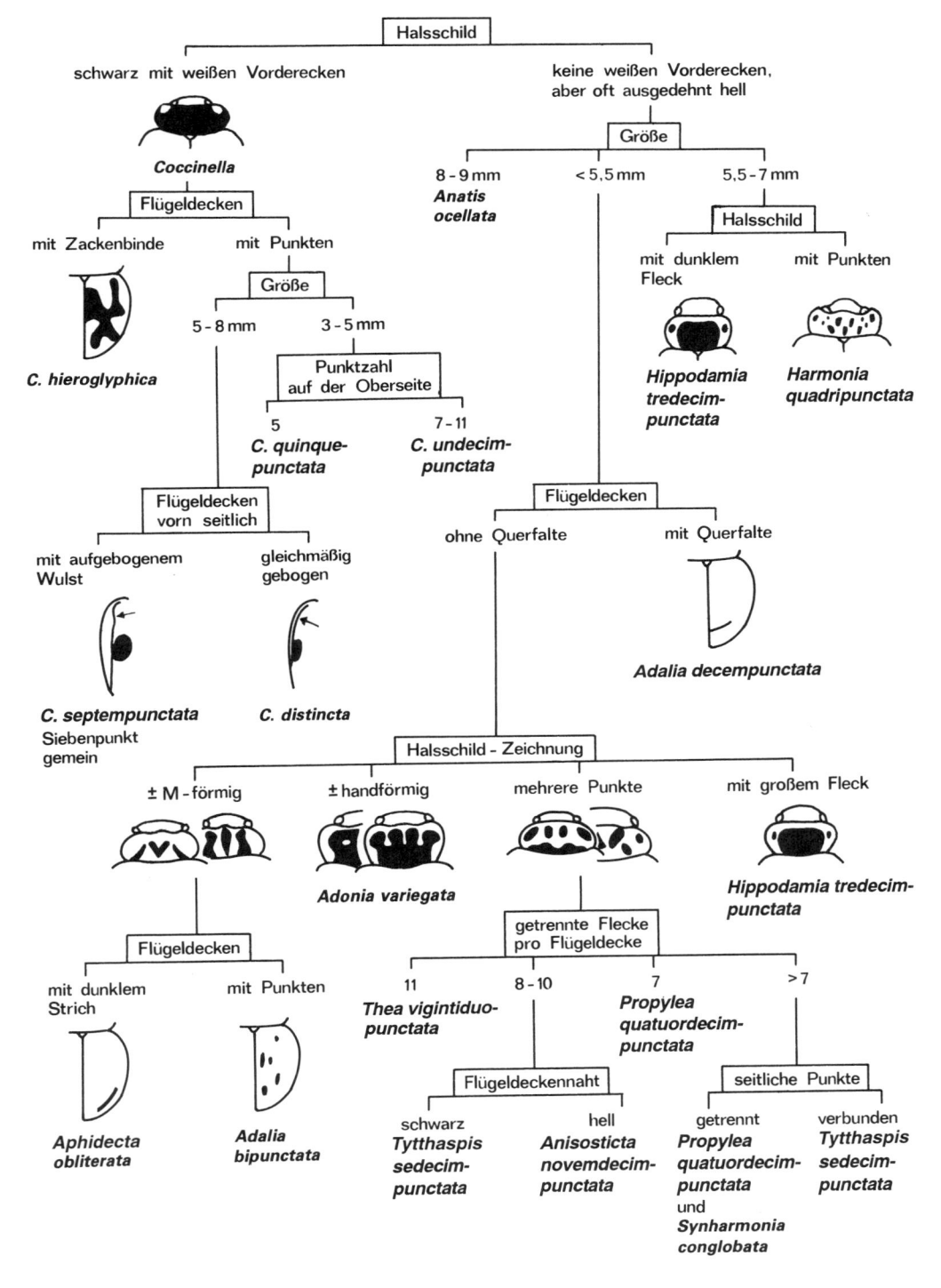

Halsschild

schwarz mit weißen Vorderecken

keine weißen Vorderecken, aber oft ausgedehnt hell

Coccinella

Größe

8 - 9 mm
Anatis ocellata

< 5,5 mm

5,5 - 7 mm

Flügeldecken

mit Zackenbinde

mit Punkten

Größe

C. hieroglyphica

5 - 8 mm

3 - 5 mm

Halsschild

mit dunklem Fleck

mit Punkten

Hippodamia tredecimpunctata

Harmonia quadripunctata

Punktzahl auf der Oberseite

5
C. quinquepunctata

7 - 11
C. undecimpunctata

Flügeldecken vorn seitlich

mit aufgebogenem Wulst

gleichmäßig gebogen

C. septempunctata
Siebenpunkt gemein

C. distincta

Flügeldecken

ohne Querfalte

mit Querfalte

Adalia decempunctata

Halsschild - Zeichnung

± M - förmig

± handförmig

mehrere Punkte

mit großem Fleck

Adonia variegata

Hippodamia tredecimpunctata

Flügeldecken

mit dunklem Strich

mit Punkten

getrennte Flecke pro Flügeldecke

11
Thea vigintiduopunctata

8 - 10

7
Propylea quatuordecimpunctata

> 7

Aphidecta obliterata

Adalia bipunctata

Flügeldeckennaht

seitliche Punkte

schwarz
Tytthaspis sedecimpunctata

hell
Anisosticta novemdecimpunctata

getrennt
Propylea quatuordecimpunctata
und
Synharmonia conglobata

verbunden
Tytthaspis sedecimpunctata

Coleoptera · Käfer 24: Oedemeridae Scheinbockkäfer

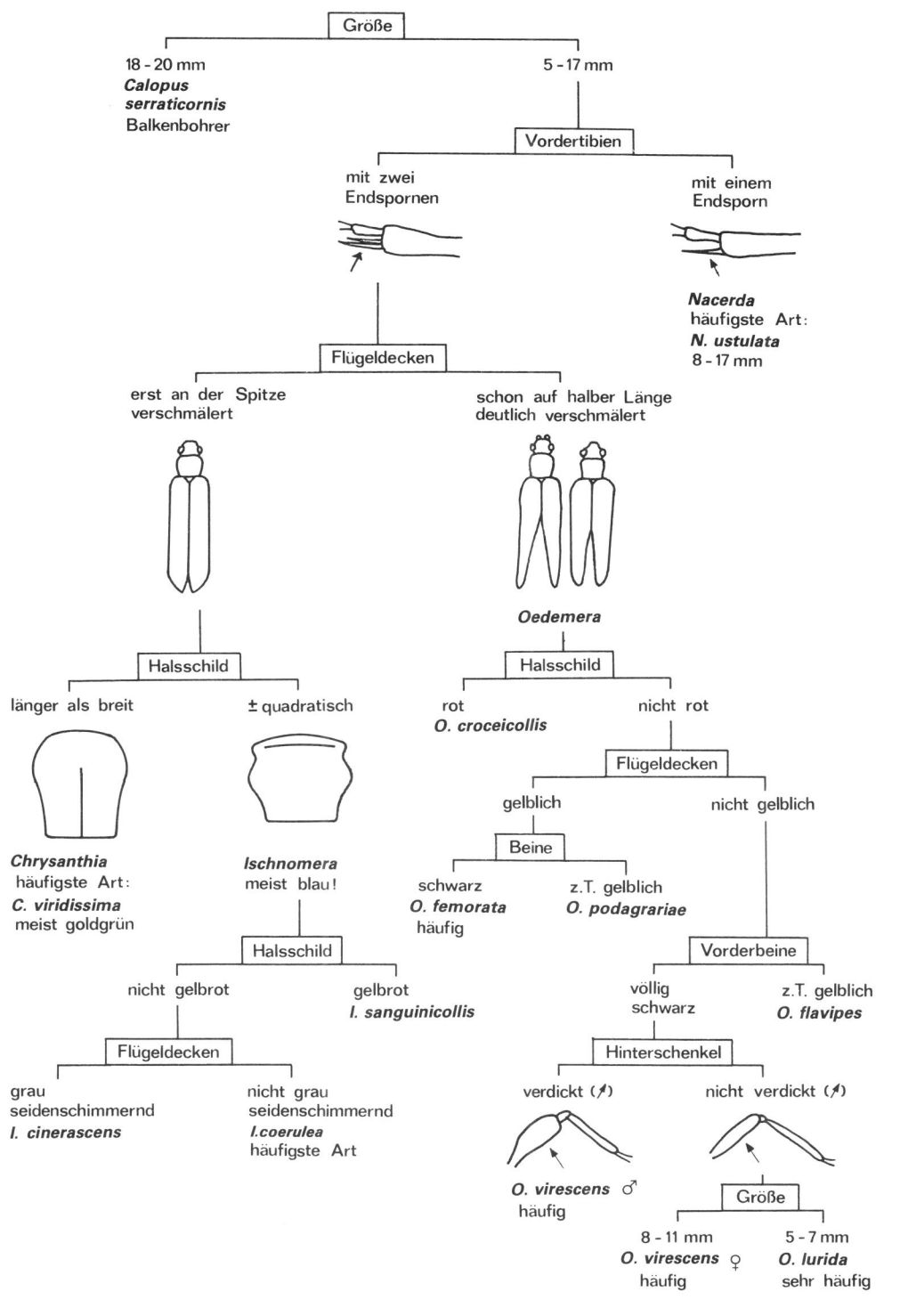

Coleoptera · Käfer 25: Lamellicornia Blatthornkäfer 1

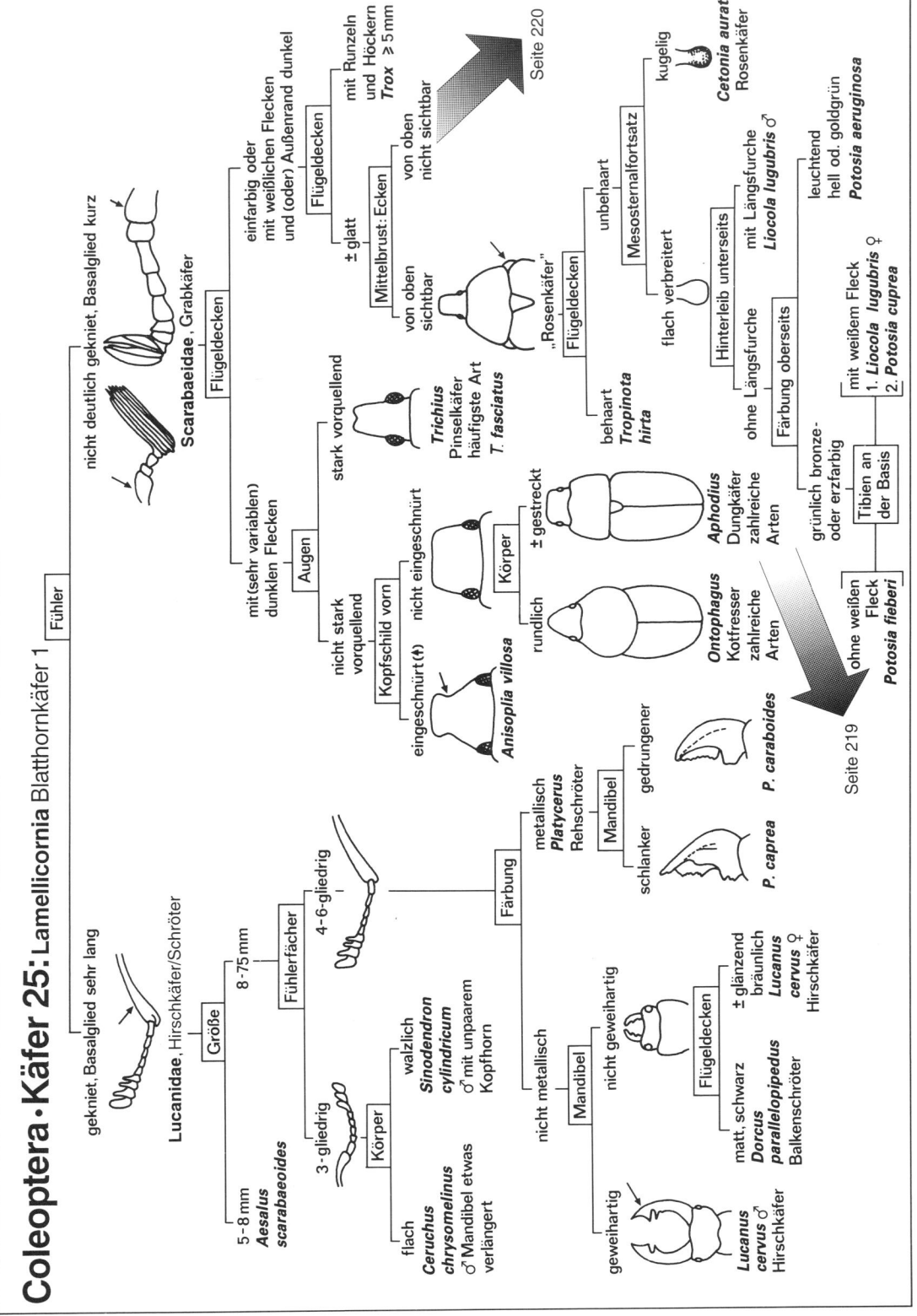

Seite 220

Seite 219

Dungkäfer

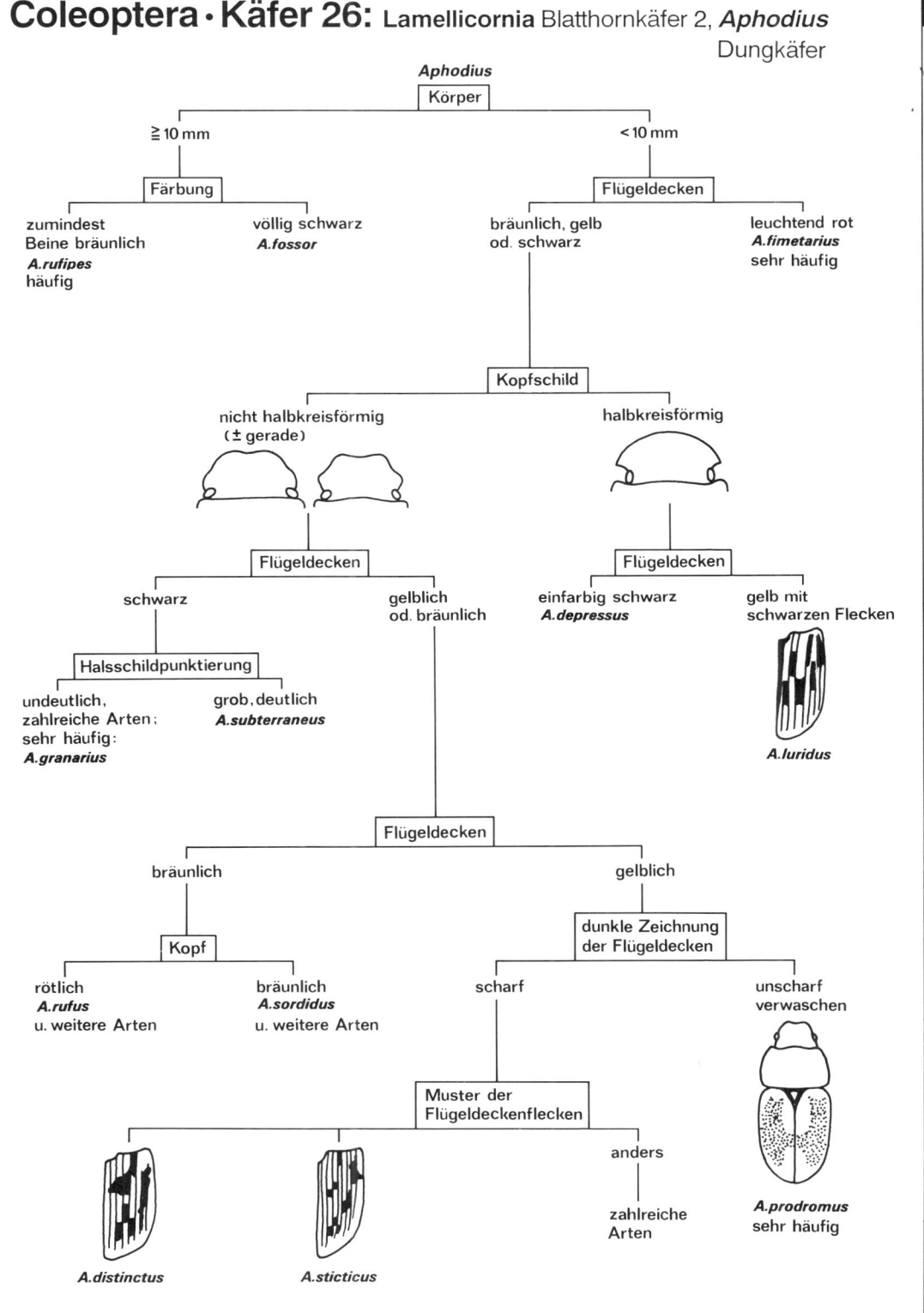

Aphodius
Körper

≧ 10 mm

Färbung

zumindest
Beine bräunlich
A.rufipes
häufig

völlig schwarz
A.fossor

< 10 mm

Flügeldecken

bräunlich, gelb
od. schwarz

leuchtend rot
A.fimetarius
sehr häufig

Kopfschild

nicht halbkreisförmig
(± gerade)

halbkreisförmig

Flügeldecken

schwarz

gelblich
od. bräunlich

Halsschildpunktierung

undeutlich,
zahlreiche Arten;
sehr häufig:
A.granarius

grob, deutlich
A.subterraneus

Flügeldecken

einfarbig schwarz
A.depressus

gelb mit
schwarzen Flecken

A.luridus

Flügeldecken

bräunlich

gelblich

Kopf

rötlich
A.rufus
u. weitere Arten

bräunlich
A.sordidus
u. weitere Arten

dunkle Zeichnung
der Flügeldecken

scharf

unscharf
verwaschen

Muster der
Flügeldeckenflecken

anders

zahlreiche
Arten

A.prodromus
sehr häufig

A.distinctus

A.sticticus

Sander

Coleoptera · Käfer 27: Lamellicornia Blatthornkäfer 3

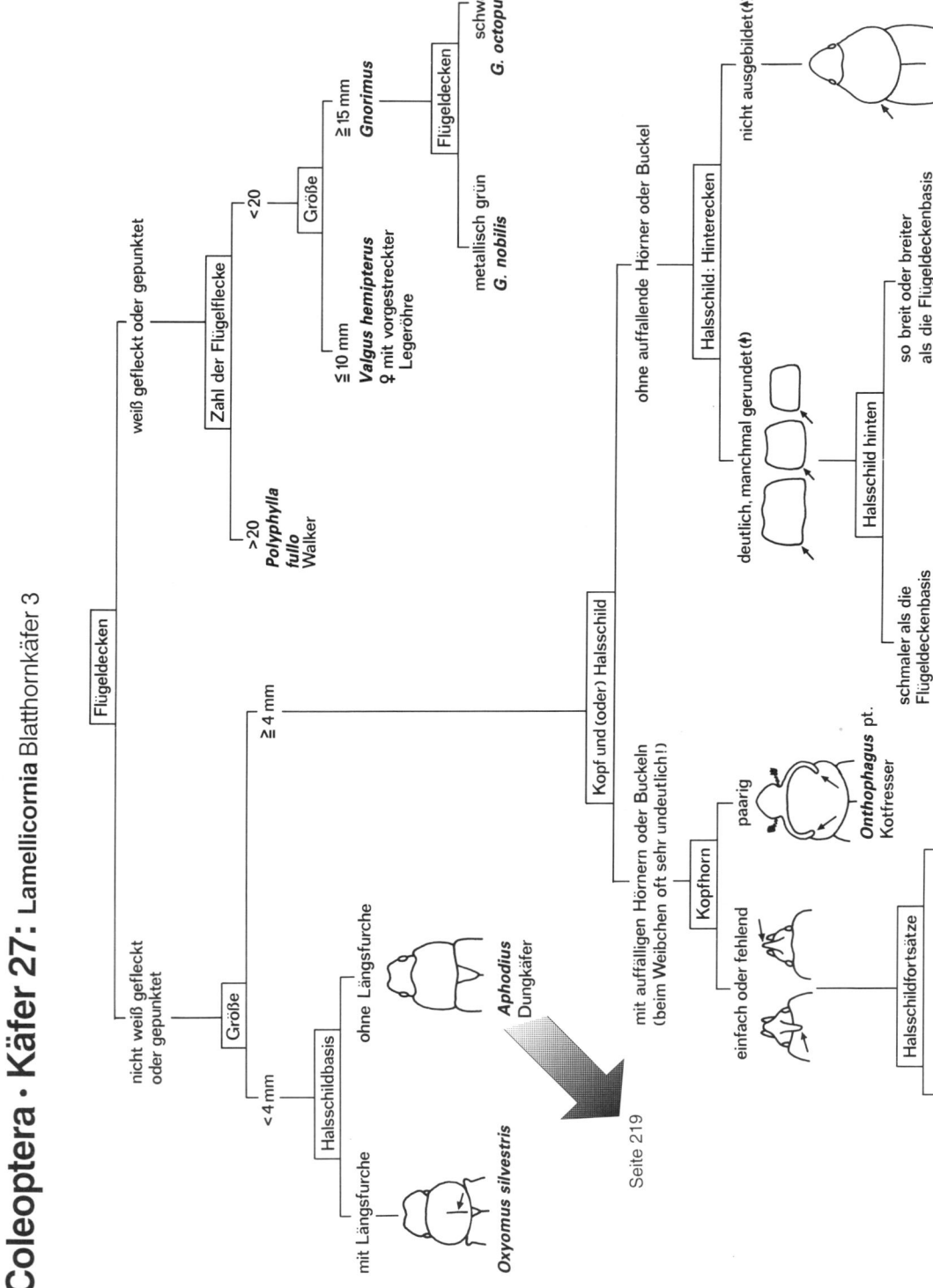

Flügeldecken

weiß gefleckt oder gepunktet

Zahl der Flügelflecke

>20
***Polyphylla
fullo***
Walker

<20

Größe

≦10 mm
Valgus hemipterus
♀ mit vorgestreckter
Legeröhre

≧15 mm
Gnorimus

Flügeldecken

metallisch grün
G. nobilis

schwarz
G. octopunctatus

**nicht weiß gefleckt
oder gepunktet**

Größe

<4 mm

Halsschildbasis

mit Längsfurche
Oxyomus silvestris

ohne Längsfurche
Aphodius
Dungkäfer

Seite 219

≧4 mm

Kopf und (oder) Halsschild

**mit auffälligen Hörnern oder Buckeln
(beim Weibchen oft sehr undeutlich!)**

Kopfhorn

einfach oder fehlend

paarig
Onthophagus pt.
Kotfresser

Halsschildfortsätze

ohne auffallende Hörner oder Buckel

Halsschild : Hinterecken

deutlich, manchmal gerundet (♂)

Halsschild hinten

schmaler als die
Flügeldeckenbasis

so breit oder breiter
als die Flügeldeckenbasis

nicht ausgebildet (♂)

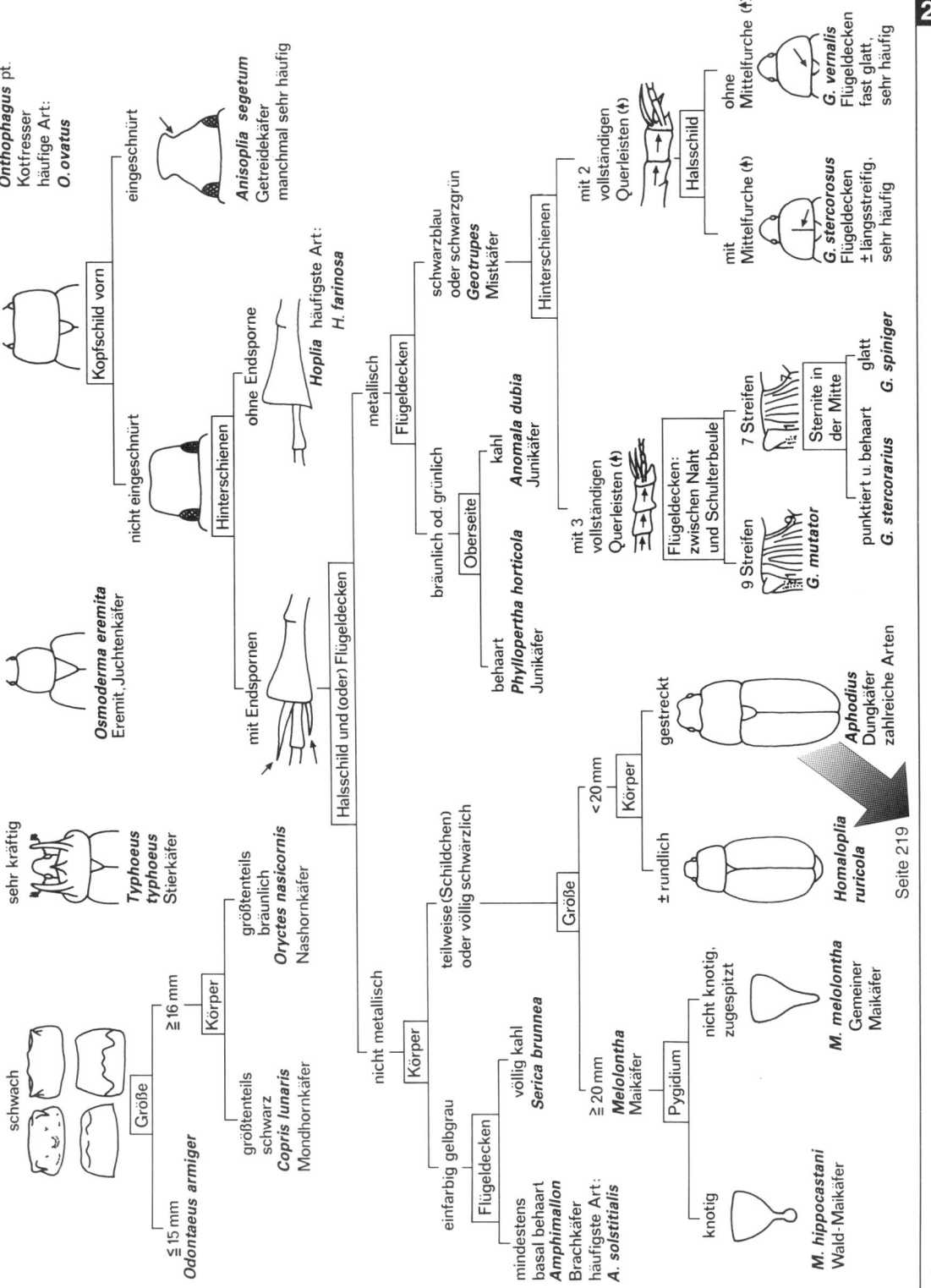

Onthophagus pt. Kotfresser häufige Art: **O. ovatus**

eingeschnürt

Anisoplia segetum Getreidekäfer manchmal sehr häufig

Kopfschild vorn

Osmoderma eremita Eremit, Juchtenkäfer

nicht eingeschnürt

Hinterschienen

ohne Endsporne

Hoplia häufigste Art: **H. farinosa**

mit Endspornen

schwarzblau oder schwarzgrün **Geotrupes** Mistkäfer

metallisch

Flügeldecken

mit 2 vollständigen Querleisten (♣)

Hinterschienen

Halsschild

ohne Mittelfurche (♣) **G. vernalis** Flügeldecken fast glatt, sehr häufig

mit Mittelfurche (♣) **G. stercorosus** Flügeldecken ± längsstreifig, sehr häufig

bräunlich od. grünlich

Oberseite

kahl **Anomala dubia** Junikäfer

behaart **Phyllopertha horticola** Junikäfer

mit 3 vollständigen Querleisten (♣)

Flügeldecken: zwischen Naht und Schulterbeule

9 Streifen **G. mutator**

7 Streifen

Sternite in der Mitte

glatt **G. spiniger**

punktiert u. behaart **G. stercorarius**

Typhoeus typhoeus Stierkäfer

sehr kräftig

größtenteils bräunlich **Oryctes nasicornis** Nashornkäfer

Körper

≧16 mm

größtenteils schwarz **Copris lunaris** Mondhornkäfer

Größe

≦15 mm **Odontaeus armiger**

schwach

Halsschild und (oder) Flügeldecken

nicht metallisch

Körper

teilweise (Schildchen) oder völlig schwärzlich

völlig kahl **Serica brunnea**

Größe

gestreckt

<20 mm

Körper

± rundlich

Aphodius Dungkäfer zahlreiche Arten

Homaloplia ruricola Seite 219

einfarbig gelbgrau

Flügeldecken

mindestens basal behaart **Amphimallon** Brachkäfer häufigste Art: **A. solstitialis**

≧20 mm **Melolontha** Maikäfer

Pygidium

nicht knotig, zugespitzt **M. melolontha** Gemeiner Maikäfer

knotig **M. hippocastani** Wald-Maikäfer

Sander

Coleoptera · Käfer 28: Cerambycidae Bockkäfer 1

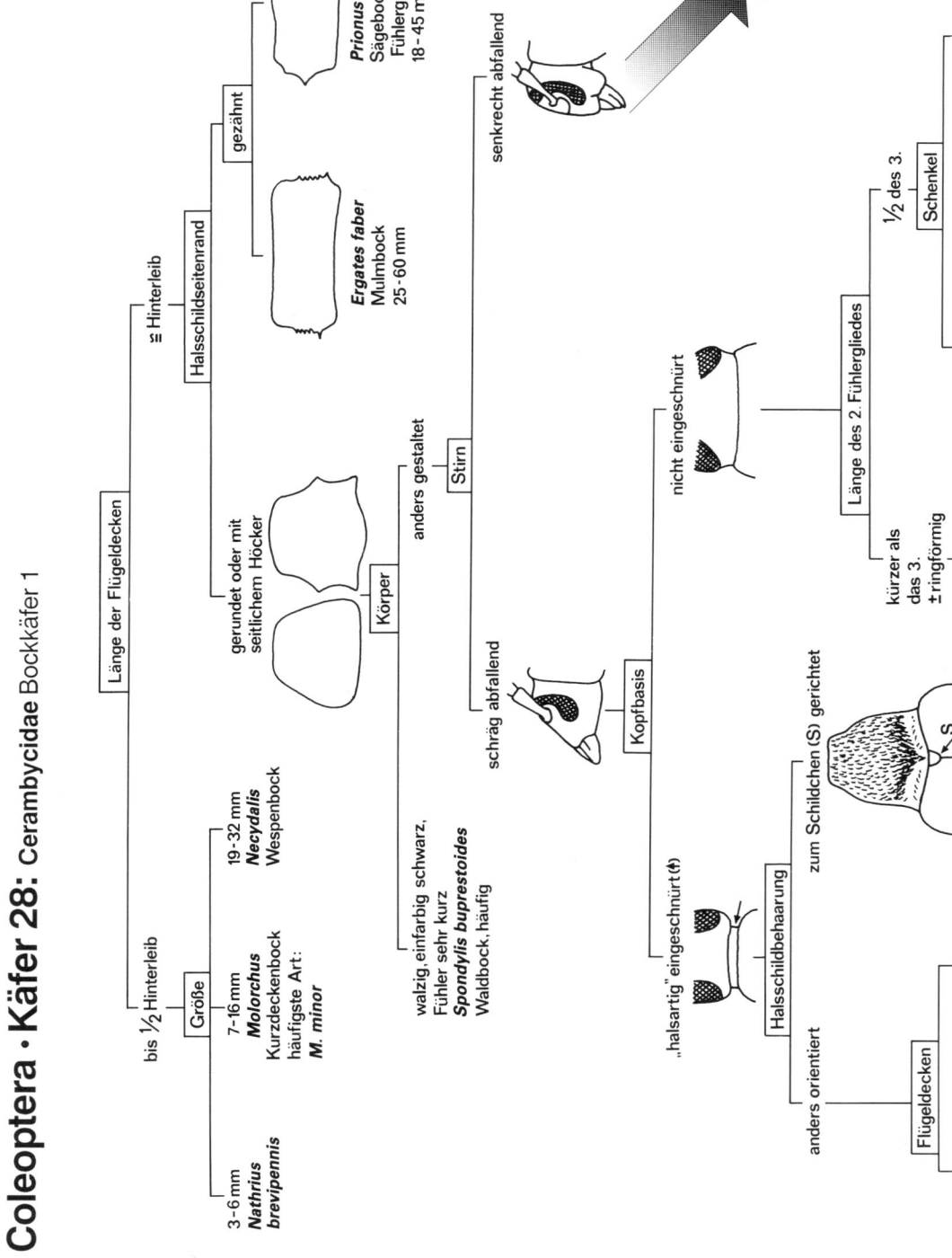

Größe

3-6 mm
Nathrius
brevipennis

7-16 mm
Molorchus
Kurzdeckenbock
häufigste Art:
M. minor

19-32 mm
Necydalis
Wespenbock

bis ½ Hinterleib

Länge der Flügeldecken

≈ Hinterleib

Halsschildseitenrand

gezähnt

Prionus coriarius
Sägebock
Fühlerglieder gesägt
18-45 mm

Ergates faber
Mulmbock
25-60 mm

gerundet oder mit
seitlichem Höcker

Körper

anders gestaltet

Stirn

walzig, einfarbig schwarz,
Fühler sehr kurz
Spondylis buprestoides
Waldbock, häufig

schräg abfallend

senkrecht abfallend

Seite 226

Kopfbasis

nicht eingeschnürt

Länge des 2. Fühlergliedes

½ des 3.

Schenkel

kürzer als
das 3.
± ringförmig

"halsartig" eingeschnürt (♂)

Halsschildbehaarung

zum Schildchen (S) gerichtet

S

anders orientiert

Flügeldecken

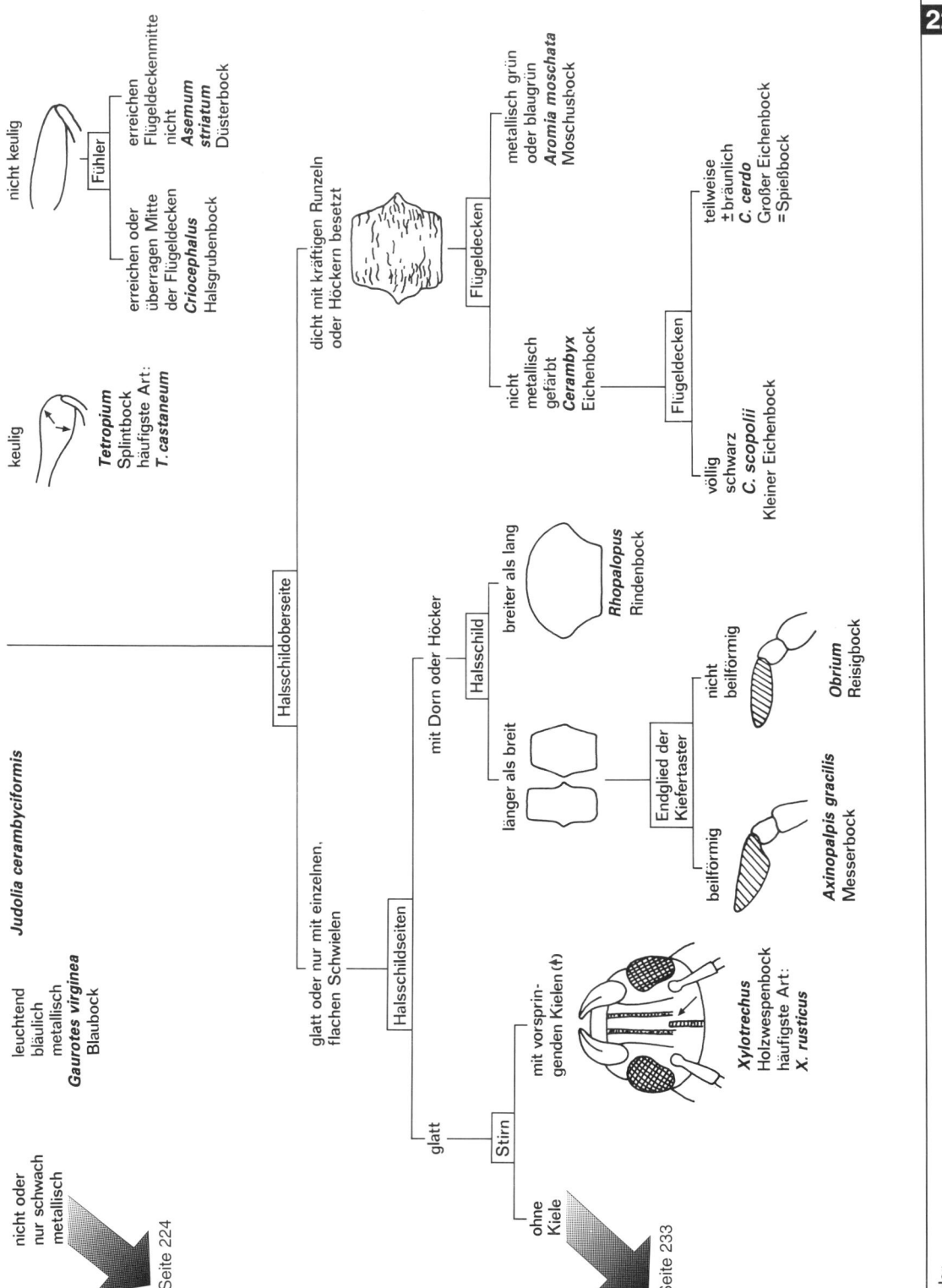

nicht keulig

Fühler

erreichen Flügeldeckenmitte nicht
Asemum striatum
Düsterbock

erreichen oder überragen Mitte der Flügeldecken
Criocephalus
Halsgrubenbock

keulig

Tetropium
Splintbock
häufigste Art:
T. castaneum

Judolia cerambyciformis

leuchtend bläulich metallisch
Gaurotes virginea
Blaubock

dicht mit kräftigen Runzeln oder Höckern besetzt

Flügeldecken

metallisch grün oder blaugrün
Aromia moschata
Moschusbock

nicht metallisch gefärbt
Cerambyx
Eichenbock

Flügeldecken

teilweise ± bräunlich
C. cerdo
Großer Eichenbock
=Spießbock

völlig schwarz
C. scopolii
Kleiner Eichenbock

Halsschildoberseite

Halsschild

breiter als lang
Rhopalopus
Rindenbock

länger als breit

Endglied der Kiefertaster

nicht beilförmig
Obrium
Reisigbock

beilförmig
Axinopalpis gracilis
Messerbock

glatt oder nur mit einzelnen, flachen Schwielen

Halsschildseiten

mit Dorn oder Höcker

glatt

Stirn

mit vorspringenden Kielen (†)
Xylotrechus
Holzwespenbock
häufigste Art:
X. rusticus

ohne Kiele

Seite 233

nicht oder nur schwach metallisch

Seite 224

Sander

Coleoptera · Käfer 29: Cerambycidae Bockkäfer 2

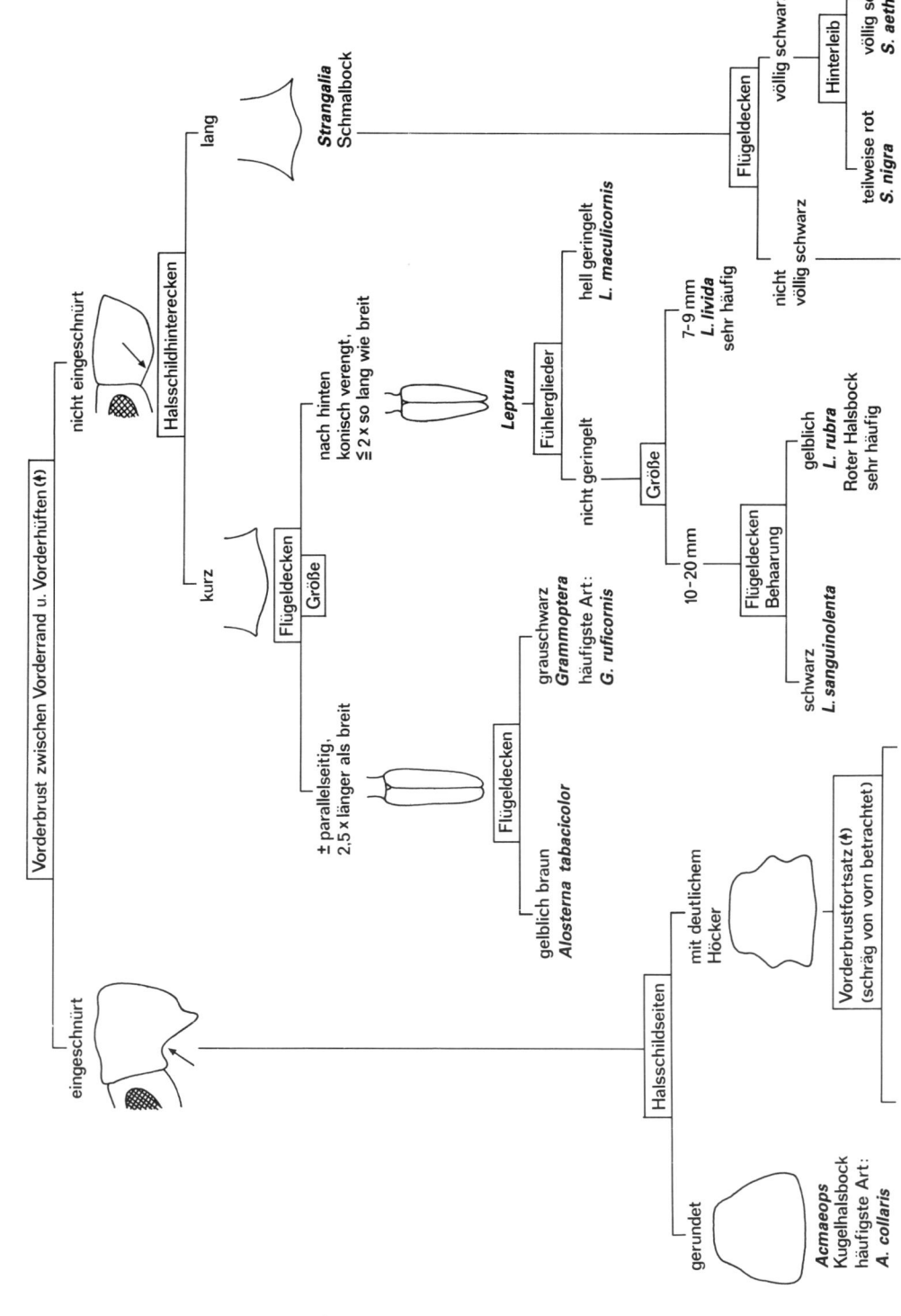

Vorderbrust zwischen Vorderrand u. Vorderhüften (↓)

- nicht eingeschnürt
  - **Halsschildhinterecken**
    - lang — *Strangalia* Schmalbock
      - **Flügeldecken**
        - völlig schwarz — **Hinterleib**
          - völlig schwarz — *S. aethiops*
          - teilweise rot — *S. nigra*
        - nicht völlig schwarz — völlig schwarz
    - kurz — **Flügeldecken**
      - **Größe**
        - ± parallelseitig, 2,5 × länger als breit — **Flügeldecken**
          - gelblich braun *Alosterna tabacicolor*
          - grauschwarz *Grammoptera* häufigste Art: *G. ruficornis*
        - nach hinten konisch verengt, ≦ 2× so lang wie breit — *Leptura*
          - **Fühlerglieder**
            - hell geringelt *L. maculicornis*
            - nicht geringelt — **Größe**
              - 7-9 mm *L. livida* sehr häufig
              - 10-20 mm — **Flügeldecken Behaarung**
                - gelblich *L. rubra* Roter Halsbock sehr häufig
                - schwarz *L. sanguinolenta*
- eingeschnürt
  - **Halsschildseiten**
    - mit deutlichem Höcker — **Vorderbrustfortsatz (↓)** (schräg von vorn betrachtet)
    - gerundet — *Acmaeops* Kugelhalsbock häufigste Art: *A. collaris*

224

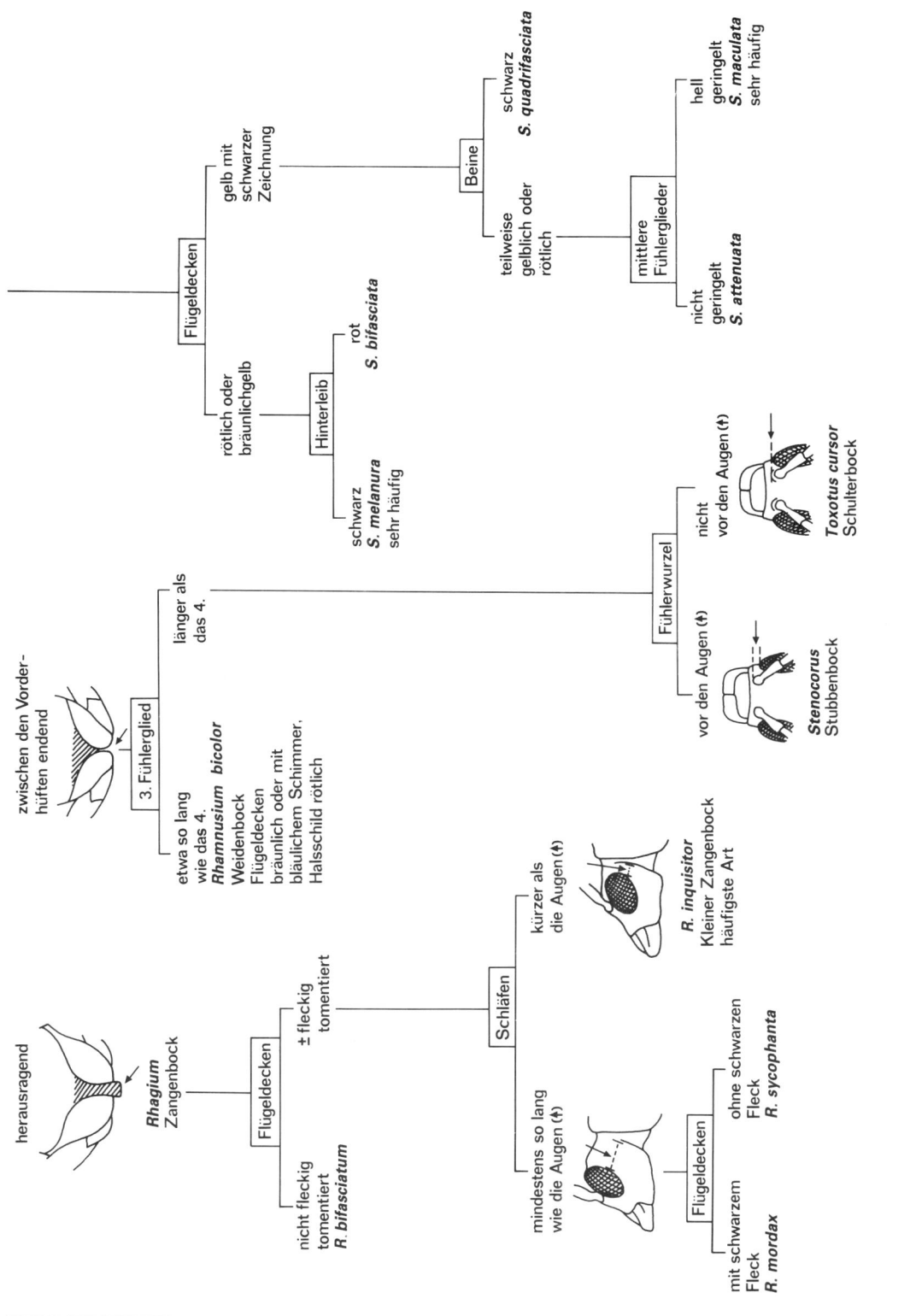

Sander

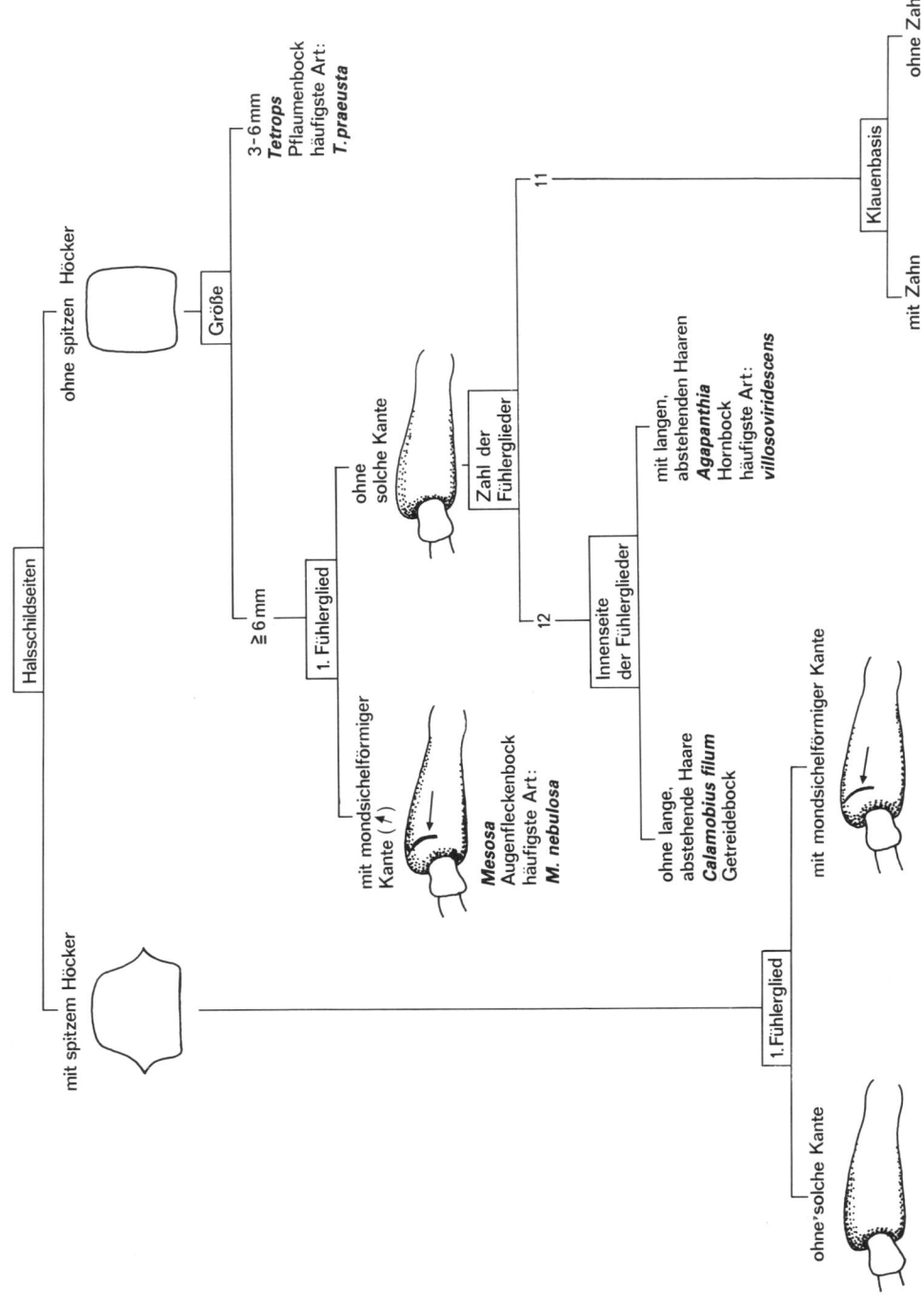

Coleoptera · Käfer 30: Cerambycidae Bockkäfer 3

226

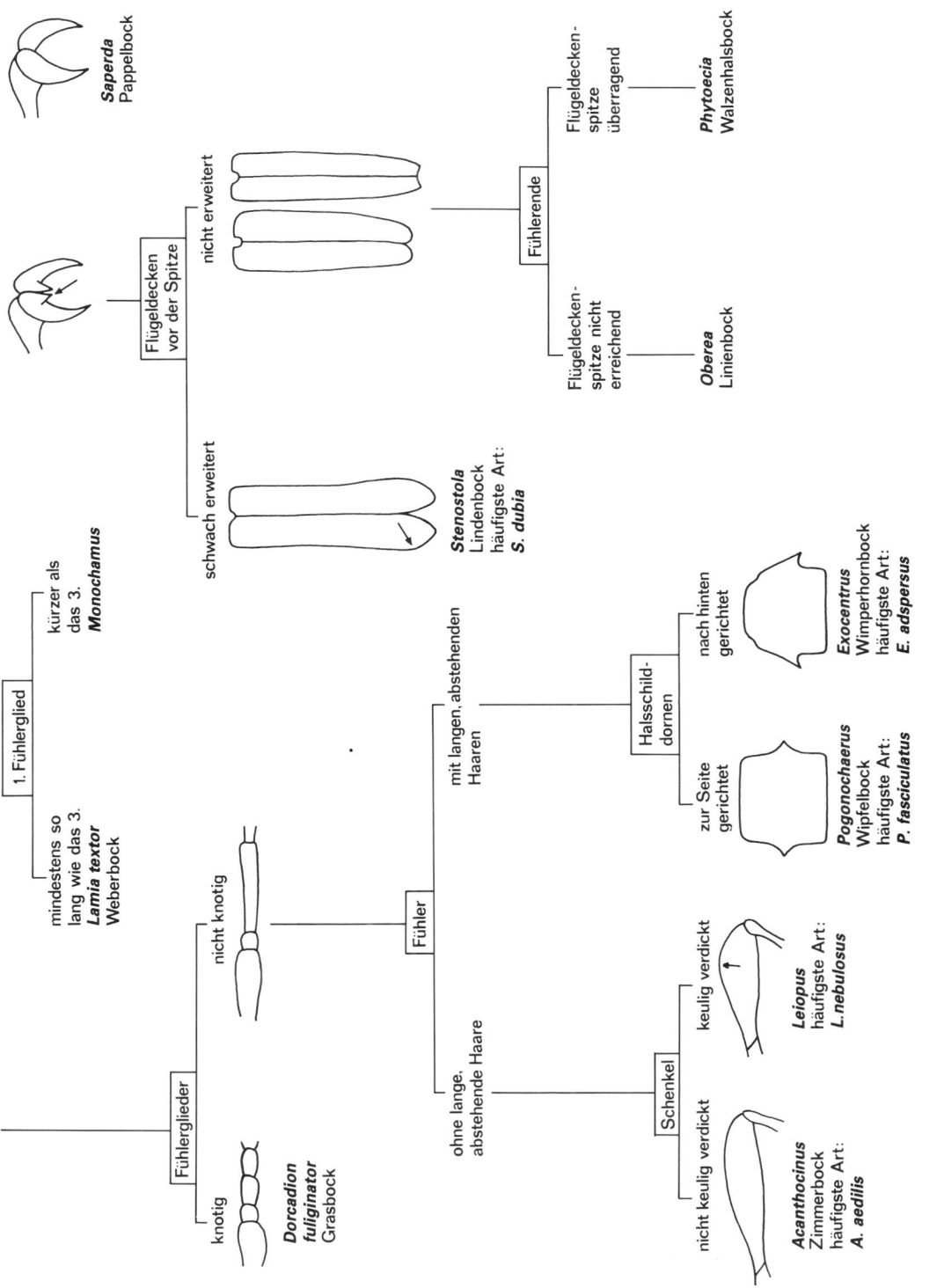

Fühlerglieder
- knotig — ***Dorcadion fuliginator*** Grasbock
- nicht knotig → Fühler

1. Fühlerglied
- mindestens so lang wie das 3. ***Lamia textor*** Weberbock
- kürzer als das 3. ***Monochamus***

Flügeldecken vor der Spitze
- schwach erweitert — ***Stenostola*** Lindenbock häufigste Art: ***S. dubia***
- nicht erweitert → Fühlerende

Fühlerende
- Flügeldecken-spitze nicht erreichend — ***Oberea*** Linienbock
- Flügeldecken-spitze überragend — ***Phytoecia*** Walzenhalsbock

Saperda Pappelbock

Fühler
- ohne lange, abstehende Haare → Schenkel
- mit langen, abstehenden Haaren → Halsschild-dornen

Schenkel
- nicht keulig verdickt — ***Acanthocinus*** Zimmerbock häufigste Art: ***A. aedilis***
- keulig verdickt — ***Leiopus*** häufigste Art: ***L. nebulosus***

Halsschild-dornen
- zur Seite gerichtet — ***Pogonochaerus*** Wipfelbock häufigste Art: ***P. fasciculatus***
- nach hinten gerichtet — ***Exocentrus*** Wimperhornbock häufigste Art: ***E. adspersus***

Sander

Coleoptera · Käfer 32: Chrysomelidae Blattkäfer 1

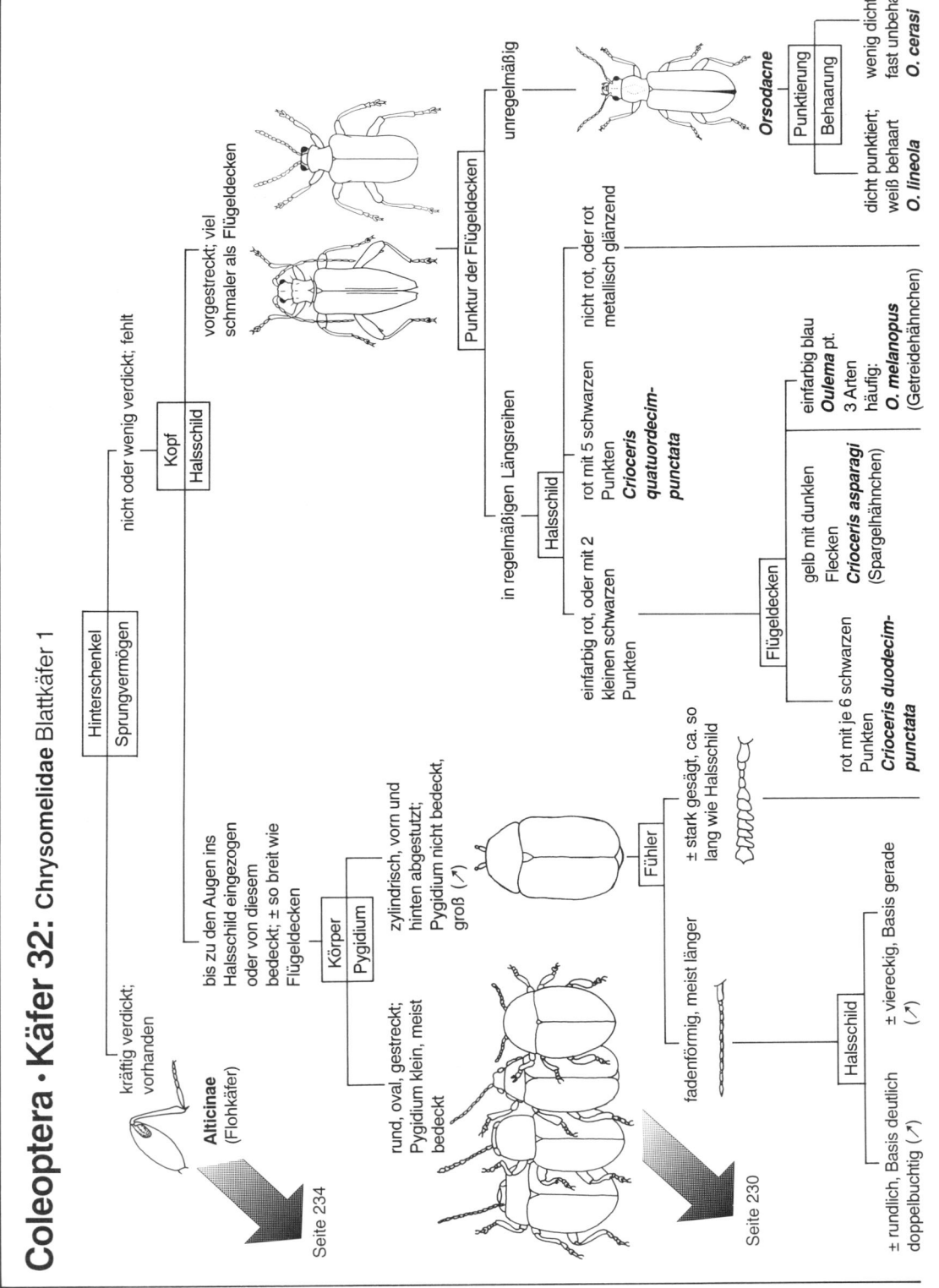

Hinterschenkel

krätig verdickt; vorhanden

Alticinae (Flohkäfer)

Seite 234

Sprungvermögen

nicht oder wenig verdickt; fehlt

Kopf
Halsschild

bis zu den Augen ins Halsschild eingezogen oder von diesem bedeckt; ± so breit wie Flügeldecken

Körper
Pygidium

rund, oval, gestreckt; Pygidium klein, meist bedeckt

zylindrisch, vorn und hinten abgestutzt; Pygidium nicht bedeckt, groß (↗)

Fühler

fadenförmig, meist länger

Halsschild

± rundlich, Basis deutlich doppelbuchtig (↗)

± viereckig, Basis gerade (↗)

Seite 230

± stark gesägt, ca. so lang wie Halsschild

vorgestreckt; viel schmaler als Flügeldecken

Punktur der Flügeldecken

in regelmäßigen Längsreihen

Halsschild

einfarbig rot, oder mit 2 kleinen schwarzen Punkten

Flügeldecken

rot mit je 6 schwarzen Punkten
Crioceris duodecim-punctata

gelb mit dunklen Flecken
Crioceris asparagi (Spargelhähnchen)

rot mit 5 schwarzen Punkten
Crioceris quatuordecim-punctata

nicht rot, oder rot metallisch glänzend

einfarbig blau
Oulema pt.
3 Arten häufig:
O. melanopus (Getreidehähnchen)

unregelmäßig

Orsodacne

Punktierung
Behaarung

dicht punktiert; weiß behaart
O. lineola

wenig dicht; fast unbehaart
O. cerasi

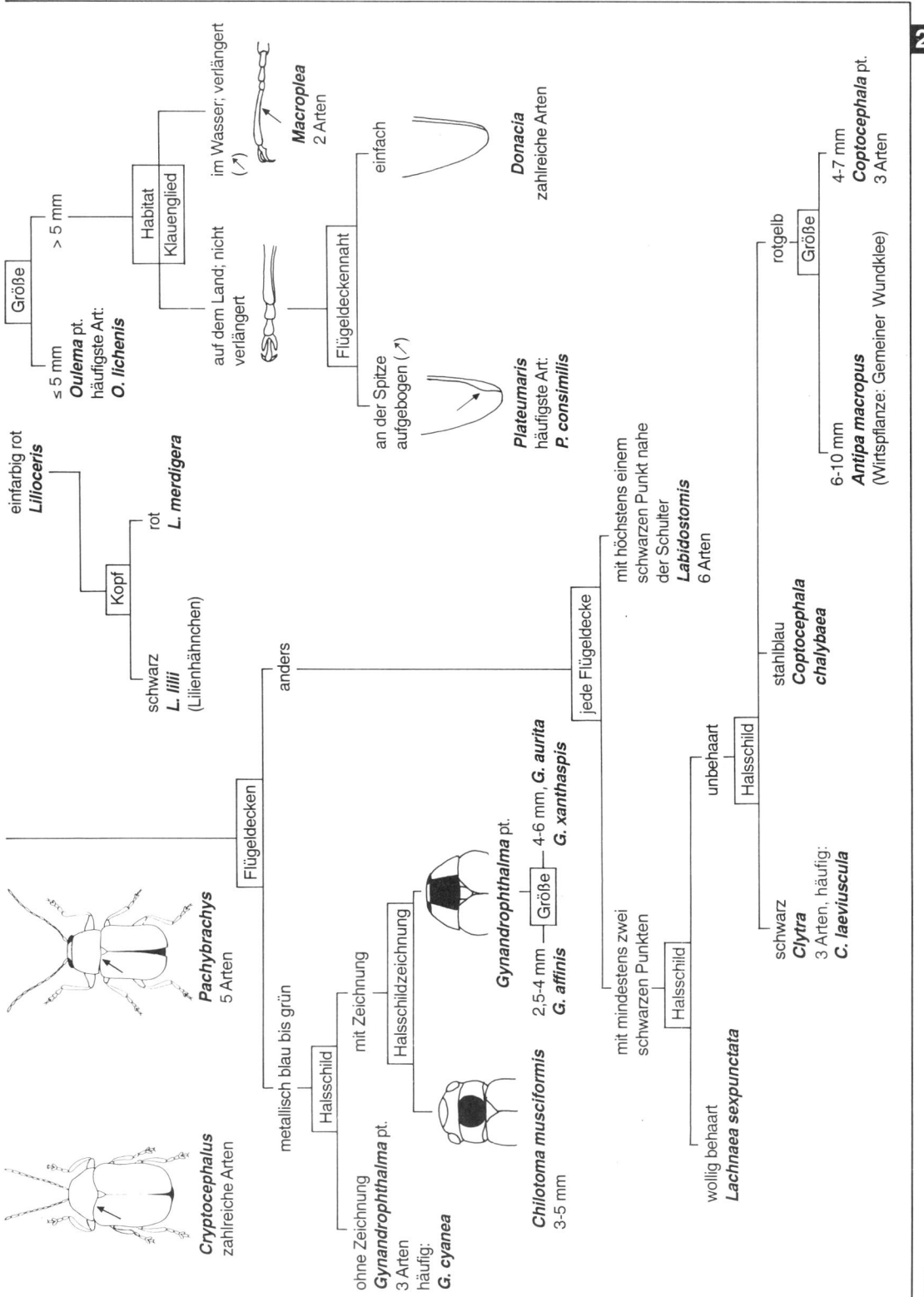

einfarbig rot
Lilioceris

Kopf
— rot
L. merdigera

— schwarz
L. lilii
(Lilienhähnchen)

Größe
— ≤ 5 mm
Oulema pt.
häufigste Art:
O. lichenis

— > 5 mm
Habitat Klauenglied
— im Wasser; verlängert (↗)
Macroplea
2 Arten

— auf dem Land; nicht verlängert
Flügeldeckennaht
— einfach
Donacia
zahlreiche Arten

— an der Spitze aufgebogen (↗)
Plateumaris
häufigste Art:
P. consimilis

Flügeldecken

Halsschild
— metallisch blau bis grün
Pachybrachys
5 Arten

— ohne Zeichnung
Gynandrophthalma pt.
3 Arten
häufig:
G. cyanea

— mit Zeichnung
Halsschildzeichnung
Gynandrophthalma pt.
— 2,5-4 mm
G. affinis
— **Größe**
— 4-6 mm, ***G. aurita***
— ***G. xanthaspis***

Chilotoma musciformis
3-5 mm

Halsschild
— mit mindestens zwei schwarzen Punkten
Lachnaea sexpunctata
wollig behaart

— anders
jede Flügeldecke
— mit höchstens einem schwarzen Punkt nahe der Schulter
Labidostomis
6 Arten

— unbehaart
Halsschild
— schwarz
Clytra
3 Arten, häufig:
C. laeviuscula

— stahlblau
Coptocephala chalybaea

— rotgelb
Größe
— 6-10 mm
Antipa macropus
(Wirtspflanze: Gemeiner Wundklee)

— 4-7 mm
Coptocephala pt.
3 Arten

Cryptocephalus
zahlreiche Arten

Perner

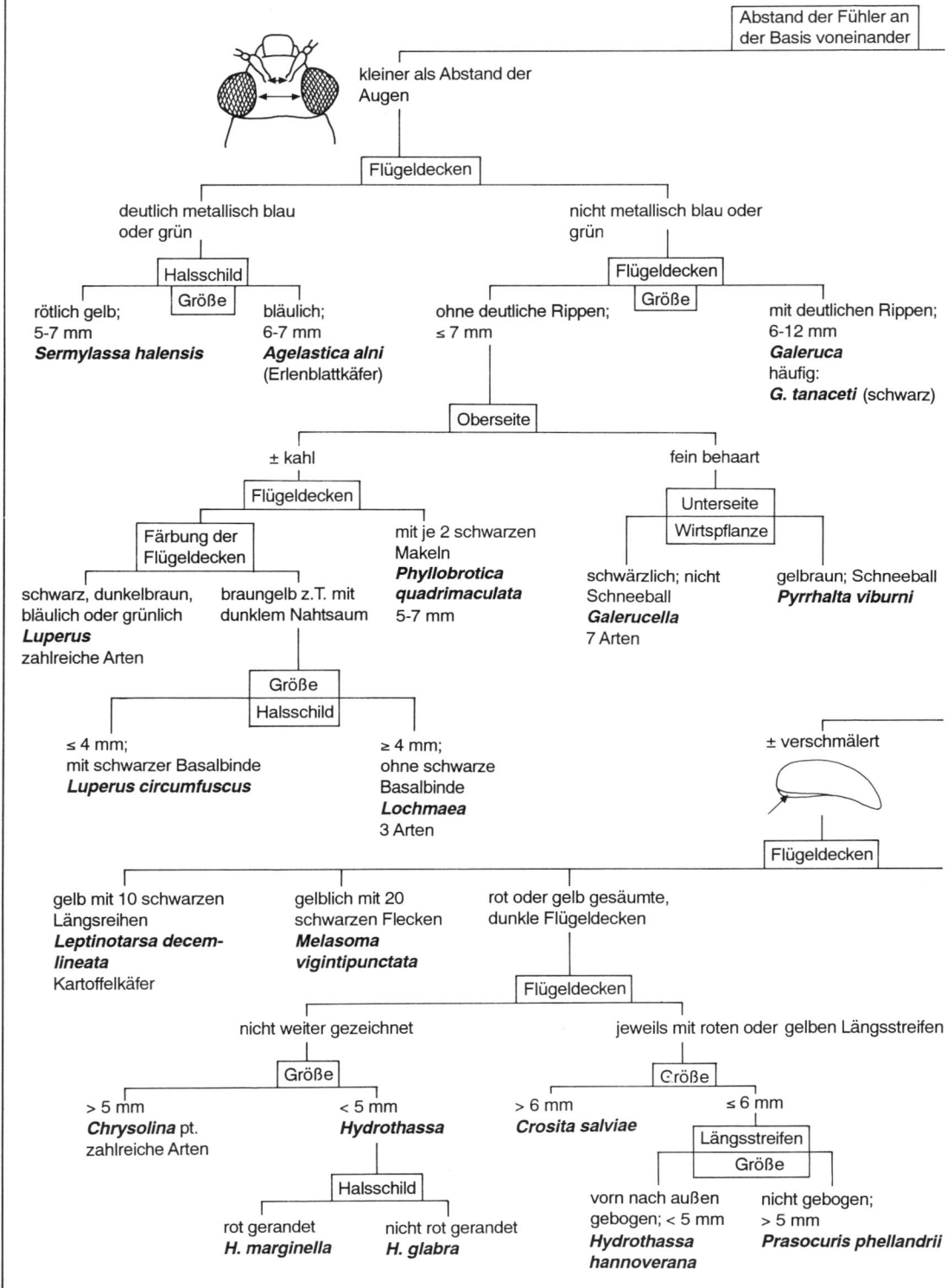

Abstand der Fühler an
der Basis voneinander

kleiner als Abstand der
Augen

Flügeldecken

deutlich metallisch blau
oder grün

nicht metallisch blau oder
grün

Halsschild

Größe

rötlich gelb;
5-7 mm
Sermylassa halensis

bläulich;
6-7 mm
Agelastica alni
(Erlenblattkäfer)

Flügeldecken

Größe

ohne deutliche Rippen;
≤ 7 mm

mit deutlichen Rippen;
6-12 mm
Galeruca
häufig:
G. tanaceti (schwarz)

Oberseite

± kahl

fein behaart

Flügeldecken

Unterseite

Färbung der
Flügeldecken

mit je 2 schwarzen
Makeln
**Phyllobrotica
quadrimaculata**
5-7 mm

Wirtspflanze

schwarz, dunkelbraun,
bläulich oder grünlich
Luperus
zahlreiche Arten

braungelb z.T. mit
dunklem Nahtsaum

schwärzlich; nicht
Schneeball
Galerucella
7 Arten

gelbraun; Schneeball
Pyrrhalta viburni

Größe

Halsschild

≤ 4 mm;
mit schwarzer Basalbinde
Luperus circumfuscus

≥ 4 mm;
ohne schwarze
Basalbinde
Lochmaea
3 Arten

± verschmälert

Flügeldecken

gelb mit 10 schwarzen
Längsreihen
**Leptinotarsa decem-
lineata**
Kartoffelkäfer

gelblich mit 20
schwarzen Flecken
**Melasoma
vigintipunctata**

rot oder gelb gesäumte,
dunkle Flügeldecken

Flügeldecken

nicht weiter gezeichnet

jeweils mit roten oder gelben Längsstreifen

Größe

Größe

> 5 mm
Chrysolina pt.
zahlreiche Arten

< 5 mm
Hydrothassa

> 6 mm
Crosita salviae

≤ 6 mm

Längsstreifen

Größe

Halsschild

rot gerandet
H. marginella

nicht rot gerandet
H. glabra

vorn nach außen
gebogen; < 5 mm
**Hydrothassa
hannoverana**

nicht gebogen;
> 5 mm
Prasocuris phellandrii

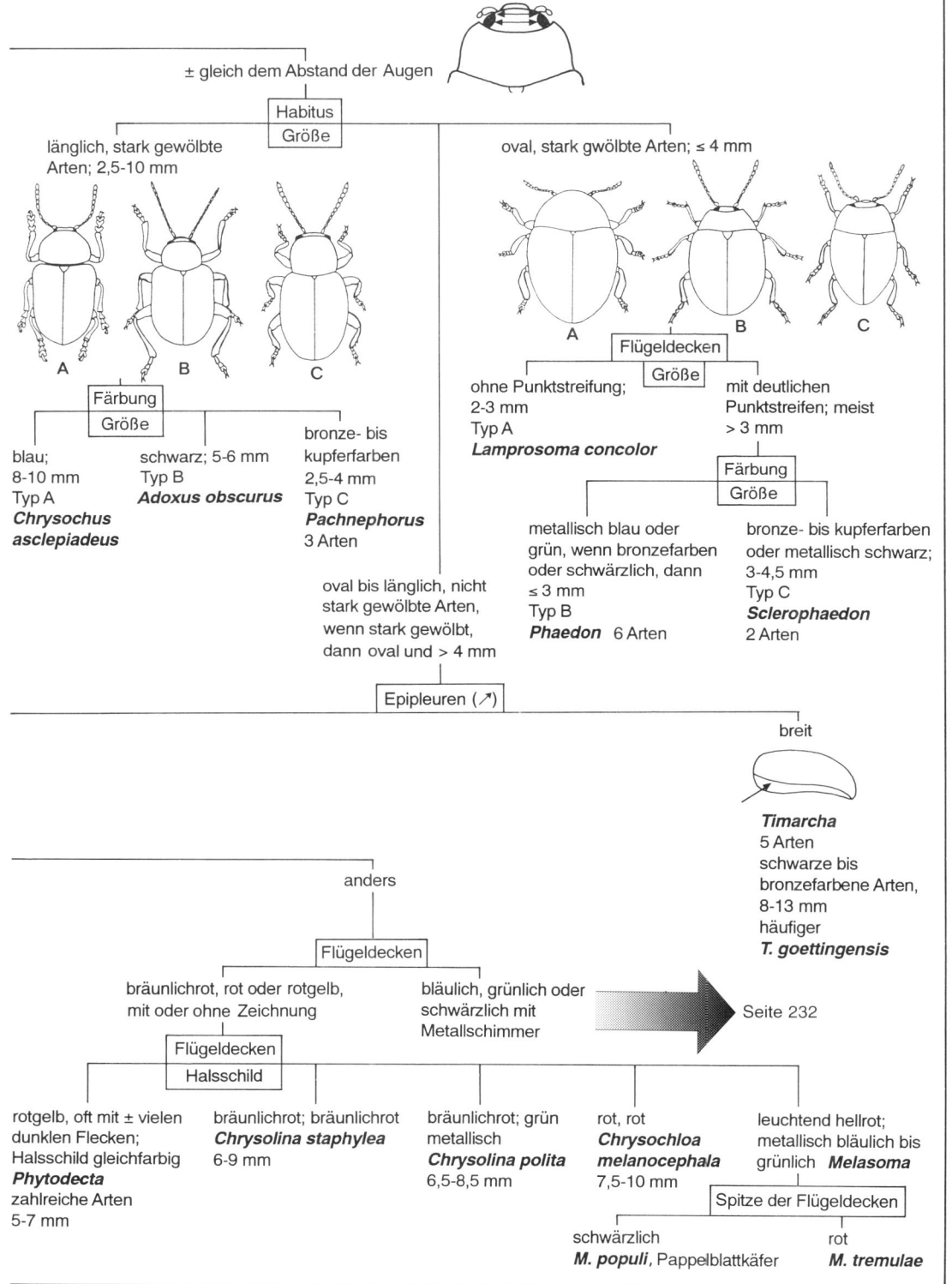

± gleich dem Abstand der Augen

Habitus
Größe

länglich, stark gewölbte
Arten; 2,5-10 mm

oval, stark gwölbte Arten; ≤ 4 mm

A   B   C

A

B   C

Färbung
Größe

blau;
8-10 mm
Typ A
Chrysochus
asclepiadeus

schwarz; 5-6 mm
Typ B
Adoxus obscurus

bronze- bis
kupferfarben
2,5-4 mm
Typ C
Pachnephorus
3 Arten

Flügeldecken
Größe

ohne Punktstreifung;
2-3 mm
Typ A
Lamprosoma concolor

mit deutlichen
Punktstreifen; meist
> 3 mm

Färbung
Größe

metallisch blau oder
grün, wenn bronzefarben
oder schwärzlich, dann
≤ 3 mm
Typ B
Phaedon 6 Arten

bronze- bis kupferfarben
oder metallisch schwarz;
3-4,5 mm
Typ C
Sclerophaedon
2 Arten

oval bis länglich, nicht
stark gewölbte Arten,
wenn stark gewölbt,
dann oval und > 4 mm

Epipleuren (↗)

breit

Timarcha
5 Arten
schwarze bis
bronzefarbene Arten,
8-13 mm
häufiger
T. goettingensis

anders

Flügeldecken

bräunlichrot, rot oder rotgelb,
mit oder ohne Zeichnung

bläulich, grünlich oder
schwärzlich mit
Metallschimmer

Seite 232

Flügeldecken
Halsschild

rotgelb, oft mit ± vielen
dunklen Flecken;
Halsschild gleichfarbig
Phytodecta
zahlreiche Arten
5-7 mm

bräunlichrot; bräunlichrot
Chrysolina staphylea
6-9 mm

bräunlichrot; grün
metallisch
Chrysolina polita
6,5-8,5 mm

rot, rot
Chrysochloa
melanocephala
7,5-10 mm

leuchtend hellrot;
metallisch bläulich bis
grünlich ***Melasoma***

Spitze der Flügeldecken

schwärzlich
M. populi, Pappelblattkäfer

rot
M. tremulae

Coleoptera · Käfer 34: Chrysomelidae Blattkäfer 3

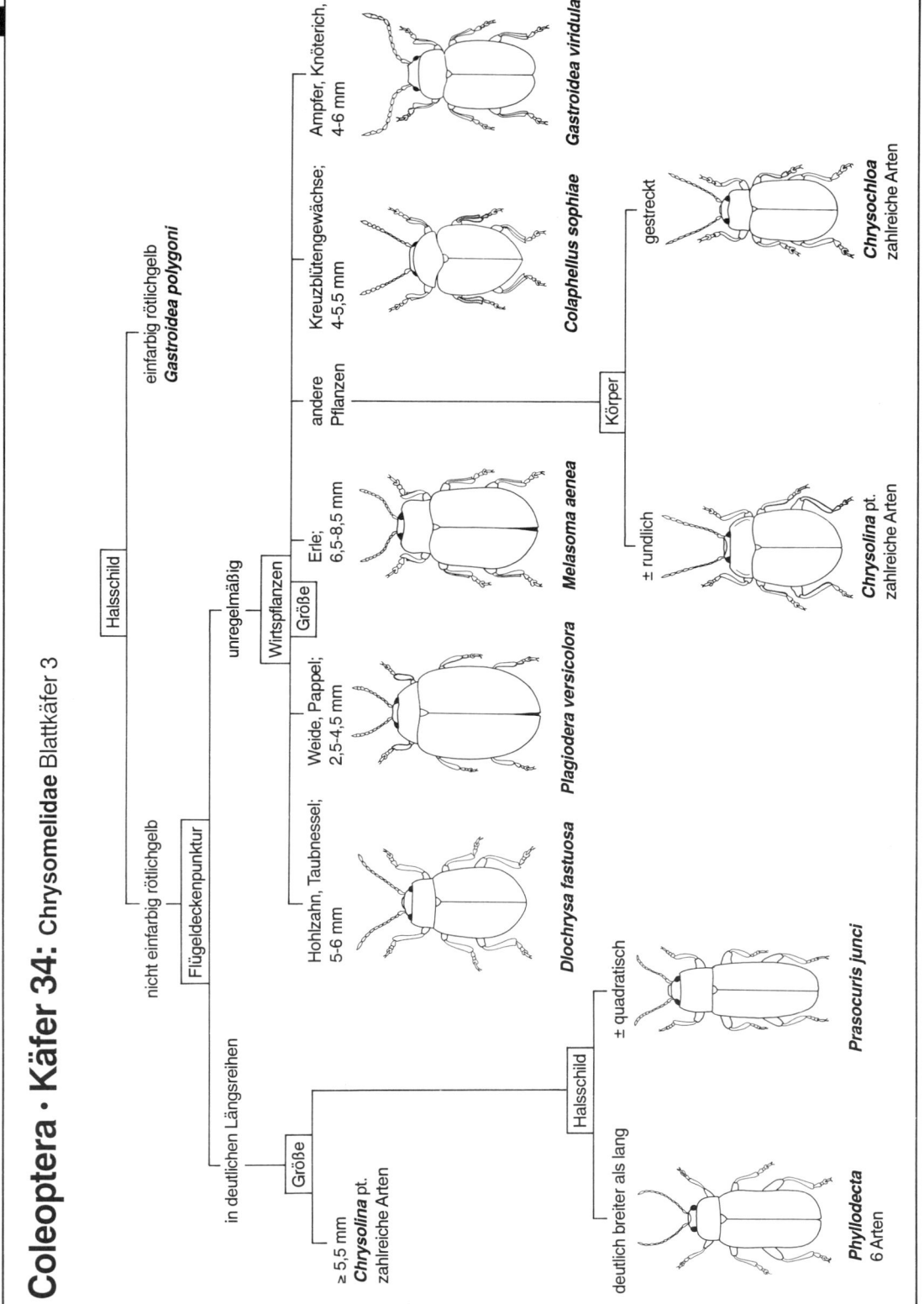

Halsschild

einfarbig rötlichgelb
Gastroidea polygoni

Ampfer, Knöterich,
4-6 mm

Gastroidea viridula

Kreuzblütengewächse;
4-5,5 mm

Colaphellus sophiae

andere
Pflanzen

Körper

gestreckt

Chrysochloa
zahlreiche Arten

± rundlich

Chrysolina pt.
zahlreiche Arten

nicht einfarbig rötlichgelb

Flügeldeckenpunktur

unregelmäßig

Wirtspflanzen

Größe

Erle;
6,5-8,5 mm

Melasoma aenea

Weide, Pappel;
2,5-4,5 mm

Plagiodera versicolora

Hohlzahn, Taubnessel;
5-6 mm

Diochrysa fastuosa

in deutlichen Längsreihen

Größe

≥ 5,5 mm
Chrysolina pt.
zahlreiche Arten

Halsschild

± quadratisch

Prasocuris junci

deutlich breiter als lang

Phyllodecta
6 Arten

Coleoptera · Käfer 31: Cerambycidae Bockkäfer 4

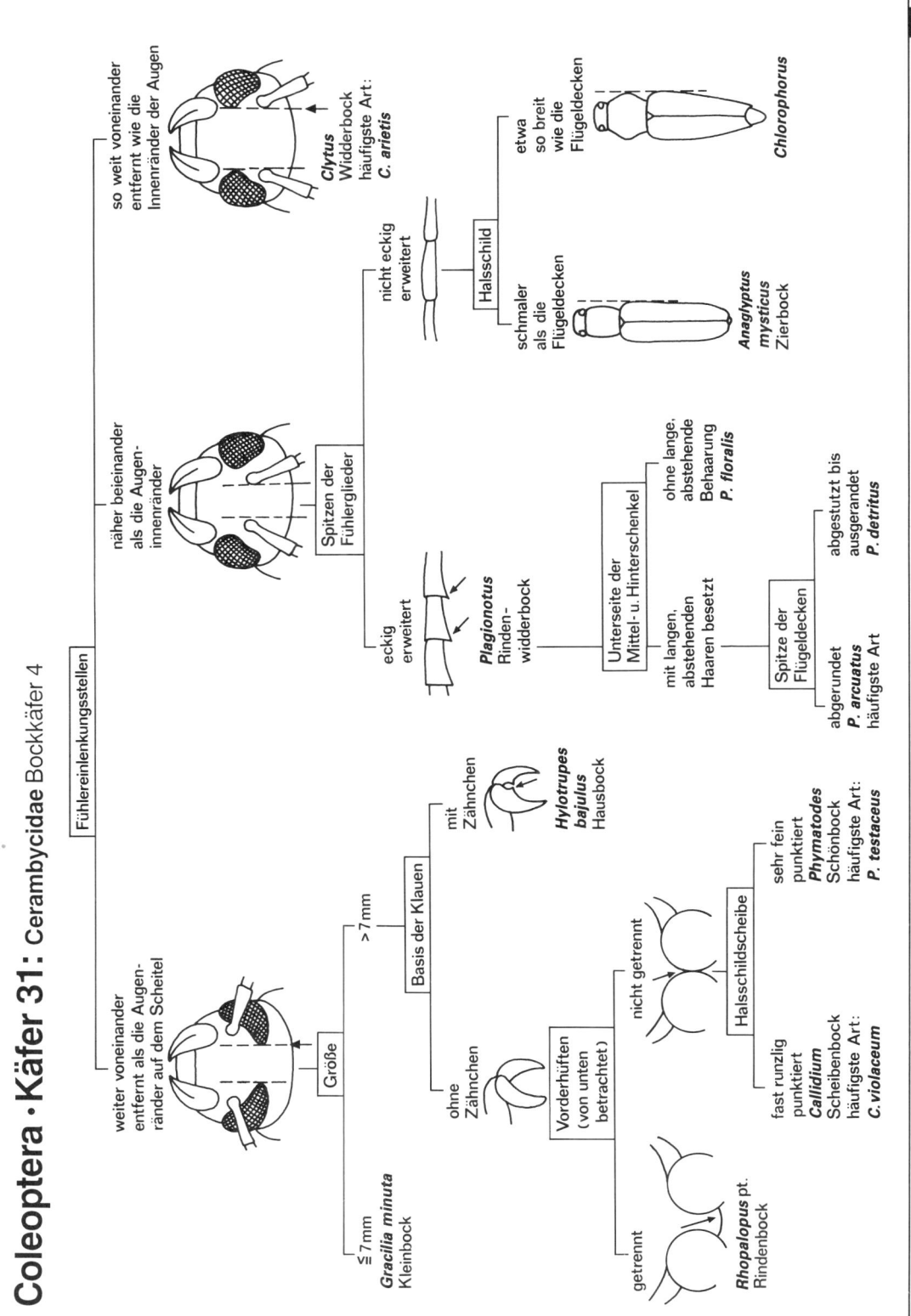

Sander

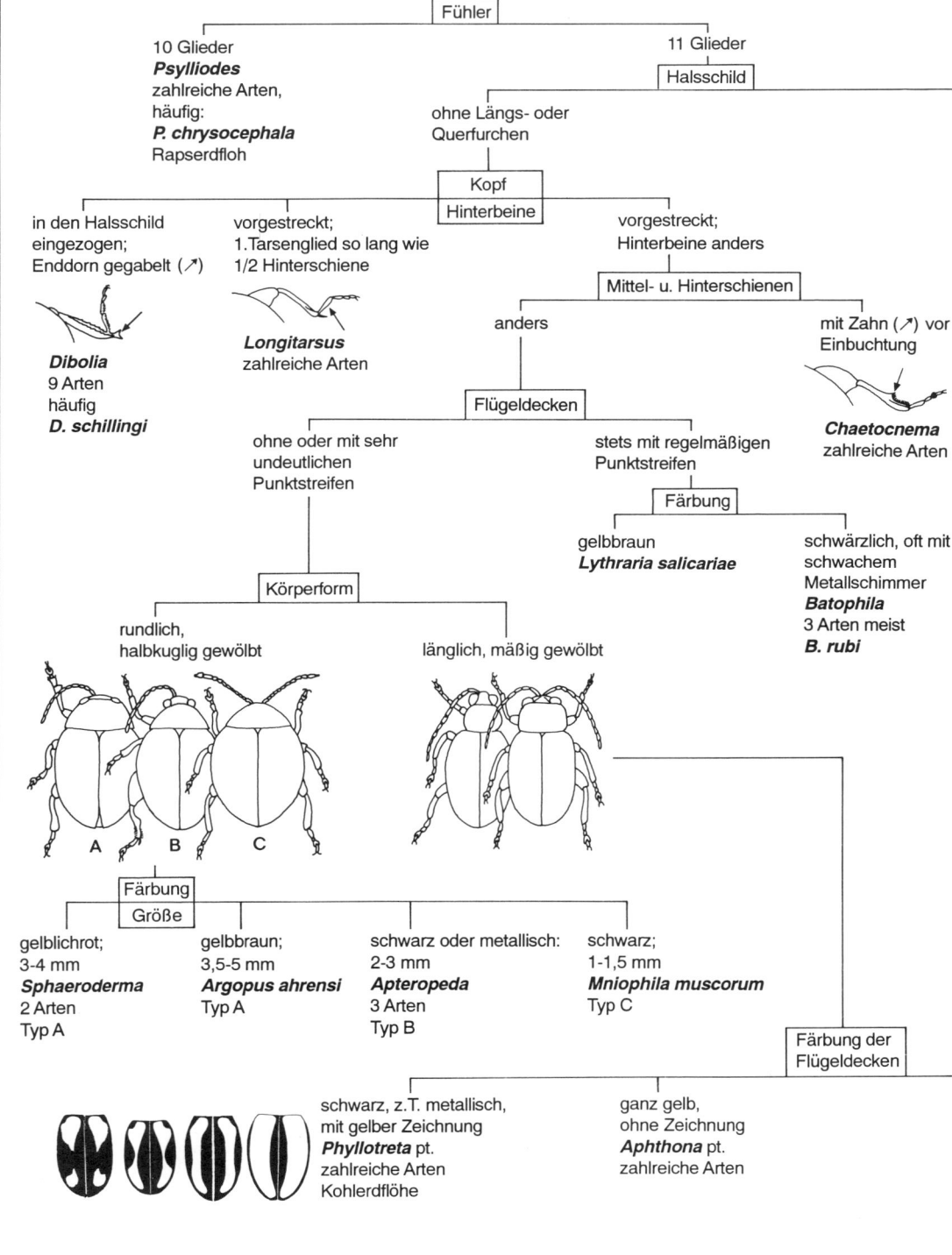

Fühler

10 Glieder
Psylliodes
zahlreiche Arten,
häufig:
P. chrysocephala
Rapserdfloh

11 Glieder
Halsschild

ohne Längs- oder
Querfurchen

Kopf

Hinterbeine

in den Halsschild
eingezogen;
Enddorn gegabelt (↗)

Dibolia
9 Arten
häufig
D. schillingi

vorgestreckt;
1.Tarsenglied so lang wie
1/2 Hinterschiene

Longitarsus
zahlreiche Arten

vorgestreckt;
Hinterbeine anders

Mittel- u. Hinterschienen

anders

Flügeldecken

mit Zahn (↗) vor
Einbuchtung

Chaetocnema
zahlreiche Arten

ohne oder mit sehr
undeutlichen
Punktstreifen

stets mit regelmäßigen
Punktstreifen

Färbung

gelbbraun
Lythraria salicariae

schwärzlich, oft mit
schwachem
Metallschimmer
Batophila
3 Arten meist
B. rubi

Körperform

rundlich,
halbkuglig gewölbt

länglich, mäßig gewölbt

Färbung
Größe

gelblichrot;
3-4 mm
Sphaeroderma
2 Arten
Typ A

gelbbraun;
3,5-5 mm
Argopus ahrensi
Typ A

schwarz oder metallisch:
2-3 mm
Apteropeda
3 Arten
Typ B

schwarz;
1-1,5 mm
Mniophila muscorum
Typ C

Färbung der
Flügeldecken

schwarz, z.T. metallisch,
mit gelber Zeichnung
Phyllotreta pt.
zahlreiche Arten
Kohlerdflöhe

ganz gelb,
ohne Zeichnung
Aphthona pt.
zahlreiche Arten

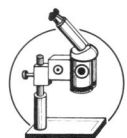

mit Längs- u./o.
Querfurchen

A   B   C

Halsschild

mit Querfurche (z.T.
schwach ausgebildet!)
(siehe Typ A u. B)

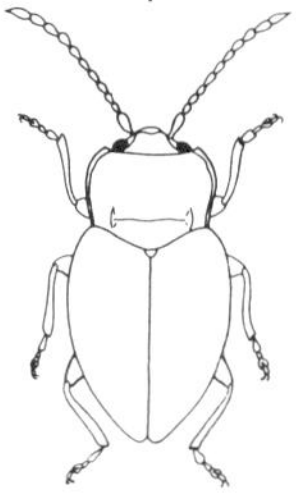

mit kurzen Längsfurchen
nahe der Basis
(siehe Typ C!)

Flügeldecken

Größe

unregelmäßig punktiert

mit regelmäßigen Reihen
oder Streifen punktiert

≤ 3 mm

> 3 mm
Podagrica
4 Arten

Größe

Habitus

> 3 mm
Altica
zahlreiche Arten

≤ 3 mm
Hermaeophaga
2 Arten

rundlich, halbkuglig
gewölbt, schwarz

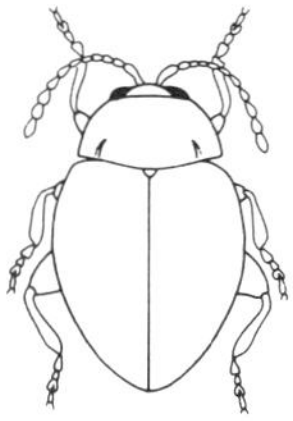

gestreckt, schwächer
gewölbt, nicht schwarz,
wenn schwarz, dann
metallisch glänzend

Größe

> 2,5 mm

≤ 2,5 mm

Wirtspflanzen

Färbung

an Süßgräsern;
gelb bis braun oder
metallisch-schwarz,
grün, blau
Crepidodera
zahlreiche Arten

an Schmetterlingsblüten-
gewächsen; blau oder
blaugrün
Derocrepis rufipes
Wickenflohkäfer

an Weide, Pappel;
metallisch
Chalcoides
6 Arten

Minota obesa

Mantura
5 Arten

Flügeldecken

bräunlich oder
bronzebraun metallisch,
im hinteren Teil gelb bis
rotgelb gezeichnet

schwarz
1,5-2 mm
Epithrix
2 Arten
meist
E. pubescens

bräunlich

Habitus

Habitat

Größe

1,5-2 mm
Epithrix atropae

2-2,5 mm
Hippuriphila modeeri

ganz schwarz, z.T. metallisch

Wirtspflanzen

meist Wolfsmilch,
seltener Lein, Schwert-
lilie, Sonnenröschen
Aphthona pt.
zahlreiche Arten

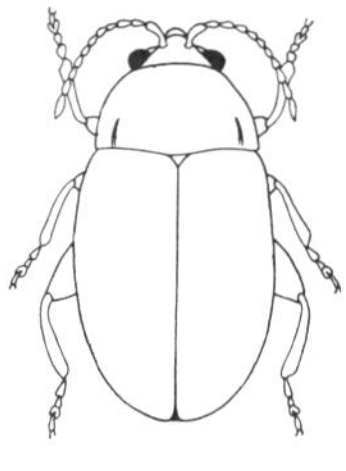

Kreuzblütengewächse
und Resede-Arten
Phyllotreta pt.
mehrere Arten
Kohlerdflöhe

mediterrane Art
Ochrosis ventralis

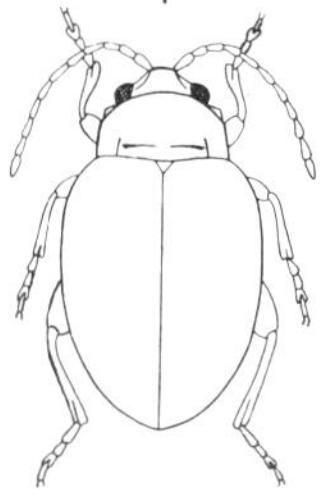

hoch- bis subalpin
Orestia
3 Arten

Perner

Coleoptera · Käfer 36: Curculionidae Rüsselkäfer 1

Maße: Körperlänge ohne Rüssel !

Hinterschenkel (H)

Sprungvermögen (Sp)

H: verdickt, Sp: entwickelt

Fühler

gekniet
Schaftglied (S)
verlängert

nicht gekniet
Schaftglied (S)
kurz

Rhynchaenus
Springrüßler
1,5 - 4 mm
oft bunt
22 Arten

Rhamphus
1,4 - 2 mm
einfarbig
3 Arten

Nährpflanze

Rotbuche
R. fagi
schwarz
Beine ± rötlich

Weide, Erle
Grundfarbe: schwarz

hellere Abzeichen

zwei weiße Querbinden,
die vordere oft mit
rötlichem Fleck
R. salicis
sehr häufig an Weide

Schildchen
weiß
R. stigma
häufig an
Weide u. Erle

S: verlängert
F: gekniet

nicht verdickt (nur **Deporaus** ♂)
Sp: fehlt stets

Fühlerschaft (S)

Fühler (F)

S: kurz, F: nicht gekniet

Flügeldecken

schwarz
mit grauen oder
gelben Haarflecken

Gestalt

gestreckt zylindrisch

Rhinocyllus conicus
Distelrüßler
4 - 6 mm

oval gerundet

Larinus
Distelblütenrüßler
4 - 12 mm
verbreitete Art:
L. turbinatus

anders gezeichnet

Rüssel (R) und
Flügeldecken (Fl)

R: sehr lang und dünn;
Fl: hinten allmählich
gerundet

R: kurz od. lang,
nicht dünn;
Fl: hinten plötzlich
gerundet, andern-
falls R sehr kurz

R

R

Apion
Spitzmäuschen
1,2 - 4,5 mm
117 Arten

R

R

Kopfbasis

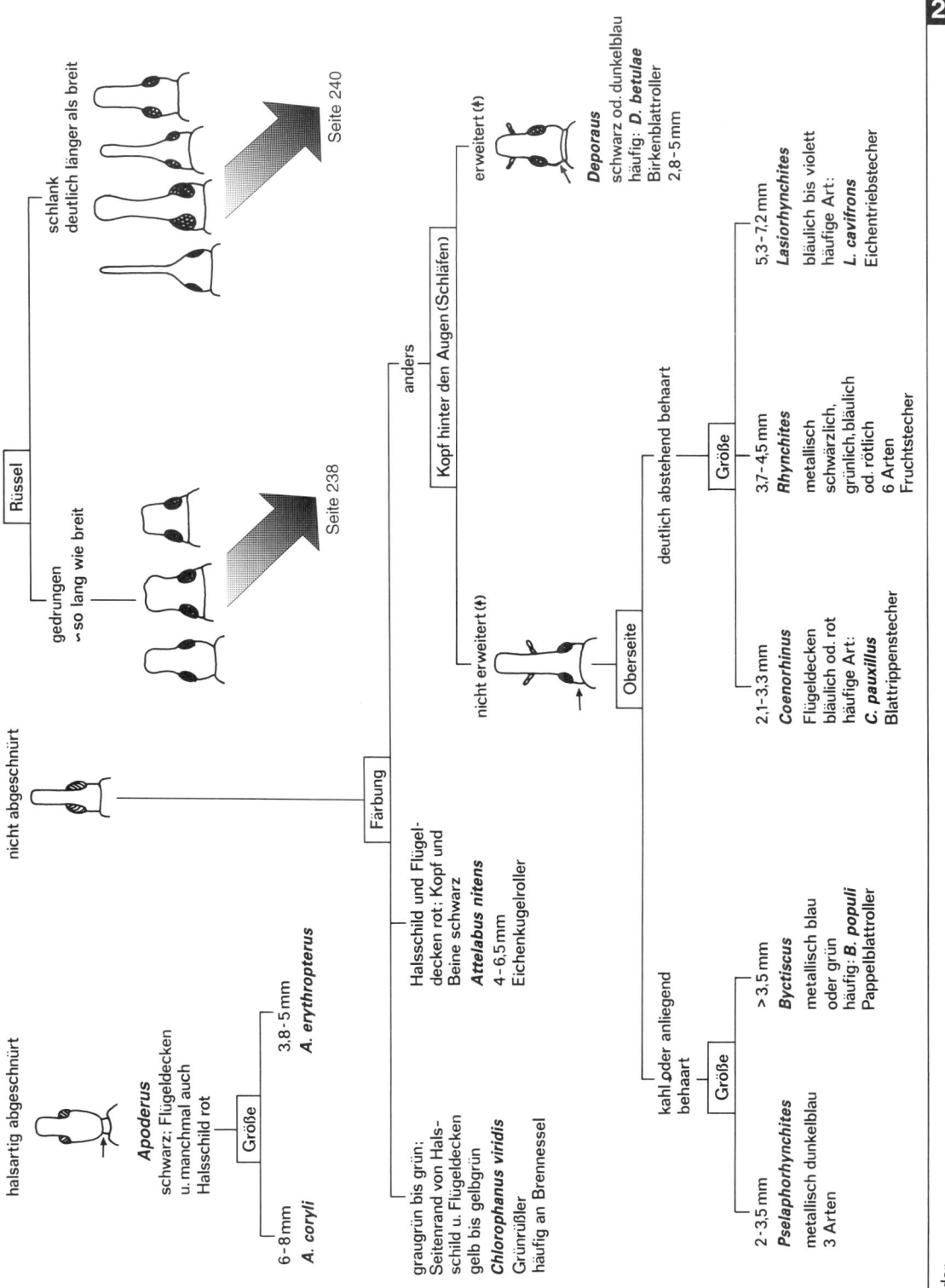

halsartig abgeschnürt

Apoderus
schwarz; Flügeldecken u. manchmal auch Halsschild rot

Größe
6-8mm — **A. coryli**
3,8-5mm — **A. erythropterus**

nicht abgeschnürt

Rüssel
gedrungen ⌣so lang wie breit → Seite 238
schlank deutlich länger als breit → Seite 240

Färbung

Halsschild und Flügeldecken rot; Kopf und Beine schwarz
Attelabus nitens
4-6,5mm
Eichenkugelroller

graugrün bis grün; Seitenrand von Halsschild u. Flügeldecken gelb bis gelbgrün
Chlorophanus viridis
Grünrüßler
häufig an Brennessel

anders

Kopf hinter den Augen (Schläfen)

erweitert (↑)
Deporaus
schwarz od. dunkelblau
häufig: **D. betulae**
Birkenblattroller
2,8-5mm

nicht erweitert (↑)

Oberseite

kahl oder anliegend behaart

Größe
2-3,5mm
Pselaphorhynchites
metallisch dunkelblau
3 Arten

>3,5mm
Byctiscus
metallisch blau oder grün
häufig: **B. populi**
Pappelblattroller

deutlich abstehend behaart

Größe
2,1-3,3mm
Coenorhinus
Flügeldecken bläulich od. rot
häufige Art:
C. pauxillus
Blattrippenstecher

3,7-4,5mm
Rhynchites
metallisch schwärzlich, grünlich, bläulich od. rötlich
6 Arten
Fruchtstecher

5,3-7,2mm
Lasiorhynchites
bläulich bis violett
häufige Art:
L. cavifrons
Eichentriebstecher

Coleoptera · Käfer 37: Curculionidae Rüsselkäfer 2

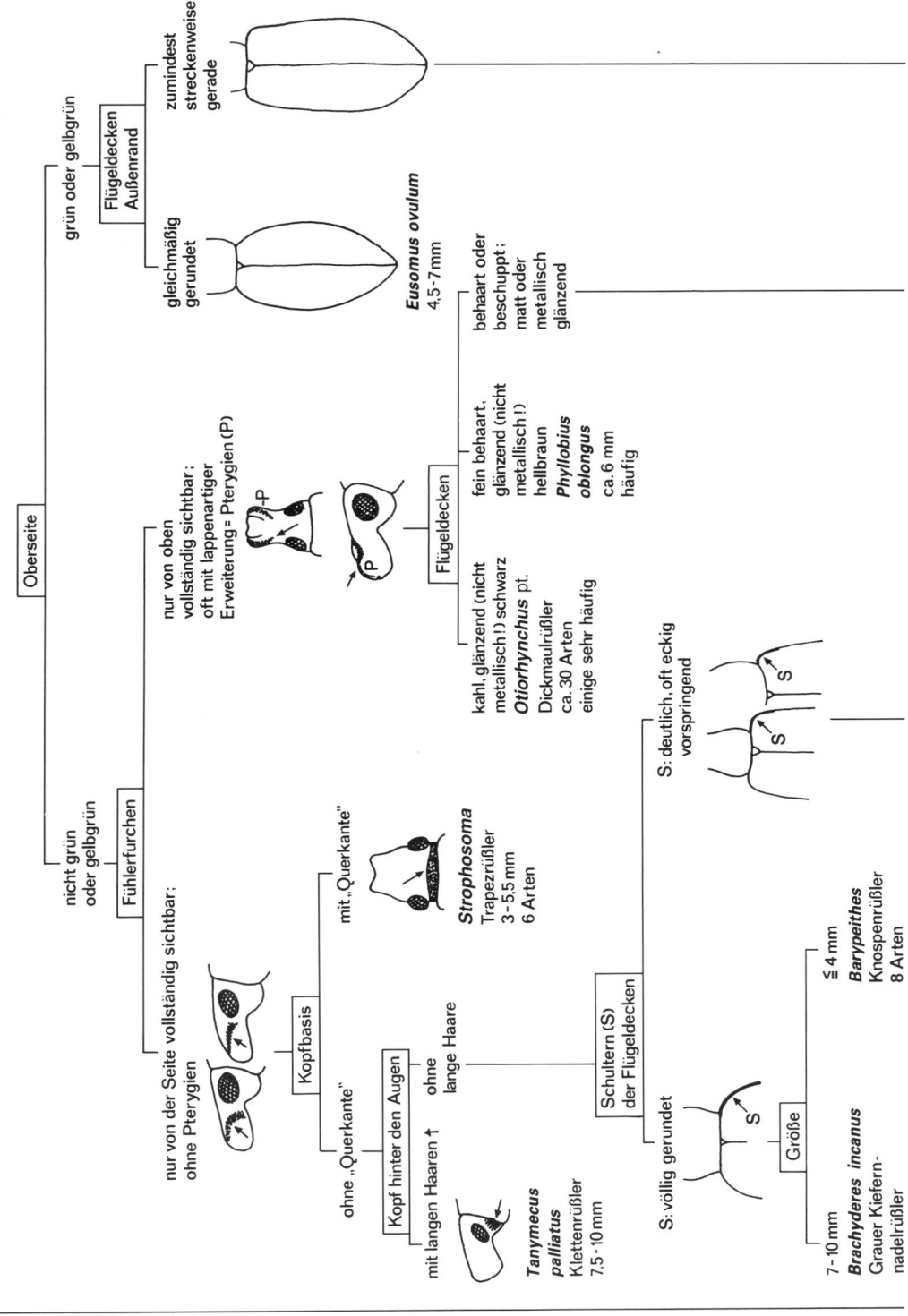

Oberseite

grün oder gelbgrün

Flügeldecken Außenrand

zumindest streckenweise gerade

gleichmäßig gerundet

Eusomus ovulum
4,5-7 mm

nur von oben vollständig sichtbar; oft mit lappenartiger Erweiterung = Pterygien (P)

Flügeldecken

behaart oder beschuppt; matt oder metallisch glänzend

fein behaart, glänzend (nicht metallisch!) hellbraun
Phyllobius oblongus
ca. 6 mm
häufig

kahl, glänzend (nicht metallisch) schwarz
***Otiorhynchus* pt.**
Dickmaulrüßler
ca. 30 Arten
einige sehr häufig

nicht grün oder gelbgrün

Fühlerfurchen

nur von der Seite vollständig sichtbar; ohne Pterygien

ohne „Querkante"

mit „Querkante"

Strophosoma
Trapezrüßler
3-5,5 mm
6 Arten

Kopfbasis

Kopf hinter den Augen ↑

ohne lange Haare

mit langen Haaren ↑

Tanymecus palliatus
Klettenrüßler
7,5-10 mm

Schultern (S) der Flügeldecken

S: deutlich, oft eckig vorspringend

S: völlig gerundet

Größe

≦ 4 mm
Barypeithes
Knospenrüßler
8 Arten

7-10 mm
Brachyderes incanus
Grauer Kiefern-nadelrüßler

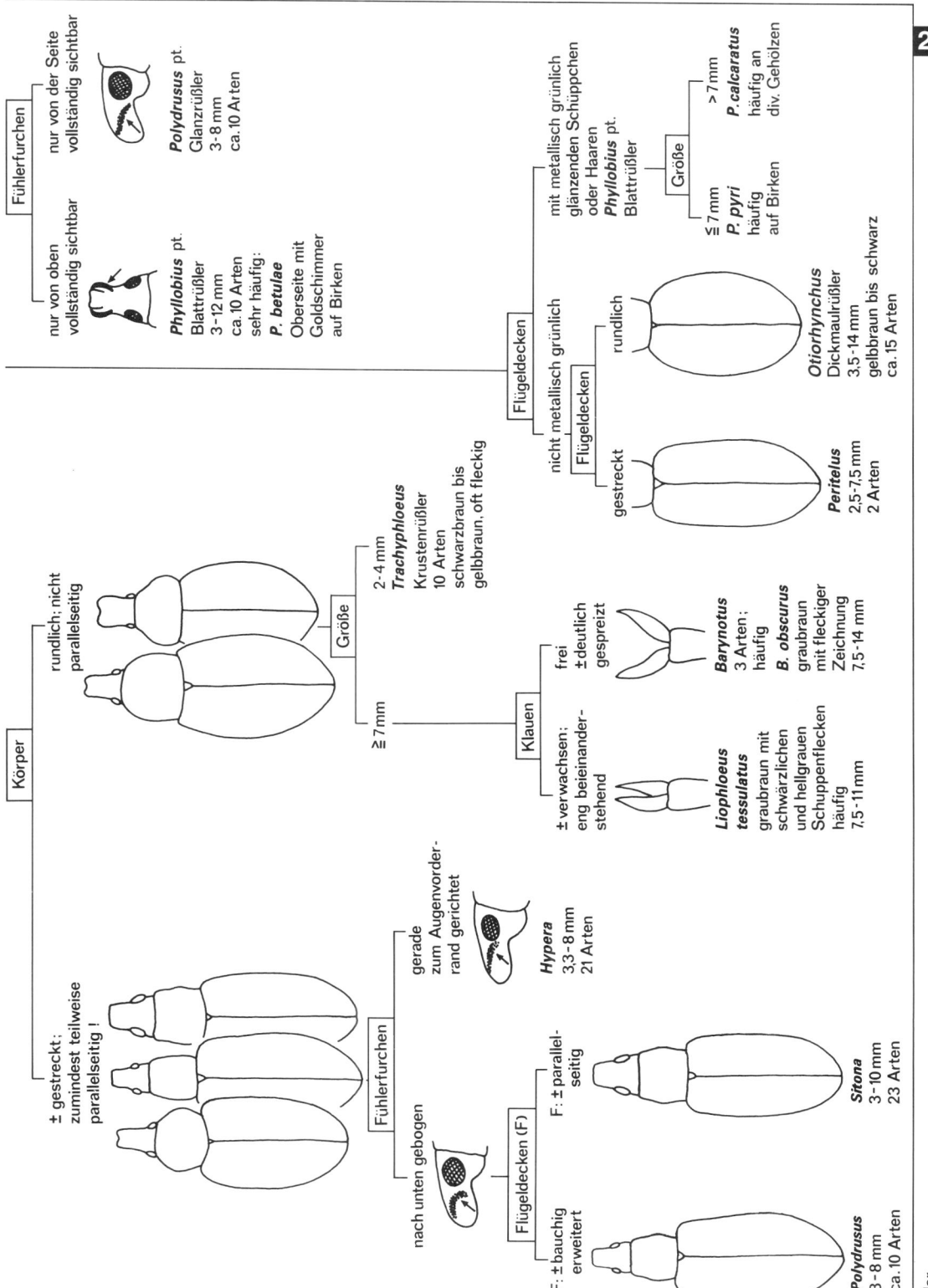

Fühlerfurchen

nur von oben vollständig sichtbar

Phyllobius pt.
Blattrüßler
3-12 mm
ca. 10 Arten
sehr häufig:
P. betulae
Oberseite mit
Goldschimmer
auf Birken

nur von der Seite vollständig sichtbar

Polydrusus pt.
Glanzrüßler
3-8 mm
ca. 10 Arten

mit metallisch grünlich glänzenden Schüppchen oder Haaren
Phyllobius pt.
Blattrüßler

Größe

≦ 7mm
P. pyri
häufig
auf Birken

> 7mm
P. calcaratus
häufig an
div. Gehölzen

nicht metallisch grünlich

Flügeldecken

gestreckt

Peritelus
2,5-7,5 mm
2 Arten

rundlich

Otiorhynchus
Dickmaulrüßler
3,5-14 mm
gelbbraun bis schwarz
ca. 15 Arten

Körper

rundlich; nicht parallelseitig

Größe

2-4 mm
Trachyphloeus
Krustenrüßler
10 Arten
schwarzbraun bis
gelbbraun, oft fleckig

≧ 7 mm

Klauen

frei
± deutlich gespreizt

Barynotus
3 Arten;
häufig
B. obscurus
graubraun
mit fleckiger
Zeichnung
7,5-14 mm

± verwachsen;
eng beieinander-
stehend

*Liophloeus
tessulatus*
graubraun mit
schwärzlichen
und hellgrauen
Schuppenflecken
häufig
7,5-11 mm

Flügeldecken

± gestreckt;
zumindest teilweise
parallelseitig !

nach unten gebogen

Fühlerfurchen

gerade zum Augenvorder-
rand gerichtet

Hypera
3,3-8 mm
21 Arten

Flügeldecken (F)

F: ± bauchig
erweitert

Polydrusus
3-8 mm
ca. 10 Arten

F: ± parallel-
seitig

Sitona
3-10 mm
23 Arten

Sander

Coleoptera · Käfer 38: Curculionidae Rüsselkäfer 3

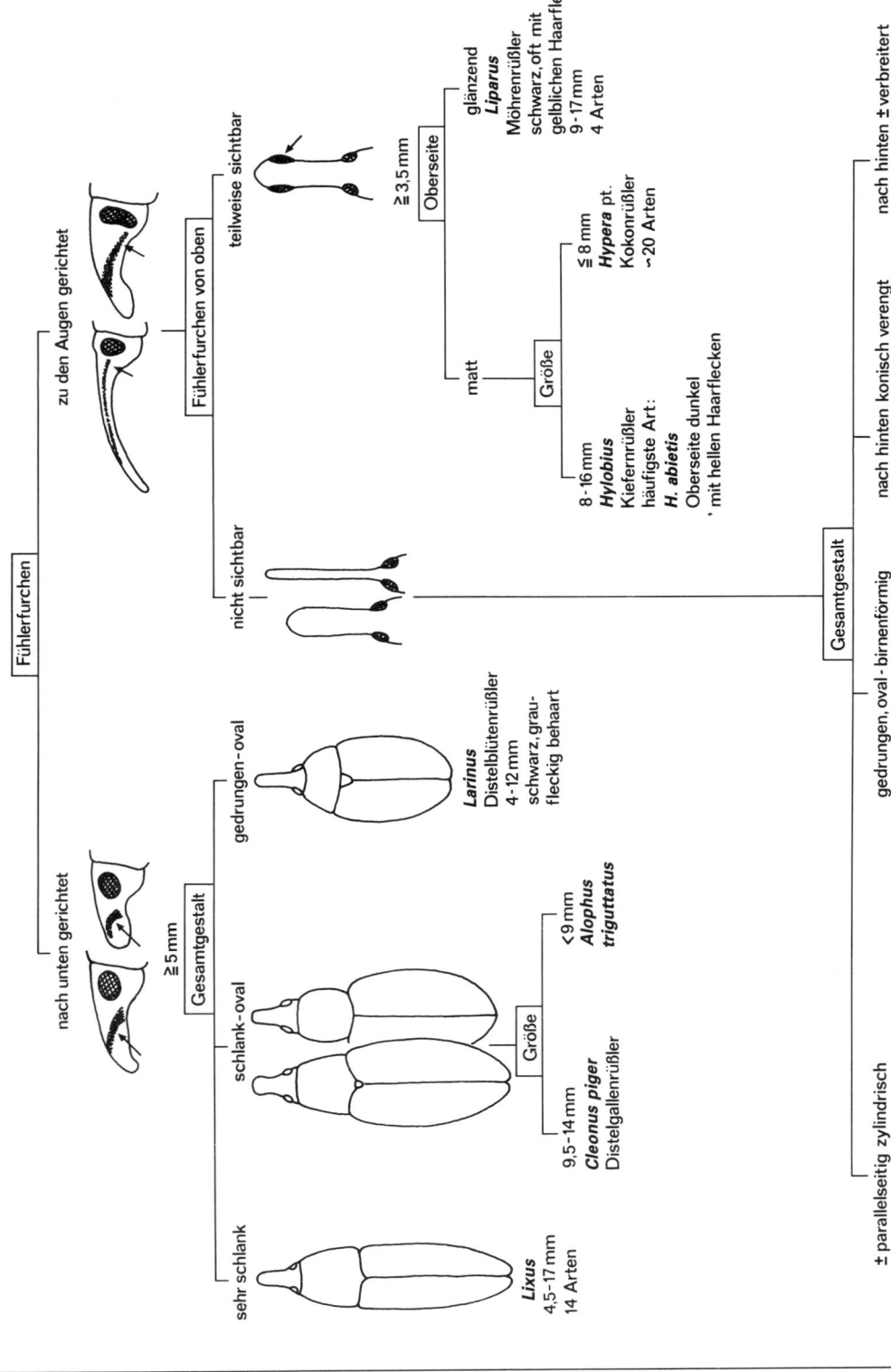

Fühlerfurchen

nach unten gerichtet — **≧5 mm** — **Gesamtgestalt**

sehr schlank

Lixus
4,5 - 17 mm
14 Arten

schlank - oval — **Größe**

9,5 - 14 mm
Cleonus piger
Distelgallenrüßler

< 9 mm
Alophus triguttatus

gedrungen - oval

Larinus
Distelblütenrüßler
4 - 12 mm
schwarz, grau-
fleckig behaart

zu den Augen gerichtet — **Fühlerfurchen von oben**

nicht sichtbar

teilweise sichtbar — **≧3,5 mm** — **Oberseite**

glänzend
Liparus
Möhrenrüßler
schwarz, oft mit
gelblichen Haarflecken
9 - 17 mm
4 Arten

matt — **Größe**

≦ 8 mm
Hypera pt.
Kokonrüßler
~20 Arten

8 - 16 mm
Hylobius
Kiefernrüßler
häufigste Art:
H. abietis
Oberseite dunkel
mit hellen Haarflecken

Gesamtgestalt

gedrungen, oval - birnenförmig

nach hinten konisch verengt

nach hinten ± verbreitert

± parallelseitig zylindrisch

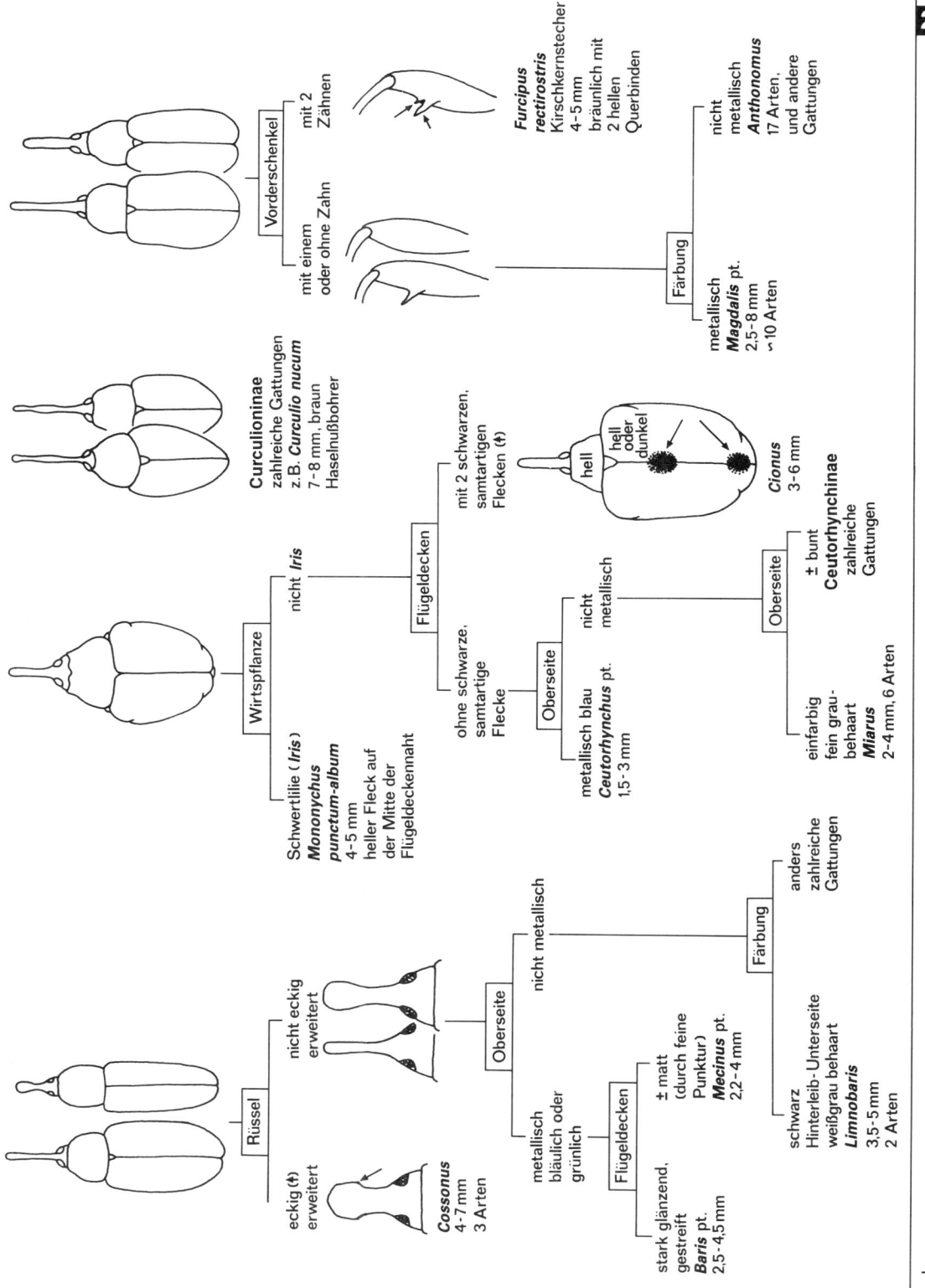

Vorderschenkel

mit einem oder ohne Zahn

mit 2 Zähnen

Furcipus rectirostris Kirschkernstecher 4 - 5 mm bräunlich mit 2 hellen Querbinden

Färbung

metallisch *Magdalis* pt. 2,5 - 8 mm ∿10 Arten

nicht metallisch *Anthonomus* 17 Arten, und andere Gattungen

Curculioninae zahlreiche Gattungen z.B. *Curculio nucum* 7 - 8 mm, braun Haselnußbohrer

Wirtspflanze

Schwertlilie (*Iris*) *Mononychus punctum-album* 4 - 5 mm heller Fleck auf der Mitte der Flügeldeckennaht

nicht *Iris*

Flügeldecken

ohne schwarze, samtartige Flecke

mit 2 schwarzen, samtartigen Flecken (†)

hell oder dunkel

hell

Cionus 3 - 6 mm

Oberseite

metallisch blau *Ceutorhynchus* pt. 1,5 - 3 mm

nicht metallisch

Ceutorhynchinae zahlreiche Gattungen

Oberseite

± bunt

einfarbig fein grau- behaart *Miarus* 2 - 4 mm, 6 Arten

Rüssel

eckig (†) erweitert

Cossonus 4 - 7 mm 3 Arten

nicht eckig erweitert

Oberseite

metallisch bläulich oder grünlich

Flügeldecken

stark glänzend, gestreift *Baris* pt. 2,5 - 4,5 mm

± matt (durch feine Punktur) *Mecinus* pt. 2,2 - 4 mm

nicht metallisch

Färbung

schwarz Hinterleib-Unterseite weißgrau behaart *Limnobaris* 3,5 - 5 mm 2 Arten

anders zahlreiche Gattungen

Sander

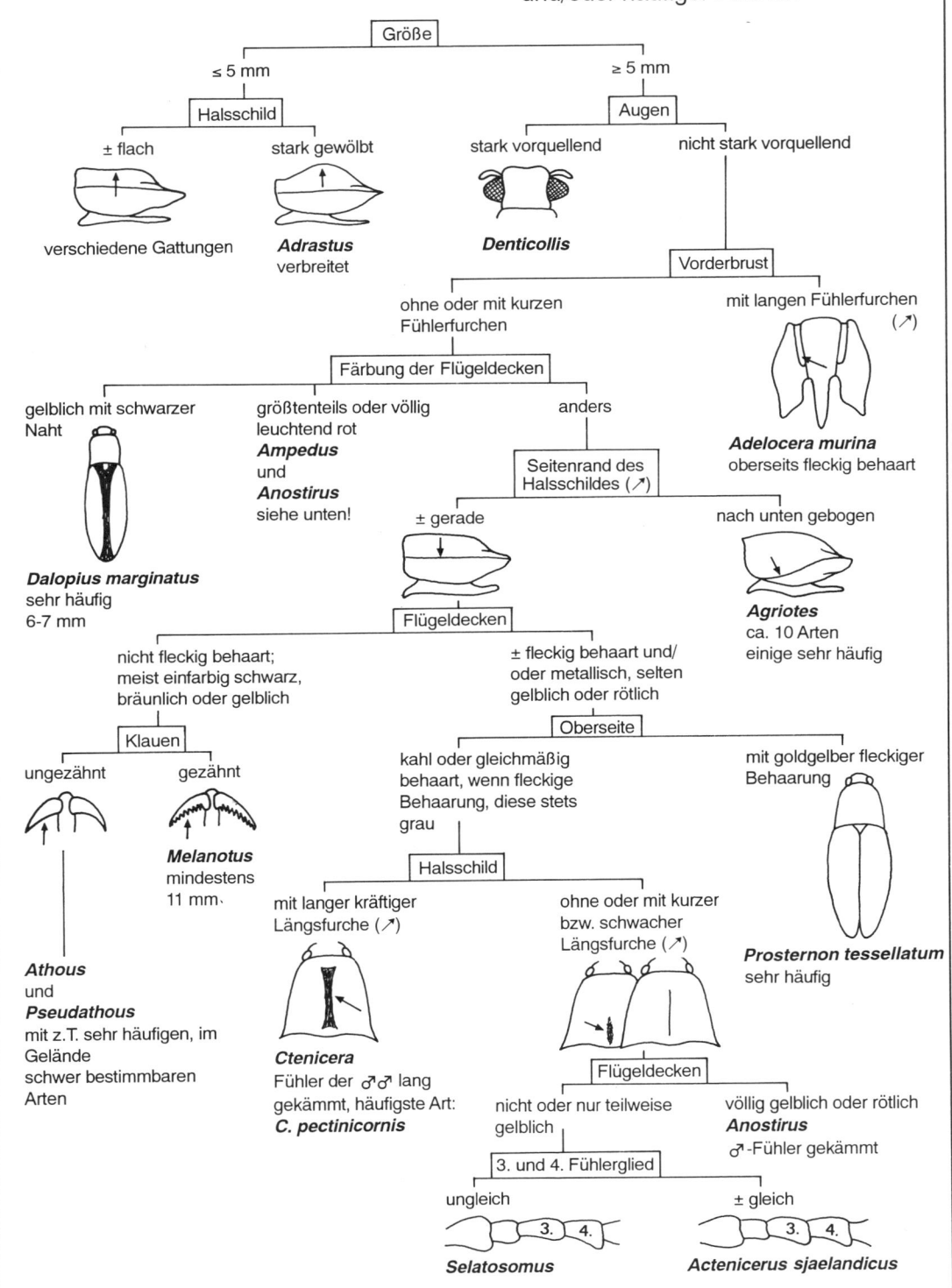

Größe

≤ 5 mm

≥ 5 mm

Halsschild

Augen

± flach

stark gewölbt

stark vorquellend

nicht stark vorquellend

verschiedene Gattungen

Adrastus
verbreitet

Denticollis

Vorderbrust

ohne oder mit kurzen Fühlerfurchen

mit langen Fühlerfurchen (↗)

Färbung der Flügeldecken

Adelocera murina
oberseits fleckig behaart

gelblich mit schwarzer Naht

größtenteils oder völlig leuchtend rot
Ampedus
und
Anostirus
siehe unten!

anders

Seitenrand des Halsschildes (↗)

Dalopius marginatus
sehr häufig
6-7 mm

± gerade

nach unten gebogen

Flügeldecken

Agriotes
ca. 10 Arten
einige sehr häufig

nicht fleckig behaart; meist einfarbig schwarz, bräunlich oder gelblich

± fleckig behaart und/ oder metallisch, selten gelblich oder rötlich

Klauen

Oberseite

ungezähnt

gezähnt

kahl oder gleichmäßig behaart, wenn fleckige Behaarung, diese stets grau

mit goldgelber fleckiger Behaarung

Melanotus
mindestens
11 mm、

Halsschild

Prosternon tessellatum
sehr häufig

Athous
und
Pseudathous
mit z.T. sehr häufigen, im Gelände schwer bestimmbaren Arten

mit langer kräftiger Längsfurche (↗)

ohne oder mit kurzer bzw. schwacher Längsfurche (↗)

Ctenicera
Fühler der ♂♂ lang gekämmt, häufigste Art:
C. pectinicornis

Flügeldecken

nicht oder nur teilweise gelblich

völlig gelblich oder rötlich
Anostirus
♂-Fühler gekämmt

3. und 4. Fühlerglied

ungleich

± gleich

3. 4.

3. 4.

Selatosomus

Actenicerus sjaelandicus

Sander

Chrysopidae: Imago (a), Eier (b) u. **Myrmeleonidae:** Imago (c)

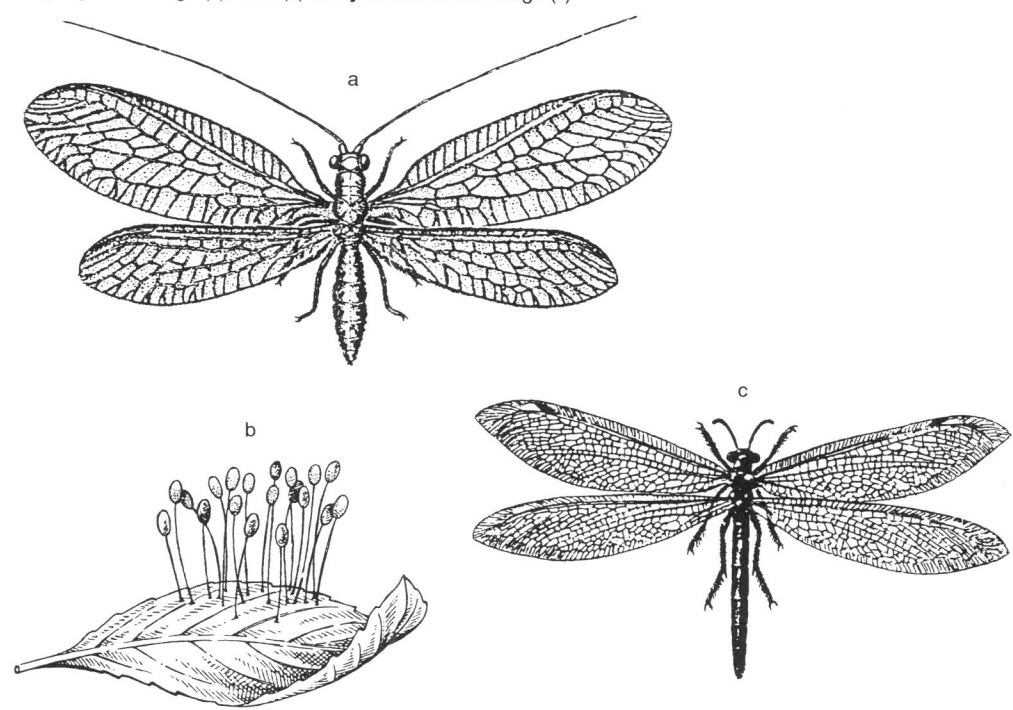

Meist mittelgroße Tiere unterschiedlicher Färbung, mit oder ohne Zeichnungselemente(n) auf Körper und/oder Flügeln. Von den insgesamt 7 mitteleuropäischen Familien sind vor allem auffällig:

- **Chrysopidae** Florfliegen, Goldaugen
  Flügel (im Leben!) oft vollständig grünlich mit ebensolchen oder gelblichen Adern, seltener gelblich, weißlich oder rötlich, außer Pterostigma immer ohne Zeichnung!
  Eier an langen, haarförmigen Stielen sitzend.
  Larven vorwiegend an Gehölzen, sehr beweglich, mit kräftigen, als Saugzangen ausgebildeten Mandibeln, mit deren Hilfe Blattläuse erbeutet werden ("Blattlauslöwen"!), vergleiche Seite 244
- **Hemerobiidae**
  Flügel vorwiegend bräunlich, seltener gelblich; vielfach mit dunkelbraunen Zeichnungselementen!
  Bau und Lebensweise der Larven wie bei den **Chrysopidae**.
- **Myrmeleonidae** Ameisenjungfern
  Wenige große, auffällige Arten, die als Imago meist für Libellen gehalten werden, sich von diesen aber durch die deutlich keuligen Fühler unterscheiden (siehe auch **Odonata!**). Larven vorwiegend in sandigen Gegenden in selbstgefertigten Trichtern am Boden, wo hineinfallende Ameisen gefangen und ausgesaugt werden ("Ameisenlöwen"!).

Weniger auffällig sind entweder durch Kleinheit die
- **Coniopterygidae** Staubhafte

bzw. relativ seltenes Vorkommen die
- **Osmylidae** Bachhafte
- **Sisyridae** Schwammfliegen und
- **Ascalaphidae** Schmetterlingshafte.

Fang vorwiegend durch Luftkescher bzw. Klopfschirm; Präparation zweckmäßigerweise als genadelte Trockenpräparate, evtl. zumindest einseitig gespannt wie Heuschrecken oder beidseitig wie Schmetterlinge. Ausnahme: **Coniopterygidae**, die als Alkohol- oder Dauerpräparat aufbewahrt werden sollten.

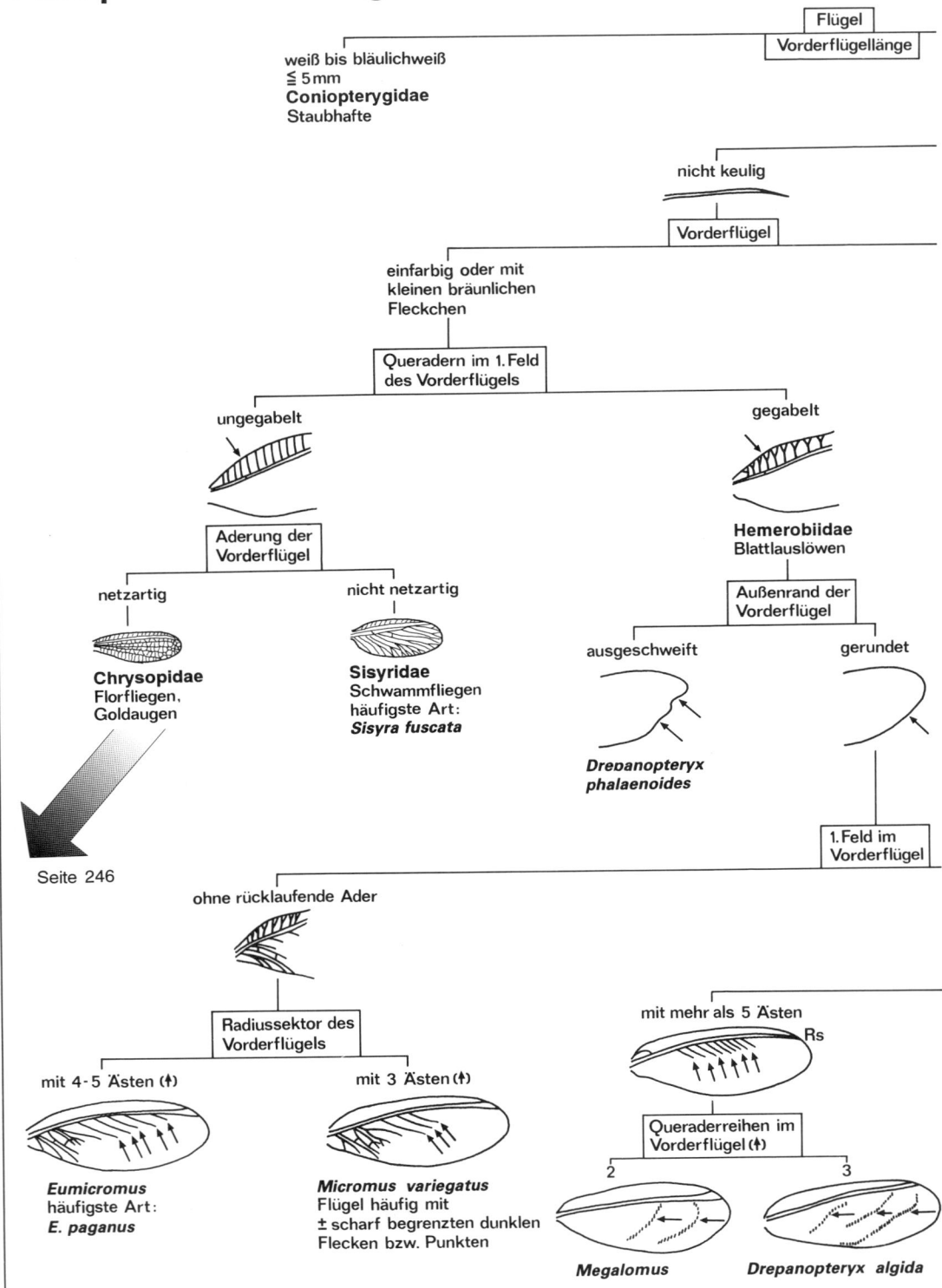

Flügel
Vorderflügellänge

weiß bis bläulichweiß
≦ 5 mm
Coniopterygidae
Staubhafte

nicht keulig

Vorderflügel

einfarbig oder mit
kleinen bräunlichen
Fleckchen

Queradern im 1. Feld
des Vorderflügels

ungegabelt

gegabelt

Hemerobiidae
Blattlauslöwen

Aderung der
Vorderflügel

Außenrand der
Vorderflügel

netzartig

nicht netzartig

ausgeschweift

gerundet

Chrysopidae
Florfliegen,
Goldaugen

Sisyridae
Schwammfliegen
häufigste Art:
Sisyra fuscata

*Drepanopteryx
phalaenoides*

Seite 246

1. Feld im
Vorderflügel

ohne rücklaufende Ader

Radiussektor des
Vorderflügels

mit mehr als 5 Ästen
Rs

mit 4-5 Ästen (↑)

mit 3 Ästen (↑)

Queraderreihen im
Vorderflügel (↑)

2

3

Eumicromus
häufigste Art:
E. paganus

Micromus variegatus
Flügel häufig mit
± scharf begrenzten dunklen
Flecken bzw. Punkten

Megalomus

Drepanopteryx algida

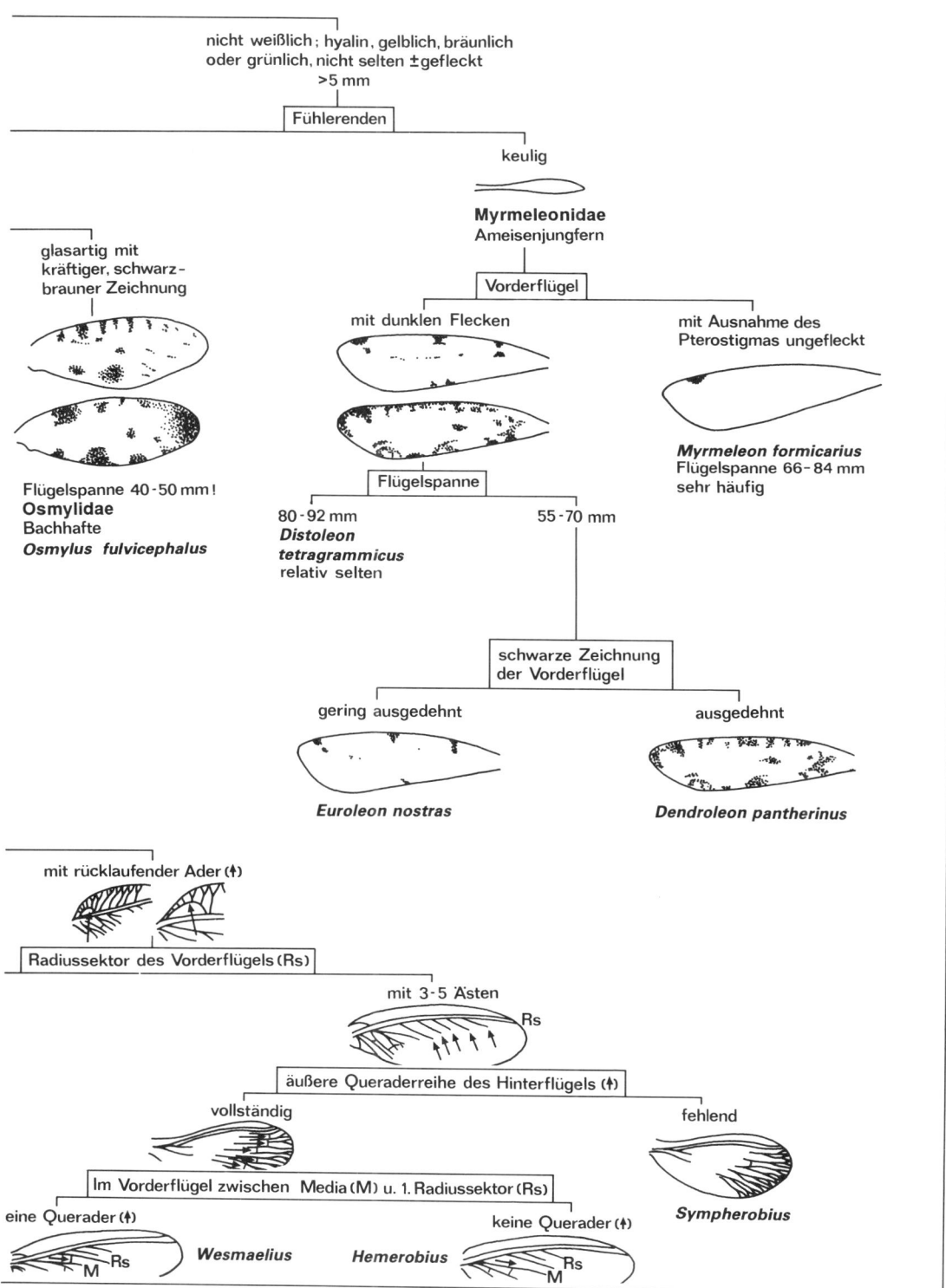

nicht weißlich; hyalin, gelblich, bräunlich
oder grünlich, nicht selten ±gefleckt
>5 mm

Fühlerenden

keulig

Myrmeleonidae
Ameisenjungfern

Vorderflügel

glasartig mit
kräftiger, schwarz-
brauner Zeichnung

mit dunklen Flecken

mit Ausnahme des
Pterostigmas ungefleckt

Myrmeleon formicarius
Flügelspanne 66–84 mm
sehr häufig

Flügelspanne 40-50 mm!
Osmylidae
Bachhafte
Osmylus fulvicephalus

Flügelspanne

80-92 mm
*Distoleon
tetragrammicus*
relativ selten

55-70 mm

schwarze Zeichnung
der Vorderflügel

gering ausgedehnt

ausgedehnt

Euroleon nostras

Dendroleon pantherinus

mit rücklaufender Ader (↑)

Radiussektor des Vorderflügels (Rs)

mit 3-5 Ästen

Rs

äußere Queraderreihe des Hinterflügels (↑)

vollständig

fehlend

Im Vorderflügel zwischen Media (M) u. 1. Radiussektor (Rs)

Sympherobius

eine Querader (↑)

keine Querader (↑)

Rs
M

Wesmaelius

Hemerobius

Rs
M

Planipennia · Netzflügler 2 Chrysopidae Florfliegen

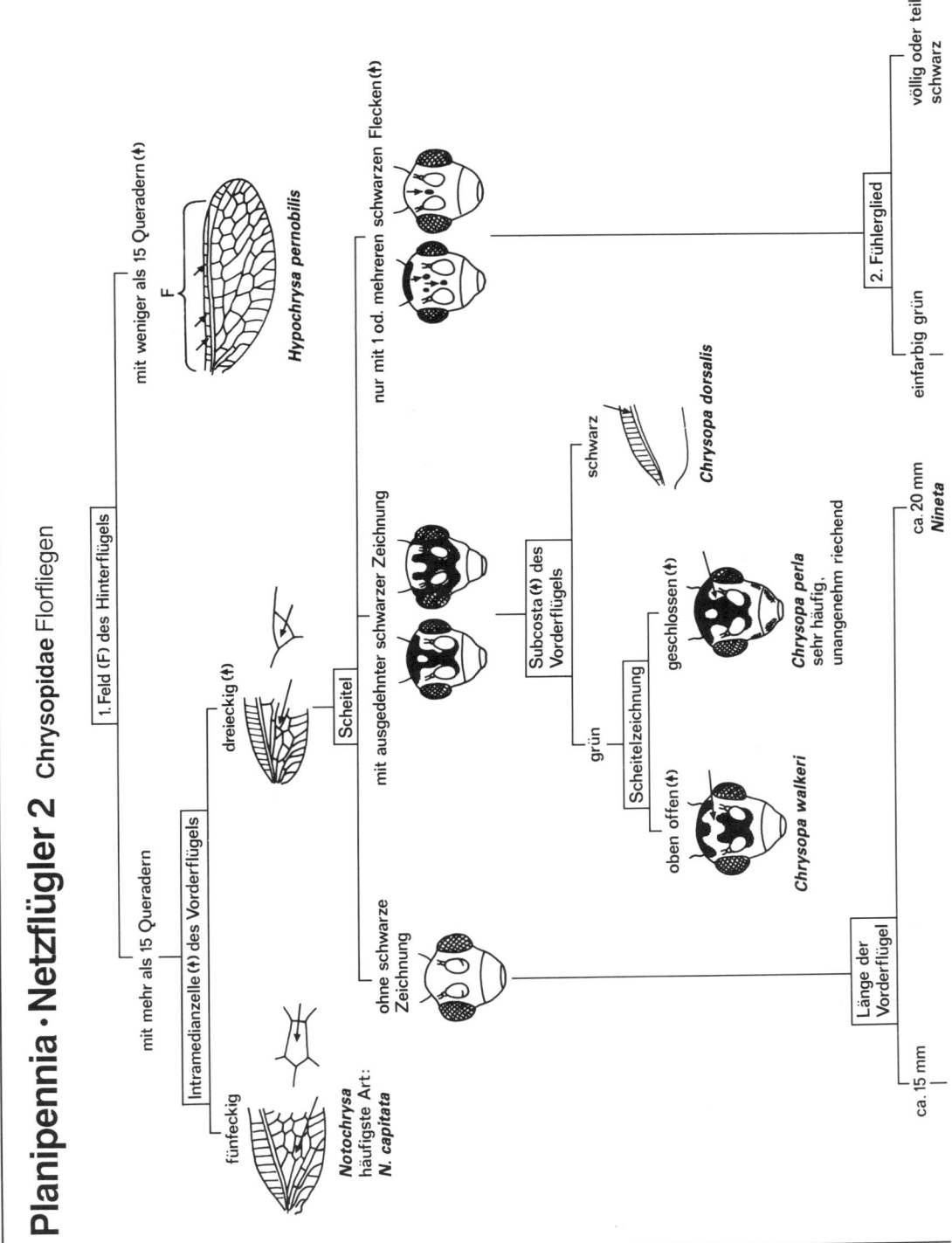

mit mehr als 15 Queradern

mit weniger als 15 Queradern (♣)

1.Feld (F) des Hinterflügels

Intramedianzelle (♣) des Vorderflügels

fünfeckig

dreieckig (♣)

Notochrysa
häufigste Art:
N. capitata

Scheitel

ohne schwarze Zeichnung

mit ausgedehnter schwarzer Zeichnung

Hypochrysa pernobilis

nur mit 1 od. mehreren schwarzen Flecken(♣)

Subcosta (♣) des Vorderflügels

grün

schwarz

Chrysopa dorsalis

Scheitelzeichnung

oben offen(♣)

geschlossen (♣)

Chrysopa walkeri

Chrysopa perla
sehr häufig,
unangenehm riechend

Länge der Vorderflügel

ca. 15 mm

ca. 20 mm
Nineta

2. Fühlerglied

einfarbig grün

völlig oder teilweise schwarz

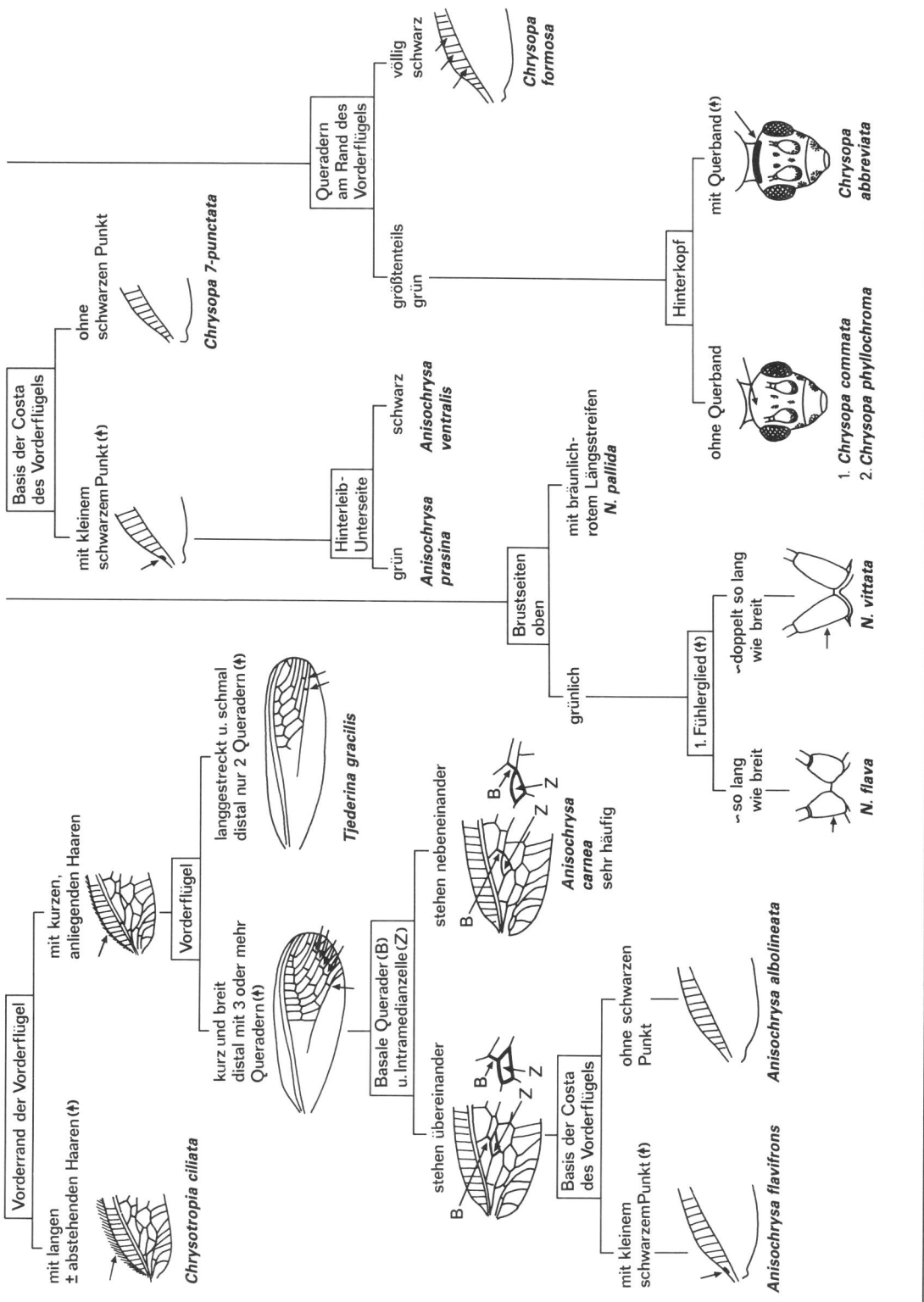

Sander

Trichoptera · Köcherfliegen

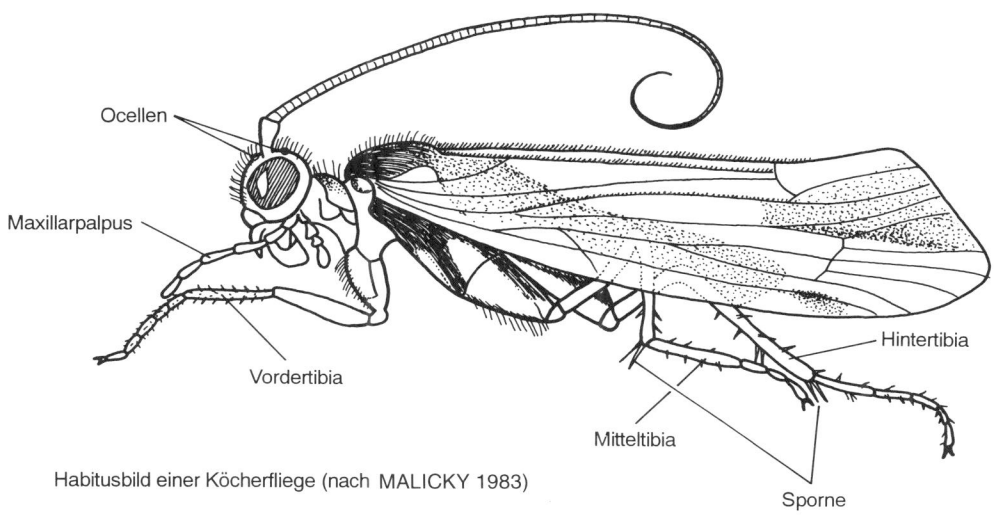

Ocellen

Maxillarpalpus

Vordertibia

Hintertibia

Mitteltibia

Sporne

Habitusbild einer Köcherfliege (nach MALICKY 1983)

Köcherfliegen führen eine merolimnische Lebensweise, d.h., ein Teil ihrer Entwicklung (Ei - Puppe) vollzieht sich im Süßwasser (Ausnahme 2 Arten). Die Larven vieler Arten fertigen einen Köcher an (vergleiche Seite 64), andere entwickeln sich ohne Köcher oder bauen Fangnetze/-trichter zur Erlangung der Nahrung (Detritus, Kleinstlebewesen); neben Pflanzen- und Detritusfressern auch räuberische Lebensweise der Larven. Von den einzelnen Arten werden spezifische Gewässertypen oder sogar bestimmte Saprobitätsgrade bevorzugt (Bioindikation der anthropogenen Beeinflussung unserer Bäche, Flüsse und Seen!).
Imagines sind oft zahlreich an Gewässerufern zu finden. Manche Arten schwärmen am Tage, die meisten sind jedoch dämmerungsaktiv und halten sich tagsüber in der Vegetation auf.

Geländemerkmale der Imagines
- mottenähnlich, 3-30 mm Körperlänge, Flügel dachförmig über den Hinterleib gelegt, Vorderflügel meist behaart, Hinterflügel in der Regel transparent
- Fühler lang fadenförmig, in Ruhestellung gerade nach vorn gerichtet, Ocellen oft vorhanden
- Tibien mit Spornen, Spornformel: Zahl der Sporne an Vorder-, Mittel- und Hintertibia
- Zahl der Maxillarpalpenglieder 3-5 (♂), Form des Endgliedes: deutlich verlängert und biegsam oder gleichmäßig gerade

Fang und Beobachtung
- durch Abkeschern der Ufervegetation, Absuchen von Steinen, Baumstämmen, Brücken usw.
- Lichtfang in Gewässernähe (effektivste Methode)
- Vertreter einiger Familien **(Limnephilidae, Phryganeidae)** kommen auch zu künstlichem Köder
- Aufzucht von Larven aus Stehendgewässern ist einfach, dazu Transport in feuchtem Substrat, nicht in Wasser (Erstickungsgefahr!)

Eine sichere Artbestimmung ist meist nur durch Genitaluntersuchung möglich. Die Größenangaben in den Tabellen beziehen sich auf die Vorderflügellänge. Die Aufbewahrung von Belegmaterial sollte in 70%igem Alkohol erfolgen.

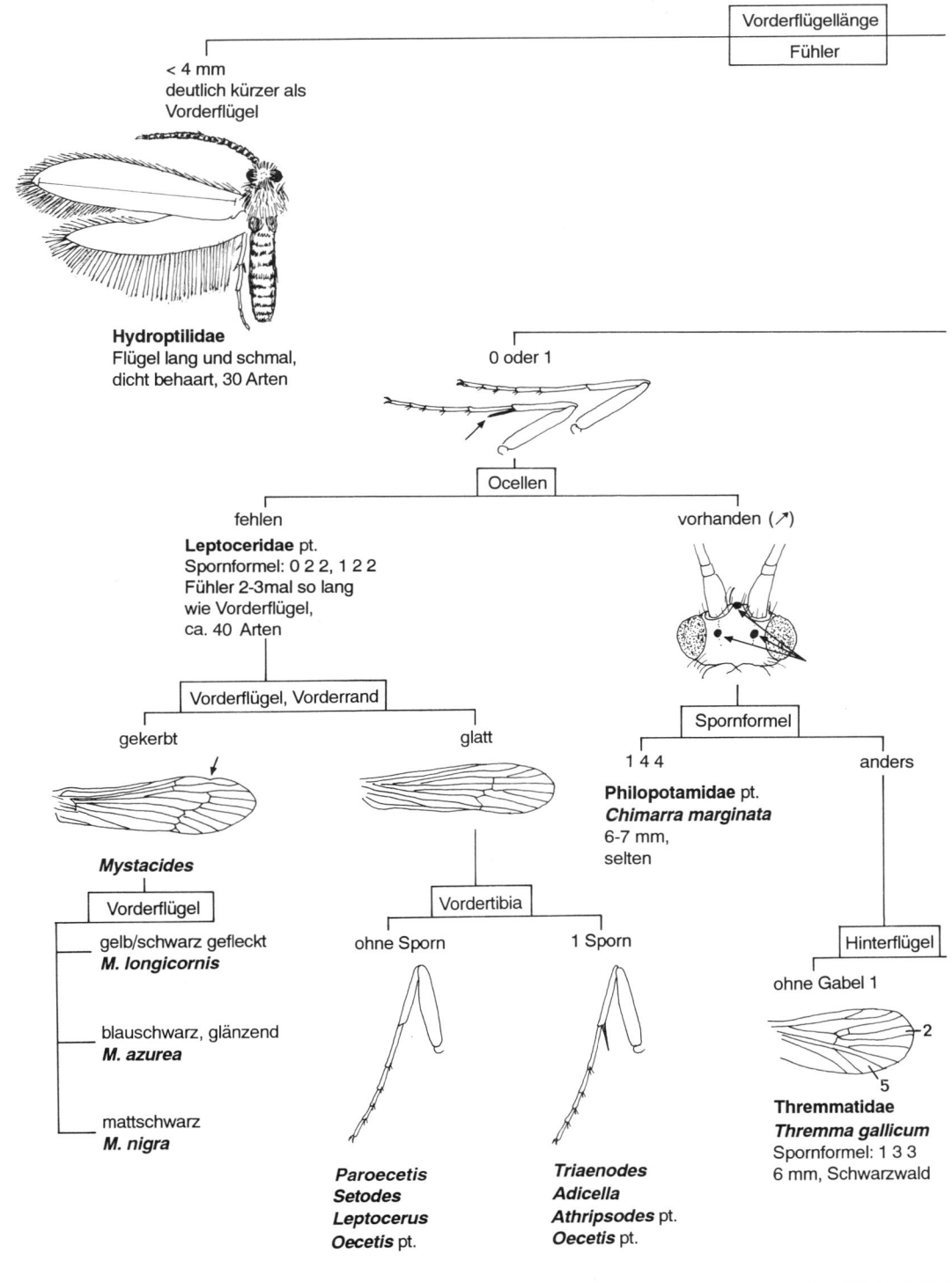

Vorderflügellänge

Fühler

< 4 mm
deutlich kürzer als
Vorderflügel

Hydroptilidae
Flügel lang und schmal,
dicht behaart, 30 Arten

0 oder 1

Ocellen

fehlen

Leptoceridae pt.
Spornformel: 0 2 2, 1 2 2
Fühler 2-3mal so lang
wie Vorderflügel,
ca. 40 Arten

vorhanden (↗)

Spornformel

1 4 4

Philopotamidae pt.
Chimarra marginata
6-7 mm,
selten

anders

Vorderflügel, Vorderrand

gekerbt

glatt

Mystacides

Vorderflügel

gelb/schwarz gefleckt
M. longicornis

blauschwarz, glänzend
M. azurea

mattschwarz
M. nigra

Vordertibia

ohne Sporn

1 Sporn

Paroecetis
Setodes
Leptocerus
Oecetis pt.

Triaenodes
Adicella
Athripsodes pt.
Oecetis pt.

Hinterflügel

ohne Gabel 1

2

5

Thremmatidae
Thremma gallicum
Spornformel: 1 3 3
6 mm, Schwarzwald

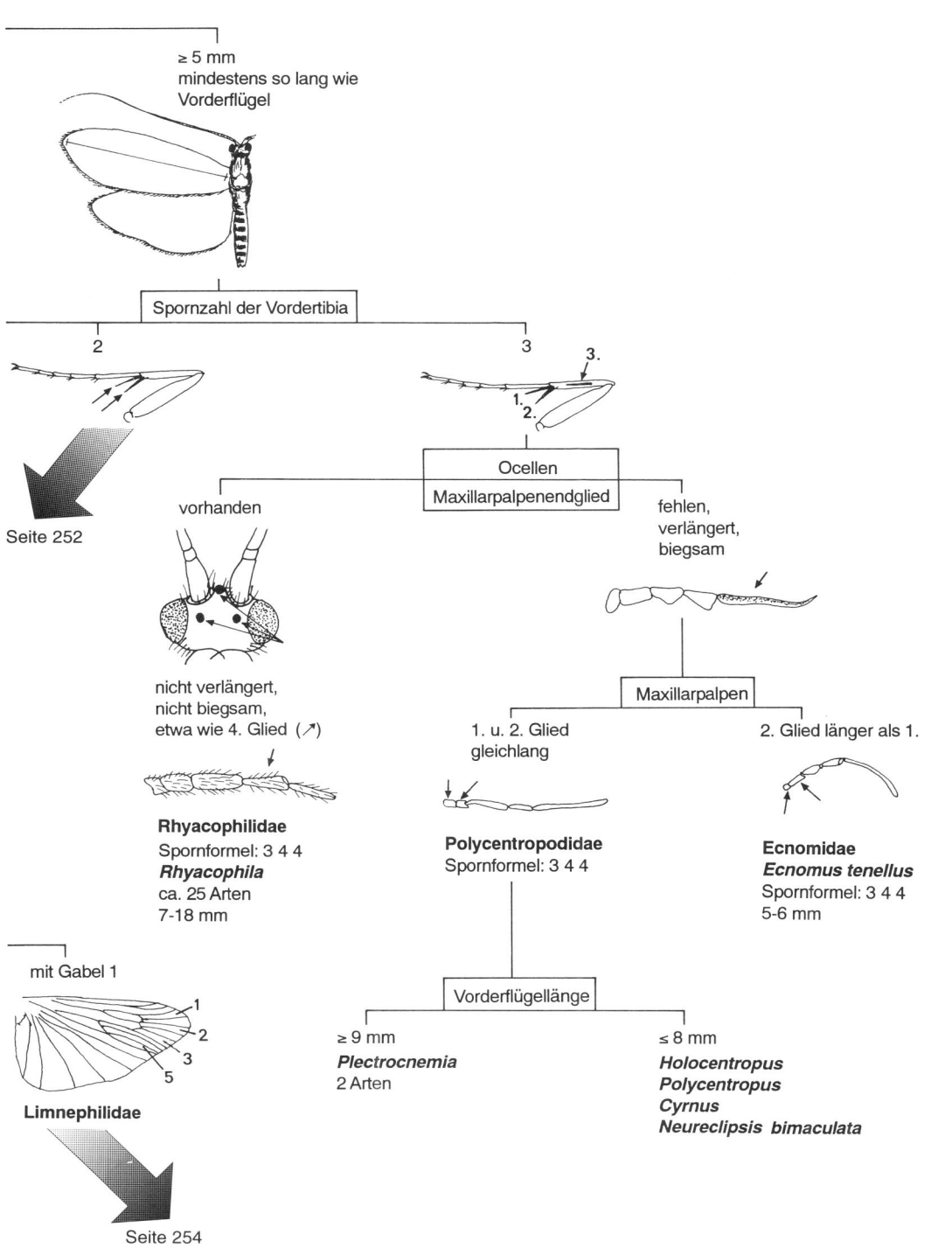

≥ 5 mm
mindestens so lang wie
Vorderflügel

Spornzahl der Vordertibia

2

3.
3
1.
2.

Seite 252

Ocellen

Maxillarpalpenendglied

vorhanden

fehlen,
verlängert,
biegsam

nicht verlängert,
nicht biegsam,
etwa wie 4. Glied (↗)

Maxillarpalpen

1. u. 2. Glied
gleichlang

2. Glied länger als 1.

Rhyacophilidae
Spornformel: 3 4 4
Rhyacophila
ca. 25 Arten
7-18 mm

Polycentropodidae
Spornformel: 3 4 4

Ecnomidae
Ecnomus tenellus
Spornformel: 3 4 4
5-6 mm

mit Gabel 1

1
2
3
5

Limnephilidae

Vorderflügellänge

≥ 9 mm
Plectrocnemia
2 Arten

≤ 8 mm
Holocentropus
Polycentropus
Cyrnus
Neureclipsis bimaculata

Seite 254

Klima

Trichoptera · Köcherfliegen 2

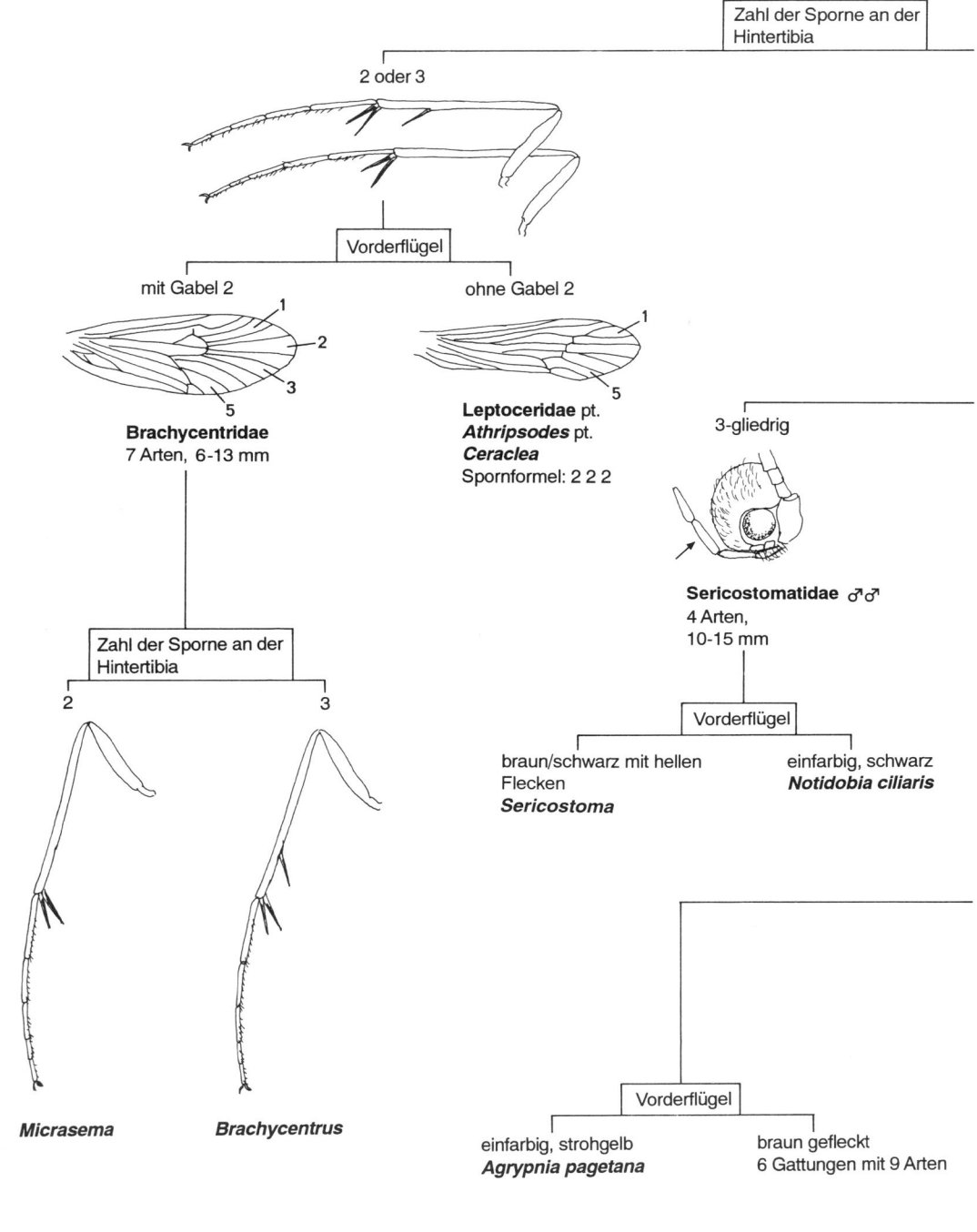

Zahl der Sporne an der Hintertibia

2 oder 3

Vorderflügel

mit Gabel 2

1
2
3
5

Brachycentridae
7 Arten, 6-13 mm

ohne Gabel 2

1
5

Leptoceridae pt.
Athripsodes pt.
Ceraclea
Spornformel: 2 2 2

3-gliedrig

Sericostomatidae ♂♂
4 Arten,
10-15 mm

Vorderflügel

braun/schwarz mit hellen
Flecken
Sericostoma

einfarbig, schwarz
Notidobia ciliaris

Zahl der Sporne an der Hintertibia

2

3

Micrasema

Brachycentrus

Vorderflügel

einfarbig, strohgelb
Agrypnia pagetana

braun gefleckt
6 Gattungen mit 9 Arten

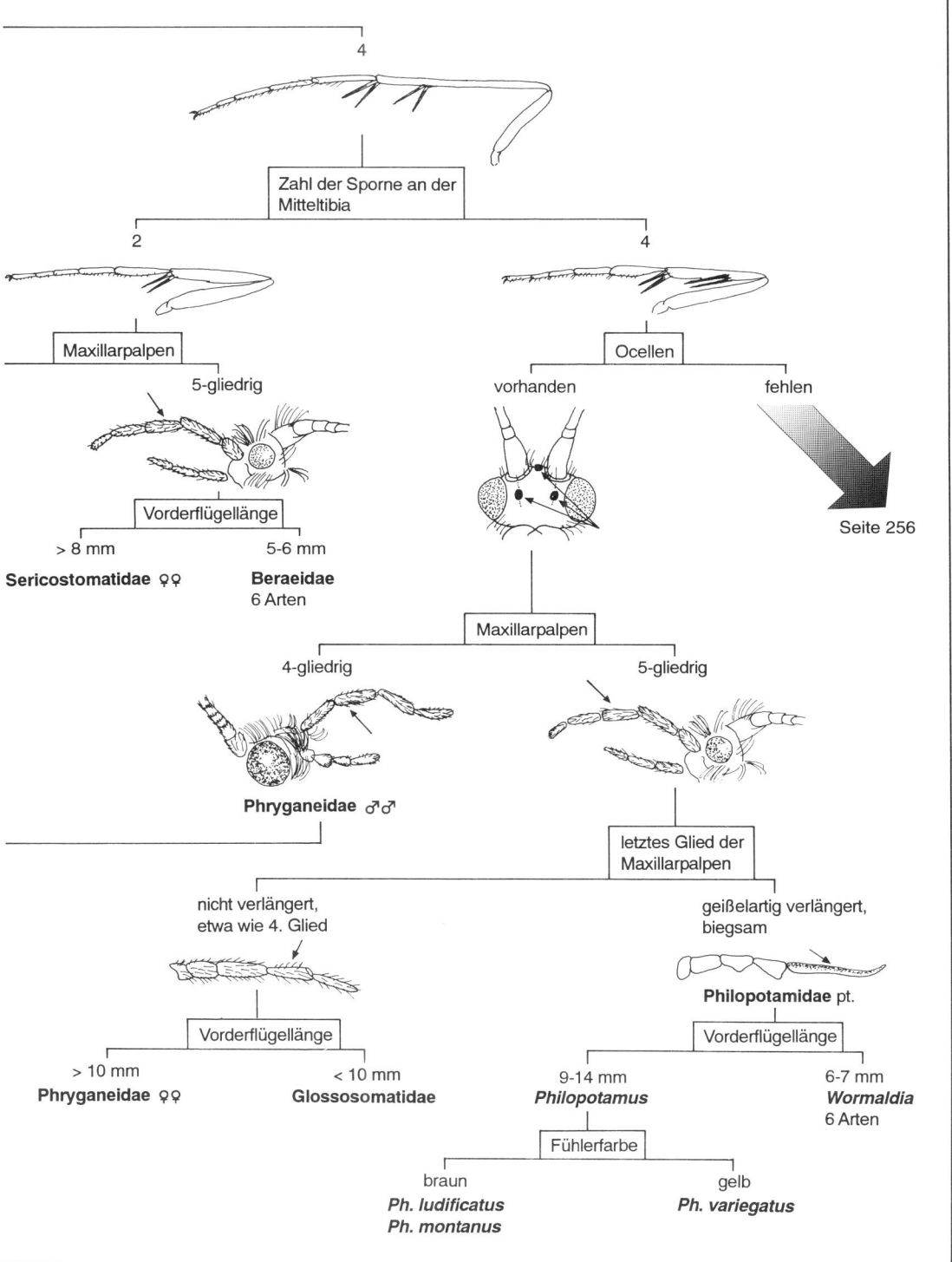

4

Zahl der Sporne an der Mitteltibia

2

4

Maxillarpalpen

Ocellen

5-gliedrig

vorhanden

fehlen

Seite 256

Vorderflügellänge

> 8 mm

5-6 mm

Sericostomatidae ♀♀

Beraeidae
6 Arten

Maxillarpalpen

4-gliedrig

5-gliedrig

Phryganeidae ♂♂

letztes Glied der Maxillarpalpen

nicht verlängert, etwa wie 4. Glied

geißelartig verlängert, biegsam

Philopotamidae pt.

Vorderflügellänge

Vorderflügellänge

> 10 mm

< 10 mm

9-14 mm

6-7 mm

Phryganeidae ♀♀

Glossosomatidae

Philopotamus

Wormaldia
6 Arten

Fühlerfarbe

braun

gelb

Ph. ludificatus
Ph. montanus

Ph. variegatus

Klima

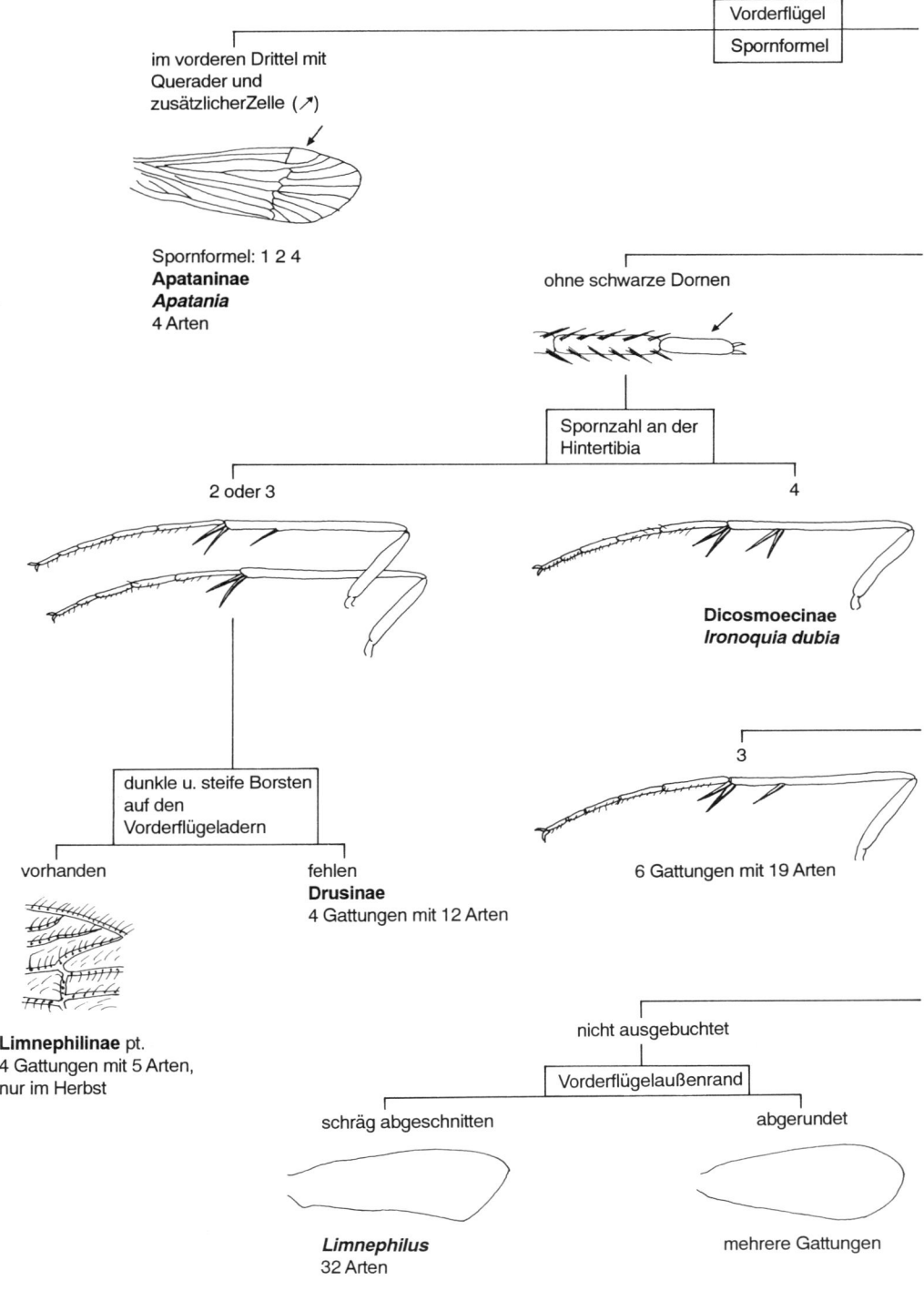

Vorderflügel

Spornformel

im vorderen Drittel mit Querader und zusätzlicherZelle (↗)

Spornformel: 1 2 4
Apataninae
Apatania
4 Arten

ohne schwarze Dornen

Spornzahl an der Hintertibia

2 oder 3

4

Dicosmoecinae
Ironoquia dubia

dunkle u. steife Borsten auf den Vorderflügeladern

vorhanden

fehlen
Drusinae
4 Gattungen mit 12 Arten

3

6 Gattungen mit 19 Arten

Limnephilinae pt.
4 Gattungen mit 5 Arten,
nur im Herbst

nicht ausgebuchtet

Vorderflügelaußenrand

schräg abgeschnitten

abgerundet

Limnephilus
32 Arten

mehrere Gattungen

ohne zusätzliche Zelle im
vorderen Drittel,
Spornformel: nicht 1 2 4

Unterseite des letzten
Tarsengliedes der
Hinterbeine (↗)

mit schwarzen Dornen

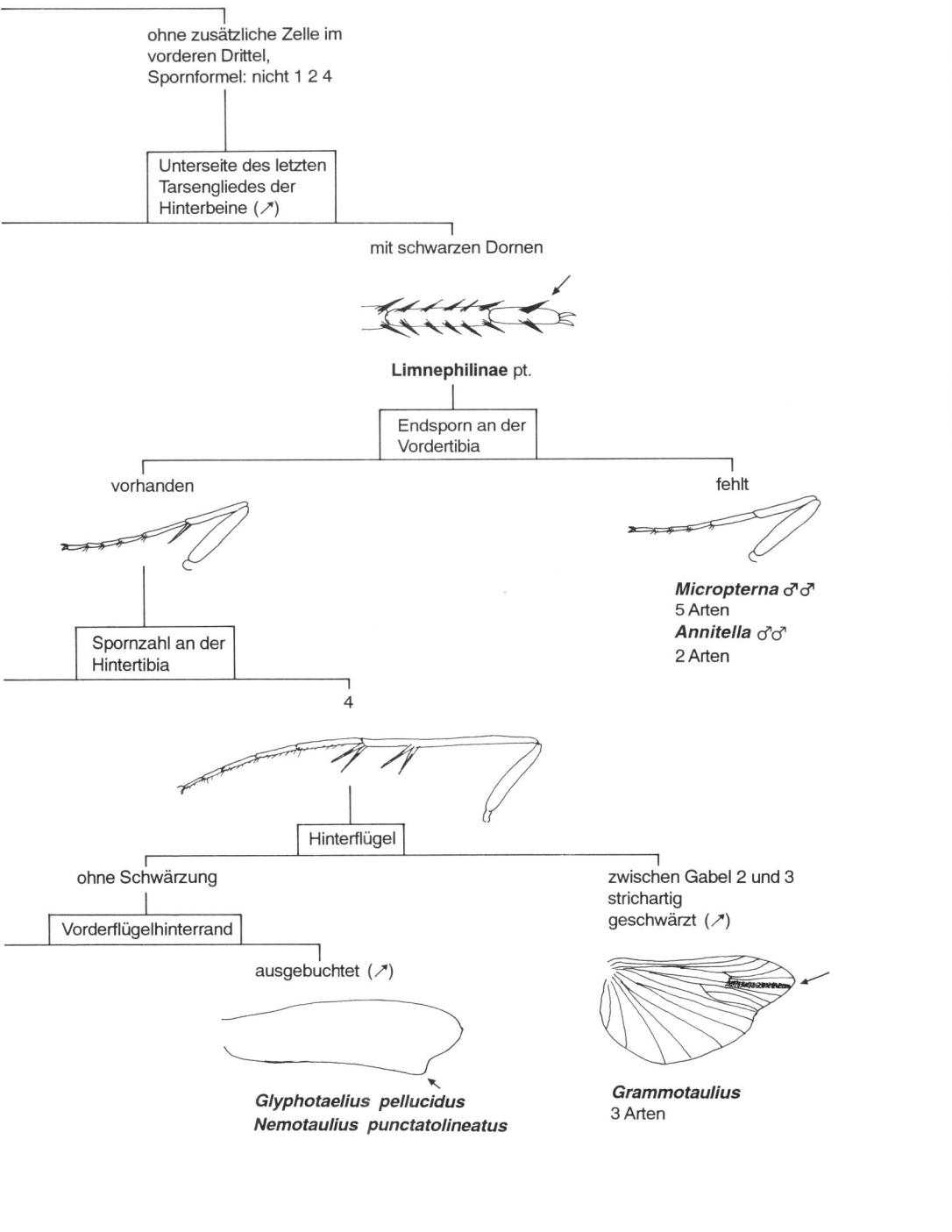

Limnephilinae pt.

Endsporn an der
Vordertibia

vorhanden

fehlt

Micropterna ♂♂
5 Arten
Annitella ♂♂
2 Arten

Spornzahl an der
Hintertibia

4

Hinterflügel

ohne Schwärzung

zwischen Gabel 2 und 3
strichartig
geschwärzt (↗)

Vorderflügelhinterrand

ausgebuchtet (↗)

Glyphotaelius pellucidus
Nemotaulius punctatolineatus

Grammotaulius
3 Arten

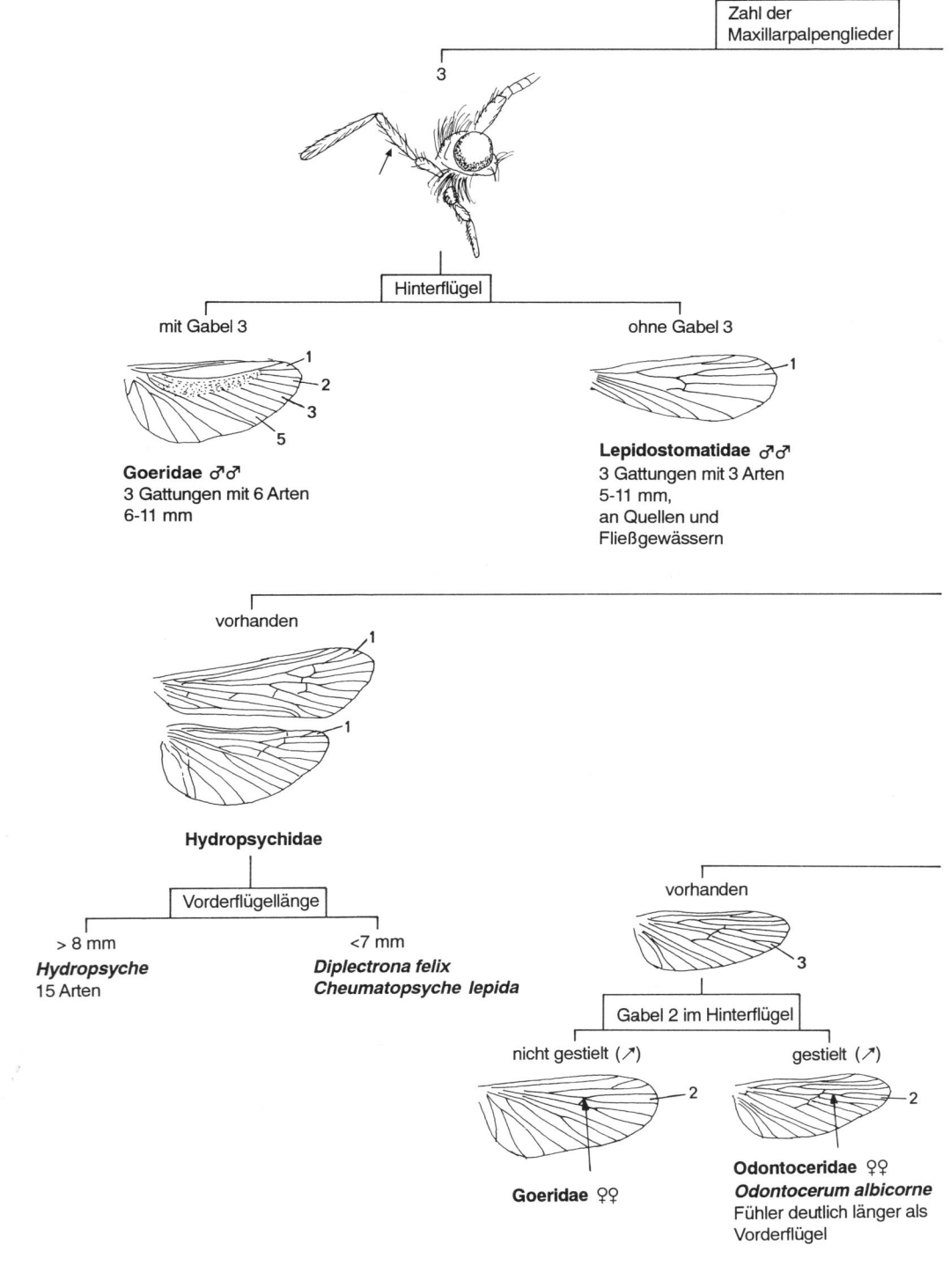

Zahl der
Maxillarpalpenglieder

3

Hinterflügel

mit Gabel 3

1
2
3
5

Goeridae ♂♂
3 Gattungen mit 6 Arten
6-11 mm

ohne Gabel 3

1

Lepidostomatidae ♂♂
3 Gattungen mit 3 Arten
5-11 mm,
an Quellen und
Fließgewässern

vorhanden

1
1

Hydropsychidae

Vorderflügellänge

> 8 mm
Hydropsyche
15 Arten

<7 mm
Diplectrona felix
Cheumatopsyche lepida

vorhanden

3

Gabel 2 im Hinterflügel

nicht gestielt (↗)

2

Goeridae ♀♀

gestielt (↗)

2

Odontoceridae ♀♀
Odontocerum albicorne
Fühler deutlich länger als
Vorderflügel

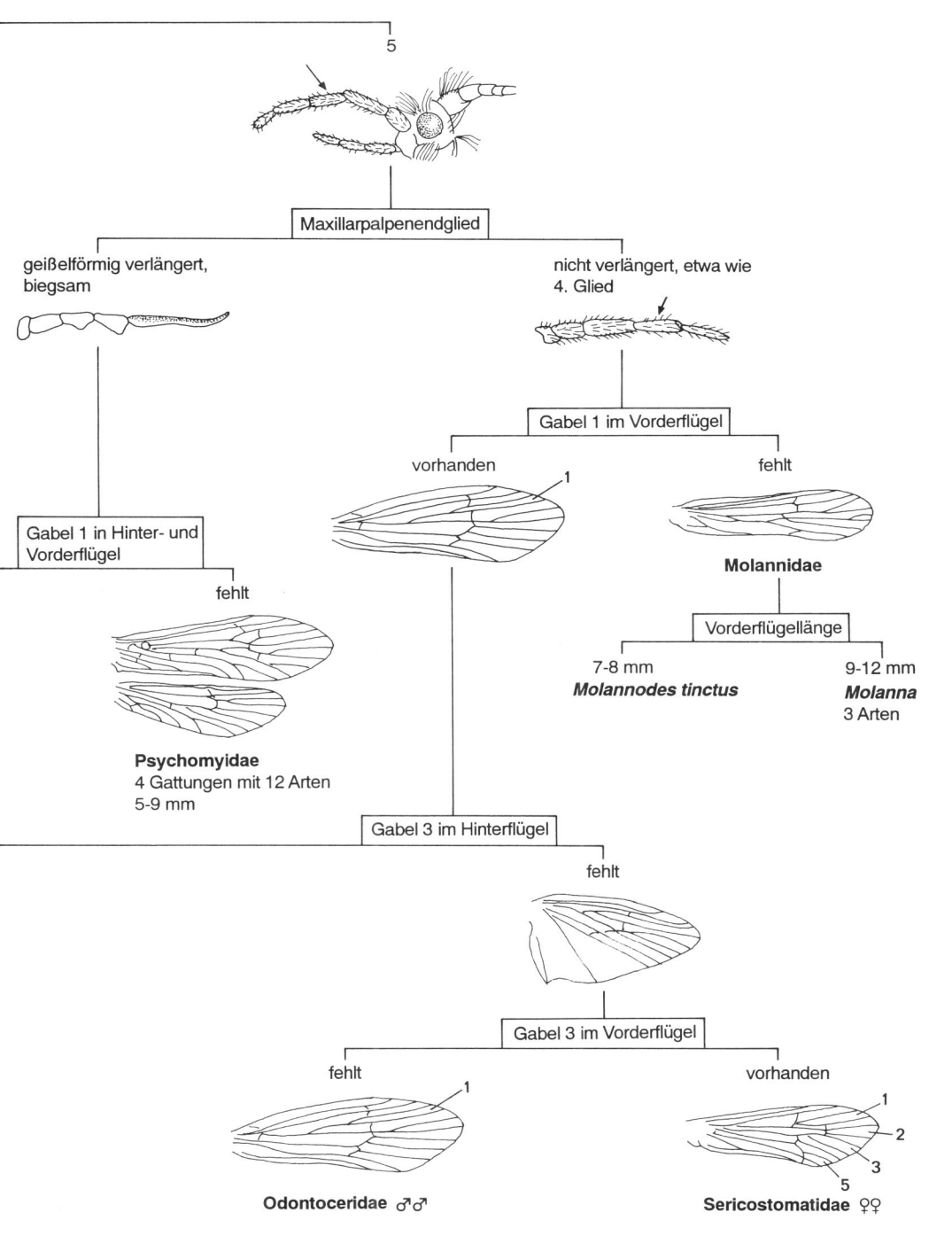

5

Maxillarpalpenendglied

geißelförmig verlängert,
biegsam

nicht verlängert, etwa wie
4. Glied

Gabel 1 im Vorderflügel

vorhanden

fehlt

1

Molannidae

Vorderflügellänge

7-8 mm
Molannodes tinctus

9-12 mm
Molanna
3 Arten

Gabel 1 in Hinter- und
Vorderflügel

fehlt

Psychomyidae
4 Gattungen mit 12 Arten
5-9 mm

Gabel 3 im Hinterflügel

fehlt

Gabel 3 im Vorderflügel

fehlt

1

Odontoceridae ♂♂

vorhanden

1
2
3
5

Sericostomatidae ♀♀

Lepidoptera · Schmetterlinge

Schema des Flügelgeäders

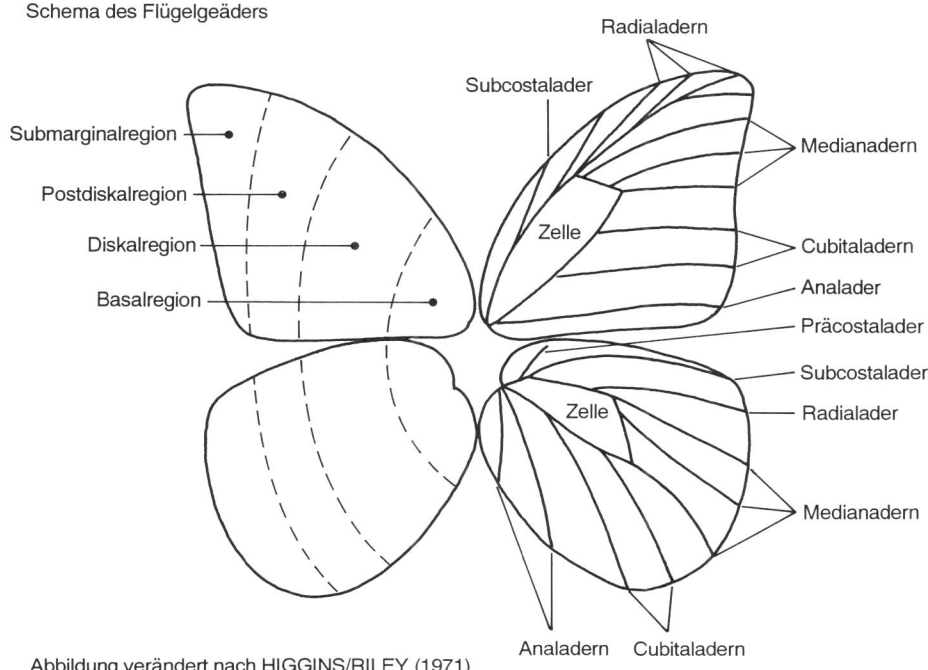

Abbildung verändert nach HIGGINS/RILEY (1971)

Artenreiche Insektengruppe mit Saugrüssel und wenige mm bis 60 cm langen beschuppten Flügeln; Larven = Raupen. Flügelfärbung sowie -geäder sind wichtigste makroskopische Bestimmungsmerkmale; seltenere Farbvarianten wurden nicht berücksichtigt. Zum Betrachten des Flügelgeäders werden am besten die Schuppen auf der Flügelunterseite durch Schaben mit einem spitzen Gegenstand entfernt.

Viele sog. Nachtfalter sowie Kleinschmetterlinge sind nur anhand der Kopulationsorgane sicher zu trennen. Daher wurden diese Gruppen nur summarisch erfaßt bzw. nur einige häufige oder besonders auffällige Arten werden in den Bestimmungstafeln behandelt **(Noctuidae, Geometridae)**. Die Schlüssel aller anderen Gruppen führen zu den einzelnen Arten oder wenigstens zur Untergruppe/Gattung mit Nennung der Artenzahl, wenn diese sich nur schwer trennen lassen (z.B. Seite 263 unten, rechts: **Zygaena,** Blutströpfchen, ca. 15 Arten).

Sehr seltene Arten bzw. solche, deren Vorkommen in Deutschland erloschen ist oder deren Verbreitungsgrenze nur in manchen Jahren Deutschland berührt, wurden nur in Ausnahmefällen in die Bestimmungstafeln einbezogen.

Der Fang von Tagfaltern erfolgt am besten mit einem speziellen grobmaschigen Schmetterlingsnetz. Sog. Nachtfalter lassen sich oft leicht durch Lampen anlocken. Beachte! Die meisten Tagfalter sowie einige größere und auffälligere Nachtfalter stehen unter Schutz.

Zur sicheren Bestimmung brauchen vor allem die größeren Falter nicht unbedingt getötet zu werden (mit Ethylacetat). Oft reicht es, sie mit Diethylether (Narkoseäther) kurz zu betäuben, um sie für einige Minuten ruhigzustellen. Dabei dürfen die Tiere nicht mit flüssigem Ether (Tropfen) in Berührung kommen. Nach Eintritt der Bewegungsstarre müssen sie sofort aus dem Betäubungsglas genommen werden.

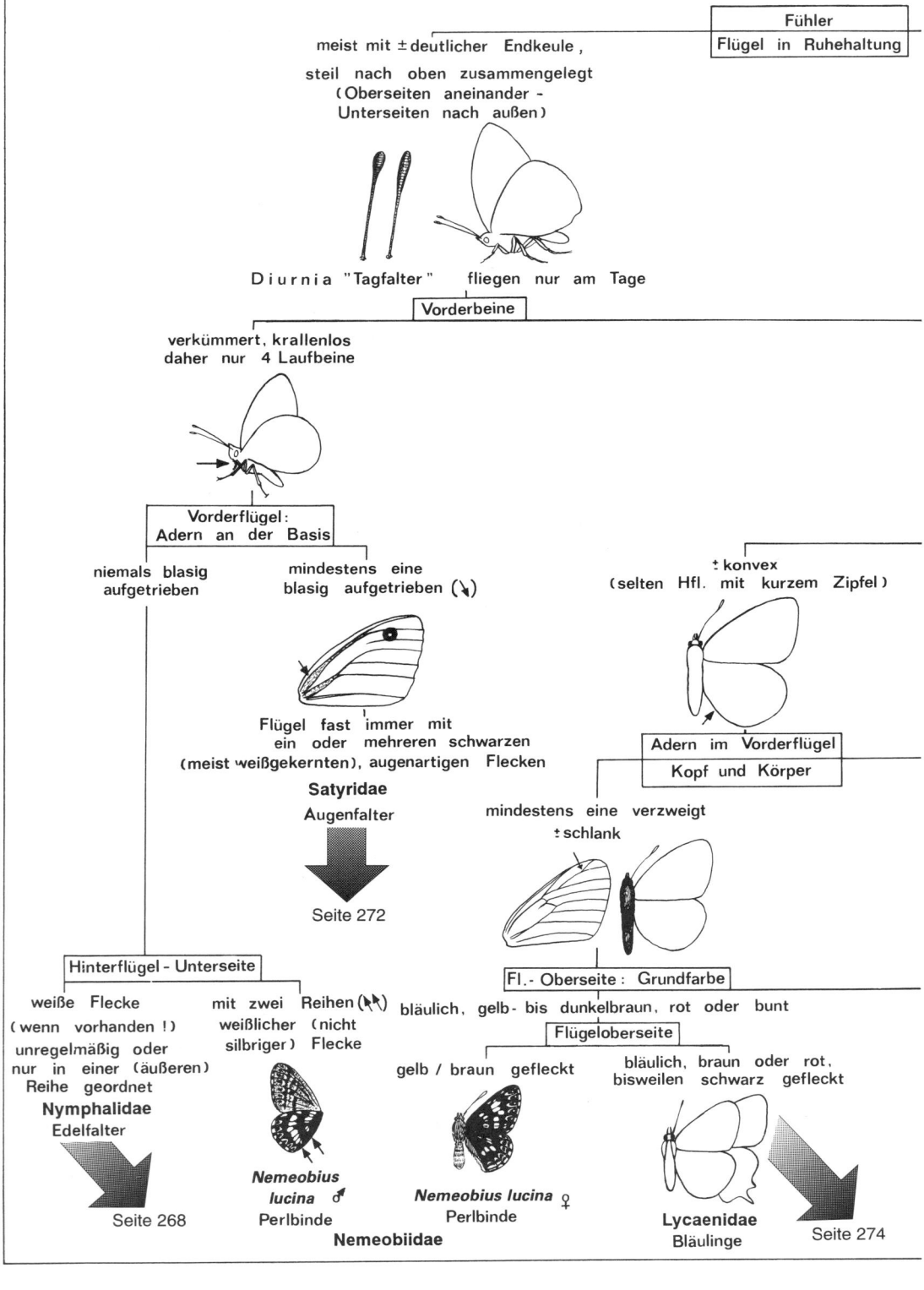

Fühler

Flügel in Ruhehaltung

meist mit ± deutlicher Endkeule,

steil nach oben zusammengelegt
(Oberseiten aneinander -
Unterseiten nach außen)

D i u r n i a "Tagfalter"   fliegen nur am Tage

Vorderbeine

verkümmert, krallenlos
daher nur 4 Laufbeine

Vorderflügel:
Adern an der Basis

niemals blasig
aufgetrieben

mindestens eine
blasig aufgetrieben (↘)

± konvex
(selten Hfl. mit kurzem Zipfel)

Flügel fast immer mit
ein oder mehreren schwarzen
(meist weißgekernten), augenartigen Flecken

Satyridae
Augenfalter

Seite 272

Adern im Vorderflügel

Kopf und Körper

mindestens eine verzweigt
± schlank

Hinterflügel - Unterseite

Fl.- Oberseite : Grundfarbe

weiße Flecke
(wenn vorhanden !)
unregelmäßig oder
nur in einer (äußeren)
Reihe geordnet

mit zwei Reihen (↗↗)
weißlicher (nicht
silbriger) Flecke

bläulich, gelb- bis dunkelbraun, rot oder bunt

Flügeloberseite

Nymphalidae
Edelfalter

gelb / braun gefleckt

bläulich, braun oder rot,
bisweilen schwarz gefleckt

Seite 268

*Nemeobius
lucina* ♂
Perlbinde

Nemeobius lucina ♀
Perlbinde

Nemeobiidae

Lycaenidae
Bläulinge

Seite 274

nie mit scharf abgegrenzter Endkeule,

flach, dachförmig, ± ausgebreitet (Oberseiten
nach oben), nur selten nach oben zusammengelegt
oder um den Leib gewickelt

"Nachtfalter" Heterocera
fliegen meist nachts und in der Dämmerung
(aber einige Gruppen und Arten auch am Tage)

Seite 262

normal entwickelt
(in wenigen Fällen schwach rückgebildet)
6 Laufbeine

Hinterflügel - Innenrand

schwach konkav (✗)
und / oder geschwänzt (✗)

Papilionidae
Ritterfalter

Hinterflügel

Seite 271

alle unverzweigt
breit und gedrungen

Hesperiidae
Dickköpfe

ungeschwänzt

Hinterflügel

geschwänzt (✗)

Vfl.- Oberseite: Zeichnung

Querstreifen

Flecke

hell, weißlich,
gelblich (-orange)

mit roten Flecken
(✗✗)

ohne rote Flecke

Pieridae
Weißlinge

Seite 266

Parnassius apollo
Apollo

Parnassius mnemosyne
Schwarzer Apollo

Iphiclides podalirius
Segelfalter

Papilio machaon
Schwalbenschwanz

Voigt

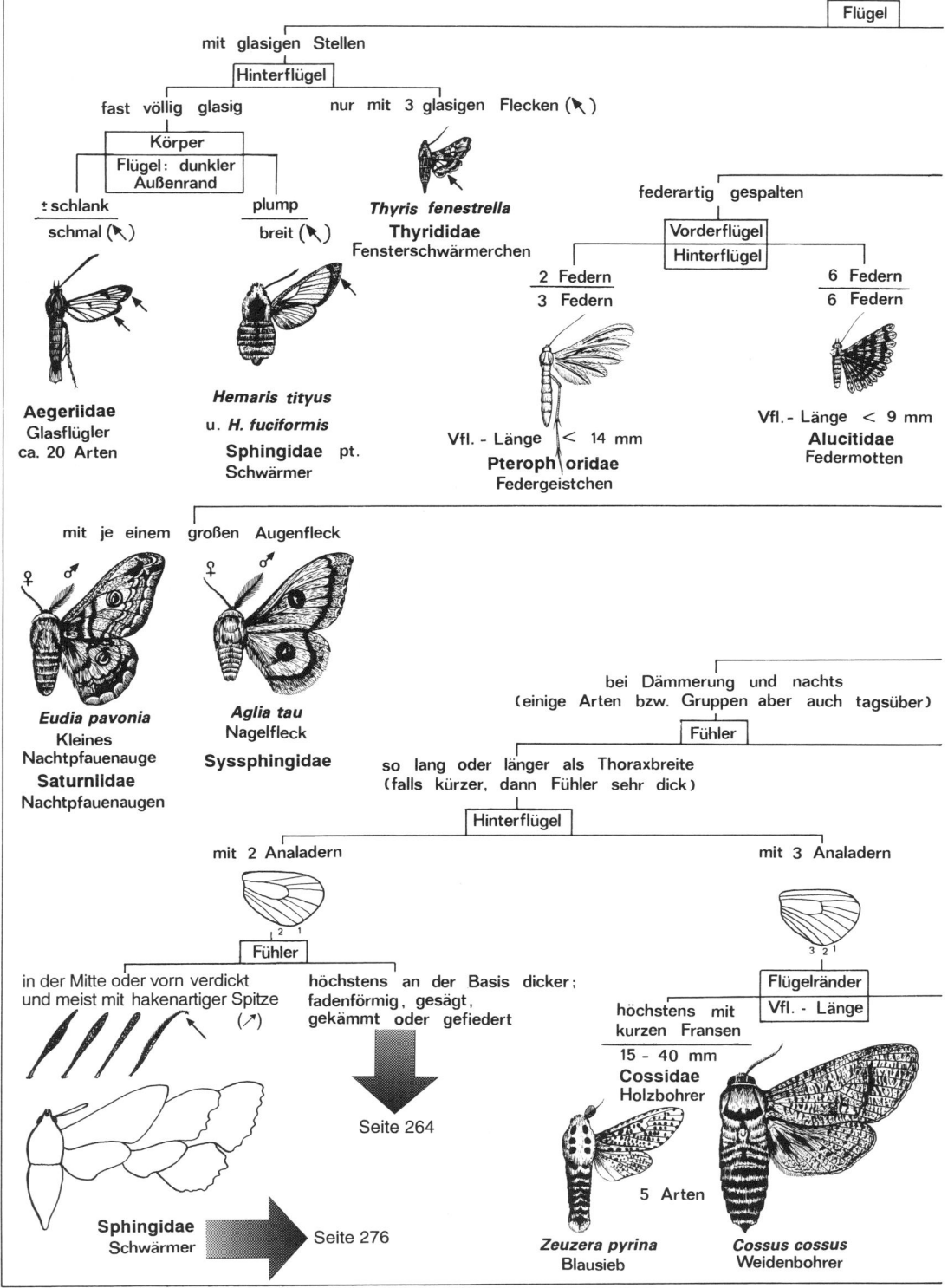

Flügel

mit glasigen Stellen

Hinterflügel

fast völlig glasig   nur mit 3 glasigen Flecken (↖)

Körper

Flügel: dunkler Außenrand

± schlank   plump

schmal (↖)   breit (↖)

Thyris fenestrella
Thyrididae
Fensterschwärmerchen

federartig gespalten

Vorderflügel
Hinterflügel

2 Federn   6 Federn
3 Federn   6 Federn

Aegeriidae
Glasflügler
ca. 20 Arten

Hemaris tityus
u. **H. fuciformis**
Sphingidae pt.
Schwärmer

Vfl. - Länge   < 14 mm
Pterophoridae
Federgeistchen

Vfl. - Länge < 9 mm
Alucitidae
Federmotten

mit je einem großen Augenfleck

♀   ♂   ♀   ♂

Eudia pavonia
Kleines
Nachtpfauenauge
Saturniidae
Nachtpfauenaugen

Aglia tau
Nagelfleck
Syssphingidae

bei Dämmerung und nachts
(einige Arten bzw. Gruppen aber auch tagsüber)

Fühler

so lang oder länger als Thoraxbreite
(falls kürzer, dann Fühler sehr dick)

Hinterflügel

mit 2 Analadern   mit 3 Analadern

2 1   3 2 1

Fühler

in der Mitte oder vorn verdickt
und meist mit hakenartiger Spitze
(↗)

höchstens an der Basis dicker;
fadenförmig, gesägt,
gekämmt oder gefiedert

Flügelränder

höchstens mit   Vfl. - Länge
kurzen Fransen

15 - 40 mm
Cossidae
Holzbohrer

Seite 264

Sphingidae
Schwärmer → Seite 276

5 Arten

Zeuzera pyrina
Blausieb

Cossus cossus
Weidenbohrer

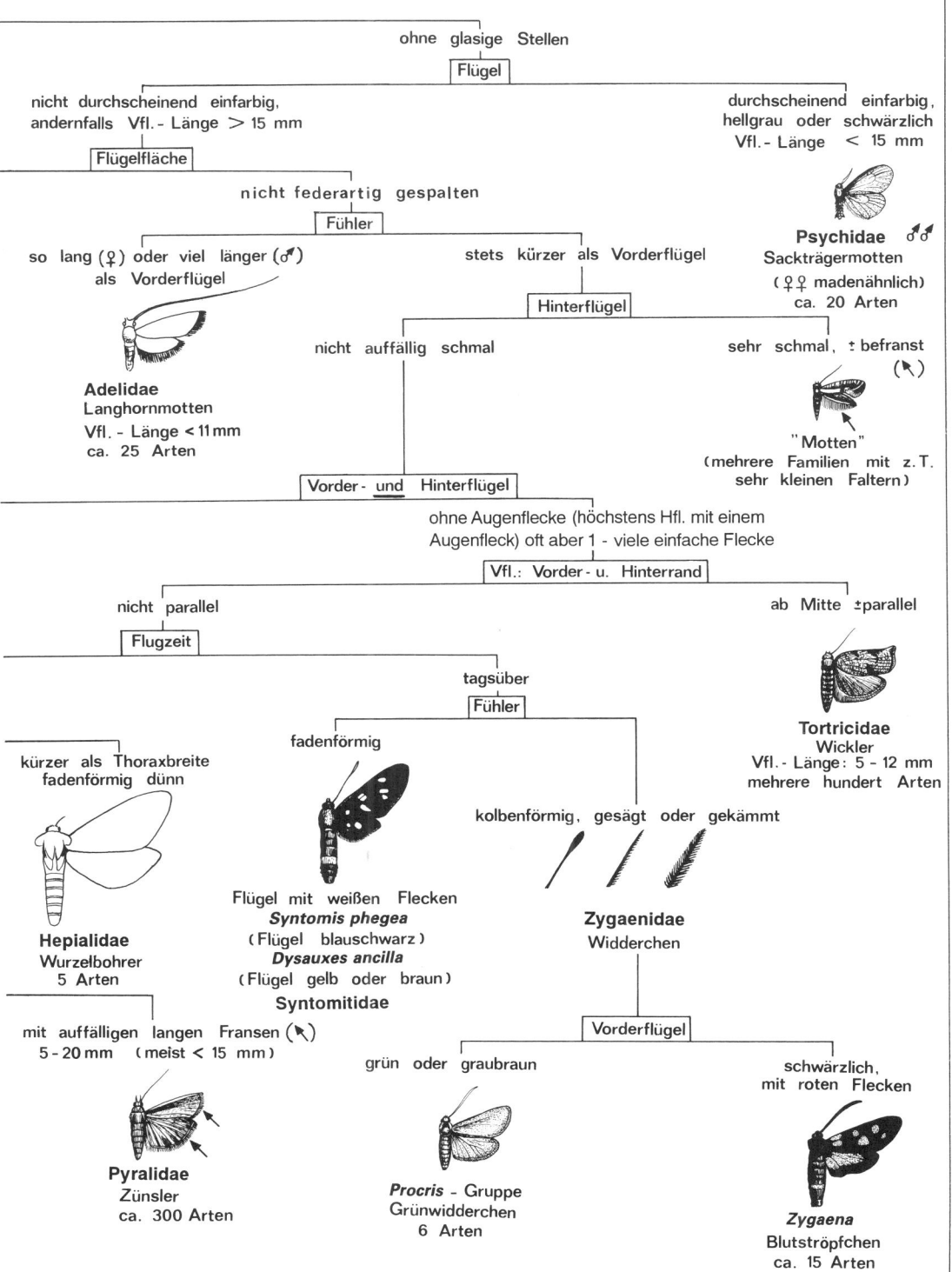

ohne glasige Stellen

Flügel

nicht durchscheinend einfarbig,
andernfalls Vfl.- Länge > 15 mm

durchscheinend einfarbig,
hellgrau oder schwärzlich
Vfl.- Länge < 15 mm

Flügelfläche

Psychidae ♂♂
Sackträgermotten
(♀♀ madenähnlich)
ca. 20 Arten

nicht federartig gespalten

Fühler

so lang (♀) oder viel länger (♂)
als Vorderflügel

stets kürzer als Vorderflügel

Hinterflügel

Adelidae
Langhornmotten
Vfl. - Länge < 11 mm
ca. 25 Arten

nicht auffällig schmal

sehr schmal, ± befranst
(↖)

"Motten"
(mehrere Familien mit z. T.
sehr kleinen Faltern)

Vorder - und Hinterflügel

ohne Augenflecke (höchstens Hfl. mit einem
Augenfleck) oft aber 1 - viele einfache Flecke

Vfl.: Vorder - u. Hinterrand

nicht parallel

ab Mitte ±parallel

Flugzeit

Tortricidae
Wickler
Vfl. - Länge: 5 - 12 mm
mehrere hundert Arten

tagsüber

Fühler

kürzer als Thoraxbreite
fadenförmig dünn

fadenförmig

kolbenförmig, gesägt oder gekämmt

Hepialidae
Wurzelbohrer
5 Arten

Flügel mit weißen Flecken
Syntomis phegea
(Flügel blauschwarz)
Dysauxes ancilla
(Flügel gelb oder braun)
Syntomitidae

Zygaenidae
Widderchen

mit auffälligen langen Fransen (↖)
5 - 20 mm (meist < 15 mm)

Vorderflügel

grün oder graubraun

schwärzlich,
mit roten Flecken

Pyralidae
Zünsler
ca. 300 Arten

Procris - Gruppe
Grünwidderchen
6 Arten

Zygaena
Blutströpfchen
ca. 15 Arten

Lepidoptera · Schmetterlinge 3: Übersicht 3

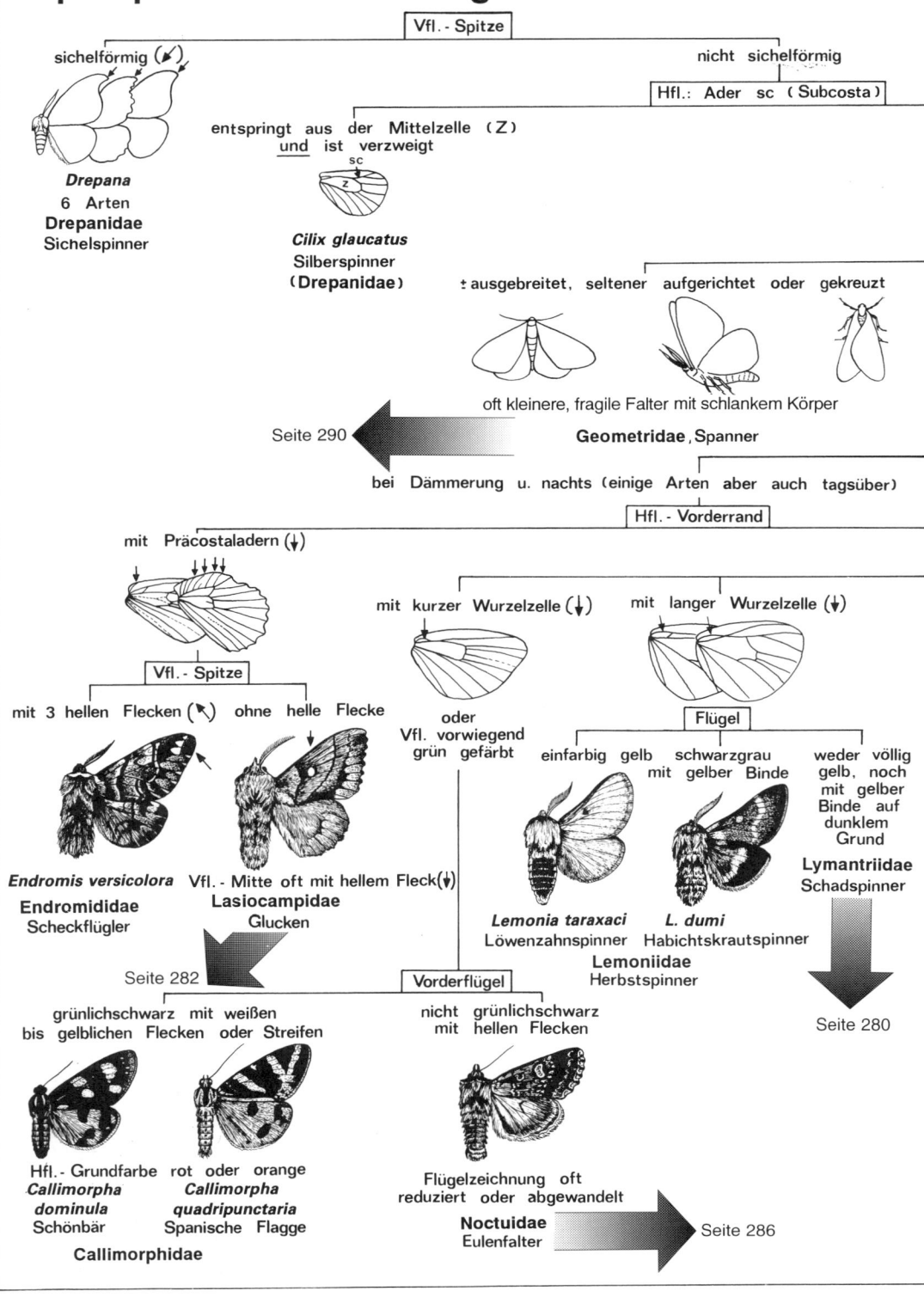

Vfl. - Spitze

sichelförmig (↙)

nicht sichelförmig

Hfl.: Ader sc (Subcosta)

Drepana
6 Arten
Drepanidae
Sichelspinner

entspringt aus der Mittelzelle (Z)
und ist verzweigt

sc
z

Cilix glaucatus
Silberspinner
(**Drepanidae**)

± ausgebreitet, seltener aufgerichtet oder gekreuzt

oft kleinere, fragile Falter mit schlankem Körper

Seite 290

Geometridae, Spanner

bei Dämmerung u. nachts (einige Arten aber auch tagsüber)

Hfl. - Vorderrand

mit Präcostaladern (↓)

mit kurzer Wurzelzelle (↓)

mit langer Wurzelzelle (↓)

Vfl. - Spitze

Flügel

mit 3 hellen Flecken (↖) ohne helle Flecke

oder
Vfl. vorwiegend
grün gefärbt

einfarbig gelb

schwarzgrau
mit gelber Binde

weder völlig
gelb, noch
mit gelber
Binde auf
dunklem
Grund

Lymantriidae
Schadspinner

Endromis versicolora Vfl. - Mitte oft mit hellem Fleck(↓)

Endromidae
Scheckflügler

Lasiocampidae
Glucken

Lemonia taraxaci
Löwenzahnspinner

L. dumi
Habichtskrautspinner

Lemoniidae
Herbstspinner

Seite 282

Seite 280

grünlichschwarz mit weißen
bis gelblichen Flecken oder Streifen

Vorderflügel

nicht grünlichschwarz
mit hellen Flecken

Hfl. - Grundfarbe
**Callimorpha
dominula**
Schönbär

rot oder orange
**Callimorpha
quadripunctaria**
Spanische Flagge

Flügelzeichnung oft
reduziert oder abgewandelt

Noctuidae
Eulenfalter

Seite 286

Callimorphidae

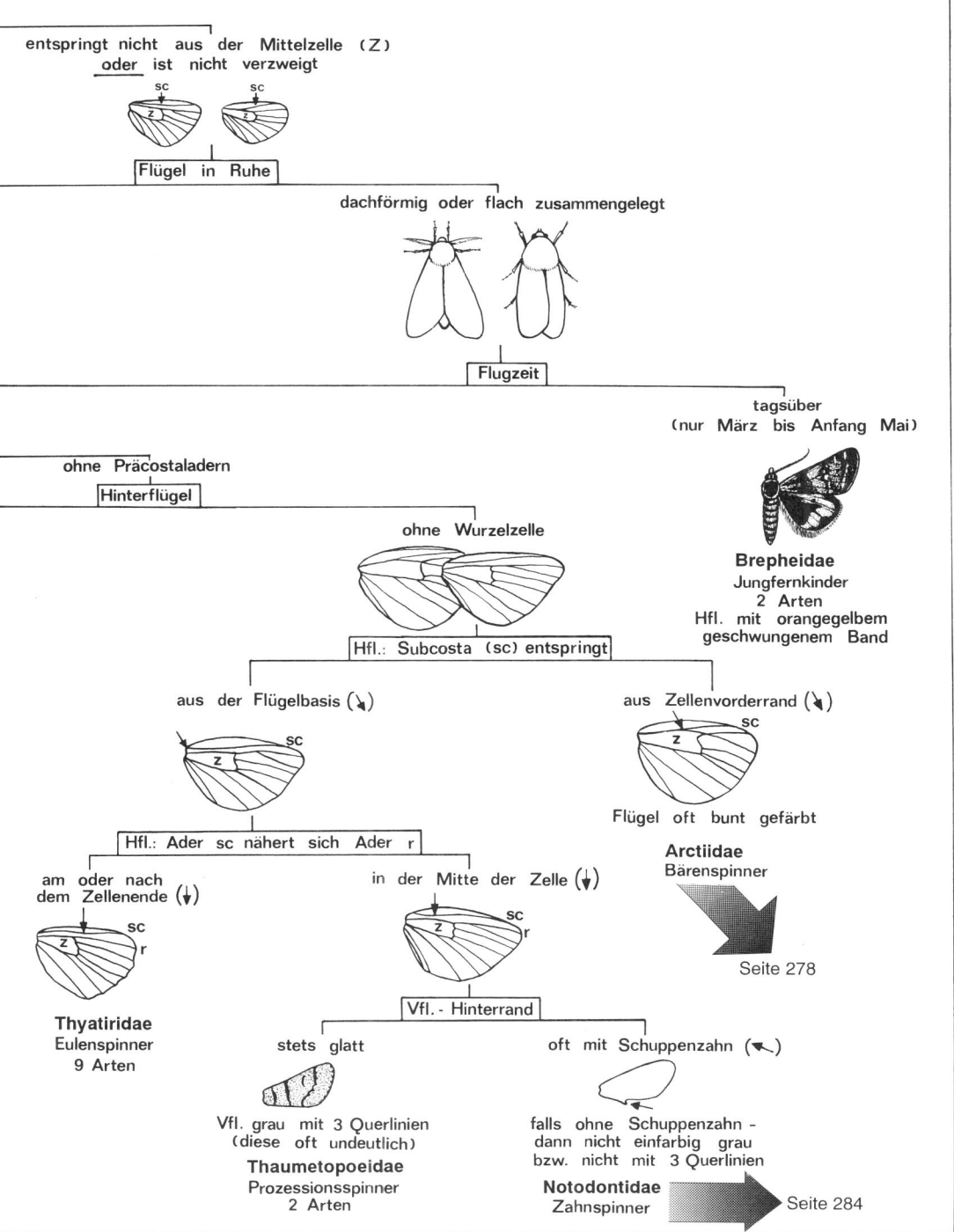

entspringt nicht aus der Mittelzelle (Z)
oder ist nicht verzweigt

sc   sc

Flügel in Ruhe

dachförmig oder flach zusammengelegt

Flugzeit

tagsüber
(nur März bis Anfang Mai)

ohne Präcostaladern
Hinterflügel

ohne Wurzelzelle

Brepheidae
Jungfernkinder
2 Arten
Hfl. mit orangegelbem
geschwungenem Band

Hfl.: Subcosta (sc) entspringt

aus der Flügelbasis   aus Zellenvorderrand

sc   sc
Z   Z

Flügel oft bunt gefärbt

Hfl.: Ader sc nähert sich Ader r

Arctiidae
Bärenspinner

am oder nach
dem Zellenende   in der Mitte der Zelle

sc   sc
Z   Z
r   r

Seite 278

Thyatiridae
Eulenspinner
9 Arten

Vfl. - Hinterrand

stets glatt   oft mit Schuppenzahn

falls ohne Schuppenzahn -
dann nicht einfarbig grau
bzw. nicht mit 3 Querlinien

Vfl. grau mit 3 Querlinien
(diese oft undeutlich)
Thaumetopoeidae
Prozessionsspinner
2 Arten

Notodontidae
Zahnspinner   Seite 284

Voigt

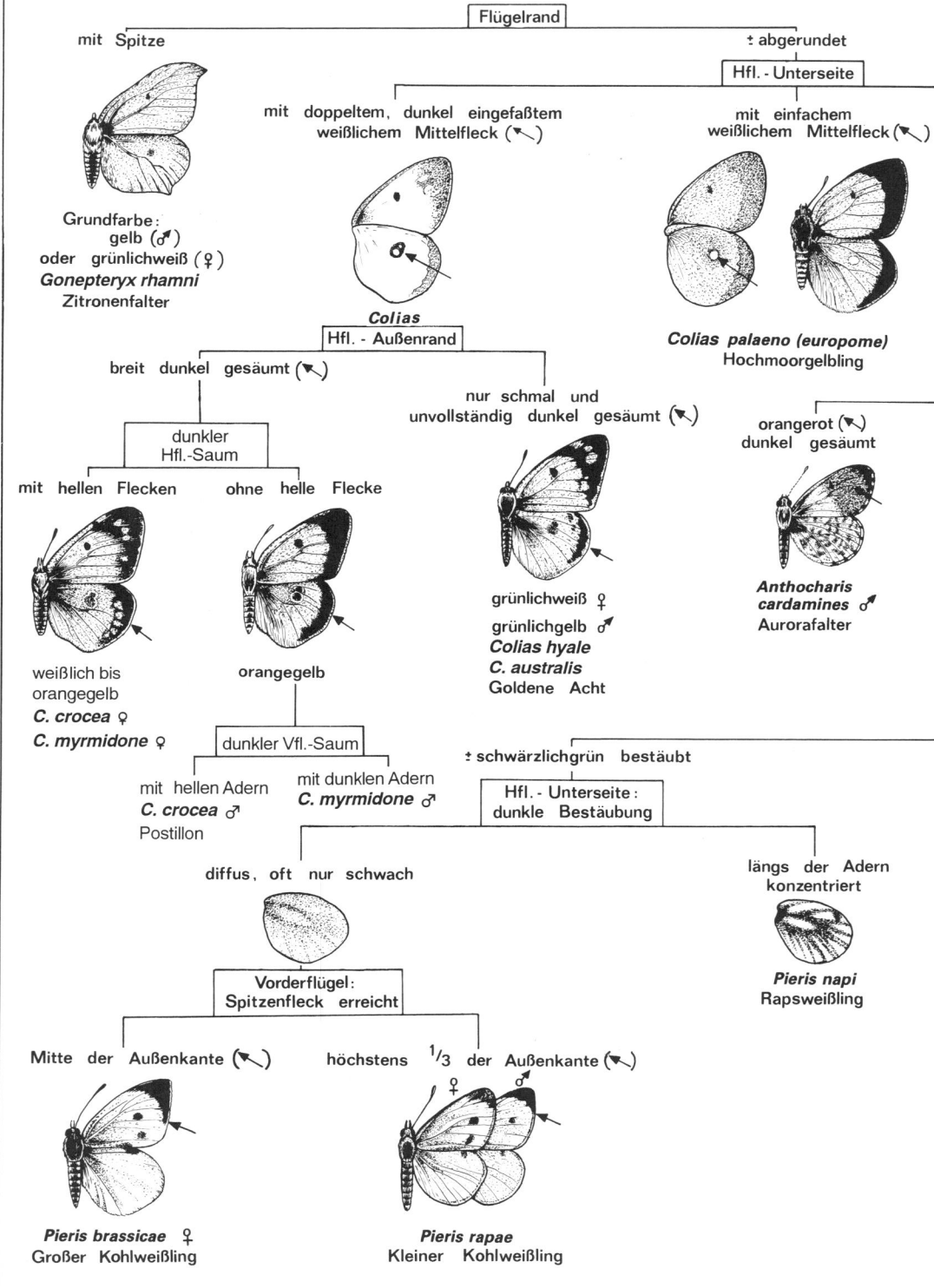

Flügelrand

mit Spitze

± abgerundet

Hfl. - Unterseite

mit doppeltem, dunkel eingefaßtem
weißlichem Mittelfleck (↖)

mit einfachem
weißlichem Mittelfleck (↖)

Grundfarbe:
gelb (♂)
oder grünlichweiß (♀)
Gonepteryx rhamni
Zitronenfalter

Colias

Colias palaeno (europome)
Hochmoorgelbling

Hfl. - Außenrand

breit dunkel gesäumt (↖)

nur schmal und
unvollständig dunkel gesäumt (↖)

orangerot (↖)
dunkel gesäumt

dunkler
Hfl.-Saum

mit hellen Flecken

ohne helle Flecke

grünlichweiß ♀
grünlichgelb ♂
Colias hyale
C. australis
Goldene Acht

*Anthocharis
cardamines* ♂
Aurorafalter

weißlich bis
orangegelb
C. crocea ♀
C. myrmidone ♀

orangegelb

dunkler Vfl.-Saum

± schwärzlichgrün bestäubt

mit hellen Adern
C. crocea ♂
Postillon

mit dunklen Adern
C. myrmidone ♂

Hfl. - Unterseite:
dunkle Bestäubung

längs der Adern
konzentriert

diffus, oft nur schwach

Pieris napi
Rapsweißling

Vorderflügel:
Spitzenfleck erreicht

Mitte der Außenkante (↖)

höchstens ¹/₃ der Außenkante (↖)
♀ ♂

Pieris brassicae ♀
Großer Kohlweißling

Pieris rapae
Kleiner Kohlweißling

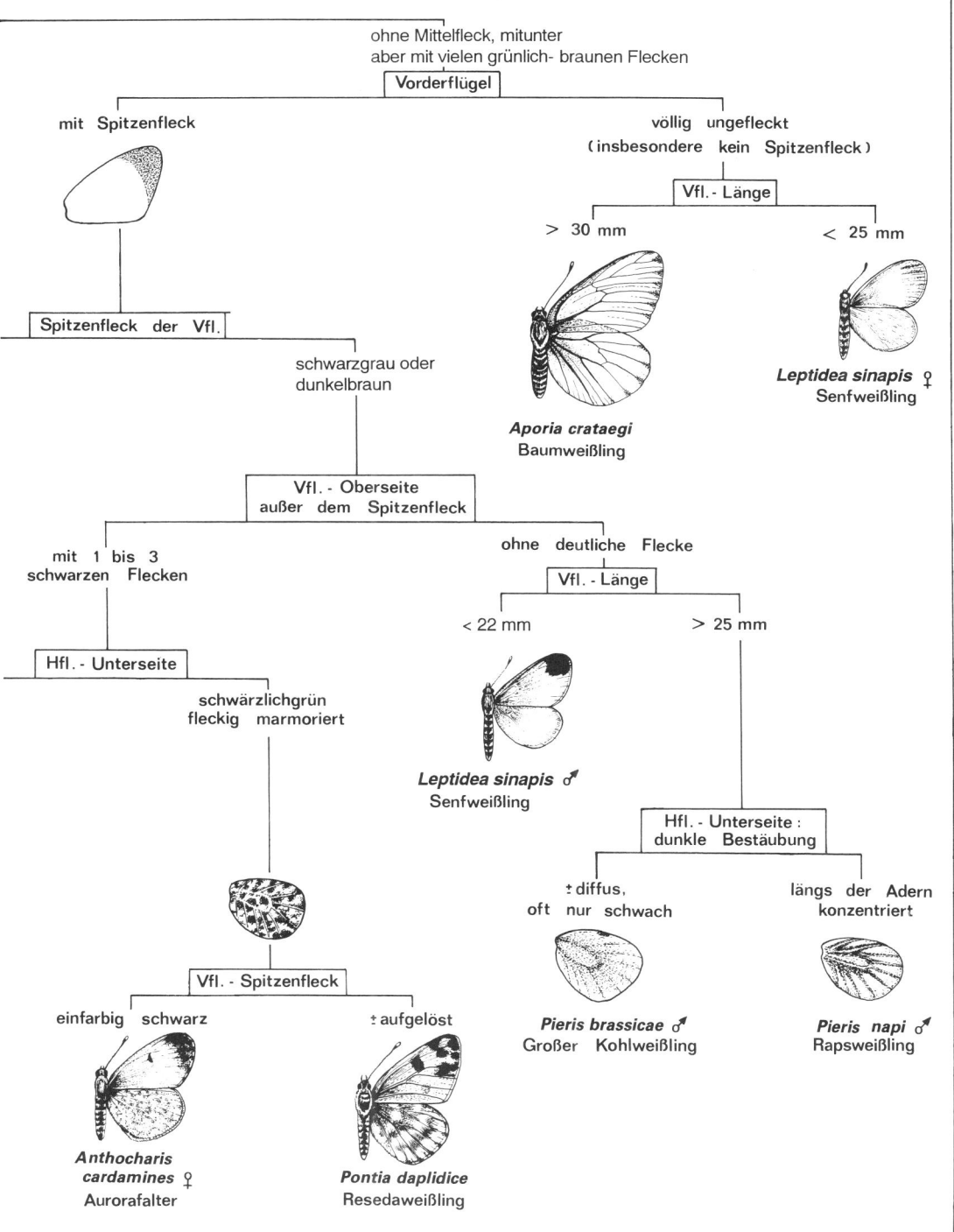

ohne Mittelfleck, mitunter
aber mit vielen grünlich- braunen Flecken

Vorderflügel

mit Spitzenfleck

völlig ungefleckt
(insbesondere kein Spitzenfleck)

Vfl. - Länge

> 30 mm

< 25 mm

Leptidea sinapis ♀
Senfweißling

Aporia crataegi
Baumweißling

Spitzenfleck der Vfl.

schwarzgrau oder
dunkelbraun

Vfl. - Oberseite
außer dem Spitzenfleck

mit 1 bis 3
schwarzen Flecken

ohne deutliche Flecke

Vfl. - Länge

< 22 mm

> 25 mm

Hfl. - Unterseite

schwärzlichgrün
fleckig marmoriert

Leptidea sinapis ♂
Senfweißling

Hfl. - Unterseite :
dunkle Bestäubung

± diffus,
oft nur schwach

längs der Adern
konzentriert

Vfl. - Spitzenfleck

Pieris brassicae ♂
Großer Kohlweißling

Pieris napi ♂
Rapsweißling

einfarbig schwarz

± aufgelöst

*Anthocharis
cardamines* ♀
Aurorafalter

Pontia daplidice
Resedaweißling

Voigt

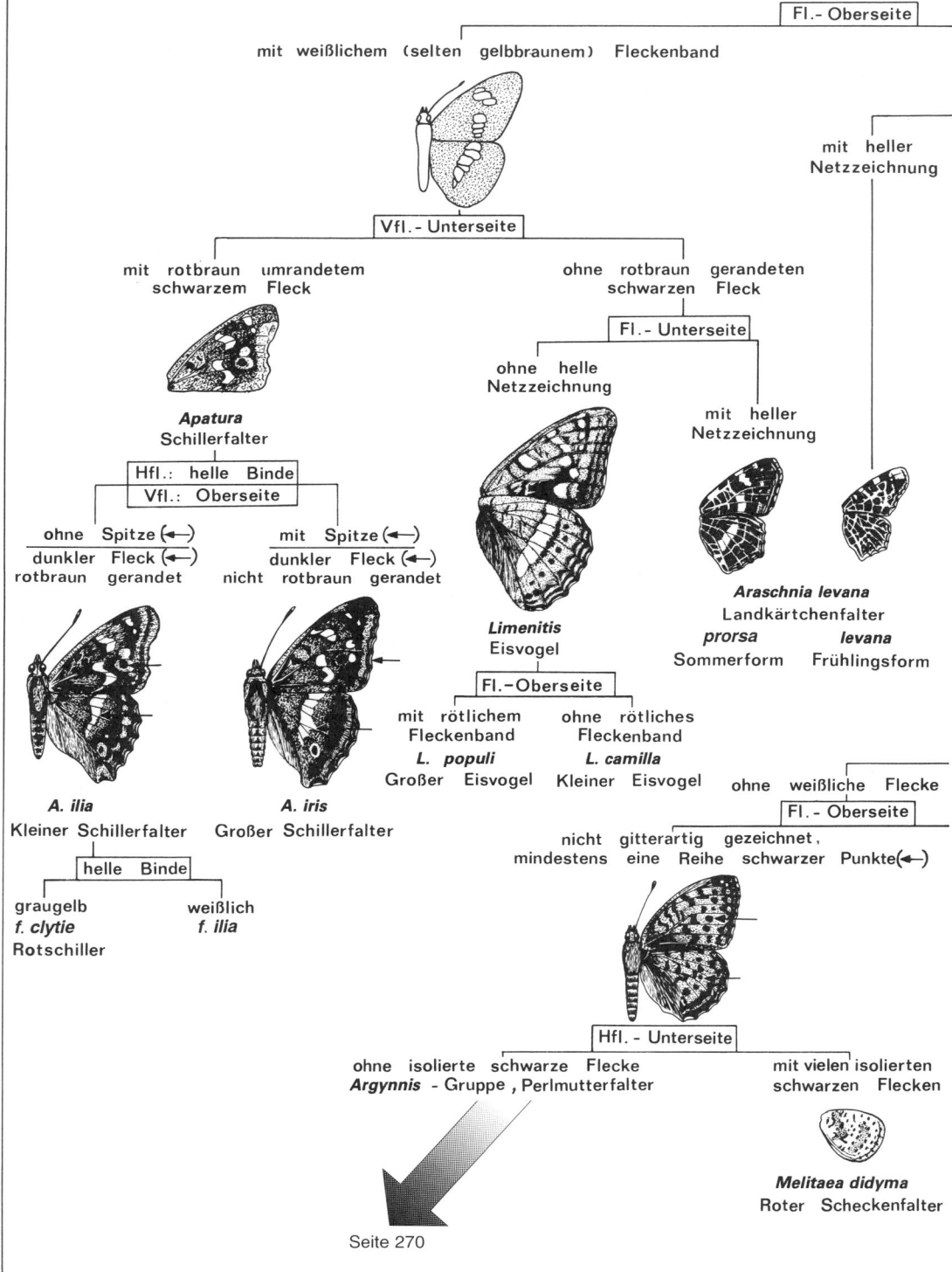

Fl.- Oberseite

mit weißlichem (selten gelbbraunem) Fleckenband

mit heller Netzzeichnung

Vfl.- Unterseite

mit rotbraun umrandetem schwarzem Fleck

ohne rotbraun gerandeten schwarzen Fleck

Fl.- Unterseite

ohne helle Netzzeichnung

mit heller Netzzeichnung

Apatura Schillerfalter

Hfl.: helle Binde
Vfl.: Oberseite

ohne Spitze (←)
dunkler Fleck (←)
rotbraun gerandet

mit Spitze (←)
dunkler Fleck (←)
nicht rotbraun gerandet

Araschnia levana Landkärtchenfalter

prorsa Sommerform

levana Frühlingsform

Limenitis Eisvogel

Fl.-Oberseite

mit rötlichem Fleckenband
L. populi Großer Eisvogel

ohne rötliches Fleckenband
L. camilla Kleiner Eisvogel

A. ilia Kleiner Schillerfalter

A. iris Großer Schillerfalter

ohne weißliche Flecke

Fl.- Oberseite

nicht gitterartig gezeichnet, mindestens eine Reihe schwarzer Punkte(←)

helle Binde

graugelb
f. clytie Rotschiller

weißlich
f. ilia

Hfl.- Unterseite

ohne isolierte schwarze Flecke
Argynnis - Gruppe , Perlmutterfalter

mit vielen isolierten schwarzen Flecken

Melitaea didyma Roter Scheckenfalter

Seite 270

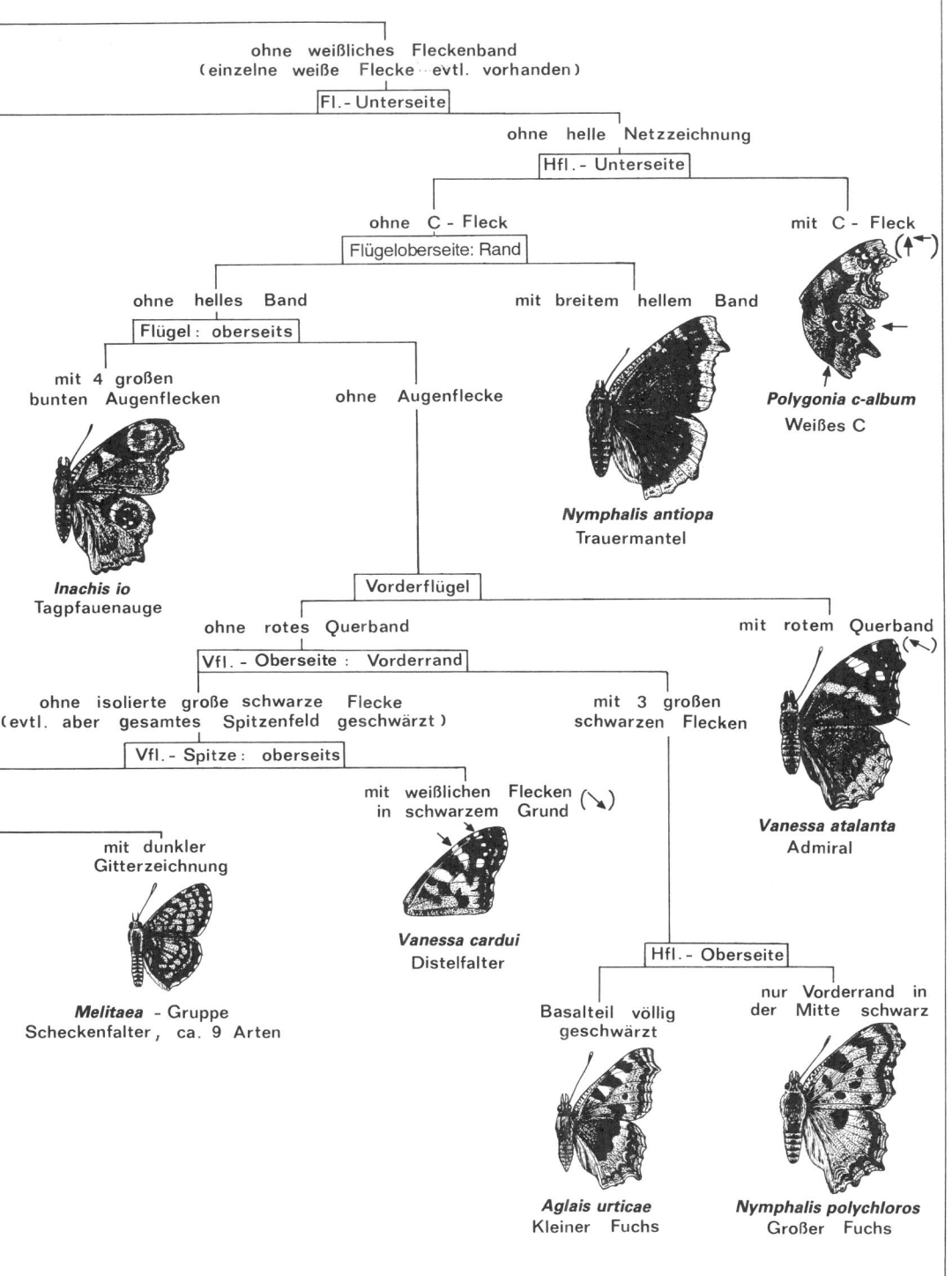

ohne weißliches Fleckenband
(einzelne weiße Flecke evtl. vorhanden)

Fl.- Unterseite

ohne helle Netzzeichnung

Hfl.- Unterseite

ohne C - Fleck

Flügeloberseite: Rand

mit C - Fleck
(↑←)

ohne helles Band

Flügel: oberseits

mit breitem hellem Band

Polygonia c-album
Weißes C

mit 4 großen
bunten Augenflecken

ohne Augenflecke

Inachis io
Tagpfauenauge

Nymphalis antiopa
Trauermantel

Vorderflügel

ohne rotes Querband

Vfl.- Oberseite : Vorderrand

mit rotem Querband
(↙)

ohne isolierte große schwarze Flecke
(evtl. aber gesamtes Spitzenfeld geschwärzt)

Vfl.- Spitze: oberseits

mit 3 großen
schwarzen Flecken

mit weißlichen Flecken
in schwarzem Grund (↘)

Vanessa atalanta
Admiral

mit dunkler
Gitterzeichnung

Vanessa cardui
Distelfalter

Melitaea - Gruppe
Scheckenfalter , ca. 9 Arten

Hfl.- Oberseite

Basalteil völlig
geschwärzt

nur Vorderrand in
der Mitte schwarz

Aglais urticae
Kleiner Fuchs

Nymphalis polychloros
Großer Fuchs

Lepidoptera · Schmetterlinge 6: Nymphalidae Edelfalter 2

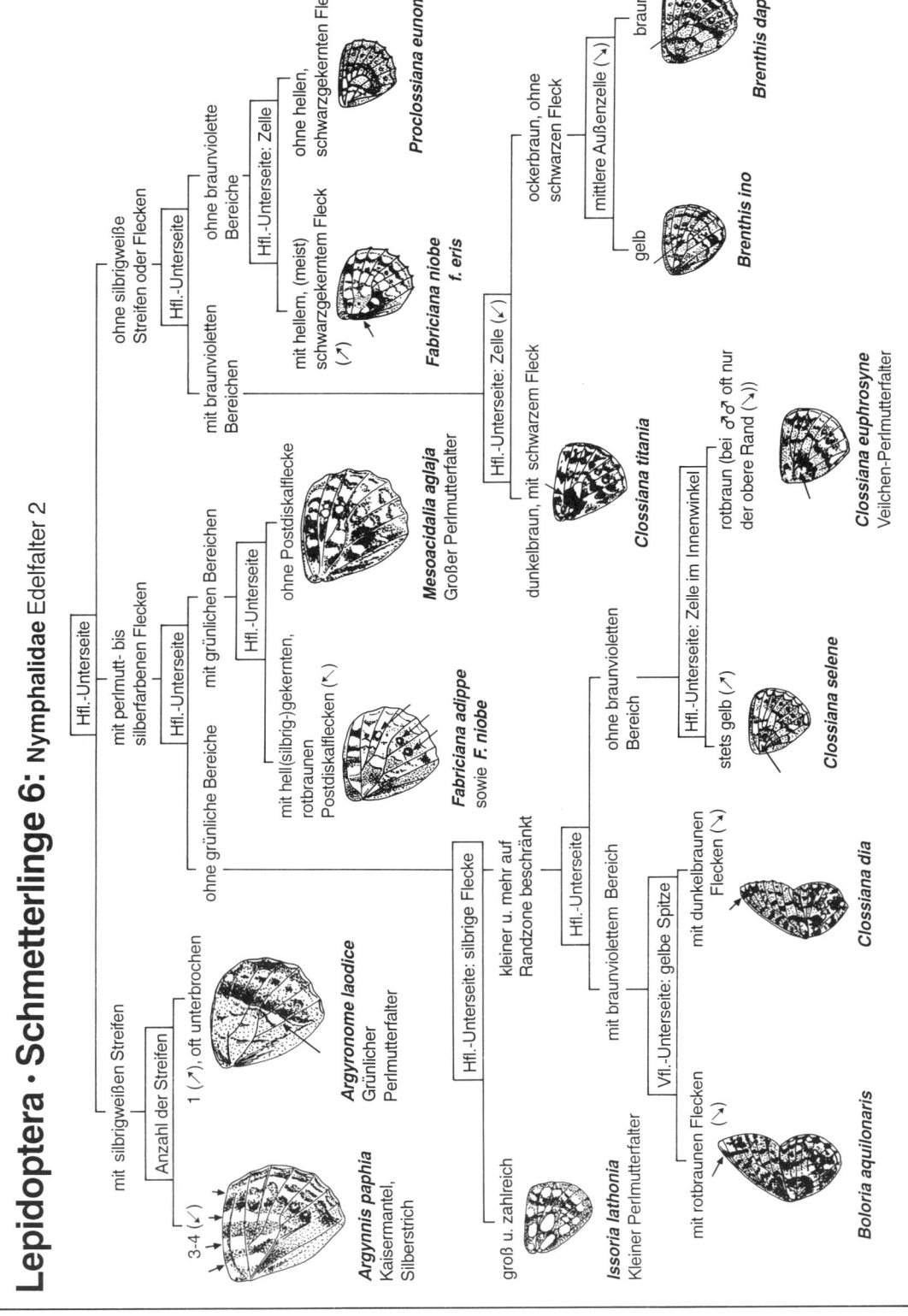

- mit silbrigweißen Streifen
  - Anzahl der Streifen
    - 1 (↗), oft unterbrochen — **Argyronome laodice** Grünlicher Perlmutterfalter
    - 3-4 (↙) — **Argynnis paphia** Kaisermantel, Silberstrich
- mit perlmutt- bis silberfarbenen Flecken
  - ohne grünliche Bereiche
    - Hfl.-Unterseite: silbrige Flecke
      - groß u. zahlreich — **Issoria lathonia** Kleiner Perlmutterfalter
      - kleiner u. mehr auf Randzone beschränkt
  - mit grünlichen Bereichen
    - Hfl.-Unterseite
      - mit hell(silbrig-)gekernten, rotbraunen Postdiskalflecken (↖) — **Fabriciana adippe** sowie **F. niobe**
      - ohne Postdiskalflecke — **Mesoacidalia aglaja** Großer Perlmutterfalter
- ohne silbrigweiße Streifen oder Flecken
  - mit braunvioletten Bereichen
    - Hfl.-Unterseite
      - mit hellem, (meist) schwarzgekerntem Fleck (↗) — **Fabriciana niobe f. eris**
  - ohne braunviolette Bereiche
    - Hfl.-Unterseite: Zelle
      - ohne hellen, schwarzgekernten Fleck — **Proclossiana eunomia**

- Hfl.-Unterseite: Zelle (↙)
  - dunkelbraun, mit schwarzem Fleck — **Clossiana titania**
  - ockerbraun, ohne schwarzen Fleck
    - mittlere Außenzelle (↗)
      - braun — **Brenthis daphne**
      - gelb — **Brenthis ino**

- Hfl.-Unterseite: Zelle im Innenwinkel
  - stets gelb (↗) — **Clossiana selene**
  - rotbraun (bei ♂♂ oft nur der obere Rand (↘)) — **Clossiana euphrosyne** Veilchen-Perlmutterfalter

- Hfl.-Unterseite
  - ohne braunvioletten Bereich
  - mit braunviolettem Bereich
    - Vfl.-Unterseite: gelbe Spitze
      - mit dunkelbraunen Flecken (↘) — **Clossiana dia**
      - mit rotbraunen Flecken (↘) — **Boloria aquilonaris**

Voigt

Lepidoptera · Schmetterlinge 7: Hesperiidae Dickkopffalter

Hinterflügel: Unterseite

mit dunkel gerahmten weißen Flecken auf gelbem Grunde

Fl.-Oberseite schwarzbraun
Heteropterus morpheus

mit hellen oder dunklen Flecken

Vfl.: Oberseite

ohne dunkel gerahmte helle Flecke auf gelbem Grunde

Vfl.- Oberseite

einfarbig, ohne Flecke

Thymelicus

Fühlerende

völlig schwarz | unterseits orangebraun

T. lineola | *T. sylvestris*

ohne Flecke

T. acteon

Flecke: dunkelbraun
Grundfarbe: gelb

Carterocephalus silvicolus

Flecke weißlich oder hellgrau
Grundfarbe: grau- bis schwarzbraun

helle Flecke

winzige Saumpunkte, sonst nur undeutlich

Erynnis tages

weiß, würfelfleckartig, eckig - scharf

Pyrgus - Gruppe
6 Arten aus verschiedenen Gattungen
häufig : *Pyrgus malvae*
Malvendickkopf

Flecke: gelb, orange
Grundfarbe: ocker bis dunkelbraun

Hfl.- Oberseite

mit Flecken

Hfl.- Unterseite : Grundfarbe

dunkelbraun
(mit großen gelben Flecken)

Fl. - Oberseite
mit orangegelben Flecken
Carterocephalus palaemon

grünlichgelb oder olivgrün

Hfl.- Unterseite

mit scharf begrenzten weißen Flecken, olivgrün

Hesperia comma
Kommafalter

mit undeutlichen gelblichen Flecken, grünlichgelb

Ochlodes venatus

Voigt

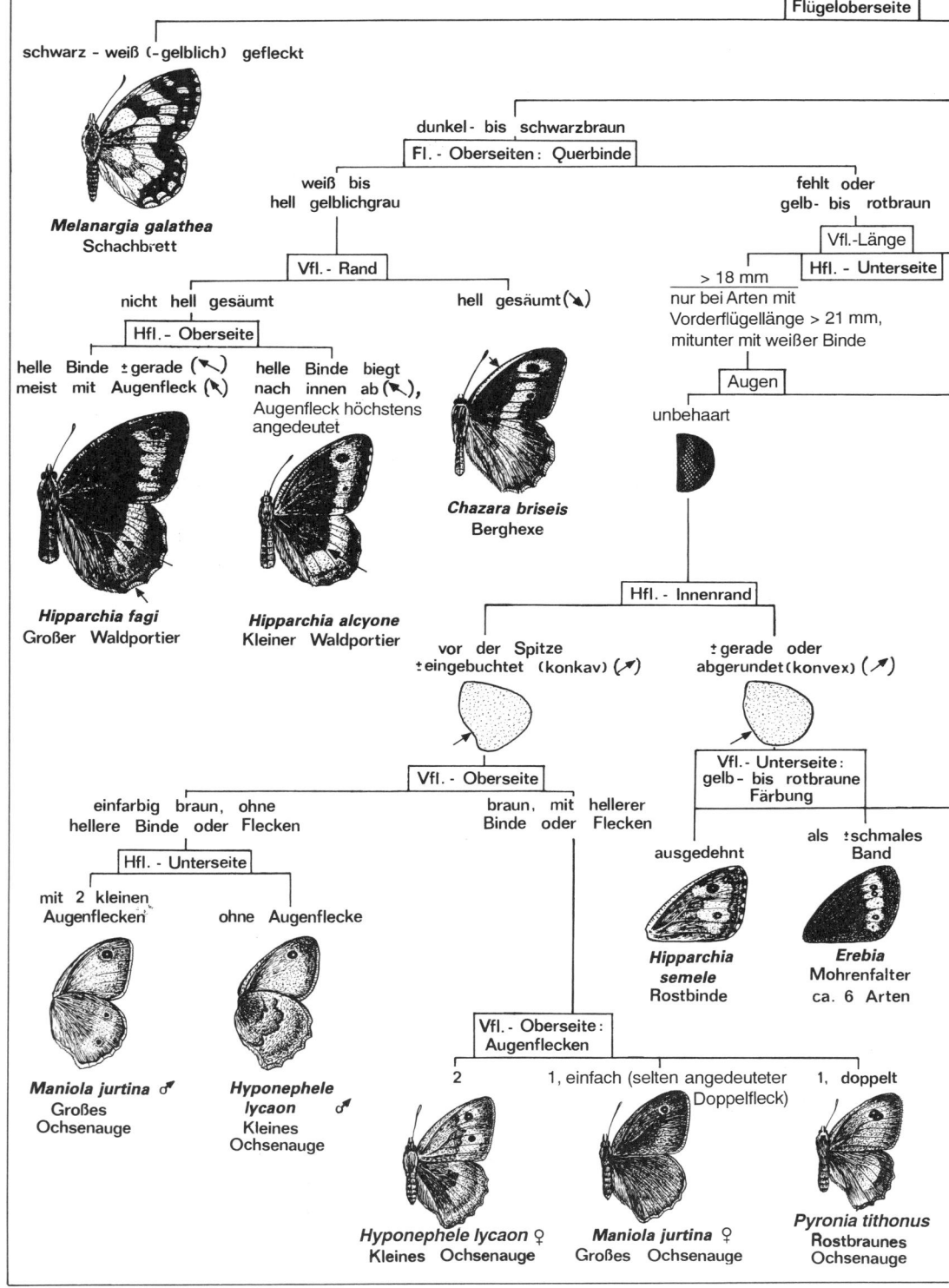

Flügeloberseite

schwarz – weiß (– gelblich) gefleckt

Melanargia galathea
Schachbrett

dunkel- bis schwarzbraun

Fl.- Oberseiten: Querbinde

weiß bis
hell gelblichgrau

fehlt oder
gelb- bis rotbraun

Vfl.-Länge

> 18 mm

Hfl.- Unterseite

nur bei Arten mit
Vorderflügellänge > 21 mm,
mitunter mit weißer Binde

Vfl.- Rand

nicht hell gesäumt

hell gesäumt (↘)

Augen

unbehaart

Hfl.- Oberseite

helle Binde ± gerade (↖)
meist mit Augenfleck (↖)

helle Binde biegt
nach innen ab (↖),
Augenfleck höchstens
angedeutet

Chazara briseis
Berghexe

Hipparchia fagi
Großer Waldportier

Hipparchia alcyone
Kleiner Waldportier

Hfl.- Innenrand

vor der Spitze
± eingebuchtet (konkav) (↗)

± gerade oder
abgerundet (konvex) (↗)

Vfl.- Unterseite:
gelb- bis rotbraune
Färbung

Vfl.- Oberseite

einfarbig braun, ohne
hellere Binde oder Flecken

braun, mit hellerer
Binde oder Flecken

ausgedehnt

als ± schmales
Band

Hfl.- Unterseite

mit 2 kleinen
Augenflecken

ohne Augenflecke

**Hipparchia
semele**
Rostbinde

Erebia
Mohrenfalter
ca. 6 Arten

Maniola jurtina ♂
Großes
Ochsenauge

**Hyponephele
lycaon** ♂
Kleines
Ochsenauge

Vfl.- Oberseite:
Augenflecken

2

1, einfach (selten angedeuteter
Doppelfleck)

1, doppelt

Hyponephele lycaon ♀
Kleines Ochsenauge

Maniola jurtina ♀
Großes Ochsenauge

Pyronia tithonus
Rostbraunes
Ochsenauge

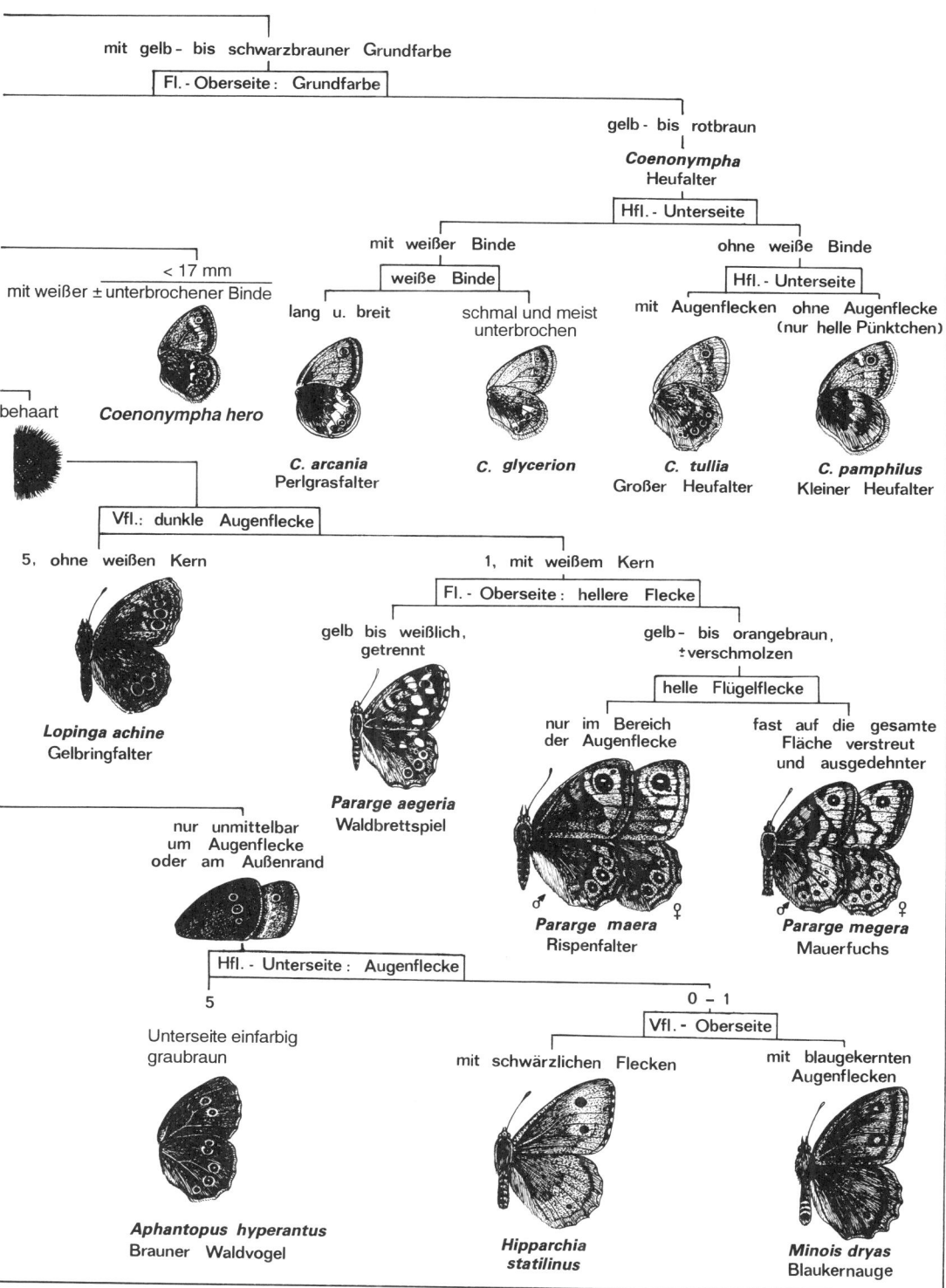

mit gelb - bis schwarzbrauner Grundfarbe

Fl. - Oberseite : Grundfarbe

gelb - bis rotbraun

Coenonympha
Heufalter

Hfl. - Unterseite

mit weißer Binde

weiße Binde

ohne weiße Binde

Hfl. - Unterseite

< 17 mm
mit weißer ± unterbrochener Binde

lang u. breit

schmal und meist
unterbrochen

mit Augenflecken

ohne Augenflecke
(nur helle Pünktchen)

behaart

Coenonympha hero

C. arcania
Perlgrasfalter

C. glycerion

C. tullia
Großer Heufalter

C. pamphilus
Kleiner Heufalter

Vfl.: dunkle Augenflecke

5, ohne weißen Kern

1, mit weißem Kern

Fl. - Oberseite : hellere Flecke

gelb bis weißlich,
getrennt

gelb - bis orangebraun,
± verschmolzen

helle Flügelflecke

nur im Bereich
der Augenflecke

fast auf die gesamte
Fläche verstreut
und ausgedehnter

Lopinga achine
Gelbringfalter

Pararge aegeria
Waldbrettspiel

♂   ♀

Pararge maera
Rispenfalter

♂   ♀

Pararge megera
Mauerfuchs

nur unmittelbar
um Augenflecke
oder am Außenrand

Hfl. - Unterseite : Augenflecke

5

0 – 1

Vfl. - Oberseite

Unterseite einfarbig
graubraun

mit schwärzlichen Flecken

mit blaugekernten
Augenflecken

Aphantopus hyperantus
Brauner Waldvogel

**Hipparchia
statilinus**

Minois dryas
Blaukernauge

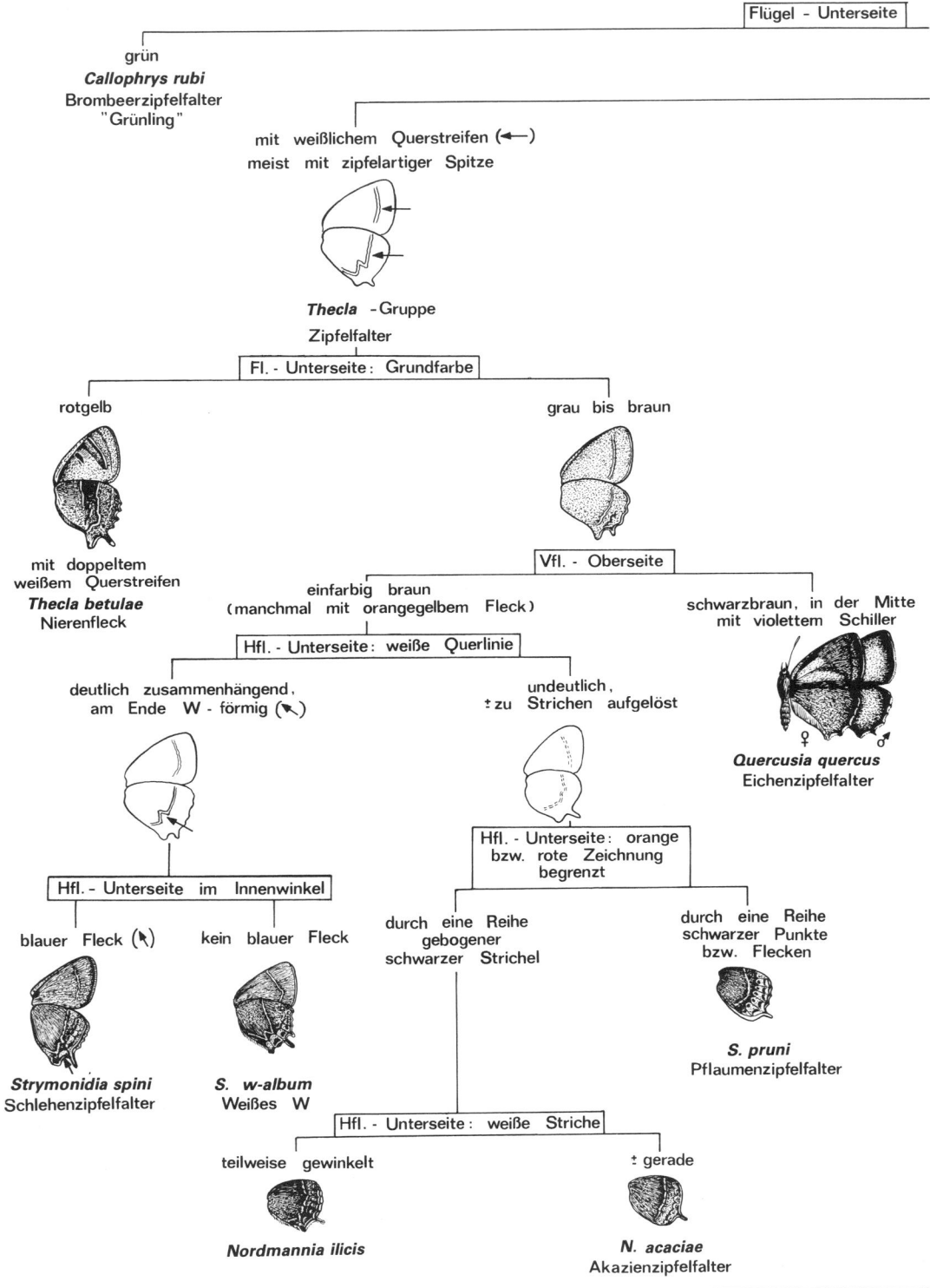

Flügel - Unterseite

grün
Callophrys rubi
Brombeerzipfelfalter
"Grünling"

mit weißlichem Querstreifen (◄—)
meist mit zipfelartiger Spitze

Thecla -Gruppe
Zipfelfalter

Fl. - Unterseite : Grundfarbe

rotgelb

grau bis braun

mit doppeltem
weißem Querstreifen
Thecla betulae
Nierenfleck

einfarbig braun
(manchmal mit orangegelbem Fleck)

Vfl. - Oberseite

schwarzbraun, in der Mitte
mit violettem Schiller

Hfl. - Unterseite : weiße Querlinie

deutlich zusammenhängend,
am Ende W - förmig (↖)

undeutlich,
± zu Strichen aufgelöst

♀   ♂
Quercusia quercus
Eichenzipfelfalter

Hfl. - Unterseite im Innenwinkel

Hfl. - Unterseite : orange
bzw. rote Zeichnung
begrenzt

blauer Fleck (↖)

kein blauer Fleck

durch eine Reihe
gebogener
schwarzer Strichel

durch eine Reihe
schwarzer Punkte
bzw. Flecken

S. pruni
Pflaumenzipfelfalter

Strymonidia spini
Schlehenzipfelfalter

S. w-album
Weißes W

Hfl. - Unterseite : weiße Striche

teilweise gewinkelt

± gerade

Nordmannia ilicis

N. acaciae
Akazienzipfelfalter

grau, gelblich oder rot - bis dunkelbraun

Flügel - Unterseite
Hinterflügel

ohne weißlichen Querstreifen
höchstens mit winzigen Spitzen

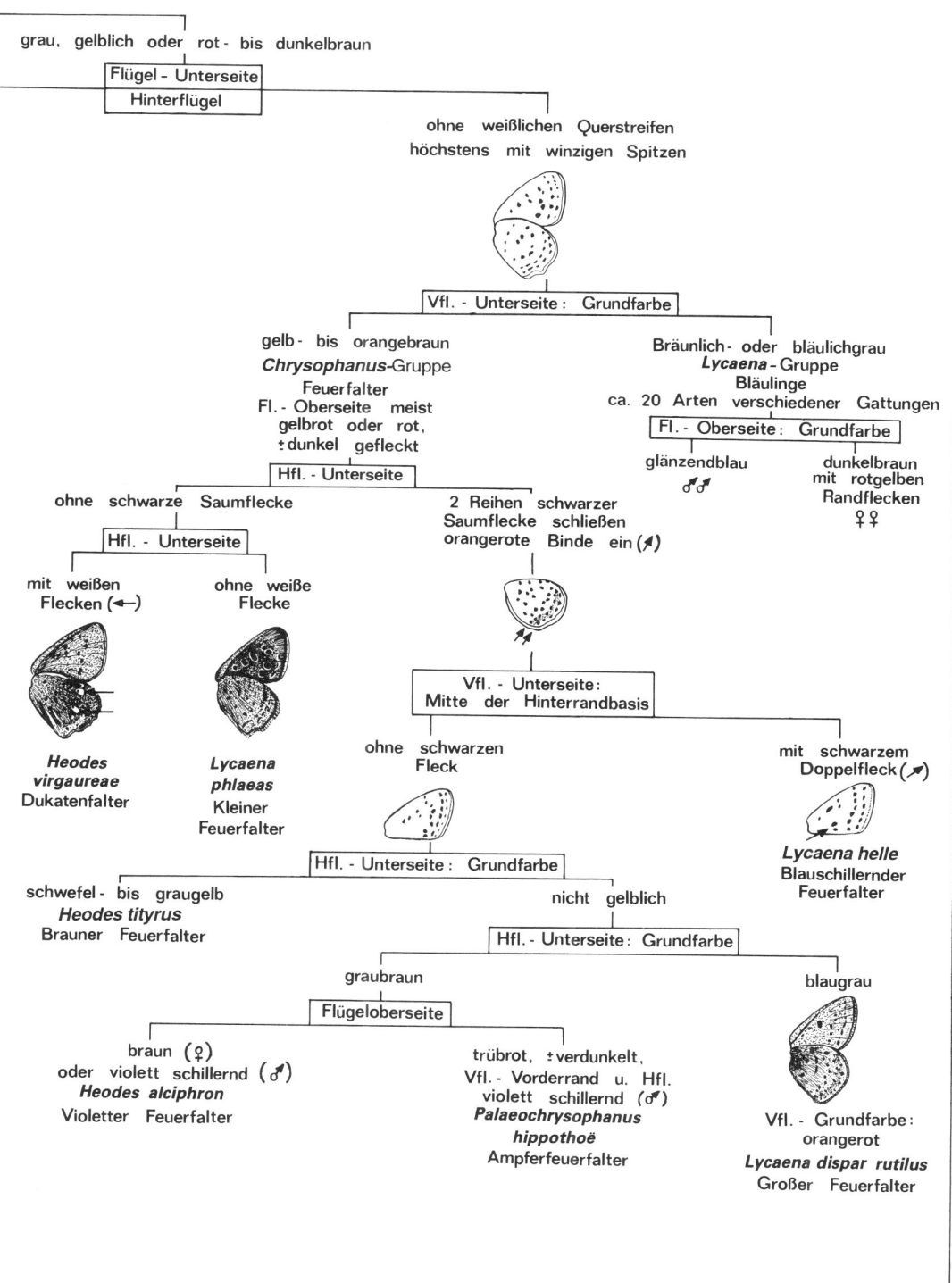

Vfl. - Unterseite : Grundfarbe

gelb- bis orangebraun
Chrysophanus-Gruppe
Feuerfalter
Fl. - Oberseite meist
gelbrot oder rot,
±dunkel gefleckt

Bräunlich- oder bläulichgrau
Lycaena - Gruppe
Bläulinge
ca. 20 Arten verschiedener Gattungen

Fl. - Oberseite: Grundfarbe

glänzendblau
♂♂

dunkelbraun
mit rotgelben
Randflecken
♀♀

Hfl. - Unterseite

ohne schwarze Saumflecke

Hfl. - Unterseite

mit weißen
Flecken (◄─)

ohne weiße
Flecke

*Heodes
virgaureae*
Dukatenfalter

*Lycaena
phlaeas*
Kleiner
Feuerfalter

2 Reihen schwarzer
Saumflecke schließen
orangerote Binde ein (✗)

Vfl. - Unterseite :
Mitte der Hinterrandbasis

ohne schwarzen
Fleck

mit schwarzem
Doppelfleck (✗)

Lycaena helle
Blauschillernder
Feuerfalter

Hfl. - Unterseite : Grundfarbe

schwefel - bis graugelb
Heodes tityrus
Brauner Feuerfalter

nicht gelblich

Hfl. - Unterseite: Grundfarbe

graubraun

Flügeloberseite

braun (♀)
oder violett schillernd (♂)
Heodes alciphron
Violetter Feuerfalter

trübrot, ±verdunkelt,
Vfl. - Vorderrand u. Hfl.
violett schillernd (♂)
*Palaeochrysophanus
hippothoë*
Ampferfeuerfalter

blaugrau

Vfl. - Grundfarbe:
orangerot
Lycaena dispar rutilus
Großer Feuerfalter

Lepidoptera · Schmetterlinge 10: Sphingidae Schwärmer

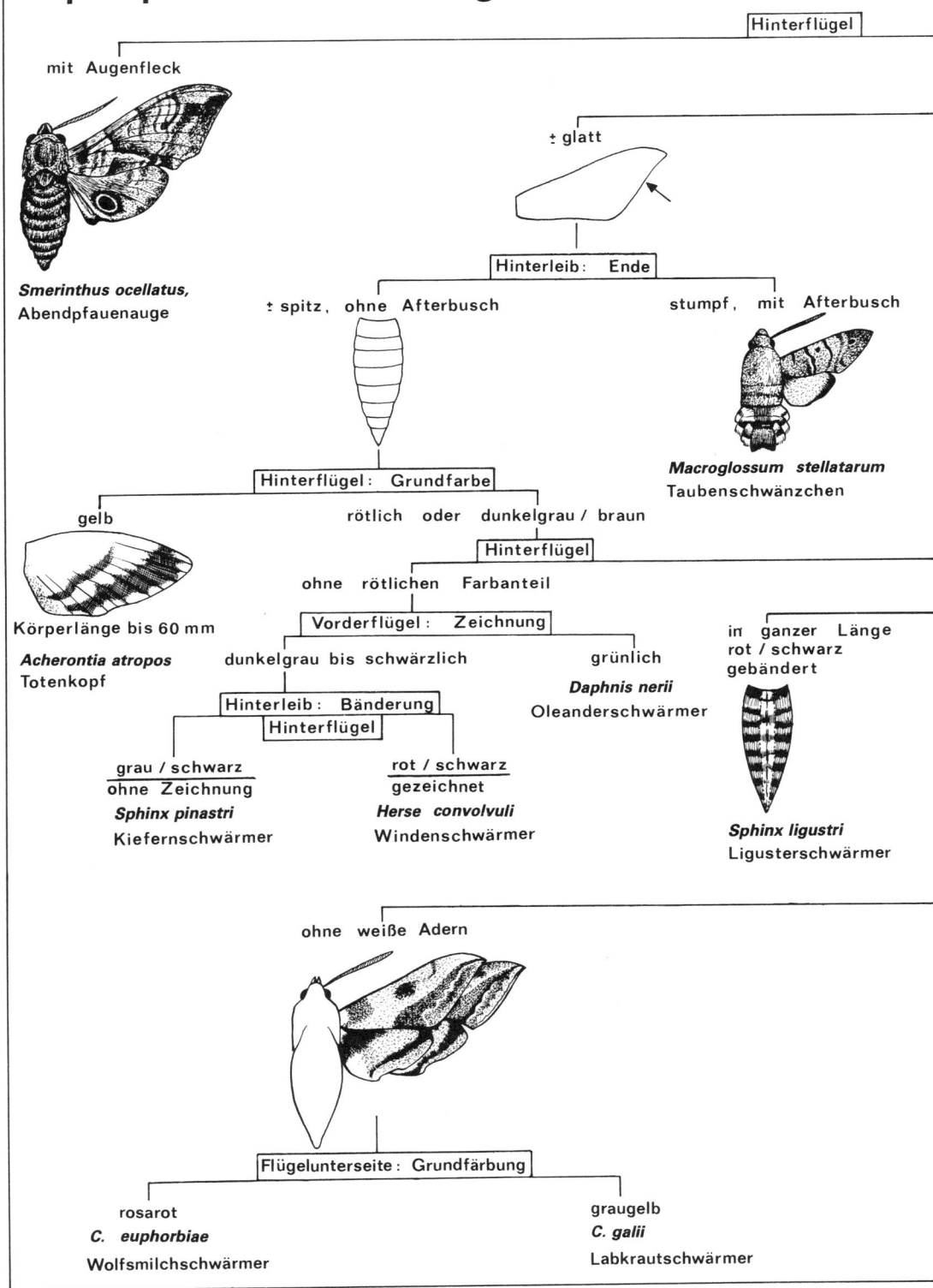

Hinterflügel

mit Augenfleck

Smerinthus ocellatus,
Abendpfauenauge

± glatt

Hinterleib: Ende

± spitz, ohne Afterbusch

stumpf, mit Afterbusch

Macroglossum stellatarum
Taubenschwänzchen

Hinterflügel: Grundfarbe

gelb

rötlich oder dunkelgrau / braun

Hinterflügel

ohne rötlichen Farbanteil

Körperlänge bis 60 mm

Acherontia atropos
Totenkopf

Vorderflügel: Zeichnung

dunkelgrau bis schwärzlich

grünlich

Daphnis nerii
Oleanderschwärmer

in ganzer Länge
rot / schwarz
gebändert

Hinterleib: Bänderung
Hinterflügel

grau / schwarz
ohne Zeichnung
Sphinx pinastri
Kiefernschwärmer

rot / schwarz
gezeichnet
Herse convolvuli
Windenschwärmer

Sphinx ligustri
Ligusterschwärmer

ohne weiße Adern

Flügelunterseite: Grundfärbung

rosarot
C. euphorbiae
Wolfsmilchschwärmer

graugelb
C. galii
Labkrautschwärmer

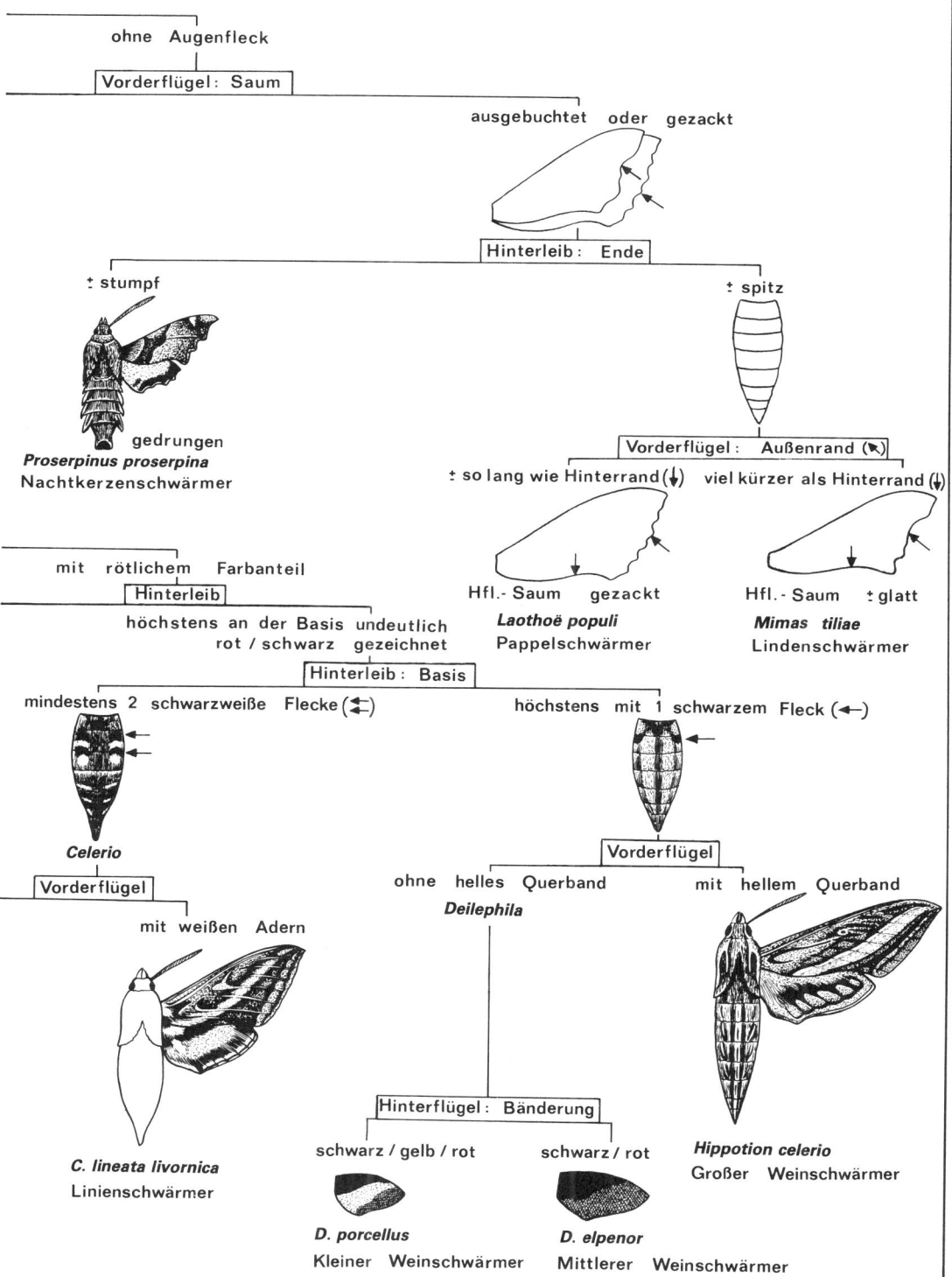

ohne Augenfleck

Vorderflügel: Saum

ausgebuchtet oder gezackt

Hinterleib: Ende

± stumpf

gedrungen
Proserpinus proserpina
Nachtkerzenschwärmer

± spitz

Vorderflügel: Außenrand (↖)

± so lang wie Hinterrand (↓)

Hfl.- Saum gezackt
Laothoë populi
Pappelschwärmer

viel kürzer als Hinterrand (↓)

Hfl.- Saum ± glatt
Mimas tiliae
Lindenschwärmer

mit rötlichem Farbanteil

Hinterleib

höchstens an der Basis undeutlich
rot / schwarz gezeichnet

Hinterleib: Basis

mindestens 2 schwarzweiße Flecke (◄)

Celerio

Vorderflügel

mit weißen Adern

C. lineata livornica
Linienschwärmer

höchstens mit 1 schwarzem Fleck (◄—)

Vorderflügel

ohne helles Querband
Deilephila

mit hellem Querband

Hinterflügel: Bänderung

schwarz / gelb / rot

D. porcellus
Kleiner Weinschwärmer

schwarz / rot

D. elpenor
Mittlerer Weinschwärmer

Hippotion celerio
Großer Weinschwärmer

Lepidoptera · Schmetterlinge 11: Arctiidae Bärenspinner (Bären)

Vorderflügel

viel schmaler als Hinterflügel

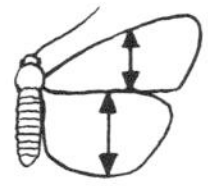

meist gelb- bis grüngraue Flügelfärbung

Lithosiinae
Flechtenbären (ca 15 Arten)
und
Coscinia
Grasbären (2 Arten)

gleich

Hinterleib

weißlich   braun

gelb

Flügel : Grundfärbung

weißlich

gelblich   braun

Diaphora mendica
Graubär

♀   ♂

Fühler

nur an der Spitze schwarz   völlig schwarz

Spilarctia lutea
Gelbe Tigermotte

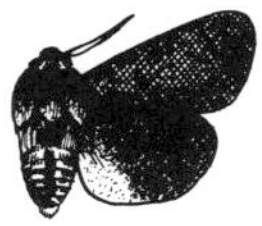

Arctinia caesarea
Kaiserbär

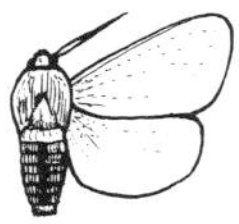

schwarze Flügelpunktur
kann fehlen
Spilosoma urticae
Nesselbär

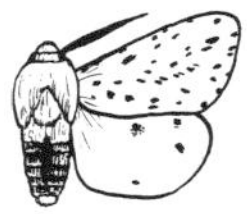

Spilosoma menthastri
Weiße Tigermotte

braun

Flügelspannweite

> 45 mm

Vfl.: weiße Zeichnung

in Binden oder Streifen   in Flecken

helle Zeichnung
auf dunklem Grund

Vfl.: helle Zeichnung

Vfl.: Basalteil

braun, mit hellen
gewundenen Bändern (↓↓)

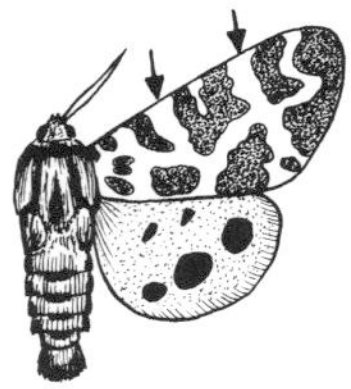

schwarz, mit 2 - 3
hellen Binden (↓↓)

Arctia villica
Schwarzer Bär

isolierte Flecke

Hyphoraia aulica
Hofdame

Arctia caja
Brauner Bär

Arctia hebe
Englischer Bär

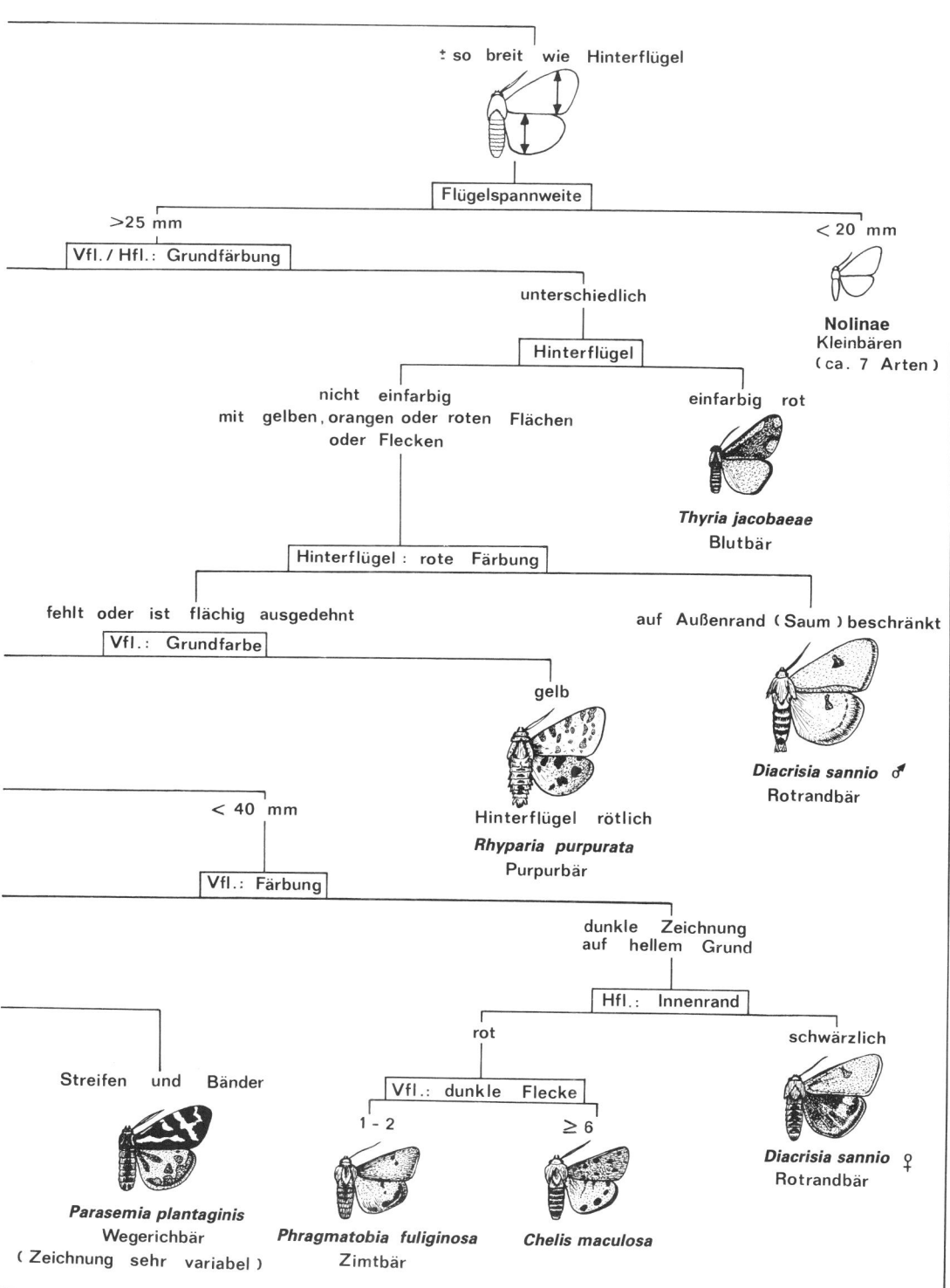

± so breit wie Hinterflügel

Flügelspannweite

>25 mm

Vfl. / Hfl.: Grundfärbung

< 20 mm

Nolinae
Kleinbären
(ca. 7 Arten)

unterschiedlich

Hinterflügel

nicht einfarbig
mit gelben, orangen oder roten Flächen
oder Flecken

einfarbig rot

Thyria jacobaeae
Blutbär

Hinterflügel : rote Färbung

fehlt oder ist flächig ausgedehnt

Vfl.: Grundfarbe

gelb

auf Außenrand (Saum) beschränkt

Hinterflügel rötlich
Rhyparia purpurata
Purpurbär

Diacrisia sannio ♂
Rotrandbär

< 40 mm

Vfl.: Färbung

dunkle Zeichnung
auf hellem Grund

Hfl.: Innenrand

rot

schwärzlich

Streifen und Bänder

Vfl.: dunkle Flecke

1 - 2

≥ 6

Diacrisia sannio ♀
Rotrandbär

Parasemia plantaginis
Wegerichbär
(Zeichnung sehr variabel)

Phragmatobia fuliginosa
Zimtbär

Chelis maculosa

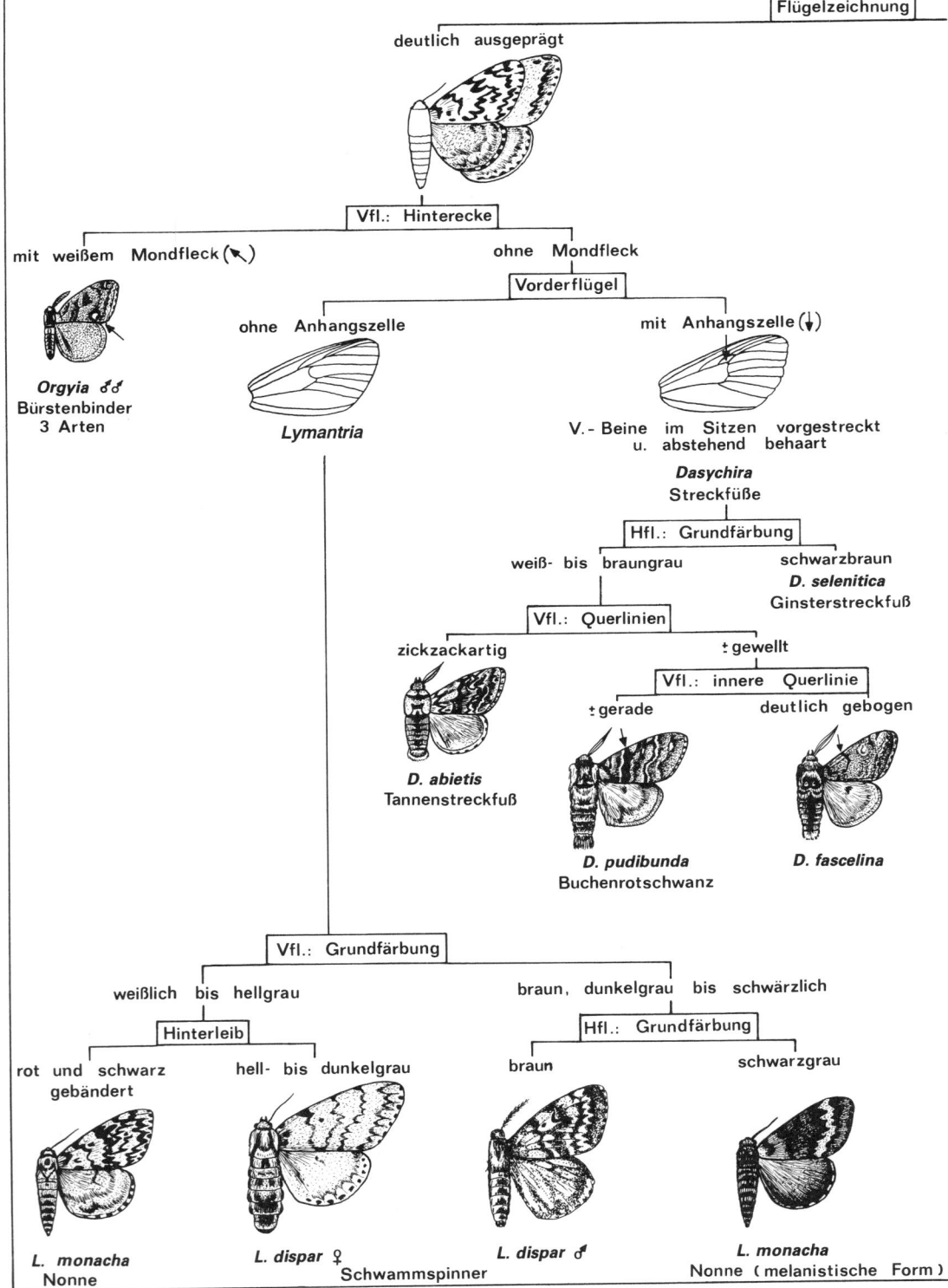

Flügelzeichnung

deutlich ausgeprägt

Vfl.: Hinterecke

mit weißem Mondfleck (⬉)

ohne Mondfleck

Vorderflügel

Orgyia ♂♂
Bürstenbinder
3 Arten

ohne Anhangszelle

Lymantria

mit Anhangszelle (⬇)

V.-Beine im Sitzen vorgestreckt
u. abstehend behaart

Dasychira
Streckfüße

Hfl.: Grundfärbung

weiß- bis braungrau

schwarzbraun

D. selenitica
Ginsterstreckfuß

Vfl.: Querlinien

zickzackartig

± gewellt

Vfl.: innere Querlinie

± gerade

deutlich gebogen

D. abietis
Tannenstreckfuß

D. pudibunda
Buchenrotschwanz

D. fascelina

Vfl.: Grundfärbung

weißlich bis hellgrau

braun, dunkelgrau bis schwärzlich

Hinterleib

Hfl.: Grundfärbung

rot und schwarz
gebändert

hell- bis dunkelgrau

braun

schwarzgrau

L. monacha
Nonne

L. dispar ♀
Schwammspinner

L. dispar ♂

L. monacha
Nonne (melanistische Form)

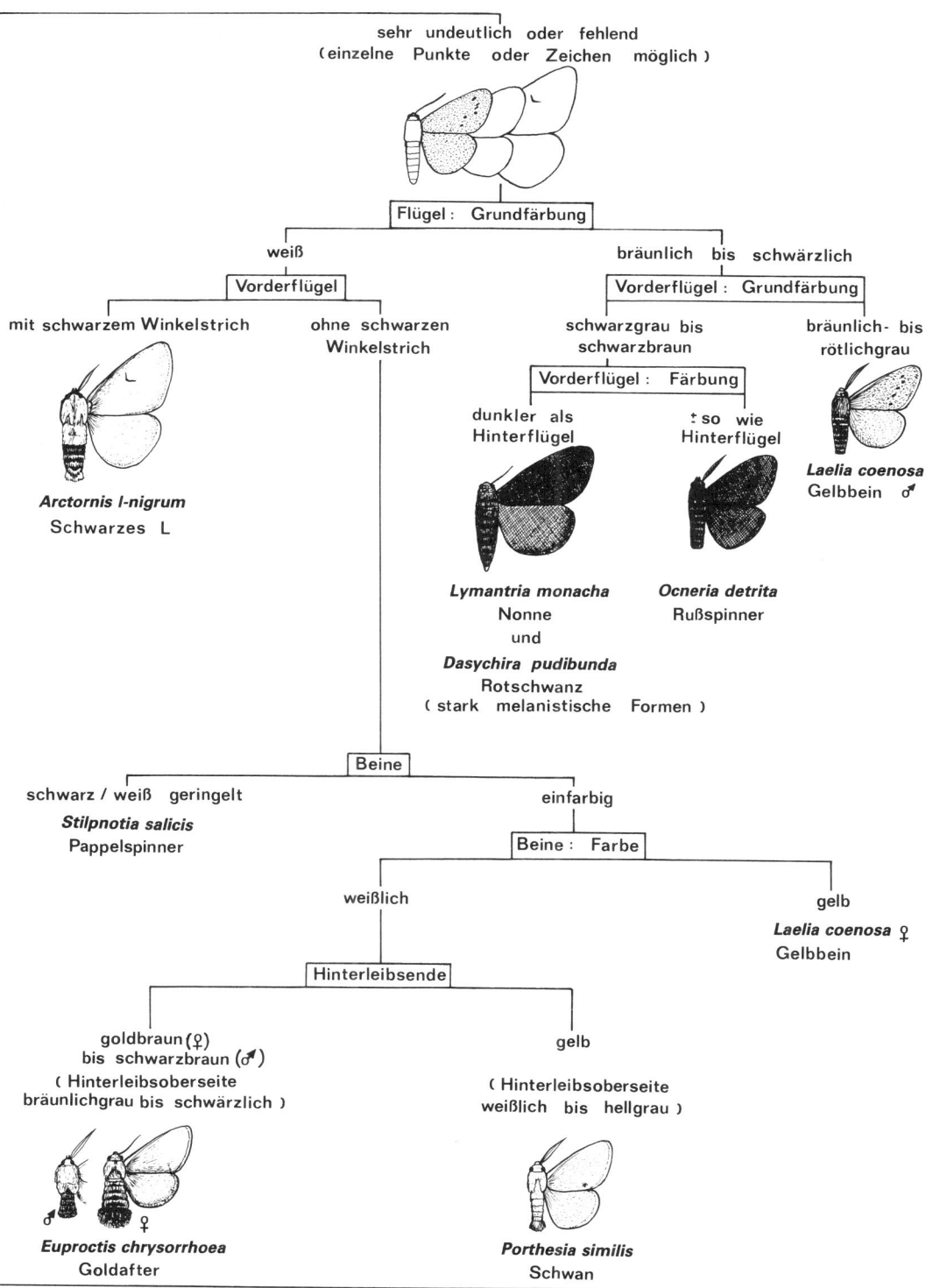

sehr undeutlich oder fehlend
(einzelne Punkte oder Zeichen möglich)

Flügel: Grundfärbung

weiß — bräunlich bis schwärzlich

Vorderflügel

Vorderflügel: Grundfärbung

mit schwarzem Winkelstrich — ohne schwarzen Winkelstrich

schwarzgrau bis schwarzbraun — bräunlich- bis rötlichgrau

Arctornis l-nigrum
Schwarzes L

Vorderflügel: Färbung

dunkler als Hinterflügel — ± so wie Hinterflügel

Laelia coenosa
Gelbbein ♂

Lymantria monacha
Nonne
und
Dasychira pudibunda
Rotschwanz
(stark melanistische Formen)

Ocneria detrita
Rußspinner

Beine

schwarz/weiß geringelt — einfarbig

Stilpnotia salicis
Pappelspinner

Beine: Farbe

weißlich — gelb

Laelia coenosa ♀
Gelbbein

Hinterleibsende

goldbraun (♀)
bis schwarzbraun (♂)
(Hinterleibsoberseite
bräunlichgrau bis schwärzlich)

gelb
(Hinterleibsoberseite
weißlich bis hellgrau)

Euproctis chrysorrhoea
Goldafter

Porthesia similis
Schwan

Voigt

Lepidoptera · Schmetterlinge 13: Lasiocampidae Glucken

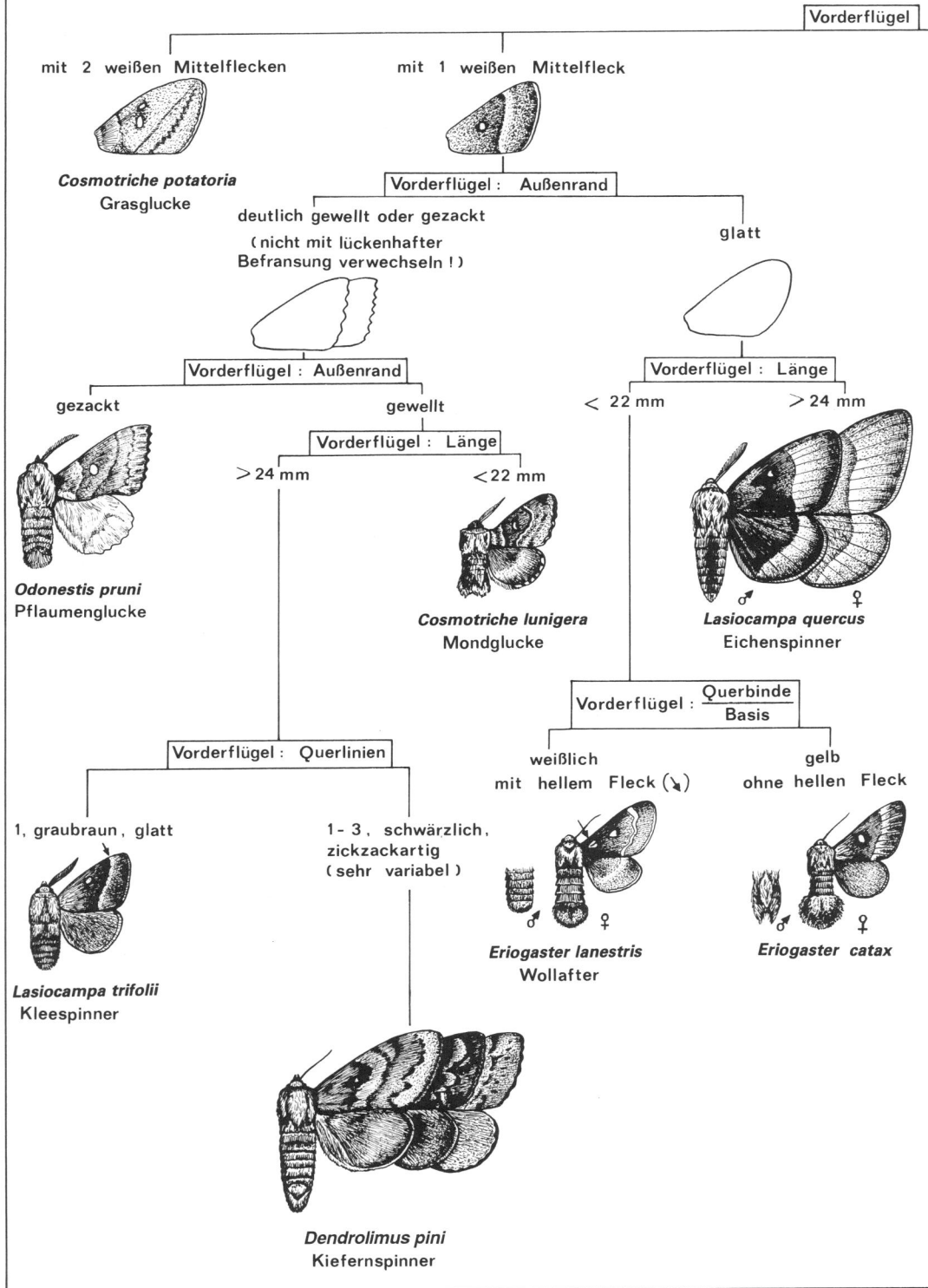

Vorderflügel

mit 2 weißen Mittelflecken

mit 1 weißen Mittelfleck

Cosmotriche potatoria
Grasglucke

Vorderflügel: Außenrand

deutlich gewellt oder gezackt
(nicht mit lückenhafter
Befransung verwechseln!)

glatt

Vorderflügel: Außenrand

gezackt

gewellt

Vorderflügel: Länge

> 24 mm

< 22 mm

Odonestis pruni
Pflaumenglucke

Cosmotriche lunigera
Mondglucke

Vorderflügel: Länge

< 22 mm

> 24 mm

Lasiocampa quercus
Eichenspinner
♂   ♀

Vorderflügel: Querbinde / Basis

weißlich
mit hellem Fleck (↘)

gelb
ohne hellen Fleck

Vorderflügel: Querlinien

1, graubraun, glatt

1-3, schwärzlich,
zickzackartig
(sehr variabel)

Lasiocampa trifolii
Kleespinner

Eriogaster lanestris
Wollafter
♂   ♀

Eriogaster catax
♂   ♀

Dendrolimus pini
Kiefernspinner

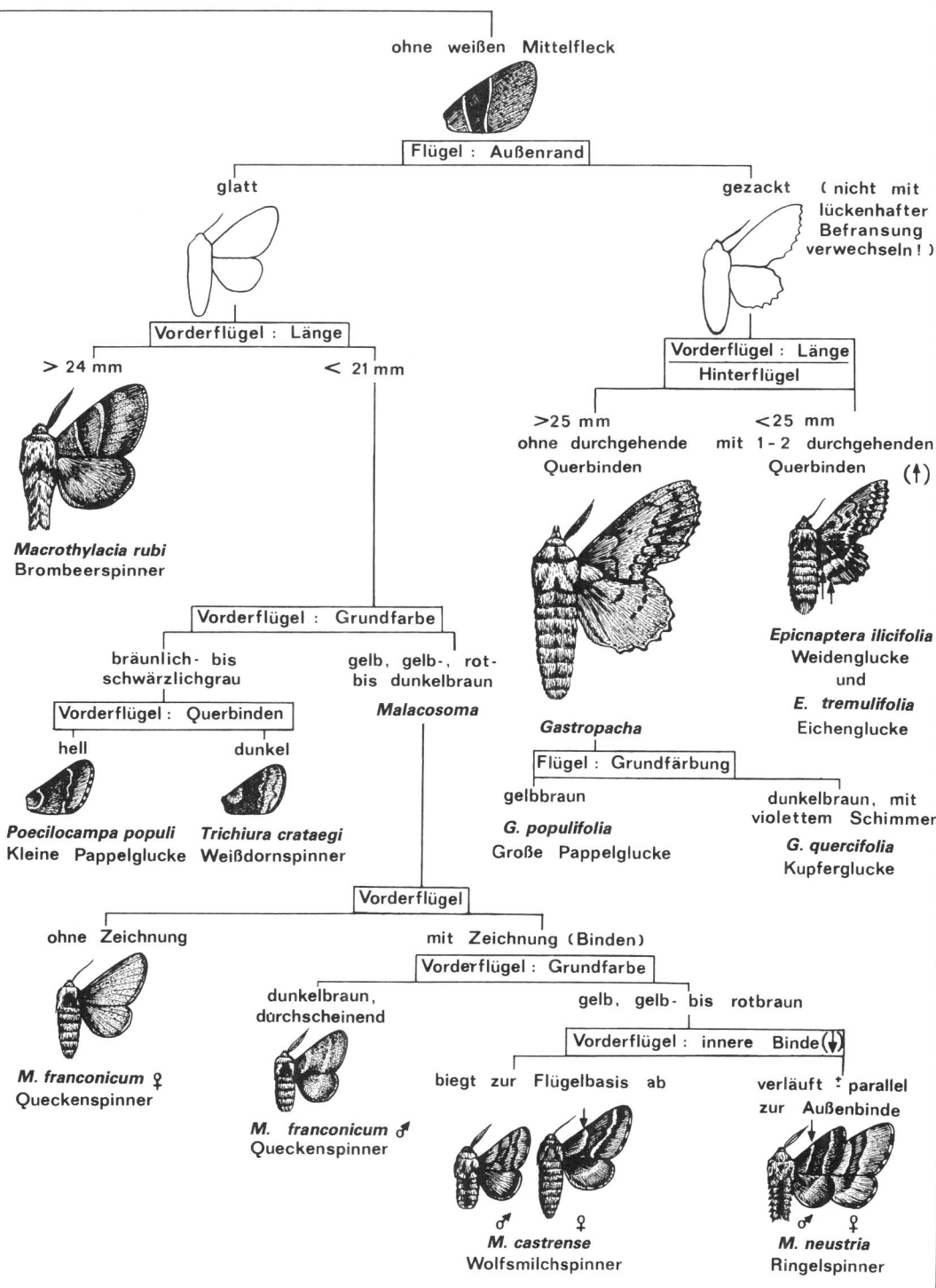

ohne weißen Mittelfleck

Flügel : Außenrand

glatt

gezackt (nicht mit lückenhafter Befransung verwechseln !)

Vorderflügel : Länge

> 24 mm

< 21 mm

Vorderflügel : Länge
Hinterflügel

>25 mm
ohne durchgehende
Querbinden

<25 mm
mit 1 - 2 durchgehenden
Querbinden (↑)

Macrothylacia rubi
Brombeerspinner

Epicnaptera ilicifolia
Weidenglucke
und

E. tremulifolia
Eichenglucke

Vorderflügel : Grundfarbe

bräunlich- bis
schwärzlichgrau

gelb, gelb-, rot-
bis dunkelbraun

Malacosoma

Vorderflügel : Querbinden

hell

dunkel

Gastropacha

Flügel : Grundfärbung

gelbbraun

G. populifolia
Große Pappelglucke

dunkelbraun, mit
violettem Schimmer

G. quercifolia
Kupferglucke

Poecilocampa populi
Kleine Pappelglucke

Trichiura crataegi
Weißdornspinner

Vorderflügel

ohne Zeichnung

mit Zeichnung (Binden)

Vorderflügel : Grundfarbe

dunkelbraun,
durchscheinend

gelb, gelb- bis rotbraun

Vorderflügel : innere Binde (↓)

biegt zur Flügelbasis ab

verläuft ± parallel
zur Außenbinde

M. franconicum ♀
Queckenspinner

M. franconicum ♂
Queckenspinner

♂   ♀

M. castrense
Wolfsmilchspinner

♂

♀

M. neustria
Ringelspinner

Voigt

Lepidoptera · Schmetterlinge 14: Notodontidae Zahnspinner

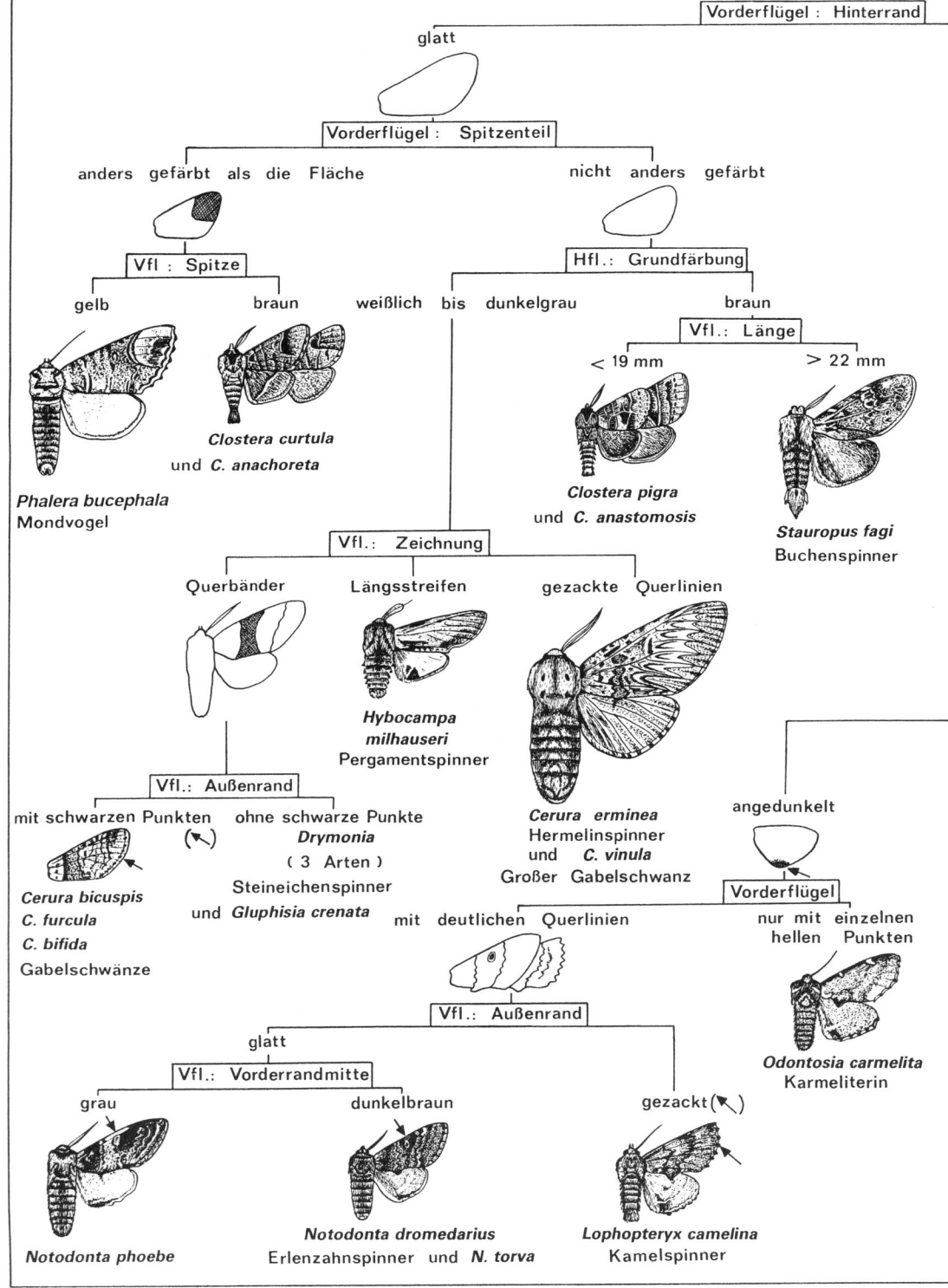

Vorderflügel : Hinterrand

glatt

Vorderflügel : Spitzenteil

anders gefärbt als die Fläche

nicht anders gefärbt

Vfl : Spitze

Hfl.: Grundfärbung

gelb

braun

weißlich bis dunkelgrau

braun

Vfl.: Länge

< 19 mm

> 22 mm

Clostera curtula
und *C. anachoreta*

Phalera bucephala
Mondvogel

Clostera pigra
und *C. anastomosis*

Stauropus fagi
Buchenspinner

Vfl.: Zeichnung

Querbänder

Längsstreifen

gezackte Querlinien

*Hybocampa
milhauseri*
Pergamentspinner

Vfl.: Außenrand

mit schwarzen Punkten

ohne schwarze Punkte
Drymonia
(3 Arten)
Steineichenspinner
und *Gluphisia crenata*

Cerura erminea
Hermelinspinner
und *C. vinula*
Großer Gabelschwanz

angedunkelt

Cerura bicuspis
C. furcula
C. bifida
Gabelschwänze

mit deutlichen Querlinien

Vorderflügel

nur mit einzelnen
hellen Punkten

Odontosia carmelita
Karmeliterin

Vfl.: Außenrand

glatt

Vfl.: Vorderrandmitte

gezackt

grau

dunkelbraun

Notodonta phoebe

Notodonta dromedarius
Erlenzahnspinner und *N. torva*

Lophopteryx camelina
Kamelspinner

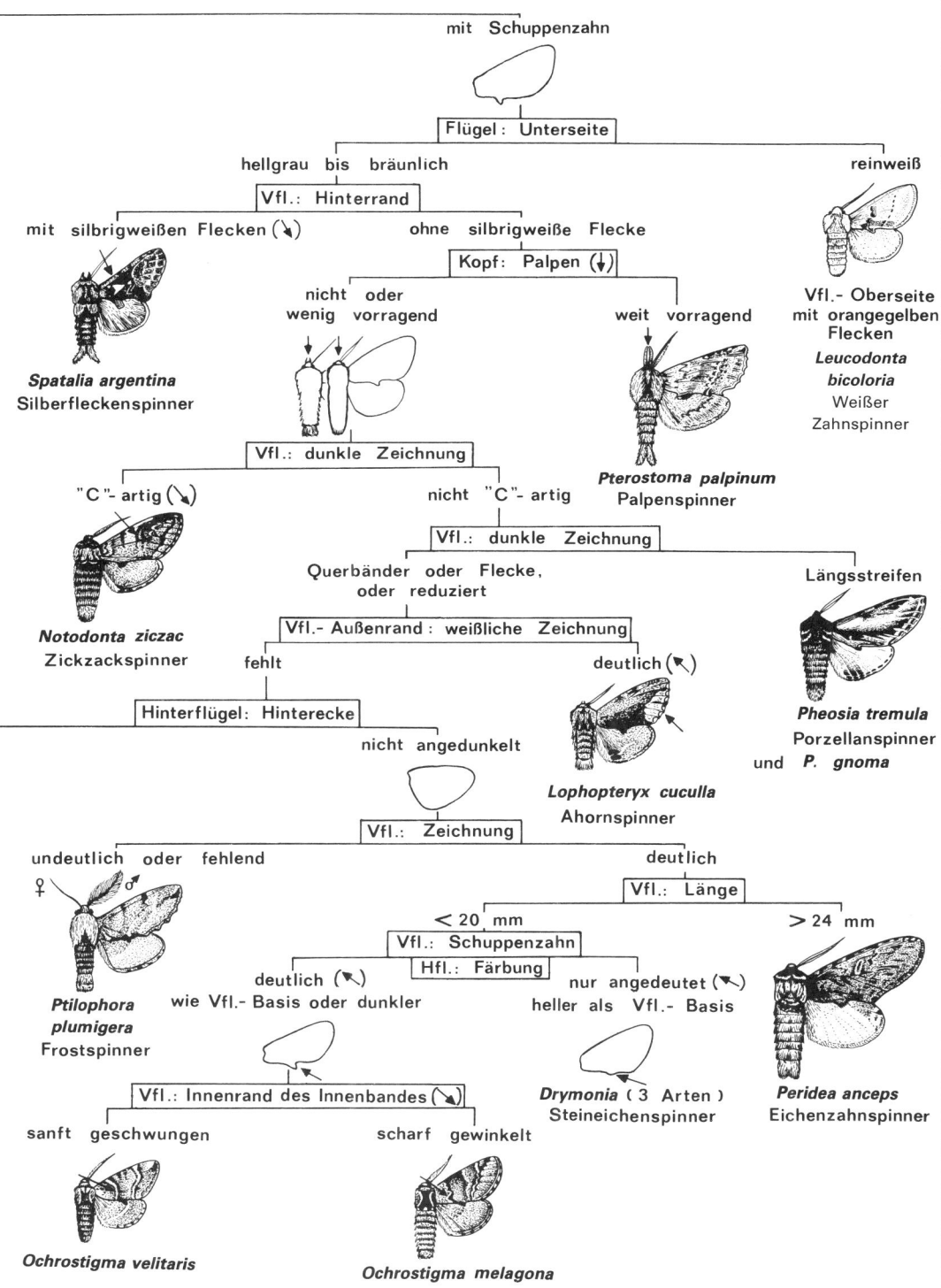

mit Schuppenzahn

Flügel: Unterseite

hellgrau bis bräunlich   reinweiß

Vfl.: Hinterrand

mit silbrigweißen Flecken (↘)   ohne silbrigweiße Flecke

Kopf: Palpen (↓)

Spatalia argentina
Silberfleckenspinner

Vfl.- Oberseite
mit orangegelben
Flecken
**Leucodonta
bicoloria**
Weißer
Zahnspinner

nicht oder
wenig vorragend   weit vorragend

Vfl.: dunkle Zeichnung

Pterostoma palpinum
Palpenspinner

"C"- artig (↘)   nicht "C"- artig

Notodonta ziczac
Zickzackspinner

Vfl.: dunkle Zeichnung

Querbänder oder Flecke,
oder reduziert   Längsstreifen

Vfl.- Außenrand: weißliche Zeichnung

fehlt   deutlich (↖)

Pheosia tremula
Porzellanspinner
und **P. gnoma**

Hinterflügel: Hinterecke

nicht angedunkelt

Lophopteryx cuculla
Ahornspinner

Vfl.: Zeichnung

undeutlich oder fehlend ♀   ♂   deutlich

Vfl.: Länge

**Ptilophora
plumigera**
Frostspinner

< 20 mm   > 24 mm

Vfl.: Schuppenzahn
Hfl.: Färbung

deutlich (↖)
wie Vfl.- Basis oder dunkler   nur angedeutet (↖)
heller als Vfl.- Basis

Drymonia (3 Arten)
Steineichenspinner

Peridea anceps
Eichenzahnspinner

Vfl.: Innenrand des Innenbandes (↘)

sanft geschwungen   scharf gewinkelt

Ochrostigma velitaris

Ochrostigma melagona

Voigt

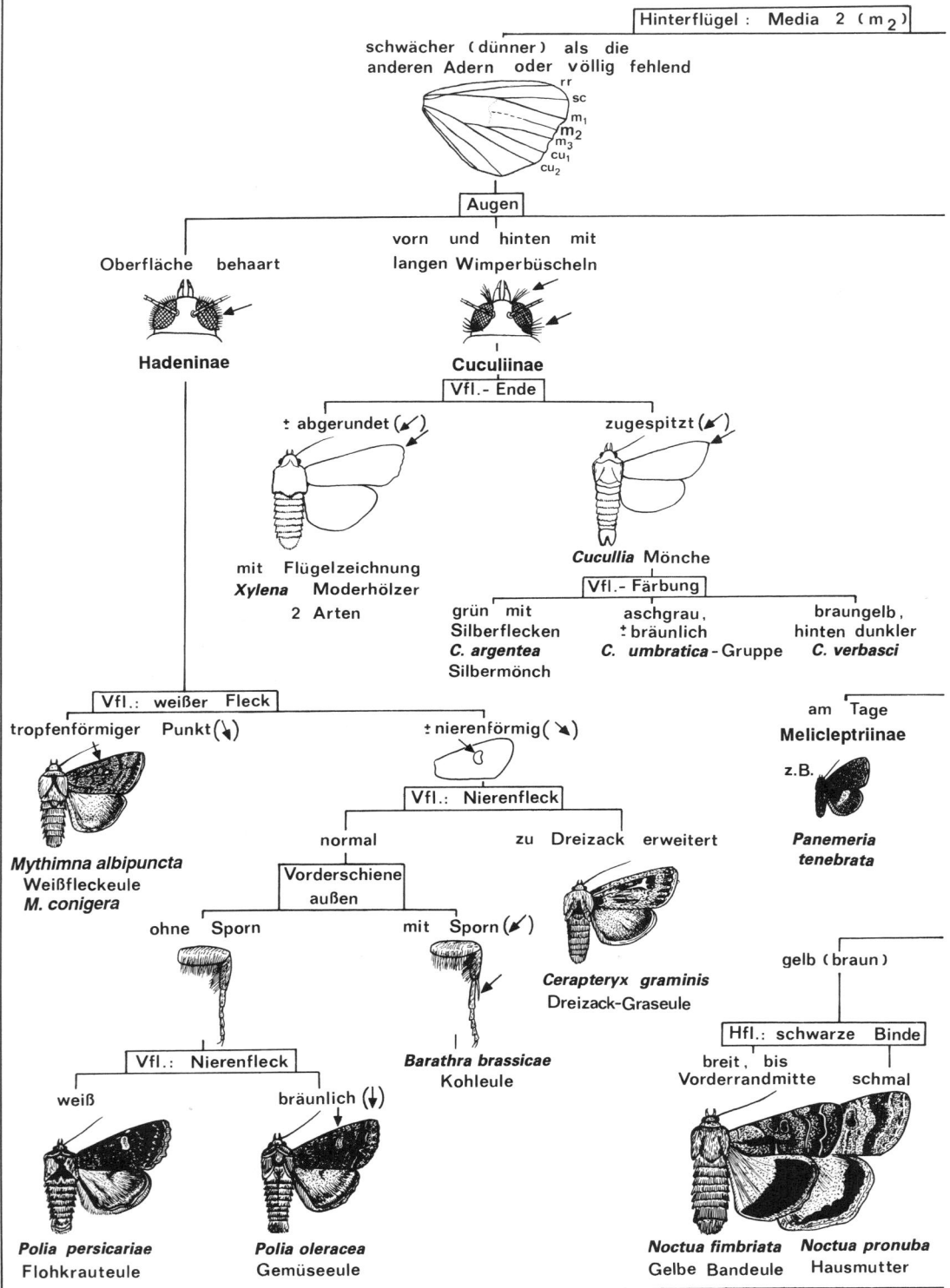

Hinterflügel : Media 2 (m₂)

schwächer (dünner) als die
anderen Adern oder völlig fehlend

rr
sc
m₁
m₂
m₃
cu₁
cu₂

Augen

vorn und hinten mit
langen Wimperbüscheln

Oberfläche behaart

Hadeninae

Cuculiinae
Vfl.- Ende

± abgerundet (↙)

zugespitzt (↙)

Cucullia Mönche
Vfl.- Färbung

mit Flügelzeichnung
Xylena Moderhölzer
2 Arten

grün mit
Silberflecken
C. argentea
Silbermönch

aschgrau,
± bräunlich
C. umbratica - Gruppe

braungelb,
hinten dunkler
C. verbasci

Vfl.: weißer Fleck

tropfenförmiger Punkt (↓)

± nierenförmig (↘)

Vfl.: Nierenfleck

normal

zu Dreizack erweitert

am Tage
Melicleptriinae

z.B.

Mythimna albipuncta
Weißfleckeule
M. conigera

Vorderschiene
außen

**Panemeria
tenebrata**

ohne Sporn

mit Sporn (↙)

Cerapteryx graminis
Dreizack-Graseule

gelb (braun)

Vfl.: Nierenfleck

Barathra brassicae
Kohleule

Hfl.: schwarze Binde

weiß

bräunlich (↓)

breit, bis
Vorderrandmitte

schmal

Polia persicariae
Flohkrauteule

Polia oleracea
Gemüseeule

Noctua fimbriata
Gelbe Bandeule

Noctua pronuba
Hausmutter

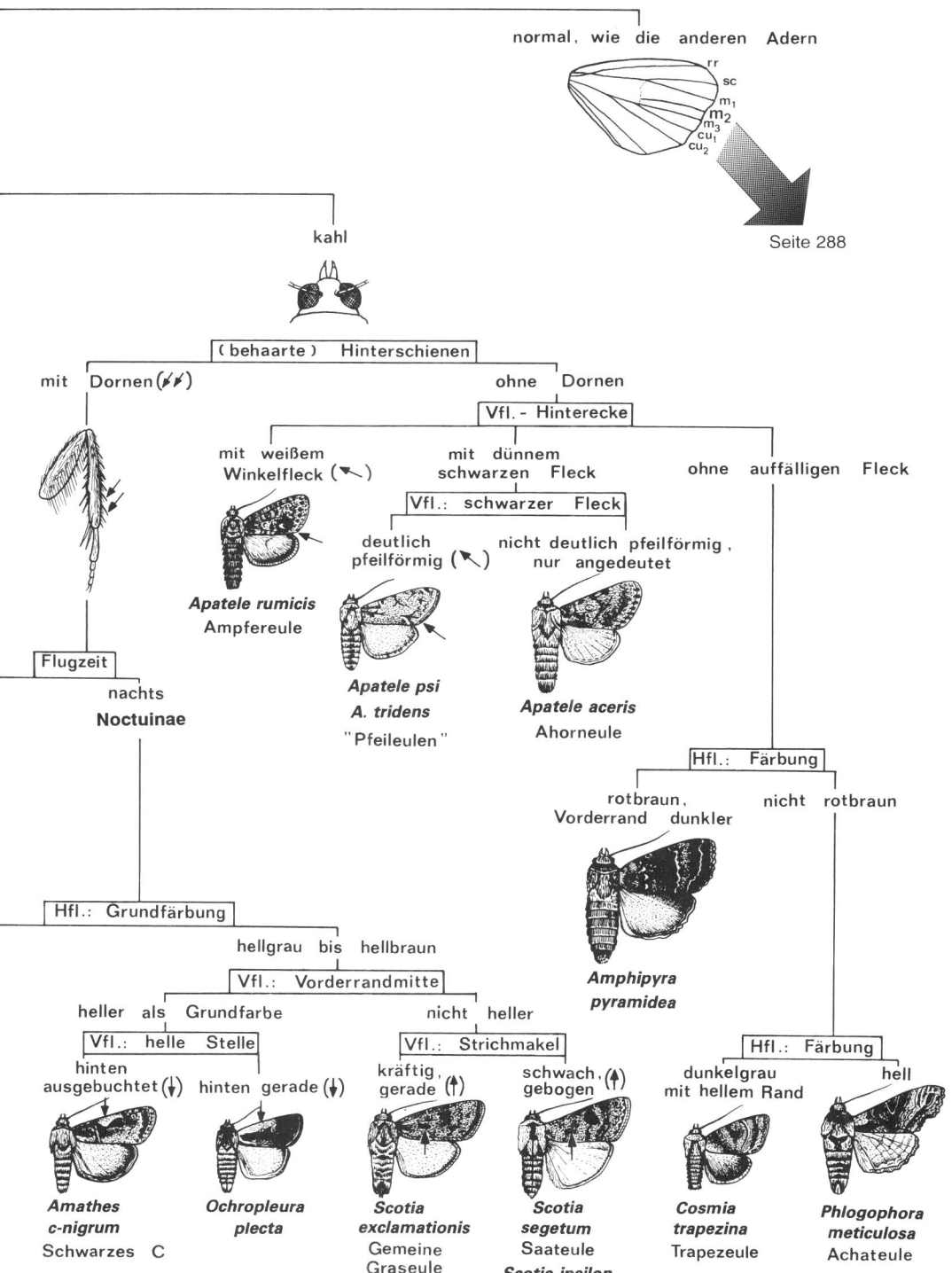

normal, wie die anderen Adern

rr
sc
m₁
m₂
m₃
cu₁
cu₂

Seite 288

kahl

(behaarte) Hinterschienen

mit Dornen (✗✗)   ohne Dornen

Vfl.- Hinterecke

mit weißem Winkelfleck (↖)   mit dünnem schwarzen Fleck   ohne auffälligen Fleck

Vfl.: schwarzer Fleck

deutlich pfeilförmig (↖)   nicht deutlich pfeilförmig, nur angedeutet

Apatele rumicis Ampfereule

Apatele psi A. tridens "Pfeileulen"

Apatele aceris Ahorneule

Flugzeit

nachts **Noctuinae**

Hfl.: Färbung

rotbraun, Vorderrand dunkler   nicht rotbraun

Amphipyra pyramidea

Hfl.: Grundfärbung

hellgrau bis hellbraun

Vfl.: Vorderrandmitte

heller als Grundfarbe   nicht heller

Vfl.: helle Stelle

hinten ausgebuchtet (↓)   hinten gerade (↓)

Vfl.: Strichmakel

kräftig, gerade (↑)   schwach, gebogen (↑)

Hfl.: Färbung

dunkelgrau mit hellem Rand   hell

Amathes c-nigrum Schwarzes C

Ochropleura plecta

Scotia exclamationis Gemeine Graseule

Scotia segetum Saateule **Scotia ipsilon**

Cosmia trapezina Trapezeule

Phlogophora meticulosa Achateule

Voigt

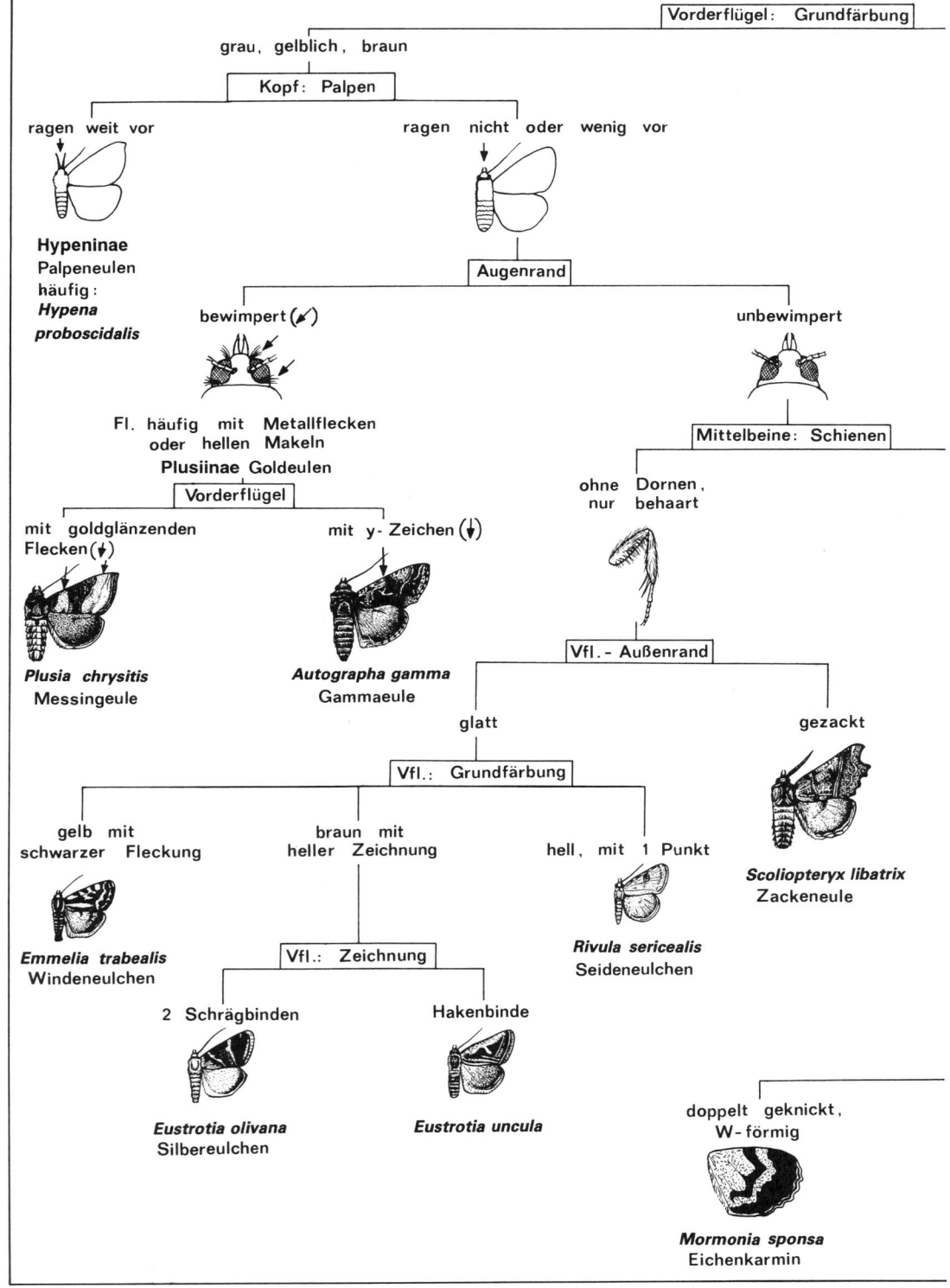

Vorderflügel: Grundfärbung

grau, gelblich, braun

Kopf: Palpen

ragen weit vor

ragen nicht oder wenig vor

Hypeninae
Palpeneulen
häufig:
*Hypena
proboscidalis*

Augenrand

bewimpert (✎)

unbewimpert

Fl. häufig mit Metallflecken
oder hellen Makeln
Plusiinae Goldeulen

Vorderflügel

Mittelbeine: Schienen

mit goldglänzenden
Flecken (↓)

mit y- Zeichen (↓)

ohne Dornen,
nur behaart

Plusia chrysitis
Messingeule

Autographa gamma
Gammaeule

Vfl. - Außenrand

glatt

gezackt

Vfl.: Grundfärbung

gelb mit
schwarzer Fleckung

braun mit
heller Zeichnung

hell, mit 1 Punkt

Scoliopteryx libatrix
Zackeneule

Emmelia trabealis
Windeneulchen

Vfl.: Zeichnung

Rivula sericealis
Seideneulchen

2 Schrägbinden

Hakenbinde

Eustrotia olivana
Silbereulchen

Eustrotia uncula

doppelt geknickt,
W- förmig

Mormonia sponsa
Eichenkarmin

grün
Beninae, Kahnspinnereulen

Vfl.- Länge

9 - 11 mm
Vfl. ohne Querlinien
einfarbig grün,

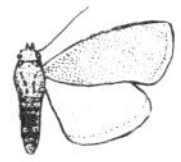

15 - 21 mm
Vfl. mit Schrägstreifen

Vorderflügel

rot (♂) oder
gelb (♀) gerandet

nicht andersfarbig
gerandet

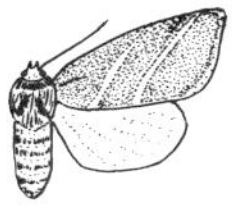

Earias chlorana

Pseudoips fagana

Bena prasinana

mit Dornen
zwischen den Haaren

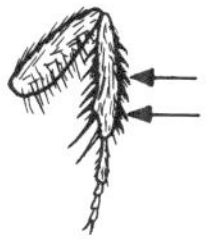

Catocalinae

Vfl.- Länge

> 21 mm
"Ordensbänder"

< 16 mm
"Tageulen"

Hinterflügel : Grundfarbe

rot

gelb

braun

Hinterflügel

hellgelb, mit
dunklen Binden

braun,
gelb gefleckt

Ephesia fulminea
Gelbes Ordensband

Ectypa glyphica
Braune Tageule

Callistege mi
Scheck - Tageule

Hinterflügel

mit blaugrauem Band

"rote" Ordensbänder
6 Arten

Hfl.: schwarze Mittelbinde

mit blassem
braunem Band

einfach geknickt,
± eingeschnürt

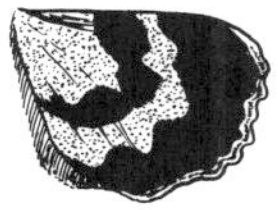

Catocala nupta
Rotes Ordensband

Minucia lunaris
Braunes Ordensband

Catocala fraxini
Blaues Ordensband

Lepidoptera · Schmetterlinge 17: Geometridae Spanner 1

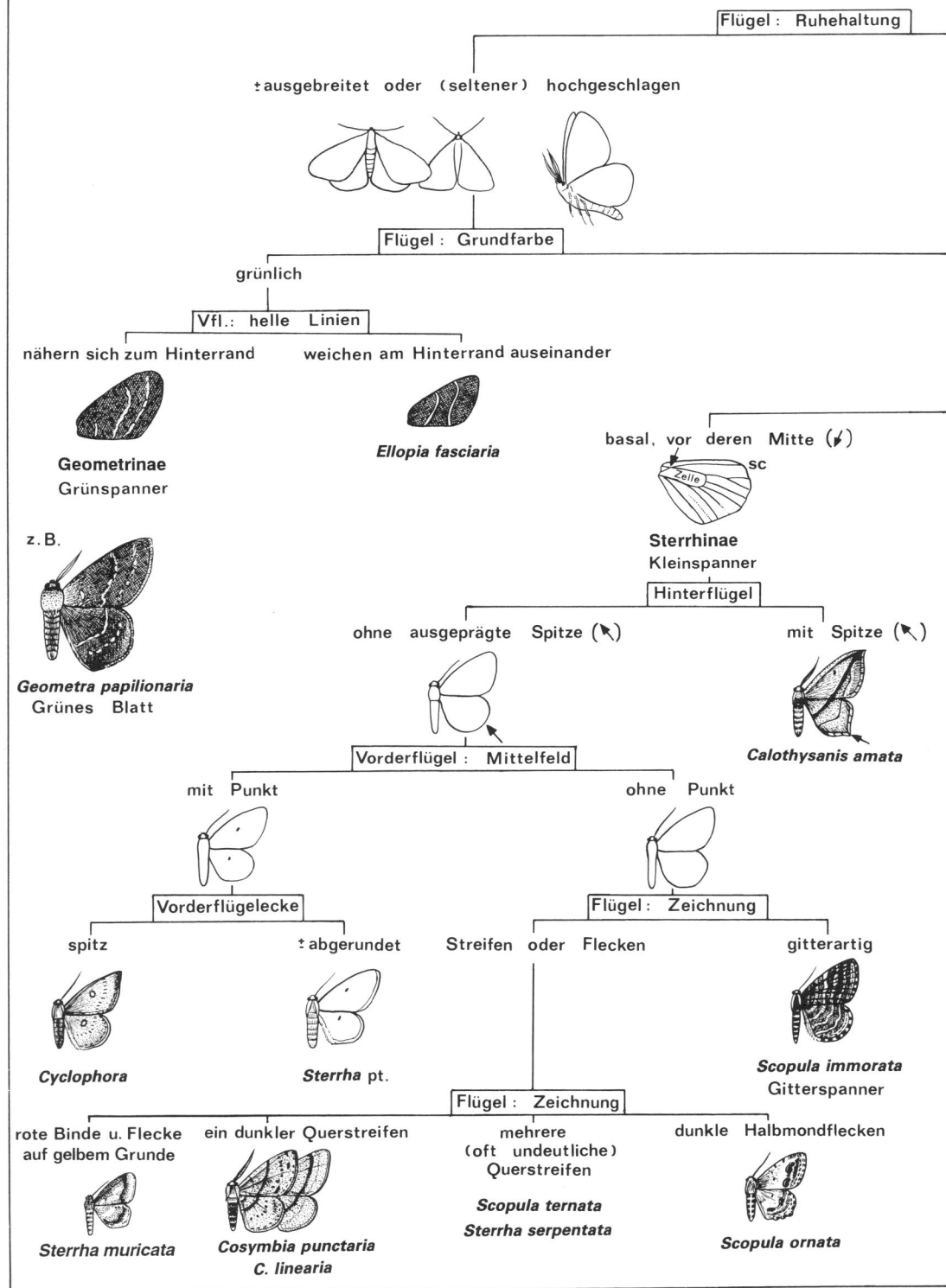

Flügel : Ruhehaltung

± ausgebreitet oder (seltener) hochgeschlagen

Flügel : Grundfarbe

grünlich

Vfl.: helle Linien

nähern sich zum Hinterrand   weichen am Hinterrand auseinander

Geometrinae
Grünspanner

Ellopia fasciaria

basal, vor deren Mitte (⚡)

Zelle   sc

Sterrhinae
Kleinspanner

Hinterflügel

z.B.

ohne ausgeprägte Spitze (↖)   mit Spitze (↖)

Geometra papilionaria
Grünes Blatt

Vorderflügel : Mittelfeld

Calothysanis amata

mit Punkt   ohne Punkt

Vorderflügelecke   Flügel : Zeichnung

spitz   ± abgerundet   Streifen oder Flecken   gitterartig

Cyclophora   *Sterrha* pt.   *Scopula immorata*
Gitterspanner

Flügel : Zeichnung

rote Binde u. Flecke   ein dunkler Querstreifen   mehrere   dunkle Halbmondflecken
auf gelbem Grunde   (oft undeutliche)
                                              Querstreifen

                                              Scopula ternata
                                              Sterrha serpentata

Sterrha muricata   *Cosymbia punctaria*   *Scopula ornata*
                       C. linearia

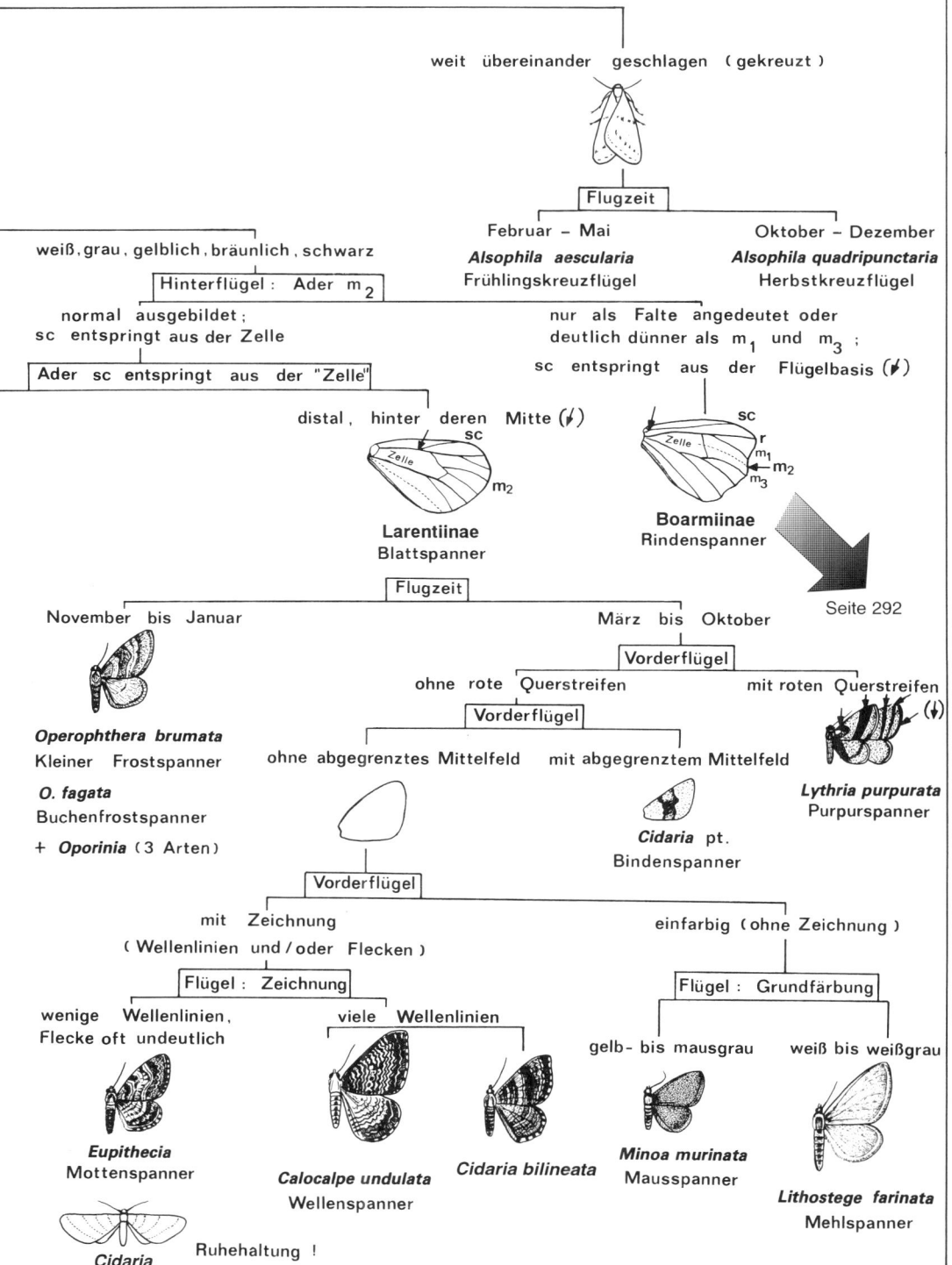

weit übereinander geschlagen (gekreuzt)

Flugzeit

Februar – Mai
Alsophila aescularia
Frühlingskreuzflügel

Oktober – Dezember
Alsophila quadripunctaria
Herbstkreuzflügel

weiß, grau, gelblich, bräunlich, schwarz

Hinterflügel : Ader m₂

normal ausgebildet ;
sc entspringt aus der Zelle

nur als Falte angedeutet oder
deutlich dünner als m₁ und m₃ ;
sc entspringt aus der Flügelbasis (↯)

Ader sc entspringt aus der "Zelle"

distal , hinter deren Mitte (↯)

sc

Zelle

m₂

Larentiinae
Blattspanner

sc

Zelle

r
m₁
m₂
m₃

Boarmiinae
Rindenspanner

Seite 292

Flugzeit

November bis Januar

Operophthera brumata
Kleiner Frostspanner

O. fagata
Buchenfrostspanner

+ **Oporinia** (3 Arten)

März bis Oktober

Vorderflügel

ohne rote Querstreifen

Vorderflügel

ohne abgegrenztes Mittelfeld

mit abgegrenztem Mittelfeld

Cidaria pt.
Bindenspanner

mit roten Querstreifen (↯)

Lythria purpurata
Purpurspanner

Vorderflügel

mit Zeichnung
(Wellenlinien und / oder Flecken)

Flügel : Zeichnung

wenige Wellenlinien,
Flecke oft undeutlich

Eupithecia
Mottenspanner

Cidaria   Ruhehaltung !

viele Wellenlinien

Calocalpe undulata
Wellenspanner

Cidaria bilineata

einfarbig (ohne Zeichnung)

Flügel : Grundfärbung

gelb- bis mausgrau

Minoa murinata
Mausspanner

weiß bis weißgrau

Lithostege farinata
Mehlspanner

Lepidoptera · Schmetterlinge 18: Geometridae Spanner 2
(Boarmiinae)

Vfl.: Mittelfeld

deutlich abgegrenzt

Vfl.: Färbung des Mittelfeldes

dunkler oder heller als Randfläche

wie die Randfläche

Flügel: Grundfärbung

gelblich bis gelbbraun · dunkelbraun

Vfl.: Außenrand

konvex (⬈) · ± geradlinig (⬈)

Crocallis elinguaria

Erannis defoliaria
Großer Frostspanner

Flügel: Grundfärbung

gelb bis gelbbraun · mittelbraun

Vfl. – Unterseite: Spitze

verdunkelt · nicht verdunkelt

Ennomos autumnaria
Zackenspanner

Ennomos erosaria

Vfl.: Mittelfeld

dunkler als Randfeld · heller als Randfeld

Flügel

mit transparentem Mondfleck (↓) · ohne Mondfleck

Erannis leucophaearia

Selenia tetralunaria
Mondfleckspanner

Boarmia repandata

Vfl.: Spitze

mit hellem Fleck (⬈) · ohne hellen Fleck

Colotois pennaria

Gonodontis bidentata
Doppelzahnspanner

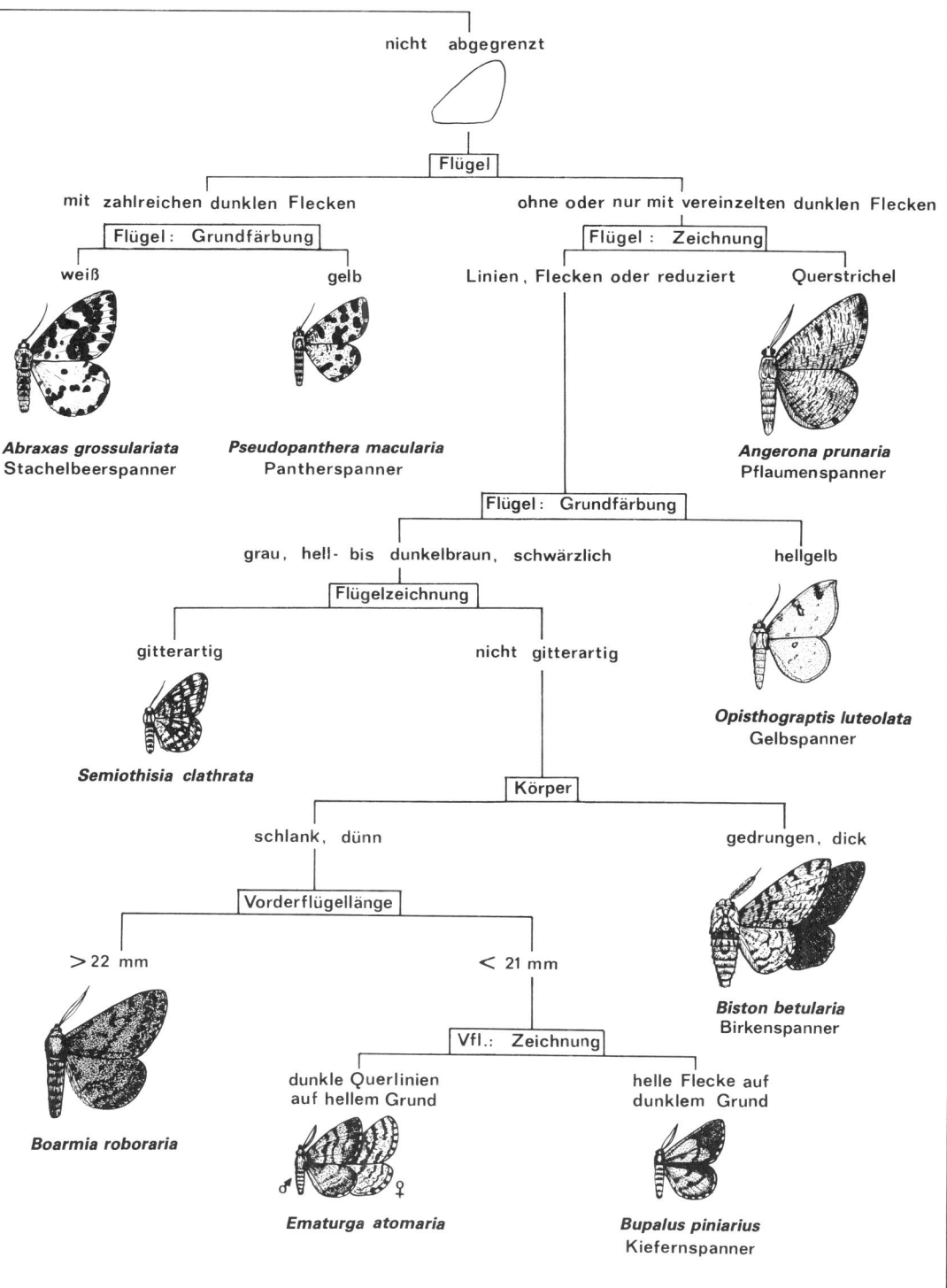

nicht abgegrenzt

Flügel

mit zahlreichen dunklen Flecken | ohne oder nur mit vereinzelten dunklen Flecken

Flügel: Grundfärbung

weiß | gelb

Abraxas grossulariata
Stachelbeerspanner

Pseudopanthera macularia
Pantherspanner

Flügel: Zeichnung

Linien, Flecken oder reduziert | Querstrichel

Angerona prunaria
Pflaumenspanner

Flügel: Grundfärbung

grau, hell- bis dunkelbraun, schwärzlich | hellgelb

Flügelzeichnung

gitterartig | nicht gitterartig

Semiothisia clathrata

Opisthograptis luteolata
Gelbspanner

Körper

schlank, dünn | gedrungen, dick

Vorderflügellänge

Biston betularia
Birkenspanner

> 22 mm | < 21 mm

Boarmia roboraria

Vfl.: Zeichnung

dunkle Querlinien
auf hellem Grund | helle Flecke auf
dunklem Grund

♂ **Ematurga atomaria** ♀

Bupalus piniarius
Kiefernspanner

Diptera · Zweiflügler

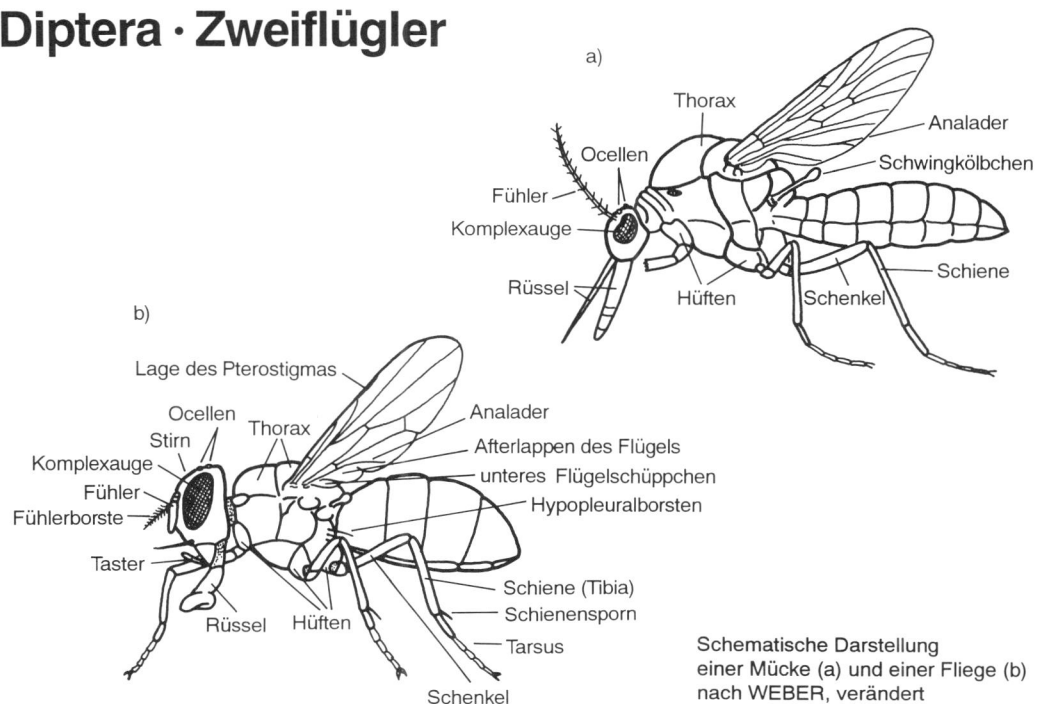

a)

Thorax

Analader

Schwingkölbchen

Ocellen

Fühler

Komplexauge

Schiene

Rüssel

Hüften

Schenkel

b)

Lage des Pterostigmas

Ocellen

Thorax

Analader

Stirn

Afterlappen des Flügels

Komplexauge

unteres Flügelschüppchen

Fühler

Hypopleuralborsten

Fühlerborste

Taster

Schiene (Tibia)

Schienensporn

Rüssel

Hüften

Tarsus

Schenkel

Schematische Darstellung
einer Mücke (a) und einer Fliege (b)
nach WEBER, verändert

Überwiegend wenige mm bis 1 (seltener 2, ≥ 3) cm große Insekten, die nur 1 Flügelpaar besitzen (Vorderflügel). Die Hinterflügel sind zu Schwingkölbchen umgebildet. Die Zweiflügler umfassen zwei ± deutlich voneinander unterscheidbare systematische Gruppen: Mücken (**Nematocera)** und Fliegen (**Brachycera)**.

Mücken sind zumeist schlanke und zugleich zarte Insekten mit verhältnismäßig langen Fühlern, die aus gleichgestalteten Gliedern bestehen und denen eine Fühlerborste fehlt; ihre Beine sind in der Regel lang und dünn. Viele Arten leben in Biotopen mit relativ hoher Luftfeuchte, manche können, insbesondere bei Windstille, Schwärme bilden. Neben einer großen Artenvielfalt im Sommer sind auch während des Winterhalbjahres bei milder Witterung Mückenarten zu beobachten.

Fliegen besitzen nur 3, bei Lupenvergrößerung meist deutlich unterscheidbare Fühlerglieder. Das 3. Glied trägt bei sehr vielen Arten eine rücken- oder endständige Fühlerborste. Die Fliegen zeichnen sich in fast allen Landschaftsräumen durch hohen Artenreichtum aus.

Geländemerkmale der Mücken:
- Analzelle des Flügelgeäders stets offen, Flügelschüppchen fehlen oder nur schwach entwickelt
- Keine stärkeren Körperborsten, höchstens haar- oder schuppenförmige Bildungen
- Im allgemeinen träge Flieger
- Die Weibchen der Arten einiger Familien sind Blutsauger, die stechend-saugenden Mundteile mit Lupe meist gut erkennbar.

Geländemerkmale der Fliegen:
- Große Mannigfaltigkeit der Formen
- Körper im Unterschied zu dem der Mücken meist ± kurz und gedrungen (Ausnahmen z.B. **Rhagionidae**, Schnepfenfliegen; **Asilidae**, Raubfliegen; **Therevidae**, Stilettfliegen)
- Das Flügelgeäder enthält oft charakteristische Merkmale für die Familienzugehörigkeit.

Beobachtung und Fang:
- Besonders viele Arten in Feuchtgebieten und nicht zu trockenen Biotopen, die mit Gehölzen durchsetzt sind. Eine große Artenvielfalt ferner an Ufer- und Waldrändern, auch auf den Blüten vieler Pflanzenarten, insbesondere auf Doldenblüten
- Zum Fang eignen sich außer dem Kescher Boden- und Köderfallen, aber auch Farbschalen, die man am Erdboden und in der Vegetation einsetzen kann
- Viele Zweiflügler sind Gallbildner und können nach dem Eintragen der Gallen zum Schlupf gebracht werden.

Diptera · Zweiflügler 1: Übersicht

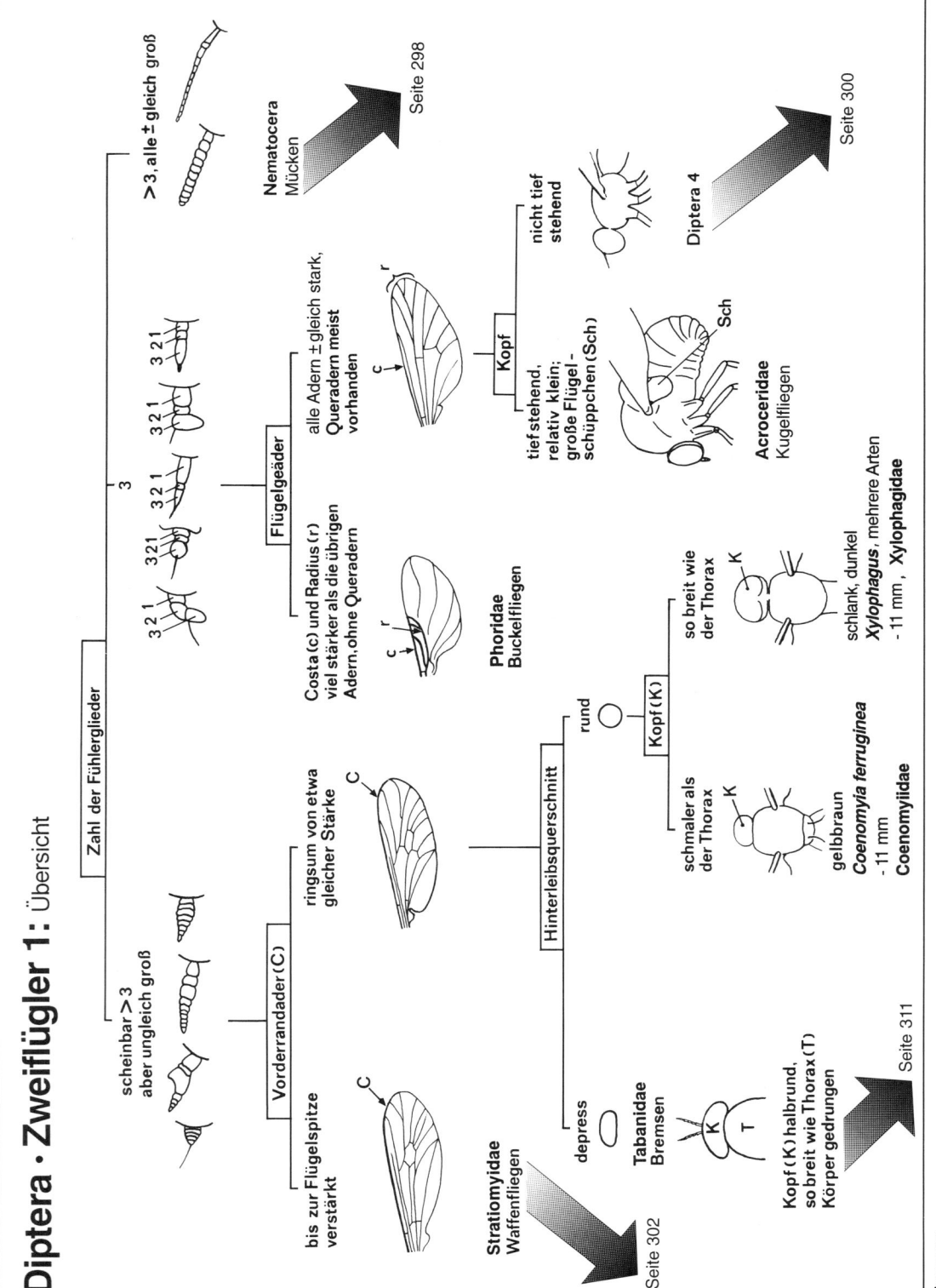

>3, alle ± gleich groß

Nematocera
Mücken

Seite 298

nicht tief
stehend

Diptera 4

Seite 300

Zahl der Fühlerglieder

3 2 1   3 2 1   3 2 1   3 2 1   3 2 1

3

Flügelgeäder

alle Adern ± gleich stark,
Queradern meist
vorhanden

r

c

Kopf

tief stehend,
relativ klein;
große Flügel-
schüppchen (Sch)

Sch

Acroceridae
Kugelfliegen

Costa (c) und Radius (r)
viel stärker als die übrigen
Adern, ohne Queradern

c r

Phoridae
Buckelfliegen

so breit wie
der Thorax

K

schlank, dunkel
Xylophagus, mehrere Arten
-11 mm, **Xylophagidae**

Kopf (K)

rund

scheinbar >3
aber ungleich groß

Vorderrandader (C)

ringsum von etwa
gleicher Stärke

C

Hinterleibsquerschnitt

schmaler als
der Thorax

K

gelbbraun
Coenomyia ferruginea
-11 mm
Coenomyiidae

bis zur Flügelspitze
verstärkt

C

depress

Stratiomyidae
Waffenfliegen

Seite 302

Tabanidae
Bremsen

K

T

Kopf (K) halbrund,
so breit wie Thorax (T)
Körper gedrungen

Seite 311

Bährmann

Diptera · Zweiflügler 2: Nematocera Mücken 2

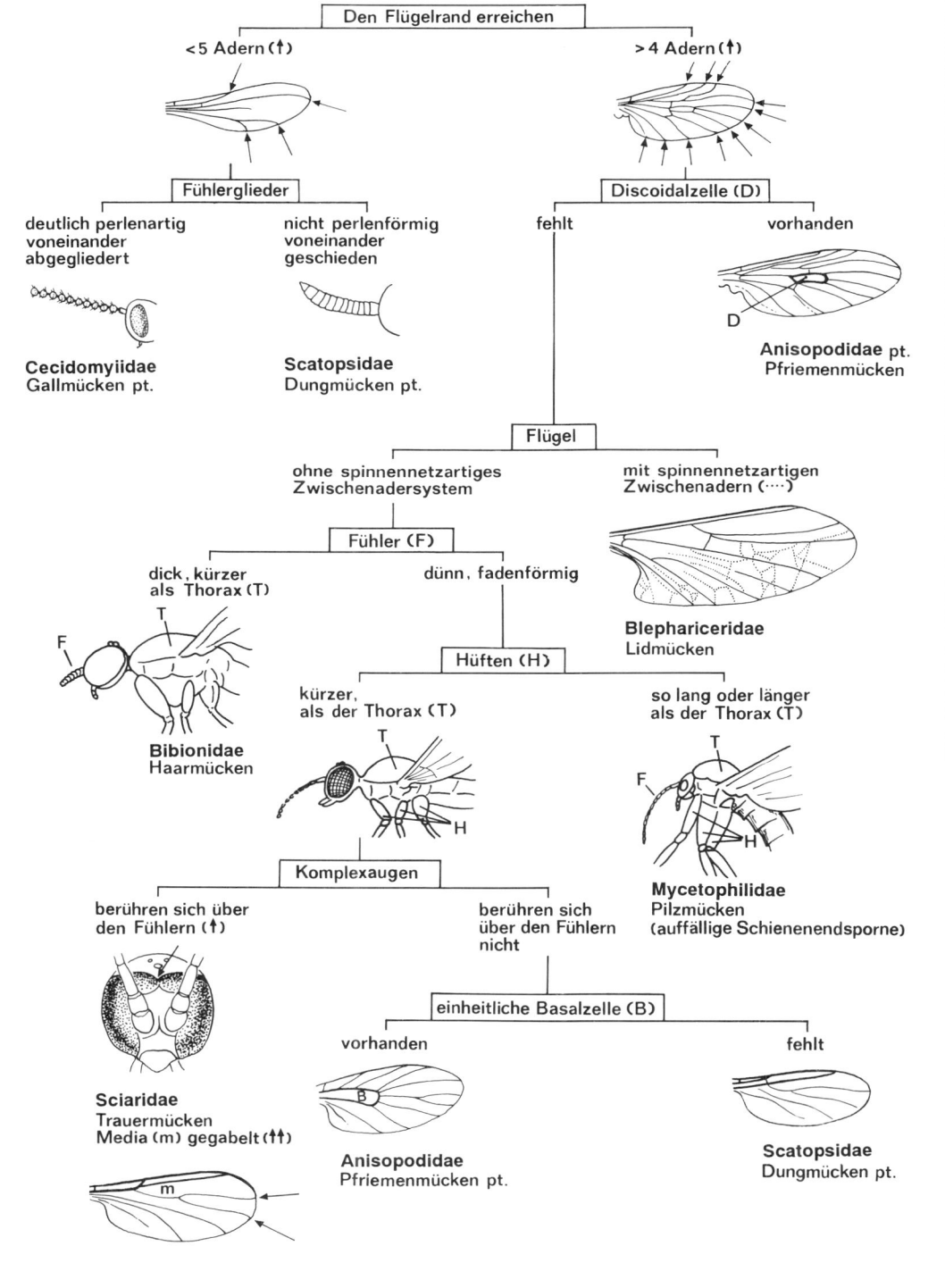

Den Flügelrand erreichen

<5 Adern (↑)   >4 Adern (↑)

Fühlerglieder   Discoidalzelle (D)

deutlich perlenartig   nicht perlenförmig   fehlt   vorhanden
voneinander   voneinander
abgegliedert   geschieden

Cecidomyiidae   **Scatopsidae**   **Anisopodidae** pt.
Gallmücken pt.   Dungmücken pt.   Pfriemenmücken

Flügel

ohne spinnennetzartiges   mit spinnennetzartigen
Zwischenadersystem   Zwischenadern (····)

Fühler (F)

dick, kürzer   dünn, fadenförmig
als Thorax (T)   **Blephariceridae**
                                                    Lidmücken

Bibionidae   Hüften (H)
Haarmücken

kürzer,   so lang oder länger
als der Thorax (T)   als der Thorax (T)

Komplexaugen   **Mycetophilidae**
                                 Pilzmücken
                                 (auffällige Schienenendsporne)

berühren sich über   berühren sich
den Fühlern (↑)   über den Fühlern
                            nicht

Sciaridae   einheitliche Basalzelle (B)
Trauermücken
Media (m) gegabelt (↑↑)   vorhanden   fehlt

                            Anisopodidae   **Scatopsidae**
                            Pfriemenmücken pt.   Dungmücken pt.

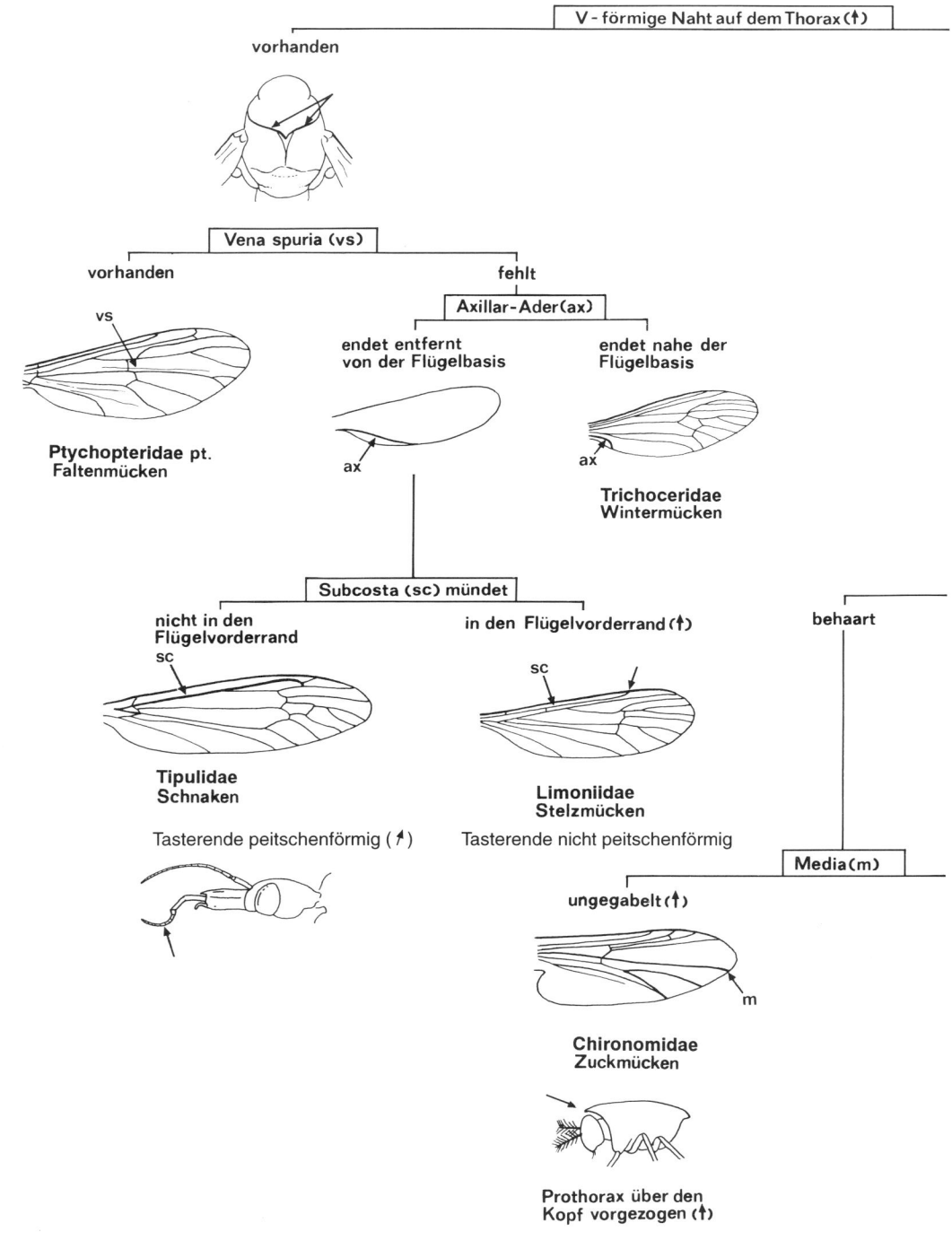

V-förmige Naht auf dem Thorax (†)

vorhanden

Vena spuria (vs)

vorhanden   fehlt

Axillar-Ader (ax)

endet entfernt   endet nahe der
von der Flügelbasis   Flügelbasis

vs

ax   ax

Ptychopteridae pt.
Faltenmücken

Trichoceridae
Wintermücken

Subcosta (sc) mündet   behaart

nicht in den   in den Flügelvorderrand (†)
Flügelvorderrand

sc   sc

Tipulidae
Schnaken

Limoniidae
Stelzmücken

Media (m)

Tasterende peitschenförmig (†)   Tasterende nicht peitschenförmig

ungegabelt (†)

m

Chironomidae
Zuckmücken

Prothorax über den
Kopf vorgezogen (†)

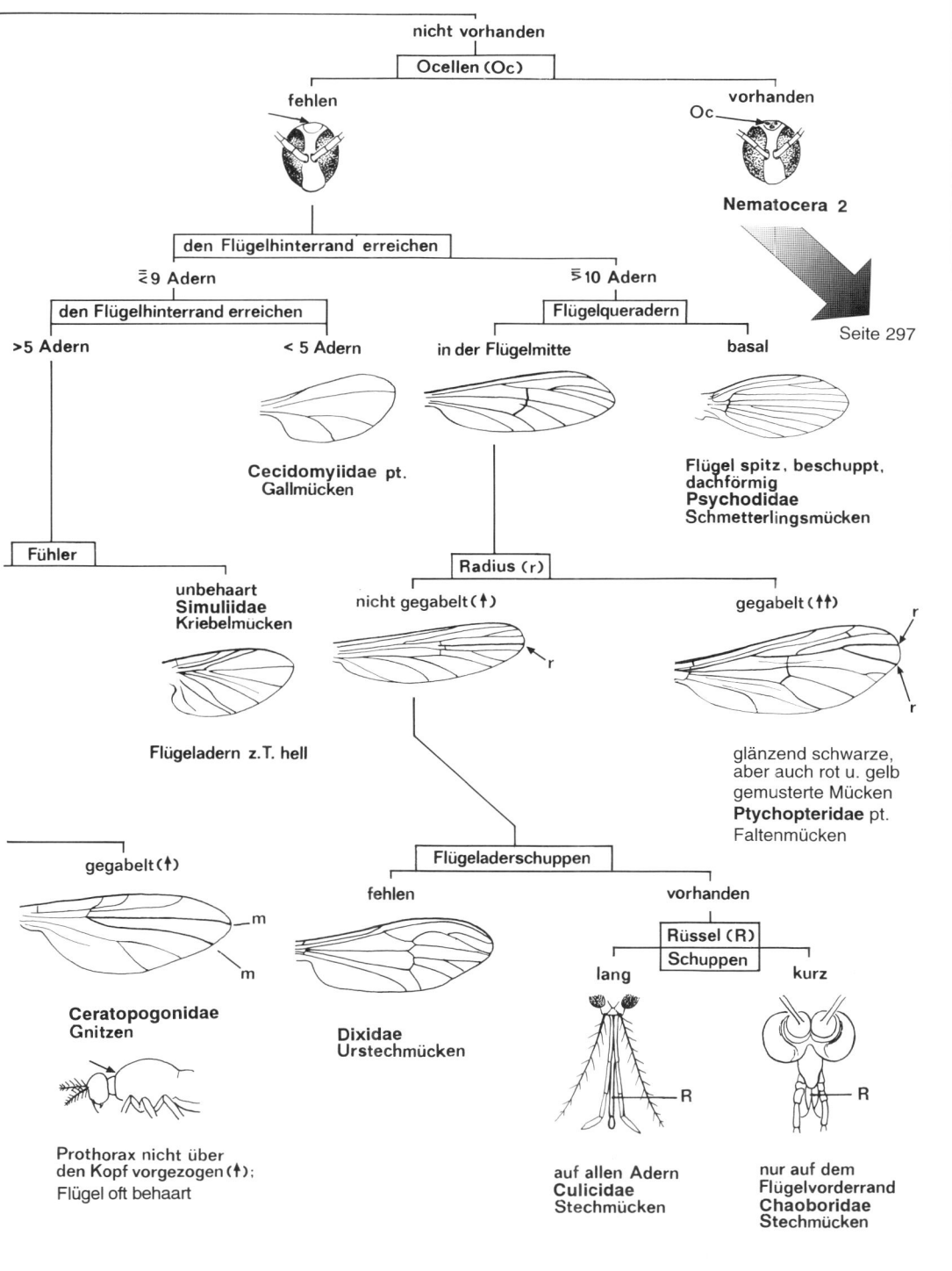

nicht vorhanden

Ocellen (Oc)

fehlen

vorhanden

Oc

Nematocera 2

Seite 297

den Flügelhinterrand erreichen

$\overline{\underline{>}}$9 Adern

$\overline{\underline{<}}$10 Adern

den Flügelhinterrand erreichen

Flügelqueradern

>5 Adern

< 5 Adern

in der Flügelmitte

basal

Cecidomyiidae pt.
Gallmücken

Flügel spitz, beschuppt,
dachförmig
Psychodidae
Schmetterlingsmücken

Fühler

unbehaart
Simuliidae
Kriebelmücken

Radius (r)

nicht gegabelt (✝)

gegabelt (✝✝)

r

r

r

Flügeladern z.T. hell

glänzend schwarze,
aber auch rot u. gelb
gemusterte Mücken
Ptychopteridae pt.
Faltenmücken

gegabelt (✝)

m

m

Ceratopogonidae
Gnitzen

Prothorax nicht über
den Kopf vorgezogen (✝);
Flügel oft behaart

Flügeladerschuppen

fehlen

vorhanden

Rüssel (R)

Schuppen

lang

kurz

R

R

Dixidae
Urstechmücken

auf allen Adern
Culicidae
Stechmücken

nur auf dem
Flügelvorderrand
Chaoboridae
Stechmücken

Bährmann

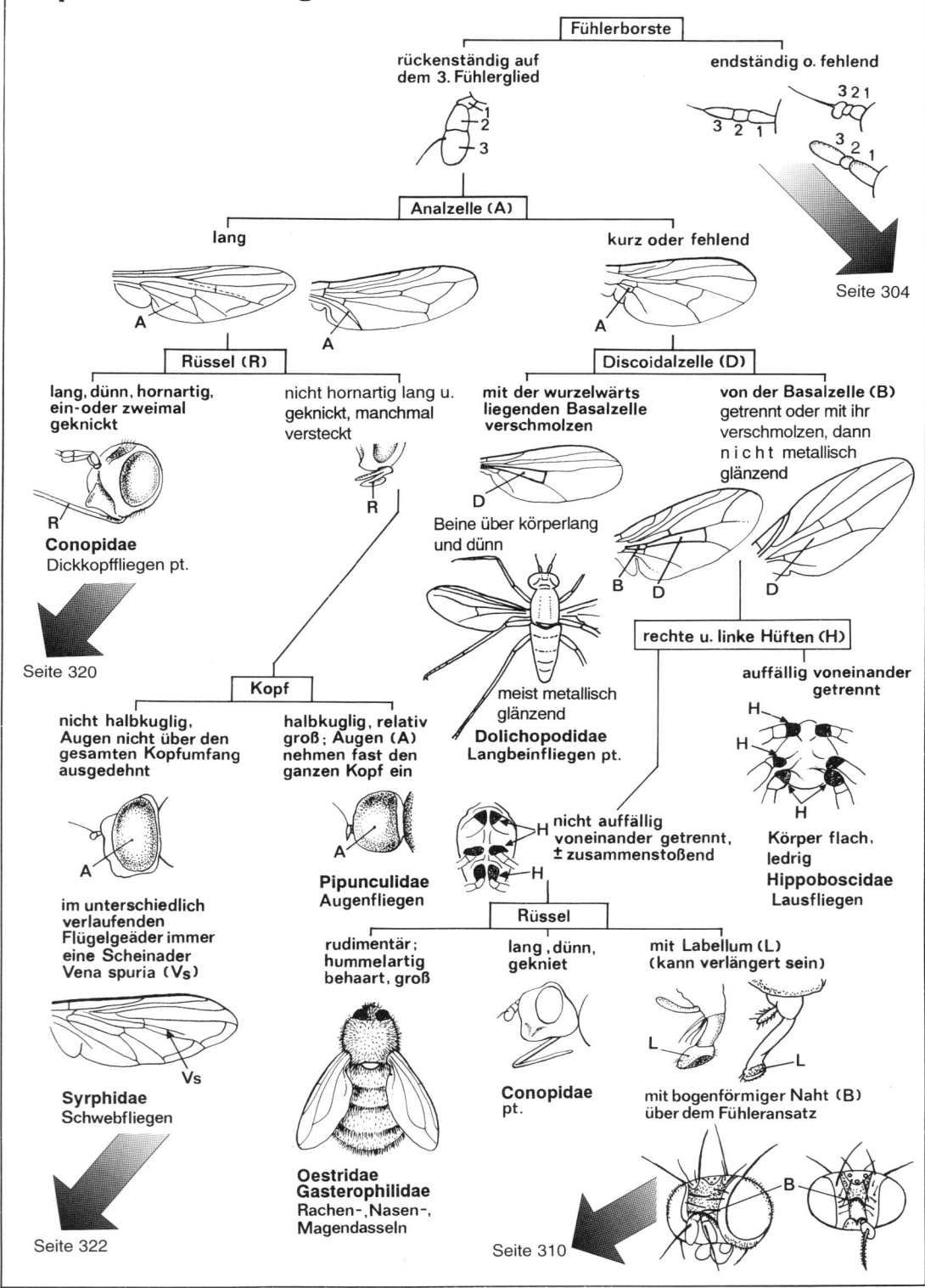

Fühlerborste

rückenständig auf dem 3. Fühlerglied

endständig o. fehlend

Seite 304

Analzelle (A)

lang

kurz oder fehlend

Rüssel (R)

Discoidalzelle (D)

lang, dünn, hornartig, ein- oder zweimal geknickt

nicht hornartig lang u. geknickt, manchmal versteckt

mit der wurzelwärts liegenden Basalzelle verschmolzen

von der Basalzelle (B) getrennt oder mit ihr verschmolzen, dann nicht metallisch glänzend

Conopidae
Dickkopffliegen pt.

Seite 320

Beine über körperlang und dünn

rechte u. linke Hüften (H)

auffällig voneinander getrennt

Kopf

nicht halbkuglig, Augen nicht über den gesamten Kopfumfang ausgedehnt

halbkuglig, relativ groß; Augen (A) nehmen fast den ganzen Kopf ein

meist metallisch glänzend
Dolichopodidae
Langbeinfliegen pt.

Körper flach, ledrig
Hippoboscidae
Lausfliegen

im unterschiedlich verlaufenden Flügelgeäder immer eine Scheinader Vena spuria (V_s)

Pipunculidae
Augenfliegen

nicht auffällig voneinander getrennt, ± zusammenstoßend

Rüssel

rudimentär; hummelartig behaart, groß

lang, dünn, gekniet

mit Labellum (L) (kann verlängert sein)

Syrphidae
Schwebfliegen

Seite 322

Oestridae
Gasterophilidae
Rachen-, Nasen-, Magendasseln

Conopidae
pt.

mit bogenförmiger Naht (B) über dem Fühleransatz

Seite 310

Bährmann

Diptera · Zweiflügler 5: Brachycera Fliegen 2 Rhagionidae (Schnepfenfliegen) u. Athericidae

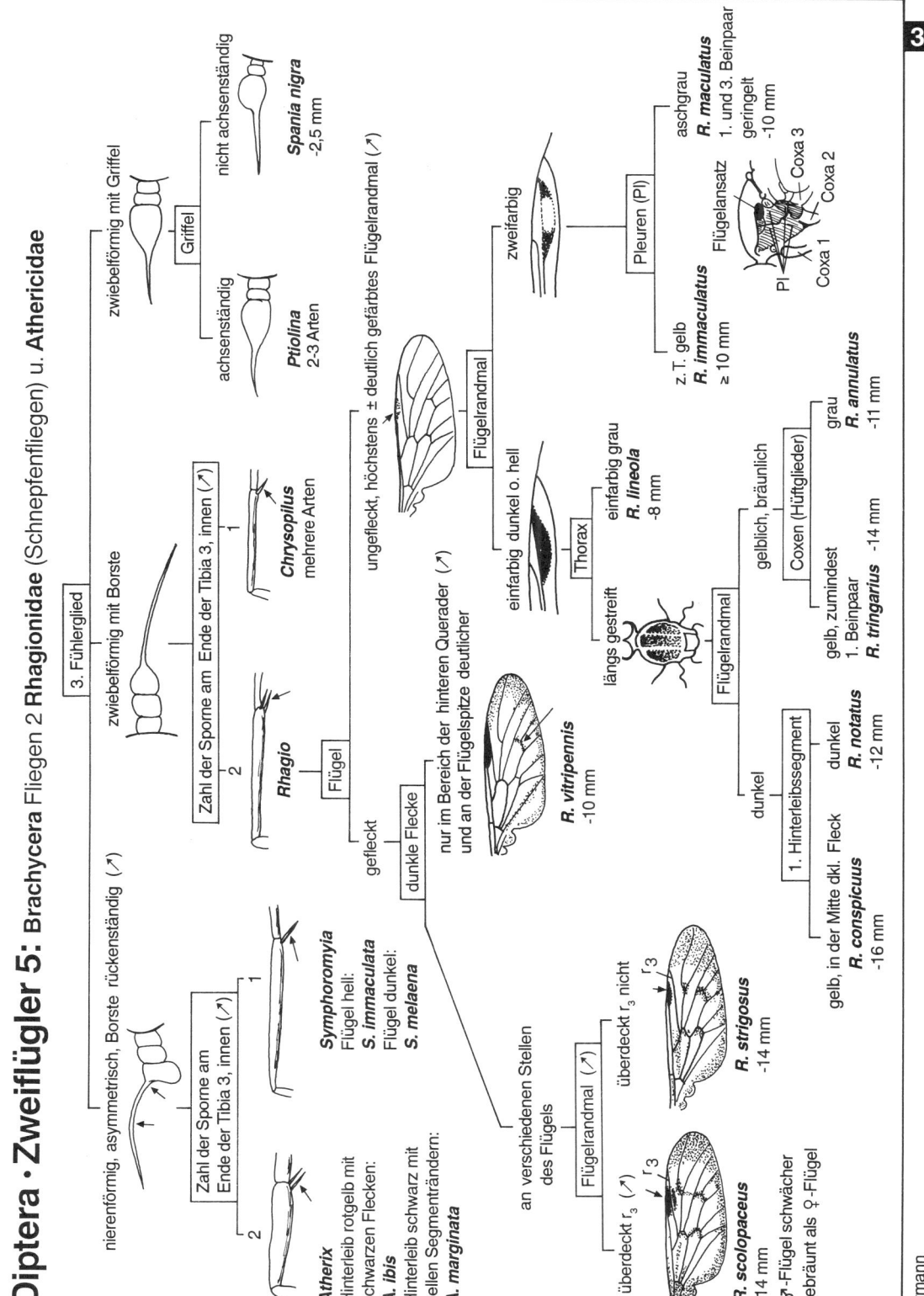

301

nierenförmig, asymmetrisch, Borste rückenständig (♂)

Atherix
Hinterleib rotgelb mit schwarzen Flecken:
A. ibis
Hinterleib schwarz mit hellen Segmenträndern:
A. marginata

Zahl der Sporne am Ende der Tibia 3, innen (♂)

Symphoromyia
Flügel hell:
S. immaculata
Flügel dunkel:
S. melaena

3. Fühlerglied

zwiebelförmig mit Borste

zwiebelförmig mit Griffel

Griffel

achsenständig

Ptiolina
2-3 Arten

nicht achsenständig

Spania nigra
-2,5 mm

Zahl der Sporne am Ende der Tibia 3, innen (♂)

Rhagio

Chrysopilus
mehrere Arten

Flügel

gefleckt

ungefleckt, höchstens ± deutlich gefärbtes Flügelrandmal (♂)

dunkle Flecke

nur im Bereich der hinteren Querader und an der Flügelspitze deutlicher

R. vitripennis
-10 mm

an verschiedenen Stellen des Flügels

Flügelrandmal (♂)

überdeckt r₃ nicht

R. strigosus
-14 mm

überdeckt r₃ (♂)

R. scolopaceus
-14 mm

♂-Flügel schwächer gebräunt als ♀-Flügel

Flügelrandmal

einfarbig dunkel o. hell

einfarbig grau
R. lineola
-8 mm

zweifarbig

Thorax

längs gestreift

Flügelrandmal

1. Hinterleibssegment

gelb, in der Mitte dkl. Fleck
R. conspicuus
-16 mm

dunkel
R. notatus
-12 mm

Coxen (Hüftglieder)

gelb, zumindest
1. Beinpaar
R. tringarius -14 mm

gelblich, bräunlich

grau
R. annulatus
-11 mm

Pleuren (Pl)

z. T. gelb
R. immaculatus
≥10 mm

aschgrau
R. maculatus
1. und 3. Beinpaar geringelt
-10 mm

Flügelansatz
Pl
Coxa 1
Coxa 3
Coxa 2

Bährmann

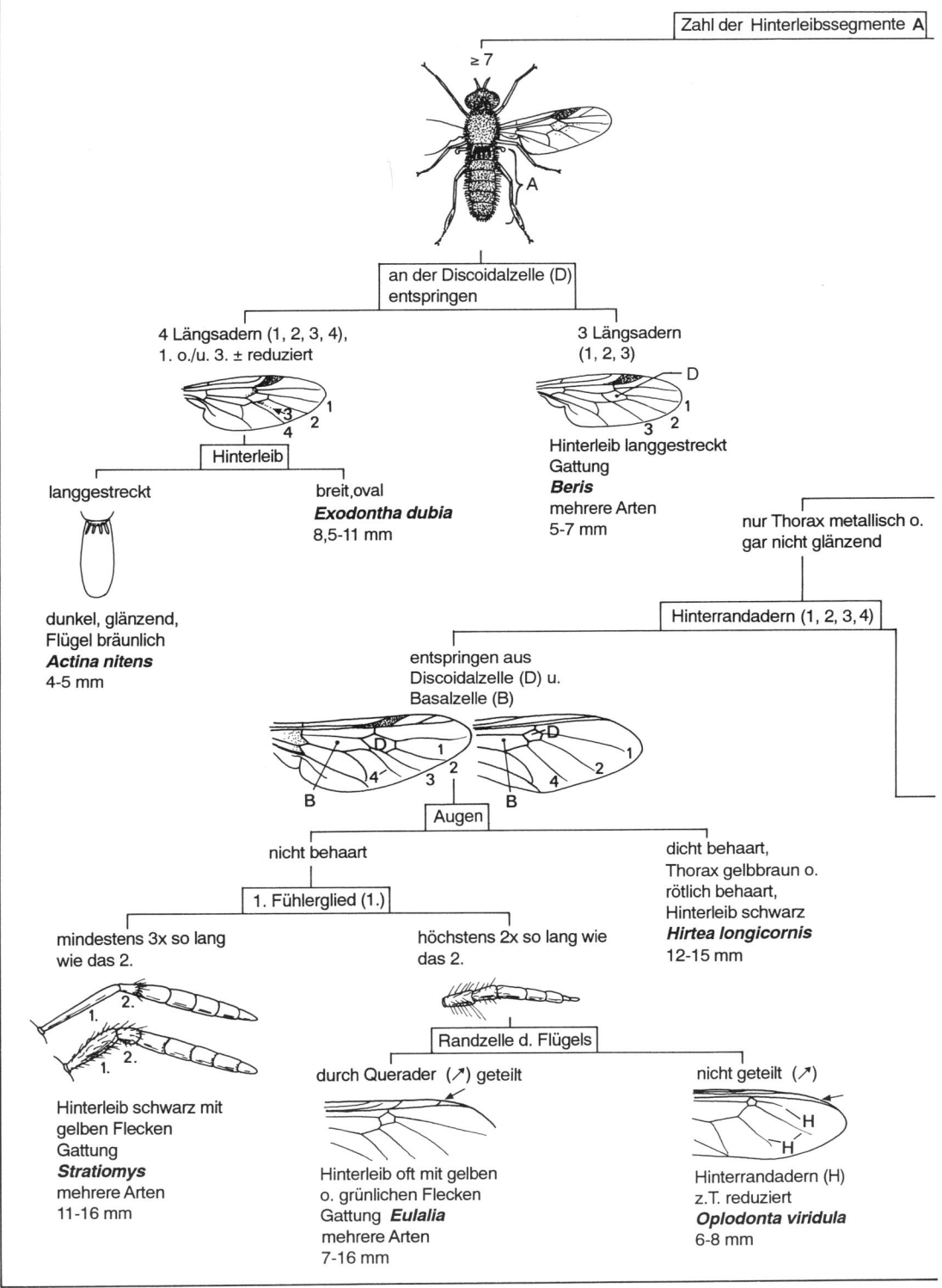

Zahl der Hinterleibssegmente **A**

≥ 7

A

an der Discoidalzelle (D) entspringen

4 Längsadern (1, 2, 3, 4), 1. o./u. 3. ± reduziert

1
3
2
4

3 Längsadern (1, 2, 3)

D
1
3 2

Hinterleib langgestreckt
Gattung
Beris
mehrere Arten
5-7 mm

Hinterleib

langgestreckt

breit, oval
Exodontha dubia
8,5-11 mm

nur Thorax metallisch o. gar nicht glänzend

dunkel, glänzend,
Flügel bräunlich
Actina nitens
4-5 mm

Hinterrandadern (1, 2, 3, 4)

entspringen aus
Discoidalzelle (D) u.
Basalzelle (B)

D
1
4 2
B 3

D
1
4 2
B

Augen

nicht behaart

dicht behaart,
Thorax gelbbraun o.
rötlich behaart,
Hinterleib schwarz
Hirtea longicornis
12-15 mm

1. Fühlerglied (1.)

mindestens 3x so lang wie das 2.

2.
1.
2.
1.

höchstens 2x so lang wie das 2.

Hinterleib schwarz mit gelben Flecken
Gattung
Stratiomys
mehrere Arten
11-16 mm

Randzelle d. Flügels

durch Querader (↗) geteilt

Hinterleib oft mit gelben o. grünlichen Flecken
Gattung ***Eulalia***
mehrere Arten
7-16 mm

nicht geteilt (↗)

H
H

Hinterrandadern (H)
z.T. reduziert
Oplodonta viridula
6-8 mm

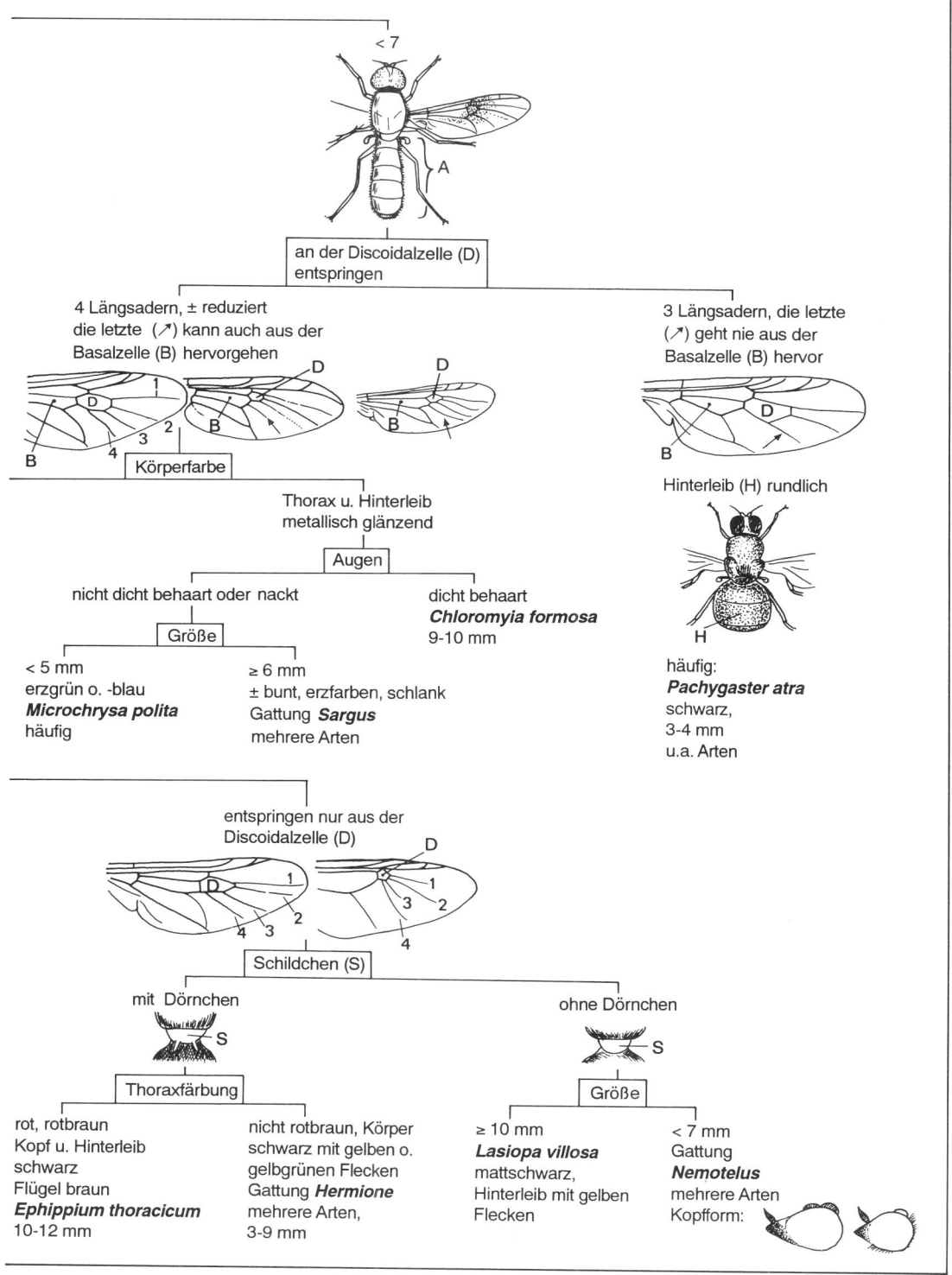

an der Discoidalzelle (D) entspringen

4 Längsadern, ± reduziert die letzte (↗) kann auch aus der Basalzelle (B) hervorgehen

3 Längsadern, die letzte (↗) geht nie aus der Basalzelle (B) hervor

Körperfarbe

Thorax u. Hinterleib metallisch glänzend

Augen

nicht dicht behaart oder nackt

dicht behaart
Chloromyia formosa
9-10 mm

Größe

< 5 mm
erzgrün o. -blau
Microchrysa polita
häufig

≥ 6 mm
± bunt, erzfarben, schlank
Gattung ***Sargus***
mehrere Arten

Hinterleib (H) rundlich

häufig:
Pachygaster atra
schwarz,
3-4 mm
u.a. Arten

entspringen nur aus der Discoidalzelle (D)

Schildchen (S)

mit Dörnchen

ohne Dörnchen

Thoraxfärbung

rot, rotbraun
Kopf u. Hinterleib
schwarz
Flügel braun
Ephippium thoracicum
10-12 mm

nicht rotbraun, Körper
schwarz mit gelben o.
gelbgrünen Flecken
Gattung ***Hermione***
mehrere Arten,
3-9 mm

Größe

≥ 10 mm
Lasiopa villosa
mattschwarz,
Hinterleib mit gelben
Flecken

< 7 mm
Gattung
Nemotelus
mehrere Arten
Kopfform:

Bährmann

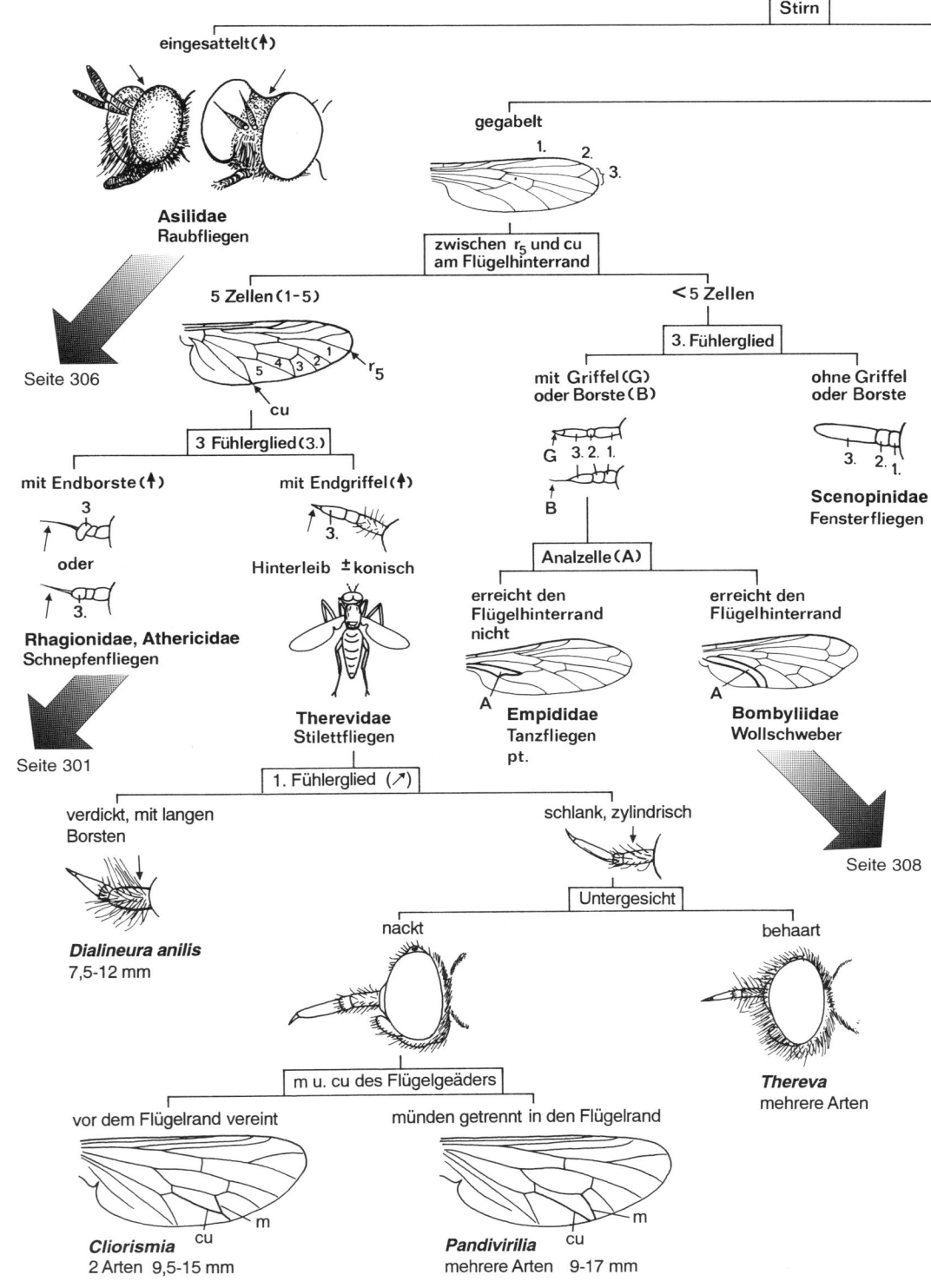

Stirn

eingesattelt(♂)

Asilidae
Raubfliegen

Seite 306

gegabelt
1.
2.
3.

zwischen r₅ und cu
am Flügelhinterrand

5 Zellen(1-5)

r₅

cu

3 Fühlerglied(3.)

mit Endborste(♂)
3
oder
3.

Rhagionidae, Athericidae
Schnepfenfliegen

Seite 301

mit Endgriffel(♂)
3.

Hinterleib ± konisch

Therevidae
Stilettfliegen

1. Fühlerglied (↗)

verdickt, mit langen
Borsten

Dialineura anilis
7,5-12 mm

schlank, zylindrisch

Seite 308

<5 Zellen

3. Fühlerglied

mit Griffel(G)
oder Borste(B)

G 3. 2. 1.

B

Analzelle(A)

erreicht den
Flügelhinterrand
nicht

A **Empididae**
Tanzfliegen
pt.

erreicht den
Flügelhinterrand

A **Bombyliidae**
Wollschweber

ohne Griffel
oder Borste

3. 2.
1.

Scenopinidae
Fensterfliegen

Untergesicht

nackt

m u. cu des Flügelgeäders

vor dem Flügelrand vereint

Cliorismia
2 Arten 9,5-15 mm

cu

m

münden getrennt in den Flügelrand

Pandivirilia
mehrere Arten 9-17 mm

cu

m

behaart

Thereva
mehrere Arten

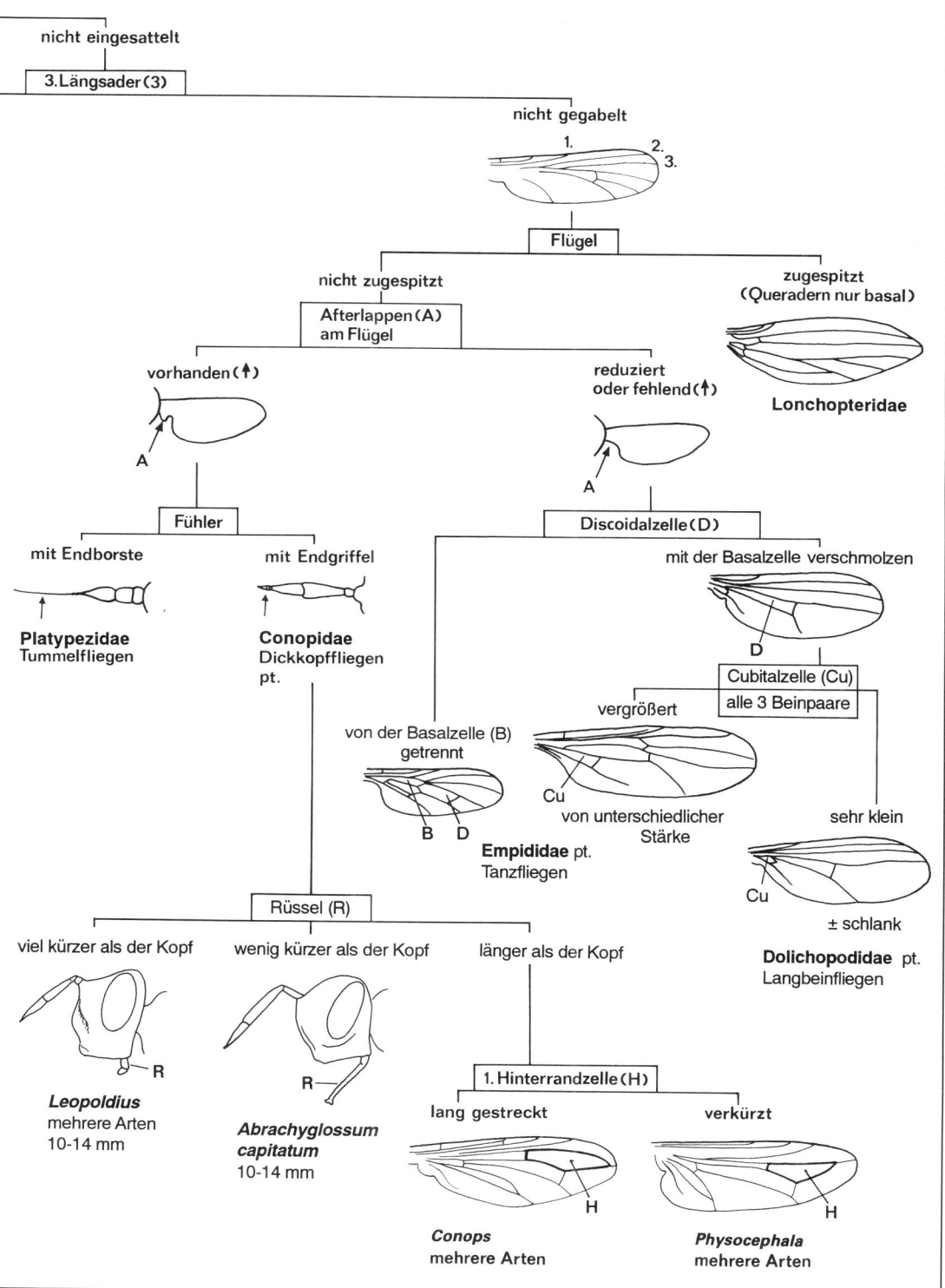

nicht eingesattelt

3.Längsader (3)

nicht gegabelt

1. 2. 3.

Flügel

nicht zugespitzt

zugespitzt
(Queradern nur basal)

Lonchopteridae

Afterlappen (A)
am Flügel

vorhanden (↑)

reduziert
oder fehlend (↑)

A

A

Fühler

Discoidalzelle (D)

mit der Basalzelle verschmolzen

mit Endborste

mit Endgriffel

D

Platypezidae
Tummelfliegen

Conopidae
Dickkopffliegen
pt.

Cubitalzelle (Cu)

alle 3 Beinpaare

vergrößert

von der Basalzelle (B)
getrennt

Cu

von unterschiedlicher
Stärke

sehr klein

B D

Empididae pt.
Tanzfliegen

Cu

± schlank

Rüssel (R)

Dolichopodidae pt.
Langbeinfliegen

viel kürzer als der Kopf

wenig kürzer als der Kopf

länger als der Kopf

R

R

1. Hinterrandzelle (H)

Leopoldius
mehrere Arten
10-14 mm

**Abrachyglossum
capitatum**
10-14 mm

lang gestreckt

verkürzt

H

H

Conops
mehrere Arten

Physocephala
mehrere Arten

Bährmann

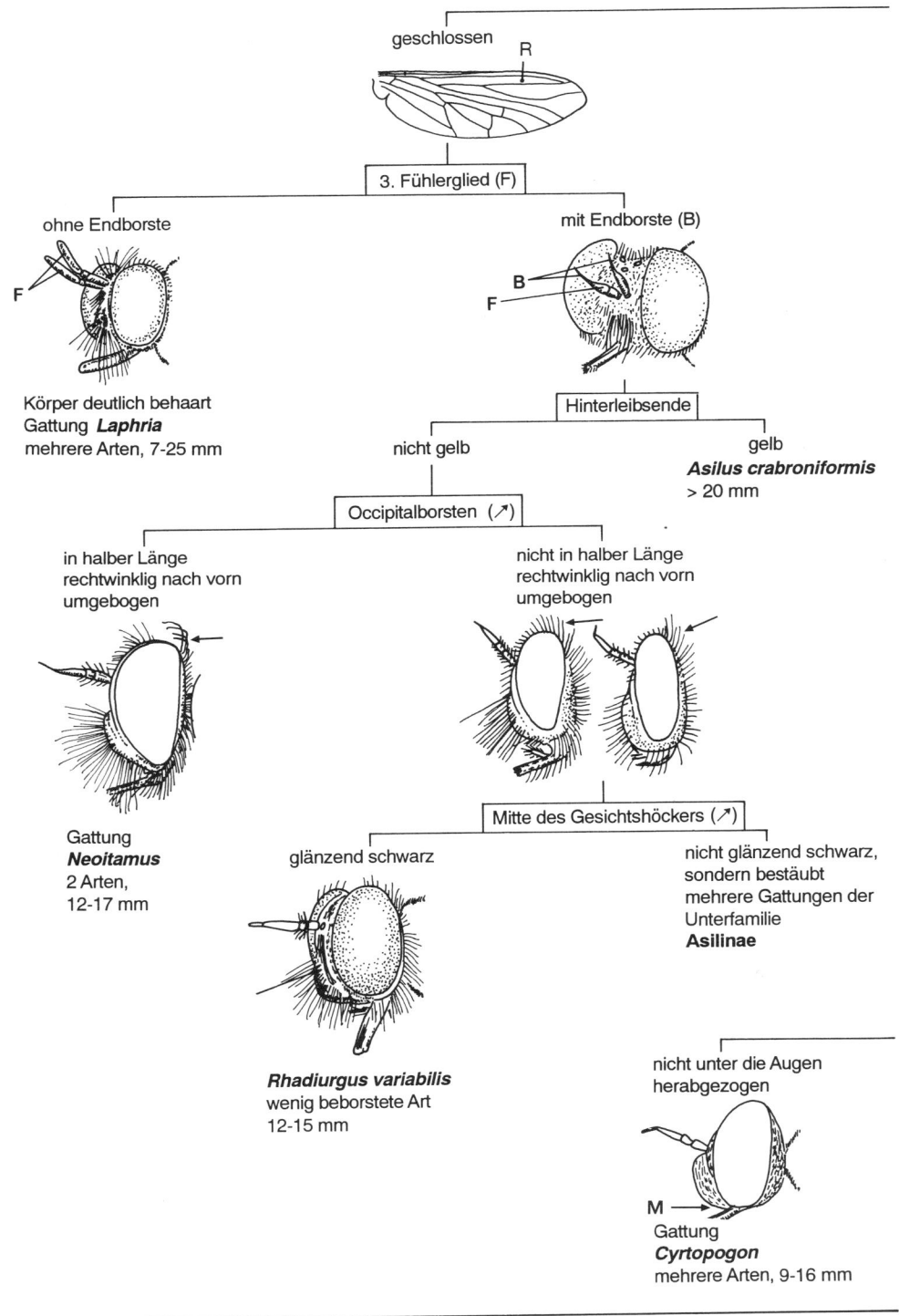

geschlossen R

3. Fühlerglied (F)

ohne Endborste

F

Körper deutlich behaart
Gattung **Laphria**
mehrere Arten, 7-25 mm

mit Endborste (B)

B
F

Hinterleibsende

nicht gelb

gelb
Asilus crabroniformis
> 20 mm

Occipitalborsten (↗)

in halber Länge
rechtwinklig nach vorn
umgebogen

nicht in halber Länge
rechtwinklig nach vorn
umgebogen

Gattung
Neoitamus
2 Arten,
12-17 mm

Mitte des Gesichtshöckers (↗)

glänzend schwarz

nicht glänzend schwarz,
sondern bestäubt
mehrere Gattungen der
Unterfamilie
Asilinae

Rhadiurgus variabilis
wenig beborstete Art
12-15 mm

nicht unter die Augen
herabgezogen

M
Gattung
Cyrtopogon
mehrere Arten, 9-16 mm

Randzelle (R) im Flügelgeäder

offen   R

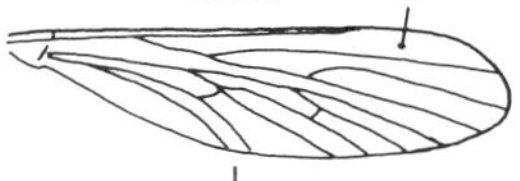

Krallenglied am Fußende

mit Pulvillen unter den Krallen (↗)

ohne Pulvillen unter den Krallen (↗)

Körper grau, Hinterleib sehr schlank

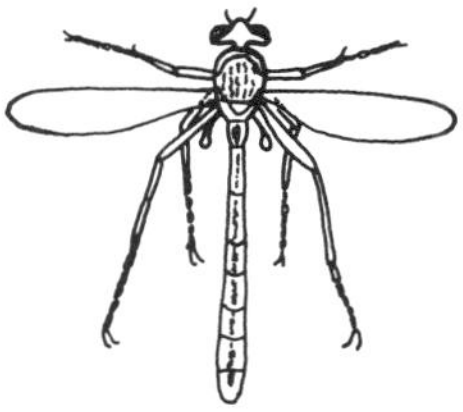

Fühler (F)

länger als Kopfhöhe (¦)

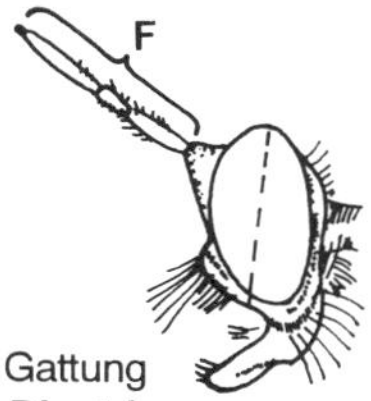

F

Gattung
Dioctria
mehrere schlanke Arten
-15 mm

nicht länger als Kopfhöhe

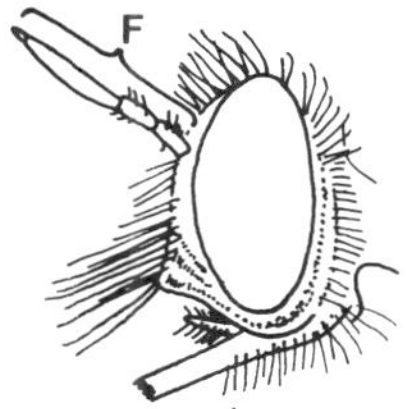

F

Gattung
Leptogaster
2 Arten, häufig:
L. cylindrica
11-16 mm

Vorderschienenende (↗)

ohne gebogenen Dorn, gebogene Borsten können vorhanden sein

Untergesicht (↗)

mit deutlichem Höcker (↗)

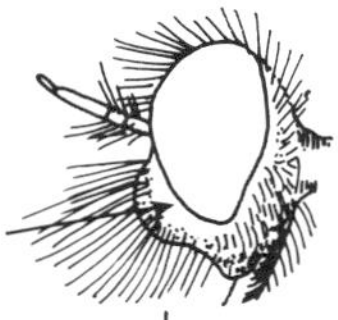

Mundrand (M)

deutlich unter die Augen herabgezogen

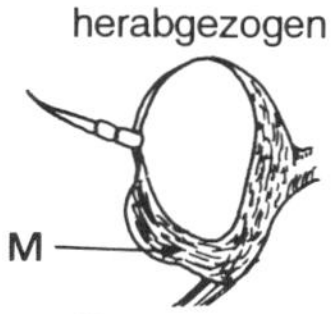

M

Gattung
Lasiopogon
2 Arten, 7-11 mm

mit gebogenem Dorn (↗)

Isopogon
I. vitripennis
6-10 mm
I. brevirostris
9-12 mm
Dasypogon diadema
15-24 mm

ohne deutlichen Höcker

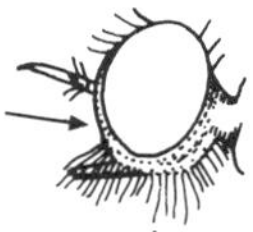

Knebelborsten (↗)

nur auf der unteren Gesichtshälfte

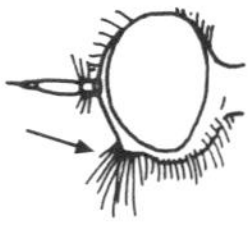

Gattung
Stichopogon
2-3 Arten
4-8 mm

reichen bis zum Fühleransatz

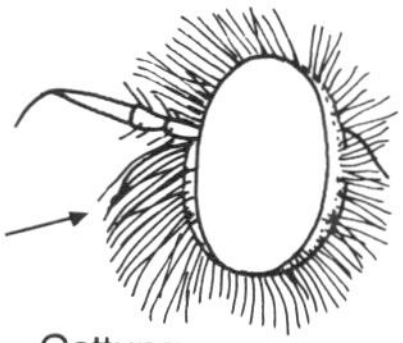

Gattung
Holopogon
mehrere Arten   5-7 mm

Bährmann

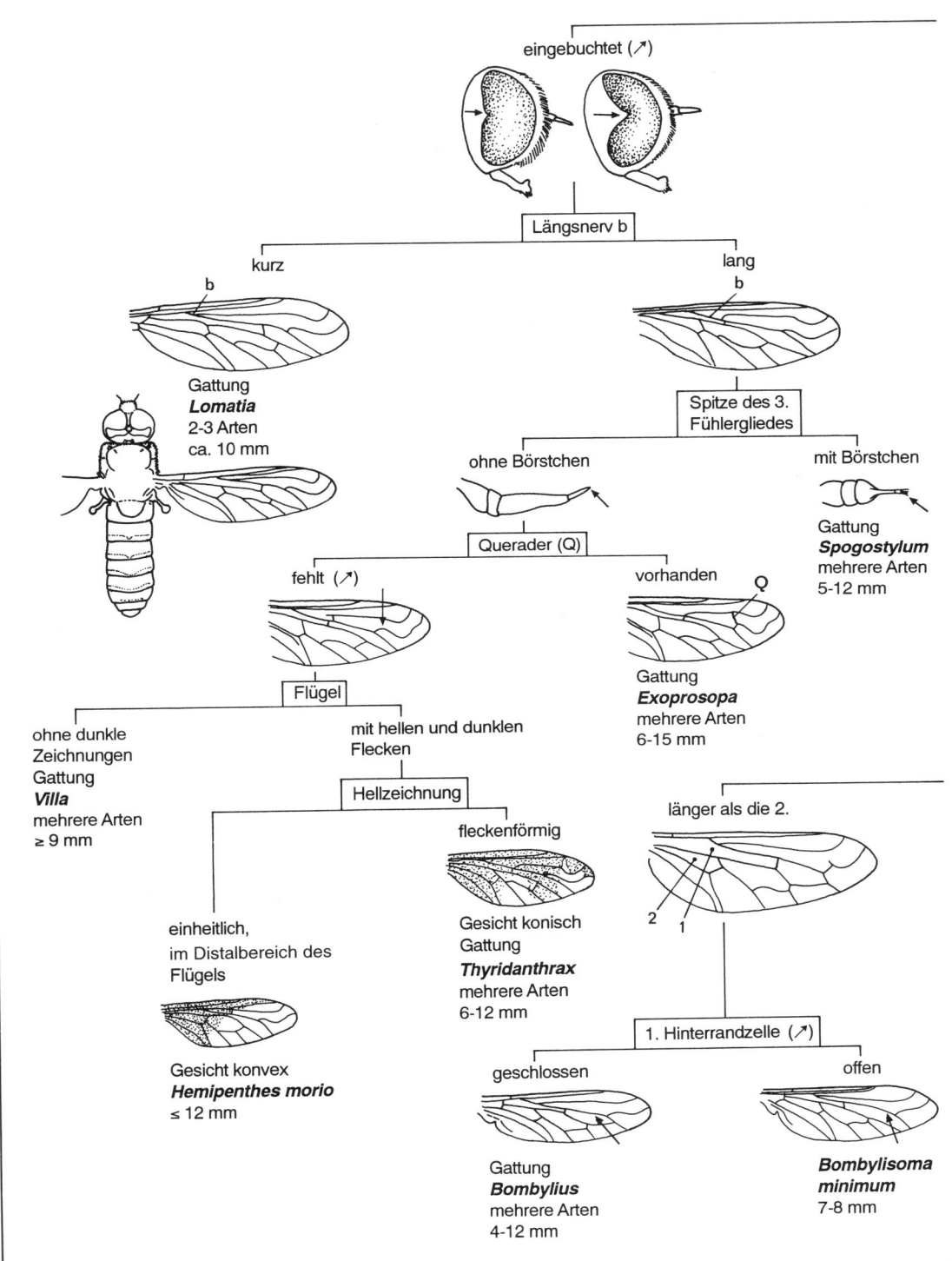

eingebuchtet (↗)

Längsnerv b

kurz
b

lang
b

Gattung
Lomatia
2-3 Arten
ca. 10 mm

Spitze des 3.
Fühlergliedes

ohne Börstchen

mit Börstchen

Gattung
Spogostylum
mehrere Arten
5-12 mm

Querader (Q)

fehlt (↗)

vorhanden
Q

Gattung
Exoprosopa
mehrere Arten
6-15 mm

Flügel

ohne dunkle
Zeichnungen
Gattung
Villa
mehrere Arten
≥ 9 mm

mit hellen und dunklen
Flecken

Hellzeichnung

fleckenförmig

länger als die 2.

einheitlich,
im Distalbereich des
Flügels

Gesicht konisch
Gattung
Thyridanthrax
mehrere Arten
6-12 mm

2   1

Gesicht konvex
Hemipenthes morio
≤ 12 mm

1. Hinterrandzelle (↗)

geschlossen

offen

Gattung
Bombylius
mehrere Arten
4-12 mm

**Bombylisoma
minimum**
7-8 mm

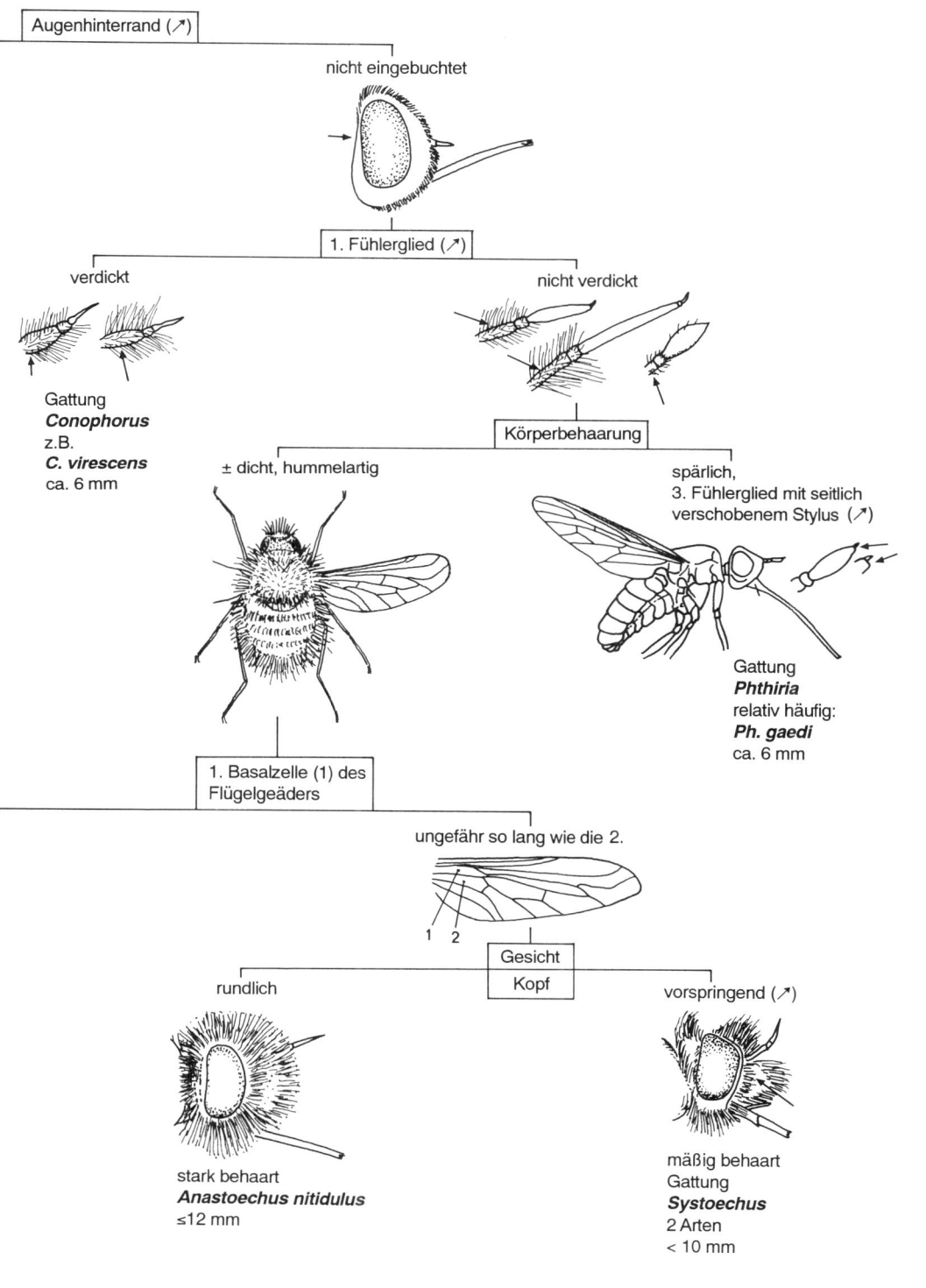

Augenhinterrand (↗)

nicht eingebuchtet

1. Fühlerglied (↗)

verdickt

Gattung
Conophorus
z.B.
C. virescens
ca. 6 mm

nicht verdickt

Körperbehaarung

± dicht, hummelartig

spärlich,
3. Fühlerglied mit seitlich
verschobenem Stylus (↗)

Gattung
Phthiria
relativ häufig:
Ph. gaedi
ca. 6 mm

1. Basalzelle (1) des
Flügelgeäders

ungefähr so lang wie die 2.

1 2

Gesicht
Kopf

rundlich

stark behaart
Anastoechus nitidulus
≤12 mm

vorspringend (↗)

mäßig behaart
Gattung
Systoechus
2 Arten
< 10 mm

oberes Flügelschüppchen (↑)

fehlt

Flügel

Thorakalquernaht (Q) unvollständig

Q

vorhanden

Flügel

unteres Flügelschüppchen (↑)
Thoraxquernaht (Q)

fehlt, oder stark reduziert, Q unvollständig

Q

vorhanden, Q vollständig oder fast vollständig

Q

Hypopleuralborsten (H) an den Thoraxseiten

vorhanden

Flügel-ansatz

H

2. 3.

(2.,3.: Beinansätze)

fehlen (↑)

1. 2. 3.

(1.,2.,3.: Beinan-sätze)

Subcosta (sc)

vollständig, die ersten beiden Längsadern erreichen den Flügel-vorderrand ↓↓

sc

unvollständig oder fast unsichtbar, nur die 2. der ersten beiden dicht nebeneinander verlaufenden Längsadern erreicht den Flügelvorderrand ↓

sc

Diptera 14

Seite 316

Diptera 12

Seite 312

Fühlerborste (F)

nicht nackt, mit Fiederhaaren

Fühlerborste (F)

oft gänzlich gefiedert

F

Körper ± gedrungen
Calliphoridae
Schmeißfliegen
Sternopleuralborsten
(St): 2:1 oder 1:1

St

Coxa 1 — Flügelwurzel (F)
Coxa 2 — Coxa 3

St

F

oft nur basal gefiedert

F

Körper häufig gestreckt
Hinterleib oft mit "würfelförmigen" Schillerflecken
Sarcophagidae
Aasfliegen
Sternopleuralborsten (St) meist 1:1:1

St

Coxa 1 — F
Coxa 2 — Coxa 3

nackt

F

Tachinidae
Raupenfliegen

Medianader (m)

gerade

m

Analader (an)

erreicht den Flügelhinterrand

an

Anthomyiidae
Blumenfliegen

gebogen

m

Muscidae pt.

erreicht den Flügelhinterrand nicht

an   m

Muscidae pt.

Bährmann

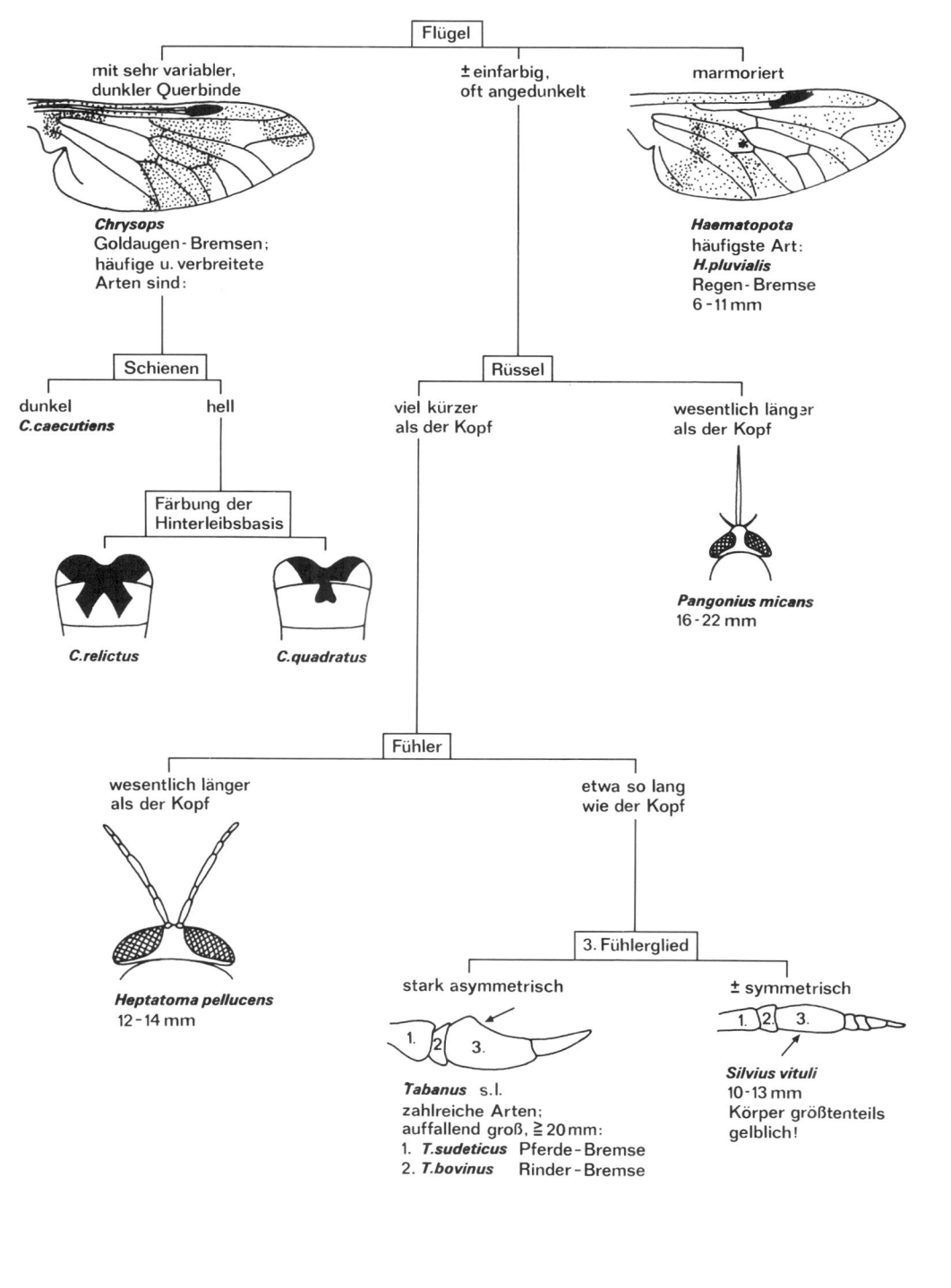

Flügel

mit sehr variabler,
dunkler Querbinde

± einfarbig,
oft angedunkelt

marmoriert

Chrysops
Goldaugen-Bremsen;
häufige u. verbreitete
Arten sind:

Haematopota
häufigste Art:
H.pluvialis
Regen-Bremse
6-11 mm

Schienen

dunkel
C.caecutiens

hell

Rüssel

viel kürzer
als der Kopf

wesentlich länger
als der Kopf

Färbung der
Hinterleibsbasis

C.relictus

C.quadratus

Pangonius micans
16-22 mm

Fühler

wesentlich länger
als der Kopf

etwa so lang
wie der Kopf

Heptatoma pellucens
12-14 mm

3. Fühlerglied

stark asymmetrisch

± symmetrisch

1. 2 3.

1. 2 3.

Tabanus s.l.
zahlreiche Arten;
auffallend groß, ≧ 20 mm:
1. **T.sudeticus** Pferde-Bremse
2. **T.bovinus** Rinder-Bremse

Silvius vituli
10-13 mm
Körper größtenteils
gelblich!

Sander

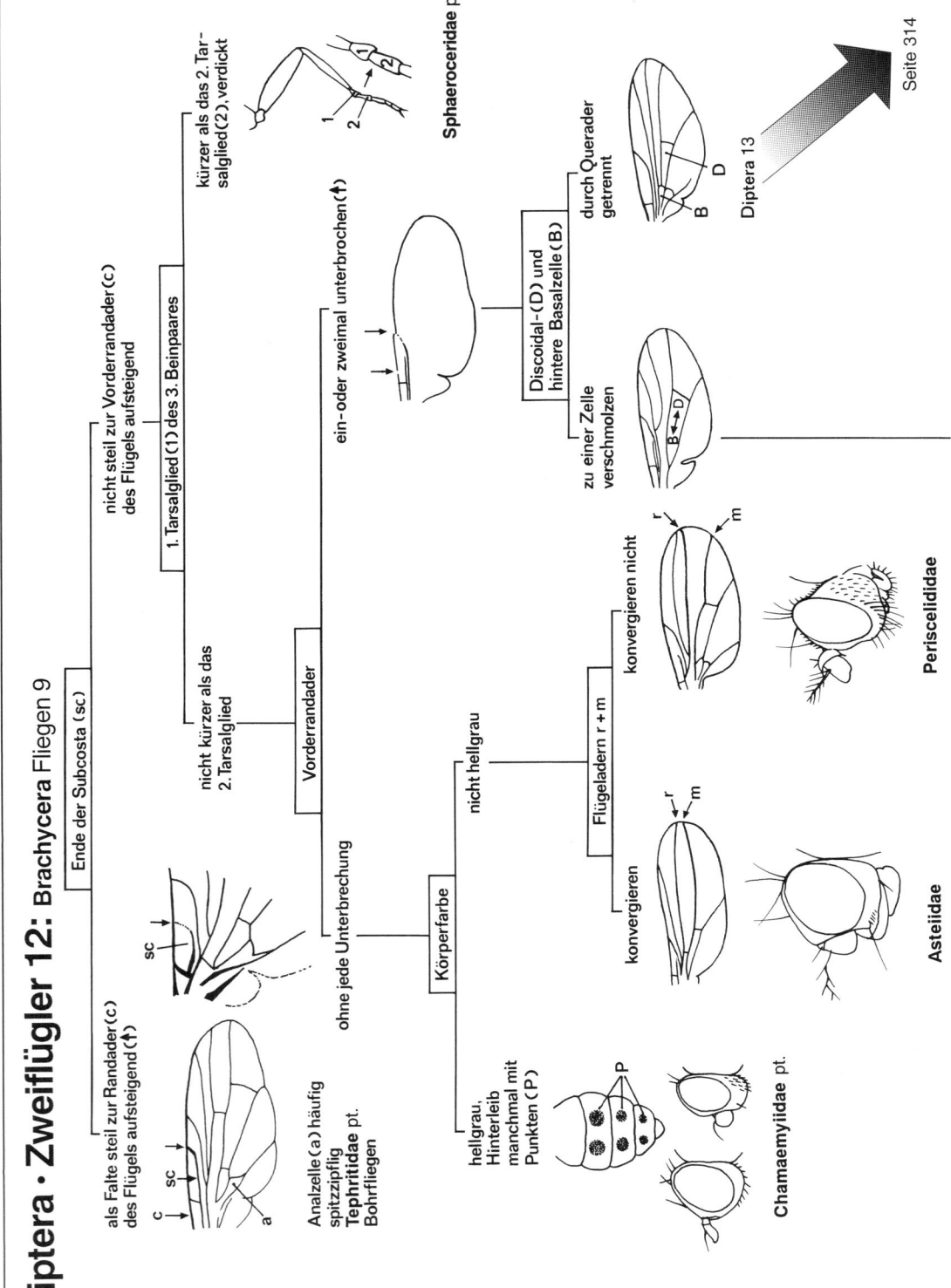

Diptera · Zweiflügler 12: Brachycera Fliegen 9

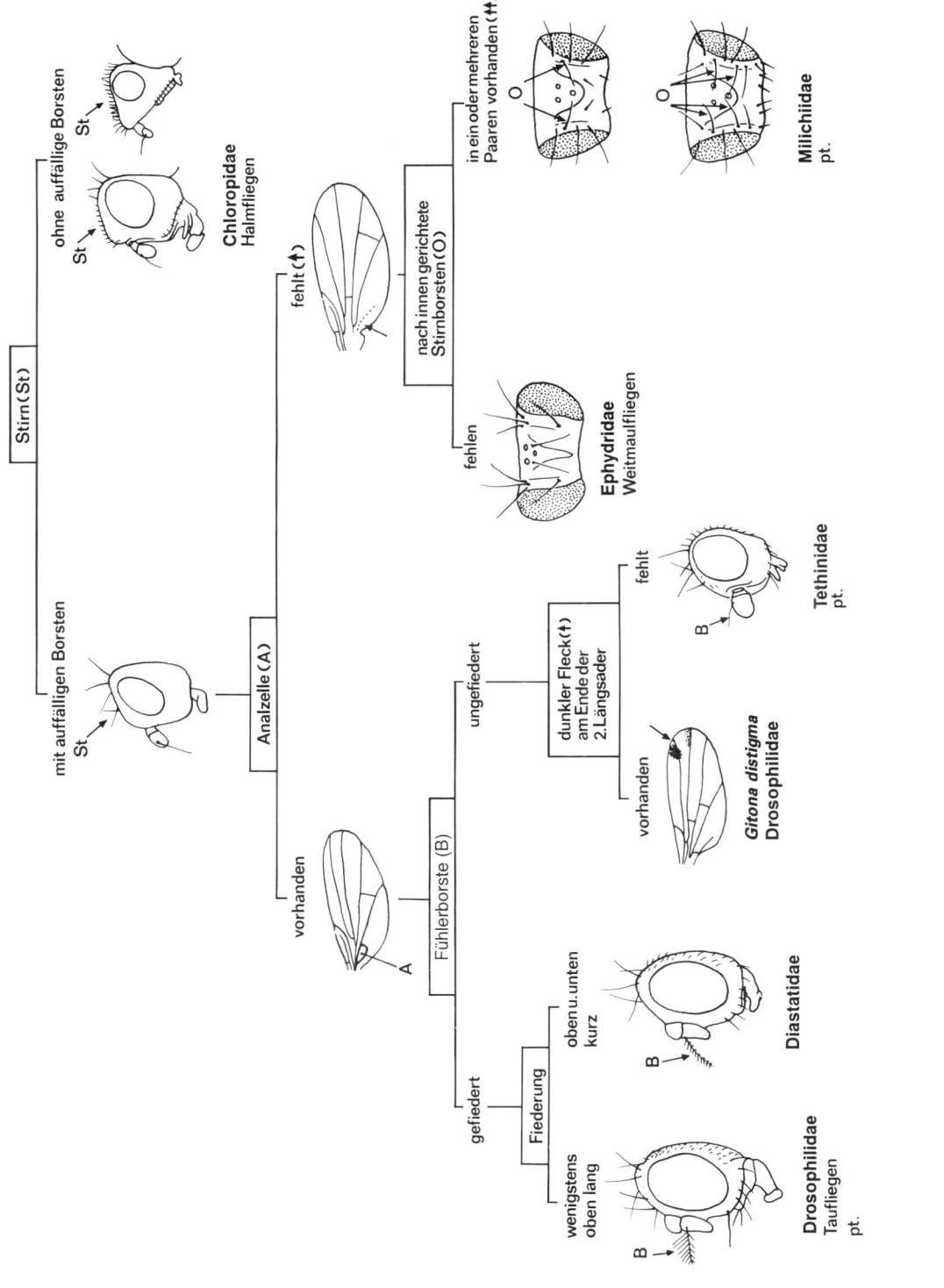

Stirn (St)

mit auffälligen Borsten — St

ohne auffällige Borsten — St

Chloropidae Halmfliegen

Analzelle (A)

fehlt (↑)

vorhanden

nach innen gerichtete Stirnborsten (O)

fehlen

in ein oder mehreren Paaren vorhanden (↑↑)

Milichiidae pt.

Ephydridae Weitmaulfliegen

Fühlerborste (B)

A

ungefiedert

gefiedert

dunkler Fleck (↑) am Ende der 2. Längsader

fehlt

vorhanden

Tethinidae pt.

B

Gitona distigma **Drosophilidae**

Fiederung

oben u. unten kurz

Diastatidae

B

wenigstens oben lang

Drosophilidae Taufliegen pt.

B

Bährmann

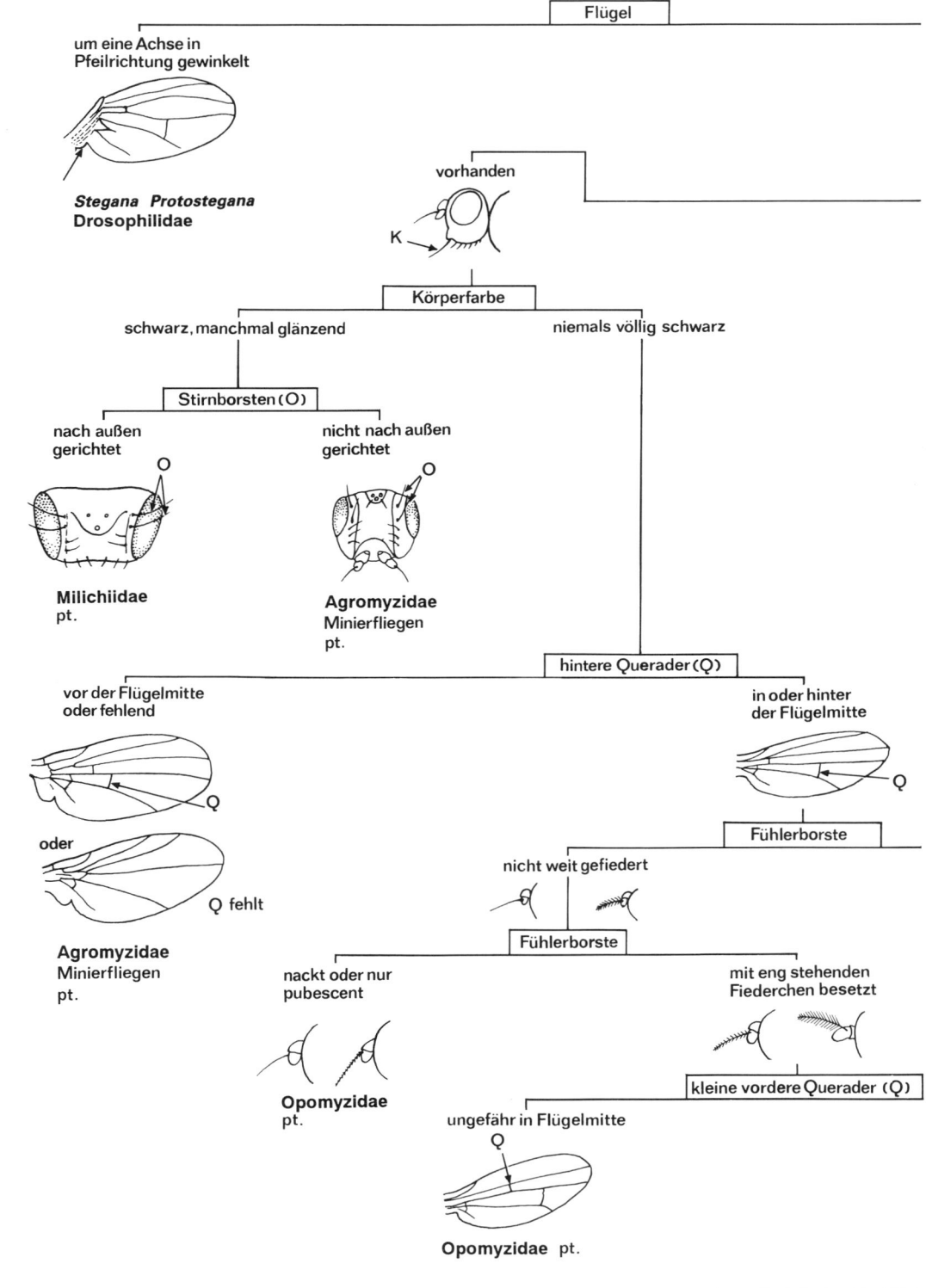

Flügel

um eine Achse in
Pfeilrichtung gewinkelt

Stegana Protostegana
Drosophilidae

vorhanden

K

Körperfarbe

schwarz, manchmal glänzend

niemals völlig schwarz

Stirnborsten (O)

nach außen
gerichtet

O

nicht nach außen
gerichtet

O

Milichiidae
pt.

Agromyzidae
Minierfliegen
pt.

hintere Querader (Q)

vor der Flügelmitte
oder fehlend

Q

oder

Q fehlt

Agromyzidae
Minierfliegen
pt.

in oder hinter
der Flügelmitte

Q

Fühlerborste

nicht weit gefiedert

Fühlerborste

nackt oder nur
pubescent

Opomyzidae
pt.

mit eng stehenden
Fiederchen besetzt

kleine vordere Querader (Q)

ungefähr in Flügelmitte

Q

Opomyzidae pt.

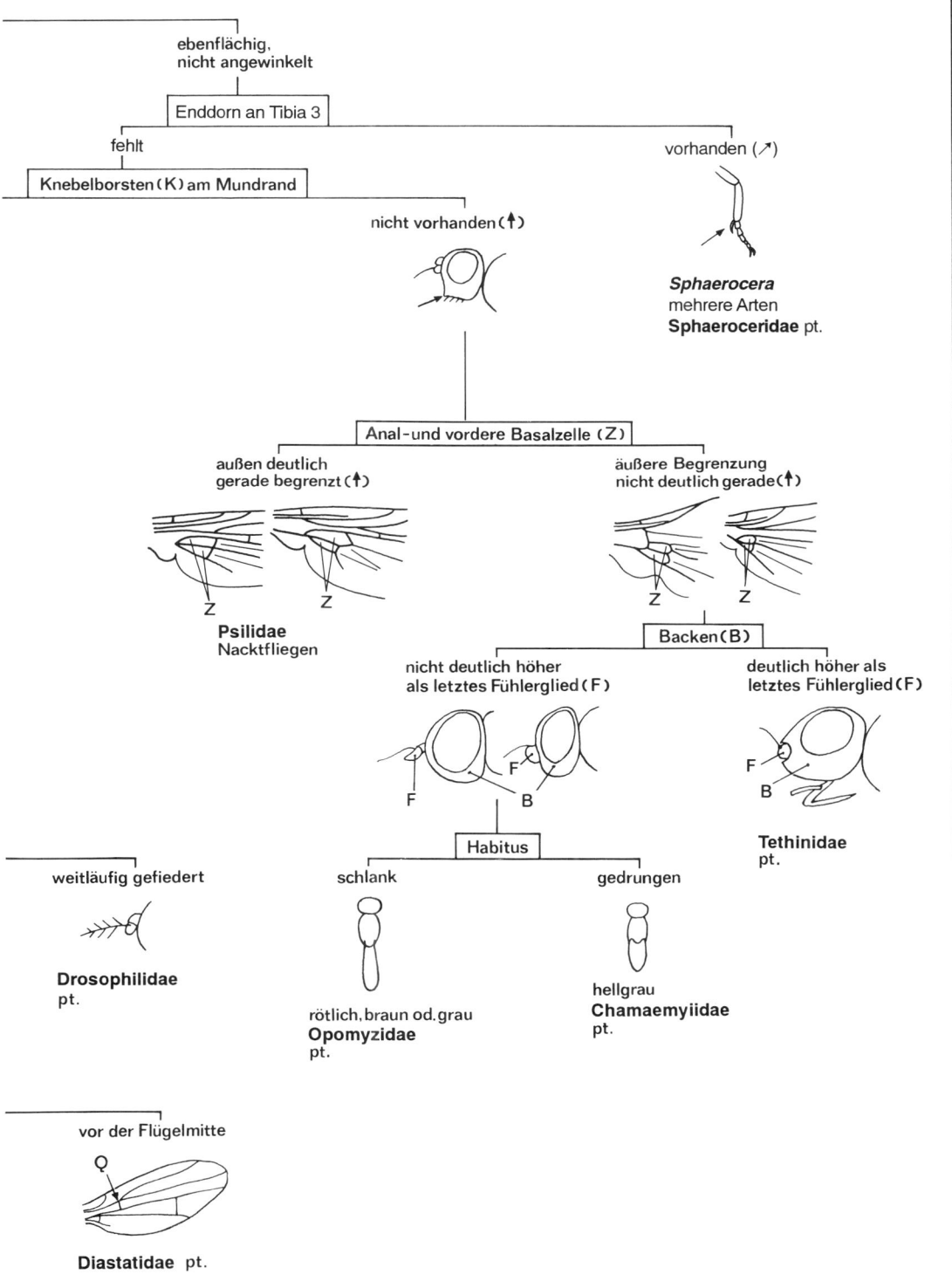

ebenflächig,
nicht angewinkelt

Enddorn an Tibia 3

fehlt

vorhanden (↗)

Knebelborsten (K) am Mundrand

nicht vorhanden (↑)

Sphaerocera
mehrere Arten
Sphaeroceridae pt.

Anal- und vordere Basalzelle (Z)

außen deutlich
gerade begrenzt (↑)

äußere Begrenzung
nicht deutlich gerade (↑)

Z   Z

Z   Z

Psilidae
Nacktfliegen

Backen (B)

nicht deutlich höher
als letztes Fühlerglied (F)

deutlich höher als
letztes Fühlerglied (F)

F   F
   B

F
   B

Tethinidae
pt.

Habitus

weitläufig gefiedert

schlank

gedrungen

Drosophilidae
pt.

rötlich, braun od. grau
Opomyzidae
pt.

hellgrau
Chamaemyiidae
pt.

vor der Flügelmitte

Q

Diastatidae pt.

Bährmann

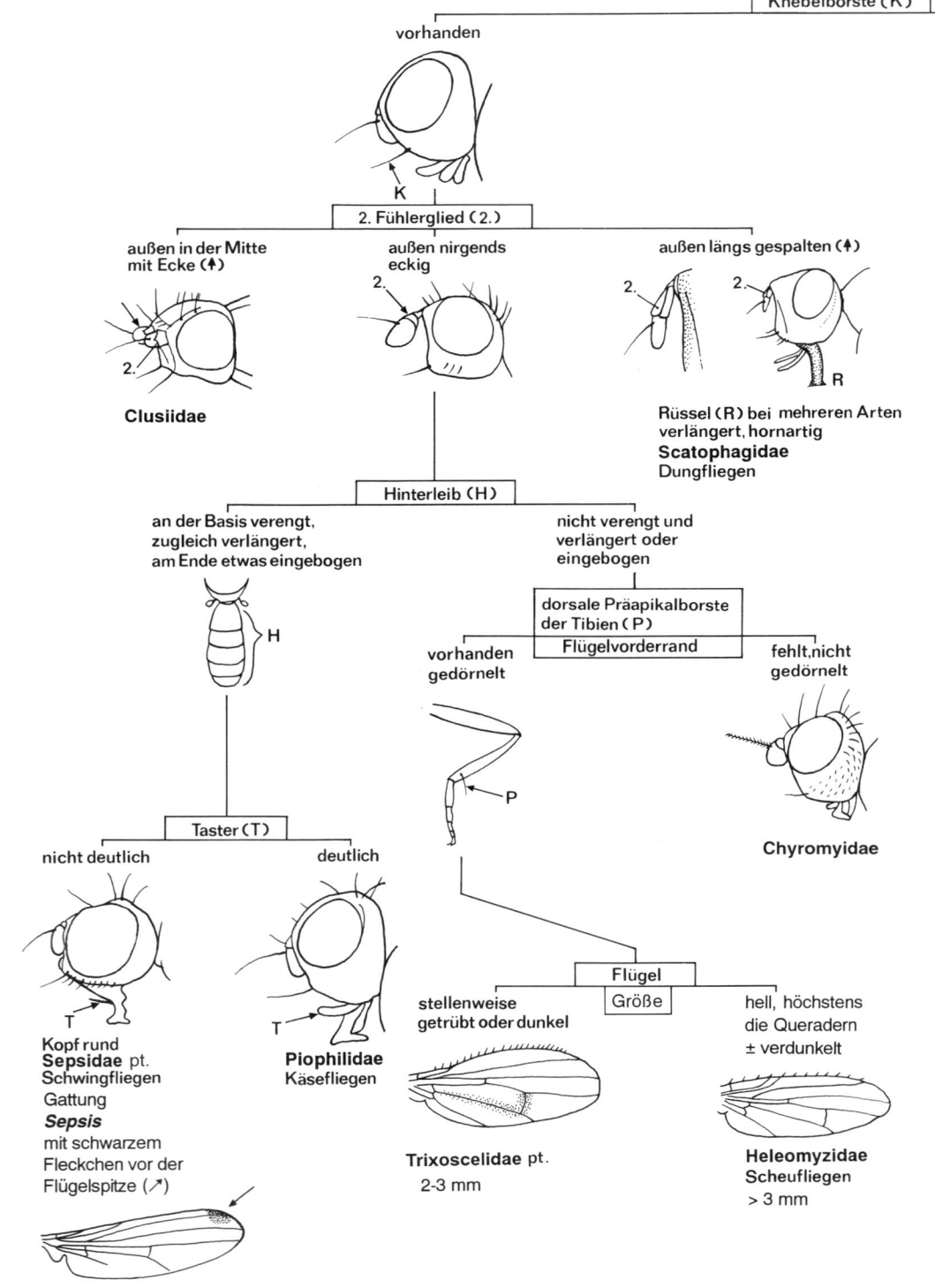

Knebelborste (K)

vorhanden

K

2. Fühlerglied (2.)

außen in der Mitte
mit Ecke (↟)

außen nirgends
eckig

2.

außen längs gespalten (↟)

2.

2.

R

Clusiidae

Rüssel (R) bei mehreren Arten
verlängert, hornartig
Scatophagidae
Dungfliegen

Hinterleib (H)

an der Basis verengt,
zugleich verlängert,
am Ende etwas eingebogen

H

nicht verengt und
verlängert oder
eingebogen

dorsale Präapikalborste
der Tibien (P)

vorhanden
gedörnelt

Flügelvorderrand

fehlt, nicht
gedörnelt

P

Chyromyidae

Taster (T)

nicht deutlich

T

Kopf rund
Sepsidae pt.
Schwingfliegen
Gattung
Sepsis
mit schwarzem
Fleckchen vor der
Flügelspitze (↗)

deutlich

T

Piophilidae
Käsefliegen

Flügel

Größe

stellenweise
getrübt oder dunkel

Trixoscelidae pt.
2-3 mm

hell, höchstens
die Queradern
± verdunkelt

Heleomyzidae
Scheufliegen
> 3 mm

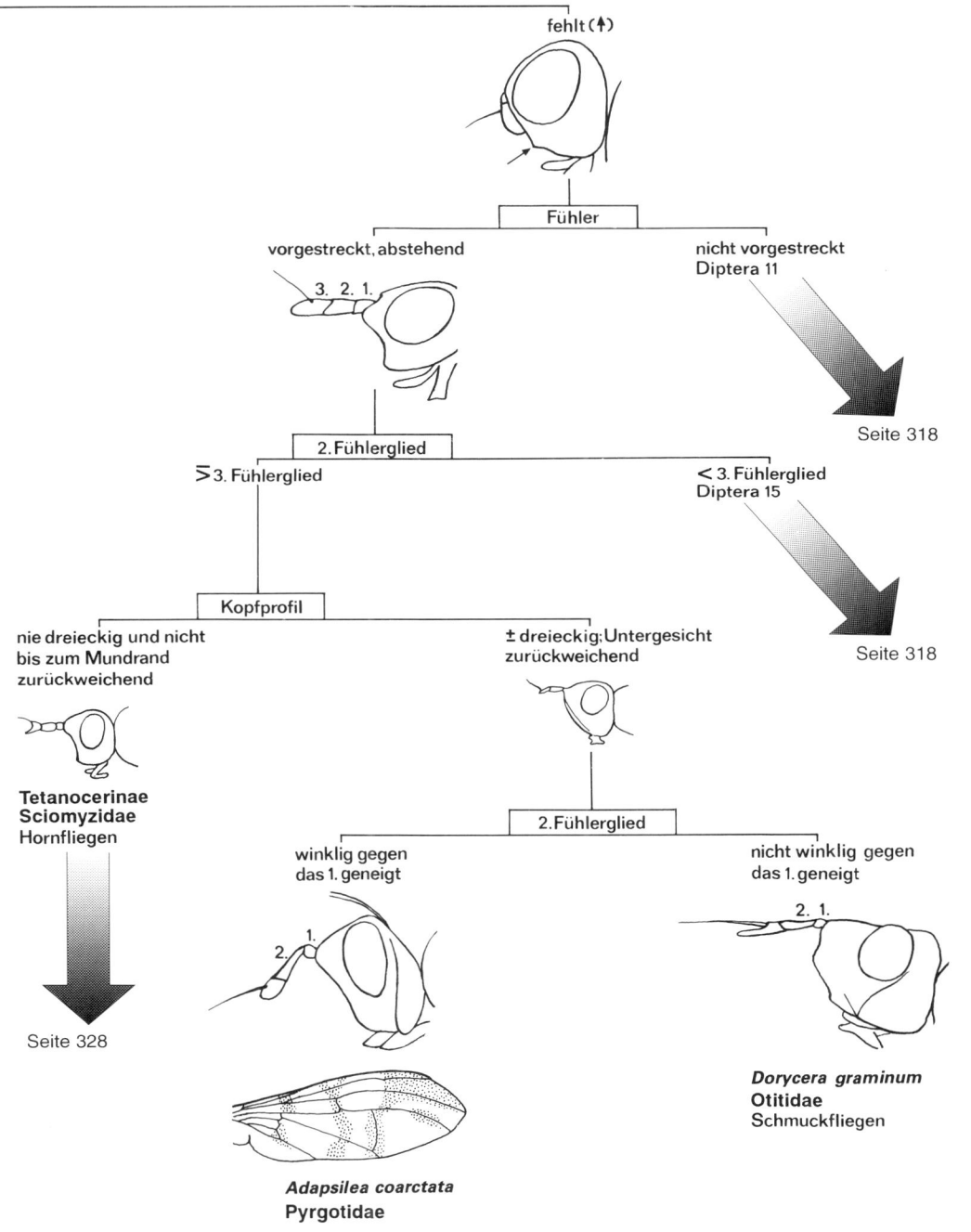

fehlt (♂)

Fühler

vorgestreckt, abstehend

3. 2. 1.

nicht vorgestreckt
Diptera 11

Seite 318

2. Fühlerglied

≧ 3. Fühlerglied

< 3. Fühlerglied
Diptera 15

Seite 318

Kopfprofil

nie dreieckig und nicht
bis zum Mundrand
zurückweichend

Tetanocerinae
Sciomyzidae
Hornfliegen

Seite 328

± dreieckig; Untergesicht
zurückweichend

2. Fühlerglied

winklig gegen
das 1. geneigt

2. 1.

Adapsilea coarctata
Pyrgotidae

nicht winklig gegen
das 1. geneigt

2. 1.

Dorycera graminum
Otitidae
Schmuckfliegen

Bährmann

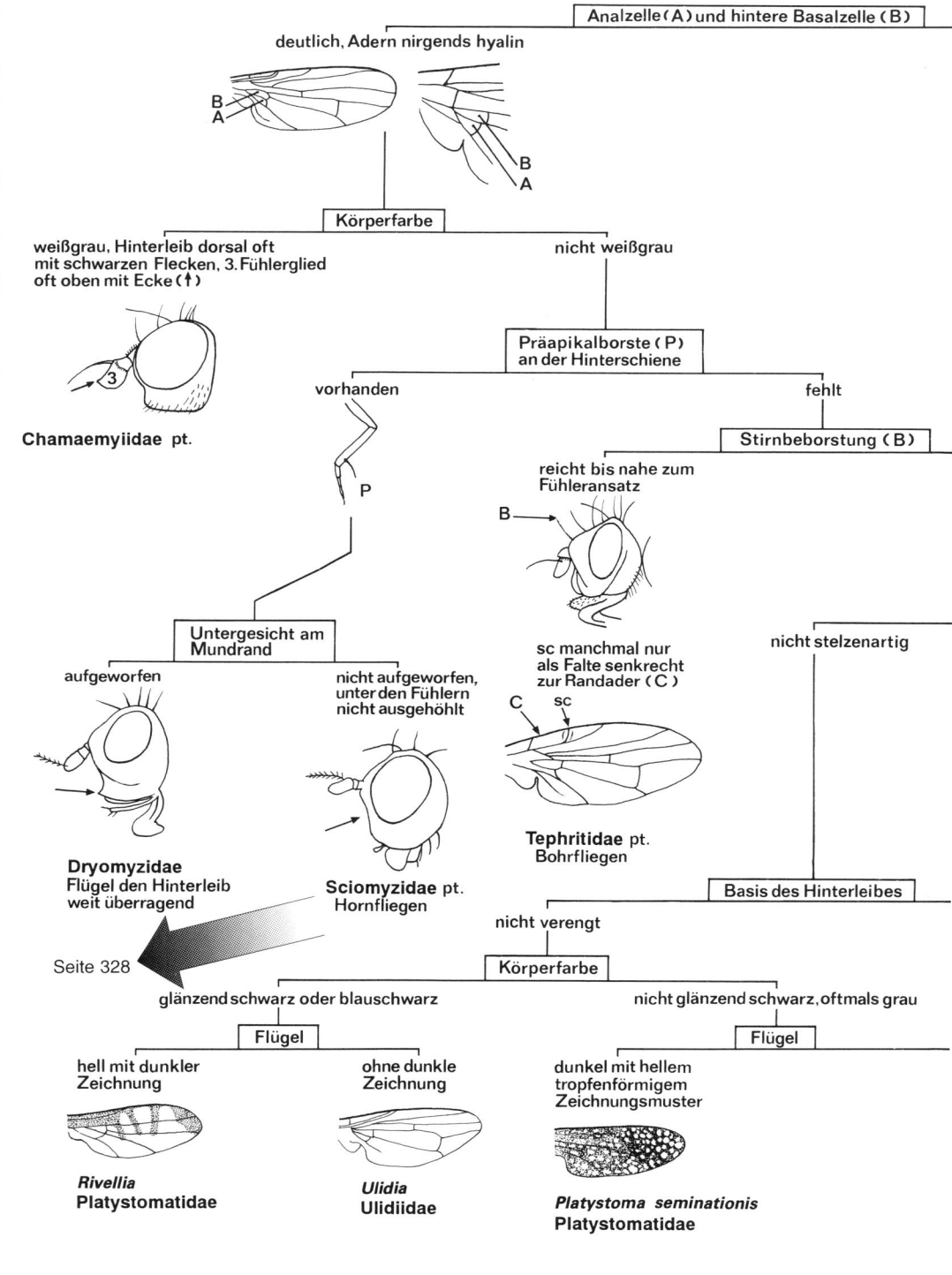

Analzelle (A) und hintere Basalzelle (B)

deutlich, Adern nirgends hyalin

B
A

B
A

Körperfarbe

weißgrau, Hinterleib dorsal oft
mit schwarzen Flecken, 3. Fühlerglied
oft oben mit Ecke (↑)

nicht weißgrau

Präapikalborste (P)
an der Hinterschiene

Chamaemyiidae pt.

vorhanden

fehlt

Stirnbeborstung (B)

reicht bis nahe zum
Fühleransatz

P

B

Untergesicht am
Mundrand

sc manchmal nur
als Falte senkrecht
zur Randader (C)

nicht stelzenartig

aufgeworfen

nicht aufgeworfen,
unter den Fühlern
nicht ausgehöhlt

C   sc

Dryomyzidae
Flügel den Hinterleib
weit überragend

Sciomyzidae pt.
Hornfliegen

Tephritidae pt.
Bohrfliegen

Basis des Hinterleibes

Seite 328

nicht verengt

Körperfarbe

glänzend schwarz oder blauschwarz

nicht glänzend schwarz, oftmals grau

Flügel

Flügel

hell mit dunkler
Zeichnung

ohne dunkle
Zeichnung

dunkel mit hellem
tropfenförmigem
Zeichnungsmuster

Rivellia
Platystomatidae

Ulidia
Ulidiidae

Platystoma seminationis
Platystomatidae

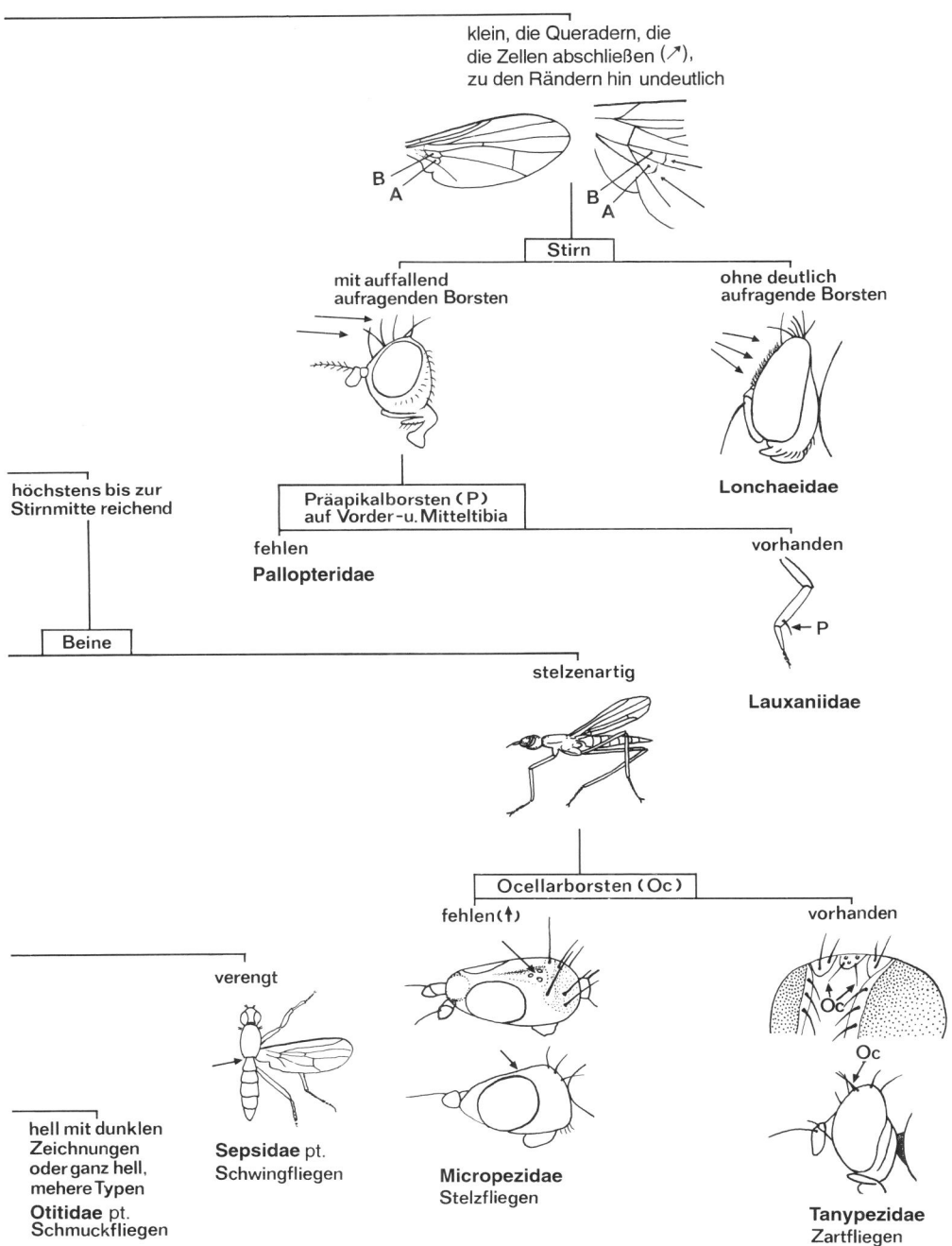

klein, die Queradern, die
die Zellen abschließen (↗),
zu den Rändern hin undeutlich

B
A

B
A

Stirn

mit auffallend
aufragenden Borsten

ohne deutlich
aufragende Borsten

Lonchaeidae

höchstens bis zur
Stirnmitte reichend

Präapikalborsten (P)
auf Vorder-u. Mitteltibia

fehlen
Pallopteridae

vorhanden

Beine

← P

stelzenartig

Lauxaniidae

Ocellarborsten (Oc)

fehlen (↑)

vorhanden

verengt

Oc

Oc

hell mit dunklen
Zeichnungen
oder ganz hell,
mehere Typen
Otitidae pt.
Schmuckfliegen

Sepsidae pt.
Schwingfliegen

Micropezidae
Stelzfliegen

Tanypezidae
Zartfliegen

Diptera · Zweiflügler 16: Brachycera Fliegen 13 Conopidae
Dickkopffliegen pt.

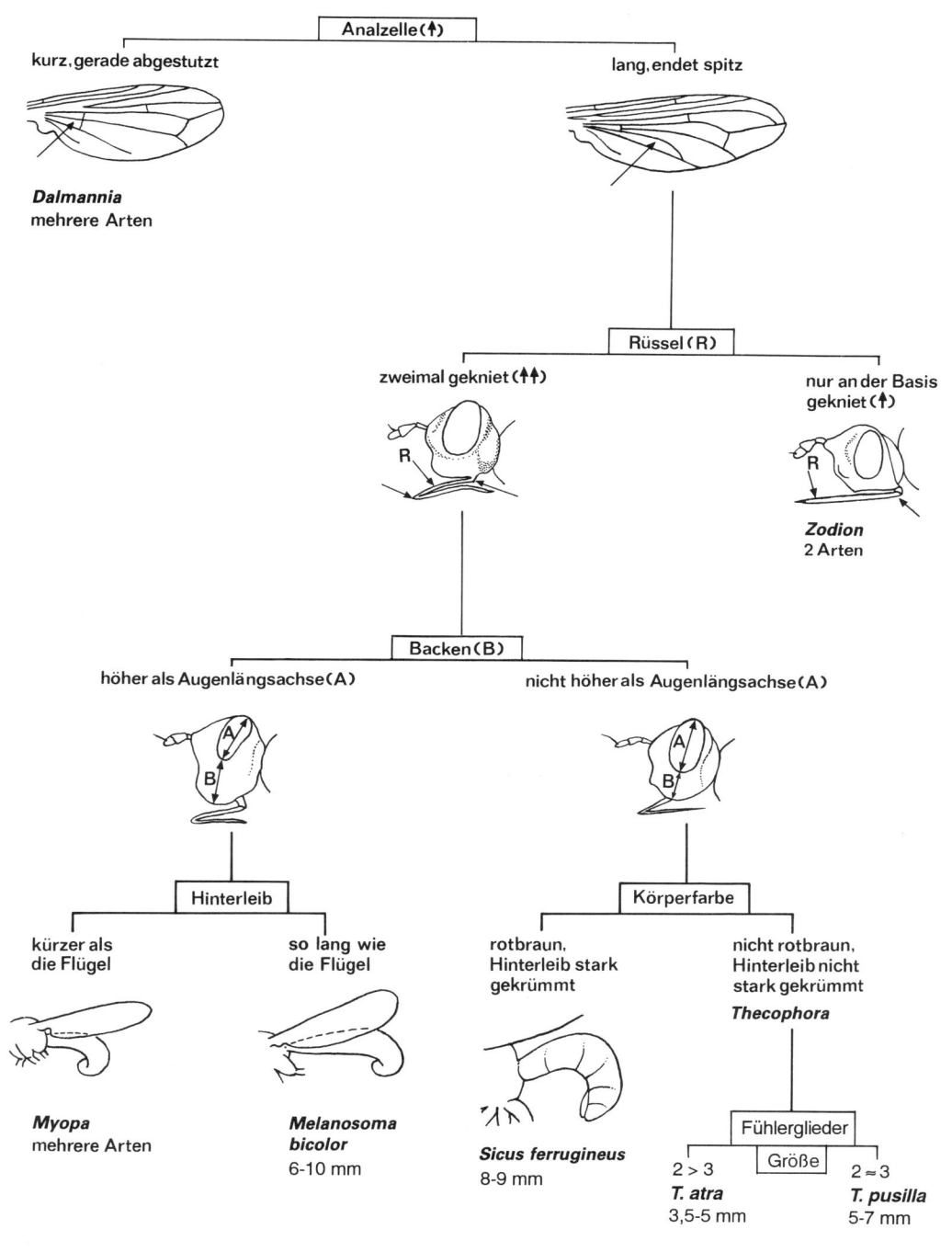

Analzelle (↑)

kurz, gerade abgestutzt

Dalmannia
mehrere Arten

lang, endet spitz

Rüssel (R)

zweimal gekniet (↑↑)

nur an der Basis
gekniet (↑)

R

Zodion
2 Arten

Backen (B)

höher als Augenlängsachse (A)

nicht höher als Augenlängsachse (A)

Hinterleib

kürzer als
die Flügel

so lang wie
die Flügel

Körperfarbe

rotbraun,
Hinterleib stark
gekrümmt

nicht rotbraun,
Hinterleib nicht
stark gekrümmt

Thecophora

Myopa
mehrere Arten

**Melanosoma
bicolor**
6-10 mm

Sicus ferrugineus
8-9 mm

Fühlerglieder

Größe

2 > 3
T. atra
3,5-5 mm

2 ≈ 3
T. pusilla
5-7 mm

Bährmann

Schwebfliegen 1 **Eristalinae** Schlammfliegen

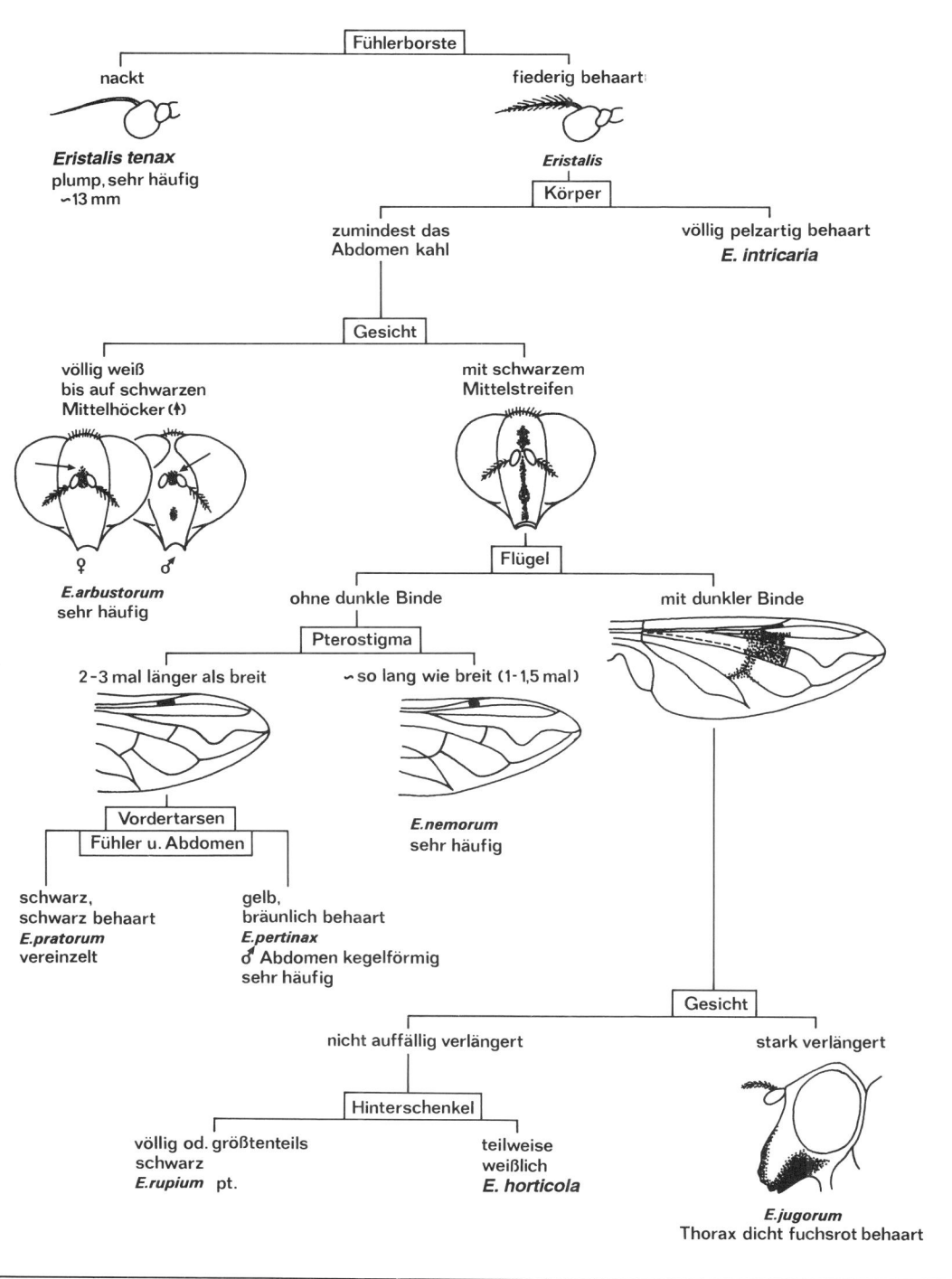

Fühlerborste

nackt

fiederig behaart

Eristalis tenax
plump, sehr häufig
~13 mm

Eristalis

Körper

zumindest das
Abdomen kahl

völlig pelzartig behaart
E. intricaria

Gesicht

völlig weiß
bis auf schwarzen
Mittelhöcker (♂)

mit schwarzem
Mittelstreifen

♀   ♂

E.arbustorum
sehr häufig

Flügel

ohne dunkle Binde

mit dunkler Binde

Pterostigma

2-3 mal länger als breit

~ so lang wie breit (1-1,5 mal)

E.nemorum
sehr häufig

Vordertarsen

Fühler u. Abdomen

schwarz,
schwarz behaart
E.pratorum
vereinzelt

gelb,
bräunlich behaart
E.pertinax
♂ Abdomen kegelförmig
sehr häufig

Gesicht

nicht auffällig verlängert

stark verlängert

Hinterschenkel

völlig od. größtenteils
schwarz
E.rupium pt.

teilweise
weißlich
E. horticola

E.jugorum
Thorax dicht fuchsrot behaart

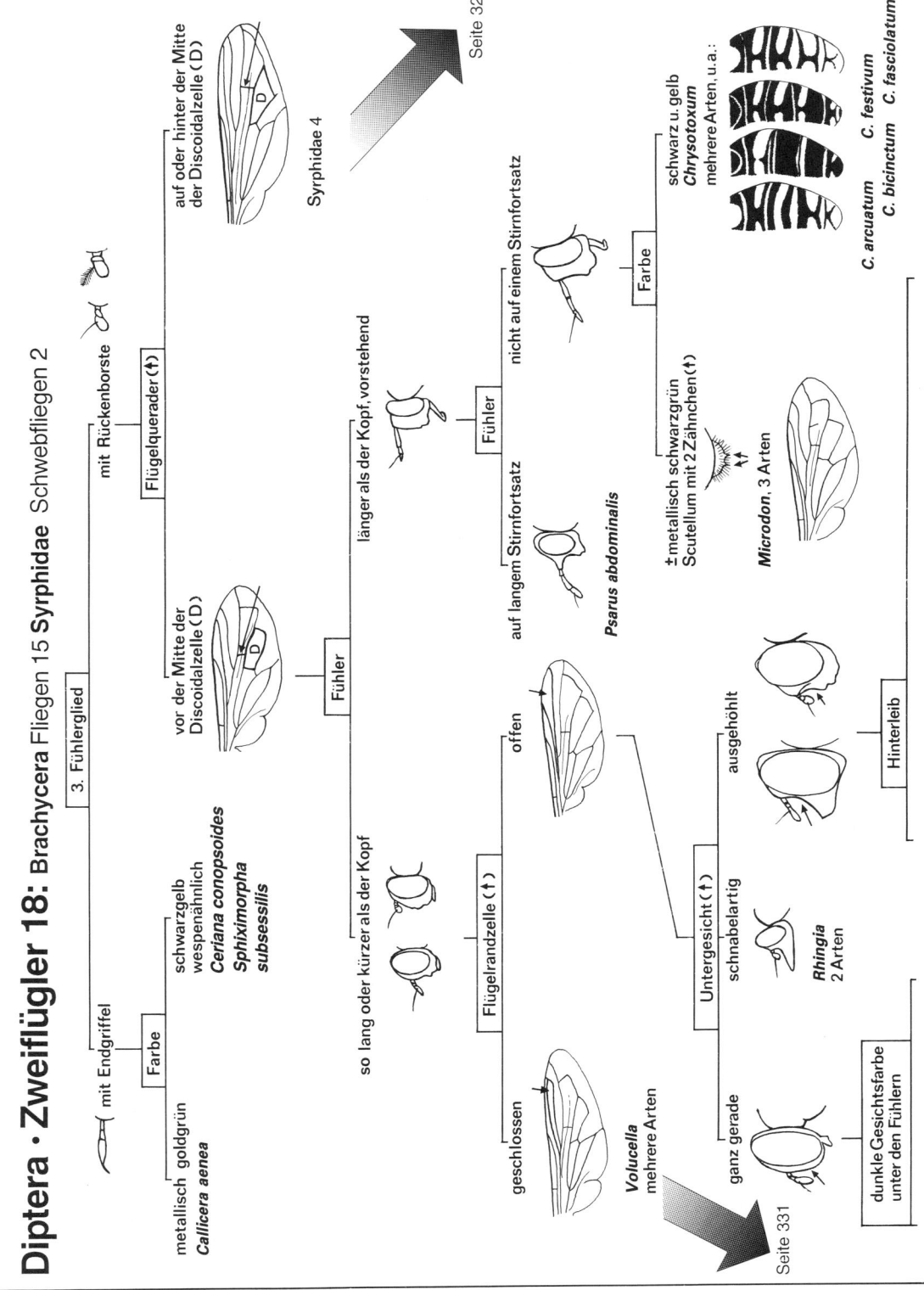

Diptera · Zweiflügler 18: Brachycera Fliegen 15 Syrphidae Schwebfliegen 2

mit Endgriffel

Farbe

metallisch goldgrün
Callicera aenea

schwarzgelb
wespenähnlich
Ceriana conopsoides
Sphiximorpha subsessilis

3. Fühlerglied

Fühler

vor der Mitte der Discoidalzelle (D)

auf oder hinter der Mitte der Discoidalzelle (D)

mit Rückenborste

Flügelquerader (↑)

Syrphidae 4

Seite 326

länger als der Kopf, vorstehend

so lang oder kürzer als der Kopf

Fühler

auf langem Stirnfortsatz

nicht auf einem Stirnfortsatz

Psarus abdominalis

Farbe

± metallisch schwarzgrün
Scutellum mit 2 Zähnchen (↑)
Microdon, 3 Arten

schwarz u. gelb
Chrysotoxum
mehrere Arten, u.a.:

C. arcuatum   **C. festivum**
C. bicinctum   **C. fasciolatum**

offen

geschlossen

Flügelrandzelle (↑)

Volucella
mehrere Arten

Untergesicht (↑)

schnabelartig
Rhingia
2 Arten

ausgehöhlt

ganz gerade

Hinterleib

dunkle Gesichtsfarbe
unter den Fühlern

Seite 331

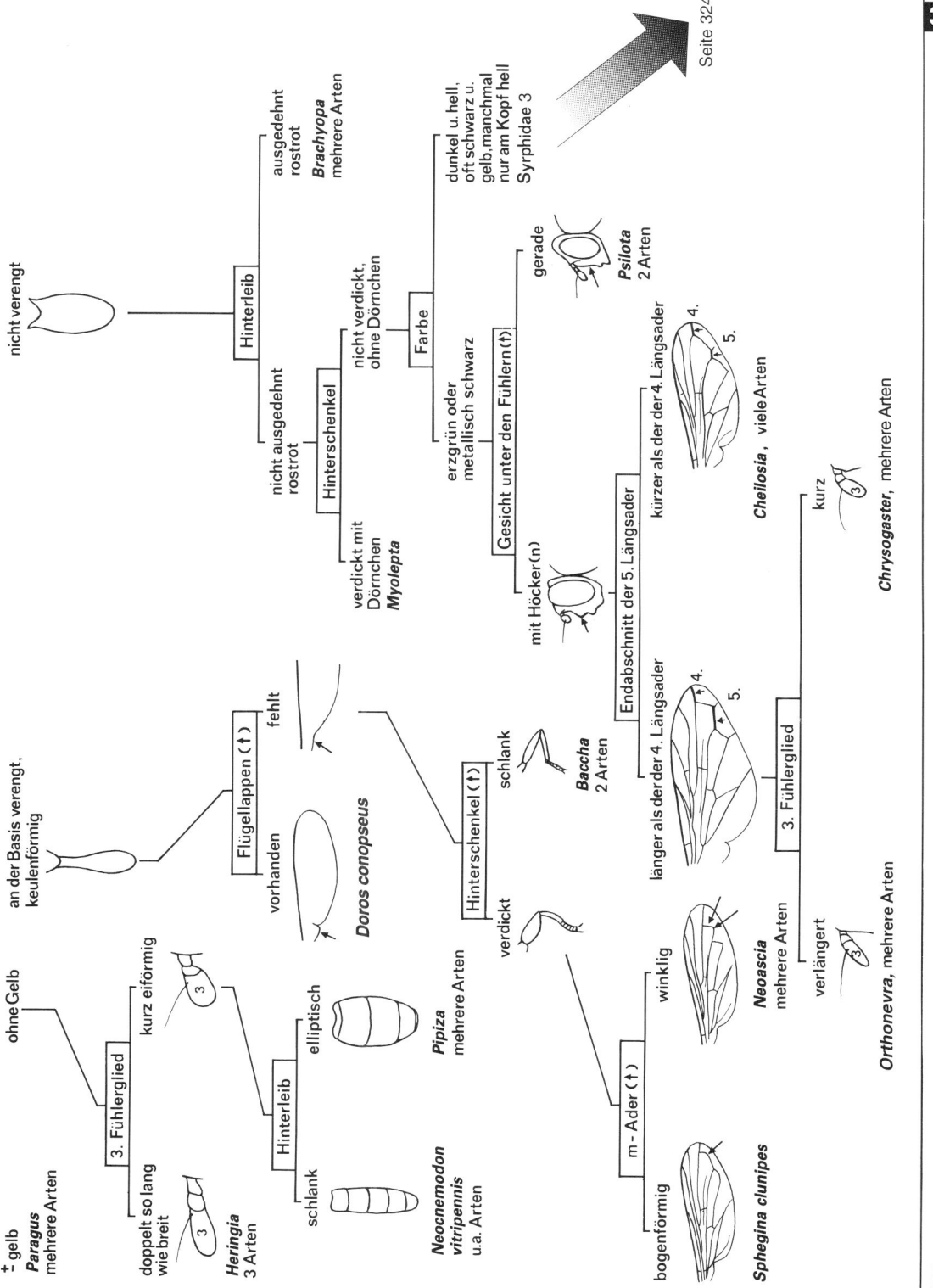

Seite 324

nicht verengt

Hinterleib

ausgedehnt rostrot
Brachyopa mehrere Arten

dunkel u. hell, oft schwarz u. gelb, manchmal nur am Kopf hell
Syrphidae 3

nicht ausgedehnt rostrot

Hinterschenkel

nicht verdickt, ohne Dörnchen

Farbe

gerade
Psilota 2 Arten

erzgrün oder metallisch schwarz

Gesicht unter den Fühlern (↑)

mit Höcker(n)

kürzer als der der 4. Längsader
Cheilosia, viele Arten

Endabschnitt der 5. Längsader

länger als der der 4. Längsader

kurz
Chrysogaster, mehrere Arten

verdickt mit Dörnchen
Myolepta

an der Basis verengt, keulenförmig

Flügellappen (↑)

fehlt

vorhanden

Doros conopseus

Hinterschenkel (↑)

schlank
Baccha 2 Arten

verdickt

3. Fühlerglied

verlängert
Orthonevra, mehrere Arten

winklig
Neoascia mehrere Arten

m - Ader (↑)

bogenförmig
Sphegina clunipes

ohne Gelb

± gelb
Paragus mehrere Arten

3. Fühlerglied

kurz eiförmig

doppelt so lang wie breit
Heringia 3 Arten

Hinterleib

elliptisch
Pipiza mehrere Arten

schlank
Neocnemodon vitripennis u.a. Arten

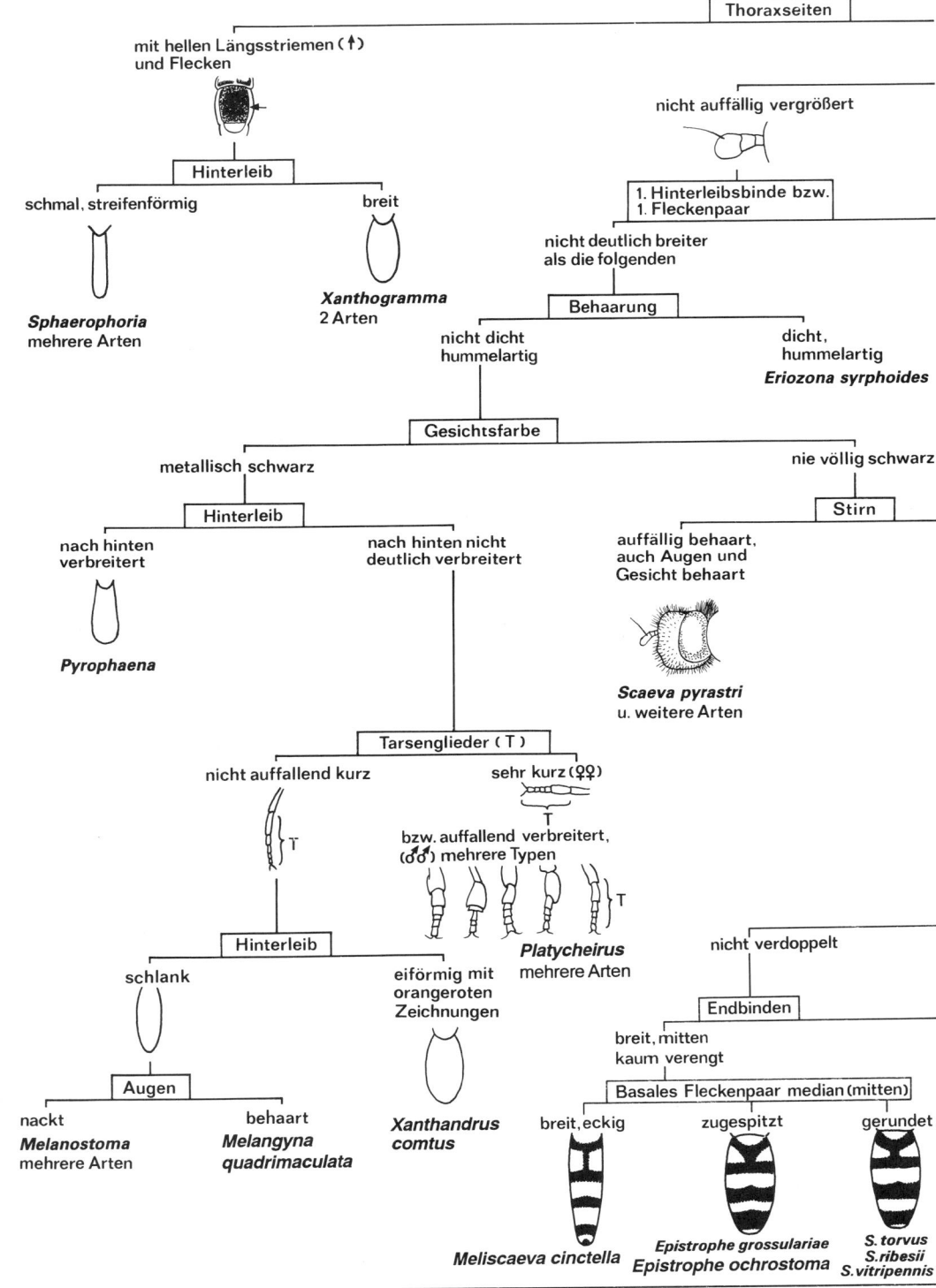

Thoraxseiten

mit hellen Längsstriemen (↑)
und Flecken

nicht auffällig vergrößert

Hinterleib

schmal, streifenförmig

breit

1. Hinterleibsbinde bzw.
1. Fleckenpaar

nicht deutlich breiter
als die folgenden

Sphaerophoria
mehrere Arten

Xanthogramma
2 Arten

Behaarung

nicht dicht
hummelartig

dicht,
hummelartig
Eriozona syrphoides

Gesichtsfarbe

metallisch schwarz

nie völlig schwarz

Hinterleib

Stirn

nach hinten
verbreitert

nach hinten nicht
deutlich verbreitert

auffällig behaart,
auch Augen und
Gesicht behaart

Pyrophaena

Scaeva pyrastri
u. weitere Arten

Tarsenglieder (T)

nicht auffallend kurz

sehr kurz (♀♀)

bzw. auffallend verbreitert,
(♂♂) mehrere Typen

Platycheirus
mehrere Arten

nicht verdoppelt

Hinterleib

Endbinden

schlank

eiförmig mit
orangeroten
Zeichnungen

breit, mitten
kaum verengt

Augen

Basales Fleckenpaar median (mitten)

nackt
Melanostoma
mehrere Arten

behaart
**Melangyna
quadrimaculata**

**Xanthandrus
comtus**

breit, eckig

zugespitzt

gerundet

Meliscaeva cinctella

**Epistrophe grossulariae
Epistrophe ochrostoma**

**S. torvus
S. ribesii
S. vitripennis**

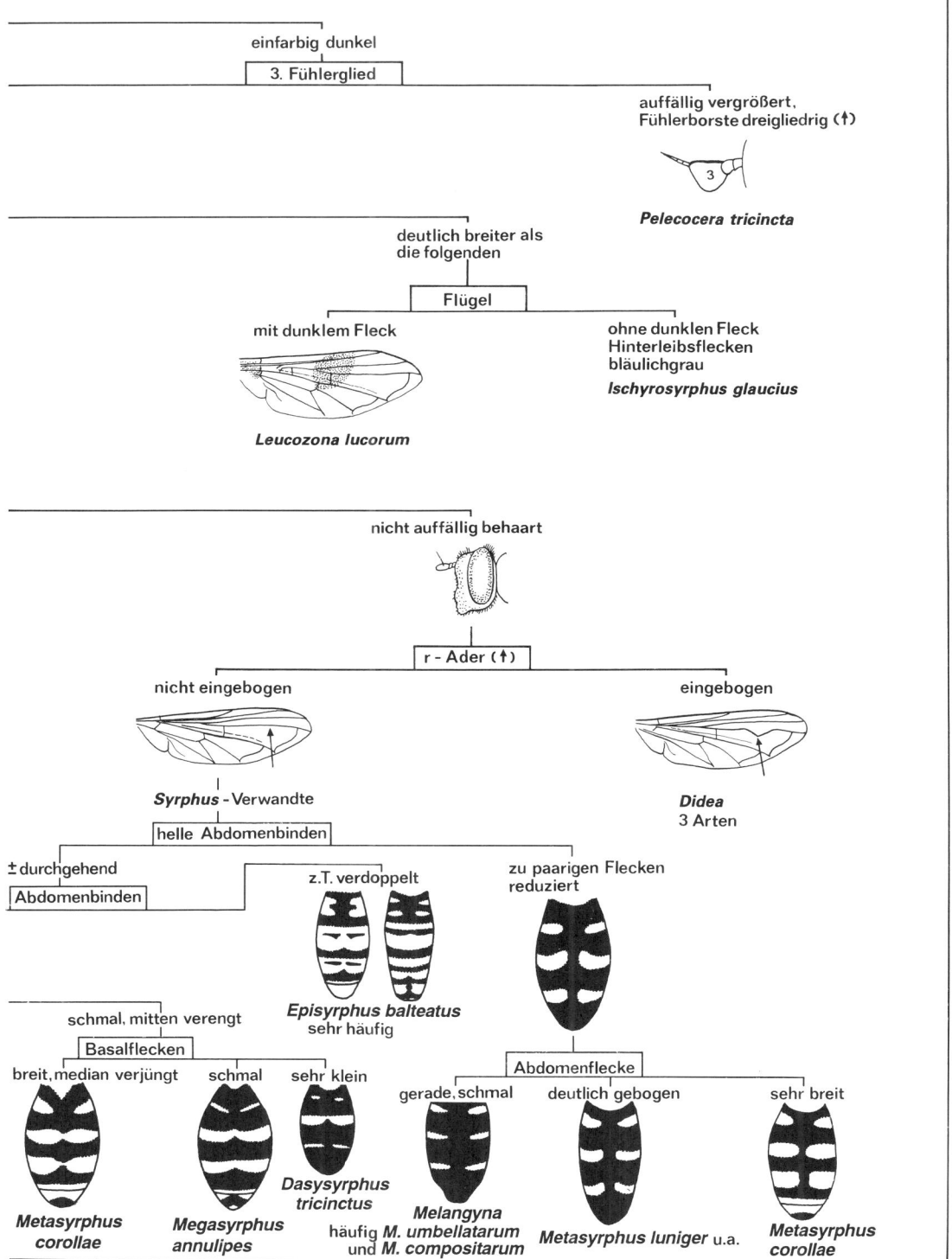

einfarbig dunkel

3. Fühlerglied

auffällig vergrößert,
Fühlerborste dreigliedrig (†)

Pelecocera tricincta

deutlich breiter als
die folgenden

Flügel

mit dunklem Fleck

Leucozona lucorum

ohne dunklen Fleck
Hinterleibsflecken
bläulichgrau
Ischyrosyrphus glaucius

nicht auffällig behaart

r - Ader (†)

nicht eingebogen

Syrphus - Verwandte
helle Abdomenbinden

eingebogen

Didea
3 Arten

± durchgehend

Abdomenbinden

z.T. verdoppelt

Episyrphus balteatus
sehr häufig

zu paarigen Flecken
reduziert

schmal, mitten verengt

Basalflecken

breit, median verjüngt

*Metasyrphus
corollae*

schmal

*Megasyrphus
annulipes*

sehr klein

*Dasysyrphus
tricinctus*

Abdomenflecke

gerade, schmal

Melangyna
häufig *M. umbellatarum*
und *M. compositarum*

deutlich gebogen

Metasyrphus luniger u.a.

sehr breit

*Metasyrphus
corollae*

Bährmann

Diptera · Zweiflügler 20: Brachycera Fliegen 17 Syrphidae

Schwebfliegen 4

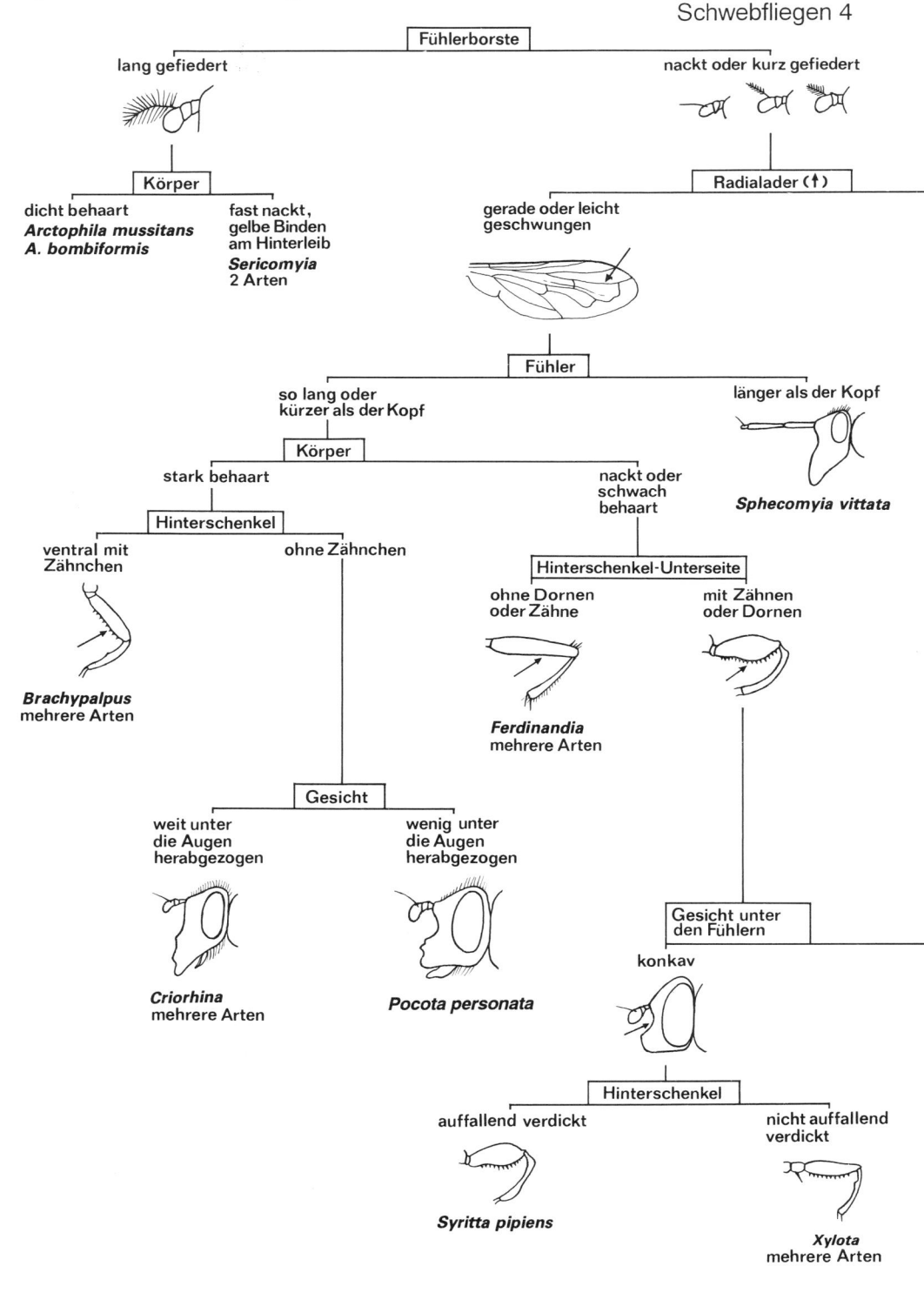

Fühlerborste

lang gefiedert

nackt oder kurz gefiedert

Körper

Radialader (↑)

dicht behaart
**Arctophila mussitans
A. bombiformis**

fast nackt,
gelbe Binden
am Hinterleib
Sericomyia
2 Arten

gerade oder leicht
geschwungen

Fühler

so lang oder
kürzer als der Kopf

länger als der Kopf

Körper

stark behaart

nackt oder
schwach
behaart

Sphecomyia vittata

Hinterschenkel

ventral mit
Zähnchen

ohne Zähnchen

Hinterschenkel-Unterseite

ohne Dornen
oder Zähne

mit Zähnen
oder Dornen

Brachypalpus
mehrere Arten

Ferdinandia
mehrere Arten

Gesicht

weit unter
die Augen
herabgezogen

wenig unter
die Augen
herabgezogen

Gesicht unter
den Fühlern

Criorhina
mehrere Arten

Pocota personata

konkav

Hinterschenkel

auffallend verdickt

nicht auffallend
verdickt

Syritta pipiens

Xylota
mehrere Arten

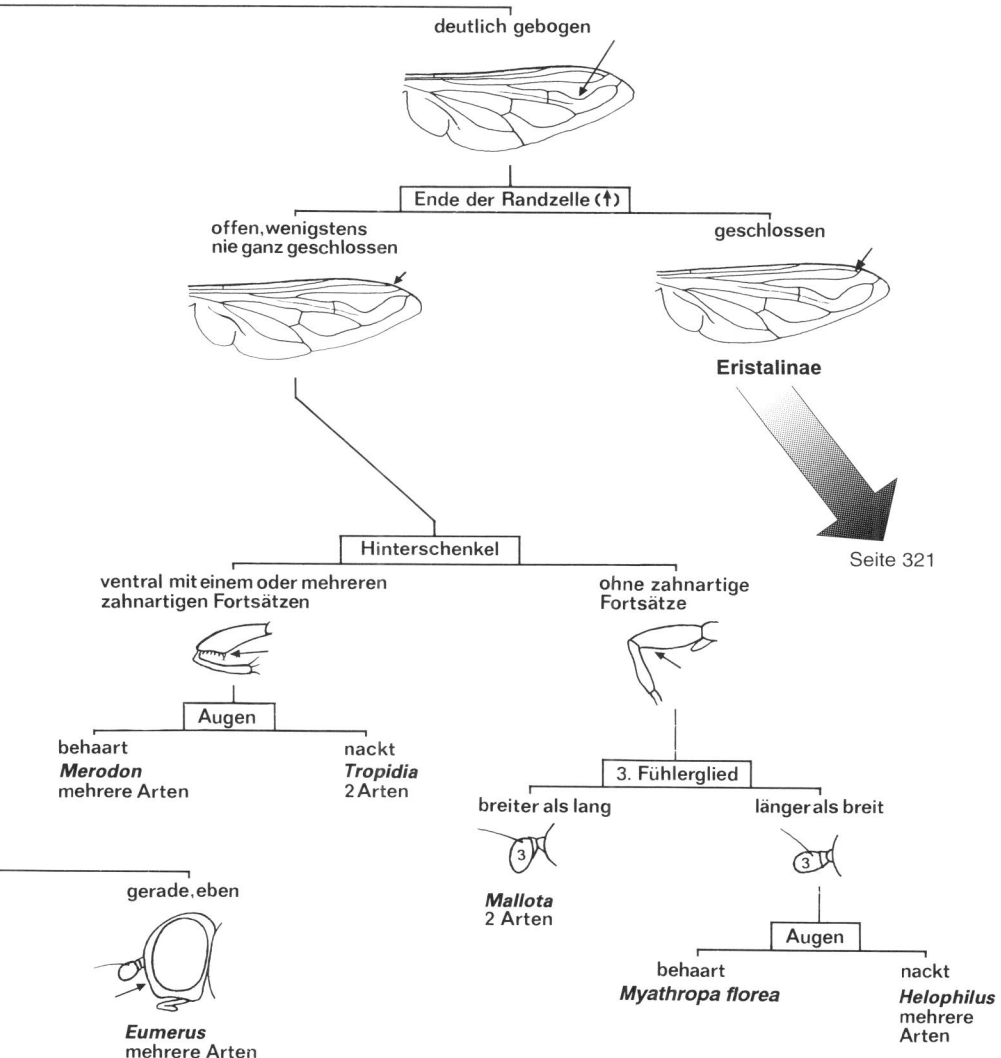

deutlich gebogen

Ende der Randzelle (↑)

offen, wenigstens
nie ganz geschlossen

geschlossen

Eristalinae

Seite 321

Hinterschenkel

ventral mit einem oder mehreren
zahnartigen Fortsätzen

ohne zahnartige
Fortsätze

Augen

behaart
Merodon
mehrere Arten

nackt
Tropidia
2 Arten

3. Fühlerglied

breiter als lang

länger als breit

Mallota
2 Arten

Augen

behaart
Myathropa florea

nackt
Helophilus
mehrere
Arten

gerade, eben

Eumerus
mehrere Arten

Bährmann

Diptera · Zweiflügler 21: **Brachycera** Fliegen 18 **Sciomyzidae** Hornfliegen 1

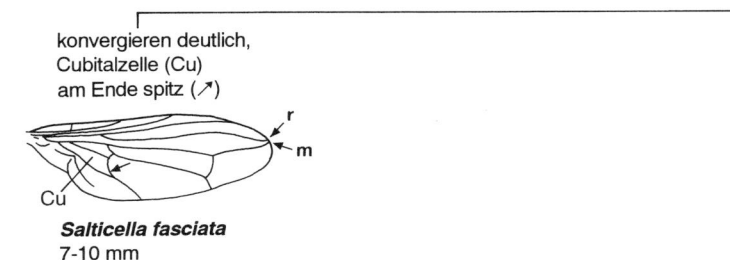

konvergieren deutlich,
Cubitalzelle (Cu)
am Ende spitz (↗)

r
m
Cu

Salticella fasciata
7-10 mm

mit deutlicher Borste (↗)

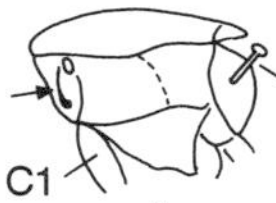

Schwingkölbchen
C1

Fühlerborste (F)

an der Basis des
3. Fühlergliedes (3)

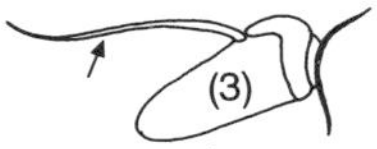

(3)

oberhalb der Fühlerspitze

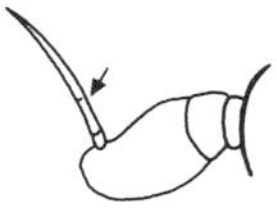

Tetanura pallidiventris
3-4,5 mm

Vorderschiene (t 1) mit

2 Präapikalborsten (↗)

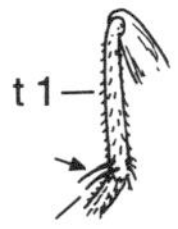

t 1

Gattung
Sciomyza
3-4 Arten

1 Präapikalborste (↗)

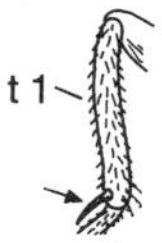

t 1

Analader (A)

erreicht den Flügelrand

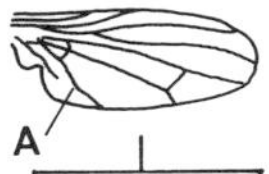

A

Backen (B)

breit, Stirn matt

B

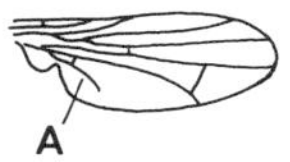

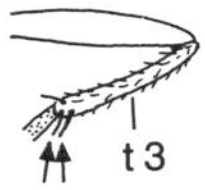

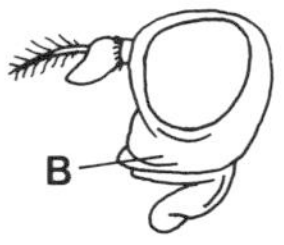

Gattung
Pherbellia
mehrere Arten

schmal, Stirn ± glänzend

B

Gattung
Pteromicra
mehrere Arten

erreicht den Flügelrand
nicht

A

Gattung
Colobaea
mehrere Arten

2 Präapikalborsten (↗)

t 3

Gattung
Antichaeta
mehrere Arten

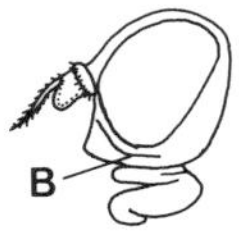

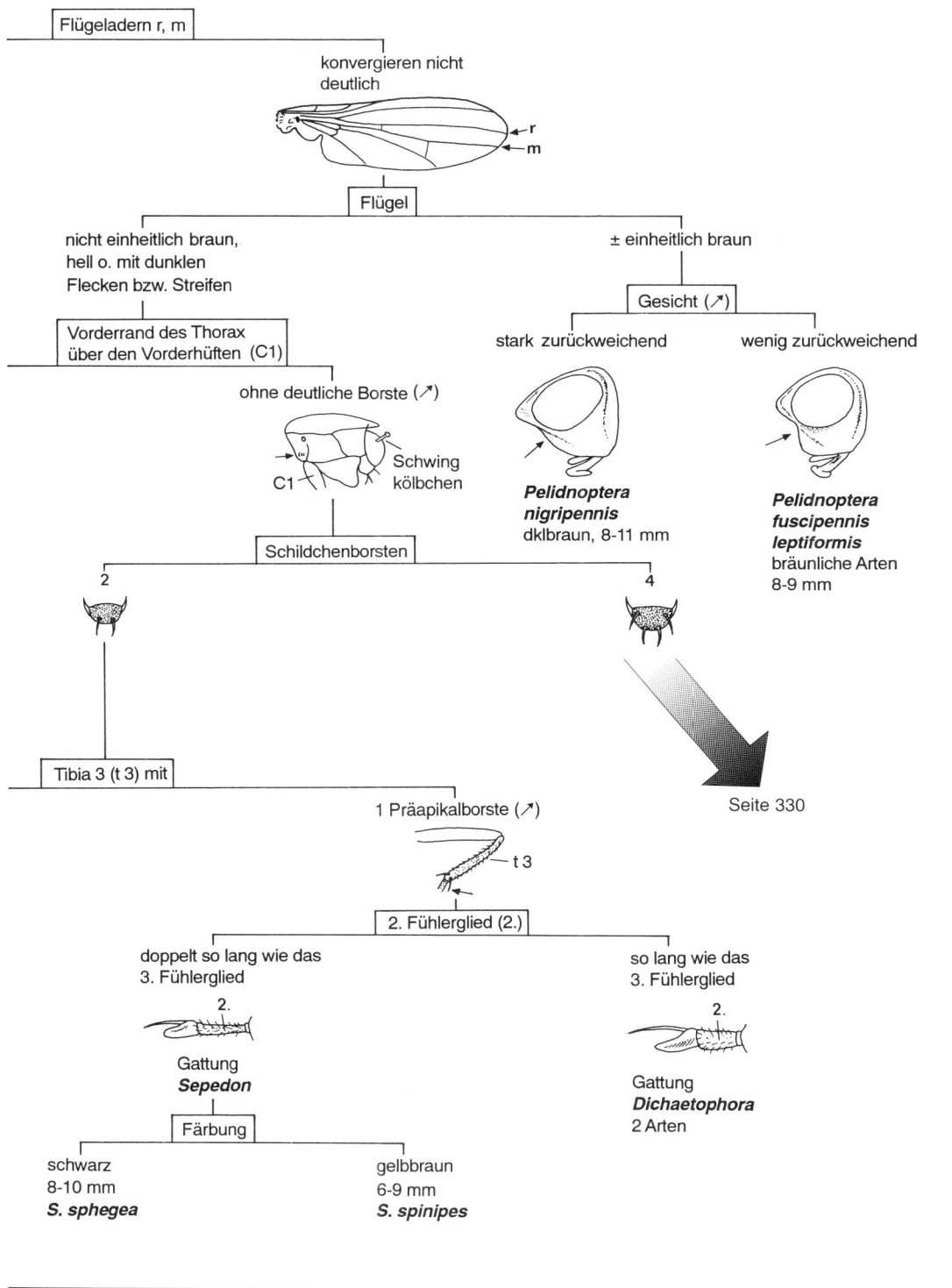

Flügeladern r, m

konvergieren nicht deutlich

Flügel

nicht einheitlich braun, hell o. mit dunklen Flecken bzw. Streifen

± einheitlich braun

Gesicht (↗)

stark zurückweichend

wenig zurückweichend

Vorderrand des Thorax über den Vorderhüften (C1)

ohne deutliche Borste (↗)

C1

Schwing kölbchen

Pelidnoptera nigripennis
dklbraun, 8-11 mm

Pelidnoptera fuscipennis leptiformis
bräunliche Arten
8-9 mm

Schildchenborsten

2

4

Seite 330

Tibia 3 (t 3) mit

1 Präapikalborste (↗)

t 3

2. Fühlerglied (2.)

doppelt so lang wie das 3. Fühlerglied

2.

Gattung
Sepedon

so lang wie das 3. Fühlerglied

2.

Gattung
Dichaetophora
2 Arten

Färbung

schwarz
8-10 mm
S. sphegea

gelbbraun
6-9 mm
S. spinipes

Diptera · Zweiflügler 22: Brachycera Fliegen 19 Sciomyzidae Hornfliegen 2

3. Fühlerglied (3)

3mal so lang wie das 2.

Ectinocera borealis
4-5 mm

nicht 3mal so lang wie das 2., kürzer

Fühlerborste

weiß

hintere Flügelquerader (↗)

leicht geschwungen

Ende des 3. Fühlergliedes

kahl

Gattung ***Limnia***
2 Arten
6-7 mm

Gattung ***Euthycera***
3 Arten
7-11 mm

beborstet (↗)

Gattung ***Coremacera***
mehrere Arten
6-10 mm

± s-förmig

Ende des 3. Fühlergliedes

rund

Hydromyia dorsalis
7-8 mm

verjüngt

Gattung ***Elgiva***
2 Arten
6-8 mm

schwarz

2. Fühlerglied (↗)

viel kürzer als das 3. Fühlerglied

Gattung ***Renocera***
3 Arten
4-7 mm

mindestens halb so lang wie das 3. Fühlerglied

Flügel

hell o. mit dkl. Vorderrand u. dkl. Queradern

Gattung ***Tetanocera***
mehrere Arten
5-14 mm

gefleckt

Flügel

überwiegend dunkel mit hellen Flecken

häufig:
Trypetoptera punctulata
an Waldrändern
4-7 mm

Dictya umbrarum
in Feuchtgebieten
4-6 mm

hell mit dkl. Flecken

Gattung ***Pherbina***
mehrere Arten, häufig:
Ph. coryleti
6-10 mm

Bährmann

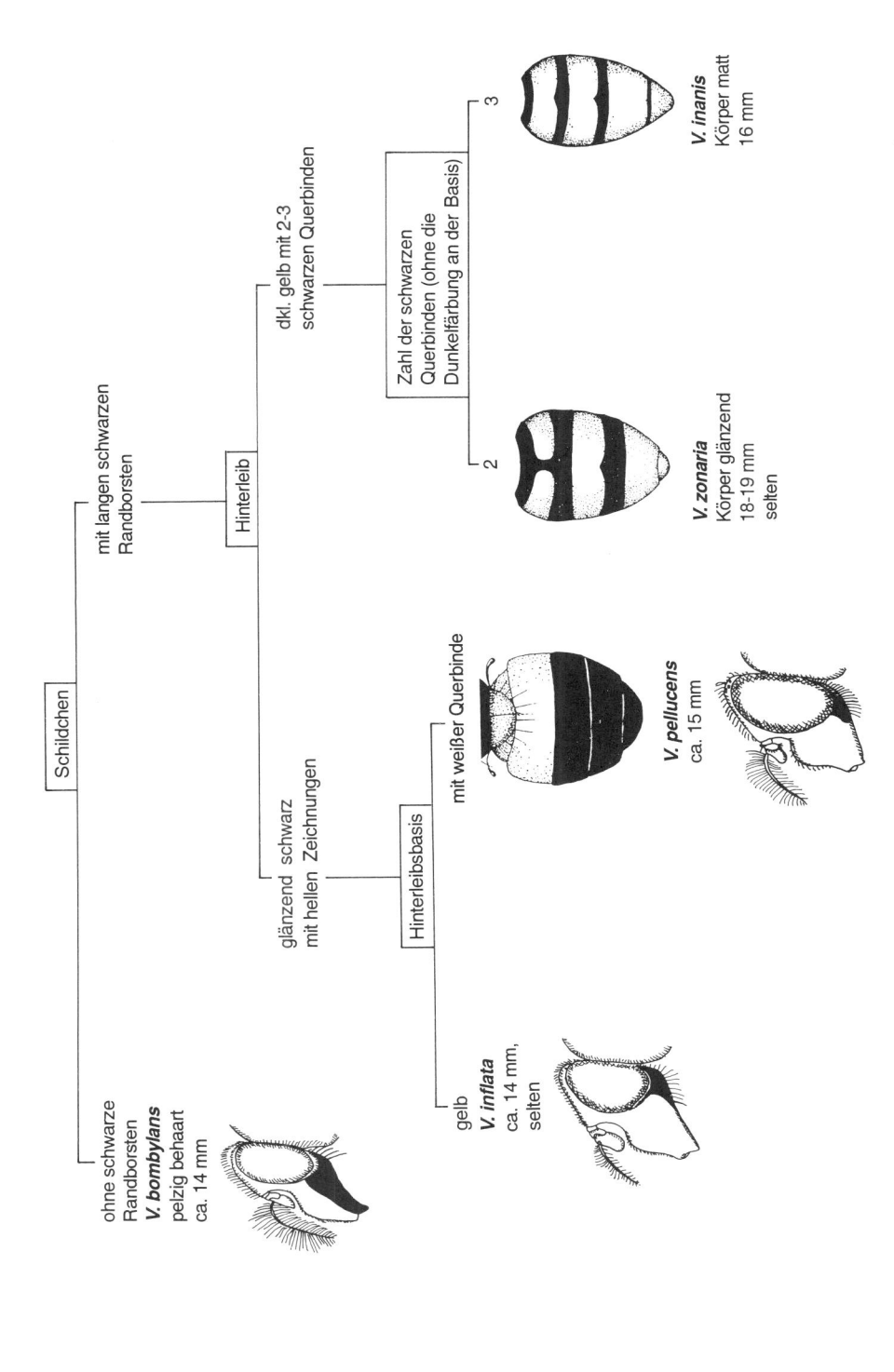

Diptera · Zweiflügler 23: Brachycera Fliegen 20 Syrphidae Schwebfliegen 5 *Volucella*

Schildchen

ohne schwarze
Randborsten
V. bombylans
pelzig behaart
ca. 14 mm

mit langen schwarzen
Randborsten

Hinterleib

glänzend schwarz
mit hellen Zeichnungen

Hinterleibsbasis

gelb
V. inflata
ca. 14 mm,
selten

mit weißer Querbinde

V. pellucens
ca. 15 mm

dkl. gelb mit 2-3
schwarzen Querbinden

Zahl der schwarzen
Querbinden (ohne die
Dunkelfärbung an der Basis)

2

V. zonaria
Körper glänzend
18-19 mm
selten

3

V. inanis
Körper matt
16 mm

Bährmann

Quellenverzeichnis und weiterführende Literatur

A. Allgemeine, gruppen-übergreifende Literatur

BROHMER, P.: Fauna von Deutschland. 18. Aufl. (Hrsg.: SCHAEFER, M.) – Heidelberg 1992.

BROHMER, P., EHRMANN, P., ULMER, G. (Hrsg.): Die Tierwelt Mitteleuropas. – Leipzig 1926 ff.

CHINERY, M.: Pareys Buch der Insekten. – Hamburg, Berlin 1987.

DAHL, F. (Hrsg.): Die Tierwelt Deutschlands und der angrenzenden Meeresteile nach ihren Merkmalen und ihrer Lebensweise. – Jena 1925 ff.

JACOBS, W., SEIDEL, F.: Wörterbücher der Biologie. Systematische Zoologie: Insekten. – Jena 1975.

KLAUSNITZER, B., JACOB, U., JARISCH, O., JOOST, W., KLIMA, F., PETERS, G.: Wasserinsekten. – Kulturbund DDR, Zentr. Fachausschuß Entomologie, Leipzig 1978.

SEDLAG, U. (Hrsg.): Insekten Mitteleuropas. – Radebeul 1986.

STRESEMANN, E: (Hrsg.): Exkursionsfauna. Bd. 1, 8. Aufl. (1992), Bd. 2/1, 8. Aufl. (1989), Bd. 2/2, 7. Aufl. (1990) – Jena.

B. Gruppenspezifische Literatur

Turbellaria

BÖHMIG, L.: Tricladida, in BRAUER: Süßwasserfauna Deutschlands, Heft 19. – Jena 1909.

Lumbricidae

HARTWICH, G.: Lumbricidae. In STRESEMANN: Exkursionsfauna, Wirbellose Bd. 1, 8. Aufl. – Jena 1992.

GRAFF, O.: Die Regenwürmer Deutschlands. – Hannover 1953.

WILCKE, D.E.: Oligochaeta. In BROHMER, EHRMANN, ULMER: Die Tierwelt Mitteleuropas, Bd. 1 (7a). – Leipzig 1967.

ZICSI, A.: Die Lumbriciden Oberösterreichs und Österreichs unter Zugrundelegung der Sammlung Karl Wesselys mit besonderer Berücksichtigung des Linzer Raumes. Naturkdl. Jahrb. Linz, Bd. 11, 125–201. – Linz 1965.

Mollusca

EHRMANN, P.: Weichtiere, Mollusca. In BROHMER, EHRMANN, ULMER: Die Tierwelt Mitteleuropas. Bd. II. – Leipzig 1956.

FECHTER, R., FALKNER, G.: Weichtiere. In STEINBACH, G. (Hrsg.): Steinbachs Naturführer. – München 1990.

GLÖER, P., MEIER-BROOK, C., OSTERMANN, O.: Süßwassermollusken. Ein Bestimmungsschlüssel für die Bundesrepublik Deutschland. 6. Aufl. – Hamburg 1986.

KERNEY, M.P., CAMERON, R.A.D., JUNGBLUTH, J.H.: Die Landschnecken Nord- und Mitteleuropas. – Hamburg, Berlin 1983.

Arachnida

BAKER, E.W., WHARTON, G.W.: An Introduction to Acarology. Third Printing. – N.Y. 1959.

FOELIX, R.F.: Biologie der Spinnen, 2. Aufl. – Stuttgart 1987.

GILJAROV, M.S., KRIVOLUCKIJ, D.A.: Bestimmungsbuch der bodenbewohnenden Milben – Sarcoptiformes. – Izd. Nauka Moskva 1975 (Orig.: Russisch).

GRIMM, U.: Die Gnaphosidae Mitteleuropas (Arachnida, Araneae). – Berlin, Hamburg 1985.

GRIMM, U.: Die Clubionidae Mitteleuropas, Corrininae und Liocraninae (Arachnida, Araneae). – Berlin, Hamburg 1986.

HEIMER, S.: Wunderbare Welt der Spinnen. – Leipzig, Jena, Berlin 1988.

HEIMER, S., NENTWIG, W.: Spinnen Mitteleuropas. – Berlin, Hamburg 1991.

JONES, D.: Der Kosmos-Spinnenführer. – Stuttgart 1987.

KARG, W.: Acari (Acarina), Milben, Unterordnung Anactinochaeta (Parasitiformes). Die freilebenden Gamasina (Gamasides), Raubmilben. In DAHL: Die Tierwelt Deutschlands. Teil 59. 2. Aufl. – Jena 1993.

KARG, W.: Acari (Acarina), Milben, Unterordnung Parasitiformes (Anactinochaeta), Uropodina Kramer, Schildkrötenmilben. In DAHL: Die Tierwelt Deutschlands. Teil 67. – Jena 1989.

MARTENS, J.: Weberknechte, Opiliones. In DAHL: Die Tierwelt Deutschlands. Teil 64. – Jena 1978.

ROBERTS, M.J.: The spiders of Great Britain and Ireland. Bd. 1: Atypidae to Theridiosomatidae. – Colchester, Essex UK 1985.

ROBERTS, M.J.: The Spiders of Great Britain and Ireland. Bd. 2: Linyphiidae and Checklist. – Colchester, Essex UK 1987.

WIEHLE, H.: Spinnentiere oder Arachnoidea VI: Agelenidae – Araneidae. In DAHL: Die Tierwelt Deutschlands. Teil 23. – Jena 1931.

WIEHLE, H.: Spinnentiere oder Arachnoidea VIII: Gnaphosidae, Anyphaenidae, Clubionidae, Hahniidae, Argyronetidae, Theridiidae. In DAHL: Die Tierwelt Deutschlands. Teil 33. – Jena 1937.

Crustacea

FLÖSSNER, D.: Krebstiere, Crustacea. Kiemen- und Blattfüßer, Branchiopoda; Fischläuse, Branchiura. In DAHL: Die Tierwelt Deutschlands. Teil 60. – Jena 1972.

GRUNER, H.-E.: Krebstiere oder Crustacea. Isopoda. In DAHL: Die Tierwelt Deutschlands. Teil 51. – Jena 1965, und Teil 53. – Jena 1966.

KLIE, W.: Krebstiere oder Crustacea. III. Ostracoda, Muschelkrebse. In DAHL: Die Tierwelt Deutschlands. Teil 34. – Jena 1938.

PESTA, O.: Krebstiere oder Crustacea. I. Ruderfüßer oder Copepoda. In DAHL: Die Tierwelt Deutschlands. Teil 9. – Jena 1928, Teil 24. – Jena 1932, Teil 29. – Jena 1934.

SCHELLENBERG, A.: Krebstiere oder Crustacea. II. Decapoda, Zehnfüßer. In DAHL: Die Tierwelt Deutschlands. Teil 10. – Jena 1928.

SCHELLENBERG, A.: Krebstiere oder Crustacea. IV. Flohkrebse oder Amphipoda. In DAHL: Die Tierwelt Deutschlands. Teil 40. – Jena 1942.

SCHMÖLZER, K.: Ordnung Isopoda (Landasseln). In AGUILAR, J. d', BEIER, M., FRANZ, H., RAW, F. (Hrsg.): Bestimmungsbücher zur Bodenfauna Europas. Lief. 4 und 5. – Berlin 1965.

Myriopoda

EASON, E.H.: Centipedes of the British Isles. – London, N.Y. 1964.

EASON, E.H.: A review of the north-west European species of Lithobiomorpha with a revised key to their identification. – Zool. J. Linn. Soc. 74, 9–33, 1982.

SCHUBART, O.: Tausendfüßer oder Myriapoda. I. Diplopoda. In DAHL: Die Tierwelt Deutschlands. Teil 28. – Jena 1934.

VOIGTLÄNDER, K.: Myriapoda. In STRESEMANN: Exkursionsfauna, Wirbellose Bd. 1, 8. Aufl. – Jena 1992.

Insektenlarven

CARTER, D.J., HARGREAVES, B.: Raupen und Schmetterlinge Europas und ihre Futterpflanzen. – Hamburg, Berlin 1987.

FRANKE, U.: Bildbestimmungsschlüssel mitteleuropäischer Libellenlarven (Insecta: Odonata). – Stuttg. Beitr. Naturkde, Ser. A (Biologie), Nr. 333, 1979.

KLAUSNITZER, B.: Bestimmungsbücher zur Bodenfauna Europas. Lieferung 10., Ordnung Coleoptera (Larven). – Berlin 1978.

KLAUSNITZER, B.: Die Larven der Käfer Mitteleuropas. Bd. 1. – Krefeld 1991.

KOCH, M. (Bearb. HEINICKE, W.): Wir bestimmen Schmetterlinge. Ausgabe in einem Band. – Leipzig, Radebeul 1984.

MÜLLER, O.: Mitteleuropäische Anisopterenlarven (Exuvien) – einige Probleme ihrer Determination (Odonata, Anisoptera). – Dtsch. ent. Z., N.F. 37, 145–187, 1990.

PETERS, G.: Die Edellibellen Europas. – Wittenberg 1987.

STEINMANN, H., und ZOMBORI, L.: A Morphological Atlas of Insect Larvae. – Budapest 1984.

TISCHLER, W.: Die Ordnungen der Insekten. In BROHMER, EHRMANN, ULMER: Die Tierwelt Mitteleuropas. Bd. IV, Insekten: Einführung u. Ordnungen. – Leipzig 1964.

„Apterygota Urinsekten"

GISIN, H.: Collembolenfauna Europas. – Muséum d' Histoire Naturelle Genève 1960.

PALISSA, A.: Apterygota. Insekten I. Teil. In BROHMER, EHRMANN, ULMER: Die Tierwelt Mitteleuropas Bd. IV (1a.). – Leipzig 1964.

STACH, J.: The apterygotan fauna of Poland in relation to the world fauna of this group of insects. 8 Teile. – Kraków 1947–1960.

Ephemeroptera

LANDA, V.: Jepice – Ephemeroptera. In: Fauna ČSSR, 18. – Praha 1969.

MÜLLER-LIEBENAU, I.: Revision der europäischen Arten der Gattung Baëtes Leach, 1815. – Gewässer und Abwässer 48/49, 1969.

SCHOENEMUND, E.: Eintagsfliegen oder Ephemeroptera. In DAHL: Die Tierwelt Deutschlands. Teil 19. – Jena 1930.

ZIMMERMANN, W.: Ephemeroptera – Eintagsfliegen. In STRESEMANN: Exkursionsfauna, Wirbellose Bd. 2/1, 8. Aufl. – Jena 1989.

Plecoptera

ILLIES, J.: Steinfliegen oder Plecoptera. In DAHL: Die Tierwelt Deutschlands. Teil 43. – Jena 1955.

Schoenemund, E.: Steinfliegen, Uferfliegen, Plecoptera. In Brohmer, Ehrmann, Ulmer: Die Tierwelt Mitteleuropas, Bd. IV. – Leipzig 1929.

Odonata

Bellmann, H.: Libellen – beobachten, bestimmen. – Melsungen 1987.

May, E.: Libellen od. Wasserjungfern. In Dahl: Die Tierwelt Deutschlands. Teil 27. – Jena 1933.

Schiemenz, H.: Die Libellen unserer Heimat. – Jena 1953.

Schmidt, E.: Libellen, Odonata. In Brohmer, Ehrmann, Ulmer: Die Tierwelt Mitteleuropas, Bd. IV. – Leipzig 1929.

Orthoptera

Bellmann, H.: Heuschrecken – beobachten, bestimmen. – Melsungen 1985.

Götz, W.: Orthoptera, Geradflügler. In Brohmer, Ehrmann, Ulmer: Die Tierwelt Mitteleuropas. – Leipzig 1965.

Harz, K.: Die Geradflügler Mitteleuropas. – Jena 1957.

Harz, K.: Geradflügler oder Orthoptera (Blattodea, Mantodea, Saltatoria, Dermaptera). In Dahl: Die Tierwelt Deutschlands. Teil 46. – Jena 1960.

Ingrisch, S.: Beitrag zur Kenntnis der Larvenstadien mitteleuropäischer Laubheuschrecken (Orthoptera: Tettigoniidae). – Z. ang. Zool. **64**, 459–501, 1977.

Princis, K.: Ordnung Blattariae (Schaben), Bestimmungsbücher zur Bodenfauna Europas. Lieferung 3. – Berlin 1965.

Schiemenz, H.: Dermaptera, Mantodea, Blattodea, Saltatoria. In Stresemann: Exkursionsfauna, Wirbellose Bd. 2/1, 8. Aufl. – Jena 1989.

Heteroptera

Southwood, T.R.E., Leston, D.: Land and Water Bugs of the British Isles. – London, N.Y. 1959.

Stichel, W.: Illustrierte Bestimmungstabellen der Wanzen II. Europa. – Berlin 1955–1962.

Wagner, E.: Blindwanzen oder Miriden. In Dahl: Die Tierwelt Deutschlands. Teil 41. – Jena 1952.

Wagner, E.: Wanzen oder Heteropteren, I. Pentatomorpha. In Dahl: Die Tierwelt Deutschlands. Teil 54. – Jena 1966.

Wagner, E.: Wanzen oder Heteroptera, II. Cimicomorpha. In Dahl: Die Tierwelt Deutschlands. Teil 55. – Jena 1967.

Homoptera

Börner, C.: Europae Centralis Aphides. Die Blattläuse Mitteleuropas, Namen, Synonyme, Wirtspflanzen, Generationszyklen. Mitt. Thür. Bot. Ges. Beiheft 3. – Weimar 1952.

Dlabola, J.: Fauna ČSR I. Křisi – Homoptera. – Praha 1954.

Haupt, H.: Homoptera. In Brohmer, Ehrmann, Ulmer: Die Tierwelt Mitteleuropas, Bd. IV (3). – Leipzig 1958.

Hodkinson, I.D., White, I.M.: Homoptera Psylloidea. – Handb. Identific. British Insects, Vol. 2 (5a). – London 1979.

Klimaszewski, S.M.: Psyllodea, Koliszki (Ins., Homoptera). - Warszawa 1975.

Kosztarab, M., Kozár, F.: Scale Insects of Central Europe. – Budapest 1988.

Le Quesne, W.J.: Hemiptera. In: Handbooks for the Identification of British Insects, Voll. II, Part 3: Fulgoromorpha, 1960; Part 2a: Cicadomorpha excluding Deltocephalinae and Typhlocybinae, 1965; Part 2b: Cicadomorpha Deltocephalinae, 1969; Part 2c: Cicadellidae (Typhlocybinae) with a Check List of the British Auchenorrhyncha (Hemiptera, Homoptera), 1982. – R. ent. Soc. London.

Mound, L.A.: A Revision of the British Aleyrodidae (Hemiptera: Homoptera). – Bull. Brit. Mus. (Nat. Hist.) Entomol. Vol. 17, 397–428, 1966.

Müller, F.P.: Aphidina – Blattläuse, Aphiden. In Stresemann: Exkursionsfauna, Wirbellose Bd. 2/2, 7. Aufl. – Jena 1990.

Müller, H.J.: Auchenorrhyncha (Cicadina) – Zikaden. In Stresemann: Exkursionsfauna, Wirbellose Bd. 2/2, 7. Aufl. – Jena 1990.

Ossiannilsson, F.: Svensk Insektfauna 7. Halvvingar, Hemiptera, Stritar Homoptera Auchenorrhyncha. – Stockholm 1946/47.

Ribaut, H.: Faune de France 31. Homoptères Auchénorhynques I (Typhlocybidae). – Paris 1936.

Ribaut, H.: Faune de France 57. Homoptères Auchénorhynques II (Jassidae). – Paris 1952.

Schmutterer, H.: Schildläuse oder Coccoidea. I. Deckelschildläuse oder Diaspididae. In Dahl: Die Tierwelt Deutschlands. Teil 45. – Jena 1959.

Šulc, K.: Československé druhy rodu puklice (gn. *Lecanium*, Coccidae, Homoptera). – Acta Soc. Sci. nat. Moravicae, Brno, 7, 1–134, 1932.

Zahradnik, J.: Aleyrodina. In Brohmer, Ehrmann, Ulmer: Die Tierwelt Mitteleuropas Bd. IV (3Xd). – Leipzig 1963.

Hymenoptera

Blüthgen, P.: Die Faltenwespen Mitteleuropas. – Abh. Dtsche Akad. Wiss. Berlin 1961.

Dollfuss, H.: Bestimmungsschlüssel der Grabwespen Nord- und Zentraleuropas (Hymenoptera, Sphegidae); mit speziellen Angaben zur Grabwespenfauna Österreichs. – Linz 1991.

Hagen, E. v.: Hummeln bestimmen, ansiedeln, vermehren, schützen. - Augsburg 1990.

Hedicke, H.: Hymenoptera. In Brohmer, Ehrmann, Ul-

MER: Die Tierwelt Mitteleuropas, Bd. V (2). – Leipzig 1930.

KEMPER, H., DÖHRING, E.: Die sozialen Faltenwespen Mitteleuropas. – Berlin, Hamburg 1967.

KUTTER, H.: Formicidae, Hymenoptera. In: Insecta Helvetica, Fauna, Bd. 6. – Schweiz. entomol. Ges. 1977.

MUCHE, W. H.: Die Blattwespen Deutschlands. I. Tenthredinidae (Hymenoptera). – Ent. Abh. Mus. Tierkde Dresden Bd. 36, Suppl. I, 1967, II. Selandriinae. Suppl. II, 1969, III. Blennocampinae. Suppl. III, 1969, IV. Nematinae (1. Teil). Suppl. IV, 1970, Die Nematinengattungen *Pristiphora* Latreille, *Pachynematus* Konow und *Nematus* Panzer. – Dtsch. ent. Z., N. F., Bd. 21, 1–137, 1974.

OEHLKE, J.: Beiträge zur Insektenfauna der DDR: Hymenoptera-Sphecidae. – Beitr. Ent., Bd. 20, 615–812, 1970.
Hymenoptera-Scolioidea. – Beitr. Ent., Bd. 24, 279–300, 1975.

SCHMIEDEKNECHT, O.: Die Hymenopteren Nord- und Mitteleuropas. – Jena 1930.

WESTRICH, P.: Die Wildbienen Baden-Württembergs. – Stuttgart 1989.

WOLF, H.: Pompilidae, Hymenoptera. – In: Insecta Helvetica, Fauna. – Zürich 1972.

Coleoptera

FREUDE, H., HARDE, K. W., LOHSE, G. A.: Die Käfer Mitteleuropas, Bd. 1–11. – Krefeld 1965–1983.

HARDE, W., SEVERA, F.: Der Kosmos-Käferführer. – Stuttgart 1988.

HORION, A.: Faunistik der Mitteleuropäischen Käfer. Bd. 1–11. – Krefeld u. a. 1941 ff.

LOHSE, G. A., LUCHT, W. H.: Die Käfer Mitteleuropas, Suppl. Bd. 12–14. – Krefeld 1989–1994.

REITTER, E.: Fauna Germanica – Die Käfer des deutschen Reiches, Bd. 1–5. – Stuttgart 1908 ff.

Planipennia

ASPÖCK, H., ASPÖCK, U.: Synopsis der Systematik, Ökologie und Biogeographie der Neuropteren Mitteleuropas im Spiegel der Neuropteren-Fauna von Linz und Oberösterreich, sowie Bestimmungsschlüssel für die mitteleuropäischen Neuropteren. – Naturkundl. Jb. d. Stadt Linz 1964.

ASPÖCK, H., ASPÖCK, U.: Die Neuropteren Mitteleuropas. Nachtrag. - Naturkundl. Jb. d. Stadt Linz 1969.

FRIEDRICH, H.: Neuroptera. In: Bronns Klassen und Ordnungen des Tierreichs. – Leipzig 1953.

Trichoptera

MALICKY, H.: Atlas of the European Trichoptera. – The Hague, Boston, London 1983.

TOBIAS, W., TOBIAS, D.: Trichoptera Germanica. Teil I. Imagines. Courier Forschungsinst. Senckenberg, Bd. 49, 1–672. – Frankfurt/M. 1981.

WICHARD, W.: Die Köcherfliegen. Neue Brehmbücherei, Bd. 512. – Wittenberg 1988.

Lepidoptera

FORSTER, W., WOHLFAHRT, T.: Die Schmetterlinge Mitteleuropas. 5 Bde. – Stuttgart 1954–74.

HIGGINS, L. G., RILEY, N. D.: Die Tagfalter Europas und Nordwestafrikas. – Hamburg, Berlin 1971.

KOCH, M.: Wir bestimmen Schmetterlinge. 4 Bde. – Berlin, Radebeul 1954–62.

Diptera

BAŃKOWSKA, R.: Muchówki – Diptera, Zeszyt 34 Syrphidae. In: Klucze do Oznaczania Owadów Polski. – Warszawa 1963.

BEI-BIENKO, G. Ya. (Hrsg.): Key to the Insects of the European Part of the USSR. Vol. V. Diptera and Siphonaptera, 2 Bde. – Leiden, Kobenhavn, Köln 1988–89.

ENDERLEIN, G.: Zweiflügler, Diptera. In BROHMER, EHRMANN, ULMER: Die Tierwelt Mitteleuropas, Bd. VI (3). – Leipzig 1936.

HENDEL, F.: Zweiflügler oder Diptera. II. Allgemeiner Teil. In DAHL: Die Tierwelt Deutschlands. Teil 11. – Jena 1928.

HENNIG, W.: Diptera (Zweiflügler). In KÜKENTHAL: Handbuch der Zoologie, Bd. 4. – Berlin 1973.

LINDNER, E. (Hrsg.): Die Fliegen der Palaearktischen Region, in vielen Teilen, manche noch im Erscheinen begriffen. - Stuttgart 1923 ff.

MORGE, G.: Diptera – Zweiflügler. In STRESEMANN: Exkursionsfauna Wirbellose, Bd. 2/2, 7. Aufl. – Jena 1990.

Quellennachweis der aus der Literatur übernommenen Habitusskizzen

Einzelne nach- und umgezeichnete bzw. veränderte Habitusskizzen wurden mit freundlicher Genehmigung der Rechteinhaber den folgenden Werken entnommen, die im Abschnitt „Quellenverzeichnis und weiterführende Literatur" aufgeführt sind:

BAŃKOWSKA, R. (1963), BELLMANN (1987), FOELIX (1992), FRANKE (1979), FREUDE et al. (1965ff.), HEIMER (1988), JONES (1987), KLAUSNITZER et al. (1978)

Register der in den Bestimmungstabellen enthaltenen wissenschaftlichen und deutschen Namen

Exkursionsfauna von Deutschland

Begründet von Prof. Dr. Erwin Stresemann

Band 3: Wirbeltiere

Herausgegeben von
Prof. Dr. K. SENGLAUB,
Museum für Naturkunde, Berlin,
Prof. Dr. B. KLAUSNITZER,
Dresden, und
Prof. Dr. H.-J. HANNEMANN,
Museum für Naturkunde, Berlin,

Bearbeitet von 7 Autoren

12., stark bearb. Aufl. 1995.

481 S., 295 Abb., 50 Taf.,
12 x 19 cm, geb. DM 55,–
ISBN 3-334-60951-0

Erwin Stresemann
**Exkursionsfauna
von Deutschland**
Wirbeltiere

GUSTAV FISCHER

3

Inhalt
- Hinweise für den Gebrauch von Band 3
- Benennung der Tiere
- Das System der Tiere
- Schlüssel der Hauptgruppen
- **Fische** (Pisces)
- **Lurche** (Amphibia)
- **Kriechtiere** (Reptilia)
- **Vögel** (Aves)
- **Säugetiere** (Mammalia)

Alle in Deutschland wildlebenden Wirbeltierarten – Fische, Lurche, Kriechtiere, Vögel, Säugetiere – in einem Band! Hauptanliegen ist die exakte Bestimmbarkeit der Arten; darüber hinaus ist das Buch ein echter „Wissensspeicher". Auf Daten zur Artkennzeichnung folgen fundierte Informationen über Verbreitung, Lebensstätten und Lebensweise, so über Wanderungen, Sozialstrukturen, Fortpflanzung oder Lautäußerungen. Gekennzeichnet sind geschützte und jagdbare Arten. Ein Buch für Fachleute wie Zoologen verschiedener Disziplinen, für Studierende, für Ökologen, Förster, Naturschützer und Lehrer, aber auch für jeden anderen an solider Artenkenntnis interessierten Naturfreund und Naturbeobachter einschließlich der Jäger und Angler!

In der vorliegenden 12. Auflage wurden zahlreiche Verbesserungen vorgenommen, Angaben, Daten und die Nomenklatur aktualisiert, das Prinzip der dichotomen Schlüssel konsequent auf alle Kategorien (einschließlich Ordnungsschlüssel für Vögel!) ausgedehnt, die Anzahl der zu berücksichtigenden Arten vervollständigt, sehr viele Abbildungen neu angefertigt bzw. verbessert, manche Teile gänzlich (Lurche), andere weitgehend (Vögel, Fische, Säuger) neu bearbeitet.

Band 1 Wirbellose (ohne Insekten)
8. Aufl. 1992. 638 S.,
1350 Abb., geb. DM 55,-
ISBN 3-334-60822-0

Band 2/1 Wirbellose Insekten - Erster Teil
8. Aufl. 1989. Neuausgabe
1994. 504 S., 1629 Abb.,
geb. DM 55,-
ISBN 3-334-60823-9

Band 2/2 Wirbellose Insekten - Zweiter Teil
7. Aufl. 1990. Neuausgabe
1994. 424 S., 800 Abb.,
geb. DM 45,-
ISBN 3-334-60824-7

Komplettpreis bei Abnahme der Bände 1-3: DM 165,- (Gesamt-ISBN 3-334-60826-3)

GUSTAV
FISCHER

Fang und Präparation wirbelloser Tiere

Von Prof. Dr.
R. ABRAHAM, Hamburg

1991. X, 132 S., 40 Abb.,
kt. DM 36,-
ISBN 3-437-20461-0

Die exakte Kenntnis der verschiedenen Arten ist eine der entscheidenden Voraussetzungen für den Naturschutz. Um wirbellose Tiere genauer kennenzulernen und richtig zu bestimmen, müssen sie aufgrund ihrer geringen Größe in die Hand genommen werden. Es ist daher kein Widerspruch, wenn für den Schutz von Wirbellosen deren Fang und die Präparation empfohlen werden können. In diesem Buch werden deshalb Studenten und interessierten Naturschützern zahlreiche wertvolle Hinweise und Anleitungen zu Fangmethoden, Zucht und Haltung sowie Präparation und Aufbewahrung der wirbellosen Tiere vermittelt. Eine systematische Übersicht über die bei den einzelnen Gruppen gut verwendbaren Methoden, Ausführungen zu den Probengrößen in Abhängigkeit von der jeweiligen biologischen Fragestellung sowie Angaben zu Bestimmungsbüchern und Lieferanten für Zubehör bieten zusätzliche Hilfestellung.

Die Pflanzen-, Vorrats- und Materialschädlinge Mitteleuropas

mit Hinweisen auf Gegenmaßnahmen

Begründet von Prof. Dr. (em.)
R. KEILBACH, Greifswald
Neu bearbeitet und herausgegeben von
Prof. Dr. R. FRITZSCHE,
Aschersleben

1994. 458 S., 482 Strichzeichnungen (706 Einzelfig.)
von H. Thiele, geb. DM 118,-
ISBN 3-334-60531-0

Nach einem kurzen, einleitenden Kapitel werden im zweiten, speziellen Teil, dem zoologischen System folgend, die einzelnen Schädlingsgruppen bzw. -arten hinsichtlich ihrer Morphologie und Lebensweise, ihrer Nahrungsquellen sowie Schadbilder charakterisiert. Hinweise auf evtl. mögliche oder notwendige Gegenmaßnahmen berücksichtigen auch die Forderungen eines umweltgerechten Pflanzen- und Vorratsschutzes . Der dritte Teil des Buches bietet Übersichten der von tierischen Schädlingen an Kulturpflanzen , Vorräten und Materialien verursachten Schäden, geordnet nach Kulturpflanzengruppen bzw. -arten sowie Nahrungsquellen; dabei wird auf die Artbeschreibungen im zweiten Teil zurückverwiesen. Auf diese Weise ist es dem Nutzer möglich, sowohl von der Schädlingscharakteristik als auch vom Schadbild her eine richtige Diagnose zu stellen.

Meeresbiologische Exkursionen

Beobachtung und Experiment.

Herausgegeben von
Dr. P. Emschermann,
Dr. O. Hoffrichter, Dr. H. Körner und Dr. D. Zissler,
Freiburg.

1992. X, 257 S., 101 Abb.,
9 Tab., kt. DM 58,-

ISBN 3-437-20414-9

Die Gliederung des Buches folgt den drei großen marinen Lebensgemeinschaften Benthos, Plankton und Nekton. Jedes Hauptkapitel enthält zuerst die sich mit den Lebensräumen oder Lebensgemeinschaften befassenden Projekte sowie anschließend daran diejenigen, welche verschiedene Aspekte der Lebensweise betimmter Organismen untersuchen. Jeder Beitrag stellt eine in sich geschlossene Anleitung zu einem Projekt dar und nennt auch die in direktem Zusammenhang damit stehenden Literaturstellen. Mit der "Meeresbiologischen Exkursion" werden die zahlreichen Fachspezialisten in jahrelanger Praxis gesammelten Erfahrungen einem größeren Interessenkreis in nutzbringender Weise präsentiert.

Preisänderungen vorbehalten.

GUSTAV
FISCHER